D1722937

Der Markt als Ordnungsprinzip des Bildungsbereichs

Verfügungsrechte, ökonomische Effizienz und die Finanzierung schulischer und akademischer Bildung

Ulrich van Lith

R. Oldenbourg Verlag München 1985

Als Habilitationsschrift auf Empfehlung der Wirtschafts- und Sozialwissenschaftlichen Fakultät der Universität zu Köln gedruckt mit Unterstützung der Deutschen Forschungsgemeinschaft.

Anschrift des Verfassers:
Priv.-Doz. Dr. Ulrich van Lith
Krieler Straße 17, D-5000 Köln 41

CIP-Kurztitelaufnahme der Deutschen Bibliothek

Lith, Ulrich van:
Der Markt als Ordnungsprinzip des Bildungsbereichs : Verfügungsrechte, ökonom. Effizienz u.d. Finanzierung schul. u. akadem. Bildung / Ulrich van Lith. – München : Oldenbourg, 1985.
ISBN 3-486-52691-X

Druck und Bindearbeiten: R. Oldenbourg Graphische Betriebe GmbH, München

ISBN 3-486-52691-X

*Für Barbara,
Carola und Thomas*

„Die Gestaltung einer freien Gesellschaft muß wieder zum intellektuellen Abenteuer, zu einem Akt der Zivilcourage, werden. Wir brauchen ein liberales Utopia, ein Programm, das weder bloße Rechtfertigung des Status quo, noch ein verwässerter Sozialismus, sondern ein wahrlich radikaler Liberalismus ist, der sich nicht allzu sehr von Zweckmäßigkeit leiten läßt und sich nicht darauf beschränkt, was heute als politisch machbar gilt. Und wir brauchen kämpferische Denker, die der verführerischen Schmeichelei von Macht und Einfluß widerstehen können und bereit sind, sich für ein Ideal einzusetzen, auch wenn die Aussicht auf baldigen Erfolg noch so gering ist."

Friedrich A. von Hayek

Inhaltsverzeichnis

Verzeichnis der Abbildungen

Verzeichnis der Tabellen

Vorwort

Es liegt einige Jahre zurück, daß ich den Eindruck gewann, die Theorie der externen Effekte werde im zunehmenden Maße von Ökonomen dazu verwendet, staatliche Interventionen in die freiwillige, spontane Kooperation der einzelnen Wirtschaftssubjekte über Märkte oder marktähnliche Tauschprozesse zu befürworten und der Kollektivierung und Demokratisierung von Entscheidungsprozessen aus allokativen Gründen das Wort zu reden. Mir schien dies geradezu eine Mode zu sein, wie sie öfter in der Geschichte wissenschaftlicher Lehrmeinungen zu beobachten ist. Gleichzeitig stellte ich fest, daß die Auseinandersetzungen um die Leistungsfähigkeit kapitalistischer und sozialistischer Wirtschaftssysteme tendenziell in den Hintergrund traten und es sich nunmehr im wesentlichen um eine systemimmanent entstandene Kontroverse zwischen Individualismus und Kollektivismus handelte, bei der stillschweigend die Prämisse eines perfekt funktionierenden politisch-demokratischen Systems unterstellt wurde, während die Unvollkommenheiten des Marktes Gegenstand ausführlicher kritischer Analysen waren. Ideengeschichtlich war dieses „Stillschweigen" über eine unzutreffende Grundannahme verständlich: Die Diskussion entzündete sich an den neoklassischen Annahmen eines vollkommenen Marktes, von denen die beobachteten Märkte in ihrer Unvollkommenheit weit abwichen. Daß auch politische Entscheidungssysteme nicht unerhebliche Unvollkommenheiten aufweisen und es sich um ein Problem der relativen Effizienz handelt, wurde zu diesem Zeitpunkt nur von wenigen erkannt und beachtet.

Diese Feststellung galt insbesondere für den Bildungsbereich. Dort war der staatliche Dirigismus weit vorangeschritten und die positiven externen Effekte „der" Bildung wurden als Hauptargument ins Feld geführt, um die Produktion von formalen (schulischen und akademischen) Bildungsgütern zu einem Ausnahmefall zu erklären und dem staatlichen Reglement zu unterwerfen. Mir erschien dies fragwürdig, weil mir Bildung etwas sehr Persönliches bedeutete, und ich begann, mich dieser Frage zuzuwenden, um die ökonomische Stichhaltigkeit der vorgetragenen Argumente zu überprüfen.

Das Resultat ist diese Schrift, in der ich zu dem für manchen Nichtökonomen keinesfalls überraschenden Ergebnis komme, daß Bildungsgüter private Güter sind – von speziellen Fällen einmal abgesehen – und daß lediglich aus den Schwierigkeiten, die bei der Finanzierung schulischer und akademischer Bildung aus bestimmten Gründen auftreten (sogenannte Kapitalmarktunvollkommenheiten), eine wohlfahrtsfördernde Aufgabe des Staates folgt. Das aber ist eine völlig andere Begründung bestimmter staatlicher Finanzierungsaufgaben als die Existenz positiver externer Effekte der Bildung. Aus ihr kann keine Intervention des Staates auf dem Bildungsmarkt abgeleitet werden. Die Bildung ist frei.

Die Arbeit ist mit der Unterstützung vieler Kollegen aus der Wissenschaft und Praxis zustande gekommen. Danken möchte ich besonders Herrn Professor Christian Watrin, der mich ermuntert hat, mich der Theorie des Bildungsmarktes zuzuwenden. Spezielle Anregungen verdanke ich Professor James M. Buchanan, an dessen Zentrum für das Studium demokratischer Entscheidungsprozesse (Center for Study of Public Choice) ich mit Unterstützung der Deutschen Forschungsgemeinschaft habe forschen können. Mein Dank gilt außerdem Mark Blaug, Gordon Tullock, Arthur und Marjorie Seldon, Robert J. Staff, Carl Christian von Weizsäcker, Edwin G. West und Hans Willgerodt, die durch fachliche Kritik zum Gelingen dieser Arbeit beigetragen haben, sowie Frau Annemarie Schebitz, die mir das Manuskript geschrieben hat. Trotzdem gehen selbstverständlich alle Fehler und Schwächen dieser Arbeit zu meinen Lasten.

Der Deutschen Forschungsgemeinschaft danke ich für die finanzielle Unterstützung meiner wissenschaftlichen Bemühungen und der Drucklegung dieser Schrift. Ebenso gilt mein Dank der Deutschen Bank AG, die den Abdruck des Vorschlages zur Neuordnung der Ausbildungsförderung für Studenten als Anhang dieser Schrift finanziell ermöglicht hat. Nicht zuletzt danke ich meiner Frau, Barbara van Lith, die durch ihre aktive Unterstützung und ihre Rücksichtnahme die Anfertigung der Schrift gefördert hat.

Ich muß gestehen, daß mein Bemühen in vielen Einzelfragen erst am Anfang steht und insbesondere die ökonomische Erklärung der Entstehung und Fortentwicklung der Verfügungsrechte im deutschen Schul- und Hochschulsystem mit den Methoden der ökonomischen Theorie der Politik noch viele spannende Momente enthält.

Köln, den 5. März 1985 — Ulrich van Lith

A. Staatliche Bildungsplanung und -produktion: Das Problem der staatlichen Schul- und Hochschulaufsicht aus ökonomischer Sicht

I. Einführung

Die Ordnung des Bildungsbereichs ist in manchen Ländern, in denen die übrigen Bereiche des gesellschaftlichen und wirtschaftlichen Lebens weitgehend nach freiheitlichen und marktwirtschaftlichen Prinzipien geordnet sind, ein Sonderfall. Das gilt auch für die Bundesrepublik Deutschland, deren Bildungsverfassung in ihren zentralen Bestimmungen (staatliche Schulaufsicht, Elternrecht, Wissenschaftsfreiheit) nahezu wörtlich aus dem Kaiserreich über die Weimarer Verfassung in das Grundgesetz und in viele Länderverfassungen übernommen worden ist[1]. Die durch den Obrigkeitsstaat und dessen Kampf gegen die geistliche Schulaufsicht geprägte Interpretation der Normen des 19. Jahrhunderts wurde so in unsere Zeit tradiert, obwohl sie schwerlich in einen Zusammenhang mit dem Ordnungsgedanken gebracht werden kann, der die allgemeine Staatsverfassung und die Ordnung des politischen, wirtschaftlichen und gesellschaftlichen Lebens der Bundesrepublik geprägt hat. Verfassungsrechtler haben schon frühzeitig[2] die Inkonformität der Ordnung des Bildungsbereichs mit der der übrigen Bereiche der Gesellschaft erkannt[3] und dies bei der Diskussion um die Bildungsreform, in den sechziger und siebziger Jahren zum Ausdruck gebracht. Die Forderung nach kollektiver Mitwirkung der Eltern und Schüler in der Schule und nach Mitbestimmung der Studenten in Forschung und Lehre finden unter anderem hierin ihre Begründung[4].

[1] Quilisch, M.: Die Verfassung als Auftrag oder als Hindernis für die Bildungsreform, in: Neue Sammlung, Bd. 13 (1973), S. 348.

[2] Anschütz sprach bereits bei der Kommentierung der Weimarer Verfassung von dem Schulwesen als einer „Insel des Absolutismus". Er sagt wörtlich: Art. 144 WRV wahre „ohne Abweichung von dem Rechtszustand, der auch früher in Deutschland galt, die Herrschaft des Staates über die Schule". Schulaufsicht sei „ungeachtet ihres Namens nicht nur Aufsicht im engeren und eigentlichen Sinne, das heißt keine bloße Kontrolle einer von der Staatsverwaltung im Subjekt verschiedenen Selbstverwaltung, sondern mehr und anderes: Leitung und Verwaltung der inneren Schulangelegenheiten durch den Staat"; ökonomisch gesprochen heißt das Durchführung der Bildungsproduktion durch den Staat selbst. Anschütz, G.: Die Verfassungsurkunde für den Preußischen Staat vom 31. Januar 1850, Bd. I, 1912, Art. 26, Anm. 5; und ders., Die Verfassung des deutschen Reiches, 14. Auflage, 1933, Art. 144, Anm. 1. Hier alle Zitate nach Quilisch, M.: Die Verfassung . . ., a.a.O., S. 349f. Zur Diskussion um die Bildungsverfassung unmittelbar nach dem Zweiten Weltkrieg siehe Hippel, E. von: Schulverfassung und Demokratie, in: Die öffentliche Verwaltung, Bd. 3 (1950), S. 601–605. Zur neueren Interpretation siehe zum Beispiel Oppermann, T.: Bildung, in: Besonderes Verwaltungsrecht, (Hrsg.) F. von Münch, 5. Auflage Berlin 1979, S. 609ff., besonders S. 639–646; siehe auch Maunz-Dürig-Herzog-Scholz: Grundgesetz, Kommentar, Art. 7, besonders Rdn. 34–37.

[3] So zum Beispiel Stein, E.: Das Recht des Kindes auf Selbstentfaltung in der Schule, Neuwied 1967; Richter, I: Bildungsreform durch Verfassungsinterpretation?, in: Recht der Jugend und des Bildungswesens, Bd. 19 (1971), S. 131ff.; Quilisch, M.: a.a.O., S. 346–363.

[4] Siehe dieselben. A.a.O.

Vertreter der Wirtschaftlichen Staatswissenschaften haben dagegen den ordnungspolitischen Gesichtspunkt nur selten[5] in den Vordergrund ihrer Analyse gerückt, obwohl bereits die Klassiker der Nationalökonomie diesem Aspekt große Beachtung geschenkt hatten[6]. Statt dessen trug die Bildungsökonomie maßgeblich dazu bei, nach dem historischen Vorgang der Übernahme des kirchlichen Bildungsmonopols durch den Staat das Verbleiben der Bildungsproduktion in den Händen des Staates ökonomisch zu begründen.

Dies geschah aus Paretianischer Sicht und unter dem besonderen Einfluß von Arthur C. Pigou vornehmlich mit Hilfe der Theorie des Marktversagens (externe Effekte, natürliches Monopol, fehlende Nachfragersouveränität) und der aus ihr hervorgegangenen Theorie der öffentlichen Güter[7]. Darüber hinaus spielten aber auch Argumente der sozialen Gerechtigkeit (Chancengleichheit) eine Rolle. Unter beiden Gesichtspunkten, allokative Effizienz und Chancengleichheit, wurden die steuerfinanzierte Bildung und staatliche Bildungsproduktion als ökonomisch rationale Politik legitimiert und ihre konsequente Fortführung von wissenschaftlicher Seite bestärkt. Gleichzeitig wurden die staatlich-administrative Organisation und ihr demokratischer Lenkungs- und Kontrollmechanismus im Gegensatz zum Markt in ihrer Leistungsfähigkeit idealisiert.

Die ökonomische Theorie des Marktversagens und die Vorstellungen von sozialer Gerechtigkeit bildeten die theoretischen Voraussetzungen für den bildungspolitischen Paternalismus der Schulpolitik und den Konstruktivismus[8] der Hochschulpolitik mit ihren Konsequenzen für die pädagogische Freiheit der Lehrer, das Recht des Kindes auf Selbstentfaltung, das Elternrecht wie auch für die Wissenschaftsfreiheit als Freiheit der Forschung und Lehre für Professoren und als Freiheit des Studiums für Studenten. Für den Schulbereich bedeutet das: Der Staat beschränkt sich nicht mehr darauf, die Einhaltung gewisser Mindeststandards zu gewährleisten, sondern plant den Lehrerbedarf, bestimmt weitgehend den Inhalt und die Organisation der Lehrerausbildung, reglementiert strikt den Zugang zum Lehrerberuf, teilt die einzelnen Lehrkräfte den Schulen zu, unterwirft Schulbücher einem komplizierten Genehmigungsverfahren, fixiert Standards für den Schulbau, entscheidet über die schulischen Organisations- und Entscheidungsstrukturen, über Klassengrößen, Unterrichtsinhalte, -methoden, -zeiten etc. Diese Entwicklung, die in der zweiten Hälfte des vergangenen Jahrhunderts

[5] Ausnahmen sind Carl C. von Weizsäcker (1971), Christian Watrin (1972), Artur Woll (1973) und Wolfram Engels (1974).

[6] Vgl. dazu Adam Smith, Nassau W. Senior, John R. McCulloch und besonders John St. Mill. Eine ausgezeichnete vergleichende Interpretation dieser Klassiker findet sich bei Blaug, M.: The Economics of Education in English Classical Political Economy: A Reexamination, in: Essays on Adam Smith, (Hrsg.) A. S. Skinner und T. Wilson, Oxford 1975, S. 568–599.

[7] Im allgemeinen hierzu Buchanan, J. M.: Politics, Policy and Pigovian Margins, in: Economica, Bd. 29 (1962), S. 17–28, derselbe und Stubblebine, W. C.: Externality, in: Economica, Bd. 29 (1962), S. 371–384 und Krause-Junk, G.: Abriß der Theorie von den öffentlichen Gütern, in: Handbuch der Finanzwissenschaft, Bd. 1, 3. Auflage Tübingen 1977, S. 687–711.

[8] Siehe dazu Hoppmann, E.: Soziale Marktwirtschaft oder konstruktivistischer Interventionismus, in: Soziale Marktwirtschaft im Wandel, (Hrsg.) E. Tuchtfeldt, Freiburg 1973, S. 28–68.

begann, hat sich in jüngster Zeit nach einer kurzen Unterbrechung in den fünfziger und Anfang der sechziger Jahre erneut beschleunigt. Sie hat trotz der Mitwirkungs- und Mitbestimmungsrechte dazu geführt, daß Eltern und Schüler, aber auch der einzelne Lehrer wie das Lehrerkollegium als pädagogische Selbstverwaltungseinrichtung noch mehr in die Abhängigkeit von Politikern und Kultusbeamten geraten sind und sich ihr pädagogischer Handlungsspielraum verringert hat[9].

Im Hochschulbereich sehen die Verhältnisse nicht anders aus[10]. Hier ist die Entwicklung weniger vom Paternalismus geprägt, der den Bürger bevormundet, sondern von dem Glauben an die Rationalität administrativer Planung und Lenkung (Konstruktivismus); sei es die Planung der Hochschulkapazitäten und/oder des Akademikerbedarfs, Numerus clausus, Zuweisung von Studienanfängern an die einzelnen Hochschulen, Kapazitätsnotzuschläge, staatliche Verordnung bestimmter Organisations- und Entscheidungsstrukturen (Gesamthochschule, Gruppenprinzip, Fachbereichsorganisation, Einheitsverwaltung, Präsidialverfassung), suprauniversitäre Studienreformkommissionen, Studienzeitregelungen, staatliche Genehmigung von Studien- und Prüfungsordnungen und neuerdings der Versuch der Definition bundeseinheitlicher Standards für die Messung der Effizienz von Hochschulen in Forschung und Lehre[11]. All das hat zu einer erheblichen Schwächung der Eigenständigkeit der Universitäten und anderen Hochschulen und ihrer Fakultäten geführt sowie die individuellen Entscheidungsspielräume der einzelnen Hochschullehrer in Angelegenheiten der Forschung und Lehre wie auch die Studentensouveränität vermindert. Insbesondere durch die Anwendung neuer Planungstechniken in Verbindung mit zentralistischem Streben mag das viele mehr an Leviathan erinnern als an ein Hochschulsystem in einem freiheitlich-demokratischen Staat mit privater Wettbewerbswirtschaft.

Es ist wohl das größte Versäumnis der deutschen Bildungsökonomie, den Zusammenhang zwischen der Verfassung und Ordnung des Bildungsbereichs und den (ökonomischen) Gesetzmäßigkeiten, die das Handeln der Menschen in gesellschaftlichen Einrichtungen bestimmen, vernachlässigt und die Forschung auf makroökonomische Zusammenhänge vor allem zwischen Humankapitalbildung und wirtschaftlichem Wachstum konzentriert zu haben. Der mikroökonomischen

[9] Dies um so mehr als die bildungspolitischen und kultusministeriellen Aktivitäten eine Rechtsprechung induzierten, die ihrerseits wiederum Anlaß zu neuen Gesetzen, Verordnungen und Richtlinien gab. Siehe zum Beispiel Boeckmann, K.: Alles regelt der Staat, Gegen die bürokratische Bevormundung – Plädoyer für einen radikalen Neuansatz in der Bildungspolitik, in: Die Zeit, Nr. 14, vom 30. März 1979, S. 64, und Laaser, A.: Die Verrechtlichung des Schulwesens, in: Bildung in der Bundesrepublik Deutschland, Bd. 2: Gegenwärtige Probleme, Stuttgart 1980, S. 1343–1376.

[10] Siehe etwa Meusel, E.-J.: Die Zerwaltung der Forschung, in: Wissenschaftsrecht, Bd. 10 (1977), S. 118–137, und Merritt, R. L.: The Courts, the Universities and the Right of Admission in the Federal German Republic, in: Minerva, Bd. 17 (1979), S. 1–32, und Institut für Demoskopie Allensbach: Lage der Forschung an deutschen Universitäten, Archiv-Nr. 1264.

[11] Granzow, H.: Effizienz in den Hochschulen, in: Deutsche Universitätszeitung, 1979, H. 20, S. 642–644, und Beckerhoff, D. et alii: Hochschulfinanzierung auf der Grundlage leistungsorientierter Kennziffern, München 1980.

Analyse unter Einbeziehung des verfügungsrechtlichen (institutionellen) Rahmens wurde keine oder nur geringe Aufmerksamkeit geschenkt[12].

Im folgenden soll deshalb der Frage nachgegangen werden, ob sich die bestehende Ordnung des Bildungsbereichs, ihre Verteilung von Verfügungsrechten und Macht und damit einhergehend die fast ausschließlich[13] staatliche Finanzierung und Produktion von formalen (schulischen und akademischen) Bildungsgütern unter dem Gesichtspunkt der ökonomischen Effizienz und dem der sozialen Gerechtigkeit tatsächlich rechtfertigen lassen. Dabei wird vor allem auf die neueren Erkenntnisse der ökonomischen Theorie der Politik (theory of public choice) und der Theorie der Verfügungsrechte (property rights) zurückgegriffen. Die Analyse erfolgt dementsprechend auf der Grundlage subjektiver Nutzen-Kosten-Kalküle.

In einem zweiten Schritt wird dann durch paradigmatische Anwendung der Markttheorie eine Neuordnung des Bildungsbereichs skizziert, von der erwartet werden kann, daß sie der Gesamtverfassung eines freiheitlich-demokratischen Staates und einer sozial-marktwirtschaftlichen Ordnung konform ist und das Ziel einer effizienten Ressourcenallokation sowie sozialpolitische Ziele eher erreichen hilft.
Es reicht aber keinesfalls aus, die Neuverteilung der Verfügungsrechte im Bildungsbereich so vorzunehmen, daß eine dezentrale Abstimmung der Bildungsnachfrage mit dem Angebot an Bildungsgütern möglich wird. Der Bildungsmarkt kann sehr wohl funktionstüchtig sein und trotzdem kommt es zu einer Unterversorgung mit schulischer und akademischer Bildung, wenn ihre Finanzierung nicht gesichert ist. Der Kapitalmarkt muß deshalb seinerseits in der Lage sein, das knappe Geldkapital so auf die alternativen Verwendungen im Human- und Sachkapitalbereich zu allozieren, daß die Grenzerträge dieser Investitionen tendenziell zum Ausgleich kommen. Nur unter dieser Bedingung können die Vorteile einer dezentralen Abstimmung von Bildungs- und Arbeitsmarkt nutzbar gemacht werden.

Aus diesem Grunde werden in einem weiteren Schritt die Möglichkeiten der Bildungsfinanzierung, Eigenfinanzierung, Fremdfinanzierung über verschiedenste Formen von Bildungsdarlehen und über Bildungsnachfragesubventionen in Form von Gutscheinen geprüft und als Konsequenz dieser Analyse ein eigener Vorschlag unterbreitet.

Im folgenden wird der Gang der Untersuchung noch einmal in einzelnen Schritten aufgezeigt und werden die wichtigsten Ergebnisse vorgestellt.

[12] Dies ist nicht zuletzt ein Ergebnis der institutionellen Ausprägung der bildungsökonomischen Forschung in der Bundesrepublik Deutschland.

[13] Auch Privatschulen (Ersatzschulen) kann nicht die Bedeutung zukommen, wie man trotz ihrer relativ geringen Zahl zunächst annehmen möchte. Der Staat bestimmt nämlich durch immer detailliertere Input- (staatliche Lehrerausbildung, Schulbuchgenehmigung, curriculare Richtlinien) und output-Vorgaben (staatliche Prüfungen und Tests) sowie durch Vorgabe der Produktionszeiten (Schulpflichtgesetzgebung, Regelstudienzeiten) und zahlreiche andere Bestimmungen das private Bildungsangebot. Private Schulen handeln insofern mehr im öffentlichen Auftrag als im Auftrag ihrer privaten Träger.

II. Gang der Untersuchung und Ergebnisse

(1 a) Im *ersten Kapitel* des ersten Hauptabschnitts (B) wird die Frage nach den *positiven externen Effekten* der formalen (schulischen und akademischen) Bildung aufgeworfen, mit denen die totale oder partielle Subventionierung der Bildung aus allokativer Sicht begründet wird. Es wird die These geprüft, nach der der Nutzen der Bildungsgüter im Gegensatz zu anderen, in denselben freiheitlich-demokratisch verfaßten Ländern marktlich allozierten Gütern (private Güter) nicht nur bei den Personen anfalle, die diese Bildung nachfragen und sich aneignen, sondern auch bei anderen Mitgliedern der Gesellschaft. Die Folge davon sei, daß ein marktlich verfaßtes und geordnetes Bildungssystem, in dem jeder nur so viel für Bildungsgüter ausgebe, wie ihm selbst an (erwartetem) Nutzen aus ihnen zukomme, zu einer Unterinvestition in Bildung führe. Das Ziel einer effizienten Ressourcenallokation über den Bildungsmarkt würde dann gefördert und die Wohlfahrt gesteigert, wenn der Staat in dem Umfang, wie andere Mitglieder der Gesellschaft und nicht der Bildungsnachfrager selbst den Nutzen internalisierten, diese zur Finanzierung der Bildung über zu zahlende Steuern heranziehe. Vollständige oder partielle Schul- oder Studiengeldfreiheit wäre eine wohlfahrtsfördernde Einrichtung. Auch ließe sich dann eine bildungsplanerische Funktion des Staates ableiten, soweit es sich um Planung des zu erwartenden Subventionsbedarfs und seiner Finanzierung handle.

Wegen der Vielzahl der mit formaler Bildung in Verbindung gebrachten positiven externen Effekte wird zwischen externen Effekten im engeren Sinne (produktivitätssteigernden und wohnortbezogenen externen Effekten) und „atmosphärischen" Effekten unterschieden. Erstere, und von ihnen besonders die produktivitätssteigernden externen Effekte, bilden ökonomisch das Hauptargument für eine Steuerfinanzierung der Bildung. Sie sind gleichzeitig die Effekte, die am ehesten der Quantifizierung zugänglich sind. Davon getrennt behandelt werden positive externe Effekte der formalen Bildung, die nur schwer zu quantifizieren sind, nur indirekt ökonomische Konsequenzen haben und deshalb in der Literatur „atmosphärische Effekte" genannt werden. Zu den letzteren zählen die Förderung der Rationalität der politischen Wahlentscheidung der Bürger, die Vorteile einer einheitlichen (Landes)Sprache, die Verminderung der Kriminalität, mehr Demokratiebewußtsein und verstärkte soziale Kohäsion.

(1 b) Ergebnis dieses Kapitels ist es, daß die Theorie der externen Effekte zur Begründung eines Marktversagens für Bildungsgüter theoretisch nicht standhält und sie auch den empirischen Beweis schuldig geblieben ist. Eher zeigt die Realität, daß Märkte für Bildungsgüter funktionstüchtig sind. Die Theorie der externen Effekte kann daher generell als rationale Grundlage einer Politik der Schul- und Studiengeldfreiheit nicht herangezogen werden. Das aber schließt nicht aus, daß vorübergehend (räumlich und zeitlich begrenzt) externe Effekte bei bestimmten Bildungsgütern auftreten können, wie dies auch bei anderen Gütern der Fall ist, die in denselben Ländern als private Güter über Märkte bereitgestellt und pri-

vat finanziert werden. Eine gezielte, punktuelle Subventionierung bestimmter Bildungsgüter kann hier wie dort im Einzelfall wohlfahrtsfördernd sein.

(2 a) Von dem Problem der Steuerfinanzierung der Bildung und dem der externen Effekte zu trennen, ist die Frage, ob es ökonomische Gründe gibt, die *Produktion* von (formaler) Bildung *staatlich zu organisieren,* statt sie in privater Hand zu belassen (staatliche Leitung und Verwaltung von Schulen und Hochschulen). Das *zweite Kapitel* beschäftigt sich mit dieser Frage.

Als Argumente für die staatliche Leitung und Verwaltung der Bildungseinrichtungen wird zum einen das natürliche Monopol (steigende Skalenerträge der Bildungsproduktion) und zum anderen – besonders für Elementarschulen – die staatliche Kontrolle über die soziale Mischung der Schüler und den Prozeß der sozialen Grundnormenbildung angeführt. Würde man auf eine staatliche (oder öffentliche) Trägerschaft der Schulen und Hochschulen verzichten, wären Wohlfahrtsverluste die Folge. Vor allem sei das gesellschaftliche Zusammenleben durch religiöse und ethnisch-kulturelle Unterschiede in einer Gesellschaft gefährdet, wenn nicht der Staat eine sozial-integrierende Funktion durch Übernahme der Leitung und Verwaltung insbesondere der Schulen ausübe. Es käme zu gesellschaftlichen Instabilitäten, die hohe volkswirtschaftliche Kosten zur Folge haben könnten.

(2 b) Fazit dieses Kapitels ist es, daß das Argument des natürlichen Monopols weder für Schulen noch für Hochschulen gilt, weil von einer bestimmten Betriebsgröße an keine zunehmenden Skalenerträge mehr beobachtet werden. Der Gesichtspunkt der sittlich-normierenden Funktion der Schule spielt zwar eine Rolle, dem nach den jeweiligen Umständen, in denen sich eine Gesellschaft befindet, mehr oder minder Bedeutung zukommt. Um ihr gerecht zu werden, ist aber keine staatliche Leitung und Verwaltung der Schulen und erst recht nicht der Hochschulen erforderlich. Vielmehr kann dies durch punktuelle staatliche Interventionen (staatliche Auflagen an die Schulen) oder durch staatlichen Auftrag erreicht werden.

(3 a) Die bestehende Verteilung von Verfügungsrechten im Bildungsbereich und die damit verbundene staatliche Planung und Lenkung der Bildungsproduktion (angebotsgelenkte Bildungsproduktion, Bildungspaternalismus) wird aus allokativer Sicht fernerhin noch damit begründet, daß die Bildungsnachfrager, Eltern (Schüler) und Studenten, nicht in der Lage seien, den rechten Gebrauch von ihrer Entscheidungsfreiheit zu machen, wenn man ihnen die Lenkung der Bildungsproduktion als souveräne Nachfrager überlasse *(drittes Kapitel).* Dies sei darauf zurückzuführen, daß sie weder über hinreichende Informationen über alternative Bildungsgüter verfügten (These vom *Informationsmangel*), weil auf dem Bildungsmarkt Informationen über die verschiedenen Bildungsgüter *verfälscht* würden und die Kosten der Informationsbeschaffung und -verarbeitung für sie *zu hoch* seien, noch daß sie ein hinreichendes Interesse an der Bildung hätten (These von den *verzerrten Präferenzen* oder dem meritorischen Charakter der Bildung). Das heißt, der Bildungsnachfrager sei in vielen Fällen nicht souverän, wenn man ihm die Entscheidungsbefugnis über die Aneignung alternativer Bil-

dungsgüter völlig überlasse. Vielmehr seien Beamte (Kultusbeamte und Lehrer) eher in der Lage, rationale Entscheidungen über die formale, besonders schulische Bildung zu treffen als jener. Aus diesen Gründen könnte auch die auf Märkten bestehende Teilung des Wissens nicht aufrecht erhalten werden, nach der die Bildungsnachfrager ihre persönlichen Präferenzen für bestimmte Bildungsgüter kennen und dieses Wissen beim Tausch nutzen; Bildungsanbieter hingegen über die Kenntnisse der Produktionsbedingungen von Bildungsgütern verfügen, also über das, was fachlich, pädagogisch wie didaktisch machbar ist, und was es kostet. Der Staat als Bildungsproduzent müsse daher beide Informationen erzeugen: das Expertenwissen des Bildungsproduzenten und das Wissen über die „echten" oder „wahren" Präferenzen der Bildungsnachfrager. Vor allen Dingen sei die *hohe Zeitpräferenz* („Kurzsichtigkeit") und das *schichtspezifische Desinteresse* vieler Bildungsnachfrager zu korrigieren. Da der Vorwurf der Präferenzverzerrung der Bildungsnachfrager auch der Dahrendorfschen Konzeption der „aktiven Bildungspolitik" zugrunde liegt, wird dieser These und dem damit verbundenen Emanzipationsgedanken besondere Aufmerksamkeit geschenkt.

(3 b) Ergebnis der Analyse dieser Probleme ist es, daß fälschlicherweise bei der Diskussion um die These vom *Informationsmangel* der Bildungsnachfrager vom Informationsstand der Nachfrager unter den (bestehenden) Bedingungen eines angebotsgelenkten (paternalistischen) Bildungssystems auf den Informationsstand geschlossen wird, den die Bildungsnachfrager haben, wenn sie auf einem wettbewerblichen Bildungsmarkt agieren. Unter den Bedingungen staatlich gelenkter Bildungsproduktion ist aber das Informationsniveau der Bildungsnachfrager aus zweierlei Gründen niedriger als auf einem Bildungsmarkt: Zum einen ist die Zahl der angebotenen Bildungsalternativen auf Grund der eingeschränkten Verfügungsrechte der Nachfrager und der Einheitlichkeit des Bildungsangebots geringer, und damit auch der Nutzen, sich über Alternativen zu informieren; zum anderen haben Bildungsanbieter kein oder nur ein geringes Interesse, Informationen über alternative Bildungsgüter zur Verfügung zu stellen. Denn weder steht den Kosten der Informationssuche der Nachfrager ein gleicher oder größerer Nutzen gegenüber, noch den Kosten der Informationsbereitstellung durch die Anbieter ein entsprechender oder größerer Ertrag.

Es wird festgestellt, daß zwar auf einem wettbewerblichen Bildungsmarkt die Gefahr der *Informationsverfälschung* besteht, diese ist jedoch im Vergleich zum Fall der staatlich gelenkten Bildungsproduktion geringer einzuschätzen, weil die konkurrierenden Bildungsanbieter gegenseitig dazu beitragen, tendenziell die Informationsverfälschung und -manipulation zu beseitigen, womit in einem staatlich-administrativen System wegen seiner monopolistischen Züge nur bedingt zu rechnen ist. Das Fehlen oder die schwache Ausbildung von Informationsmärkten in Ländern mit staatlich geleitetem und verwaltetem Schulsystem scheint diese Aussage zu bestätigen.

Ebenso ist nicht einleuchtend, weshalb Eltern (Schüler) und Studenten nicht bereit sein sollen, die *Kosten der Informationsbeschaffung* über alternative Bildungsgüter auf sich zu nehmen, wenn der Nutzen dieser Information die Kosten übersteigt.

Da Fehlentscheidungen in Bildungsangelegenheiten erhebliche Kosten und Einkommenseinbußen mit sich bringen können, während die Kosten der Information über alternative Bildungsgüter vergleichsweise gering sind, ist damit zu rechnen, daß ein Informationsmarkt für Bildungsgüter entsteht und funktioniert, zumal die Vielfalt der Bildungsangebote die Bildungsnachfrager verstärkt zur Entscheidung herausfordern und das Bildungsangebot durch diese Entscheidungen determiniert wird.

Im Fall der verzerrten Präferenzen in Form *zu hoher Zeitpräferenz* wird festgestellt, daß es unzutreffend wäre, die Rationalitätsannahme prinzipiell in Frage zu stellen, wenn Eltern trotz hinreichender Informationen über die Bildungsmöglichkeiten ihres Kindes und trotz vorausgesetzten Wohlwollens ihm gegenüber, die Investition in die Ausbildung ihres Kindes vernachlässigen. In diesem Fall wird meistens übersehen, daß die Zeitpräferenz der Eltern eine Funktion ihres Einkommens ist und Eltern, die mit ihren Kindern am Existenzminimum leben, nicht in Zukunftsgüter, wie die Ausbildung ihrer Kinder, investieren können. Vor allem bei der Beurteilung des Ausbildungsverhaltens der Eltern in Entwicklungsländern ist dieser Sachverhalt zu berücksichtigen.

Aber auch das spezielle Desinteresse von Personen bestimmter sozialer Gruppen oder Schichten an formaler „höherer" Bildung *(schichtspezifisches Desinteresse)*, das als eine zweite Form der Präferenzverzerrung angesehen wird, muß zurückgewiesen werden, da aus dem individuellen Kosten-Nutzen-Kalkül besonders der Schüler und Studenten aus Familien mit niedrigeren Einkommen eine Verhaltensweise erklärt werden kann, die die sogenannte „Bildungsferne" oder besser die geringere Nachfrage nach schulischer und akademischer Bildung erklärt. Dabei spielen die familiären und außerschulischen Lern- und Bildungsprozesse eine entscheidende Rolle. Sie lassen berufliche Verwendungsarten günstiger erscheinen, in denen die in der Familie und der außerschulischen sozialen Umgebung (funktional) tradierten Fertigkeiten und Werte, Vorteile gegenüber anderen mit sich bringen; und dies um so mehr, je mehr die Nachfragersouveränität eingeschränkt und das Bildungsangebot weitgehend unabhängig von den Bildungswünschen gelenkt wird und diese Menschen daher eher ihre eigene Unfähigkeit oder Ungeeignetheit in einem unter hoheitlicher Gewalt stehenden Bildungssystem erfahren müssen, statt als souveräne Tauschpartner Bildung „kaufen" zu können.

Derartige Bildungsentscheidungen als Entscheidungen zu bezeichnen, die auf der Grundlage verzerrter Präferenzen zustande kommen, und ihnen Rationalität abzusprechen, wäre wahrscheinlich in den meisten Fällen verfehlt. Vielmehr gibt es gute Gründe anzunehmen, daß die Effizienz der Allokation des Humankapitals nicht unerhebliche Einbußen erleidet, wenn man über ein angebotsgelenktes Bildungssystem die familiären und außerschulischen Bildungsprozesse und damit die in der Gesellschaft meist funktional tradierten Informationen, Werte und Verhaltensweisen (möglichst total) neutralisiert und neue Normen bildet und verbreitet. Die Frage nämlich, welche neuen Normen zu schaffen sind, woher sie kommen und wie sie in Einklang mit den existierenden Anforderungen des Beschäftigungssystems und der Gesellschaft zu bringen sind, kann nicht beantwortet werden. Erfahrungen mit der aus diesen Gründen expansiv betriebenen Bildungspolitik der Bundesrepublik Deutschland zeigen dies deutlich.

(4 a) Im *vierten* Kapitel wird die Frage geprüft, welche ökonomischen Gründe für einen *Abnahmezwang von Bildungsgüter* sprechen, der als allgemeine Schulpflicht und Schulzwang die Bildungsordnungen der westlichen Länder prägt. Die Einschränkung der Dispositionsbefugnisse der Eltern durch die gesetzliche Verpflichtung, ihr schulpflichtiges Kind zur Schule zu schicken, setzt voraus, daß Eltern berechtigt sind, als Agenten für ihr Kind Bildungs- und Ausbildungsentscheidungen zu fällen. Bevor geprüft wird, welche ökonomischen Gründe für den allgemeinen Abnahmezwang von Bildungsgütern sprechen, wird deshalb untersucht, warum Eltern generell die Entscheidungsbefugnis über die Erziehung und Bildung ihrer Kinder zu übertragen sei. Zu diesem Zweck muß die bisher stets unterstellte Bedingung aufgehoben werden, daß Eltern aus ökonomischer Sicht die besten Agenten für ihre Kinder in Bildungsangelegenheiten seien.

Im Anschluß daran wird geprüft, welche ökonomischen Argumente dafür sprechen, das allgemeine Dispositionsrecht der Eltern über die Bildung ihrer minderjährigen Kinder generell durch Abnahmezwang von Bildungsgütern einzuschränken. Dabei werden die Fälle nichtwohlwollender Eltern und wohlwollender Eltern unterschieden, und bei den letzteren noch einmal nach Eltern mit hohen und niedrigen Präferenzen für formale Bildung differenziert. Um die ökonomischen Wirkungen des Abnahmezwangs von Bildungsgütern von denjenigen zu trennen, die auf ein staatlich finanziertes, gelenktes und verwaltetes Bildungssystem zurückzuführen sind, wird zunächst unterstellt, die allgemeine Schulpflicht existiere auf einem wettbewerblichen Bildungsmarkt, auf dem Bildung privat finanziert wird. Unter diesen Bedingungen wird untersucht, wie die materielle (Anzahl der Pflichtfächer und ihre Inhalte) und zeitliche Ausdehnung der Schulpflicht (Anzahl der Pflichtschuljahre) auf den Leistungsprozeß in den Pflichtschulen und das innovatorische Potential dieser Schulen wirkt. In einem weiteren Schritt wird sodann aufgezeigt, wie der allgemeine Abnahmezwang für bestimmte Bildungsgüter in Verbindung mit der staatlichen Finanzierung und Produktion von Bildung diese Konsequenzen modifiziert.

(4 b) Ergebnis dieses Kapitels ist es, daß auf Grund der motivationalen und informationalen Beziehungen zwischen Eltern und ihren Kindern die Familie die bewährtere Institution ist, die Interessen des Kindes zu wahren und Humankapital langfristig über das Einzelleben hinaus zu erhalten sowie den wirtschaftlich-technischen Entwicklungen anzupassen. Eltern das Dispositionsrecht über die Bildung und Erziehung ihrer minderjährigen Kinder einzuräumen, ist deshalb in der Regel wohlfahrtsfördernd. Allerdings kann nicht immer vom Fall wohlwollender Eltern ausgegangen werden, die Bildungsentscheidungen im Interesse ihres Kindes fal-

len, zumal dies auch von anderen Rahmenbedingungen abhängt. Um Minderjährige nichtwohlwollender Eltern vor allem vor größeren, irreparablen Erziehungsschäden zu schützen, kann es wohlfahrtsfördernd sein, das elterliche Erziehungsrecht für diese Eltern einzuschränken. Allerdings handelt es sich bei dem Abnahmezwang von Bildungsgütern um eine *generelle* Maßnahme, die auch die wohlwollenden Eltern trifft und in ihrer Entscheidungsbefugnis einschränkt, wenn sie niedrige Präferenzen für die Bildungsgüter haben, die auf dem Markt für schulpflichtige Bildungsleistungen angeboten werden. Es ist deshalb auch unter wettbewerblichen Bedingungen und Nachfragefinanzierung der Bildung mit Wohlfahrtsverlusten zu rechnen, wenn auch andererseits Wohlfahrtsgewinne zu verzeichnen sind, die durch den Schutz der Minderjährigen nichtwohlwollender Eltern vor Unwissenheit entstehen. Das Ausmaß dieser Wohlfahrtsverluste hängt jedoch entscheidend davon ab, wie groß die Zahl der Pflichtfächer ist, was in den Lehrplänen verpflichtend festgeschrieben ist und über welchen Zeitraum der Pflichtunterricht (Dauer der Schulpflicht) ausgedehnt wird. Es wird gezeigt, daß mit zunehmender materieller und zeitlicher Ausweitung der Schulpflicht der volkswirtschaftliche Nutzen überproportional abnimmt und die volkswirtschaftlichen Kosten überproportional steigen. Gleichzeitig steigt die Zahl der wohlwollenden Eltern, die in ihrer Entscheidungsfreiheit beeinträchtigt werden, was zu zusätzlichen Wohlfahrtsverlusten führt.

Darüber hinaus bleibt der Abnahmezwang von Bildungsgütern nicht ohne ungünstigen Einfluß auf die Produktions- und Kostenfunktionen der Pflichtschulen, weil er das Verhalten der am Leistungsprozeß beteiligten Lehrer, Schulverwalter und Schüler negativ beeinflußt. Das ist darauf zurückzuführen, daß bei Substitutionalität der Einsatzfaktoren (Lehrer und Schüler) und unfreiwilligem Besuch des Pflichtunterrichts durch die Schüler sowie bei administrativer (obligatorischer) Zuteilung der Lehrer auf Schulen die Produktionsbedingungen der Schule direkt und indirekt (Interdependenz der individuellen Produktionsfunktionen) ungünstig beeinflussen werden. Bei gegebenem Preis der Einsatzfaktoren wirkt dies kostenerhöhend beziehungsweise leistungsmindernd.

Da Abnahmezwang von Bildungsgütern für die Anbieter dieser Güter eine Absatzgarantie bedeutet, bestehen im Fall monopolistischer Spielräume Möglichkeiten zu Kosten- und Preissteigerungen. Die Tendenz dazu wird verstärkt und besteht auch unter wettbewerblichen Bedingungen, wenn der Markt für Lehrpersonal in den Pflichtfächern vermachtet ist.

Schließlich beeinträchtigt die Schulpflicht auch das Entstehen pädagogischer Innovationen, soweit es sich um Produktinnovationen (Neuerungen in den Bildungsinhalten) handelt, weil die Bildungs- und Lernziele weitgehend vorgegeben sind.

Wird der Bildungsnachfrager dem Abnahmezwang für Bildungsgüter unterworfen und übernimmt der Staat gleichzeitig die Produktion und Finanzierung von Bildungsgütern, die dem Abnahmezwang unterliegen, so ist tendenziell mit einer Verstärkung der beschriebenen Ineffizienzen zu rechnen.

(5 a) Das *fünfte Kapitel* wendet sich den distributiven Aspekten steuerfinanzierter (formaler) Bildung zu. Wenn unter dem Aspekt der allokativen Effizienz eine Subventionierung der formalen Bildung wegen positiver externer Effekte nicht zweckmäßig erscheint, so könnte es doch sinnvoll sein, aus distributiven Gesichtspunkten, speziell unter dem des *Ausgleichs der Startchancen* junger Menschen für ihr zukünftiges Leben, formale Bildung zum Nulltarif anzubieten. Die Frage lautet deshalb, was die Subventionierung der schulischen und akademischen Bildung und speziell eine Politik des Nulltarifs (Schul- und Studiengeldfreiheit) in dieser Hinsicht leisten.

(5 b) Es wird festgestellt, daß der als sozialpolitisch erwünschte Nulltarif in vielen Ländern faktisch einen dem intendierten distributiven Ziel inversen Verteilungseffekt herbeiführt, der jene Menschen noch besser stellt, die auf Grund ihrer Anlagen und Fähigkeiten bereits mit größerer Wahrscheinlichkeit ein überdurchschnittliches Lebenseinkommen beziehen werden. Dies gilt vor allen Dingen für die kostenlose Nutzung von Hochschulen.

Aus dem *ersten Hauptabschnitt* (Kapitel I bis VI) ergibt sich, daß die staatliche Finanzierung und Produktion von Bildungsgütern und die damit verbundene Verteilung der Verfügungsrechte (Schul- und Studiengeldfreiheit, staatliche Schul- und Hochschulaufsicht als Leitung und Verwaltung der Bildungseinrichtungen, weitgehende Aufhebung der Dispositionsrechte der Eltern, Schüler und Studenten) *ökonomisch* nicht begründet werden kann, wenn es sich um eine an freiheitlich-demokratischen und marktwirtschaftlichen Prinzipien orientierte Gesellschaft handelt. Mit anderen Worten, geht man von dem Grundsatz aus, persönliche Freiheiten erst dann einzuschränken – notfalls sogar aufzuheben –, wenn nachweislich die Freiheiten anderer Menschen beeinträchtigt werden und Marktversagen vorliegt, dann gibt es keine tragfähigen, überzeugenden Gründe, den Bildungsbereich zum Ausnahmebereich zu erklären, die Finanzierung und Produktion von Bildung in staatliche Hände zu legen und die Souveränität der Bildungsnachfrager einzuschränken, es sei denn zum Schutz der Minderjährigen im Fall nichtwohlwollender Eltern.

Wenn das bisherige Ergebnis der Untersuchung war, daß die Gründe, die zu einem Abweichen von den Prinzipien geführt haben, nach denen weite Bereiche des gesellschaftlichen und wirtschaftlichen Lebens geordnet sind, nicht stichhaltig sind, so ist dennoch die Frage offen, wie ein nach der regulativen Idee des Marktes gestaltetes Bildungssystem genauer aussieht. Das heißt, es ist anzugeben, wie die Verfügungsrechte im Bildungsbereich zu definieren sind, um mehr persönliche Freiheit der Beteiligten (Eltern, Schüler und Studenten) und mehr Effizienz zu erreichen.

(6 a) Im *ersten Kapitel* des *zweiten Hauptabschnittes* (C) wird daher die *Neuverteilung der Verfügungsrechte* skizziert und das Für und Wider dieser Verteilung aus ökonomischer Sicht erörtert.

Dabei steht der *Bildungsvertrag* im Mittelpunkt der Neuverteilung der Verfügungsrechte. Er wird zwischen den einzelnen Bildungsanbietern (Schulen, Hochschulen) und Bildungsnachfragern (Eltern, Studenten) abgeschlossen. Vertragsfreiheit besteht im Rahmen der staatlichen Schul- und Hochschulaufsicht, die als reine Ordungsfunktion verstanden wird. In seiner Leistungsfähigkeit wird der Bildungsvertrag mit der Institution der Mitwirkung und Mitbestimmung zur Herstellung der Nachfragersouveränität verglichen. Darauf folgt die Beschreibung der Dispositionsrechte des Staates, der Bildungsanbieter und -nachfrager.

(6 b) Ergebnis dieses Kapitels ist es, daß bei weitgehender Vertragsfreiheit der Schulen und Hochschulen einerseits und der Eltern (Schüler) und Studenten andererseits wohlfahrtsfördernde Wirkungen von einer staatlichen Schulaufsicht im strengen Sinne einer Ordnungsfunktion, von staatlichen Prüfungen im Rahmen der Bildungspflicht, von der staatlichen Aufsicht über den Markt für Prüfungsleistungen oberhalb des bildungspflichtigen Bereiches und von staatlichen Maßnahmen zur Verhinderung von Vermachtungstendenzen auf dem Bildungsmarkt zu erwarten sind. Unter den beschriebenen Rahmenbedingungen haben Schulen beziehungsweise ihre Träger Eigenständigkeit in der Wirtschafts- und Personalverwaltung, und eigene Lösungen in Fragen der Schulorganisation, der Lehrerbesoldung, der Schülerrekrutierung (Auswahl der Schüler) und der Lehrbücher sowie der baulichen Gestaltung der Schule zu suchen. Ebenso genießen sie pädagogische Freiheit und definieren im Rahmen der staatlichen Rahmenbedingungen ihre Ausbildungsziele selbst.

Desgleichen, aber im verstärkten Maße, haben Hochschulen oder ihre Träger wirtschaftliche Eigenständigkeit und entscheiden über ihre interne Organisationsstruktur und damit über die Verteilung der Entscheidungsbefugnisse innerhalb der Hochschule.

Eltern haben das Recht, unter den gegebenen Rahmenbedingungen im Namen ihrer minderjährigen Kinder Bildungsverträge zu schließen. Diese Vertragsfreiheit wird materiell und zeitlich durch die Verpflichtung beschränkt, für die Bildung der Kinder Sorge zu tragen. Es ist jedoch ihnen (und ihren Kindern) überlassen, die Schule frei zu wählen.

Die Kosten der Schulbenutzung im Rahmen der Bildungspflicht sowie des Schulbesuchs tragen die Eltern, unabhängig davon, ob es sich um bildungspflichtige Güter handelt oder nicht.

Studenten haben das Recht, der freien Wahl des Studienortes (der Hochschule), des Studienfaches und auch des Prüfers, sofern sich die Hochschule, die Fakultät oder der Fachbereich für das Recht der freien Prüferwahl entscheidet. Der Student trägt die Kosten des Studiums selbst.

(7 a) Im *zweiten Kapitel* werden die *Wirkungen der Neuverteilung* der Verfügungsrechte untersucht, soweit sie nicht bereits aus dem ersten Hauptabschnitt (B) hervorgehen.

Im Mittelpunkt steht hier der Vorwurf, der Bildungsmarkt begünstige „vermarktbare“ Reformen der Bildungsinhalte und -methoden, was zur Folge habe, daß sich das innovatorische Potential auf kurzfristig verwertbare (berufsqualifizierende) Ausbildungsinhalte beschränke. Das führe zu einem Konflikt mit den längerfristigen Entwicklungen des Qualifikationsbedarfs und den gesellschaftspolitisch-emanzipatorischen und kulturellen Ansprüchen der Gesellschaft.

(7 b) Die Untersuchung kommt zu dem Ergebnis, daß ein staatlich-administratives Bildungssystem auf Grund der geringeren Teilbarkeit der Entscheidungsprozesse (politische Mehrheitsentscheidungen, Einheitlichkeit der Erwartungen und Anweisungen) nicht die Vielfalt von Bildungsgütern herstellen kann wie der Markt. Denn es handelt sich bei Bildungsgütern um private Güter. Staatlich-administrative Bildungssysteme können die Informationsverarbeitung nicht leisten und die motivationalen Voraussetzungen nicht schaffen, Innovationen und Reformen schrittweise und kontinuierlich durchzuführen. Die Reformschwelle liegt wegen der geringen Teilbarkeit der Erwartungen und Entscheidungen höher als auf dem Bildungsmarkt. Das heißt, kleine kontinuierliche Reformen sind schwierig und größere erfolgen sprunghaft. Ein Konflikt mit den längerfristigen Entwicklungen des Qualifikationsbedarfs ist nicht zu erkennen.

(8 a) Der *dritte Hauptabschnitt* (D) wendet sich schließlich der Frage zu, ob der *Kapitalmarkt* seinerseits in der Lage ist, die Nachfrage nach Bildungsgütern zu finanzieren. Denn der Bildungsmarkt mag sehr wohl funktionstüchtig sein, aber trotzdem kann es zu einer suboptimalen Versorgung mit Bildungsgütern kommen, wenn der Markt für Bildungsdarlehen nicht funktioniert. Aus diesem Grunde wird nunmehr die Annahme aufgehoben, der Kapitalmarkt sei voll funktionstüchtig und in der Lage, Bildungsnachfrager (Schüler und Studenten), die potentiell begabt und leistungswillig sind – also eine ausreichende Bonität ihres Humankapitals aufweisen –, aber keine banküblichen, materiellen Sicherheiten beischaffen können, mit finanziellen Mitteln zu versorgen.

Die Untersuchung der Probleme der Finanzierung der Bildungsnachfrage konzentriert sich zunächst *(erstes Kapitel)* auf die Möglichkeiten und Grenzen der Eigenfinanzierung (Finanzierung aus dem verfügbaren Einkommen und Vermögen der Eltern (des Schülers) oder des Studenten).

(8 b) Aus dieser Analyse ergibt sich, daß der Finanzierungsbedarf für schulische Bildung (insbesondere im Rahmen der Schul- oder Bildungspflicht) relativ zu anderer formaler, „höherer“ Bildung gering ist und erst recht unter den heutigen Verhältnissen der bei weitem größte Teil der Eltern zu ihrer Finanzierung in der Lage ist. Dabei ist zu berücksichtigen, daß die steuerliche Belastung durch die bisher anfallenden institutionellen Ausgaben für Schulen und Hochschulen entfallen und das verfügbare Einkommen der Bildungsnachfrager (Steuerzahler) sich entsprechend erhöht, wenn der Staat seine Entlastung an die Steuerzahler weitergibt oder er ihr Wohlfahrtsniveau durch zusätzliche öffentliche Güter anhebt. Darüber hinaus kann mit Wirtschaftlichkeitseffekten gerechnet werden, wenn die Bedingungen eines wettbewerblichen Bildungsmarktes weitgehend verwirklicht werden.

Trotzdem ist davon auszugehen, daß auch im Bereich der Elementarbildung verschiedentlich Finanzierungsengpässe entstehen werden, die eine Fremdfinanzierung erforderlich machen, wenn nicht das Ziel der allokativen Effizienz verletzt und ungünstige distributive Folgewirkungen vermieden werden sollen. Insbesondere könnten Eltern, die sich in einer prekären materiellen Situation befinden, der Schul- oder Bildungspflicht für ihre Kinder aus finanziellen Gründen nicht nachkommen.

Die Möglichkeiten der Eigenfinanzierung werden für die wachsende Zahl potentieller Bildungsnachfrager aber dann geringer, wenn zusätzliche, meist teurere „höhere" und akademische Bildung nachgefragt werden soll. Durch höhere Lebenshaltungskosten und Kosten des Schul- und Studienplatzes nimmt der Finanzierungsbedarf zu. Zwar haben Familien die Möglichkeit, unterschiedliche Formen des Kapital- und Bildungssparens mit und ohne Versicherung gegen Risiken der finanziellen Bildungsvorsorge (Aussteuer-, Ausbildungsversicherung) zu nutzen und die Finanzierungslasten auf diese Weise über größere Zeiträume bzw. auf die Generationen (Eltern – Kinder) zu verteilen; trotzdem kann keinesfalls davon ausgegangen werden, daß die verschiedenen Formen der Eigenfinanzierung ausreichen, um volkswirtschaftlich eine Unterversorgung mit formaler Bildung zu vermeiden. Ein funktionstüchtiger Markt für Bildungsdarlehen ist eine unabdingbare Voraussetzung, um diejenigen mit finanziellen Mitteln zu versorgen, die begabt und leistungswillig sind, aber selbst nicht die Mittel aufbringen können, um schulische und akademische Bildung zu finanzieren.

(9 a) Im *zweiten Kapitel* steht deshalb die Frage der *Fremdfinanzierung* der Bildungsnachfrage über den Kapitalmarkt (Bildungsdarlehen) im Vordergrund. Zunächst werden die Schwierigkeiten aufgezeigt, die bei der Finanzierung der schulischen und akademischen Bildung über Darlehen prinzipiell entstehen. Fragen der Risiken der Vertragspartner im Zeitpunkt des Vertragsabschlusses (Risiko der Rückzahlungsunfähigkeit, moralisches Risiko) aber auch die Probleme der adversen Selektion und des Verwaltungsaufwandes werden untersucht. Darauf folgt eine Übersicht und Darstellung der einzelnen vorgeschlagenen und realisierten Finanzierungsmodelle, wobei jeweils der Beitrag zur Lösung der speziellen Probleme der Darlehensfinanzierung (Risiko der Rückzahlungsunfähigkeit, moralisches Risiko, adverse Selektion, Verwaltungsaufwand) im Vordergrund steht. Dabei sind vor allem die Erfahrungen mit realisierten Darlehensmodellen von Interesse, soweit Informationen verfügbar sind.

(9 b) Die Probleme, weshalb der Kapitalmarkt bei der Bereitstellung von Bildungsdarlehen Funktionsschwierigkeiten zeigt, liegt in der Ausprägung der Verfügungsrechte über Humanvermögen begründet. Nach herrschendem Recht ist das *Eigentumsrecht an Humanvermögen* (Persönlichkeitsrecht) nicht übertragbar. Es ist deshalb nicht zur Sicherung von Krediten geeignet, mit denen die potentiellen Begabungen eines Menschen zu dessen Vorteil und zum Vorteil der Gesellschaft so ertragskräftig wie möglich gemacht werden kann. Der Kapitalmarkt kann daher seine Finanzierungsfunktion, durch die das individuelle Humanvermögen der Menschen in die bestmöglichen Verwendungen gelangt, so ohne weiteres nicht erfüllen.

Ebenso ist der zukünftige *Ertrag* (Einkommen) aus dem Humanvermögen dem Zugriff des Kreditgebers ganz entzogen, soweit es sich um *immaterielles* Einkommen

(Prestige, Kultur- und Bildungskonsum) handelt. Aber auch der Zugriff auf das zukünftige *materielle* Einkommen ist nicht leicht und kann mit erheblichen Kosten verbunden sein. Diese Kosten liegen weniger in dem Verwaltungsaufwand langfristig ausgeliehener Gelder als vielmehr in dem moralischen Risiko, daß sich der Bildungsdarlehensnehmer durch absichtsvolle Handlung der Rückzahlung entzieht, indem er auf materielles Einkommen verzichtet (und sein immaterielles Einkommen maximiert) und/oder dieses dem Zugriff des Darlehensgebers durch absichtliche Handlung (Verheimlichung) entzieht. Ersteres schlägt sich über die Versicherungsprämie für das Ausfallrisiko als kostenerhöhender Faktor nieder, zweites sowohl in der Versicherungsprämie als auch als Kosten des Mahn- und Berichtswesens. Die Zahlungsausfälle sind dabei abhängig von der Ausgestaltung der Einkommensgarantie: Je höher (niedriger) das unpfändbare Einkommen und Vermögen, um so größer (niedriger) ist das Ausfallrisiko und die sie deckende Versicherungsprämie.

Kosten, die durch Zahlungsausfälle sowie durch Mahn- und Berichtskosten entstehen, weil der Darlehensnehmer sein materielles Einkommen und Vermögen verheimlicht, können nur durch spezielle Formen der Ausgestaltung der Darleheneinziehung und der Kontaktpflege zwischen Darlehensgeber und -nehmer niedrig gehalten werden. Das gleiche gilt für das Problem der Trennung guter und schlechter Risiken (adverse Selektion), die die Versicherbarkeit von Rückzahlungsrisiken in Frage stellen kann.

Finanzierungssysteme vom Typ des *Bildungsnießbrauchs,* bei dem der Geldkapitalgeber sich am zukünftigen materiellen (monetären) Einkommen des Bildungsnachfragers beteiligt, sind geeignet, die Risiken der Rückzahlungsunfähigkeit zu verringern, weil sich die „Rück"zahlung der Gelder flexibel nach den Einkommensverhältnissen richtet. Da durch Verheimlichung der tatsächlichen Höhe des Einkommens die Rückzahlung ganz oder teilweise verhindert werden kann, ist fraglich, ob die Kosten der Zahlungsausfälle und der Verwaltung der Außenstände niedriger gehalten werden können, wenn private Einrichtungen (Studienfinanzierungsabteilungen der Hochschulen) Gelder in dieser Form übereignen, oder ob der Staat im Rahmen der Lohn- und Einkommensteuereinziehung dies wirtschaftlicher bewerkstelligen kann. Eine allgemeine Aussage dazu ist nicht möglich, da die institutionellen und sonstigen Rahmenbedingungen von Land zu Land verschieden sind.

Um die Trennung von guten und schlechten Risiken bei der Aufnahme von Bildungsdarlehen zu lösen und die Versicherungsprämie niedrig zu halten, kann eine obligatorische Beteiligung zumindest an der Versicherung für alle Darlehensnehmer effizienzfördernd sein.

Der Bildungsnießbrauch macht jedoch eine Vorausschätzung der Einkommen der Nießbrauchsnehmer notwendig, was Probleme bereiten kann.

Um die Vorteile des geringen Verwaltungsaufwandes und der Minderung des moralischen Risikos zu genießen, ohne in die Probleme der Einkommensvorausschätzung zu geraten, eignen sich konventionelle Darlehen mit speziellen Rückzahlungs- und Versicherungsbedingungen (Hauser-Adam, Rivilin).

(10 a) Im *dritten Kapitel* werden sodann die staatlichen Subventionen der Bildungsnachfrage untersucht. Sie können verschiedene Ausprägungen haben (Zinssubventionen, Ausfallgarantien, Stipendien, Bildungsscheine). Die Ausführungen beschränken sich auf die in der deutschsprachigen Diskussion um die Bildungsfinanzierung bisher kaum bekannten Bildungsscheinsysteme, bei denen es sich um Bildungsnachfragesubventionen (teils auch Sozialtransfers) mit spezieller technischer Ausprägung handelt. Auf einen historischen Abriß der theoretischen und politischen Diskussion um Bildungsscheine folgt eine Sichtung der verschiedenen vorgeschlagenen Systeme nach ihren ökonomisch relevanten Merkmalen. Im Anschluß daran werden in einer allgemeinen Analyse die Bildungsscheine (pro-Kopf- und pro-Stück-Gutschein, einkommensabhängig gestaffelter, ergänzungsfähiger Gutschein) in ihrem Einfluß auf die Entscheidungsspielräume und Verhaltensweisen der Bildungsnachfrager sowie auf das Verhalten des Staates bei der Bestimmung des Bildungsbudgets untersucht. Schließlich folgt eine ausführliche Analyse der allokativen und distributiven Wirkungen der einzelnen Bildungsscheinsysteme.

(10 b) Hauptergebnis dieses Kapitels ist es, daß Bildungsscheine (Bildungsnachfragesubventionen) ökonomisch dann gerechtfertigt sind, wenn Humankapital nicht gebildet beziehungsweise potentielle menschliche Begabungen nicht in ihre bestmöglichen Verwendungen gelangen, weil der Markt für Bildungsdarlehen nicht voll funktionstüchtig ist. Der Markt für Bildungsdarlehen findet dort die Grenze seiner Leistungsfähigkeit, wo die Transaktionskosten für Bildungsdarlehen (Kosten des Informations- und Verwaltungsaufwandes) so hoch sind, daß dadurch ihre (relative) Effizienz als Finanzierungsinstrument dem staatlicher Bildungssubventionen unterlegen ist. Es wird dann eine Pareto-superiore Situation erreicht werden, wenn zusätzlich zweckgebundene Subventionen an Bildungsnachfrager gezahlt werden, die sonst auf Grund von Finanzierungsschwierigkeiten ihre Begabungen nicht bestmöglich einsetzen können und die Erträge aus diesen Subventionen (vorgestreckten Geldern) in Form eines höheren Steueraufkommens in einem Umfang zurückfließen, der die eingesetzten Steuermittel (einschließlich der Ausgaben für Verwaltungskosten) decken und eine marktübliche Verzinsung erzielen. Ob das annähernd gelingt, ist aber keinesfalls sicher. Die staatlichen Instanzen haben zum einen die Fälle ausfindig zu machen, in denen eine Finanzierung über den Kapitalmarkt nicht wirtschaftlich erfolgt – also durch eine Förderung die Allokation der Ressourcen verbessert werden kann – und zum anderen die Höhe der Subventionen so zu bestimmen, daß keine Überinvestition in Bildung erfolgt. Der Bildungsschein mit konstantem Nennwert (Friedman-Gutschein) kann nur effizient sein, wenn unterstellt wird, daß die Informations- und Verwaltungskosten zu hoch sind, um die Fälle ausfindig zu machen, in denen die Finanzierung über Bildungsdarlehen in der Realität nicht funktioniert, es also ökonomisch vorteilhaft ist, sie (fast) ganz zu vermeiden und allen (Schulpflichtigen) einen gleich hohen Betrag als zweckgebundene Subvention zukommen zu lassen. Andernfalls würde er das Kriterium der relativen Effizienz verletzen.

Der Bildungsschein mit invers zum Einkommen gestaffeltem Nennwert ist eine Annäherungslösung an die Fälle, in denen es tatsächlich in der Realität zu Finanzierungsengpässen kommen kann. Er ist effizient, wenn die Informations- und Verwaltungskosten (einschließlich der Kontrollkosten für Maßnahmen zur Vermeidung von Mißbrauch) so gering sind, daß ein positiver Wohlfahrtseffekt im Vergleich zum Bildungsschein mit konstantem Nennwert erzielt wird.

Vor allem aber wird die allokative Effizienz durch den einkommensabhängig gestaffelten Bildungsschein gefördert, weil das staatliche Bildungsbudget in seiner Höhe niedriger ausfällt als beim Friedman-Bildungsschein und damit die Vorteile einer dezentralen Finanzierung und ihrer für die Ressourcenallokation entscheidenden Informationsfunktion sowie ihrer höheren Anpassungsfähigkeit und Reaktionsgeschwindigkeit auf Änderungen von Rahmendaten in einem geringeren Umfang verloren gehen. Anders ausgedrückt, die Chancen, daß die Höhe des Bildungsbudgets volkswirtschaftlich „richtig“ fixiert wird, steigen, da den staatlichen Instanzen die Informationen fehlen, welche Höhe das Bildungsbudget aus allokativen Gründen haben müßte, und darüber hinaus die Gefahr des Einflusses von Sonderinteressen (Einfluß von Lehrer-, Eltern- sowie Hochschul- und Studentenverbänden), die auf möglichst hohe Bildungssubventionen gerichtet sind, abnimmt, weil der Nutzen der politischen Einflußnahme im Vergleich zu seinen Kosten ebenfalls abnimmt.

Bildungsscheine mit konstantem oder variablem Nennwert, die nicht ergänzungsfähig sind, verstoßen gegen das Ziel der allokativen Effizienz. Sie kommen einer staatlichen Preisfixierung für Bildungsgüter gleich.

Bildungsscheinsysteme vermeiden regressive Effekte, wenn sie sich auf die Finanzierung von Bildungsgütern beschränken, die im Rahmen der Bildungspflicht angeboten werden.

(11) Im *vierten Kapitel* wird ein staatliches Darlehensprogramm mit privatwirtschaftlicher Konkurrenz und Bildungsscheinen (Subventionen) vorgeschlagen.

Der *Anhang* enthält einen konkreten und umfassenden Finanzierungsvorschlag, der am 12. November 1982 dem Ausschuß für Bildung und Wissenschaft des Deutschen Bundestages anläßlich seiner Großen Anhörung zur Novellierung des Bundesausbildungsförderungsgesetzes durch den Verein für studentische und Hochschulfragen (jetzt Institut für Bildungs- und Forschungspolitik) zugeleitet worden ist.

B. Marktversagen, staatliche Bildungsfinanzierung und -produktion und die Verteilung von Verfügungsrechten im Bildungsbereich

I. Externe Effekte und Bildungssubventionen

Die Theorie der externen Effekte hat maßgeblich dazu beigetragen, die bestehende Ordnung und Verteilung von Rechten und Macht im Bildungsbereich und als deren Folge auch staatliche Planung, Organisation und Produktion von Schul- und Hochschulbildung ökonomisch zu legitimieren[1], obwohl durch sie allenfalls die *Finanzierung* der Bildung durch Steuern (öffentliches Gut) gerechtfertigt werden kann[2]. Unter dem Aspekt Pareto-optimaler Allokation der Ressourcen, so wurde argumentiert, müsse die Bereitstellung von Bildungsleistungen über den Markt unter anderem besonders deshalb versagen und zu einer suboptimalen Versorgung mit Bildung führen, weil die Nachfrager nach Bildung nicht in der Lage seien, den gesamten Nutzen zu internalisieren, der mit ihrem Erwerb verbunden sei. Mit anderen Worten, die Existenz positiver Pareto-relevanter externer Effekte (spill-overs) verletze eine der Voraussetzungen, unter denen der Markt bei gegebener Einkommensverteilung die optimale Versorgung mit Gütern (invisible-hand-Theorem) gewährleiste.

Nachdem Gary Becker und Theodore W. Schultz zu Beginn der bildungsökonomischen Diskussion Anfang der sechziger Jahre auf die positiven externen Effekte der Bildung erneut aufmerksam gemacht haben, haben Anton A. Weisbrod[3], Mary J. Bowman[4], Maurice Peston[5] und viele andere versucht, die mit der Bildung verbundenen positiven externen Effekte zu umschreiben, zu systematisieren und teilweise mit Meßkonzepten zu versehen. Die sprachliche Verwirrung und der Mythos um die Existenz und die quantitative Bedeutung dieser Effekte haben damit aber keineswegs abgenommen. Zwar äußerten sich schon in der ersten

[1] Siehe zum Beispiel Riese, H.: Das Ertrags-Kosten-Modell in der Bildungsplanung, in: Bildungsökonomie – Eine Zwischenbilanz, Economics of Education in Transition, (Hrsg.), K. Hüfner und J. Naumann, Festschrift für Friedrich Edding, Stuttgart 1969, S. 123–138, und die zahlreiche Literatur bei Widmaier, H. P.: Studienwahl versus Bedarf im Hochschulbereich, in: Grundfragen der Infrastrukturplanung für wachsende Wirtschaften, a. a. O., S. 506, und bei Jöhr, W.: Der Beitrag der Nationalökonomie zur Bildungsforschung, in: Schweizerische Zeitschrift für Volkswirtschaft und Statistik, Bd. 105 (1969), S. 387–423.

[2] Siehe zu den ökonomischen Gründen staatlicher Bildungsproduktion S. 47 ff.

[3] Weisbrod, B. A.: External Effects of Investment in Education, in: Economics f Education, Bd. 1, (Hrsg.), M. Blaug, London 1968, S. 156–182.

[4] Bowman, M. J.: The Social Returns to Education, in: International Social Science Journal, Bd. 14 (1962), Nr. 4, S. 647–659.

[5] Peston, M.: The Theory of Spillovers and Its Connection with Education, in: Public Finance, Bd. 21 (1966), S. 184–199.

Hälfte der sechziger Jahre Fritz Machlup[6] sowie Alan T. Peacock und Jack Wiseman[7] frühzeitig kritisch zu den externen Effekten der Bildung, aber erst Mark Blaug[8] und Carl C. von Weizsäcker[9] haben gezeigt, daß unter anderem fälschlicherweise als positive externe Effekte bezeichnet wurde, was bereits in dem Begriff der Grenzproduktivität (produktivitätssteigernde Effekte auf Kollegen am Arbeitsplatz) enthalten ist. Sie haben ferner auf einige Doppelzählungen[10] von sogenannten externen Effekten der schulischen und akademischen (formalen) Bildung aufmerksam gemacht. Im folgenden soll an dieser Diskussion angeknüpft werden.

a) Produktivitätssteigernde externe Effekte

Die produktivitätssteigernden externen Effekte der formalen Bildung sind der ökonomisch harte Kern der Begründung des bildungspolitischen Interventionismus und Konstruktivismus. Sie dienen zur Rechtfertigung der allgemeinen Bildungssubventionierung bis hin zur totalen Steuerfinanzierung der formalen Bildung, da nur so die Produktivität der Wirtschaft und ihr Wachstum bestmöglich gefördert werden könnten. Zweifel an der allgemeinen Gültigkeit dieser Behauptung sind aus dreierlei Gründen angebracht:

(a) weil die Wirkungen des Tausches beziehungsweise der Arbeitsteiligkeit des Marktes häufig mit den externen Effekten der Bildung verwechselt werden,

(b) weil Bildung, wo immer sie sich ereignet, Bildungsfähigkeit und -willigkeit und damit eine *freie* Entscheidung der jeweiligen Person, sich zu bilden und die Kosten der dazu erforderlichen *eigenen* Aktivität zu tragen, vorausgesetzt und

(c) die (konsumptive oder investive) Verwendung erworbener Bildungsgüter in das freie Ermessen der Person gestellt ist, das heißt, das volle Verfügungsrecht über das geistige (immaterielle) Kapital der jeweiligen Person zusteht und kein direkter Zwang ausgeübt werden kann und darf (Verbot der Sklaverei) es in bestimmten Situationen oder in einer bestimmten Weise zu verwenden.

Die Verwirrung um die produktivitätssteigernden externen Effekte der formalen Bildung soll an drei logisch möglichen Fällen veranschaulicht werden. Dabei unterstellen wir, daß die formal gebildete Person von dieser Bildung auch tatsäch-

[6] Machlup, F.: The Production and Distribution of Knowledge in the United States, 4. Auflage Princeton 1971.

[7] Peacock, A. T., und Wiseman, J.: Education for Democrats, A Study of Financing of Education in a Free Society, London 1964, S. 19ff.

[8] Blaug, M.: An Introduction to the Economics of Education, London 1970, S. 105–115.

[9] Weizsäcker, C. C. von: Lenkungsprobleme der Hochschulpolitik, in: Grundfragen der Infrastrukturplanung für wachsende Wirtschaften, a.a.O., S. 535–553.

[10] Externe Effekte der formalen Bildung und externe Effekte der Tätigkeiten, bei denen formale Bildung zwar Voraussetzung ist, die aber selbst Kosten (Opportunitätskosten) verursachen und denen deshalb ein Teil der nicht internalisierten Nutzenbestandteile zuzurechnen sind); ferner externe Effekte, die bei den nachfolgenden Generationen einer Familie anfallen und die aggregiert der formalen Bildung des Vaters oder der Mutter zugerechnet werden, obwohl auch die Nachkommen jeweils sich selbst diese Bildungsgüter aneignen mußten. Siehe dazu S. 24ff.

lich Gebrauch macht. Trifft dies nicht zu, so können von dieser Person von vorneherein keine externen Effekte ausgehen.

Fall (1). Angenommen, der Absolvent einer Schule oder Hochschule (formal Gebildeter) schließt nach Beendigung seiner Ausbildung mit einem Arbeitgeber einen Arbeitsvertrag. Beide Vertragspartner, so sei ferner unterstellt, haben sich in ihren Erwartungen bei Abschluß des Arbeitsvertrages nicht getäuscht (vollkommene Information): Der Absolvent leistet gute Arbeit, trifft Entscheidungen und gibt Anweisungen, die ceteris paribus die Produktivität des Unternehmens direkt (ohne Veränderung der Verhaltensweisen der Arbeitskollegen) erhöhen. Das Unternehmen zahlt seinerseits pünktlich das vereinbarte Gehalt. Bekanntlich sind in einem solchen Fall keine positiven externen Effekte vorhanden, da das Gehalt des Arbeitnehmers sich nach dessen erwarteter Leistungsfähigkeit richtet[11].

Das Produktionsergebnis des Unternehmens, das Volkseinkommen pro Kopf wie auch das Steueraufkommen des Staates erhöhen sich in diesem Fall, ohne daß positive externe Effekte der akademischen Bildung aufgetreten sind. Das höhere Produktionsergebnis kommt auf Grund eines *beidseitigen freiwilligen Tausches* zustande, der im Arbeitsvertrag zwischen dem Hochschulabsolventen und dem Unternehmen seinen Niederschlag gefunden hat. Jene, die in diesem Zusammenhang von externen Effekten sprechen, übersehen, daß es sich hier um einen Tauschakt handelt, der unter bestimmten Bedingungen (Nutzen- und Gewinnvorstellungen) zustande kommt und von dessen Vorteilhaftigkeit beide Parteien bei Abschluß des Vertrages überzeugt sind. Werden die Erwartungen der Vertragsparteien enttäuscht, erfolgt eine entsprechende Korrektur zum nächstmöglichen Zeitpunkt (Lohnverhandlung, Kündigung). Die Erwartungsenttäuschung würde aber in keinem Zusammenhang mit dem Gut „Bildung" und dessen externen Effekten stehen.

Fall (1) ist so konstruiert, daß ein Bildungs- oder Lernprozeß bei den Arbeitskollegen des Absolventen nicht stattgefunden hat. Sämtliche produktivitätssteigernden Effekte sind dem Akademiker selbst zuzurechnen, dessen Gehalt sich nach dem Produktivitätszuwachs richtet. Das ist aber nicht immer der Fall.

Fall (2). Angenommen, wir haben den gleichen Fall, aber die Kollegen des Schul- oder Hochschulabsolventen bemerken, daß dieser schneller und erfolgreicher arbeitet als sie. Da sie gleichfalls ein Interesse daran haben, ihre Produktivität zu steigern, entschließen sie sich, herauszufinden, worauf die höhere Produktivität ihres Kollegen zurückzuführen ist. Wir nehmen ferner an, der Absolvent sei *nicht* in der Lage, zu verbergen, was seine Arbeitsweise so effizient macht. Die Kosten, seine produktivitätssteigernden Arbeitsmethoden vor den Augen der Kollegen zu verbergen, sind zu hoch, als daß es für ihn vorteilhaft wäre, solche Maßnahmen zu ergreifen.

In diesem Fall ist die Existenz positiver externer (Pareto-relevanter) Effekte der Bildung logisch möglich, da das Exklusionsprinzip nicht funktioniert oder auf

[11] Damit ist selbstverständlich noch nichts darüber gesagt, ob die hohe Produktivität auf das akademische Studium oder auf andere (zum Beispiel genetische) Faktoren zurückzuführen ist.

Grund seiner hohen Kosten nicht praktiziert wird. Damit ist die ökonomische Bedeutung dieses Falls aber noch keineswegs empirisch gesichert. Sie hängt davon ab,

(a) ob dieser Effekt vom Bildungsnachfrager rechtzeitig prognostiziert werden kann, um bei der Ausbildungsentscheidung berücksichtigt zu werden – nur dann würde nämlich die Bildungsnachfrage suboptimal sein,
(b) wie oft dieser Fall in der Realität tatsächlich eintritt,
(c) ob durch Bildungssubventionen (Pigou-Subventionen) der externe Effekt internalisiert werden kann.

Ad (a). Herrscht vollkommene Information, so würde der Bildungsnachfrager zweifellos den Nutzenentgang, der sich für ihn in einem niedrigeren (materiellen und/oder immateriellen) Einkommen niederschlägt, bei seiner Ausbildungsentscheidung berücksichtigen, vorausgesetzt, die Nachfrage nach formaler Bildung ist so teilbar, daß eine entsprechende Anpassung möglich ist. In mikroökonomischen Modellen wird diese vollkommene Information vorausgesetzt und entsprechend eine suboptimale Bildungsnachfrage abgeleitet.

In der Realität ist diese Annahme jedoch keineswegs gegeben. Fraglich ist deshalb, ob bei *unvollkommener* Information der zu antizipierende externe Effekt (Nutzenentgang) bei der Entscheidung über die Nachfrage nach formaler Bildung berücksichtigt wird. Selbst wenn man davon ausgeht, daß unter Marktbedingungen die Produktionszeiten für formale Bildung (Ausbildungszeiten) sich erheblich verkürzen und die Voraussicht über die Situation nach Abschluß der Ausbildung steigt, kann schwerlich angenommen werden, daß der Bildungsnachfrager die Möglichkeit eines externen Effekts prognostiziert und in seiner Entscheidung berücksichtigt. Andere Unwägbarkeiten und Unsicherheiten, insbesondere die Situation auf dem Arbeitsmarkt, sind so groß, daß die Informationsprobleme derartiger externer Effekte bei der Ausbildungsentscheidung erfahrungsgemäß keine Rolle spielen. Gleichzeitig ist aber auch festzustellen, daß die geringe Teilbarkeit formaler Bildung (zum Beispiel Hauptschulabschluß, sogenannte „mittlere" Reife, Abitur, Hochschulabschluß) eine optimale Anpassung fast unmöglich macht.

Treffen diese Feststellungen zu, so folgt daraus, daß es sich bei dem externen Effekt um einen inframarginalen externen Effekt handelt; das heißt, die betreffende Person korrigiert ihre Entscheidung, in formale Bildung zu investieren, nicht; die Variablen ihrer Nutzenfunktion bleiben unverändert. Der Markt funktioniert, wie er auch für andere Güter, die von denselben Verfechtern der externen Effekte der Bildung als private Güter akzeptiert werden, funktioniert.

Ad (b). Wie oft ein solcher Fall der mangelnden Funktionstüchtigkeit des Exklusionsprinzips in der Realität tatsächlich eintritt und welche quantitative Bedeutung ihm beizumessen ist, ist bisher nicht untersucht worden. Vielmehr haben sich die Befürworter der positiven externen Effekte der Bildung damit begnügt, durch logische Ableitung (Pareto-relevanter) externer Effekte in Modellen der reinen Theorie die Existenz dieser Effekte nach persönlichem Belieben zu verallgemeinern und auf die reale Welt zu übertragen, wie dies nicht selten mit Aussagen der reinen Theorie in anderen Bereichen geschehen ist. Kommt ein solcher Fall öfters vor und wird der Ertrag aus einem Bildungsgut nachhaltig geschmälert (das relative Einkommen, das aus der Bildungsinvestition bezogen werden kann, sinkt), so bedeutet dies, daß es sich um ein Bildungsgut handelt, das leicht am Arbeitsplatz (on the job) tradiert werden kann. Schule und Hochschule kommen als Anbieter solcher Bildungsinhalte dann nicht mehr in Betracht, weil das Gut frei verfügbar ist und angeeignet werden kann; denn bereits am Arbeitsplatz existiert eine Umgebung, in der durch die Ausübung der beruflichen Tätigkeit oder unmittelbar mit ihr in Zusammenhang stehend das Bildungsgut übertragen wird. Schule und Hochschule können deshalb bei der Tradierung dieses Bildungsgutes nicht konkurrenzfähig sein; sie haben in diesem Fall ihre Funktion verloren.

Gegen ein häufigeres Auftreten externer Effekte, die das relative Einkommen eines formal Gebildeten nachhaltig verringern, sprechen die hohen Einkommen der formal Gebildeten, die diese trotz der hohen staatlichen Subventionen erhalten. Zwar ist der Arbeitsmarkt besonders für formal „höher" Gebildete häufig vermachtet, so daß die Einkommen sich um die Monopol- oder Knappheitsrente auf Grund von Marktschließungen erhöhen, trotzdem gerät man in Schwierigkeiten, Ausbildungen zu finden, bei denen durch regelmäßig auftretende externe Effekte die Einkommen besonders niedrig ausfallen.

Ad (c). Durch (b) erübrigt sich bereits die Frage, ob durch Bildungssubventionen derartige externe Effekte beseitigt (internalisiert) werden können. Wir wollen trotzdem auf sie eingehen, da die Frage grundsätzlicher Natur ist. Es handelt sich dabei nämlich um das Problem der Pareto-relevanten externen Effekte. Eine staatliche Subventionierung eines Bildungsgutes ist doch nur dann angezeigt, wenn durch die Subventionierung die optimale Menge dieses Gutes erzeugt und nachgefragt wird und dadurch ein höheres Wohlfahrtsniveau (Verschiebung der volkswirtschaftlichen Transformationskurve nach außen) erreicht werden kann. Nur dann ist es möglich, in einer Volkswirtschaft keine Person oder Personengruppe schlechter und wenigstens eine andere besser zu stellen. Das aber ist sehr fragwürdig. Denn es würde voraussetzen, daß die staatlichen Stellen die Situationen voraussehen können, in denen positive externe Effekte auftreten und sie einigermaßen abzuschätzen vermögen, in welchem Umfang und wem Bildungssubventionen zu gewähren und wem die finanziellen Lasten aufzubürden sind. Das ist aber ein Informationsproblem, von dem man schwerlich annehmen kann, daß es in *diesen* Fällen zu lösen ist.

Fall (2) unterscheidet sich aber von Fall (1) auch dadurch, daß die Arbeitskollegen des Schul- oder Hochschulabsolventen ihrerseits *freie* Entscheidungen gefällt haben, die Kosten (Zeit und Mühe) in einen Lernprozeß am Arbeitsplatz zu investieren, um ihre eigene Produktivität zu steigern. Das heißt, der Umstand, daß der formal Gebildete nicht in der Lage ist, seine effiziente Arbeitsweise vor seinen

Arbeitskollegen zu verbergen, ist keine ausreichende Bedingung dafür, daß Bildung tradiert wird und ein externer Effekt entsteht. Selbst wenn das Bildungsgut kostenlos verfügbar ist, hängt die Entscheidung des Arbeitskollegen, sich die produktivitätssteigernden Arbeitsmethoden anzueignen, von dem Verhältnis der Kosten und Erträge ab, das dieser sich von der Aneignung verspricht. Anders als bei vielen anderen Gütern, bei denen der Preis für ein Gut der weit größere Teil der Kosten ist, um das Gut zu erwerben, ist dies bekanntlich bei der Bildung nicht der Fall. Bildung verlangt die eigene Mitwirkung, die Zeit und Mühe kostet. Die Produktivitätssteigerung, die der Arbeitskollege im vorgegebenen Fall realisiert und die ihm in Form eines höheren Lohnes zufließt, kann deshalb nur zu einem *Teil* mit dem Umstand in Verbindung gebracht werden, daß der formal Gebildete seine effiziente Arbeitsmethode kostenlos preisgeben mußte. Der andere Teil ist seinen eigenen Lern- und Bildungsbemühungen zuzurechnen.

Aus diesen Gründen ist auch Bodenhöfers[12] Kritik an von Weizsäcker[13] nicht ganz stichhaltig. Bodenhöfer weist darauf hin, daß sich nicht nur die Grenzproduktivität und das Einkommen des formal Gebildeten (Akademiker) erhöhe, sondern auch die des Nicht-Qualifizierten. Ein Teil der Produktivitäts- und Einkommenserhöhung ist den eigenen Bemühungen des Nicht-Qualifizierten zuzurechnen. Produktivitätssteigernde Wirkungen, die durch Personen im Produktionsbereich hervorgerufen werden, die sich selbst dazu entschließen, Kosten auf sich zu nehmen und von schulisch „höher" oder akademisch Gebildeten zu lernen (Veränderung der Produktionsfunktion durch Lernprozesse am Arbeitsplatz), der schulischen Bildung als positive externe Effekte zuzurechnen, ist unzutreffend. Das führt zu einer Überbewertung der schulischen und akademischen und einer Unterbewertung der außerschulischen Bildung oder zu einer Doppelzählung.

Fall (3). Nehmen wir nun einen weiteren Fall an, der sich von (2) dadurch unterscheidet, daß die Arbeitskollegen des Absolventen nicht ohne dessen Zutun herauszufinden vermögen, worauf dessen höhere Produktivität beruht (die Exklusion von der Nutzenteilhabe ist möglich). Unter solchen Bedingungen werden Tauschprozesse zwischen den Arbeitskollegen und dem formal Gebildeten stattfinden, wenn beide Seiten sich davon einen Vorteil versprechen[14]. Die Gegenleistung kann dabei sehr unterschiedlicher Natur sein (Gefälligkeiten der Kollegen bei anderen Gelegenheiten, bessere Zusammenarbeit, Informations- und Erfahrungsaustausch, Freundschaft). Das aber bedeutet, daß der Markt (im weiteren Sinne)[15] funktioniert, er steuert und koordiniert gezielte Bildungsprozesse und die

[12] Bodenhöfer, H. J.: Finanzierungsprobleme und Finanzierungsalternativen der Bildungspolitik, in: Zeitschrift für Wirtschafts- und Sozialwissenschaften, Bd. 98 (1978), S. 136.

[13] Weizsäcker, C. C. von: Lenkungsprobleme der Hochschulpolitik, a.a.O., S. 543f.

[14] Es kann dem Schul- oder Hochschulabsolventen zusätzliche Kosten verursachen, seinen Kollegen seine Arbeitsweise zu erläutern, darüber hinaus können aber auch Kosten dadurch entstehen, daß er erhöhte eigene Anstrengungen unternehmen muß, um sich gegen Konkurrenten im Unternehmen zu behaupten und die Exklusion zu praktizieren.

[15] Siehe dazu Homans, G. C.: Elementarformen sozialen Verhaltens (aus dem Amerikanischen), 2. Auflage Tübingen 1972, S. 26–70.

Verbreitung von Bildung. Daß dabei Tauschhandlungen möglicherweise komplizierter Natur sind und sich nicht unmittelbar in monetären Größen ausdrücken lassen, darf nicht darüber hinwegtäuschen, daß auf die Weise eine Internalisierung der Nutzen und Kosten spontan stattfindet.

Vor allem die statische Betrachtungsweise der mikroökonomischen Theorie mit ihren restriktiven Annahmen hat dazu geführt, daß es hier zu einer Fehleinschätzung der Effizienz von individuellen Tauschprozessen gekommen ist.

Zusammenfassend muß daher die Behauptung, daß schulische und akademische Bildung positive Pareto-relevante externe Effekte im volkswirtschaftlichen Produktionsprozeß hervorrufe, bestritten werden. Damit bezweifeln wir aber in keiner Weise die Bedeutung der Bildung für den Produktivitätsfortschritt und das Wachstum der Wirtschaft. Wir behaupten lediglich, daß die genannten Effekte in einem marktwirtschaftlichen System von den Individuen in ihren Entscheidungen berücksichtigt und über Tauschprozesse in Form von Lohnsteigerungen oder anderen (materiellen oder immateriellen) Vorteilen internalisiert werden oder aber sie Pareto-irrelevant sind.

Damit ist dem ökonomischen Argument der staatlichen Intervention in Form von Steuersubventionen (institutionelle Bildungsausgaben) zur Förderung des wirtschaftlichen Wachstums soweit die Grundlage entzogen. Der Markt produziert unter der Voraussetzung eines funktionstüchtigen Kapitalmarktes aus sich heraus die für das Wachstum erforderliche Menge und Qualität an Bildung[16]. Die Subventionierung formaler Bildung führt lediglich dazu, daß Schulen und Hochschulen auch dort noch ihre Aufgabe sehen, wo sie eigentlich nicht mehr besteht, weil durch spontane Bildungsprozesse am Arbeitsplatz bestimmte Bildungsgüter kostengünstiger erzeugt und tradiert werden können, das heißt, sie führt zu einer Überbewertung der formalen und Unterbewertung der informalen (außerschulischen und beruflichen) Bildung. Billige außerschulische Bildung wird durch teuere schulische und akademische Bildung teilweise substituiert[17].

b. Wohnortbezogene externe Effekte

Auch außerhalb des Produktionsprozesses werden der schulischen und akademischen Bildung positive externe Effekte zuerkannt. Weisbrod[18] spricht in diesem Zusammenhang von wohnortbezogenen (residence-related) externen Effekten. Als wohnortbezogene externe Nutznießer werden das Elternhaus des Schülers, dessen zukünftige eigene Familie sowie die Nachbarn genannt.

[16] Anders kann es sich im Fall der Forschung verhalten, wo das Exklusionsprinzip eventuell mangels hinreichend klar definierter Verfügungsrechte (Patente, Copyrights) nicht optimal funktioniert.

[17] Selbstverständlich ist eine solche Substitution nur beschränkt möglich. Bekanntlich sind Schulen und Hochschulen nicht in der Lage, bestimmte Bildungsinhalte zu vermitteln, die die berufliche Praxis vermitteln kann, weshalb häufig der formal Gebildete nach Eintritt in den Beruf vieles von den erfahrenen Kollegen lernt. Ebenso aber kann auch die berufliche Praxis in vielen Bereichen die Schule nicht ersetzen.
Auch die Abwertung des kostengünstigen Fernunterrichts, wie sie etwa in der Bundesrepublik Deutschland seit Ende der sechziger Jahre zu beobachten ist, steht damit in Zusammenhang.

[18] Weisbrod, B. A.: External Effects of Investment in Education, a.a.O., S. 173ff.

Aber auch hier unterliegt die Behauptung, die derzeitige (Eltern, Geschwister) oder zukünftige (Ehefrau, Kinder) Familie des Schülers genieße durch dessen Schulbildung externe Vorteile, dem Trugschluß, daß Familienangehörige ohne *eigenes* Zutun Bildung erwerben könnten und deshalb die Früchte ihrer Bildung gänzlich der Schulbildung des Schülers und späteren Vaters zuzurechnen seien. Ebenso bleibt unberücksichtigt, daß der Schüler sich dazu *entschließen* muß, von dem in der Schule (Hochschule) erworbenen Wissen und den angeeigneten Fertigkeiten Gebrauch zu machen. Bildung wird wiederum als ein einseitiger Akt der Belehrung betrachtet, bei der es der Mitwirkung des sich Bildenden nicht bedürfe. Die Trennung von Bildungsprozessen, die in der Familie stattfinden, von denen der Schule wird nicht oder nur unzureichend vorgenommen. Dadurch kommt es erneut zu einer Überbewertung der formalen Bildung, weil man ihr auch die Erträge zurechnet, die auf dem eigenen Bildungsbeitrag der Familienmitglieder beruhen und man vergißt, daß auch der Schüler sich frei entscheiden muß, von der schulischen Bildung Gebrauch zu machen.

Ebenso verhält es sich mit externen Effekten, die angeblich dann entstehen, wenn Schüler und Studenten mit Freunden, Bekannten und Nachbarn ausgiebig Kontakt pflegen. Zweifellos werden auch durch derartige zwischenmenschliche Beziehungen Bildungsinhalte und Informationen übertragen, die diesen Personen nützlich sein können. Allerdings gilt erneut, daß freie Entscheidungen der beteiligten Personen erforderlich sind, Bildungsleistungen zu geben und zu empfangen. Es muß die Disposition vorhanden sein, die interpersonalen Beziehungen zu Bildungszwecken zu pflegen und zu nutzen.

Aus diesen Gründen sind Zweifel daran zu hegen, daß fremde Leistungen im zwischenmenschlichen Verkehr tatsächlich als öffentliches Gut in einem Umfange zur Verfügung stehen, wie das üblicherweise angenommen wird. Vielmehr ist davon auszugehen, daß auch hier subtile Exklusions- und Tauschmechanismen wirksam sind, über die unter Ökonomen im allgemeinen nicht gesprochen wird, die aber gleichwohl – und damit folgen wir der Misesschen Idee der Ökonomie als einer allgemeinen Handlungstheorie – sich von den Marktbeziehungen im ökonomisch engen Sinne nicht wesentlich unterscheiden. Kann man mit Gewißheit sagen, daß zum Beispiel die Wertschätzung und Achtung, die ein Mensch auf Grund seiner Bildung, seiner Belesenheit und seiner intellektuellen Fähigkeiten im Kreise seiner Bekannten und Freunde erfährt, für ihn nicht Anreiz genug sind, anderen von diesen mitzuteilen und um so mehr mitzuteilen, je mehr er von ihnen aus eben diesen Gründen geachtet, geschätzt und geliebt wird? Und sind diese feinen individuellen Steuerungsprozesse nicht wirksamer und präziser in der Lenkung und wegen ihres dezentralen Charakters den undifferenzierten Steuerungsmöglichkeiten des Staates überlegen? Woher weiß die zuständige zentrale staatliche Verwaltung, welche Bildungsinhalte ihre Bürger als persönliche Bereicherung empfinden?

Es ist unergiebig, diesen Fragen weiter nachzugehen, da derartige sogenannte positive Nachbarschaftseffekte der Bildung gewiß nicht zur Rechtfertigung der bestehenden Ordnung des Bildungsbereichs und der staatlichen Bildungssubventionen herangezogen werden können, die anonyme Steuerzahler zwangsweise zu finanzieren haben, obgleich der Staat diese Bildungsziele und -prozesse nicht kennt und auch nicht kennen kann. Staatliche Steuerung und Finanzierung der Bildungsproduktion muß schon aus diesen Gründen die allokative Effizienz verringern.

Im übrigen aber sei auf die Ausführungen im vorangegangenen Abschnitt verwiesen, die auf die sogenannten positiven Nachbarschaftseffekte in gleicher Weise anwendbar sind.

c. *Empirische Erfahrungen*

Daß tatsächlich von positiven externen Effekten sowohl der Schul- als auch der Hochschulbildung im allgemeinen nicht gesprochen werden kann, zeigen die Erfahrungen, die in den verschiedensten Ländern zu verschiedenen Zeiten mit privat finanzierter, spontaner Nachfrage nach Schul- und höherer Bildung gemacht worden sind. West[19] hat für Großbritannien festgestellt, daß sich in der ersten Hälfte des 19. Jahrhunderts eine freiwillige private Nachfrage nach Elementarbildung entfaltete, lange bevor 1870 die Schulpflicht eingeführt wurde. Und während erst 1833 das britische Parlament erstmalig bereit war, geringe Subventionen an private Schulen zu beschließen, hatte bereits mehr als die Hälfte der werktätigen Bevölkerung eine Grundbildung (Lesen, Schreiben, Rechnen) erhalten. Auch Zahlen, die für die Vereinigten Staaten zur Verfügung stehen (Fishlow[20], Baines[21] und West[22]), deuten darauf hin, daß schon um die Mitte des vergangenen Jahrhunderts das private Bildungswesen ohne staatliche Hilfe sich eines schnellen spontanen Wachstums erfreute. Ebenso zeigen die Untersuchungen von Kahan[23] für das Rußland des 19. Jahrhunderts und von Passin[24], Dore[25] und Rosovski[26] für Japan, daß bereits um diese Zeit private Nachfrage nach elementarer Bildung in weit größerem Umfange entstanden war, als bisher allgemein in

[19] West, E. G.: Education and the State, A Study in Political Economy, 2. Auflage London 1970, sowie derselbe, Education and the Industrial Revolution, London-Sydney 1975.

[20] Fishlow, A.: The American Common School Revival: Fact or Fancy?, in: Industrialization in Two Systems, Essays in Honor of Alexander Gerschenkron, (Hrsg.,) H. Rosovsky, New York 1966, S. 40–67.

[21] Baines, E.: The Social, Educational, and Religious State of the Manufacturing Districts (1843), Wiederabdruck der 2. Auflage New York 1969, S. 25–27.

[22] West, E. G.: Education and the Industrial Revolution, S. 218f.

[23] Kahan, A.: Determinants of the Incidence of Literacy in Rural Nineteenth-Century Russia, in: Education and Economic Development, (Hrsg.) C. A. Anderson und M. J. Bowman, Chicago 1965, S. 298–302.

[24] Passin, H.: Portents of Moderity and the Meiji Emergence, in: Education and Economic Development, a.a.O., S. 394–421.

[25] Dore, R. P.: The Legacy of Tokugawa Education, in: Changing Japanese Attitudes toward Modernization, Princeton 1965, 3. Kapitel.

[26] Rosovsky, H.: Japans Übergang zum modernen Wirtschaftswachstum 1868–1885, in: Wirtschafts- und Sozialgeschichte: Probleme der frühen Industrialisierung, (Hrsg.) W. Fischer, Berlin 1968, S. 118–178, hier besonders die Seiten 136–139, wo im wesentlichen die Doreschen Ergebnisse zusammengefaßt sind.

Fachkreisen zugestanden wurde. Pohlenz[27] vertritt die Auffassung, daß es bereits unter den Bürgern, die allerdings nur einen Teil der Bevölkerung des alten Athen darstellten, keine Analphabeten gegeben habe, obwohl weder Staatsschulen noch Schulpflicht existierten[28].

Nicht anders scheinen die Verhältnisse in den deutschen Staaten während der ersten Hälfte des 19. Jahrhunderts gewesen zu sein. Obwohl die Frage der privaten Bildungsnachfrage und -finanzierung kaum erforscht ist, gibt es doch Hinweise, die darauf hindeuten, daß die Menschen auch hier die Bedeutung der schulischen Bildung sehr wohl erkannt hatten und ihre Wertschätzung in der Bereitschaft, Schulgeld zu zahlen, weit verbreitet war, ehe der Staat Unterrichtspflicht und Schulgeldfreiheit (für die Volksschule) immer mehr verwirklichte[29]. Ergebnisse, die eine definitive Antwort auf die hier gestellte Frage zulassen, sind allerdings erst in den nächsten Jahren zu erwarten[30].

Auch jüngere Erfahrungen widersprechen der Hypothese nicht. Vielmehr scheint es eine allgemeine Beobachtung zu sein: Wenn das Ausbildungsniveau einer Bevölkerung vergleichsweise niedrig und nach Auffassung der Anhänger der sogenannten Theorie der externen Effekte die Summe der vorhandenen positiven externen Erträge der Bildung gering, ihre potentiell-marginalen externen Effekte aber sehr groß sind, dann sehen sich Regierungen gemäß ihren Präferenzen nicht

[27] Pohlenz, M.: Griechische Freiheit, Wesen und Werden eines Lebensideals, Heidelberg 1955, S. 42.

[28] Aus Pohlenz Darstellung geht nicht unmittelbar hervor, ob etwa Perikles nicht doch einen Teil des öffentlichen Budgets zur Finanzierung der Bildung der ärmeren Bevölkerungsschicht bereitgestellt hat. Dies erscheint allerdings mangels staatlicher Schulen recht unwahrscheinlich zu sein.

[29] Die aggregierten Daten von Hoffmann, W. G.: Erziehungs- und Forschungsausgaben im wirtschaftlichen Wachstumsprozeß, in: Eine Freundesgabe der Wissenschaft für Ernst Hellmut Vits, (Hrsg.) G. Hess, Braunschweig 1963, S. 101–133, Lundgreen, P.: Bildung und Wirtschaftswachstum im Industrialisierungsprozeß des 19. Jahrhunderts, Berlin 1973, Krug, W.: Quantitative Beziehungen zwischen materiellem und immateriellem Kapital, in: Jahrbücher für Nationalökonomie und Statistik, Bd. 180 (1967), S. 36–71, und Borchardt, K.: Zum Problem der Erziehungs- und Ausbildungsinvestitionen im 19. Jahrhundert, in: Beiträge zur Wirtschafts- und Sozialgeschichte, Festschrift für Hektor Amman, (Hrsg.) H. Aubin et al., Wiesbaden 1965, S. 380–392, aber auch die Zahlen von Müller, D. K.: Sozialstruktur und Schulsystem, Aspekte zum Strukturwandel des Schulwesens im 19. Jahrhundert, Göttingen 1977, lassen keine Schlüsse zu, die eine definitive Antwort auf die Frage der spontanen Bildungsnachfrage und ihrer Finanzierung vor der Mitte des 19. Jahrhunderts erlauben. Die von Helmut Kahlert: Das Schulgeld als Instrument der Finanz- und Bildungspolitik, in: Recht der Jugend und des Bildungswesens, Bd. 22 (1974), S. 38–44, zusammengefaßten Quellen der Schulfinanzierung betreffen bereits eine Periode, in der die Unterrichtspflicht und Schulgeldfreiheit für den Elementarbereich weitgehend verwirklicht waren. Hinweise bieten für die Volksschulen Schneider, K., und von Bremen, E.: Das Volksschulwesen im Preußischen Staate in systematischer Zusammenstellung der auf seine innere Einrichtung und seine Rechtsverhältnisse sowie auf seine Leitung und Beaufsichtigung bezüglichen Gesetze und Verordnungen, Bd. I, Berlin 1885, S. 762–796, Bd. II, Berlin 1886, passim; und für das höhere Schulwesen Wiese, L.: Das höhere Schulwesen in Preußen, Historisch-statistische Darstellung, Bd. I, Berlin 1864, S. 599ff. und Bd. II, Berlin 1869, S. 627ff., und Neigebaur, J. F.: Die Preußischen Gymnasien und höheren Bürgerschulen, Eine Zusammenstellung der Verordnungen, welche den höheren Unterricht in diesen Anstalten umfassen, Berlin-Posen-Bromberg 1835, S. 204ff. Der Verfasser dankt Manfred Heinemann für diese und andere, aber auch Rainer A. Müller und Knut Borchardt für wertvolle Hinweise.

[30] So erhofft sich der Verfasser insbesondere von den Untersuchungen Manfred Heinemanns neue Aufschlüsse für die hier gestellten Fragen nach den allokativen und distributiven Wirkungen dezentralisierter Dispositionsbefugnisse (einschließlich pretialer Lenkungselemente) im Bildungsbereich.

in der Lage, Bildung im entsprechenden Umfang zu subventionieren. Mit anderen Worten, die Nutzen-Steuer-Relation wird in einer derartigen Situation so eingeschätzt, daß die Beseitigung potentiell-marginaler externer Effekte der Bildung eine untergeordnete Rolle spielt[31]. Dieses Phänomen ist sowohl in Entwicklungsländern als auch in hochindustrialisierten Staaten zu beobachten, wobei der Anteil der privat finanzierten Bildungsnachfrage an der Gesamtnachfrage in weniger entwickelten Ländern deutlich höher liegt als in hochindustrialisierten[32].

Auch in der Bundesrepublik Deutschland ist zu beobachten, daß nach der bildungs- und wissenschaftsfeindlichen Politik des Dritten Reiches, die zu einer Flucht von Wissenschaftlern ins Ausland und zu einer internationalen Isolierung der deutschen Wissenschaft geführt hatte, sowie nach den erheblichen Verlusten an Humanvermögen, die der Zweite Weltkrieg mit sich brachte, die Bürger dieses Landes freiwillig mehr eigene finanzielle und andere Opfer auf sich genommen haben, um die Qualifikationen zu erwerben, die die schnelle wirtschaftliche Entwicklung des Nachkriegsdeutschlands möglich machten, als der Staat dazu bereit und in der Lage war. Mit anderen Worten, in einer Situation, in der es rational und auf der Grundlage der sogenannten Theorie der externen Effekte als höchst zweckmäßig erscheinen würde, Bildung zwar nicht staatlich bereitzustellen, aber doch zu subventionieren, verlassen sich die staatlichen Stellen auf die spontane, mehr privat als staatlich finanzierte Nachfrage nach Bildung. Andererseits aber sind sie entgegen den Politikempfehlungen, die sich aus dieser Theorie ableiten lassen, in einer völlig entgegengesetzten Situation, in der sich die Bundesrepublik mit Sicherheit nach den Verfechtern dieser Theorie seit den siebziger Jahren befindet (geringe potentiell-marginale externe Effekte der Bildung bei hohem Niveau vorhandener, durchschnittlicher Externalitäten), außer der Schulbildung auch die akademische Bildung angebotsseitig voll und teils auch die Lebenshaltungskosten der Schüler und Studenten zu finanzieren und die Schulpflicht tendenziell auszudehnen[33].

[31] Nicht nur wurde ein erheblich größerer Teil der Ausbildungskosten (Lebensunterhalt während des Schul- und Hochschulbesuchs, Schulgeld und Studiengebühren, Lernmittel) übernommen, sondern freiwillig Ausbildungsleistungen der Bildungseinrichtungen durch Eigenleistungen substituiert oder der kostengünstigere Fernunterricht in Anspruch genommen. Der außerschulischen Bildung kam ein entsprechend höherer Stellenwert zu.

[32] Jallade, J. P.: The Financing of Education: An Examination of Basic Issues, International Bank for Reconstruction and Development, Bank Staff Working Paper No. 757 (1973), S. 9.

[33] Dürrs These, die staatliche Bildungs- und Forschungsförderung sei mehr eine Folge als eine Ursache des wirtschaftlichen Wachstums, besagt nichts anderes (Dürr, E.: Bildungs- und Forschungspolitik als Mittel der Wachstumspolitik?, in: Beiträge zur Wirtschafts- und Gesellschaftspolitik, Festschrift für Theodor Pütz, (Hrsg.), Derselbe, W. A. Jöhr, K. W. Rothschild, Berlin 1975, S. 287–300. Siehe in diesem Zusammenhang auch die mikroökonomischen Untersuchungen von Berg, I.: Education and Jobs: The Great Training Robbery, New York 1970, und besonders die von Layard, P. G., Sargan, J. D., Ager, M. E. und Jones, D. J.: Qualified Manpower and Economic Performance, An Interplant Study in the Electrical Engineering Industry, London 1971, die unabhängig von der Frage der externen Effekte formaler Bildung in ihren empirischen Studien zu dem Ergebnis kommen, daß höhere Stufen formaler Ausbildung die Produktivität von Unternehmen nicht erhöhen, also Bildung nicht einmal zu internalisierten Produktivitätsvorteilen führe. Wie Blaug zutreffend bemerkt, ist dies allerdings nur eine von mehreren möglichen Schlußfolgerungen. Blaug, M.: The Correlation between Education and Earnings: What Does It Signify?, in: Higher Education, 1974, S. 53–76, hier S. 67.

Diese Politik wurde fortgeführt – wenn auch mit Einschränkungen, die der Numerus clausus in einer Reihe von Studienfächern mit sich brachte –, als selbst der breiten Öffentlichkeit und den Steuerzahlern deutlich wurde, daß die zum Nulltarif angebotene Hochschulbildung negative externe Effekte hervorrief. Denn die Kosten der Ausbildung wurden zum großen Teil auf andere (Steuerzahler) verlagert und nicht von jenen getragen, die die Vorteile der Ausbildung genossen.

Jede Politik der Gebührenfreiheit (Nulltarif) muß zwangsläufig zu negativen externen Effekten führen, wenn andere Personen unter den Kosten der schulischen und akademischen Bildung belastet werden als jene, die sich die Bildung aneignen, das ausschließliche Verfügungsrecht über das erworbene geistige Kapital eingeräumt erhalten und den Nutzen daraus weitestgehend internalisieren können[34]. Die negativen externen Effekte werden möglicherweise verstärkt, wenn durch die Gebührenfreiheit eine deutliche Senkung der Opportunitätskosten (Gebührenfreiheit, teils in Verbindung mit der Gewährung von Unterhaltsstipendien) eine so große Zahl von Schülern und/oder Studenten in bestimmte formale Bildungsgänge strömen, daß studentischer Protest, Unruhen, Gewaltanwendung und Zerstörung öffentlichen und privaten Eigentums platzgreifen *und* die Geschädigten keine entsprechende Kompensation von den Schädigern verlangen können.

H. J. Johnson[35], Alchian[36], Culyer und Peacock[37], Buchanan und Devletoglou[38], sind der Auffassung, daß die ökonomischen Ursachen dieser Unruhen in der Bereitstellung der Hochschulbildung als öffentliches Gut liegen. Auch Breton[39] betrachtet die studentische Protestbewegung als ein Instrument, zu dem Studenten dann greifen, wenn das Angebot und der Preis für Hochschulbildung politisch und nicht über den Markt gesteuert beziehungsweise gesetzt werden. Unter solchen institutionellen Bedingungen könne eine Korrektur der staatlichen Bildungspolitik, die bei den Bildungsnachfragern langfristig den Ertrag ihrer Humaninvestitionen mindere und zu Fehlinvestitionen führe, auch nur durch politisches (kollektives) Handeln erfolgen und nicht durch individuelle Reaktionen, die nur auf dem Markt wirksam sein könnten. Für die Minderheiten, die die Studenten bestimmter Fächer (Soziologie, Philosophie) als Wähler darstellten, sei öffentlicher Protest ein geeignetes Mittel.

Sowohl aus theoretischer als auch empirischer Sicht erscheint deshalb die Exi-

[34] Zwar werden die staatlichen Bildungssubventionen das Angebot an formal Gebildeten auf dem Arbeitsmarkt erhöhen und bei gegebener Nachfrage deren relatives Einkommen senken, so daß je nach Angebots- und Nachfrageelastizitäten ein mehr oder minder großer Teil der Subventionen den Nachfragern nach Arbeitskräften (oder den Akademikern als Selbständigen) zugute kommt und die einzelwirtschaftlichen Kosten, und folglich unter Wettbewerb auch die Preise für Güter und Dienstleistungen, sinken. Die Ressourcenallokation bleibt aber trotzdem suboptimal.

[35] Johnson, H. G.: The Economics of Student Protest, in: New Society, 1968, 7. November, S. 673–675.

[36] Alchian, A. A.: The Economic and Social Impact of Free Tuition, in: The New Individualist Review, 1968 (Winter), S. 42–58. Wieder abgedruckt bei Center for Independent Education, Wichita Collegiate School, o. J.

[37] Culyer, A. J. und Peacock, A. T.: Economic Aspects of Student Unrest, London 1969.

[38] Buchanan, J. M. und Devletoglou, N. E.: Academia in Anarchy, New York 1970.

[39] Breton, A.: Student Unrest and the Yield on Human Capital, in: Canadian Journal of Economics, Bd. 7 (1974), S. 434–448.

stenz positiver (Pareto-relevanter) externer Effekte der Schul- und besonders der Hochschulbildung äußerst fragwürdig.

Damit ist aber die ökonomische Rationalität der Schulgeld- und Studiengeldfreiheit wie auch der staatlichen Bildungssubventionen aus Gründen positiver externer Effekte der Schul- und Hochschulbildung in Frage gestellt. Sie sind kein tragfähiges Argument, Bildungssubventionen für elementare oder höhere schulische oder akademische Bildung generell ökonomisch zu begründen. Schon gar nicht läßt sich aus der Theorie der externen Effekte eine Rechtfertigung der staatlichen Bildungsproduktion herleiten, die unabhängig von der Frage der Finanzierung über Steuern einer besonderen Rechtfertigung bedürfte.

d. „Atmosphärische“ Effekte

Mit schulischer und akademischer Bildung können nicht nur ökonomisch meßbare Wirkungen, wie Produktivitätssteigerungen, ein höheres Sozialprodukt und Steueraufkommen, verbunden sein. Bildung kann auch die Wertvorstellungen (Präferenzen) der Bürger verändern, zur Bildung eines gemeinsamen Wert- und Kulturbewußtseins (soziale Kohäsion) beitragen, demokratische Verhaltensweisen fördern (staatsbürgerliche Tugenden) und vielleicht auch die Rationalität der Wahlentscheidungen der Bürger erhöhen. Blaug hat diese mit formaler Bildung potentiell verbundenen außerökonomischen, imponderablen Effekte von den externen Effekten der Bildung getrennt und sie als „atmosphärische“ Effekte bezeichnet[40]. Wir folgen seiner Abgrenzung und Terminologie, obwohl der Ausdruck „atmosphärisch“ uns nicht gerade glücklich gewählt zu sein scheint[41]. Vor allem aber muß betont werden, daß es sich hier um Wirkungen handelt, über die Ökonomen nicht besonders autorisiert sind zu sprechen, da sie sich der ökonomischen Analyse zum großen Teil entziehen und mit ihnen nur indirekte wirtschaftliche Konsequenzen verbunden sind, die sich nicht oder nur sehr begrenzt quantifizieren lassen. Das ist der Grund, weshalb wir seiner Klassifizierung folgen.

Wenn wir uns im folgenden trotzdem mit einigen dieser Argumente auseinandersetzen, so geschieht das mit dieser Einschränkung und ausschließlich mit der Absicht, die allgemeinen ökonomischen Zusammenhänge, die auch hinter diesen Effekten vorhanden sind und in der praktischen Politik eine nicht zu unterschätzende Rolle spielen können, zu klären zu versuchen.

Der indirekte ökonomische Zusammenhang ergibt sich daraus, daß zum Beispiel Kenntnisse der Landessprache, sittliche und staatsbürgerliche Bildung ein Land regierbarer machen und die Kosten reduzieren können, die eine gewählte und mit der Produktion bestimmter öffentlicher Güter beauftragte Regierung verursacht (Abbau von Kriminalität und undemokratischen Verhaltens, Aufrechter-

[40] Blaug, M.: An Introduction to the Economics of Education, a.a.O., S. 108.

[41] Während es sich bei den produktivitätssteigernden und wohnortbezogenen externen Effekten um Effekte handelt, die von formal Gebildeten in kleineren Gruppen (Arbeitskollegen, Familie, Nachbarn) ausgehen, handelt es sich im folgenden eher um Effekte, die in großen anonymen Gruppen (Staatsbürger, Wähler) entstehen.

haltung des sozialen Friedens, höhere Rationalität der Wähler bei politischen Entscheidungen). So kann es etwa eine wohlfahrtsfördernde Maßnahme der Regierung sein, Bildung, besonders Elementarbildung (Lesen, Schreiben, Rechnen etc.) und sittliche Erziehung, durch staatliche Subventionen finanziell zu fördern und zu lenken und zum Beispiel Sprachhindernisse zu beseitigen und die Kosten der Kriminalität, ihrer Verhütung und Bekämpfung (Kosten der Sicherheitskräfte, der Rechtsprechung und des Strafvollzugs) zu verringern. Schon von den Klassikern war insbesondere Malthus[42] der Auffassung, daß durch Elementarbildung und sittliche Erziehung – die allerdings nicht durch den Staat bereitgestellt werden sollte –, die Kriminalität in einer Gesellschaft abgebaut und Moral und Ordnung (law and order) gefördert sowie Probleme der Familienplanung (Bevölkerungsexplosion mit ihren negativen Konsequenzen für die Mitglieder der Gesellschaft) gelöst werden könnten. Ebenso vertrat A. Smith den Standpunkt, daß die Elementarbildung ein geeignetes Mittel sei, die Gefahren des Aberglaubens und der politischen Utopien zu verringern[43].

Geht man davon aus, daß derartige Wirkungen tatsächlich von der schulischen Grundbildung oder von „höherer" Bildung ausgehen – diese Frage ist noch zu prüfen –, so stellt sich für eine demokratische Regierung das allgemeine Problem, ob mit der Subventionierung bestimmter Bildungsgüter die Kosten, die mit der Aufgabenerfüllung einer Regierung verbunden sind, niedriger gehalten werden können als durch alternative Maßnahmen. Da jeder Bürger daran interessiert ist, daß die von ihm gewählte Regierung die ihr gesetzten Aufgaben so kostengünstig wie möglich durchführt, kann auch die Verwendung von Steuermitteln zur Förderung der Produktion *spezieller* Bildungsgüter, von denen sich die Regierung Wirtschaftlichkeitsvorteile verspricht, eine ökonomisch sinnvolle Maßnahme sein, die mit Demokratie und einer freiheitlichen Grundauffassung prinzipiell vereinbar ist.

Den Mitgliedern der Regierung steht deshalb als politischen Unternehmern begrenzte Produzentensouveränität zu, da es zweckmäßig ist, die Wahl der Mittel für eine möglichst effiziente Erfüllung der vom Wähler vorgegebenen Aufgaben den Politikern mit Einschränkungen zu überlassen. Denn auch für den politischen Wettbewerb gilt der Gedanke der Teilung des Wissens: Wähler sind zwar, wenn auch unvollkommen, darüber informiert, was sie politisch als wünschens- und erstrebenswert halten und was sie bereit sind, für bestimmte Güter zu zahlen, sie können aber kaum in dem Maße die Produktionsbedingungen und Produktionsmöglichkeiten öffentlicher Güter kennen wie Regierungsmitglieder ihre Bediensteten und Berater. Informationen über die technischen und wirtschaftlichen Bedingungen der Erzeugung öffentlicher Güter können nach Aussagen der öko-

[42] Malthus, T. R.: Eine Abhandlung über das Bevölkerungsgesetz (An Essay on the Principle of Population, 1798), Bd. 2, Jena 1925, 4. Buch, 9. Kap., S. 307.

[43] Smith, A.: Der Wohlstand der Nationen. Eine Untersuchung seiner Natur und seiner Ursachen (An Inquiry into the Nature and Causes of the Wealth of Nations, 1789), München 1974, S. 667. Er vertrat auch die Auffassung, daß der Staat von jedermann verlangen könne, eine Prüfung darüber abzulegen, daß er die wichtigsten Grundkenntnisse erworben habe, ehe er einen Beruf erlernen oder ein Gewerbe betreiben dürfe (a.a.O., S. 665).

nomischen Theorie der Politik durch den Wettbewerb der Parteien und Politiker um die politische Entscheidungsbefugnis am wirtschaftlichsten erzeugt werden. Der höhere Grad der Teilung des Wissens sorgt hier (etwa im Vergleich zum Obrigkeitsstaat) für ein höheres Informationsniveau.

Sind die Erwartungen einer Regierung derart, daß eine Subvention für ein bestimmtes Bildungsgut, zum Beispiel sittliche Erziehung, einen größeren Beitrag zur Aufgabenerfüllung leistet als eine alternative Maßnahme, die einen gleich hohen Subventionsbetrag erfordert, wie etwa Maßnahmen der sozialen Rehabilitation, so ist eine Subventionierung dieser speziellen Bildungsgüter ökonomisch sinnvoll.

Dabei darf jedoch nicht übersehen werden, daß die primären staatlichen Aufgaben, Aufgaben also, die durch Privatverträge über Märkte nicht oder nicht wirtschaftlich gelöst werden können, nur durch kollektiv gewählte Entscheidungsorgane, etwa demokratisch gewählte Regierungen, wahrgenommen werden können. Anders als auf dem wettbewerblichen Markt stehen zum selben Zeitpunkt keine alternativen Angebote zur Verfügung (Monopol). Die politische Opposition kann lediglich die Regierung ablösen und selber in der darauffolgenden Periode alternativ verfahren. Dadurch entsteht die erhöhte Gefahr, daß Politiker und Staatsbeamte, die wie andere Menschen ihr Eigeninteresse verfolgen, diese Situation zu ihrem eigenen Vorteil ausnutzen. Es ist deshalb leicht denkbar, daß die Machterhaltung und -stärkung einer Regierung dadurch erleichtert werden kann, indem das Bildungssystem dazu verwendet wird, jungen Menschen bestimmte Normen und Verhaltensweisen zu vermitteln, die die Chancen der Wiederwahl und die Durchsetzbarkeit des politischen Willens erhöhen. Junge Menschen können so zum Beispiel sehr schnell im Sinne der ideologischen Ziele einer Regierung indoktriniert werden, wie dies unter anderem in der jüngeren deutschen Geschichte geschehen ist[44].

Sollte also die Subventionierung eines bestimmten Bildungsgutes, zum Beispiel sittliche Erziehung, nach den unmittelbaren ökonomischen Wirkungen geurteilt, zweckmäßiger sein, so bleibt doch fraglich, ob dies auch dann noch der Fall ist, wenn derartige, ökonomisch nur schwer quantifizierbare Effekte mitberücksichtigt werden. Das ist noch zweifelhafter, wenn eine Regierung nicht nur formale Bildung subventioniert, sondern auch die Produktion von schulischer und/oder akademischer Bildung selbst in die Hand nimmt[45].

Im folgenden soll nun der Frage nachgegangen werden, ob von der Elementarbildung und anderer formaler Bildung „atmosphärische" Effekte ausgehen, die eine Subventionierung rechtfertigen. Denn dies wurde bisher unterstellt und wird heutzutage auch von vielen Ökonomen – sofern sie diese Frage überhaupt noch

[44] Zur Bedeutung des staatlichen Bildungssystems für die Verbreitung nationalsozialistischer Gedanken siehe unter anderem Nyssen, E.: Schule im Nationalsozialismus, Heidelberg 1979, besonders S. 18–32, und Ottweiler, O.: Die Volksschule im Nationalsozialismus, Weinheim-Basel 1979.

[45] Siehe hierzu Kapitel II dieses Hauptabschnitts.

stellen – bejaht[46]. Das ist aber keineswegs selbstverständlich. Bereits in der Diskussion um die Schulgeldfreiheit der deutschen Volksschulen im vergangenen Jahrhundert wendete unter anderem A. Petersilie, ein Schüler Adolf Wagners, sich gegen diese Auffassung[47]. Für ihn und andere galt als evident, daß zumindest ein erheblicher Teil des Ertrages der Elementarbildung der Person zufalle, die sie erworben habe.

Bevor auf die einzelnen Argumente, die für eine Existenz der atmosphärischen Effekte der formalen Bildung sprechen, eingegangen wird, muß eine generelle Einschränkung gemacht werden, die bereits bei der Auseinandersetzung mit den positiven externen Effekten im engeren Sinne erwähnt worden ist[48], aber dort keine Rolle spielte, weil davon ausgegangen wurde, daß der formal Gebildete die erworbenen Kenntnisse und Fertigkeiten auch tatsächlich anwendet. Das muß aber nicht der Fall sein und ist besonders in Zweifel zu ziehen, wenn es sich um Wirkungen handelt, die vornehmlich in einer großen, anonymen Gruppe entstehen.

Soll formale Bildung, besonders die Elementarbildung, die die Vermittlung von Grundwissen und -techniken, aber auch sittliche und religiöse Erziehung umfaßt, positive atmosphärische Effekte, wie eine Verminderung krimineller Handlungen, eine Förderung des demokratischen Bewußtseins, der Rationalität der Wahlentscheidung und sozialen Kohäsion mit sich bringen, so setzt das stets voraus, daß Personen sich nicht nur dazu entscheiden, bei den entsprechenden Bildungsprozessen mitzuwirken, damit es überhaupt zu einer Aneignung der Bildungsinhalte kommt, sondern sie auch die erworbene Bildung *anwenden*. Dabei wird meistens impliziert, daß die vermittelten Bildungsinhalte in einer bestimmten Weise (gesetzmäßiges, demokratisches, soziales Verhalten, was immer damit gemeint sein mag) verwendet werden.

Dem steht aber entgegen, daß die spätere Anwendung des erworbenen schulischen oder akademischen Wissens und der vermittelten ethischen Normen im *freien* Ermessen der jeweiligen Person stehen. Das heißt, es gibt *keinen* Transmissionsmechanismus, der automatisch dafür sorgt, daß das vermittelte Wissen und die sittliche Erziehung sich in einem bestimmten sozialen Verhalten niederschlagen. Das erworbene Wissen kann von den betreffenden Personen für unterschiedlichste Zwecke verwendet werden – auch, um gegen bestehende Gesetze und Vorschriften zu verstoßen oder sich undemokratisch und unsozial zu verhalten. Schon aus diesen Gründen kann kein stringenter Zusammenhang zwischen Bildungssub-

46 Auch Weizsäcker, C. C. von: Lenkungsprobleme der Hochschulpolitik, a.a.O., S. 542, neigt zu dieser Auffassung.

47 Petersilie, A.: Das öffentliche Unterrichtswesen im Deutschen Reiche und in den übrigen europäischen Kulturländern, Bd. I, S. 33.
A. Petersilie zitiert an dieser Stelle L. Jolly, der sagt: „Doch ist auch beim elementarsten Unterricht der Privatvorteil noch ein so erheblicher, daß die Befreiung der Interessenten von Beiträgen das Gefühl derselben, für ihre persönlichen Bedürfnisse verantwortlich zu sein, überhaupt verwirren muß“ (im Original gesperrt).

48 Siehe S. 19.

ventionen und atmosphärischen Effekten bestehen. Die Dispositionsbefugnis über das geistige Kapital steht der jeweiligen Person zu. Sie entscheidet stets neu unter Abwägung der jeweils entstehenden Nutzen und Kosten über die Anwendung des erworbenen Wissens.

Ebenso ist nicht sicher, ob die sittlichen Werte und Verhaltensweisen, die bei Minderjährigen zum Teil anerzogen oder freiwillig aus Überzeugung akzeptiert wurden, sich im Zeitablauf nicht ändern, oder sich eventuell gerade deshalb in ihr Gegenteil verkehren („umkehren"), weil mit ihrer Vermittlung eine gewisse Indoktrination und Zwang verbunden waren.

Damit ist aber der Einfluß der formalen Bildung auf die späteren sozialen Verhaltensweisen keineswegs vollständig in Frage gestellt. Uns kommt es lediglich darauf an, auf diese Voraussetzung für das Entstehen von atmosphärischen Effekten hinzuweisen.

Darüber hinaus muß jedoch auch auf die Schwierigkeiten hingewiesen werden, potentielle atmosphärische Effekte der ursprünglichen Investition in formale Bildung oder der Tätigkeit und dem Verhalten, bei dem die Effekte entstehen, zuzurechnen. Denn letztere werden normalerweise zusätzliche Kosten (Opportunitätskosten) verursachen. Die Effekte also ganz der formalen Bildung zuzurechnen, wäre falsch; eine Trennung aber steht vor unüberwindlichen Schwierigkeiten.

Um sich mit den atmosphärischen Effekten näher auseinandersetzen zu können, ist es erforderlich zu prüfen, um welche Bildungsgüter es sich handelt, auf die derartige Effekte zurückzuführen sind, und welche Eigenschaften sie haben. Das wird in der Literatur nicht immer deutlich.

(1) Jene, die von der schulischen und akademischen Bildung eine Erhöhung der Rationalität der Wahlentscheidungen in einem demokratischen System erwarten (der formal Gebildete in der Rolle des Wählers), etwa in der Beurteilung wirtschafts- und gesellschaftspolitischer Maßnahmen, gehen offenbar davon aus, daß die in Schule und Hochschule erworbenen *positiven* Kenntnisse (Sachkenntnisse) und Fertigkeiten (Beherrschung von Techniken und Methoden) dazu beitragen. Einige Vertreter sehen diese Effekte vornehmlich von der Elementarbildung (Rechnen, Natur-, Erd-, Wirtschafts- und Sozialkunde), andere dagegen mehr von wissenschaftlichen Kenntnissen ausgehen[49].

(2) Davon zu unterscheiden ist die Aneignung (elementarer) *sprachlicher* Kenntnisse (Kenntnisse der Landes- oder Amtssprache), von der man sich eine Verbesserung der Kommunikation zwischen den staatlichen Stellen und den Bürgern einerseits sowie unter den Mitgliedern der Gesellschaft andererseits verspricht. Hier handelt es sich weniger um positive Kenntnisse, sondern um die Einigung, bestimmte (akustische und optische) Zeichen zur Kommunikation zu verwenden.

(3) Schließlich handelt es sich bei atmosphärischen Effekten, wie die Senkung der Kriminalität, Förderung des demokratischen Bewußtseins und der sozialen

[49] Zum Beispiel Weizsäcker, C. C. von: Lenkungsprobleme der Hochschulpolitik, a.a.O., S. 543.

Kohäsion, weniger um Wirkungen, die von positiven Bildungsinhalten ausgehen, als vielmehr von einer *verhaltensnormierenden,* religiös-weltanschaulichen und sittlichen Erziehung (normative Bildungsinhalte).

Im folgenden soll geprüft werden, wann und unter welchen Bedingungen diese atmosphärischen Effekte entstehen und ob sich daraus eine staatliche Finanzierung der Schul- und Hochschulbildung oder ihre partielle Subventionierung ableiten läßt.

1. Förderung der Rationalität der politischen Wahlentscheidung

Gewiß kann die Aneignung von Sachkenntnissen in Schule und Hochschule auch die politischen Entscheidungen, die die Bürger eines Landes zu treffen haben, beeinflussen. Fraglich ist, ob und wenn, in welchem Umfang dabei sogenannte atmosphärische Effekte (Erhöhung der Rationalität der Wahlentscheidung) entstehen, die eine Subventionierung der elementaren schulischen und/oder darauf aufbauenden formalen Bildung ökonomisch rechtfertigen.

Um dieser Frage nachzugehen, unterstellen wir zunächst, daß alle Wahlberechtigten einer politischen Gemeinschaft durch homogene Präferenzen (politische Wertvorstellungen) gekennzeichnet sind und sie sich nur im Hinblick auf die Wege und Mittel unterscheiden, die sie zur Verwirklichung ihrer Ziele beschritten beziehungsweise angewendet wissen wollen.

Damit es überhaupt zu einer Nutzung des erworbenen (schulischen und/oder akademischen) Wissens kommt, setzt das, wie oben bereits ausgeführt, den freien Entschluß voraus, dies auch tatsächlich zu tun und an den politischen Wahlen (aktiv/passiv[50]) teilzunehmen. Gerade aber das wird von Vertretern der ökonomischen Theorie der Politik in Frage gestellt. Nach dem Downsschen Paradox[51] ist generell zu bezweifeln, ob es überhaupt rational sei, sich als Wahlberechtigte an einer Wahl zu beteiligen. Nach Downs und Tullock ist es nämlich äußerst unwahrscheinlich, daß der individuelle Nutzen eines Wahlaktes die Kosten der Information, Entscheidungsfindung und des Wahlaktes selbst übersteigt. Denn es handle sich nach Auffassung der Autoren meist um eine große Zahl von Wahlberechtigten, die den Einfluß der individuellen Entscheidung auf das Gesamtergebnis so stark reduziere, daß der mit der Eintrittswahrscheinlichkeit gewichtete Nutzen zu gering sei, um die mit Sicherheit anfallenden Kosten zu decken.

Soweit das Downssche Paradox tatsächlich zutrifft[52], spricht dies möglicherweise für eine Subventionierung des politischen Wahlaktes (vollständige oder teil-

[50] Hinsichtlich der passiven Teilnahme eröffnen sich keine weiteren Aspekte als jene, die bereits unter dem Abschnitt externe Effekte behandelt worden sind.

[51] Downs, A.: An Economic Theory of Democracy, New York 1957, und Tullock, G.: Toward a Mathematics of Politics, Ann Arbor, Mich., 1967. Siehe dazu auch McKenzie, R. B., und Staaf, R. J.: An Economic Theory of Learning, Student Sovereignty and Academic Freedom, A Public Choice Monograph, Blacksburg 1974, S. 78–84, und auch McKenzie, R. B.: The Political Economy of the Educational Process, Studies in Public Choice, Bd. 2, Boston-The Hague-London 1979, S. 138–148, besonders S. 141.

[52] Siehe dazu zum Beispiel Salkever, S.: Who Knows Whether It's Rational To Vote?, in: Ethics, Bd. 90 (1980), S. 203–217.

weise Übernahme der Informationskosten durch den Staat) beziehungsweise – gleiche individuelle Kosten (Opportunitätskosten) aller wahlberechtigten Bürger, die zugleich Steuerzahler sind, unterstellt – für die Wahlpflicht, nicht aber für Bildungssubventionen. Trifft das Paradox nicht zu, worauf Feststellungen hindeuten, die mit ihm nicht in Einklang stehen, so schätzt das Individuum den Nutzen des politischen Wahlaktes offensichtlich höher ein als dessen Kosten[53].

Fraglich ist in diesem Fall, ob mit atmosphärischen Effekten formaler Bildung zu rechnen ist, die eine Subventionierung ökonomisch rechtfertigen. Der materielle und immaterielle Nutzen, den die Person aus dem politischen Wahlakt zieht, wäre den Tätigkeiten zuzurechnen, die unmittelbar für den Wahlakt erforderlich sind (Informationsbeschaffung, Analyse politischer Parteiprogramme, politische Meinungsbildung und Wahlakt), darüber hinaus aber auch unter anderem dem (Sach)Wissen, das diese Person sich in Bildungseinrichtungen und anderswo (informelle Bildungsprozesse) erworben hat. Es ist jedoch bekannt, daß die Zurechnung des Nutzens auf den Wahlakt selbst und auf die den Wahlakt beeinflussenden formalen und außerschulischen Kenntnisse und Erfahrungen schier unmöglich ist.

Nun ist aber eine exakte Zurechnung auch nicht unbedingt erforderlich, um Bildungssubventionen für formale Sachkenntnisse zu rechtfertigen. Es würde schon weiterhelfen, zu wissen, daß überhaupt atmosphärische Effekte (Erhöhung der Rationalität der Wahlentscheidung) entstehen, die nicht als Nutzenzuwachs der betreffenden Person internalisiert werden können und den übrigen Mitgliedern der politischen Gemeinschaft zugute kommen. Die Vertreter dieser Auffassung schweigen in diesem Punkt.

Gehen wir dieser Frage trotzdem etwas weiter nach. Eine Subventionierung ist doch offensichtlich nur sinnvoll, wenn eine Regierung Kenntnis davon hat, welches in den Bildungseinrichtungen tradierte (teils auch neu produzierte) Wissen wahr, zumindest aber, welches zur Erreichung gesteckter Ziele zweckmäßig ist. Es versteht sich von selbst, daß eine Regierung dies nicht wissen kann und daher auch eine Subventionierung spezieller Sachkenntnisse ihr nicht möglich ist. Den politischen Instanzen bleibt deshalb nichts anderes übrig, als formale Bildung generell zu subventionieren, wobei sie unterstellen, daß in den Schulen und Hochschulen das erforderliche Wissen vermittelt wird, nicht dagegen außerhalb dieser Einrichtungen. Das aber ist eine heroische Annahme, die in keiner Weise gerechtfertigt ist; denn auch in Beruf und Freizeit eignen sich die Menschen positives Wissen an. Aber selbst wenn diese Annahme zutreffen sollte, so erhöht sich die allgemeine Wohlfahrt nicht, da über die richtigen Methoden der Zielerreichung nach wie vor unterschiedliche Erwartungen herrschen.

Hebt man die unrealistische Annahme über die homogenen Präferenzen aller

[53] Downs selbst hat Hilfshypothesen eingeführt (Berücksichtigung langfristiger Nutzeneffekte), um seine ökonomische Theorie des Wählens vor widerlegenden Fällen zu schützen. Zwar mag die Downsche Theorie amerikanisches Wahlverhalten erklären, nicht aber die relativ hohe freiwillige Wahlbeteiligung in einigen westlichen Demokratien.

Wähler auf, so wird eine Subventionierung von Bildungsgütern noch fragwürdiger. Da sich die Ziele der Wähler nun voneinander unterscheiden, kann positives Wissen zur Erreichung beliebiger Ziele eingesetzt werden. Erhöhte Rationalität hilft dann wenig weiter. Sie dient unterschiedlichen Zielen, und es wäre unrealistisch und falscher Harmonieglaube, anzunehmen, daß durch mehr Rationalität und positive Kenntnisse gewissermaßen eine Einigung über das Wahre und das Erstrebenswerte herbeigeführt werden könnte. Eine Subventionierung bestimmter positiver Bildungsgüter ist dann auch aus Gründen der unterschiedlichen Zielsetzungen, denen sie dienen kann, nicht mehr zu rechtfertigen – ganz zu schweigen von der Gefahr, Bildungsinhalte besonders zu fördern, die den Interessen der herrschenden Regierung mehr entsprechen als der Opposition[54].

2. Verbreitung der Landes- oder Amtssprache

Es wird unter anderem behauptet, daß es eine der Grundvoraussetzungen der Demokratie sei, daß sich die Bürger eines Landes Kenntnisse der Amtssprache, die gleichzeitig die Muttersprache der Bürger oder eines Teils von ihnen sein kann, aneigneten, damit sie in die Lage versetzt würden, Gesetze, Steuer- und andere staatliche Vorschriften sowie Partei- und Regierungsprogramme zu lesen und sich selbst am politischen Prozeß aktiv zu beteiligen[55]. Darüber hinaus sei es mit wirtschaftlichen Vorteilen für die Gesellschaft als Ganzes verbunden, wenn von allen ihren Mitgliedern die gleiche Sprache verstanden, gesprochen und geschrieben werde.

Niemand zweifelt daran, daß die Verwendung einer gemeinsamen Sprache die Kommunikation in einer Gesellschaft erleichtert und mit ihr Effizienzvorteile sowohl für das Funktionieren des politischen Systems als auch für die Wirtschaft und Gesellschaft verbunden sind (Senkung der Transaktionskosten). Die Frage ist lediglich, ob sich daraus eine Subventionierung des landessprachlichen und, etwa unter dem Gesichtspunkt der Europäischen Gemeinschaft, eventuell auch des fremdsprachlichen Unterrichts ableiten läßt. Denn diese Konsequenzen werden heutzutage häufig aus den obigen Feststellungen mit Selbstverständlichkeit gezogen. Man ist der Auffassung, daß es sich dabei um positive externe Effekte handelt, die zwar äußerst schwierig zu quantifizieren seien, die aber trotzdem nicht minder existierten.

Wenn man dieser Frage nachgeht, sind sehr unterschiedliche Dinge voneinander zu unterscheiden.

(1) *Einheitliche Sprache und Unterschiede in der sprachlichen Fertigkeit.* Betrachten wir zunächst einen Zustand, in dem der Staat sich jeglicher Intervention in spontane Prozesse der Sprachverwendung und -verbreitung enthält. Da Sprache dem Umgang mit den Menschen dient, wird sich in einer solchen Situation jedermann aus reinem Selbstinteresse bemühen, die Sprache der Mitmenschen zu verstehen und zu sprechen. (Dies gilt auch für Minderjährige, die ein

[54] Siehe hierzu auch S. 45–47.

[55] Weisbrod, B. A.: External Effects of Investment in Education, a.a.O., S. 177.

Interesse daran haben, die Welt der Erwachsenen zu verstehen und zu meistern.) Gesellschaftlicher Verkehr, Kultur, ein hoher Grad an Arbeitsteiligkeit und Handel wären sonst nicht denkbar. Nehmen wir aus analytischen Gründen ferner (unrealistischerweise) an, in dieser freiheitlichen Gesellschaft würde eine *einheitliche* Sprache gesprochen. Unter einer solchen Bedingung würden auch Politiker und Staatsbeamte sich dieser Sprache bedienen und der Verkehr zwischen Staat und Bürgern in ihr abgewickelt. Es wäre unwirtschaftlich, ein anderes Kommunikationsmedium zu verwenden.

Selbst unter diesen Voraussetzungen werden zwischen den Menschen Unterschiede in der Fertigkeit bestehen, sich sprachlich auszudrücken. Sie werden durch verschiedene Faktoren verursacht. Zum einen gibt es von Geburt unterschiedliche sprachliche Veranlagungen, zum anderen sind es unterschiedliche Präferenzen oder Wertschätzungen, die den einen veranlassen, mehr Wert auf sprachliche Ausdrucksfähigkeit zu legen als den anderen. Das gilt besonders auch für Eltern im Hinblick auf die Spracherziehung ihrer Kinder, aber auch für die letzteren selbst. Erheblichen Einfluß auf die sprachlichen Fertigkeiten übt sodann die berufliche Tätigkeit aus, für die sich niemand unabhängig von seiner Begabung und seinen Präferenzen im Rahmen der gegebenen Alternativen entscheiden wird. Ein Mensch, der vornehmlich manuelle Tätigkeiten ausübt, wird bei gleicher (ererbter) Begabung und Präferenz für sprachlichen Ausdruck demjenigen unterlegen sein, dessen berufliche Tätigkeit vornehmlich aus sprachlichen oder in Sprache verfaßten Leistungen besteht (Lehrer, Geistliche, Rechtsanwälte, Journalisten, Politiker etc.). Je arbeitsteiliger eine Wirtschaft in dieser Hinsicht ist, um so ausgeprägter werden ceteris paribus die Unterschiede in den sprachlichen Fertigkeiten sein. Sie werden sich außerdem innerhalb der Familie besonders während der Kindheit auf die nächste Generation übertragen, wenn nicht das Vermögen und der Wille vorhanden sind, sie auszugleichen.

Die so hervorgerufenen Unterschiede in den sprachlichen Fertigkeiten ließen sich nur vermeiden, wenn entweder auf die Arbeitsteiligkeit der Wirtschaft verzichtet würde oder kompensatorische Maßnahmen ergriffen würden. Erstes wäre keine akzeptable Maßnahme, da durch die Arbeitsteilung jedermann in der Gesellschaft besser gestellt werden kann als bei einem Verzicht auf sie. Die Menschen haben sich deshalb für die Arbeitsteilung entschieden[56]. Zweitens geschieht in einer Marktwirtschaft, in der sich die Preise für Arbeitsleistungen unter wettbewerblichen Bedingungen bilden, schon dadurch, daß der einzelne einen höheren Lohn erhält als in einer Wirtschaft mit einem geringeren Spezialisierungsgrad. Damit ergibt sich auch für jemanden, der sich für einen Beruf oder eine ungelernte Arbeit entschieden hat, bei der zwangsläufig sein sprachliches Vermögen relativ etwa zu dem des Akademikers zurückbleibt, die Möglichkeit, derartige (sprachliche) Dienstleistungen zu kaufen oder sich gegen Entgelt sprachlich fortbilden zu lassen. Dies gilt insbesondere für Eltern, die selber durch ihre berufliche

[56] Die durch die Arbeitsteilung und -zerlegung hervorgerufene Wandlung der Werte hat wohl manche abendländische Kulturkritiker veranlaßt, ihre Abschaffung zu fordern.

Spezialisierung ihren Kindern nicht die sprachliche Erziehung bieten können, die aber gleichwohl den Wunsch hegen, daß ihre Kinder mehr sprachliche Fähigkeiten besitzen mögen als sie selbst[57].

Unterschiede in den sprachlichen Fertigkeiten sind kein Grund, Sprachunterricht generell oder für bestimmte Personen zu subventionieren. Eine Effizienzsteigerung ist damit nicht zu erreichen.

(2) *Hochsprache und Dialekte.* Nicht viel anders verhält es sich, wenn wir die Bedingungen leicht modifizieren und die Prämisse der einheitlichen Sprache aufgeben und zulassen, daß in einem Sprachgebiet neben der Grundsprache *Akzente, Mundarten* und *Dialekte* existieren. Die Situation sei aber stets dadurch gekennzeichnet, daß der Zusammenhang zwischen Grundsprache (bzw. ihrer streng regulierten Form als Hochsprache) und Dialekt stets erhalten bleibe. In dieser Situation befinden sich zum Beispiel die Bürger der Bundesrepublik Deutschland. Noch ausgeprägter ist die Lage in der deutschsprachigen Schweiz, wo sich Mundarten häufig noch innerhalb der kantonalen Grenzen voneinander unterscheiden.

[57] Eltern, die das wünschen, haben in einem Land mit staatlichen Schulen oder staatlich fixierten Curricula dazu kaum Möglichkeiten, da sie verpflichtet sind, ihre Kinder in denselben Unterricht zu schikken, der von allen anderen Kindern unabhängig von ihren sprachlichen Voraussetzungen, die sie von Hause aus mitbringen, besucht wird (Schulpflicht als Abnahmezwang für bestimmte Bildungsgüter). Die Wahlfreiheit der Eltern, ihren Kindern schon frühzeitig einen speziellen auf ihre sprachlichen Schwächen gezielten Unterricht zu gewähren, existiert nicht, wenn man von der vergleichsweise teueren Alternative des Privatunterrichts absieht. Vielmehr müssen sich diese Eltern die sprachlichen Unzulänglichkeiten ihrer Kinder, die häufig auf ihre eigene sprachliche Ungeschicklichkeit zurückzuführen sind, in regelmäßigen Abständen bestätigen lassen. Sie sind fast ausschließlich auf das Wohlwollen der Lehrer angewiesen, ihren Kindern, soweit das im Klassenverband möglich ist, spezielle Hilfen anzubieten. Eine Lenkung nach den eigenen Präferenzen ist nicht möglich, da Schulen beziehungsweise Lehrer keinen Anreiz und auch keine Befugnis haben, Ergänzungsunterricht und besondere spracherzieherische Maßnahmen zu ergreifen. Auf der anderen Seite kann ein Schüler (Eltern) seine Bildungswünsche nicht vertraglich auf der Grundlage des Äquivalenzprinzips artikulieren, weil sich seine Rolle beziehungsweise die seiner Eltern auf die des Quasi-Bittstellers reduziert, wenn seine persönlichen Bildungswünsche sich von denen im politischen Entscheidungsprozeß rechtlich zugestandenen unterscheiden. Dies gilt um so mehr, je weiter die Leistung des Schülers hinter denen anderer Schüler zurückbleibt. Denn bei leistungsunabhängiger Entlohnung des Lehrpersonals können Lehrer ihren Nutzen maximieren, indem sie ihren Arbeitsaufwand minimieren. Das kann unter anderem dadurch geschehen, daß sie den durch das Elternhaus (sprachlich) bevorteilten Schüler dem benachteiligten, mehr Anstrengungen von Seiten des Lehrers erfordernden Schüler vorziehen. Gegen diese Verhaltensweise, die gewiß nicht die einzige ist – auch die Zuneigung des Lehrers zu benachteiligten Kindern (Altruismus) spielt verschiedentlich eine Rolle –, ist aus ökonomischer Sicht nichts einzuwenden. Sie ist rational. Kinder ausländischer Arbeitnehmer sind von dieser Inflexibilität des Schulsystems besonders betroffen.

Gegen diese Argumentation läßt sich berechtigterweise einwenden, daß durch den staatlichen Zwang, ein Kind in eine bestimmte Grundschule zu schicken, eine Mischung der Kinder aus den verschiedenen sozialen und damit auch sprachlich unterschiedlich vorgebildeten Gruppen erfolgt und bisher benachteiligte Kinder sich bereits durch den Umgang mit den Mitschülern sprachlich verbessern können. Aber es ist zweifelhaft, daß dieser positive Einfluß ausreichend ist, zumal er nicht selten dadurch gemindert wird, daß die Schüler weitgehend aus einem Einzugsgebiet stammen, das durch sprachliche Homogenität gekennzeichnet ist und eine Abwanderung zu einer anderen Schule nach Wahl der Eltern meistens nicht möglich ist. Dessen ungeachtet ließen sich auch für diese Schulen Organisationsstrukturen finden, die den Erziehungswünschen der Eltern mehr Alternativen eröffnen würden (siehe dazu unter anderem Kifer, E.: Die Bedeutung des Elternhauses für Schulleistungen, in: Schulen im Leistungsvergleich, T. Neville Postlethwaite und andere (Hrsg.), Stuttgart 1980, S. 58–69, hier S. 66ff. vorgeschlagenen Maßnahmen).

Kann es unter diesen Bedingungen effizient sein, das Erlernen der Hochsprache zu subventionieren?

Zu den Unterschieden in der sprachlichen Fertigkeit, die neben der natürlichen Begabung und den Präferenzen der Menschen durch die berufliche Spezialisierung hervorgerufen werden, entstehen nun noch regionale Unterschiede, die je nach dem Grad der Abweichung der Mundart von der Hochsprache mehr oder minder hohe „Sprachhindernisse“ darstellen und zusammen mit folkloristischen und landsmannschaftlichen Traditionen und Gebräuchen die regionale Mobilität in einer Gesellschaft reduzieren können. Solange es möglich ist, ohne größere Lernprozesse die Hochsprache zu verstehen, zu sprechen und zu schreiben, wird man kaum von Ineffizienzen sprechen können, die eine staatliche Intervention erfordern. Meistens wird in diesem Zusammenhang die regionale Mobilität mehr durch andere Faktoren, wie soziale Bindungen an die Menschen und die Umgebung, in der man länger gelebt hat oder aufgewachsen ist, als durch Kommunikationsprobleme sprachlicher Natur beeinträchtigt.

Der Dialekt wird ohne formalen Bildungsprozeß durch den Umgang mit den Menschen erlernt und ist für den einzelnen eine Sprachform, die für ihn einen besonderen Wert (soziale Nähe, Zugehörigkeit zu einer Gemeinschaft, Ausdrucksmöglichkeit, die die Hochsprache nicht bietet) darstellt, der durch die Hochsprache nicht erreicht werden kann. Gleichwohl besteht für die einzelnen Mitglieder der Gesellschaft mehr oder minder der Anreiz, auch die Hochsprache zu beherrschen, sofern sie sich davon einen Nutzen versprechen, etwa eine Erhöhung ihrer beruflichen, sozialen oder regionalen Mobilität, und folglich bessere Chancen bei der Arbeitsplatzsuche[58].

Zusammen mit der Entwicklung von Mundarten und Dialekten kommt es gleichzeitig, aber nicht unbedingt in Abhängigkeit von diesen, zu einer Veränderung der Schriftsprache (einschließlich des Schriftbildes), was zu Mißverständnissen und Schwierigkeiten bei der Kommunikation und folglich zur Minderung der Effizienz (Rückfragen, Klarstellungen, Fehlentscheidungen auf Grund mißverstandener Nachrichten) der Sprache als Kommunikationsmittel führen kann.

Eine Einigung der Mitglieder einer Gesellschaft über einen hinreichend einheitlichen Gebrauch der Sprache und besonders der Schriftsprache (Grammatik, Orthographie), durch den Mißverständnisse und Verständnisschwierigkeiten beseitigt werden, ist dann bereits eine Maßnahme, die die Effizienz der Sprache erhöht, wenn der Nutzen der Standardisierung ihre Kosten übersteigt.

Hier kann der Staat wohlfahrtsfördernd tätig werden, sofern nicht durch spontane freiwillige Vereinbarungen, etwa nach dem Muster des Deutschen Bibliographischen Instituts, die Normierung erfolgt und sämtliche Schulen sich in ihrem Sprachunterricht an ihr orientieren. Eine Subventionierung des Unterrichts in der Hochsprache wird aber auch in diesem Fall nicht angebracht sein.

[58] Die Beherrschung allgemein verwendbarer sprachlicher Kenntnisse vermindert das Risiko der Arbeitslosigkeit, was ceteris paribus einer Senkung der Prämie zur Arbeitslosenversicherung gleichkommt.

Nun bestehen die Mitglieder der Gesellschaft nicht nur aus erwachsenen Menschen, die die Konsequenzen ihrer Entscheidungen weitgehend erkennen können. Die meisten Mitglieder werden vielmehr in sie hineingeboren. Damit stellt sich ein besonderes Problem: *Minderjährige* können kaum ahnen, welche Bedeutung für sie das Erlernen der Hochsprache haben wird.

Um diesem Problem an dieser Stelle nicht nachgehen zu müssen, unterstellen wir aus methodischen Gründen, daß Eltern am besten in der Lage sind, ihre Kinder in dieser Angelegenheit zu bevormunden. Ob das zutrifft und unter welchen Bedingungen die Institution der Familie in dieser Sache als Entscheidungsinstanz die vorzugswürdige Organisationsform ist, und welche Bedeutung in diesem Zusammenhang Schulpflichtgesetzgebung und Rahmenrichtlinien für den Sprachunterricht haben, ist später zu klären[59]. Hier wird der Einfachheit halber angenommen, daß (wohlwollende) Eltern dazu am ehesten in der Lage sind. Die Entscheidung, rechtzeitig neben dem Dialekt die Hochsprache zu erlernen, wird von den Eltern gefällt.

(3) *Mehrere Sprachen.* Wird nun die Prämisse der Existenz einer einzigen Sprache aufgegeben und weiterhin unterstellt, daß sich der Staat zunächst jeglichen regulierenden Eingriffs enthält, so entsteht eine *Sprachanarchie:* Mehrere Sprachen existieren in einem Land nebeneinander. Die Verbreitung der einzelnen Sprachen folgt spontanen Kräften, deren Natur hier nicht weiter zu untersuchen ist.

(a) Nehmen wir ferner zunächst an, daß ein „natürliches" *Gleichgewicht* zwischen den Sprachen vorhanden ist, also keine Sprache über eine andere die Oberhand gewinnt, sondern jede ihre Existenz in einem bestimmten Bereich des Staatsgebietes behaupten kann (stabiles natürliches Sprachgleichgewicht).

Der einzelne Bürger dieses Landes wird unter solchen Bedingungen seine Entscheidung, welche Sprache oder Sprachen er verstehen, sprechen und schreiben lernen will, nach dem Nutzen richten, den er persönlich von dem Erwerb sprachlicher Kenntnisse erwartet (Eltern entscheiden für ihre Kinder). Der eine zieht es vor, neben der Muttersprache noch andere Sprachen zu erlernen, um beruflich und sozial beweglicher und von den wirtschaftlichen, gesellschaftlichen und regionalpolitischen Verhältnissen unabhängiger zu sein; der andere verzichtet eher auf berufliche Mobilität und soziale Beweglichkeit und paßt sich den Verhältnissen an, die er in dem Bereich vorfindet, in dem seine Muttersprache gesprochen wird, oder er wirkt auf die sozialen und politischen Verhältnisse ein und verändert sie im Sinne seiner Präferenzen.

In einer solchen Situation wird ein Wohlfahrtsniveau erreicht, das unter dem einer Gesellschaft liegt, in der Sprachbarrieren nicht existieren. Ein Wohlfahrtsverlust entsteht in Höhe der Kosten des Spracherlernens für die wandernden Arbeitskräfte und der Effizienzverluste durch Faktorwanderungen, die wegen dieser Kosten unterbleiben. Wohl wird es auch in dieser Situation berufliche und son-

[59] Siehe Kapitel IV dieses Hauptabschnitts.

stige Mobilität über die Sprachgrenzen hinweg geben, sofern die Kosten des Spracherlernens oder der Kauf der Dienste eines Dolmetschers niedriger sind als der Nutzen, den der einzelne aus seiner Mobilität zieht. Ebenso kommt es zur Faktorwanderung, wenn der Vertragspartner (Arbeitgeber, Handelspartner) sich sprachlich anpaßt, die Kosten des Spracherlernens übernimmt oder sich an ihnen beteiligt. Das Sprachverhalten von ausländischen Arbeitnehmern in der Bundesrepublik Deutschland und das Verhalten der deutschen Arbeitgeber bestätigen diese Aussage[60].

Wie auch immer die Lasten des Spracherwerbs verteilt sein mögen, die Überwindung von Sprachbarrieren ist mit Kosten verbunden, die in manchen Fällen erheblich sein können. Sie können nur vermieden werden, wenn zwischen den Mitgliedern einer Gesellschaft ein Vertrag zustande kommt, in dem sich alle auf die Verwendung einer Sprache einigen. Eine solche Einigung zwischen Personen hat den gleichen Charakter wie die Standardisierung von Normen und Typen in der Industrie.

Soll für alle Beteiligten sichergestellt werden, daß durch die Einführung einer bestimmten sprachlichen Regelung niemand schlechter gestellt wird als im Fall der Sprachanarchie, so müssen grundsätzlich alle Mitglieder der Gesellschaft der Regelung freiwillig zustimmen. Denn nur die Wicksellsche Einstimmigkeitsregel führt zu einer Pareto-superioren Situation[61]. Da ein solcher multilateraler oder n-Personenvertrag bei einer großen Zahl von Personen wegen der hohen Transaktionskosten (jeder müßte mit jedem verhandeln) häufig nicht zustande kommt,

[60] Das Verhalten der ausländischen Arbeitnehmer in der Bundesrepublik Deutschland ist in diesem Zusammenhang sehr aufschlußreich. Zum einen bemühen sie sich selbst, die deutsche Sprache zu erlernen, zum anderen bedienen sie sich der Dolmetscher und anderer Fachleute, um sprachliche Barrieren und rechtliche Unkenntnisse zu überwinden. Nicht wenige halten es für vorteilhaft, den Verkehr mit deutschen Behörden gegen Bezahlung oder andere Leistungen einer anderen Person zu übertragen, um zum Beispiel in den Genuß einer Steuerermäßigung, des Kündigungsschutzes, des Arbeitslosen- oder Kindergeldes etc. zu kommen. (Allerdings gilt gemäß Art. 3 (3) Grundgesetz, „Niemand darf wegen . . . seiner Sprache . . . benachteiligt oder bevorzugt werden“, daß vor Behörden oder vor Gerichten stets von Amts wegen ein Dolmetscher hinzuzuziehen ist. Maunz-Dürig-Herzog-Scholz, Grundgesetz, Kommentar, 4. Auflage München, S. 315. Die zweite Generation von Ausländern, die in der Bundesrepublik Deutschland aufgewachsen ist, erlernt nicht nur die Muttersprache der Eltern, sondern auch die deutsche Sprache aus eigenem Antrieb und mit Unterstützung der Eltern, die oft der deutschen Sprache nicht hinreichend mächtig geworden sind. Ebenso hat sich bei Deutschen im Ausland (Teile des früher deutschen Böhmens, Mähren, Pennsylvanien, Siebenbürgen) die deutsche Sprache erhalten, obwohl zum Broterwerb die jeweilige Landessprache erlernt und gesprochen wird. Interessant ist in diesem Zusammenhang auch die Verhaltensweise der deutschen Arbeitgeber. Trotz der Sprach- und sozialen Probleme, die in ihren Betrieben durch die Beschäftigung ausländischer Arbeitnehmer, die der deutschen Sprache nicht mächtig sind, entstanden, hielten sie es für vorteilhaft, diese Personen, die in einem anderen kulturellen Umfeld aufgewachsen waren, ohne deutsche Sprachkenntnisse einzustellen. Teilweise waren sie sogar bereit, die Kosten von Sprachkursen zu übernehmen. Eine staatliche Anweisung, daß ausländische Arbeitnehmer zunächst elementare Kenntnisse der deutschen Sprache nachzuweisen hätten, bevor sie ihre Tätigkeit in Deutschland aufnähmen, hätte die internationale Mobilität der Arbeitskräfte verhindert oder erschwert und die Vorteile, die sowohl die deutsche Wirtschaft und die Verbraucher als auch die Angeworbenen davon gehabt hatten, zumindest teilweise zunichte gemacht.

[61] Vgl. Buchanan, J. M.: The Limits of Liberty, Between Anarchy and Leviathan, Chicago-London 1975, S. 41.

handelt es sich hier um eine Angelegenheit, die über einen demokratischen Abstimmungsprozeß möglicherweise am kostengünstigsten geregelt werden kann, weil die bestehenden staatlichen Einrichtungen für den Abstimmungsprozeß benutzt werden können (Kostendegression). Unter diesen Bedingungen kann die Einigung durch die Vereinbarung von Kompensationszahlungen (Subventionen) erleichtert werden. Sie wären von jenen zu leisten, zu deren Gunsten die sprachlich einseitige Anpassung erfolgt. Sie müssen aber geringer sein als der Vorteil, der durch die Sprachregelung der zahlenden Partei entsteht[62]. Ein solches Ergebnis wäre jedoch nur unter der Wicksellschen Einstimmigkeitsregel zu erwarten. Würde über den Gebrauch der Sprache im Rahmen des Verfassungsvertrages mit Zweidrittel-Mehrheit abgestimmt und repräsentierte von zwei Sprachgruppen eine nicht mehr als ein Drittel der Gesamtbevölkerung, so würde sie einen Wohlfahrtsverlust hinnehmen müssen.

(b) Existiert dagegen im Zustand der „natürlichen" Sprachanarchie *kein* Gleichgewichtszustand, sondern dominiert aus verschiedenen Gründen (wirtschaftlich attraktive, prosperierende Region, kulturell und wissenschaftlich-technisch fortgeschrittenes Land) eine Sprache derart, daß mehr und mehr Mitglieder anderer Sprachgemeinschaften es für vorteilhaft erachten, diese Sprache zu erlernen und zu verwenden, dann ist offensichtlich eine explizite sprachliche Regelung, etwa als Bestandteil eines Gesellschaftsvertrages nicht erforderlich. Die Anpassung erfolgt bereits spontan durch die individuellen Entscheidungen, so daß im Extremfall im ganzen Land mindestens eine Sprache von allen hinreichend gut gesprochen wird[63].

Die Vorteile, die die Menschen dazu bewegen, eine solche sprachliche Anpassung freiwillig einseitig zu vollziehen, sind meistens wirtschaftlicher, wissenschaftlich-technischer, sozialer oder politischer Natur.

Im wissenschaftlichen Bereich etwa hat sich seit geraumer Zeit immer mehr die englische Sprache durchgesetzt, ohne daß es eines Zwanges oder einer vertraglichen Vereinbarung bedurfte, Englisch als Kommunikationsmittel zu benutzen. Vielmehr hielten es Naturwissenschaftler, Ingenieure, Mediziner, Ökonomen und andere Sozialwissenschaftler verschiedenster Nationalitäten offensichtlich für zweckmäßig und vorteilhaft, englische Sprachkenntnisse zu erwerben, obwohl sie

[62] Die Interessenlagen zwischen den vier Sprachgebieten der Schweiz lassen offensichtlich eine Einigung auf eine einheitliche Amtssprache nicht zu, da der Wohlfahrtseffekt einer einheitlichen Amtssprache nicht groß genug ist, um die sprachlichen Anpassungskosten zu decken. Die französische, italienische und deutsche Schweiz ist anscheinend so stark wirtschaftlich und kulturell mit den angrenzenden Nachbarländern verflochten, daß einer einheitlichen Amtssprache gegenüber der herrschenden sprachlichen Regelung von den Beteiligten kein positiver Wohlfahrtseffekt zugeschrieben wird. Ich danke Ralph Anderegg für diesen Hinweis.

[63] So hat der Sprachenzwang dem Vielvölkerstaat Österreich-Ungarn volkswirtschaftlich mehr geschadet als genützt. Siehe dazu und zum Problem der Einführung einer Amtssprache durch Zwang Mises, L. von: Nation, Staat und Wirtschaft, Beiträge zur Politik und Geschichte der Zeit, Wien–Leipzig 1919, S. 7–24. Siehe auch Hayek, F. A.: Die Verfassung der Freiheit, Tübingen 1971, S. 465f. Die Schweiz ist mit ihrer liberalen Sprachenpolitik erfolgreicher. Sie hat große politische Auseinandersetzungen und Unruhen vermieden, wie sie nicht nur aus Österreich-Ungarn, sondern auch heute noch unter anderem aus Italien (Südtirol), Belgien und Österreich (Steiermark) bekannt sind.

dafür Zeit, die sie sonst unmittelbar ihrer Forschungsaufgabe hätten widmen können, opfern und so einen Nachteil gegenüber Kollegen hinnehmen mußten, die von Hause aus mit dem Englischen vertraut waren[64].

Ähnliche Erscheinungen finden wir in anderen Bereichen, handle es sich um exportorientierte und multinationale Unternehmen oder um Deutsche, die für längere Zeit im Ausland leben, für immer auswandern oder durch politische Umstände in einem Land zu einer völkischen Minderheit werden. Sie eignen sich meistens freiwillig auch die Sprache ihrer ausländischen Umgebung an, weil ihnen das die zweckmäßigere Alternative unter den gegebenen Umständen zu sein scheint[65].

Für die Frage, ob elementarer sprachlicher Unterricht in der Landessprache subventioniert werden soll oder nicht, bleibt soweit festzuhalten, daß dies nur dann zweckmäßig ist, wenn die sprachlichen Anpassungslasten von einer Sprachgruppe einseitig zu tragen sind und es spontan auf Grund der Nutzen-Kosten-Relation zu keiner Anpassung kommt. Die Subventionen haben dabei den Charakter von Kompensationszahlungen und wären über das Steuersystem nach einstimmiger Abstimmung so zu finanzieren, daß sie von der Gruppe getragen werden, zu deren Gunsten die sprachliche Anpassung verläuft. Diese Gruppe wird maximal bereit sein, so viel zu zahlen, bis der zusätzliche Nutzen den Kosten (Kompensationszahlungen) entspricht. Ist eine Einigung über Kompensationszahlungen nicht möglich, kann offensichtlich durch die Verwendung einer einheitlichen Sprache kein höheres Wohlfahrtsniveau erreicht werden.

Völlig unabhängig von der Frage der Subventionierung kann aber die wohlfahrtsfördernde Funktion des Staates in der Normierung der Sprache liegen, die nur über einen n-Personenvertrag bewerkstelligt werden kann. Aber selbst eine Sprachregulierung, die der Vermeidung von sprachlichen Mißverständnissen innerhalb einer Grundsprache dient, muß nicht notwendig eine staatliche Aufgabe sein. Sie kann auch durch eigenständige Institutionen auf der Basis eines freiwilligen Zusammenschlusses wahrgenommen werden, wie dies in einigen Ländern geschieht.

[64] Die hier beschriebene Situation kann aus tauschtheoretischer Sicht nur für Perioden und Länder gelten, in denen die Abhängigkeit von ausländischen Forschungsergebnissen besonders groß ist und das eigene Land in den einzelnen Forschungsbereichen keine oder nur geringe eigene Beiträge leistet. Das erklärt sowohl die heutigen Verhältnisse in der Bundesrepublik Deutschland und die entgegengesetzte Situation zu Beginn dieses Jahrhunderts, wo viele ausländische Wissenschaftler verschiedener Disziplinen (Chemie, Physik, Nationalökonomie) nach Deutschland kamen und die sprachliche Anpassung umgekehrt verlief. Allerdings gibt es heute bei uns vereinzelt wieder Hinweise, daß man es nicht mehr in allen Bereichen der Wissenschaft für erforderlich hält, sich sprachlich (einseitig) anzupassen.
In diplomatischen Kreisen ist es heutzutage üblich, die Sprache eines jeden Landes als Verhandlungssprache anzuerkennen; es wird erwartet, daß ein Diplomat die Sprache des ausländischen Kollegen versteht und umgekehrt.

[65] Das bedeutet nicht, daß deshalb die eigene Muttersprache völlig aufgegeben werden muß. Da sie für viele eine persönliche Bereicherung darstellt, nehmen Familien oft über Generationen Mehrsprachigkeit in Kauf – man denke etwa an die Deutschen in Böhmen, Mähren, Banat, Siebenbürgen, Pennsylvanien und im Elsaß.

3. Vorbeugung vor Kriminalität, Förderung des demokratischen Bewußtseins und der sozialen Kohäsion

Sonstige mit dem Erwerb besonders der elementaren Bildung in Verbindung gebrachte „atmosphärische" Effekte beruhen nach Auffassung ihrer Befürworter auf Wirkungen, die das gesellschaftliche Zusammenleben (Vermeidung von Kriminalität), das demokratische Bewußtsein und die soziale Harmonie und Kohäsion fördern.

(1) Die These, daß durch schulische Bildung die Kriminalitätsrate eines Landes gesenkt werden kann, ist ein Standpunkt, der schon von T. R. Malthus[66] und A. Smith[67] vertreten wurde, der sich aber empirisch nicht als stichhaltig erwiesen hat. Untersuchungen darüber lassen keinen Zusammenhang zwischen formaler Bildung und der Häufigkeit oder Schwere krimineller Delikte erkennen, der es zweckmäßig erscheinen ließe, aus diesen Gründen Bildung zu subventionieren[68].

(2) Ebenso gibt es keine Hinweise, daß die staatliche Finanzierung von Elementarbildung das demokratische Bewußtsein, das heißt, das Verständnis und die Toleranz des Bürgers gegenüber den Wertvorstellungen seiner Mitbürger als Voraussetzung für eine freiheitliche Demokratie mehr fördere als ein System sich selbsttragender Schulen, die unter gleichen finanziellen Bedingungen miteinander konkurrieren[69]. Zwar kann gewiß nicht geleugnet werden, daß von solchen Schulen Gefahren für die Toleranz der Meinungen und Werte der Mitbürger ausgehen können. Aus der Geschichte gibt es hierfür zahlreiche Beispiele. Solange aber der Bildungsmarkt nicht vermachtet ist und der Staat seine ordnende Funktion wahrnimmt und Verstöße gegen die Toleranz ahndet, kann von einer finanziellen Abhängigkeit der Schulen vom Staat schwerlich ein zusätzlicher Beitrag zu ihrer Förderung erwartet werden. Erfahrungen zeigen, daß das Verständnis für die unterschiedlichen Wertvorstellungen der Menschen in einem staatlich subventionierten Schulsystem unter bestimmten Bedingungen (Unvollkommenheiten des politischen Wettbewerbs) schnell in eine Indoktrinierung bestimmter Wertvorstellungen umschlagen kann, die das Gegenteil von dem bewirkt, was Voraussetzung für eine freiheitliche Demokratie ist. Kommt zu der finanziellen Abhängigkeit die staatliche Leitung und Verwaltung der Schulen hinzu, dann ist mit einer Verstärkung dieser Gefahr zu rechnen. Nicht nur etwa die Geschehnisse in der Nazizeit, sondern unter anderem jüngere Entwicklungen im Schulsystem der Bundesrepublik Deutschland lassen Zweifel an der These von den demokratiefördernden

[66] Malthus, T. R.: Eine Abhandlung über das Bevölkerungsgesetz, a.a.O., S. 307–316.

[67] Smith, A.: Der Wohlstand der Nationen, a.a.O., S. 667. Smith äußert sich hier optimistisch über die erzieherischen und bildenden Wirkungen des Schulbesuchs, die in Richtung einer sozialen Lenkungsfunktion des Schulsystems weisen.

[68] Siehe dazu zum Beispiel Blaug, M.: An Introduction to the Economics of Education, 2. Auflage Harmondsworth 1972, S. 108, und West, E. G.: Education and the State, 2. Auflage London 1970, S. 36.

[69] Peacock, A. T., und Wiseman, J.: Education for Democrats, a.a.O., S. 23f.

atmosphärischen Effekten staatlich finanzierter und verwalteter Schulen aufkommen[70].

Je mehr zudem die Vollzeitschulpflicht bis an die untere Grenze des aktiven Wahlalters angeboten wird und je mehr Schüler über die Schulpflichtzeit hinaus in der Schule verweilen, um so größer ist der Anreiz für eine Regierung, Bildungssubventionen als ein Mittel zu benutzen, um die eigenen politischen Wertvorstellungen und Ziele zu fördern. Erlahmt der politische Wettbewerb (Einfluß von Interessengruppen, geringe Zahl von im Parlament vertretenen Parteien, Koalitionen der Politiker gegen die Wähler, Verselbständigung der Bürokratie), so ist diese Gefahr besonders groß. Mehrheitsentscheidungen, die Einheitlichkeit der staatlichen Anweisungen, insbesondere in Form ministerieller Erlasse und die totale finanzielle Abhängigkeit der Schulen und ihrer Lehrkörper vom Staat, müssen deshalb gesellschaftspolitische Neutralität nicht notwendig eher gewährleisten als privat finanzierte Schulen auf einem wettbewerblichen Bildungsmarkt.

Wenn die Funktion des Staates in erster Linie darin besteht, *Toleranz* aufrecht zu erhalten und zu fördern, statt bestimmte Werte den Menschen aufzuzwingen, dann ist keineswegs sicher, ob nicht der Bildungsmarkt eine geeignetere Organisationsform ist als ein staatlich finanziertes Schulsystem.

(3) Unter den „atmosphärischen" Effekten der schulischen Bildung scheint uns das Argument der Förderung der sozialen Kohäsion das tragfähigste zu sein, da der Bildungsmarkt die soziale Gruppenbildung in einem Maße verstärken kann, die soziale Spannungen fördert; es sei denn, der Staat greift ordnend ein oder sieht sich gar gezwungen, die Funktion der sozialen Normenbildung selbst unter Kontrolle zu bringen, wenn eine für das gesellschaftliche Zusammenleben erforderliche Integration der Normen nicht spontan erfolgt. Es ist gleichzeitig jene Begründung staatlich finanzierter, vor allem aber staatlich verwalteter Schulen, die sich am meisten der ökonomischen Analyse entzieht, weil der volkswirtschaftliche Nutzen und die Kosten sich nicht quantifizieren lassen.

Das Argument der Förderung der sozialen Kohäsion (Integration der Normen) bezieht sich auf die sittlich-normierende Funktion der Schule. Besonders religiöseweltanschauliche und völkische Unterschiede, aber auch Unterschiede in den sozialen Wertvorstellungen und Verhaltensweisen, die durch die Arbeitsteiligkeit der Wirtschaft sowie durch ein zu großes soziales Gefälle in einer Gesellschaft entstehen[71], können zu sozialen und politischen Instabilitäten führen, die hohe volkswirtschaftliche Kosten zur Folge haben. Es kann dann wohlfahrtsfördernd sein, Minderjährige zum Beispiel für eine gewisse Zeit aus den verschiedensten Bevölkerungsgruppen zusammenzuführen und gemeinsam zu unterrichten.

Es wäre jedoch falsch anzunehmen, daß sich daraus eine staatliche Subventionierung der schulischen Bildung per se ableiten läßt. Das wäre nur dann der Fall, wenn Mitglieder dieser Gesellschaft von dem sozialen Frieden und der politischen

[70] Man denke etwa an die Hessischen Rahmenrichtlinien für den Deutschunterricht, an die Schulbuchinhalte und die politische Einstellung der Lehrer und den Extremistenerlaß.

[71] Siehe dazu zum Beispiel Smith, A.: Wohlstand der Nationen, a.a.O., S. 664.

Stabilität des Landes profitierten, die selbst diese Schule nicht besucht und für die integrativen Leistungen der Schulen nicht gezahlt hätten. Auch für Kinder ausländischer Arbeitnehmer läßt sich eine staatliche Subventionierung aus Gründen atmosphärischer Effekte der sozialen Kohäsion nicht generell rechtfertigen, da diese Personen gleichfalls einen Teil des Nutzens internalisieren. Was sie selbst als Integrationsbeitrag zu leisten und zu tragen haben, wäre durch Verhandlungen zwischen ihnen beziehungsweise ihrer Regierung und der Regierung des Einwanderungslandes festzulegen.

II. Staatliche Bildungsproduktion, natürliches Monopol und die sittlich-normierende Funktion der Schule

Von dem Problem der staatlichen Finanzierung und Subventionierung ist die Frage zu trennen, ob der Staat die Produktion formaler Bildung selbst in die Hand nehmen solle. Selbst wenn diejenigen für schulische Bildung zahlen, die den Nutzen aus ihr internalisieren, kann es wohlfahrtsfördernd sein, die Produktion formaler Bildung staatlich statt privat zu organisieren. In diesem Zusammenhang wird zum einen behauptet, es handle sich bei den Ausbildungsleistungen, die Schulen und Hochschulen erstellen, um ein natürliches Monopol[1], zum anderen gebiete die sittlich-normierende und gesellschaftlich integrative Funktion (zumindest) der Schule eine staatliche oder öffentliche Trägerschaft.

Die Auffassung, daß es sich bei Schulen und Hochschulen um Betriebe handelt, die bei Kapazitätsausweitung mit steigenden Skalenerträgen und folglich fallenden langfristigen Durchschnittskosten (= langfristige Grenzkosten) arbeiten, gilt als widerlegt. Es hat sich bestätigt, daß für beide Einrichtungen eine optimale Betriebsgröße existiert[2] und Schulen oder Hochschulen, nachdem sie eine bestimmte Kapazität erreicht haben, keine weiteren Skalenerträge realisieren. Eine weitere Kapazitätsausweitung führt also nicht zu sinkenden, sondern konstanten oder steigenden Durchschnittskosten[3].

Auch die Frage des monopolistischen Spielraums, die in ländlichen Gebieten für Schulen akut werden kann, weil die Kosten des Schulbenutzers (direkte Wegekosten und Opportunitätskosten, die mit längeren Schulwegen verbunden sind)

[1] Siehe dazu zum Beispiel den Diskussionsbeitrag von Widmaier, H. P. in „Grundfragen der Infrastrukturplanung für wachsende Wirtschaften“, (Hrsg.) H. Arndt und D. Swatek, Verhandlungen auf der Tagung des Vereins für Socialpolitik – Gesellschaft für Wirtschafts- und Sozialwissenschaften in Innsbruck 1970, a.a.O., S. 559.

[2] Siehe unter anderem Olivera, J. H. G.: Die Universität als Produktionseinheit, in: Weltwirtschaftliches Archiv, Bd. 98 (1967), S. 50–63, und die bei Cohn, E.: The Economics of Education, 2. revidierte Auflage Cambridge, Mass., 1979, S. 163–206, angegebene Literatur. Siehe auch Weizsäcker, C. C. von: Lenkungsprobleme der Hochschulpolitik, a.a.O., S. 568, und besonders Rowley, C. K.: The Political Economy of British Education, in: Scottish Journal of Economics, Bd. 16 (1969), S. 152–176, hier S. 163–165.

[3] Aber selbst wenn es sich tatsächlich um ein natürliches Monopol handelte, folgt daraus nicht notwendig eine staatliche Trägerschaft; vielmehr wäre eine staatliche Preisregulierung völlig ausreichend, und auch dann nur unter bestimmten Bedingungen.

eine andere, entlegenere Schule zu besuchen, hoch sind, kann Grund für staatliche Interventionen sein, kann aber ein staatliches Monopol oder Quasimonopol für den gesamten Schulbereich nicht begründen[4].

Schwieriger verhält es sich mit der sittlich-normierenden Funktion der Schule und damit zusammenhängend mit dem Argument der sozialen Kohäsion, wonach vor allem durch die staatliche Leitung und Verwaltung von Elementarschulen eine soziale Mischung der Schüler erreicht und der Prozeß der sozialen Grundnormenbildung unter staatlicher Kontrolle gehalten werden könne. Möglicherweise liegt hier der rationale Grund, weshalb zumindest die ersten Jahre der Elementarbildung auch in den meisten freiheitlich-demokratischen Ländern der westlichen Welt in öffentlichen Schulen zu absolvieren sind oder aber diese Staaten mit den in der Gesellschaft dominierenden religiösen Vereinigungen Verträge abschließen[5], in denen sie diese mit der Vermittlung elementarer Bildungsinhalte und besonders mit der soziales Verhalten beeinflussenden und Normen bildenden schulischen Erziehung beauftragen. Besonders die schulische Erziehung von Kindern hat den Charakter der Internalisierung von Normen des gesellschaftlichen Zusammenlebens.

Es ist aber keineswegs sicher, ob nicht religiöse und ethnisch-kulturelle Unterschiede, die eine Gesellschaft in ihrer Stabilität gefährden könnten, dadurch wirksam beseitigt werden können, indem auf einem Bildungsmarkt die Diskriminierung religiöser und ethnischer Minderheiten untersagt wird und für den elementaren Bildungsbereich die Freiheit der Schulwahl und/oder der Schülerauswahl eingeschränkt wird, um eine soziale Mischung der Schüler zu erreichen, die die für das gesellschaftliche Zusammenleben notwendige Kohäsion bewirkt[6]. Daß der Staat hier eine wohlfahrtsfördernde Funktion wahrnehmen kann, soll nicht geleugnet werden. Fraglich ist nur, ob dazu die staatliche Leitung und Verwaltung von Elementarschulen, eventuell auch von Sekundarschulen, erforderlich ist oder ob nicht ordnende, teils intervenierende Maßnahmen des Staates ausreichen.

Welche Maßnahmen in einer Gesellschaft tatsächlich erforderlich sind, hängt

[4] Die Kosten, eine Schule durch eine andere zu substituieren, steigen sehr schnell an, wenn es sich um Elementarschüler handelt. Statt sich durch Abwanderung dem monopolistischen Handlungsspielraum der Schule zu entziehen, kann hier wahrscheinlich durch Mitwirkungsrechte der Eltern eine effiziente Lösung erreicht werden. Siehe hierzu die Ausführungen im Zusammenhang mit der Frage der Schulpflicht auf S. 84f. Ebenso kann die staatliche oder kommunale Trägerschaft von Schulen geeignet sein, in Regionen, in denen monopolistische Spielräume bestehen, ein zusätzliches Angebot zu schaffen. Unabhängig davon dürfte auf Grund der Verkehrsverhältnisse das Problem des regionalen Monopols vornehmlich im Primarbereich eine Rolle spielen, aber auch da nur in ländlichen Regionen. Eine Subventionierung des Schülertransports kann hier effizienzfördernd wirken. Siehe zu diesem Problemkomplex, der in der Literatur bereits ausführlich behandelt wurde, zum Beispiel Peacock, A. T., und Wiseman, J.: Education for Democrats, a.a.O., S. 18f. und S. 47f., sowie Wittmann, P.: Der Schülerverkehr in ländlichen Regionen, Eine empirische Untersuchung seiner Wirtschaftlichkeit, Göttingen 1980.

[5] Aus ökonomischer Sicht können unter anderem die Teile der Kirchenverträge und Konkordate als staatliche Auftragsvergabe (contracting out) verstanden werden, die schulische und sonstige bildende und jugendpflegende Dienstleistungen zum Gegenstand haben. Die normenschaffenden und vermittelnden Dienstleistungen der Kirchen finden das Interesse des Staates, weil sie die Aufgabenerfüllung der Regierung erleichtern.

[6] Siehe zum Beispiel für die Bundesrepublik Deutschland Art. 3 Abs. 3 GG.

von den jeweiligen Umständen ab. Die integrative Funktion des staatlichen Schulwesens in den Vereinigten Staaten des 19. Jahrhunderts muß an dieser Stelle ebenso erwähnt werden wie die desintegrierende Wirkung des staatlichen Schulwesens in Großbritannien[7]. Auch das staatliche Schulsystem der Bundesrepublik Deutschland steht in dieser Hinsicht nicht kritiklos da. Ebenso mehren sich die Zweifel, ob heute noch in Europa und in den Vereinigten Staaten die staatliche Bildungsproduktion im Elementarbereich mit dem Argument der sozialen Kohäsion gerechtfertigt werden kann[8].

Bei der Frage, ob durch die staatliche Leitung und Verwaltung der Schulen die allgemeine Wohlfahrt über die normenintegrierende Wirkung gefördert wird, ist aber vor allem zu berücksichtigen, daß damit zugleich die Gefahr verbunden ist, vor der John St. Mill und Wilhelm von Humboldt mit Nachdruck warnen: nämlich, daß die Integration der Normen übertrieben und die Bildungsvielfalt und Souveränität der Bildungsnachfrager erheblich beeinträchtigt werden. Mill spricht in dem Zusammenhang vom „Despotismus (des Staates) über den Geist“[9]. Darüber hinaus muß mit Wohlfahrtsverlusten gerechnet werden, die durch das staatliche Schulmonopol und seinen Verwaltungsapparat entstehen. Diese Wohlfahrtsverluste sind zu berücksichtigen, wenn die soziale Kohäsion durch staatliche Leitung und Verwaltung von Schulen gefördert werden soll. Für die Bundesrepublik Deutschland scheinen uns heute jedenfalls die verfassungsrechtlichen Vorkehrungen gegen religiös-weltanschauliche und rassische Diskriminierung im Bildungsbereich auszureichen, um destabilisierende Effekte zu vermeiden, die durch allzu große Unterschiede in der sittlich-religiösen Erziehung und durch Mangel an Zusammenleben und Verständnis von jungen Menschen aus anderen sozialen Gruppen entstehen können. Sie könnten in Einzelfällen ergänzt werden durch begrenzte Einschränkungen der Schulwahl und/oder Schülerwahlfreiheit (etwa im Fall einer zu starken Trennung der Schüler nach Besitz und Vermögen der Eltern).

III. Mangelnde Nachfragersouveränität und bildungspolitischer Paternalismus

Neben der Behauptung positiver externer Effekte der Bildung und der wohlfahrtsfördernden Funktion staatlicher Leitung und Verwaltung von Schulen wird die bestehende Verteilung von Rechten und Macht zugunsten des Staates (Paternalismus) damit begründet, daß Nachfrager im Fall der Bildung nicht in der Lage seien, den rechten Gebrauch von ihrer Entscheidungsfreiheit zu machen. Anders als in den übrigen Bereichen des Lebens existiere keine Nachfragersouveränität; Bildung habe deshalb teils auch meritorischen Charakter. In vielen Fällen handle

[7] Siehe dazu Peacock, A. T., und Wiseman, J.: Education for Democrats, a.a.O., S. 24f., und Blaug, M.: An Introduction to the Economics of Education, a.a.O., S. 118f.

[8] Blaug, M.: A.a.O., S. 120.

[9] Mill, J. St.: Anwendungen, Gesammelte Werke, Bd. 1 (Neudruck der Ausgabe Leipzig 1869), Aalen 1968, S. 112f. Siehe auch Humboldt, W. von: Idee zu einem Versuch, die Grenzen der Wirksamkeit des Staates zu bestimmen, Gesammelte Werke, Bd. 7, Berlin 1852, S. 50ff.

es sich außerdem um Kinder, die noch nicht fähig seien, die Konsequenzen ihrer Entscheidungen hinreichend zu überblicken. Aber auch Eltern seien vielfach nicht in der Lage, für ihre Kinder eine rationale Entscheidung in Ausbildungsangelegenheiten zu treffen[1], weil sie (a) weder hinreichende Informationen über alternative Bildungsgüter zur Verfügung (These vom Informationsmangel) noch (b) ein hinreichendes Interesse an der Ausbildung ihrer Kinder hätten (These von den verzerrten Präferenzen oder dem meritorischen Charakter der Bildung).

Es ist daher zu prüfen, inwieweit die These von der mangelnden Nachfragersouveränität stichhaltig ist und man annehmen kann, daß Beamte eher in der Lage seien, rationale Entscheidungen über die schulische Ausbildung junger Menschen zu treffen als Eltern (angebotsgelenkte Bildungsproduktion). Dabei gehen wir weiterhin von der Annahme wohlwollender Eltern aus beziehungsweise unterstellen, daß Eltern gewillt sind, die Ausbildungsentscheidungen im Interesse ihrer Kinder zu fällen.

a. Die These vom Informationsmangel

Von Vertretern des ersten Standpunktes, Eltern hätten keine hinreichenden Informationen zur Verfügung, um in schulischen Angelegenheiten rational zu entscheiden, wird nicht selten übersehen, daß das Informationsniveau eine Veränderung erfährt, wenn die Bildungsproduktion dezentralisiert und Eltern das Recht zuerkannt wird, eigenständig Entscheidungen über die Ausbildung ihrer Kinder zu treffen. Das staatliche Bildungssystem mit allgemeiner Schulpflicht, einheitlich gestalteten Lehrplänen sowie zum Teil staatlicher Zuweisung von Schülern zu bestimmten Schulen beschränkt die Zahl der Alternativen, so daß Eltern weitgehend der Anreiz genommen wird, sich um Informationen zu bemühen. Mit anderen Worten, das Informationsniveau der Eltern wie auch ihr Interesse, sich über die Bildungsmöglichkeiten für ihre Kinder zu informieren, sind eine Funktion der ihnen durch die Rechtsordnung zuerkannten Verfügungsrechte über ihre eigenen Kinder. Da diese Rechte jedoch weitgehend beschnitten sind, ist für sie der

[1] John St. Mill war der erste Klassiker, der sich ausführlich mit der Frage nach der Souveränität der Bildungsnachfrager beschäftigte und der Auffassung war, daß eine marktliche Organisation der Bildung nicht funktioniere, weil Eltern inkompetent seien, in Fragen der Ausbildung ihrer Kinder eine rationale Entscheidung zu fällen (vgl. Grundsätze der politischen Ökonomie, 5. Buch, 11. Kapitel, Abschnitt 8, Gesammelte Werke, Bd. 7, Ahlen 1968, S. 268f.). Mills Standpunkt gründet sich auf die Erfahrungen des 19. Jahrhunderts in Großbritannien, der heute unter Historikern und Ökonomen nicht mehr einheitlich geteilt wird (siehe dazu besonders West, E. G.: Education and the Industrial Revolution, a.a.O.). Er ist der Auffassung, daß der durchschnittliche Kultusbeamte und Bildungspolitiker mehr über die Erziehung und Ausbildung sowie über deren Vorteilhaftigkeit wisse als die meisten Bürger selbst. Mill widerspricht sich jedoch selbst, wenn er einerseits Eltern die Kompetenz, Entscheidungen über die Ausbildung ihrer Kinder zu treffen, bestreitet, andererseits aber Eltern im Rahmen eines wettbewerblich gestalteten Bildungssystems mit staatlichem Prüfungswesen das Recht zuerkennt, Entscheidungen über die Menge und Art der Bildung sowie über den Besuch von Bildungseinrichtungen zu treffen, und sie außerdem für fähig hält, von ihren demokratischen Rechten sinnvollen Gebrauch zu machen. Vgl. dazu Kapitel II dieses Hauptabschnitts. Mill übersieht auch, daß die Nachfragersouveränität keine detaillierten Kenntnisse über die Produktionsbedingungen von Bildung erfordert, sondern vornehmlich Kenntnisse über die eigenen Präferenzen.

Anreiz, sich über Bildungsalternativen zu informieren, im Vergleich zum Bildungsmarkt mit seiner nachfragegelenkten Bildungsproduktion geringer[2].

Ein solches Verhalten steht in Einklang mit der Rationalitätsannahme der ökonomischen Theorie: Den Kosten der Informationssuche steht kein entsprechender Nutzen gegenüber.

In gleicher Weise haben Bildungsanbieter unter den bestehenden Bedingungen kein Interesse, die erforderlichen Informationen über alternative Bildungsgüter zu offerieren. Staatlicher Abnahmezwang, Schülerzuweisungen und die einheitliche Ausgestaltung der Lehrpläne machen es auch für sie weitgehend überflüssig, Eltern über die Vorzüge ihrer Bildungsleistungen aufzuklären. Sie handeln rational und sparen die Kosten der Informationsbereitstellung, da ihnen kein oder kaum ein Ertrag gegenübersteht.

Die Erfahrung, daß auf Grund der einseitigen Verteilung von Verfügungsrechten zugunsten des Staates Eltern wenig Anreiz haben, sich Wissen über Bildungsalternativen anzueignen, und Bildungsanbieter der Anreiz fehlt, Informationen über Bildungsgüter zu produzieren, kann nicht dem Bildungsmarkt angelastet werden, da ein solches Interesse wegen der Verteilung von Rechten zwischen Eltern und Lehrern beziehungsweise Schulen einerseits und der zentralen Bildungsverwaltung (Ministerialbürokratie) andererseits nicht existiert. Würde dagegen eine Neuverteilung der Rechte so erfolgen, daß dezentrale Entscheidungen über das Angebot und die Nachfrage von Bildungsleistungen möglich werden (Stärkung der pädagogischen Freiheit des einzelnen Lehrers, der Eigenständigkeit von Bildungseinrichtungen und der Erziehungsrechte der Eltern), dann kann mit einem Anstieg des Informationsniveaus gerechnet werden. Der wettbewerbliche Bildungsmarkt schafft gleichzeitig einen Markt für Informationen über Bildung, wie er für andere langlebige kostspielige Güter und für die privaten Bildungsgüter existiert. Bildungseinrichtungen, die nicht mehr über Abnahmezwang und Schülerzuweisungen ihren Absatz von Bildungsleistungen sichern können, sind nunmehr gezwungen, mit anderen Schulen und Hochschulen um Schüler oder Studenten zu konkurrieren. Jeder Bildungsanbieter hat deshalb einen Anreiz, Eltern, Schüler und Studenten über die von ihm angebotene Ausbildung zu informieren. Da jeder Anbieter für seine Bildungsleistungen in gleicher Weise verfährt und die Information über diese Leistungen bei der Akquisition von Schülern eine große Rolle spielt, ist das Interesse für jeden Anbieter groß, auf alle nur denkbaren Vorzüge seiner Ausbildungsleistungen hinzuweisen. Eltern, die gezwungen sind, Entscheidungen für die Ausbildung ihrer Kinder zu treffen, haben nunmehr auf Grund des Entscheidungszwanges einen Anreiz, sich über mögliche Bildungsalternativen für ihre Kinder zu informieren. Den Kosten der Informationsbeschaffung und -verarbeitung steht ein zu erwartender Nutzen gegenüber.

[2] Aus dem Plowden Report (Children and Their Primary Schools, A Report of the Central Advisory Council for Education, Bd. 1, HMSO, London 1967) geht hervor, daß durch den bildungspolitischen Paternalismus der britischen Regierung Eltern ihr aktives Interesse an der Erziehung ihrer Kinder zu einem sehr großen Teil verloren haben.

Zwei Einwände werden jedoch erhoben, durch die in Zweifel zu ziehen sei, weshalb ein wettbewerblicher Bildungsmarkt ein höheres Informationsniveau produziere. Der erste Einwand lautet, Bildungsproduzenten würden Auskünfte über Bildungsgüter verfälschen und Bildungsnachfrager manipulieren, da dies die kostengünstigere Methode sei, Schüler und Studenten zu werben als sie durch Leistung, Leistungsverbesserung und Innovation von der Vorteilhaftigkeit eines Bildungsgutes zu überzeugen. Der zweite Einwand heißt, die Produktion von Informationen über Bildungsleistungen sei so kostspielig, daß Eltern nicht bereit seien, diese Kosten auf sich zu nehmen.

1. *Informationsverfälschung*

Zweifellos muß davon ausgegangen werden, daß jeder Bildungsproduzent auf die Vorzüge seines Bildungsgutes und seiner Erziehungsmethoden hinweisen, während er die Nachteile seiner Leistungen verschweigen wird. Ein Produzent – und erst recht nicht ein staatlicher Anbieter – ist sogar auf den meisten Märkten nach deutscher Rechtsordnung und bisheriger Rechtsprechung nicht verpflichtet, auf die Schwächen und Mängel seines Gutes hinzuweisen[3]. Insofern ist es zutreffend, von einer einseitigen oder gar verfälschten Information zu sprechen.

Die Vertreter dieses Standpunktes übersehen jedoch, daß die Konkurrenten des Bildungsanbieters ihrerseits ein Interesse daran haben, nicht nur die Vorzüge ihres eigenen Produktes in den Vordergrund zu stellen – was implizit eine Kritik an anderen konkurrierenden Bildungsgütern sein kann –, sondern gleichzeitig auch sich kritisch mit Behauptungen ihrer Konkurrenten auseinanderzusetzen, soweit dies rechtlich zulässig ist. Der Wettbewerb würde auf diese Weise tendenziell von sich aus dafür sorgen, daß einseitige und verfälschte Informationen eliminiert werden.

Ebenso vergessen diejenigen, die auf die Gefahr der „Manipulation“ hinweisen, daß unter wettbewerblichen Bedingungen die Macht, durch Werbung zu manipulieren, sofern sie tatsächlich vorhanden ist, auf viele Konkurrenten verteilt ist und der Wettbewerb um Schüler und Studenten Bildungsanbieter dazu zwingt, sich mit den „Manipulationen“ des Konkurrenten auseinanderzusetzen[4]. Übersehen wird auch, daß der Widerstand, den Nachfrager etwaigen Beeinflussungen entgegenbringen, in Abhängigkeit vom disponiblen Einkommen des Nachfragers und des Preises steht, der für das Gut zu bezahlen ist. Je niedriger das Einkommen eines Nachfragers ist, um so mehr Widerstand wird er einer Steuerung seines Verhaltens durch den Produzenten entgegensetzen, da für ihn bei gegebenem Preis der Nutzenentgang durch Manipulation wächst. Das heißt, je niedriger das Einkommen, um so sorgfältiger werden die Informationen geprüft, um nicht die Nachteile einer Fehlentscheidung wegen falscher oder irreführender Informationen hinnehmen zu

[3] In der Bundesrepublik Deutschland besteht allerdings für die pharmazeutische Industrie die Verpflichtung, auf die Nebenwirkungen von Medikamenten hinzuweisen.

[4] Kroeber-Riel hat diesen Aspekt in seinen Erörterungen der Konsumentensouveränität nicht mit einbezogen. (Kroeber-Riel, W.: Konsumentenverhalten, München 1975, S. 390–400.)

müssen. Umgekehrt wird der Nachfrager bei gegebenem disponiblen Einkommen der Manipulation um so mehr Widerstand entgegenbringen, je höher der Preis ist, der für das Gut zu zahlen ist, da bei gegebenem disponiblen Einkommen und zunehmendem Preis der Nutzenentgang durch Fehlentscheidungen auf Grund von Fehlinformationen wiederum zunimmt. So erklärt es sich, daß Nachfrager vor Kaufentscheidungen über kostspielige Güter sich sorgfältiger informieren und ein Informationsmarkt entsteht, der die gewünschten detaillierten Informationen liefert. Das Informationsbedürfnis kann bei derartigen Kaufentscheidungen so hoch sein, daß Unternehmer auf den Informationsmarkt treten, die ausschließlich ihre Funktion darin sehen, dieses Informationsbedürfnis zu befriedigen. Die große Vielfalt an Informationen, die spontan durch den Markt über kostenintensive meist langlebige Gebrauchs- und Investitionsgüter zur Verfügung gestellt werden, bestätigt die Hypothese, daß ein Informationsbedürfnis besonders dort besteht, wo finanziell bedeutende Kaufentscheidungen gefällt werden. Schul- und besonders Hochschulbildung aber sind relativ (zum Einkommen) ausgabenintensive Güter. Daß ein solcher Informationsmarkt für Bildungsgüter, abgesehen von dem sehr kleinen privaten Bildungsmarkt, in der Bundesrepublik Deutschland anders als in Japan und den USA nicht existiert, steht in Übereinstimmung mit der allgemeinen Markttheorie und der Theorie der Bürokratie.

2. *Hohe Informationskosten*

Gegen das Argument, daß die Produktion von Informationen über Bildungsgüter zu teuer sei und Eltern nicht bereit seien, einen entsprechenden Preis dafür zu zahlen, sind aus zweierlei Gründen Bedenken anzumelden. Zum einen ist der Markt eine Institution, die eine Reihe von Informationen kostenlos oder zu minimalen Kosten zur Verfügung stellt. Zum anderen ist nicht einleuchtend, weshalb Eltern, die, wie die Erfahrung zeigt, bereit sind, für Informationen über relativ teurere Konsumgüter einen Preis zu zahlen, bei einer gleichfalls ausgabenintensiven Entscheidung wie der Ausbildung ihres Kindes nicht gewillt sein sollen, entsprechende Informationskosten zu tragen[5].

Sollte aber der Staat es im Rahmen seiner Ordnungsfunktion als zweckmäßig erachten, Informationen selbst bereitzustellen, so kann er als Anbieter auf den Markt treten und auf diese Weise Eltern und Studenten vor manipulierender und unwahrer Werbung schützen, für mehr Transparenz und Vergleichbarkeit sowie für zusätzliche Informationen sorgen, die er, sofern das Kostenargument trotz der angeführten Einwände sich als tragfähig erweisen sollte, kostenlos oder gegen nur teilweise Kostenerstattung zur Verfügung stellt[6].

[5] So besteht ein funktionierender Informationsmarkt für Pkw, Häuser, Wohnungseinrichtungen, Reisen, Freizeitbedarf und andere langlebige oder teuere Gebrauchs- und Konsumgüter, der besonders an den verfügbaren Spezialzeitschriften erkennbar ist. Ein entsprechendes Informationsangebot über Schul- und Hochschulbildung existiert nicht.

b. Die These von den verzerrten Präferenzen

Die Vertreter des zweiten Standpunktes sind der Auffassung, daß selbst dann, wenn Eltern hinreichende Informationen über die Ausbildungsmöglichkeiten ihrer Kinder zur Verfügung haben, sie nicht in der Lage seien, eine rationale Entscheidung in Ausbildungsangelegenheiten zu treffen, da ihre Präferenzen verzerrt seien (Meritorisierung der Bildung)[7]. Sie behaupten, Eltern neigten dazu, ihr Einkommen statt auf die Ausbildung ihres Kindes auf andere Güter zu verwenden, da sie wegen ihrer Zeitpräferenz Gegenwartsgüter Zukunftsgütern vorzögen.

1. Zu hohe Zeitpräferenz

Verfechter der These von der zu hohen Zeitpräferenz übersehen häufig, daß die Zeitpräferenz der Eltern eine Funktion ihres Einkommens ist. Eltern, die kaum in der Lage sind, den gegenwärtigen Lebensunterhalt ihrer Familie zu finanzieren, können nicht in Zukunftsgüter, wie die Ausbildung ihrer Kinder, investieren. Es wäre sehr fragwürdig, davon auszugehen, daß Eltern, die sich in einer solchen Situation befinden, irrationale Entscheidungen fällen (Aufgabe der Rationalitätsannahme). Es handelt sich vielmehr um eine rationale Reaktion auf ihre ökonomische Situation. Die Präferenz von Gegenwartsgütern ist um so höher, je schwieriger es ist, die gegenwärtige Existenz der Familie materiell zu sichern. Für eine Reihe von Entwicklungsländern ist dies heute noch für breite Massen der Bevölkerung eine typische Situation. Ändert sich aber die materielle Lage dieser Menschen, so ist zu erwarten, daß sich auch deren Zeitpräferenzen zugunsten von Zukunftsgütern ändern. Da schulische Ausbildung dazu beitragen kann, ein höheres zukünftiges Einkommen zu beziehen, werden diese Menschen mehr Bildung nachfragen, soweit sie ein höheres Einkommen wertschätzen.

2. Schichtspezifisches Desinteresse

Während bei der Analyse der Verhaltensweisen von Eltern in Entwicklungsländern der Zusammenhang zwischen Zeitpräferenz und Armut häufig nicht beachtet und die geringe Bildungsnachfrage mit verzerrten Präferenzen erklärt wird, ist die Situation in hochentwickelten Ländern anders. Hier gibt es wenige Familien, die in der Nähe des Existenzminimums leben und aus diesen Gründen ihren Kindern nicht die notwendige Ausbildung zukommen lassen könnten. Trotzdem wird unter

[6] Unter anderem haben John E. Coons und Stephen D. Sugarman (Education by Choice, The Case for Family Control, University of California Press 1978, S. 227), für die Vereinigten Staaten sowie Alan Maynard (Experiment with Choice in Education, London 1975, S. 23) und Alan T. Peacock und Jack Wiseman (Education for Democrats, a.a.O., S. 32) für Großbritannien einen solchen Vorschlag gemacht.

[7] Head, J. G.: On Merit Goods, in: Finanzarchiv, Bd. 25 (1966), S. 1–29, ins Deutsche übersetzt und gekürzt wieder abgedruckt in: Finanztheorie, (Hrsg.) H. C. Recktenwald, Köln-Berlin 1969, S. 46–74; Kuna, W.: Hochschulfinanzierung – ein alternatives Modell, Weinheim-Basel 1980, S. 36–45.

anderem von Dahrendorf[8] behauptet, daß Eltern aus den unteren Einkommensgruppen Entscheidungen fällten, die inkonsistent mit dem seien, was sie sich selbst vom Leben erhofften. So wird besonders die geringe Partizipationsrate der Studenten aus den niedrigeren Einkommensgruppen am Hochschulstudium im Sinne verzerrter Präferenzen interpretiert, gleichwohl das Bildungsangebot zum Nulltarif bereitgestellt wird und teilweise auch die Lebenshaltungskosten der Studenten vom Staat übernommen werden[9].

Ökonomen gehen in diesem Zusammenhang leicht dazu über, sich den soziologischen, schichtenspezifischen Untersuchungen und der auf ihnen aufbauenden nichtökonomischen Betrachtungsweise anzuschließen und das Phänomen der Unterrepräsentanz von Studierenden aus Arbeiterfamilien beziehungsweise auf Familien mit niedrigerem Einkommen milieutheoretisch zu interpretieren[10]. Von Anhängern dieser Sichtweise wird jedoch übersehen, daß für eine solche Verhaltensweise von Kindern aus Familien mit niedrigerem Einkommen durchaus rationale Gründe sprechen, die sich aus den individuellen Kosten-Nutzen-Erwägungen erklären lassen.

Innerhalb der Familie finden bekanntlich Bildungsprozesse statt, durch die Informationen, Verhaltensweisen, Fertigkeiten und besonders auch Werte von den Eltern auf die Kinder übertragen werden. Derartiges Traditionsgut ist durch die Berufs- und Lebenserfahrungen der Eltern maßgeblich geprägt und stellt eine wertvolle Information dar, die nirgendwo sonst in der Gesellschaft vorhanden sein kann. Dabei handelt es sich vor allem um Informationen über die Arbeitsteiligkeit der Wirtschaft, über ihre vielfältigen und wandelnden Anforderungen an die Arbeitskräfte und das damit verbundene Wertsystem. Da solche frühzeitig in der Familie einsetzenden Bildungsprozesse besonders wirksam sind und einen komparativen Vorteil in bestimmten (weit definierten) Berufsfeldern mit sich bringen können, sind diese Personen nicht ohne weiteres bereit, diese Vorteile aufzugeben. Mit anderen Worten, aus der Sicht der ökonomischen Theorie erscheint es durchaus als rational, berufliche Tätigkeiten auszuüben, für die bereits in der Familie Grundlagen gelegt wurden, die gegenüber anderen Menschen einen Kostenvorteil verschaffen. Erst wenn durch strukturelle Veränderungen der Wirtschaft finanzielle und andere Anreize so groß werden, daß der Vorteil, der mit der familiären Erziehung in bestimmten Bereichen verbunden war, aufgehoben wird,

[8] Ralf Dahrendorf ist der prominenteste Vertreter, der das Bildungswesen als einen Hebel benutzt wissen will, „um Menschen aus ihren regionalen und familiären Loyalitäten zu befreien", und der Auffassung ist, daß unterrepräsentierte Gruppen (Land-, Arbeiter-, mit Einschränkungen katholische Kinder und Mädchen) „in und durch weiterführende Schulen gebracht werden müssen" (Bildung ist Bürgerrecht, Plädoyer für eine aktive Bildungspolitik, Hamburg 1965, S. 38, 65, 63). Sofern für diesen Personenkreis Informationen über Bildungsalternativen zur Verfügung stehen, postuliert Dahrendorf für diese Menschen verzerrte Präferenzen und nimmt gleichzeitig an, daß Schulen und Universitäten emanzipatorische Eigenschaften besitzen.

[9] So zum Beispiel in der Bundesrepublik Deutschland.

[10] Siehe unter anderem Arnold, W.: Bildungswilligkeit der Eltern im Hinblick auf ihre Kinder, in: Begabung und Lernen, (Hrsg.) Deutscher Bildungsrat, Gutachten und Studien der Bildungskommission, Bd. 4, 8. Auflage Stuttgart 1972, S. 357–406.

und die Kosten (Zeit und Mühe), die ein Bildungsprozeß mit sich bringt, durch die Vorteile der Umorientierung aufgewogen werden, ist es rational, sich beruflich anders zu orientieren und ein größeres Interesse an formaler „höherer" Bildung zu entwickeln.

Geht man davon aus – und bisher gibt es keine gegenteilige Feststellung –, daß ererbte Begabungen und Anlagen nicht schicht- oder gruppenspezifisch verteilt sind, so können die unterschiedlichen persönlichen Präferenzen, die in sozialen Gruppen existieren, aus komparativen Vorteilen erklärt werden, die durch familiäre und andere außerschulische Bildungs- und Erziehungsprozesse entstehen[11].

Von einer Präferenzverzerrung, die typisch für die Mitglieder bestimmter sozialer Gruppen sein soll, kann insofern keine Rede sein. Vielmehr liegen die komparativen Vorteile dieser Personen auch dann noch woanders, wenn man versucht, sie durch Nulltarif und Unterhaltsstipendien zugunsten „höherer" Bildung voraussetzender Tätigkeiten zu senken und die Partizipationsrate für diese Gruppen insgesamt anzuheben.

Betrachtet man die Ausbildungsentscheidungen junger Menschen aus verschiedenen sozialen Gruppen (Schichten) unter den Rahmenbedingungen der Bildungspolitik in der Bundesrepublik Deutschland (Nulltarif, Ausbildungsförderung und einseitig auf höhere Bildung gerichtete Bildungswerbung), so erscheint die schichtspezifische „Bildungsfeindlichkeit" in einem anderen Licht: Diejenigen handeln rational, die es vorgezogen haben, auf ein Studium zu verzichten, weil der Vorteil eines Studiums bei gegebener Ausgangslage gegenüber denjenigen nicht

[11] Wäre dies nicht der Fall, gäbe es eine gruppenspezifische Verteilung der ererbten Begabungen und Anlagen, dann wäre eine auf Präferenzänderung oder eine (durch Senkung der individuellen Kosten) höhere Partizipationsrate zielende (paternalistische) Bildungspolitik irrational, weil Personen auf Verwendungen vorbereitet und möglicherweise in entsprechenden Positionen untergebracht würden, in denen sie auf Grund ihrer Anlagen für sich selbst und die Volkswirtschaft weniger zu leisten vermögen und deshalb sich und andere schlechterstellen, als wenn sie direkt in Beschäftigungen tätig geworden wären, für die sie komparative Vorteile aufweisen. Die Bildungspolitik würde dann die Verhältnisse auf den Kopf stellen: Die Menschen würden bewußt auf Verwendungen vorbereitet (und in diese gelenkt) werden, in denen sie eine geringere Produktivität erzielten.
Zu einer Vergeudung von Ressourcen und zu erheblichen Informationsverlusten kommt es aber auch dann, wenn die ererbten Begabungen gleichmäßig über alle sozialen Gruppen verteilt sind, Unterschiede zwischen den Menschen nur auf Grund der familiären und anderen außerschulischen Bildungsprozesse zustande kommen und die staatliche Bildungspolitik so weit ginge, daß nicht nur die individuellen Kosten der „höheren" Bildung durch Subventionen gesenkt, sondern der Zugang zu den Einrichtungen „höherer" Bildung für die in diesen Einrichtungen überrepräsentierten Gruppen durch Quoten beschränkt und Raum für bisher unterrepräsentierte Gruppen geschaffen wird. Informationen, die außerhalb der Bildungseinrichtungen funktional und intentional von einer Generation zur anderen übertragen worden sind, werden unter diesen Bedingungen teilweise vernichtet und müssen wiedergewonnen werden, weil sie bei dem gegebenen Grad der Arbeitsteilung zur Produktion der Güter und Dienstleistungen erforderlich sind. Das aber ist mit einem zusätzlichen Ressourcenverzehr verbunden. Mit anderen Worten, durch Vernichtung der komparativen Vorteile, die durch Tradierung von Bildung außerhalb der Bildungseinrichtungen für bestimmte berufliche Tätigkeiten entstanden, werden Ressourcen erforderlich, um sie wiederherzustellen. (Eine solche Politik wird zum Beispiel in der Deutschen Demokratischen Republik betrieben (Bevorzugung von Arbeiterkindern und Kindern aus antifaschistischen Familien bei der Hochschulzulassung), wo das Recht der freien Berufswahl nicht existiert. Vgl. Kruber, K. P.: Verteilungswirkungen öffentlicher Güter – dargestellt am Beispiel der Hochschulbildung, in: Einkommensverteilung im Systemvergleich, (Hrsg.) D. Cassel und H. J. Thieme, Stuttgart 1976, S. 200f.)

besteht, die für höhere Bildungsgänge von Hause aus die besseren Voraussetzungen (komparative Vorteile) mit sich bringen. Immerhin gab es in den sechziger und siebziger Jahren in der Bundesrepublik keinen technisch-wirtschaftlichen Wandel, der einen sprunghaften Anstieg der Nachfrage nach Akademikern bewirkt hat. Man kann sich daher nicht des Eindrucks erwehren, daß sich in diesen individuellen Entscheidungen die Erwartungen über die persönlichen Chancen auf den partiellen Arbeitsmärkten unter Berücksichtigung der eigenen komparativen Vorteile widerspiegelten, während diejenigen, die mit guten Absichten das „schichtenspezifische Desinteresse" besonders an Bildung beseitigen wollten, deutlich die realen Verhältnisse auf dem Arbeitsmarkt (Beschäftigungsmöglichkeiten für akademisch Gebildete, Knappheiten an qualifizierten und begabten Kräften in anderen Bereichen) aus dem Auge verloren haben.

Bei der Diskussion um die Bereitstellung von Informationen über Güter durch den Markt wird häufig die Auffassung vertreten, daß die Nachfrager das Wissen über die Eigenschaften und Produktionsbedingungen alternativer Bildungsgüter auf sich vereinigen müssen, um eine rationale Kaufentscheidung fällen und durch diese Entscheidung die Bildungsproduktion steuern zu können. Diese Voraussetzung sei aber unabhängig von der Frage der Schichtzugehörigkeit der potentiellen Bildungsnachfrager *generell* nicht erfüllt und rechtfertige die Meritorisierung der formalen Bildung. Wer eine solche Auffassung vertritt, behauptet, daß die Konsumenten- oder Nachfragersouveränität die Produzentensouveränität ausschließe, weil der Nachfrager Kenntnis von den Eigenschaften und technischen Bedingungen der Bildungsproduktion haben müsse. Auf diese Fehlinterpretation der Nachfragersouveränität haben Harold Demsetz[12], aber auch Friedrich A. von Hayek[13] und im Anschluß an ihn Thomas Sowell[14] in Fortführung des Hayekschen Gedankens der Teilung des Wissens hingewiesen. Die Institution des Marktes macht die Akkumulation von Wissen über die Eigenschaften alternativer Bildungsgüter, die ohnehin für den einzelnen eine nicht zu bewältigende Aufgabe wäre (hohe Transaktionskosten), überflüssig. Sie sorgt dafür, daß das Wissen der Produzenten über Bildungsgüter in einem arbeitsteiligen Prozeß gespeichert und fortentwickelt wird. Über den Markt stellen die Bildungsanbieter diese Informationen den Bildungsnachfragern zur Verfügung. Das heißt, die Bildungsproduzenten sind bei Wettbewerb gezwungen, Bildungsgüter mit den Eigenschaften zu entwickeln und zu produzieren, die den Bedürfnissen und Wünschen der Bildungsnachfrager entsprechen, und diese zu informieren. Sie werden als Bildungsinventoren und -promotoren tätig. Bildungsnachfrager haben folglich lediglich die Information über ihre eigenen Bildungswünsche und -bedürfnisse beizusteuern und zu prüfen, welches Bildungsangebot ihren Präferenzen und ihrer Eignung, über die sie gleichfalls vom

[12] Demsetz, H.: Economics in the Industrial State: Discussion, in: American Economic Review, Papers and Proceedings, Bd. 60 (1970), S. 481ff.

[13] Hayek, F. A.: The Use of Knowledge in Society, in: American Economic Review, Bd. 35 (1945), wieder abgedruckt vom Institute for Humane Studies, San Francisco 1979.

[14] Sowell, T.: Knowledge and Decisions, New York 1980.

Bildungsproduzenten informiert werden, am meisten entspricht. Das technische Wissen über die Möglichkeiten der Befriedigung der Bedürfnisse (Produktions- und Kostenfunktionen) verteilt sich dagegen auf eine Vielzahl von Produzenten.

Die Teilung des Wissens auf dem Markt ist daher eine doppelte: Erstens ist Wissen zwischen Anbietern und Nachfragern geteilt, wobei erstere über die Produktionsbedingungen von Bildungsgütern Wissen besitzen (einschließlich des Wissens über die Begabung, die zum erfolgreichen Abschluß der Ausbildung erforderlich ist) und neues produzieren, und letztere über die Bildungswünsche und -bedürfnisse informiert sind; zweitens ist Wissen auf der Angebotsseite zwischen den Bildungsanbietern (Produzenten) arbeitsteilig verteilt und auf der Nachfrageseite Wissen über Bildungsbedürfnisse auf die einzelnen Nachfrager. Eine solche Verteilung und arbeitsteilige Produktion von Wissen macht die Überlegenheit der marktlichen Organisation des Bildungsbereichs gegenüber einer staatlich-administrativen aus, bei der das Wissen über die Produktionsbedingungen der Bildungsgüter *und* der Bildungsbedürfnisse (angebotsgelenktes Bildungssystem) je nach dem Zentralisationsgrad der Organisation bei einer oder mehreren staatlichen Instanzen kumuliert vorhanden sein muß.

3. *Der Dahrendorfsche Vorwurf der Präferenzverzerrung*

In der teilweisen Aufhebung der Teilung des Wissens aus meritorischen (paternalistischen) Gründen liegt die Problematik der Dahrendorfschen Konzeption der „aktiven Bildungspolitik". Dahrendorf plädiert zwar nicht für eine ausschließlich staatlich-angebotsgelenkte Bildungsproduktion oder ein staatliches Bildungskartell[15], er ist jedoch der Auffassung, daß Schulen und Hochschulen generell, zumindest aber für den Personenkreis, der durch verzerrte Präferenzen gekennzeichnet sei, eine emanzipatorische Aufgabe wahrzunehmen haben, nämlich, „Befreiung" dieser Menschen von sozialen und familiären Bindungen und Werten (Präferenzen) und Bildung neuer Werte und aufgeklärter Präferenzen durch die Schulen und Universitäten. Erst dadurch sei eine moderne Gesellschaft möglich.

Damit überfordert Dahrendorf jedoch die Bildungsproduzenten und gibt die Vorzüge der Teilung des Wissens über die Produktionsbedingungen der Bildungsgüter und über die Bildungswünsche, zwischen Bildungsanbietern und -nachfragern auf, die auf dem Markt bestehen. Auf dem Markt erfolgt nämlich die Abstimmung von Bildungsangebot und sich in Nachfrage äußernden Bildungspräferenzen simultan: Die Bildungsnachfrager lenken die Bildungsproduktion durch „Kauf"entscheidungen, während gleichzeitig die Bildungsanbieter die Präferenzen der Nachfrager beeinflussen. Macht ist daher auf dem wettbewerblich verfaßten Bildungsmarkt, auf dem die Nachfrage das Angebot finanziert, anders als im Dahrendorfschen Emanzipationsmodell zwischen Anbietern und Nachfragern verteilt. Während Dahrendorf das Bildungssystem als Mittel benutzen will, um Menschen aus ihren alten, nach seiner (elitären) Auffassung durch Tradition und

[15] Dahrendorf, R.: Bildung ist Bürgerrecht, a.a.O., S. 145ff.

Konservativismus geprägten Präferenzen *total* zu befreien[16], reflektieren Bildungswünsche im Marktmodell wertvolle Informationen über die Gesellschaft und ihre wirtschaftliche Situation (einschließlich der Arbeitsmarktbedingungen), die die Bildungsproduktion zu berücksichtigen hat, ohne allerdings sie ausschließlich passiv hinzunehmen. Die wichtige Frage aber, woher Bildungseinrichtungen neben dem Wissen über die Produktion von Bildungsgütern bei gegebenen Präferenzen der Nachfrager auch noch Informationen über „neue" Präferenzen gewinnen, welche neuen Bindungen also die Emanzipation von den alten ersetzen sollen, und ob diese mit den realen Verhältnissen in den verschiedenen Bereichen der Gesellschaft und Wirtschaft in Übereinstimmung gebracht werden können, bleibt unbeantwortet. Die Steuerung der Bildungsproduktion leidet unter einem Informationsmangel bei gleichzeitiger Machtkonzentration, die sich nicht nur in Ungleichgewichten auf den Arbeitsmärkten, sondern auch gesellschaftspolitisch in Instabilität auswirkt[17]. Dies trifft um so mehr zu, als die Bedingungen eines dezentralen, konkurrierenden Bildungsangebots, das Dahrendorf für wünschenswert hält, vielfach nicht erfüllt sind, sondern es sich um ein staatlich-administriertes, durch Einheitlichkeit der Erwartungen und Anweisungen geprägtes Bildungssystem handelt, wie etwa dem der Bundesrepublik Deutschland. Vor allem auf den Schwächen der staatlich-administrativen Organisation, das Informationsproblem zu lösen, bei der gleichzeitigen Machtfülle, die es besitzt, beruhen die derzeitigen Probleme des deutschen Bildungswesens[18].

Die Theorie der meritorischen Güter ist damit in ihrer Anwendung auf den Bildungsbereich aus theoretischen Gründen in Zweifel zu ziehen. Aber auch die empirischen Erfahrungen deuten darauf hin, daß die These von den sogenannten „verzerrten" Präferenzen der Bildungsnachfrager fragwürdig ist. Ex post stellten sich in der Bundesrepublik Deutschland, die in ihrer Bildungs- und Hochschulpolitik der Dahrendorfschen Konzeption gefolgt ist, die verzerrten Präferenzen im Gegensatz zu denen der „besser wissenden Elite" keineswegs als verzerrt heraus[19].

Damit wenden wir uns in keinem Fall gegen eine berufliche und soziale Mobilität, die sowohl aus Effizienz- wie auch aus Gründen der sozialen Gerechtigkeit, etwa nach Rawlsschen Kriterien[20], zu fordern ist. Ebenso kann nicht ausgeschlos-

16 Dahrendorf, R.: Bildung ist Bürgerrecht, a.a.O., S. 38f.

17 Etwa durch die Bildung eines „akademischen Proletariats" und die Rekrutierung ausländischer Arbeitskräfte, die den Mangel auf einigen Teilarbeitsmärkten kompensieren müssen, der durch die Entzugseffekte der Bildungsexpansion hervorgerufen wurde.

18 Die Probleme sind aus zentral geplanten Wirtschaften hinreichend bekannt. Wolfram Engels hat deshalb zu Recht das Bildungssystem der Bundesrepublik Deutschland mit der Verwaltungswirtschaft der Deutschen Demokratischen Republik verglichen (Bildung ohne Leistung und Wettbewerb? Das Bildungswesen wird deformiert, in: Mitteilungen des Hochschulverbandes, 1974, S. 347–352, gekürzt erschienen in: Wirtschaftswoche Nr. 39, 1974).

19 So hat denn auch Jürgen Eick, der diese Problematik frühzeitig erkannte, recht behalten (Frankfurter Allgemeine Zeitung, 1965, Nr. 205 und 249).

20 Nach Rawls sind Einkommensunterschiede unter anderem nur dann zulässig, wenn sie aus Positionen und Ämtern erwachsen, die allen Personen offenstehen. Rawls, J.: Eine Theorie der Gerechtigkeit, a.a.O., S. 81. Das setzt auch aus Gründen der sozialen Gerechtigkeit berufliche und soziale Mobilität voraus.

sen werden, daß Eltern, Schülern und Studenten in bestimmten Situationen möglicherweise doch das Wissen fehlt, um im Sinne ihrer eigenen Präferenzen zu handeln. Auf dem Bildungsmarkt werden wie auf jedem anderen Markt auch Fehlentscheidungen getroffen werden. Es dürfte jedoch kaum zu erwarten sein, daß sie zu globalen Fehlentwicklungen führen, wie sie in den letzten Jahren in einem staatlich-administrierten, weitgehend durch dic Einheitlichkeit der Zukunftseinschätzung und der Maßnahmen geprägten Bildungssystem wie der Bundesrepublik Deutschland zu beobachten sind. Vielmehr sorgen die bei dezentraler Organisation sowohl auf der Produzenten- als auch auf der Nachfragerseite vorhandenen Anreize dafür, daß Fehlentscheidungen der einen auf einem wettbewerblich verfaßten Markt durch andere Marktteilnehmer so schnell wie möglich kompensiert werden.

Zweifellos ergeben sich auf dem Bildungsmarkt besondere Probleme, da es sich bei der Erziehung und Bildung zum großen Teil um Minderjährige handelt, die in vielen Fällen nicht in der Lage sind, rationale Entscheidungen zu treffen. Es wurde jedoch gezeigt, daß Eltern in den verschiedenen sozialen und beruflichen Lagen Informationen sammeln, die in die Entscheidungen über die Bildung ihrer Kinder einfließen und die Entscheidungseffizienz erhöhen, vorausgesetzt, das bisher postulierte Wohlwollen der Eltern gegenüber ihren Kindern ist vorhanden. Fehlt dieses, so entstehen spezielle Probleme, die der Staat im Rahmen seiner Ordnungsfunktionen beziehungsweise seines Wächteramtes (Schutz der Person) zu lösen hat. Maßnahmen der Eltern- und Erziehungsberatung bis hin zum Entzug jeglicher elterlicher Gewalt (oder des Sorgerechts) über das Kind (Heimerziehung, Pflegeeltern) sind Maßnahmen, die die staatliche Verwaltung im Rahmen dieser Funktion ausüben kann[21]. Sie sind jedoch auf die erfahrungsgemäß äußerst geringe Zahl von Fällen zu beschränken, in denen der Schutz Minderjähriger vor irreparablen Erziehungsschäden zu gewährleisten ist. Durch sie wird die Nachfragersouveränität generell nicht in Frage gestellt. Wohl aber kommt der Schulpflicht in diesem Zusammenhang eine besondere Bedeutung zu.

IV. Abnahmezwang von Bildungsgütern: Schulpflicht und ihre ökonomische Begründung

Der Staat schaltet durch die angebotsseitige Lenkung der Bildungsproduktion nicht nur die Nachfragersouveränität weitgehend aus[1], er verpflichtet darüber hinaus Eltern durch gesetzgeberische Maßnahmen, ihre Kinder in Schulen zu schikken (Schulbesuchspflicht)[2], durch die die Schulpflicht nach den von ihm selbst

[21] Es gibt keine ökonomischen Gründe, weshalb die Aufgaben des Staates im Rahmen des Wächteramtes von ihm selbst und nicht, wie es im übrigen in der Bundesrepublik Deutschland zum Teil geschieht, durch Vergabe von Aufträgen an private Einrichtungen (Caritas, Diakonisches Werk, Arbeiterwohlfahrt) wahrgenommen werden können.

[1] Bereits weiter oben wurde darauf hingewiesen, daß auch private Schulen in der Bundesrepublik Deutschland und in einigen anderen Ländern weitgehend staatlich gelenkte Bildungsproduzenten sind.

gesetzten Standards erfüllt werden kann, und zwingt sie dazu (Schulzwang)[3], sofern sie dieser Verpflichtung nicht nachkommen[4]. Ökonomisch handelt es sich dabei um Abnahmezwang für Bildungsgüter, durch den die Entscheidungsbefugnis (Option) der Eltern (Kinder) von einem Bildungsangebot Gebrauch zu machen oder nicht, durch den Staat total eingeschränkt wird. Die Frage lautet, wie der staatliche Abnahmezwang ökonomisch gerechtfertigt werden kann. Abnahmezwang beziehungsweise die Verlagerung der Dispositionsbefugnis über den Besuch oder Nichtbesuch einer Schule von den Eltern auf die Regierung ist ökonomisch doch nur dann zu rechtfertigen, wenn durch diese Einschränkung der elterlichen Entscheidungsbefugnis eine Pareto-superiore Situation in einer Gesellschaft erreicht werden kann.

Will man der Frage nach den wohlfahrtssteigernden Wirkungen des Abnahmezwangs von Bildungsgütern nachgehen, so ist zu berücksichtigen, daß Schulpflicht und -zwang keinesfalls notwendig mit staatlicher Bildungsfinanzierung und -produktion verbunden sein müssen. Aus diesem Grund ist sie auch unabhängig von staatlicher Finanzierung und Verwaltung von Schulen auf ihre ökonomischen Wirkungen hin zu untersuchen. Zu diesem Zweck unterstellen wir zunächst einen wettbewerblichen Markt für Pflichtschulleistungen und gehen davon aus, daß Eltern (Schüler) die Kosten des Schulbesuchs ganz selbst zu tragen haben. Dabei wird wie bisher angenommen, daß ihnen dazu die entsprechenden Refinanzierungsmöglichkeiten zur Verfügung stehen (funktionstüchtiger Kapitalmarkt für Bildungsdarlehen). Dagegen ist die Annahme aufzuheben, die es ermöglichte, das Problem der Minderjährigen und der Vertretung ihrer Interessen durch die Eltern (Eltern als Agenten für ihre Kinder) auszuklammern; nämlich, daß Eltern in Fragen der schulischen Bildung eher im Interesse des Kindes handeln als irgendeine andere Person (Prämisse der wohlwollenden Eltern) und Eltern deshalb im Fall von Minderjährigen, die Entscheidungsbefugnis über die Bildung und Erziehung ihrer Kinder uneingeschränkt zustehe.

Bisher wurde also unterstellt, daß die Eltern die besten Agenten für ihre Kinder sind und daß alternative Formen der Interessenvertretung im Sinne der principle-agent-Theorie[5] der Institution Familie unterlegen sind.

2 Nach deutschem Recht handelt es sich bei der Schulpflicht um die Pflicht der Eltern, ihr Kind in die Schule zu schicken. Siehe dazu Maunz-Dürig-Herzog-Scholz: Grundgesetz, Kommentar, a.a.O., Art. 7, Rdn. 36.

3 „Bei Versäumnis der Pflicht können die Eltern bestraft und die Kinder zum Schulbesuch zwangsweise geholt werden", a.a.O., S. 22. Zu historischen Aspekten siehe Tews, J.: Schulbesuch, Schulpflicht, Schulversäumnis, Schulzwang, in: Encyklopädisches Handbuch der Pädagogik, Bd. 8 (Hrsg.), W. Rein, 2. Auflage Langensalza 1908, S. 1–12.

4 Auf dem Markt kann es im Extremfall zur Position des Optionsfixierers kommen, der den Nachfragern nur noch die Wahl der Annahme oder Ablehnung des Angebots läßt. Ein Monopolist dagegen kann entweder nur den Preis oder die Menge bestimmen; der jeweils andere Parameter (Preis/Menge) wird von den Nachfragern determiniert.

5 Siehe dazu allgemein Leibenstein, H.: Beyond Economic Man, A New Foundation for Microeconomics, 3. Auflage Cambridge, Mass., 1980, S. 161–163, und speziell Wagner, R. E.: American Education and the Economics of Caring, in: Parents, Teachers, and Children: Prospects for Choice in American Education, (Institute for Contemporary, Studies) San Francisco 1977, S. 111–128.

Was aber rechtfertigt eine solche Annahme, und kann es nicht zweckmäßig sein, das Elternrecht in Bildungsangelegenheiten einzuschränken und die Dispositionsbefugnis teilweise auf den Staat zu verlagern, um die Wahrung des Interesses der Minderjährigen zu sichern?

a. Die ökonomische Bedeutung des elterlichen Erziehungsrechts: Eltern als Agenten für ihre minderjährigen Kinder

Für die These, daß Eltern relativ am besten geeignet sind, Bildungsentscheidungen für ihre minderjährigen Nachkommen zu treffen, sprechen die informationalen und motivationalen Vorteile, die sie in der Regel besitzen. Eltern erblicken in ihren Nachkommen die Fortsetzung ihres eigenen Lebens (Erhaltung der Art) und identifizieren sich entsprechend mit ihnen. Das impliziert aber keineswegs, daß sie über die Anlagen, Fähigkeiten und Neigungen ihres Kindes *vollkommen* informiert sind und eine *absolute* Interessenidentität (homogene Präferenzen) besteht. Solche Voraussetzungen sind auch nicht erforderlich. Vielmehr würde es ausreichen, wenn Eltern wegen ihrer persönlichen Motive der physischen Abstammung, ihres permanenten persönlichen Kontaktes und ihrer räumlichen Nähe zum Kind besser über dieses, seine Anlagen und Neigungen informiert sind, um Ausbildungsentscheidungen zu treffen, als etwa eine staatlich bestellte Person und die Informationsgewinnung aufgrund der Rahmenbedingungen kostengünstiger erfolgt. Vieles spricht dafür, daß dies normalerweise der Fall ist.

Darüber hinaus haben Eltern in der Regel auch die motivationalen Vorzüge, um im Sinne ihrer Kinder zu handeln. Das ist zum Teil auf die affektiven Beziehungen zum eigenen Kind zurückzuführen, aber auch auf das (reine) Eigeninteresse der Eltern, durch eine gute Ausbildung ihrer Kinder den eigenen Lebensabend materiell zu sichern[6]. Konflikte, die dabei zwischen dem (engeren) Selbstinteresse der Eltern und dem der heranwachsenden Kinder auftreten, werden über Tauschprozesse und andere Formen der zwischenmenschlichen Interaktion (Zuneigung, Vertrauen, Liebe) geregelt. Kompromisse zwischen dem Eigeninteresse der Eltern und dem der Kinder kommen dabei dem Entscheidungsverhalten bei der Wahl zwischen Gegenwarts- und Zukunftsgütern nahe. Die mikroökonomische Theorie hat diesen haushaltsinternen Entscheidungs- und Tauschprozessen allerdings bisher kaum Aufmerksamkeit geschenkt[7]. Es gibt jedoch

[6] Dieses Eigeninteresse im engeren Sinne bleibt auch dann erhalten, wenn die Altersvorsorge kollektiv organisiert ist (Generationenvertrag). Es treten dann allerdings Ineffizienzen durch Einnahme der Trittbrettfahrerposition auf. Man kann die Ausbildung der eigenen Nachkommen aus engem Selbstinteresse vernachlässigen, weil die Altersvorsorge nach dem Umlageverfahren von der gesamten nachfolgenden Generation zu tragen ist. Auf diese Weise lassen sich die Kosten der Altersvorsorge im Sinne einer guten Ausbildung der nächsten Generation für den einzelnen durch Verlagerung auf andere Mitglieder der Generation minimieren.

[7] Die konventionelle mikroökonomische Theorie des Haushalts faßt die Familie als eine homogene Einheit auf, in der keine Interessenkonflikte auftreten. Während die Theorie der Unternehmung unter anderem durch die Leibensteinsche X-Effizienztheorie den Impuls erhalten hat, die Sichtweise der Unternehmung als konfliktlose und (in ihren Teilen) vollkommen informierte Organisationseinheit aufzugeben, fehlt die Anwendung dieses Ansatzes auf den Haushalt. Zwar hat sich G. S. Becker (The

Anzeichen, die darauf hindeuten, daß die Familie sich in der Konkurrenz mit anderen alternativen Einrichtungen als die Institution behauptet hat, die (relativ) am besten geeignet ist, die Interessen des Kindes zu wahren und Humankapital langfristig über das Einzelleben hinaus zu erhalten und den Entwicklungen anzupassen[8]. Die auf motivationalen und informationalen Vorzügen der Familie beruhende hohe Entscheidungseffizienz scheint uns ausschlaggebend dafür zu sein, weshalb sie sich als Institution über Jahrhunderte bewährt und konstitutionellen Schutz[9] erfahren hat, der sich speziell für die Bildungsdispositionen im elterlichen Erziehungsrecht und in der Schulwahlfreiheit ausgeprägt hat.

Auch der Übergang von der Agrar- zur Industriegesellschaft und die sich daran anschließende Entwicklung zum *Sozialstaat* haben die Familie in ihrer wirtschaftlichen Funktion offensichtlich nicht in Frage stellen können[10]. Gerade in jüngster Zeit stellt sich heraus, daß die wirtschaftliche Schwächung der Familie durch hohe Besteuerung und Zwangsabgaben einerseits und durch Verlagerung von Dispositionsrechten und Wahlmöglichkeiten von den Familien zu zentralen staatlichen und quasi-staatlichen Instanzen andererseits zu Ineffizienzen geführt hat, die eine Rückbesinnung auf die Familie in ihrer ökonomischen Funktion und Leistungsfähigkeit erneut einzuleiten scheint.

b. Der Fall nichtwohlwollender Eltern: Die ökonomischen Gründe für die Einschränkung des elterlichen Erziehungsrechts

Es gibt bekanntlich jedoch Fälle, wo das in der Analyse bisher vorausgesetzte Wohlwollen fehlt und damit auch das Interesse, (1) sich über die Bildungsmöglichkeiten und persönlichen Eigenschaften und Neigungen des Kindes zu informieren und (2) Ausbildungsentscheidungen im Interesse des Kindes zu fällen und die Kosten zu tragen. Nichtwohlwollende Eltern, Eltern also, die ausschließlich daran interessiert sind, sich selbst auf Kosten ihrer Kinder im eigenen Leben besser zu stellen, hätten nicht nur die Möglichkeit, die Ausbildung des Kindes zu vernach-

Economic Approach to Human Behavior, Chicago-London 1976) sowie R. B. McKenzie und G. Tullock (The New World of Economics, Explorations into the Human Experience, 2., überarbeitete Auflage Homewood, Ill.; 1978, S. 117–149) mit Fragen des ökonomischen Verhaltens von Haushaltsmitgliedern (Ehepartner) befaßt, eine Analyse des Informationsverhaltens, der Anreizsysteme und Tauschprozesse zwischen Eltern und ihren Kindern fehlt jedoch weitgehend.

8 Die naturrechtliche Interpretation des Elternrechts, wie sie auch der Verfassung der Bundesrepublik Deutschland zugrundeliegt, würde durch diese ökonomischen Zusammenhänge zwar nicht als unveräußerliches Recht interpretiert, es könnte aber durch ökonomische Sachzwänge (allgemeine Gesetzmäßigkeiten) als bestätigt angesehen werden. Der Bedeutung der Institution Familie für die säkuläre Humankapitalerhaltung und Humankapitalerneuerung sind Bildungsökonomen bisher nicht nachgegangen. Während das Recht auf Privateigentum an Sachkapital und seine Bedeutung für den Wohlstand der Nationen eingehend analysiert worden ist, steht eine solche Analyse der Dispositionsrechte über Humankapital, speziell des elterlichen Erziehungsrechts, noch aus.

9 So zum Beispiel in Art. 6 Absatz 2 Satz 1 GG.

10 Die Analyse dieses Problemkomplexes auf vertragstheoretischer Basis bleibt einer separaten Behandlung vorbehalten. Die ökonomische Theorie der Verfassung von James M. Buchanan (The Limits of Liberty, a.a.O.) könnte dazu als allgemeiner Erklärungsansatz dienen. Es scheinen jedenfalls unter anderem ökonomische Gesetzmäßigkeiten zu sein, die der Ausprägung der Bildungsverfassung zugrunde liegen.

lässigen, sondern auch das Humanvermögen des Kindes zu „vermarkten", um ihr eigenes Lebenseinkommen zu maximieren. Junge Menschen werden dann einen meist erheblichen materiellen und nicht selten auch psychischen Schaden erleiden. Volkswirtschaftlich käme es zu direkten und indirekten Wohlfahrtsverlusten.

Die Dispositionsbefugnisse der Eltern in Erziehungs- und Ausbildungsfragen können deshalb nicht als absolut und unantastbar gelten.

Sowohl im Interesse des Kindes als auch der Gesellschaft wäre es aus ökonomischer Sicht vorteilhaft, das elterliche Dispositionsrecht in den Fällen zu beschränken, in denen es gelingt, durch Maßnahmen des Gesetzgebers, wie etwa der Schulpflicht (Pflicht der Eltern, ihr Kind zur Schule zu schicken) oder durch Übertragung der Dispositionsbefugnis auf eine andere Instanz (Vormund, Pflegeeltern) die Entscheidungseffizienz so zu erhöhen, daß der dadurch hervorgerufene Wohlfahrtsgewinn die Kosten der subsidiären staatlichen oder im staatlichen Auftrag vorgenommenen Organisation deckt.

Eine Relativierung des elterlichen Erziehungs- und Pflegerechts (Elternrecht) kann deshalb ökonomisch zweckmäßig sein. Die entscheidende Frage ist allerdings, wann und wie das Elternrecht im Fall nichtwohlwollender Eltern ganz oder teilweise außer Kraft[11] zu setzen ist, damit es zu einer Wohlfahrtserhöhung kommt. Denn nicht jede Fehlentscheidung der Eltern kann durch eine Modifizierung der Verfügungsrechte oder durch sonstige staatliche Maßnahmen korrigiert und somit eine Wohlfahrtsverbesserung erreicht werden.

c. *Schulpflicht als genereller Eingriff des Staates in das elterliche Erziehungsrecht*

Die Schulpflicht ist aus ökonomischer Sicht eine Maßnahme, durch die eine Wohlfahrtsverbesserung erreicht werden soll. Es ist aber keineswegs sicher, daß sie tatsächlich erreicht wird. Auch ist es möglich, daß sich durch alternative Maßnahmen und eine entsprechend andere Verteilung der Verfügungsrechte zwischen Staat und Eltern eine Pareto-superiore Situation erreichen läßt, die durch die allgemeine Schulpflicht nicht erreicht werden kann.

Letztere Vermutung liegt besonders nahe, weil es sich bei der Schulpflicht um eine *allgemeine* Maßnahme handelt, der alle Eltern mit ihren Kindern im schulpflichtigen Alter unterworfen sind, unabhängig davon, ob es sich um wohlwol-

[11] Von der Einschränkung des Elternrechts zu unterscheiden sind Maßnahmen des Staates, die zum Elternrecht eher einen komplementären Charakter haben. Eltern können sehr wohl wohlwollend sein und einen effizienten Gebrauch von ihrem Dispositionsrecht (Recht auf Bevormundung des Kindes) machen und trotzdem kann der Minderjährige in bestimmten Situationen körperlichen und geistig-psychischen Gefahren ausgesetzt sein, die es ökonomisch-rational erscheinen lassen, daß der Staat tätig wird, um auch in diesen Fällen den Schutz des Minderjährigen zu sichern. Darunter fallen gesetzliche Vorschriften zum Schutz der Jugend in der Öffentlichkeit (zum Beispiel der Schutz vor jugendgefährdenden Schriften) und am Arbeitsplatz. Solche Gesetze sind ökonomisch dann zu vertreten, wenn bei gleichem Erfolg in der Vermeidung von physischen, geistigen und psychischen Schäden die Kosten der staatlich-präventiven Maßnahmen niedriger sind als diejenigen, die Eltern entstehen würden, wenn sie sich auch in diesen Bereichen selbst um den Schutz ihrer Kinder bemühen müßten. Derartige Gesetze haben insofern auch nichts mit sozialpolitischen Maßnahmen zu tun. Sie sind vielmehr Ausfluß ökonomischen Zweckdenkens.

lende Eltern oder nichtwohlwollende handelt. Wie aber festgestellt worden ist, spricht aus ökonomischer Sicht vieles dafür, anzunehmen, daß Eltern aus motivationalen und informationalen Gründen in der Regel am ehesten geeignet sind, für ihre Kinder Erziehungs- und Ausbildungsentscheidungen zu treffen, zumal sie durch ihre Erfahrungen in den verschiedensten Lebensbereichen Informationen sammeln, die mit in die Ausbildungsentscheidungen einfließen[12]. Diese Informationen sind für die Kinder wie für die anderen Mitglieder der Gesellschaft besonders wertvoll, da sie nirgendwo sonst verfügbar sind und verloren gingen, wenn sie nicht mit in die Erziehungs- und Bildungsentscheidungen einfließen würden. Akzeptiert man den Standpunkt, daß das Fehlen des elterlichen Wohlwollens quantitativ Ausnahmefälle sind[13], dann spricht dies für ein Elternrecht, in das nur dann eingegriffen werden sollte, wenn nachgewiesen wird, daß Eltern das vorausgesetzte Wohlwollen vermissen lassen, sie also als Agent oder Vormund ihrer Kinder nicht geeignet und die Einschränkung der Vertragsfreiheit für Minderjährige zugunsten der Eltern erstere nicht mehr vor unliebsamen Konsequenzen schützt[14]. Das Elternrecht zwar nicht absolut zu setzen, es aber prinzipiell anzuerkennen und nur unter der Beweispflicht der Verantwortungslosigkeit (Negativgesetzgebung) zu entziehen, wäre dann eine konstitutionelle Regel, die es möglich machen könnte, eine Pareto-superiore Situation zu erreichen[15]. Die Schulpflicht ist aber eine Regel, die das Elternrecht generell einschränkt.

Es ist deshalb zu fragen, was es ökonomisch zweckmäßig erscheinen läßt, statt der selektiven, ausschließlich auf die Einschränkung des Elternrechts bei nichtwohlwollenden, nachlässigen Eltern zielenden Interventionen die Schulpflicht als *allgemeine* Maßnahme einzuführen. Um dies zu prüfen, sind die ökonomischen Wirkungen des Abnahmezwangs von Bildungsgütern zu analysieren und mit denen selektiver staatlicher Maßnahmen des Minderjährigenschutzes (Bestellung eines staatlichen Agenten) zu vergleichen.

[12] Siehe dazu Kapitel B. III.b.3.

[13] Dies ist ein in der Literatur unbestrittener Standpunkt. Siehe zum Beispiel West, E. G.: Education and the State, a.a.O., S. 7–14, besonders S. 12, und Becker, W.: Weichendes Elternrecht – wachsendes Kindesrecht, in: Recht der Jugend und des Bildungswesens, 18. Jg. (1970), S. 364.

[14] Die ökonomisch-vertragstheoretische Interpretation dieser Zusammenhänge legt es nahe, das Elternrecht in einem freiheitlich-demokratischen Staat nicht als ein treuhänderisches Recht zu betrachten, das die Eltern vom Staat erhalten haben und der Staat ihnen wieder entziehen kann, wenn sie ihrer Aufgabe als Treuhänder nicht mehr gerecht werden, sondern als ein Individualrecht, auf das sie als Wähler (Staatsbürger) nicht verzichten, für dessen Einschränkung durch den Staat sie in bestimmten Fällen (Negativgesetzgebung) jedoch als Wähler gestimmt haben, weil sie die Erwartung hegen, daß sie dadurch ihre Wohlfahrtslage insgesamt verbessern können.

[15] Auch John St. Mill lehnt deshalb das elterliche Erziehungs- und Verfügungsmonopol über Kinder ab. Er spricht sich jedoch für die Bildungspflicht aus, die durch regelmäßige Prüfungen auf ihre Erfüllung hin zu kontrollieren sei (Grundsätze der politischen Ökonomie, Gesammelte Werke, Bd. 7, Aalen 1968, S. 272f.). Siehe dazu auch Wilhelm von Humboldt (Idee zu einem Versuch, die Gränzen der Wirksamkeit des Staates zu bestimmen, Gesammelte Werke, Bd. 7, Berlin 1852, S. 56), der das elterliche Verfügungsrecht über Kinder durch das Recht des Staates beschränkt wissen will, nichtwohlwollenden Eltern Vormünder zu setzen.

d. Die ökonomischen Wirkungen der allgemeinen Schulpflicht und des Schulzwangs

Der allgemeine Abnahmezwang von Bildungsgütern kann auf schulpflichtige Minderjährige und ihre Eltern folgende logisch möglichen Wohlfahrtswirkungen ausüben (Abbildungen 1–3)[16]:

Abbildung 1: Wohlwollende Eltern als Agenten für ihr schulpflichtiges Kind (hohe Schulbildungspräferenz, neutraler Fall)

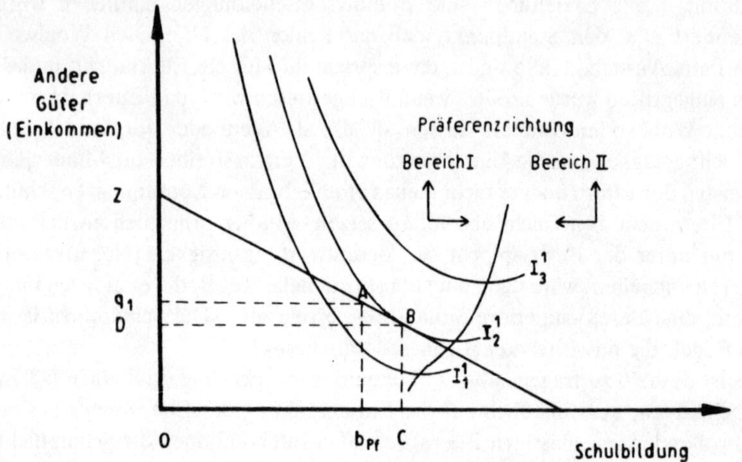

Abbildung 2: Nichtwohlwollende Eltern als Agenten für ihr schulpflichtiges Kind (Schulpflicht als Minderjährigenschutz vor Unwissenheit, Fall der Wohlfahrtsmehrung)

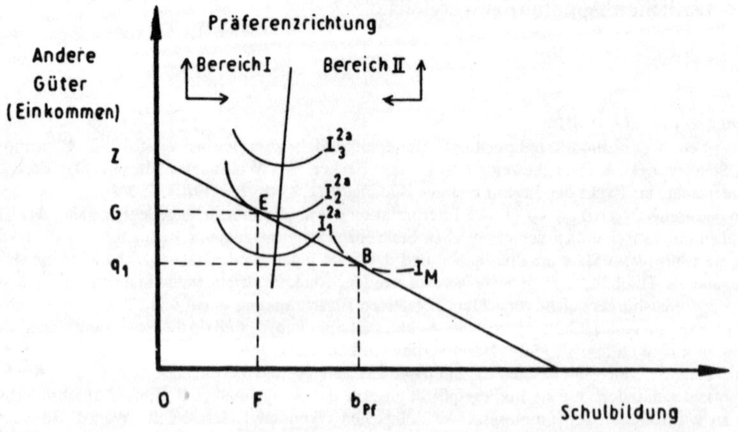

[16] Die Indifferenzkurven in den Abbildungen 1–3 geben die Präferenzen der *Eltern* für Schulbildung wieder. Das schließt allerdings nicht aus, daß diese Präferenzen sich in Abstimmung mit den Minderjährigen bilden. Siehe dazu Kapitel B.III.a.

Abbildung 3: Wohlwollende Eltern als Agenten für ihr schulpflichtiges Kind (niedrige Schulbildungspräferenz, Fall der Wohlfahrtsminderung)

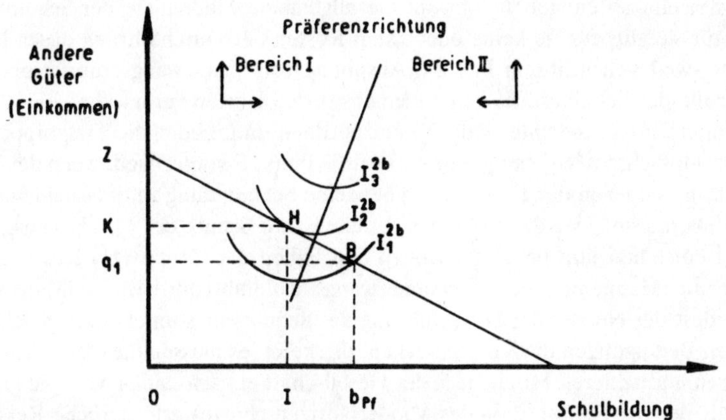

(1) Das Nutzenniveau (I_2^1), das der Minderjährige vor Einführung des Abnahmezwangs erreicht hat, bleibt erhalten, da seine Eltern für ihn unabhängig von der Schulpflicht mehr als die Menge (Ob_{Pf}) an Bildungsgütern nachfragen, zu deren Abnahme der Staat ihn und seine Eltern verpflichten, nämlich OC; das heißt, die Eltern sind bereit, mehr für Schulbildung auszugeben, also andere (materielle und immaterielle) Güter in Höhe von q_1D zu opfern, als es der Staat zum Schutz des Minderjährigen verlangt (Zq_1)[17].

(2 a) Die Präferenzen der nichtwohlwollenden Eltern (I^{2a} in Abbildung 2)[18] und die (mutmaßlichen) Präferenzen des Minderjährigen (I_M) fallen auseinander. Das Nutzenniveau des Minderjährigen erhöht sich, da der Abnahmezwang seine Eltern daran hindert, die geringe Menge (OF) an Schulbildung nachzufragen, die den Schutz des Minderjährigen vor Unwissenheit nicht gewährleisten würde.

(2 b) Das Nutzenniveau des Minderjährigen sinkt von I_2^{2b} (Abbildung 3) auf I_1^{2b}, weil bei gegebenen Präferenzen die abzunehmende Bildungsmenge (b_{Pf}) den Verzicht auf andere Güter bedeutet (OK-O_{q1}), die in seiner beziehungsweise seiner Eltern Wertschätzung höher liegen.

Die in der Realität vorkommenden Fälle können jeweils unter einen der drei logisch möglichen Fälle (1, 2_a, 2_b) eingeordnet werden. Danach zeigt sich, daß die allgemeine Maßnahme der Schulpflicht nicht notwendig Zwang für alle Minderjährigen und ihre Eltern bedeutet, weil sich je nach ihrem Umfang (Katalog der Pflichtfächer und Dauer der Schulpflicht) eine mehr oder minder große Zahl von Eltern ceteris paribus freiwillig zumindest zu dieser, wenn nicht zu einer größeren

[17] Da unterstellt wurde, daß die Finanzierung der Bildungsnachfrage gesichert ist, wurde das Einkommen (OZ) für die Haushalte in den Abbildungen 1–3 konstant gehalten.

[18] Die Präferenzsetzung für den Minderjährigen (I_M) erfolgt durch den Staat beziehungsweise eine demokratische Mehrheit, die in diesem Fall als Agent an die Stelle der Eltern tritt.

Abnahmemenge von Bildungsgütern entschlossen hätte (Gruppe 1) in Abbildung 1). Für die Minderjährigen der Gruppe (1) entstehen insoweit keine Wohlfahrtsverluste; ebenso entstehen (obwohl die allgemeine Maßnahme der Schulpflicht auch für sie gilt) für sie keine oder kaum Kosten der Durchführung dieser Maßnahme, weil sich in ihrem Fall die Ausübung von Schulzwang erübrigt und die Kontrolle des Schulbesuchs keine nennenswerten Kosten verursacht.

Minderjährige, die unter Fall (2_a) einzuordnen sind, bilden die Zielgruppe (2_a) der Schulpflichtgesetzgebung. Punkt B würde Punkt E vorgezogen, wenn der Minderjährige selber in der Lage wäre, über seine Schulbildung zu entscheiden. Der Staat übernimmt hier die Rolle des Agenten zum Schutz des Minderjährigen[19]. Dabei entstehen ihm im Gegensatz zu den Fällen der Gruppe (1) Kosten. Soll daher die Maßnahme des Abnahmezwangs wohlfahrtsfördernd sein, so muß zumindest der Nutzen der Durchführung des Schulzwangs unter sonst gleichbleibenden Bedingungen die Kosten decken; das heißt, es müssen die diesen Minderjährigen und anderen Mitgliedern der Gesellschaft erwachsenden Vorteile größer sein als der zur Realisierung des Minderjährigenschutzes erforderliche Ressourcenverzehr. Während die Kosten der Ausübung des Schulzwangs (Kosten des Pflichtbildungsangebots, der polizeilichen Maßnahmen zur Sicherung des Schulbesuchs und die Kosten des entgangenen Einkommens, das unter Beachtung der Jugendarbeitsschutz-Gesetzgebung während der Schulpflichtzeit hätte verdient werden können) direkt anfallen[20] und relativ leicht zu berechnen sind, stellt sich der Nutzen zum größten Teil erst später ein und ist nur schwer zu erfassen. Letzterer besteht vor allem aus dem zusätzlichen (materiellen und immateriellen) Einkommen, das der Minderjährige erzielt, weil er ungehindert die Schule besuchen und sich bilden kann. Allerdings ist der Nutzen der Schulpflicht für die Minderjährigen dieser Gruppe meistens so groß, daß er mit ziemlicher Sicherheit die Kosten deutlich übersteigt.

Sofern Schulpflicht *und* -zwang *erstmalig* in einem Land durchgeführt werden, können nicht unerhebliche (direkte) Kosten (Kosten der Durchführung des Schulzwangs) entstehen[21]. Die Kosten sind jedoch dann gering, wenn die Schulpflicht eingeführt ist und von Zwangsmaßnahmen (Bußgeld- beziehungsweise Strafver-

[19] In Abbildung 2 wurde unterstellt, daß der Staat durch die allgemeine Maßnahme der Schulpflicht die tatsächliche Bildungspräferenz des Minderjährigen trifft.

[20] Da grundsätzlich die Kosten einer Maßnahme von denen zu tragen sind, die die Nutzen davon haben, läge es nahe, hauptsächlich den Minderjährigen im Vorgriff auf sein späteres Einkommen mit ihnen zu belasten; denn offensichtlich sehen die Eltern des Minderjährigen keinen oder nur einen geringeren Nutzen in dem Schulbesuch ihrer Kinder, so daß zumindest die Kosten teilweise vom Minderjährigen zu tragen wären. Diese Minderjährigen wären dann später finanziell entsprechend entlastet, da sie sich auch keiner Verpflichtung gegenüber sehen, ihre Eltern im Alter materiell zu unterstützen. Eine solche Regelung hätte jedoch einen ökonomisch nicht vertretbaren Einfluß auf das generative Verhalten, insbesondere dann, wenn nach den gleichen Gesichtspunkten das Sorgerecht beziehungsweise die Sorgepflicht der Eltern generell (und nicht nur die Erziehungspflicht) ausgestaltet wäre.

[21] Die Schulpflicht entstand als Unterrichtspflicht aus der Logik des absoluten Staates (siehe zum Beispiel Rothbard, M. N.: Education, Free and Compulsory, Center for Interdependent Education, Wichita,

fahren gegen Eltern und zwangsweise Zuführung der Schulpflichtigen) nur in Ausnahmefällen Gebrauch gemacht werden muß und zur Verwirklichung der Schulpflicht Kräfte der inneren Sicherheit eingesetzt werden können, die mit dem Vorteil von Skalenerträgen genutzt werden können. So werden, zumal bereits durch die Existenz dieser Verpflichtung Minderjährigenschutz vor Unwissenheit entsteht, dessen Kosten gleich Null sind, lediglich die Verletzung dieser Pflicht und die Durchführung des Schulzwangs zusätzliche Kosten verursachen.

Für Minderjährige der Gruppe (2_b) kommt es im Gegensatz zu denen der Gruppe (2_a) zu einem Nutzenentgang (I_1^{2b} statt I_2^{2b} in Abbildung 3) und zu volkswirtschaftlichen Verlusten. Und zwar setzt sich dieser Verlust aus folgenden Komponenten zusammen: Die Betroffenen (und ihre Familien, die häufig zu den Haushalten mit niedrigeren Einkommen zählen) müssen (a) einen Verlust ihres Einkommens hinnehmen, das sie in der Zwischenzeit unter Beachtung der Jugendarbeitsschutz-Gesetzgebung hätten verdienen können, (b) auf zukünftiges zusätzliches (materielles und immaterielles) Einkommen verzichten, das sie durch den zwischenzeitlichen Erwerb von Fähigkeiten und Erfahrungen hätten verdienen können, die in den Curricula des Pflichtunterrichts nicht enthalten sind, zum Beispiel Inhalte der Ausbildung am Arbeitsplatz. Schließlich (c) entsteht der Gesellschaft ein Verlust durch den Teil des Sozialprodukts, der durch die Betroffenen hätte erwirtschaftet werden können, der aber auf Grund der Schulpflicht und der mit ihr verbundenen Verkürzung der aktiven Lebensphase sowie der geringeren Arbeitsproduktivität während dieser Phase nicht erwirtschaftet wird.

Während sich die Korrektur oder besser die Außerkraftsetzung der elterlichen Präferenzen[22] durch die Schulpflicht für die Minderjährigen der Gruppe (2_a) wohlfahrtsfördernd auswirkt, gilt für die Gruppe (2_b) das Gegenteil. Da ein interpersoneller Nutzenvergleich aber nicht möglich ist, kann der (Netto)Nutzenentgang bei den Minderjährigen der Gruppe (2_b) durch den Nutzengewinn bei den Mitgliedern der Gruppe (2_a) nicht verrechnet werden. Um eine Pareto-superiore Situation zu erreichen, ist die Schulpflichtgesetzgebung so zu gestalten, daß die Zahl und der Nutzenentgang der Minderjährigen der Gruppe (2_b) möglichst Null ist und die Schulpflichtgesetzgebung als allgemeine Maßnahme de facto selektiv nur diejenigen trifft, die vor nichtwohlwollenden Eltern zu schützen sind. Je mehr dies

Kan., 1969, S. 19ff. und Heckel, H. und Seipp, P.: Schulrechtskunde, 4. Auflage Neuwied 1969, S. 4 und S. 349). Sie wurde bereits im 16. Jahrhundert als Forderung aufgestellt (ältere Schulordnungen) und dann gesetzlich verankert (Weimarische Schulordnung von 1619, Gotharischer Schulmethodus von 1648, Allgemeines Landrecht von 1794), ohne daß zunächst der gesetzlichen Pflicht durch Schulzwang erfolgreich Nachdruck verliehen werden konnte. Siehe hierzu die ausführliche Beschreibung dieser Entwicklung bei Tews, J.: Schulbesuch, Schulpflicht, Schulversäumnis, Schulzwang, in: Encyklopädisches Handbuch der Pädagogik, Bd. 8, a.a.O., S. 2–5, und Gizycki, P. von: Zur Geschichte der deutschen Volksschule, in: Das Unterrichtswesen im Deutschen Reich, (Hrsg.) W. Lexis, Bd. III: Das Volksschulwesen und das Lehrerbildungswesen, Berlin 1904, S. 44ff.

22 In diesem Zusammenhang kann von (Pflicht)Bildung als einem meritorischen Gut gesprochen werden, das nicht oder nicht ausreichend nachgefragt würde, wenn Minderjährige nichtwohlwollender Eltern durch die Intervention des Staates nicht die Möglichkeit des Schulbesuches erhielten.

gelingt, um so mehr wird der Schulpflichtgesetzgebung eine wohlfahrtsfördernde Wirkung zuzuschreiben sein[23].

Wie zahlreich die Minderjährigen sind, die zur Gruppe (2_b) zählen und wie hoch jeweils ihr Nutzenentgang ist, richtet sich (a) nach dem Katalog der Fächer und den Inhalten dieser Fächer, die an Schulen zu unterrichten sind, an denen die Schulpflicht erfüllt werden kann, und (b) nach der Dauer der Schulpflicht (Anzahl der Pflichtschuljahre).

1. Der materielle Umfang der Schulpflicht: Pflichtfächer, curriculare Richtlinien und Schutz vor Unwissenheit

Entscheidend für die wohlfahrtsfördernde Funktion der Schulpflicht ist es, den Katalog der Pflichtfächer und ihrer Inhalte so zu fixieren, daß alle diejenigen geschützt werden, auf die die staatliche Intervention in das Elternrecht zielt (Gruppe (2_a), ohne daß es durch eine allzu große Ausweitung des Pflichtfächerkataloges zu Wohlfahrtsverlusten bei den übrigen Bildungsnachfragern kommt. Dieses Problem wurde bereits von den Klassikern erkannt. Unter anderem forderte Henry Sigwick, daß der Pflichtunterricht sich auf die allgemeinsten Bildungsinhalte zu beschränken habe[24]. Auch in dem Vorschlag von John St. Mill, die Erziehungspflicht der Eltern durch Pflichtprüfungen zu überwachen und auf diese Weise Bildungszwang auszuüben, kommt dieser Gedanke zum Ausdruck[25].

Nun könnte man allerdings annehmen, daß es ausreiche, wenn der Staat in das Elternrecht durch Schulpflicht und -zwang interveniere, weil es sich bei den Eltern, die ihrer Erziehungspflicht nicht nachkommen, um Ausnahmefälle handle. Eine Fixierung der Bildungs(Unterrichts)inhalte durch staatliche Vorschriften (curriculare Richtlinien) sei nicht erforderlich. Denn unter dieser Bedingung könnte das Bildungsangebot der Pflichtschulen von der großen Zahl der Eltern bestimmt werden, die zur Gruppe der wohlwollenden Eltern zählen, so daß sich auf dem Markt ein Bildungsangebot entfaltet, das zwar vielfältig ist, sich gleichzeitig aber ein Kern von Fächern herausbildet über den weitestgehende Übereinstimmung herrscht, da es sich dabei um Bildungsinhalte handelt, die in einer bestimmten Lebensphase (Kindes- und Jugendalter) nachgefragt werden müssen, wenn es nicht zu Wohlfahrtsverlusten kommen soll.

Daß ein solcher Effekt tatsächlich einen gewissen Schutz für Minderjährige nichtwohlwollender Eltern bieten kann, soll nicht geleugnet werden. Allerdings ist es bei Schul(besuchs)pflicht ohne staatliche Festlegung eines Pflichtfächerkataloges durchaus möglich, daß sich „Schulen" herausbilden, deren Bildungsangebot speziell darauf ausgerichtet ist, dieser Pflicht Genüge zu tun, ohne daß der

[23] Allerdings folgt daraus nicht, daß alternativen Maßnahmen zur Schulpflicht und zum Schulzwang nicht trotzdem der Vorzug zu geben ist.

[24] Sidgwick, H.: Principles of Political Economy, 3. Auflage London 1901, S. 465. Siehe auch McCulloch, H. R.: Principles of Political Economy, 4. Auflage London 1849, S. 474. McCulloch sprach sich dafür aus, die Pflichtfächer Lesen, Schreiben und Rechnen durch Religionsunterricht und sittliche Erziehung zu ergänzen.

[25] Mill, J. St.: Anwendungen, a.a.O., S. 113.

gewünschte Bildungs- und Erziehungseffekt erzielt wird. Mit anderen Worten, es ist nicht sicher, ob nicht unter den Bedingungen einer Pflichtnachfrage ein spezieller Markt entsteht, auf dem nichtwohlwollende Eltern ihre Schul(besuchs)pflicht zwar formal erfüllen können, aber der Minderjährigenschutz trotzdem nicht gewährleistet ist[26]. Ein solcher Anreiz besteht insbesondere dann, wenn die Kosten der Ausbildung von den Eltern zu tragen sind.

Der Anreiz wäre dann für nichtwohlwollende Eltern groß, Schulen mit kurzen Schulzeiten und möglichst billigem Bildungsangebot zu präferieren. Unter dem Begriff „Schule" könnten dann Einrichtungen entstehen, die sich in Wirklichkeit nicht von Kinderverwahranstalten unterscheiden.

Die Intervention des Staates in das Elternrecht muß deshalb, wenn sie in der Ausprägung der Schulpflicht Minderjährigenschutz vor Unwissenheit gewährleisten soll, durch Vorschriften über Mindeststandards ergänzt werden, die den Katalog der Pflichtfächer und ihrer Inhalte (curricula) vorgeben. Ebenso könnte hier auch der Grund für die Vorgabe anderer Standards, wie Hygiene, Sicherheitsvorkehrungen und dergleichen liegen, die die Regierung erfüllt wissen will. Gleichzeitig müßte die Vorgabe der Pflichtunterrichtsfächer und ihrer Pflichtinhalte sowie anderer Standards einer Kontrolle unterzogen werden, um sicher zu stellen, daß die Pflichtschulen auch tatsächlich die Bildungsinhalte vermitteln, die als Minimum betrachtet werden, um Minderjährige vor Unwissenheit zu schützen. Die Kosten solcher Kontrollmaßnahmen sind den Kosten zuzurechnen, die durch Ausübung des Schulzwangs (direkte Kosten) entstehen.

Wie zu erkennen ist, folgt aus dem Abnahmezwang von Bildungsgütern eine Reihe weiterer Maßnahmen (Festlegung von Pflichtunterrichtsfächern, curriculare Richtlinien, Kontrolle der Einhaltung der staatlichen Vorgaben für den Pflichtunterricht), wenn Minderjährigenschutz gewährleistet werden soll.

Die zentrale Frage ist nun, wie der Pflichtfächerkatalog zu determinieren ist beziehungsweise was den Kern der Fächer ausmacht, die sicherstellen, daß Minderjährige vor den Bildungsentscheidungen nichtwohlwollender Eltern und durch den dadurch entstehenden Nutzenentgang geschützt sind. Offensichtlich muß es sich dabei um (Kern)Fächer handeln, die einen besonders hohen Nutzen stiften, oder anders ausgedrückt, durch die ein besonders hoher Nutzenentgang entstehen würde, wenn Minderjährige in ihnen nicht rechtzeitig, das heißt in einer bestimmten Lebensphase, unterrichtet werden. Da Minderjährige nach und nach selber mündig werden und sie dann in der Lage sind, selbst zu entscheiden, welche und wieviel Bildungsgüter sie für vorzugswürdig halten, sie also gewissermaßen nachholen könnten, was ihnen von ihren Eltern verweigert worden ist, muß es sich bei den Pflichtfächern zwangsläufig um Bildungsinhalte handeln, die nur in einer bestimmten Lebensphase mit Erfolg und großem Nutzen gelehrt werden können und ohne die auch andere (auf ihnen aufbauende) Bildungsprozesse schwerlich

[26] Ein solcher Markt wird durch lokale Konzentration nichtwohlwollender Eltern schulpflichtiger Kinder gefördert, etwa durch Wohngebiete, in denen sich asoziale Familien häufen.

stattfinden können. Pflichtfächer sollten daher Unterrichtsstoffe enthalten, durch die ein nicht oder nur mit äußerst großen Anstrengungen (Kosten) revidierbarer Schaden entsteht, wenn sie nicht rechtzeitig in einem bestimmten Alter (Entwicklungsphase) dem Menschen vermittelt werden.

So läßt sich zwar Lesen, Schreiben und Rechnen auch zu einem späteren Zeitpunkt erlernen, zu dem der Minderjährige selbst die Entscheidungsbefugnis hat, aber es ist zu erwarten, daß der dadurch entstehende Nutzenentgang kaum mehr aufzuholen ist, wenn in einer Gesellschaft dies die allgemeine Voraussetzung für den gesellschaftlichen Verkehr und eine wirtschaftliche Existenz ist. Die Definition des Pflichtfächerkataloges und ihrer Inhalte beziehungsweise der erforderliche Schutz vor Unwissenheit hängt deshalb von dem kulturellen und technischen Entwicklungsstand der jeweiligen Gesellschaft ab.

Die wohlfahrtsmindernden Effekte eines zu geringen oder zu umfassenden Pflichtfächerkatalogs verringern sich, wenn, abgesehen von einem Kern von Pflichtfächern, der die beschriebene Schutzfunktion erfüllt, ein Katalog von Fächern und eventuell anderen Bildungsinhalten vorgegeben wird, aus dem eine bestimmte Anzahl den persönlichen Anlagen und Neigungen entsprechend obligatorisch zu wählen ist (Wahlpflichtfächerkatalog)[27]. Erweitert man diesen Katalog um Bildungsinhalte nichtschulischer, etwa praktisch-berufsbezogener Art[28], so ist es zweckmäßig, von Bildungspflicht[29] zu sprechen. Durch sie kann Minderjährigenschutz vor Unwissenheit erreicht werden, der durch Rücksichtnahme auf die individuellen Anlagen und Interessen der Schüler die Gefahr von Wohlfahrtsverlusten auf Grund allgemeinen, einheitlichen Zwangs vermindert. Der Minderjährigenschutz vor Unwissenheit wird entsprechend den Begabungen und Bildungsinteressen tendenziell individualisiert.

2. *Die Dauer der Schulpflicht: Das Problem der Schulpflichtverlängerung*

Die wohlfahrtsfördernde Wirkung der Schulpflicht wird nicht nur durch die Art und Anzahl der Pflichtunterrichtsfächer und der Lehrpläne bestimmt, sondern auch durch die Dauer der Schulpflicht (Anzahl der Vollzeit-Schulpflichtjahre)[30]. Bei gegebenen Pflichtfächern und Lehrplanrichtlinien hängt die wohlfahrtsför-

[27] Im Rahmen der Schulpflicht ist dies in der Bundesrepublik Deutschland durch Wahl unterschiedlicher Schultypen (Haupt-, Realschule, Gymnasium) mit teils unterschiedlichen fachlichen Schwerpunkten begrenzt möglich.

[28] Siehe hierzu die Ausführungen von Fritzsche, F. W.: Das Problem einer Berufsausbildungspflicht – Eine wirtschaftspädagogische Studie, Diss. Köln 1979.

[29] Münch, J. et alii (Jugendliche ohne Ausbildungsvertrag, Bericht einer Kommission im Auftrag des Ministers für Arbeit, Gesundheit und Soziales des Landes Nordrhein-Westfalen, Essen 1979) betonen diesen Gesichtspunkt, den bereits John St. Mill hervorgehoben hat, zurecht.

[30] Die ökonomischen Wirkungen der obligatorischen Unterrichtsfächer und -inhalte lassen sich in der Realität nur schwer von den Wirkungen der Veränderungen der Schulpflichtdauer trennen. Eine Trennung ist trotzdem theoretisch aufschlußreich, zumal mit ihr spezielle Probleme verbunden sind, da der Schüler mit der Zeit selbst an Einsicht und Reife gewinnt und der Schutz vor nichtwohlwollenden Eltern (Schulbesuchspflicht) zwar weiterhin bestehen bleibt, aber die Verhaltenspflicht des Schülers in der Schule als Teil der Schulpflicht (zumindest nach deutschem Recht) mehr und mehr in den Vordergrund tritt.

dernde Wirkung der Schulpflicht von der Anzahl der Schulpflichtjahre ab. Dabei kann davon ausgegangen werden, daß die Grenznutzen zunehmender Schulpflichtjahre für Schüler nichtwohlwollender Eltern (Gruppe 2_a) abnehmen und der Nutzenentgang bei Schülern der Gruppe (2_b) mit wachsender Rate zunimmt. Gleichzeitig nimmt die Zahl derjenigen zu, die in ihrer Dispositionsfreiheit beschränkt und der Gruppe (2_b) zuzurechnen sind. Entsprechend verringert sich die Zahl derer, die zur Gruppe (1) gehören.

Damit stellt sich die Frage nach einer möglichst optimalen Dauer der Schulpflicht. Ihre Determinierung ist nicht leicht: Zwar lassen sich die Kosten der Schulpflichtverlängerung einigermaßen exakt erfassen[31], es ist aber schwierig, strenggenommen unmöglich, ex ante den Nutzen zu bestimmen, der den betreffenden Personen und anderen Mitgliedern der Gesellschaft daraus erwächst, weil ein interpersoneller Nutzenvergleich nicht möglich ist.

Trotzdem kann es Anzeichen geben, die darauf hindeuten, daß der Punkt überschritten ist, von dem ab Schulpflicht und -zwang zu einer Wohlfahrtsverschlechterung führen.

Besteht zum Beispiel eine Schulpflichtdauer von acht Vollzeitschulpflichtjahren und wird die Schulpflichtzeit jeweils nach mehreren Jahren sukzessive von acht auf neun und zehn Jahre erhöht, so kann das unter sonst unveränderten Bedingungen Verhaltensänderungen (abnehmende Motivation und Disziplin, zunehmenden Absentismus, Zerstörungswut und steigende Kriminalität) bei Jugendlichen im letzten (zusätzlichen) Pflichtschuljahr zur Folge haben, die eine Wohlfahrtsverschlechterung wahrscheinlich erscheinen lassen.

So wird zum Beispiel mit der seit dem Zweiten Weltkrieg zunehmenden Vollzeit-Schulpflicht in den hochindustriellen Ländern[32] eine Zunahme der Kriminali-

31 Die öffentlichen Ausgaben an den Grund-, Haupt- und Sonderschulen beliefen sich zum Beispiel in der Bundesrepublik Deutschland 1977 auf DM 2870,– je Schüler p.a. (vgl. Zahlen zur wirtschaftlichen Entwicklung der Bundesrepublik Deutschland 1979, Institut der Deutschen Wirtschaft, Köln 1979, S. 93). Bei einer Jahrgangsstärke von 1 Mill. Jugendlicher, von denen erfahrungsgemäß ca. 50% die Hauptschule besuchen und etwa 40% kein zehntes Vollzeitschuljahr freiwillig nachfragen, betragen die zusätzlichen Ausgaben etwa 1,2 Mrd. DM p.a. Diese Ausgaben, die fast ausschließlich Kosten für das Jahr 1977 sind, müßten vor allem um die Pensionsrückstellungen und sonstigen unberücksichtigt gebliebenen Personalnebenkosten ergänzt werden. Hinzu kämen schließlich die Kosten in Höhe des entgangenen Einkommens (zumindest des Lebensunterhalts) als Opportunitätskosten und eventuell Ausgaben für Lernmittel und Fahrtkosten. Zur Schätzung der Lebensunterhaltskosten für Minderjährige siehe Schmucker, H.: Die materiellen Aufwendungen der Familie für die heranwachsende Generation, in: Jahrbuch für Sozialwissenschaft, Bd. 30 (1979), S. 337–357. Zur Berechnung der direkten Ausgaben des Staates und der Opportunitätskosten für formale Bildung siehe Krug, W.: Erfassung des durch Ausbildung entgangenen Einkommens, in: Schmollers Jahrbuch für Gesetzgebung, Verwaltung und Volkswirtschaft, Bd. 86 (1966), S. 561–593, und derselbe: Quantitative Beziehungen zwischen materiellem und immateriellem Kapital, in: Jahrbücher für Nationalökonomie und Statistik, Bd. 180 (1967), S. 36–71.

32 Die Verlängerung der Schulpflicht ist auch in der Bundesrepublik Deutschland seit den fünfziger Jahren Gegenstand bildungspolitischer Überlegungen und Maßnahmen. Während für die sechziger Jahre das neunte obligatorische Vollzeit-Schuljahr Ziel der schulpolitischen Reform war, ist es in den siebziger Jahren die Einführung des zehnten Pflichtschuljahres. Bereits 1954 hielt es der Deutsche Ausschuß für das Erziehungs- und Bildungswesen „mit Rücksicht auf die körperliche, geistige und seelische Situation unserer vierzehnjährigen Schüler und Schülerinnen für unbedingt geboten, daß der werktätigen

tät und des Vandalismus unter den betroffenen Jugendlichen in Verbindung gebracht[33]. Allerdings wird dieser Sachverhalt von den Experten nicht einheitlich durch die Schulpflichtverlängerung verursacht gesehen, weil sich bekanntlich in der Realität meistens auch andere Einflußfaktoren ändern und es schwierig ist, deren Einfluß zu eliminieren. Es mehren sich jedoch deutlich die Stimmen, daß in hochindustrialisierten Ländern die Einstellung der Jugendlichen zur Schule immer negativer geworden ist und die Unzufriedenheit wächst, je mehr Jahre der Schul-

Jugend ein neuntes Voll-Schuljahr im Anschluß an die achtjährige Volksschule gegeben wird." (Empfehlungen und Gutachten des Deutschen Ausschusses für das Erziehungs- und Bildungswesen 1953–1965, Gesamtausgabe 1966, S. 347). In den Empfehlungen desselben Ausschusses hieß es dann 1957, daß die in der industriellen Arbeitswelt an die Absolventen des neunten Schuljahres gestellten gesellschaftlichen und beruflichen Anforderungen sowohl in allgemeingültiger und technisch-intellektueller Hinsicht als auch in der Fähigkeit, Verantwortung zu tragen, nicht ausreichten. Ebenso könnten sie bis dahin noch nicht die für die Demokratie erforderliche politische Bildung und Erziehung erfahren haben und seien nicht genügend vorbereitet, sinnvoll ihre Freizeit zu erfüllen. (Vgl., a.a.O., S. 354f. Siehe auch z. B. Deutscher Bildungsrat, Empfehlungen der Bildungskommission, Strukturplan für das Bildungswesen, 2. Auflage Stuttgart 1970, S. 147 et passim.)

Von 1963 bis 1969 wurde sodann die Vollzeit-Schulpflicht in allen Bundesländern – wenn auch zu jeweils unterschiedlichen Zeitpunkten – von acht auf neun Jahre verlängert. In Berlin wurde im Herbst 1979 die zehnjährige allgemeine Schulpflicht, die im November 1978 vom Senat beschlossen wurde, zum erstenmal wirksam. Nordrhein-Westfalen verabschiedete im Juni 1979 ein Gesetz, das ein weiteres zehntes allgemeinbildendes oder berufsbildendes Vollzeit-Schuljahr seit September 1981 verpflichtend vorschreibt. Auch in Hessen liegt ein Gesetzesentwurf zur Schulpflichtverlängerung vor. Die Begründungen dieser gesetzgeberischen Maßnahmen knüpfen an die Empfehlungen des Deutschen Ausschusses an. Sowohl eine Verbesserung der Allgemeinbildung wie auch der Berufsreife durch Verlängerung der Lernzeit in der Schule sind das Ziel. (Vgl. Gesetz zur Änderung des Schulpflichtgesetzes und des Schulfinanzgesetzes, Landtag Nordrhein-Westfalen, Drucksache 8/4310, S. 1). Darüber hinaus erscheint der Zeitpunkt für die Schulpflichtverlängerung gerade jetzt besonders günstig, da eine mögliche Verknappung des Ausbildungsplatzangebotes für die geburtenstarken Jahrgänge der Schulentlassung gemildert werden und die große Zahl zur Zeit verfügbarer Lehramtsanwärter eine Einführung des zusätzlichen Vollzeit-Pflichtschuljahres ohne Erhöhung der Klassenfrequenzen möglich mache (a.a.O., S. 17).

Die Länder der Bundesrepublik Deutschland stehen aber mit ihrer Politik der Schulpflichtverlängerung nicht allein. Auch international ist die allgemeine Schulpflicht in den letzten Jahrzehnten angehoben worden. Eine gute, aber ältere Übersicht zur Politik der Schulpflichtverlängerung und ihre bildungspolitische Begründung gibt Kandel, J. L.: Die Verlängerung der Schulzeit. Eine internationale Übersicht (Raising the School-Leaving Age), Deutsche Ausgabe mit einem Geleitwort und Ergänzungen von E. Löffler, Frankfurt-Berlin 1952). Während vor 1939 Jugendliche im Alter von 12 bis 14 Jahren die Schule verließen, sind es heute Fünfzehn- bis Sechzehnjährige (vgl. Husén, T.: Probleme und Aussichten des institutionalisierten Schulwesens, Max-Planck-Spiegel 12/1978, gekürzt erschienen in: Freiheit der Wissenschaft, Heft 3/4, 1979, S. 48–50, hier S. 49).

Zur Zeit beträgt die allgemeine Schulpflicht in Holland, Österreich, Schweden und in der Schweiz neun Jahre, in der DDR und Frankreich zehn, in Großbritannien elf und in den USA zehn bis zwölf Jahre (vgl. WEMA-Institut für Empirische Sozialforschung, Informatik und angewandte Kybernetik: Materialien zur Bildungsplanung: Bildungswesen im Vergleich. Darstellung ausgewählter Bildungssysteme, Bonn 1974, S. 65).

[33] Die Auffassung, daß die Schule Kriminalität verursache, wird besonders von folgenden Autoren vertreten: Eichhorn, J. R.: Delinquency and the Educational System, in: Juvenile Delinquency, (Hrsg.) H. C. Quay, Princeton 1965; Harbreaves, D. H.: Social Relations in a Secondary School, New York 1967. Siehe auch West, E. G.: Education and the State, a.a.O., S. 36 (dort unter anderem den Hinweis auf das Crowther Committee in Großbritannien) und Toby, J.: Crime in American Public Schools, in: Public Interest, 1980, No. 58, S. 18–42 und die Literaturhinweise in „Crime and Disruption in Schools", A Selected Bibliography Compiled by R. Rubel und anderen, United States Department of Justice, National Institute of Law Enforcement and Criminal Justice, Washington 1979.

pflicht die Schüler hinter sich bringen müssen[34]. Eine wachsende Quote des Absentismus geht damit einher[35].

Maßgebliche Bildungsforscher erklären die zunehmende Schulmüdigkeit bei verlängerter Vollzeit-Schulpflicht mit dem Mangel an „funktionaler Teilhabe"[36] der Jugendlichen an der Gesellschaft: Während früher jungen Menschen bereits mit zwölf bis vierzehn Jahren Verantwortung übertragen wurde, sie die Arbeitswelt als Ernstsituation erlebten und oft gar für den eigenen Lebensunterhalt zu sorgen hatten, leben heute Jugendliche durch die ausgedehnte Vollzeitschulpflicht von den Erwachsenen getrennt und werden nicht in deren Welt integriert. Entsprechend gering bleiben Verantwortungsbewußtsein und persönliche Reife[37].

Auf diese Gefahren hat schon John St. Mill hingewiesen, wenn er sagt: „Die Geschäfte des Lebens sind ein wesentlicher Teil der praktischen Erziehung eines Volkes, ohne welchen aller Unterricht durch Schulen und Bücher, so überaus notwendig und heilsam er auch ist, nicht ausreicht, um es (das Kind) zum Handeln und zum Anpassen der Mittel an gegebene Zwecke zu befähigen. Belehrung ist nur einer der Faktoren der geistigen Ausbildung; ein anderer kaum weniger unentbehrlicher Faktor ist die kräftige Übung der thätigen Fähigkeiten: der Arbeitsamkeit, des Scharfsinns, des Urtheils und der Selbstbeherrschung; der natürliche Antrieb für diese liegt aber in den Schwierigkeiten des Lebens"[38].

34 Vgl. Husén, T.: Probleme und Aussichten des institutionalisierten Schulwesens, a.a.O., S. 49, derselbe: Schulkrise, Weinheim-Basel 1974; Jencks, C.: Chancengleichheit, Reinbeck 1973; Coleman, J. S. et alii: Youth – Transition to Adulthood, Report of the Panel on Youth of the President's Science Advisory Committee, Chicago 1974; Hentig, H. v.: Cuernavaca oder: Alternativen zur Schule?, Stuttgart-München 1971. Im Zusammenhang mit der Schulpflicht steht auch die free-school-Bewegung (Paul Illich, Paul Goodman, John Holt und andere) in den USA und zum Teil auch die schnell wachsende Nachfrage nach freien Schulen in der Bundesrepublik Deutschland (siehe zum Beispiel Boeckmann, K.: Alles regelt der Staat, in: Die Zeit, 1979, Nr. 14, S. 64). Allerdings muß bei all diesen kritischen Auseinandersetzungen mit Pflichtschulen berücksichtigt werden, daß es sich gleichzeitig um öffentliche und steuerfinanzierte Schulen handelt. Die beschriebenen Schwächen müssen daher nicht notwendig ausschließlich auf die bloße Existenz der Schulpflicht zurückzuführen sein. Vielmehr handelt es sich um Probleme, die auftreten, wenn Schulpflicht und -zwang einhergehen mit staatlicher Bildungsproduktion und -finanzierung. Siehe dazu S. 81ff.

35 Zur Schulmüdigkeit und zu den Fehlzeiten der Schüler siehe unter anderem Hilde-Schmidt, A.: Unregelmäßiger Schulbesuch, Weinheim-Basel 1979, und die Hinweise bei Chiswick, B. R.: Minimum Schooling Legislation, Externalities and a „Child Tax", in: Journal of Law and Economics, Bd. 15 (1972), S. 353.

36 H. A. Bullock stellt fest, daß erstaunlich viele Schüler nach acht bis zehn Schuljahren „funktionale Analphabeten" seien (zitiert nach Husén, T.: Probleme und Aussichten des institutionalisierten Schulwesens, a.a.O., S. 49).

37 Unter den deutschen Pädagogen haben unter anderem Spranger, E.: Die wissenschaftlichen Grundlagen der Schulverfassungslehre und Schulpolitik, 2. Auflage Bad Heilbrunn 1963 und Kroh, O.: Die Revision der Erziehung, 3. Auflage Heidelberg 1957, S. 213f., auf das Problem der Verschulung aufmerksam gemacht. Die Untersuchungen von Coleman, J. S. und anderen: Youth – Transition to Adulthood, a.a.O., bestätigen diese Auffassung. Siehe auch die Aussagen des Langevin-Ausschusses für Frankreich (Ministère de l'Education Nationale: La réforme de l'enseignement, Projet soumis á M. le Ministre de l'Education Nationale par la commission ministérielle d'étude, Paris o. J. (1945), S. 8) und neuerdings von Joachim Münch und anderen für das Land Nordrhein-Westfalen (Jugendliche ohne Ausbildungsvertrag, Bericht einer Kommission im Auftrage des Ministers für Arbeit, Gesundheit und Soziales des Landes Nordrhein-Westfalen, Essen 1979, S. 202–243, besonders S. 205f.).

38 Grundsätze der politischen Ökonomie, a.a.O., S. 263.

Insbesondere Barry R. Chiswick weist darauf hin und zeigt an amerikanischen Daten, daß unter den in den Vereinigten Staaten gegebenen Bedingungen die Schulpflicht nach der dortigen Dauer (10 bis 12 Jahre) und Ausprägung zu Einkommensverlusten besonders bei den Schülern und Familien der unteren Einkommensgruppen führe[39], es also gerade bei diesen Personengruppen zu Fehlinvestitionen komme, die oben bereits beschrieben wurden (siehe Abbildung 3 und Erläuterungen).

Auch in den Entwicklungsländern, vor allem im afrikanischen und vorderasiatischen Raum, zeigt sich, daß die allgemeine Schulpflicht keineswegs so positiv zu bewerten ist, wie dies häufig geschieht[40]. Oft werden den Familien der Schulpflichtigen zusätzliche Kosten in Form entgangenen Einkommens (meist in der familiären Agrarproduktion) während der Schulzeit aufgebürdet, wenn sie nicht auch noch einen Teil der direkten Kosten der Schulbenutzung zu tragen haben. In vielen Fällen finden ihre Kinder dann später keine ihrer schulischen Bildung entsprechende Beschäftigung, so daß sich das entgangene Einkommen der Familie (des Schülers) zusammen mit den Subventionen des Staates als Fehlinvestition herausstellt, die die in der Entwicklung stehenden Volkswirtschaften zusätzlich belasten. Dies ist um so gravierender, als durch den Schulbesuch bei den Schülern Erwartungen gehegt werden, die nicht erfüllt werden können, weil es an geeigneten Arbeitsplätzen fehlt. Hinzu kommt, daß die große Zahl arbeitsloser elementar Gebildeter, die in der Erwartung einkommensträchtiger Beschäftigungsmöglichkeiten das Land verlassen und in die Städte ziehen, politische Instabilitäten verursachen, die die Entwicklung der Wirtschaft behindern[41]. Unter anderem wird eine der Folgewirkungen sein, daß sich ausländische Investoren auf Grund der höheren politischen Risiken zunehmend zurückhalten und der Zustrom knappen Sachkapitals behindert wird.

Diese Anzeichen deuten darauf hin, daß sowohl in Industrie- als auch in Entwicklungsländern entweder die wohlfahrtsfördernden Wirkungen der allgemeinen Schulpflicht überschätzt werden oder aber die Verlängerung der Schulpflicht (und die Ausweitung des Pflichtfächerkataloges) das Ergebnis eines unvollkommenen

[39] Chiswick, B. R.: Minimum Schooling Legislation and the Cross-sectional Distribution of Income, in: Economic Journal, Bd. 79 (1969), S. 495–507, und derselbe: Minimum Schooling Legislation, Externalities and A „Child Tax“, a.a.O., S. 353–361.

[40] Siehe dazu Hoselitz, B. F.: Investment in Education and its Political Impact, in: Education and Political Development, (Hrsg.) J. S. Coleman, Princeton, N. J., 1965, S. 541–565, hier besonders S. 560–562. Blaug, M.: Education and the Employment Problem in Developing Countries, (International Labour Office) Genf 1973, sowie Education and Employment, in: Investment in Education, National Strategy Options for Developing Countries, International Bank for Reconstruction and Development, Working Paper No. 196, February 1975, S. 82–89, hier S. 87f.

[41] Daß die Einführung und Durchsetzung der Schulpflicht in Preußen keine ähnlichen Effekte erzeugt hat, wird vor allem darauf zurückgeführt, daß es hier gleichzeitig und unabhängig zu einer Industrialisierung kam, die in ausreichendem Maße Arbeitsplätze schaffte und dann durch den Schulzwang beschleunigt wurde. Siehe dazu zum Beispiel West, E. G.: Education and the Industrial Revolution, a.a.O., S. 254ff., und Hayek, F. A. von: Die Verfassung der Freiheit, a.a.O., S. 463–465. Hayek sieht den Hauptgrund für die Einführung der allgemeinen Schulpflicht im Bedürfnis des allgemeinen Wehrdienstes (a.a.O., S. 463) und zweifelt an ihrer wohlfahrtsfördernden Wirkung (a.a.O., S. 465) auch unter den damaligen Verhältnissen.

politischen Systems ist, in dem sich die Sonderinteressen bestimmter Gruppen durchsetzen können[42].

3. Abnahmezwang von Bildungsgütern und ihr Einfluß auf die Produktions- und Kostenfunktionen der Pflichtschulen

Nun sind aber die ökonomischen Wirkungen der Schulpflicht und des Schulzwangs unter wettbewerblichen Bedingungen (fehlendes staatliches Bildungsmonopol) nicht auf die bisher aufgezeigten beschränkt. Es ist zu prognostizieren, daß der staatliche Abnahmezwang auch Veränderungen im Leistungsprozeß der Pflichtschulen hervorruft, der die bisher als gegeben und konstant angenommenen Produktions- und Kostenfunktionen modifiziert. Entsprechend werden auch die Preise für die Bildungsleistungen der Pflichtschulen einer Änderung unterworfen.

aa. Veränderung der Produktionsfunktionen

Eine Veränderung der Produktionsfunktionen der Pflichtschulen ist zu erwarten, weil die Schulpflicht das Verhalten der am Leistungsprozeß (Bildungsprozeß) Beteiligten (Lehrer, Schulverwalter und Schüler) beeinflußt.

Die Produktionsfunktionen von Schulen sind bisher kaum bekannt, und wenn, so sind sie sehr unterschiedlich und widersprüchlich[43]. Man kann jedoch davon ausgehen, daß die Produktionsfaktoren (besonders Lehrpersonal und Schüler) in einem begrenzt substitutionalen Verhältnis zueinander stehen und ein bestimmtes Bildungsergebnis (etwa ein Mindeststandard) mit unterschiedlichen Mengen an Unterrichtsleistungen der Lehrer und Eigenleistungen der Schüler erreicht werden kann. Darüber hinaus kann bei partieller Faktorvariation ein ertragsgesetzlicher Verlauf unterstellt und bei totaler Faktorvariation mit abnehmenden Skalenerträgen gerechnet werden.

Im Zusammenhang mit dem Einfluß der Schulpflicht auf die Produktionsfunktionen der Schulen kommt es vor allem auf das begrenzt substitutionale Verhältnis von Leistungen des Lehrpersonals und Eigenleistungen der Schüler an, um ein bestimmtes Bildungsergebnis zu erreichen.

Dabei wird man bei Pflichtschülern, die unfreiwillig am Pflichtunterricht teil-

[42] Siehe zu der letzten Interpretation unter anderem die Ausführungen von West, E. G.: The Political Economy of American Public School Legislation, in: Journal of Law and Economics, Bd. 10 (1967), S. 101–128, ders.: Economics, Education and the Politician, a.a.O., S. 53ff., Edwards, L. F.: An Empirical Analysis of Compulsory Schooling Legislation, 1940–1960, in: Journal of Law and Economics, Bd. 21 (1978), S. 203–222. Rothbard, M. N.: Education, Free and Compulsory, a.a.O., passim. Zur Verlängerung der Schulpficht in der Bundesrepublik Deutschland und zum Einfluß von Interessengruppen siehe Fußnote 32, S. 73f.

[43] Siehe dazu Simmons, J.: How Effective is Schooling in Promoting Learning?, A Review of the Research, International Bank for Reconstruction and Development, Staff Working Paper No. 200, March 1975, und die dort angegebene Literatur sowie Cohn, E.: The Economics of Education, revidierte Auflage, Cambridge, Mass., 1979, S. 163–199. Siehe auch Staaf, R. J.: The Educational Growth of the Educational Bureaucracy: Do Teachers make a Difference?, in: Budgets and Bureaucrats, The Sources of Government Growth, (Hrsg.) T. E. Borcherding, Duke University Press, N. C., 1977.

nehmen (Gruppe (2_b) und teils auch (2_a)[44] davon ausgehen müssen, daß ihr Leistungsbeitrag zur Erstellung des Bildungsergebnisses geringer ausfällt. Soll das Bildungsziel trotzdem erreicht werden, so muß der Leistungsausfall durch mehr Leistung von Seiten der Schule kompensiert werden. Das beeinflußt zunächst nur die individuelle Produktionsfunktion des Pflichtschülers, der unfreiwillig am Pflichtunterricht teilnimmt und dessen Minderleistung durch Mehrleistung der Pflichtschule substituiert werden muß. Es verändert sich aber auch die Produktionsfunktion der Schule, die man vereinfachend als eine Addition der individuellen Produktionsfunktionen ansehen kann. Die Produktivität der von der Schule eingesetzten Faktoren (Lehrpersonal, Lehrmittel etc.) nimmt ceteris paribus ab. Entsprechend erhöhen sich bei gegebenen Faktorpreisen die Preise für Pflichtunterrichtsleistungen insgesamt oder nur für die Schüler, für die Mehrleistungen der Schule erforderlich sind.

Die individuellen Produktionsfunktionen der Schüler sind jedoch nicht unabhängig voneinander. Unfreiwilligkeit der Teilnahme am Pflichtunterricht und die dabei meist fehlende Lernmotivation verringern nicht nur die eigene Leistung. Durch störendes, undiszipliniertes bis hin zu kriminellem Verhalten in der Schule wird auch der Bildungsprozeß der Mitschüler ungünstig beeinflußt, so daß deren Produktionsfunktionen sich gleichfalls verändern und die Gesamtfunktion eine zusätzliche Verschlechterung erfährt. Entsprechend steigen ceteris paribus die Kosten des Pflichtschulunterrichts, wenn das gesteckte Bildungsziel erreicht werden soll. Dieser Einfluß nimmt unter sonst gleichen Bedingungen mit zunehmender Pflichtfächerzahl und Schulpflichtdauer zu.

Daraus folgt, Schulpflicht und -zwang senken auch unter wettbewerblichen Bedingungen das Leistungsniveau, das in Pflichtschulen erreicht werden könnte oder aber sie erhöhen die Kosten, sofern an einem fixierten Bildungsziel (Mindeststandard) festgehalten wird.

Aus dem beschriebenen Zusammenhang folgt aber noch eine weitere Konsequenz: Pflichtschüler, die die Schule freiwillig und mit motivierender Unterstützung der Eltern besuchen, werden unter den Schulen, an denen die Schulpflicht erfüllt werden kann, diejenigen aufsuchen, in denen die Zahl der Schüler, die unfreiwillig die Schule besuchen, möglichst gering ist und durch die es ihnen möglich ist, ein gestecktes Bildungsziel schneller zu erreichen, oder aber bei gegebenem Einsatz der produktiven Faktoren ein höheres Bildungsziel zu realisieren[45]

[44] Zwar besuchen nach dem Willen der *Eltern* alle Schüler, die der Gruppe (2_a) zuzurechnen sind, die Pflichtschule unfreiwillig. Doch ist es trotz des demotivierenden Einflusses der Eltern möglich, daß sie selbst die zum erfolgreichen Besuch der Pflichtschule erforderliche Motivation entwickeln. Soll also die Pflicht der Eltern, ihr Kind zur Schule zu schicken (Schulbesuchspflicht), eine wirksame Maßnahme zum Schutz des Minderjährigen vor Unwissenheit sein, so muß sogar davon ausgegangen werden, daß die Pflichtschule diese Schüler besonders motivieren kann; andernfalls wird sie der Aufgabe des Minderjährigenschutzes vor Unwissenheit nicht gerecht. Gerade hierin liegt die pädagogische Funktion der Pflichtschule.

[45] Das ist zum Beispiel im dreigliedrigen Schulsystem der Bundesrepublik Deutschland vor allem durch Wahl der Realschule oder des Gymnasiums möglich, aber auch wahrscheinlich im geringeren Umfang

Sofern dies nicht möglich ist, verursachen Schulpflicht und Schulzwang bei diesen Schülern einen Nutzenentgang, dem sie sich nicht entziehen können[46].

bb. Veränderungen der Kostenfunktionen und monopolistische Spielräume

Für die Anbieter von Pflichtunterricht bedeutet der Abnahmezwang der Bildungsnachfrager zugleich eine Absatzgarantie ihrer Pflichtunterrichtsleistungen. Sie stehen statt einer elastischen Nachfrage (N' in Abbildung 4) einer vollkommen unelastischen Nachfragefunktion (N) gegenüber. Die Bildungsanbieter wissen, daß die Gesamtnachfrage nach Pflichtunterrichtsleistungen mit steigenden Kosten beziehungsweise Preisen (Verlagerung der Angebotsfunktion von A nach A') keinen Rückgang der Abnahmemenge zur Folge haben kann (zum Beispiel von Ob_{pf} auf Ob_o). Solange allerdings Wettbewerb unter Pflichtschulen besteht, wird der einzelne Anbieter ceteris paribus mit einem Rückgang der Nachfrage nach seinen Pflichtunterrichtsleistungen zugunsten des preisgünstigeren Anbieters rechnen müssen.

Nun wird der Wettbewerb der Pflichtschulen in der Realität nicht vollkommen sein. Häufig werden monopolistische Spielräume bestehen, die im beschränkten Umfang Kosten- und Preissteigerungen möglich machen, wenn nicht der Staat in den Preisbildungsprozeß eingreift (Höchstpreisbildung für Pflichtunterrichtslei-

Abbildung 4: Angebot und Nachfrage nach Schulbildung bei Abnahmezwang

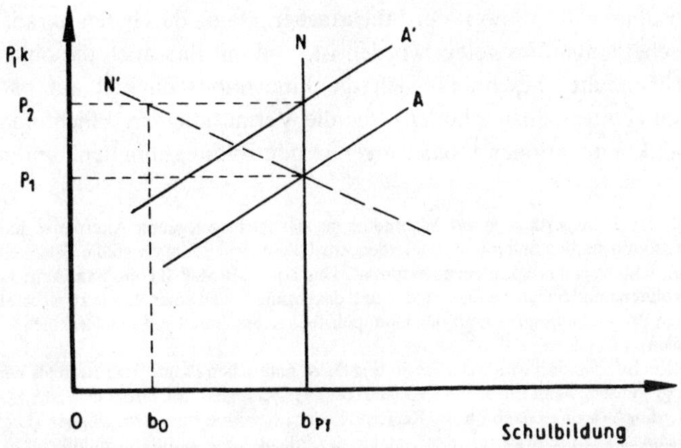

durch die Möglichkeit der Differenzierung im System der Gesamtschule (Stufenprinzip). Tendenziell wird deshalb ein Stufensystem besonders im mittleren Bereich (aber auch mit indirekten Auswirkungen auf den höheren Stufen) ungünstige Produktionsfunktionen aufweisen, da Eltern beziehungsweise Schüler auf den einzelnen Schulstufen diese Handlungsalternativen nur noch begrenzt wählen können.

46 Würde das Schulgeld für diese Schüler nicht speziell (streng genommen auf der Basis der individuellen Produktions- und Kostenfunktionen) festgesetzt, entstünden externe Effekte, die Pareto-relevant sind, wenn sie durch eine alternative Organisation des Minderjährigenschutzes vor Unwissenheit vermieden werden könnten.

stungen)[47]. Das aber bedeutet, daß unter der Bedingung des Abnahmezwangs auf dem Markt für Pflichtschulleistungen eine Tendenz zur Preissteigerung schon aus diesem Grund begrenzt auftreten wird. Dabei scheint es eine zweitrangige Frage zu sein, wie sich die Erlöse oder Einnahmen einer Pflichtschule auf die produktiven Faktoren verteilen. Ist den Trägern von Pflichtschulen Gewinnmaximierung untersagt, so ist ein Anreiz vorhanden, Kostenerhöhungen, speziell Erhöhungen der Arbeitsentgelte für das Lehrpersonal, aber auch Erhöhungen der Entgelte für andere Dienst- und Sachleistungen (Beschaffung von Lehrmaterial, Inneneinrichtungen, Energie etc.) zuzulassen, die sonst vermieden würden.

Bei gegebenen Produktionsfunktionen kommt es aber besonders dann zu Kosten- und Preissteigerungen, wenn der Markt für Lehrpersonal in den Pflichtfächern vermachtet ist (Verbandsmacht, staatliche Zugangsbeschränkungen). Abnahmezwang von Bildungsgütern ermöglicht unter diesen Bedingungen Lehrern die Erhöhung ihrer Einkommen über die Leistungsentgelte hinaus, die bei freiwilliger Bildungsnachfrage gezahlt worden wären. Auch unter Wettbewerbsbedingungen käme es dann auf dem Markt für Pflichtunterrichtsleistungen zu einer permanenten Verschiebung der Angebotsfunktion nach oben, es sei denn, der Staat würde in den Preisbildungsprozeß intervenieren[48].

4. *Schulpflicht und pädagogische Innovationen*

Der Abnahmezwang für Bildungsgüter bleibt auch nicht ohne Auswirkungen auf das innovatorische Potential der Pflichtschulen und damit auf die Schutzfunktion, die er ausüben will[49]. Soweit der Pflichtfächerkatalog durch demokratische Mehrheitsentscheidungen festgelegt worden ist, und mit ihm auch die obligatorischen Unterrichtsinhalte, beschränkt sich die Innovationsfähigkeit auf pädagogische Verfahren (Unterrichtsmethoden), die die Vermittlung der Pflichtinhalte betreffen. Produktinnovationen (Neuerungen in den Bildungsinhalten) sind nur in dem

[47] In Höhe der Transportkosten zur Wahrnehmung der nächstgelegenen Alternative hat jede Schule einen monopolistischen Spielraum. Außerdem wird dieser Spielraum durch die Fähigkeit des Minderjährigen, Schulwege zurückzulegen, bestimmt. Das Alter als Maß für die Fähigkeit, Distanzen zwischen Wohnung und Schule zu überwinden und das soziale Milieu einer Schule zu wechseln, sind daher die beiden Bestimmungsgrößen für den monopolistischen Spielraum von Pflichtschulen (besonders Primarschulen).

[48] Eine solche Intervention würde der Regierung durch politischen Druck der Eltern als Wählerpotential abverlangt werden, wenn Eltern das „kostendeckende" Schulgeld, wie bisher unterstellt, zu zahlen hätten. Allerdings wären es dann für die Regierung oder bestimmte Interessengruppen (Lehrerverbände, Kultusbeamte) auch schwieriger, den Katalog der Pflichtfächer und die Schulpflichtzeit zu erhöhen. Siehe hierzu West, E. G.: Economics, Education and the Politician, (Institute of Economic Affairs) 2. Auflage London 1970.

[49] Siehe zu Innovationen und den ordnungspolitischen Rahmenbedingungen allgemein Sowell, T.: Knowledge and Decisions, a.a.O., passim und zu dem Zusammenhang zwischen pädagogischen Innovationen und ihren institutionellen Bedingungen Weiler, H. N.: Notes on the Comparative Study of Educational Innovation, International Workshop on the Comparative Study of Innovations in the Public Sector (International Institute for Comparative Social Research (WZB), Berlin 1979, und die dort angegebene Literatur sowie Arnstine, D.: The Use of Coercion in Changing the Schools, in: Education Yearbook 1974/75, S. 16-25; Holt, J.: Freedom and Beyond, New York 1972, S. 236-265, und Röggeler, F.: Der pädagogische Fortschritt und die verwaltete Schule, Freiburg-Basel-Wien 1960.

Maße möglich, wie staatlich vorgegebene Pflichtfächer und Lehrplanrichtlinien dazu einen Spielraum lassen. Da für Pflichtschulen die Abnahme der Pflichtunterrichtsleistungen gesichert ist, besteht für sie auch unter Wettbewerbsbedingungen nur ein begrenzter Anreiz, innovativ zu sein.

Sofern es zutrifft, daß demokratische Abstimmungsverfahren über Pflichtinhalte und Pflichtstundenzahlen langwierige kollektive Entscheidungsprozesse sind, erfolgt auch die Anpassung der Bildungsinhalte der Pflichtfächer in größeren Zeitabständen nach den Veränderungen der Präferenzen der Minderjährigen beziehungsweise ihrer Eltern. Pflichtschulen, in denen das Fachwissen vorhanden ist, Innovationen hervorzubringen und politischen Instanzen zur allgemeinen Einführung zu empfehlen, werden sich bei der Produktion und der Einführung neuer oder veränderter Pflichtunterrichtsinhalte zurückhalten, da der Anreiz zur Innovation fehlt. Denn den Nutzen der Innovation muß die Schule mit allen anderen Schulen teilen, mit denen sie in Konkurrenz steht. Die Innovationsfähigkeit der Pflichtschulen wird daher, abgesehen vom Bereich der Verfahrensinnovationen, geringer ausfallen als bei Verzicht auf den Abnahmezwang.

e. Schulpflicht, Steuerfinanzierung und staatliche Bildungsproduktion

Bisher wurde aus analytischen Gründen angenommen, daß der Staat zum Zweck des Minderjährigenschutzes vor Unwissenheit lediglich den Abnahmezwang für bestimmte elementare Bildungsleistungen verhängt, er jedoch die Finanzierung des Bildungsangebots dem (Pflicht)Nachfrager überläßt und Pflichtschulen miteinander um Schüler konkurrieren. Dies geschah, um die ökonomischen Wirkungen des Abnahmezwangs von den Wirkungen der staatlichen Finanzierung und Produktion von Pflichtbildung zu trennen. In einem nächsten Schritt sei nun davon ausgegangen, daß nicht der Bildungsnachfrager unmittelbar die Kosten der Bildungsleistungen der Pflichtschule zu tragen habe, sondern der Staat, der die Schulen direkt voll subventioniert (Schulgeld- und Lernmittelfreiheit für Schulpflichtige), ohne ihr Träger zu sein.

1. Staatliche Finanzierung der Pflichtschulen und ihre ökonomischen Wirkungen

Die staatliche Finanzierung der Pflichtschulen (Angebotsfinanzierung) senkt die individuellen Kosten der obligatorischen Bildungsnachfrage um die Höhe dieser Subventionen (institutionellen Schulausgaben). Die Eltern der Schulpflichtigen haben dann (direkt) lediglich die Unterhaltskosten während der Schulpflichtzeit zu tragen[50]. Das bedeutet selbstverständlich nicht, daß die institutionellen Schulausgaben nicht doch von den Eltern und anderen Steuerzahlern über Steuer zu

[50] Siehe zur Höhe dieser Kosten Schmucker, H.: Die materiellen Aufwendungen der Familie für die heranwachsende Generation, a.a.O., besonders S. 340. Nach Schmuckers Berechnungen betragen die monatlichen Ausgaben für ein Kind 1973 im Durchschnitt DM 437,46, per annum also DM 5250,–. Im selben Jahr betrugen die institutionellen Ausgaben für Grund-, Haupt- und Sonderschulen in der Bundesrepublik Deutschland DM 2230,– (siehe Grund- und Strukturdaten 1975, (Hrsg.) Der Bundesminister für Bildung und Wissenschaft, Bonn 1975, S. 36), das sind knapp 30% der gesamten Ausgaben für Schulbildung, wenn die Ausgaben für die Lebenshaltung als Opportunitätskosten betrachtet werden.

finanzieren sind. Da bei unveränderter Schulpflichtgesetzgebung alle Bürger voll aus Steuern finanzierte Pflichtschulen besucht haben, also die Benutzung dieser Schulen sich auf alle relativ gleich verteilt, verteilen sich die Lasten der Pflichtschulbenutzung in Abhängigkeit von der personellen Belastung mit direkten und indirekten Steuern. So tragen im Regelfall die Eltern schulpflichtiger Minderjähriger auch einen großen Teil der Kosten des Schulpflichtangebots, ihr unmittelbarer Einfluß auf das Leistungsangebot dieser Schulen geht jedoch zurück.

Die Folge der staatlichen Finanzierung ist, daß sich die Pflichtschulen noch weniger an den Bildungswünschen der Eltern und Minderjährigen orientieren, wie dies bei Abnahmezwang und direkter Belastung der Eltern durch Schulgeld der Fall wäre. Maßgebend sind dann vielmehr der Wille der Mehrheit im Parlament und die Anweisungen und Verordnungen des Kultusministers. Auch Schulen in freier Trägerschaft werden unter diesen Bedingungen den Auflagen und Anweisungen des Ministers folgen müssen, wenn sie nicht die finanzielle Unterstützung und die Anerkennung als Schule, an der die Schulpflicht erfüllt werden kann, verlieren wollen.

Zwar muß der Wettbewerb der Pflichtschulen untereinander unter diesen Bedingungen nicht notwendig abnehmen; er wird sich aber an den Zielsetzungen orientieren, die Parlament und Minister vorgeben, wenn die Anreizmechanismen entsprechend ausgestaltet werden[51]. Allerdings wird die Einheitlichkeit der Anweisung des Gesetzgebers und der Kultusverwaltung eine entscheidende Rolle spielen und die Vielfalt der Methoden und der Nuancen in den Bildungsinhalten, die die Lehrpläne bei der Finanzierung über das Schulgeld zuließen, tendenziell abnehmen. Denn der Anreiz geht verloren, die pädagogischen und wirtschaftlichen Handlungsspielräume auszunutzen, da die Schule finanziell kaum mehr von den Schulwahlentscheidungen der Eltern schulpflichtiger Kinder abhängig sind. Die Schulen werden sich auch im geringeren Umfang gegenüber der Kultusverwaltung für die Aufrechterhaltung und Ausweitung der eigenen Handlungsmöglichkeiten einsetzen, weil ein Markt für Pflichtunterrichtsleistungen nicht mehr existiert. Mit anderen Worten, der Anreiz gegenüber den staatlichen Stellen, die den Katalog der Pflichtfächer, die Lehrpläne und die Dauer der Schulpflicht bestimmen, auch die Bildungswünsche ihrer potentiellen Bildungsnachfrager zu vertreten, weil sie sich davon eine Verbesserung ihrer Marktposition versprechen, nimmt ab. Ebenso werden die staatlichen Instanzen auch auf organisatorische Lösungen Einfluß nehmen und die Besoldung der Lehrer nach einheitlichen Gesichtspunkten ordnen, die die Möglichkeiten der Gestaltung der Kostenstruktur nach den jeweiligen Bedingungen am Standort der Schule entsprechend reduzieren[52].

[51] So wäre es denkbar, die Finanzierung der Schulen nach dem Bildungserfolg, der an den vom Ministerium vorgegebenen Bildungszielen zu messen wäre, vorzunehmen (Zuweisung nach Schülerzahl und Leistungsniveau oder Bildungserfolg).

[52] Eine nach Leistung und regionalen Bedingungen differenziertes Arbeitsentgelt gibt es in der Bundesrepublik Deutschland nicht. Siehe dazu Siewert, P. und Köhler, H.: Grundschulfinanzierung und Grundschulpolitik, Aufgaben und Lastenverteilung im Primärbereich, (Max-Planck-Institut für Bildungsfor-

Die Dienstleistungen der Schule und besonders die Verhaltensweisen des Lehrpersonals werden unter diesen Voraussetzungen gegenüber Minderjährigen und ihren Eltern eine entscheidende Veränderung erfahren, weil Eltern beziehungsweise ihre schulpflichtigen Kinder nunmehr Leistungen empfangen, zu deren Abnahme sie zwar verpflichtet sind, für die sie aber keine (direkte) Gegenleistung zu erbringen haben. Eltern sind kein Tauschpartner mehr, der zwar gezwungen ist zu tauschen, der jedoch den Partner in Grenzen selbst aussuchen oder die Gegenleistung (Zahlung des Schulgeldes) ganz oder teilweise zurückhalten kann, wenn die Dienstleistungen von Seiten der Schule nicht voll erbracht worden sind. Die Eltern werden deshalb mehr in die Rolle des Bittstellers gedrängt, und das Nichterreichen eines Bildungsziels (Klassenziel, Schulabschluß) tendenziell dem Schüler angelastet, obwohl es ebenso auf Fehlleistungen, Leistungsmangel und pädagogischen Fehlentscheidungen der Schule, besonders des Lehrpersonals, aber auch der Leitung des Schulbetriebs zurückgeführt werden kann[53]. Es ist daher zu erwarten, daß unter diesen Rahmenbedingungen Leistungsschwächen der Pflichtschulen vermehrt als mangelnde Leistung der Pflichtschüler interpretiert und Bemühungen, die Ursachen der Ineffizienten herauszufinden und zu beseitigen, zunehmend unterlassen werden. Auch besteht nun für das Lehrpersonal die Möglichkeit, bei gegebener Finanzierung und Entlohnung der Lehrkräfte verstärkt Leistungen vom Schüler und seinen Eltern zu erwarten und zu fordern, um die eigene Leistung bei leistungsunabhängigem Einkommensbezug zu minimieren (bei gleichzeitiger Maximierung der Freizeit).

Versetzungen am Ende des Schulpflichtjahres und der Abschluß der Pflichtschule können bereits unter diesen Bedingungen ungewollt zu hoheitlichen Akten[54] werden, die weniger der Information über den Bildungsstand, die Kenntnisse, Fähigkeiten und Fertigkeiten des Minderjährigen dienen als dazu, Berechtigungen zu verschaffen.

Unter den Bedingungen des Abnahmezwangs und der staatlichen (angebotsseitigen) Schulfinanzierung wird darüber hinaus das Informationsniveau im Vergleich zum Abnahmezwang bei Finanzierung über Schulgelder weiter sinken, weil auch der Nutzen, über alternative Bildungsgüter und Unterrichts- und Erziehungsmethoden informiert zu sein, bei sonst unveränderten Voraussetzungen sinkt. Da Varianten im Bildungsangebot unter diesen Bedingungen in der bisherigen (begrenzten) Vielfalt kaum mehr aufrechterhalten werden können und dür-

schung) Berlin 1977, S. 48. Ein Hauptschullehrer kann sein Einkommen lediglich erhöhen, indem er eine andere Funktion (etwa als Schulleiter) übernimmt oder aber, und das ist der übliche Weg, eine Lehrbefähigung für die Sekundarstufe II, teils auch für die Real- und Berufsschule, erwirbt. Damit wird aber gerade der Hauptschule als Pflichtschule das häufig leistungsfähigere Personal entzogen – ein bedauerlicher Zustand für einen Schultyp, der von mehr als 50% aller Schüler besucht wird.

53 So existiert zwar de jure in den Ländern der Bundesrepublik Deutschland eine schwach ausgebaute Leistungskontrolle für das Lehrerpersonal, die jedoch de facto fast wirkungslos ist, sobald der Lehrer auf Lebenszeit angestellt ist. So können beispielsweise in Nordrhein-Westfalen Schulräte nur auf vorherige Anmeldung dem Unterricht eines Lehrers beiwohnen. Schulleiter haben keine Dienstaufsichtsfunktion.

54 Akte, die von privaten Pflichtschulen im öffentlichen Auftrag ausgeführt werden (contracting out).

fen, ist es auch nicht mehr von Nutzen, sich über sie zu informieren. Mit der Zeit geht dann der Sinn und das Vermögen der Eltern verloren, sich überhaupt im Rahmen des Pflichtangebots (und ergänzend zu ihm) Bildungsalternativen vorzustellen, eben weil die unter verschiedener Trägerschaft stehenden Schulen durch die Abhängigkeit von der staatlichen Finanzierung und der dadurch geförderten Fixierung von Pflichtfächern und ihren Inhalten kaum mehr Alternativen bieten können und Innovationsbereitschaft und Flexibilität verloren gehen.

Abnahmezwang von Bildungsgütern in Verbindung mit staatlicher Finanzierung der Pflichtschulen vermindern nicht nur die Effizienz der Schulpflicht für die Zielgruppe der vor Unwissenheit zu schützenden Kinder nichtwohlwollender Eltern, sondern auch für alle übrigen schulpflichtigen Minderjährigen. Obwohl der Schulpflicht durchaus eine wohlfahrtsfördernde Funktion zukommen kann, scheint es höchst unwahrscheinlich zu sein, daß dies auch dann noch der Fall ist, wenn sie mit einer totalen und direkten staatlichen Finanzierung der Pflichtschulen einhergeht.

2. Schulpflicht und staatliche Bildungsproduktion

Behält sich der Staat in Verbindung mit der Schulpflicht nicht nur die (direkte) Finanzierung der Schulen vor (contracting out), sondern übernimmt er auch die Leitung und Verwaltung dieser Einrichtungen in wirtschaftlichen und pädagogischen Angelegenheiten (staatliche Bildungsproduktion), so haben Eltern und Schüler nahezu jede Entscheidungsbefugnis verloren.

Der Staat hat dann gegenüber den Eltern (Schülern) eine Machtposition erreicht, die über die des Optionsfixierers am Markt hinausgeht. Zwar ist dieses Monopol in der Realität häufig dadurch aufgelockert, daß die staatliche Trägerschaft sich auf die öffentliche Trägerschaft (kommunale Schulen und Schulverbände) ausweitet und sich die Kompetenzen auf verschiedene staatliche und kommunale Instanzen verteilen; trotzdem werden die Einsatzfaktoren für den Schulbetrieb einer verstärkten Normierung und Vereinheitlichung durch das zuständige Ministerium unterworfen sein, um das Ganze administrierbar und steuerbar zu machen. Auch werden die Bildungsziele unabhängig von den Ausbildungswünschen der Eltern und ihrer Schulpflichtigen gesetzt. Die Wohlfahrtsverluste der Eltern, der Schulpflichtigen und anderen Mitgliedern der Gesellschaft werden entsprechend steigen.

Nun könnte man dem entgegenhalten, daß die Eltern über den politischen Willensbildungsprozeß über Umfang und Dauer der Schulpflicht und folglich über das Angebot der Pflichtschulen mitentscheiden könnten und deshalb ein Vergleich mit der Machtposition des Optionsfixierers nicht angemessen sei. Auch könne dann nicht von Wohlfahrtsverlusten die Rede sein, weil sich auf diese Weise die Präferenzen der Eltern artikulierten.

Es ist richtig, daß Eltern als Wähler über Schulpflicht und -zwang und deren Ausgestaltung in einem freiheitlich-demokratischen Staat zusammen mit allen anderen Wählern entscheiden. Ebenso sind auch die Mitwirkungsrechte, die

Eltern in jüngster Zeit in der Bundesrepublik Deutschland eingeräumt worden sind, als ein Mittel zu betrachten, die Macht und den Einfluß des Staates bei staatlicher Finanzierung und Bildungsproduktion besonders im Zusammenhang mit dem Schulzwang zu verringern[55].

Die Mitwirkungsrechte erlauben jedoch keine Einflußnahme auf die Ausgestaltung der Schulpflicht und der Bildungsgüter, die an Pflichtschulen angeboten werden. Wohl aber trifft es zu, daß die elterlichen Bildungswünsche sich über die politischen Wahlentscheidungen der Eltern schulpflichtiger Kinder auswirken können und man insofern annehmen darf, daß ein gewisses Maß an Nachfragersouveränität erhalten bleibt und die Wohlfahrtsverluste entsprechend geringer ausfallen werden.

Hier ergibt sich aber für eine freiheitliche Demokratie ein Paradox: Wie ist es möglich, daß Wähler sich (freiwillig) dafür entscheiden, sich selbst (Pflicht der Eltern, ihr Kind zur Schule zu schicken) und ihre Nachkommen durch staatliche Instanzen zwingen zu lassen, ihr Kind zur Schule zu schicken, wo sie dies freiwillig tun könnten?

Woher erklärt sich, daß die politischen Initiativen zur (materiellen und zeitlichen) Ausweitung der Schulpflicht nicht von den Bürgern eines Landes ausgehen sondern, wie die Untersuchungen der Politik der Schulpflichtverlängerung zeigen[56], von Lehrerverbänden, die die Interessen ihrer Mitglieder und nicht die der Eltern und Minderjährigen zu vertreten haben, sowie auch von der Kultusverwaltung[57]. Dieser Frage soll hier nicht weiter nachgegangen werden. Es müssen aber Zweifel angemeldet werden, ob Eltern und Bürger durch den politischen Entscheidungs- und Kontrollmechanismus wirksame Einflußmöglichkeiten besitzen, die die staatliche Bildungsproduktion rechtfertigen – ganz abgesehen von den Problemen kollektiver Entscheidungsprozesse. Man kann sich nicht des Eindrucks erwehren, daß selbst die von den Bürgern gewählten Vertreter nicht mehr die lenkenden und kontrollierenden Funktionen auszuüben und auch die Schulbehörden kaum eine Leistungskontrolle vorzunehmen vermögen.

Zusammenfassend läßt sich sagen, daß der Abnahmezwang von Bildungsgütern eine *allgemeine* Maßnahme ist, dem alle Eltern mit Kindern im schulpflichtigen Alter unterworfen sind, obwohl nur eine geringe Zahl von ihnen vor nichtwohlwollenden Eltern zu schützen sind. Minderjährige, die zu dieser Gruppe zählen, erreichen ein höheres Nutzenniveau, und auch andere Mitglieder der Gesellschaft werden dadurch bessergestellt. Gleichzeitig aber hat die Schulpflicht einen nut-

[55] Siehe unter anderem Quilisch, M.: Die Verfassung als Auftrag oder als Hindernis für die Bildungsreform, a.a.O., S. 357 und passim sowie die dort angegebene Literatur.

[56] Siehe dazu vor allem West, E. G.: The Political Economy of American Public School Legislation, in: Journal of Law and Economics, Bd. 10 (1967), S. 101–128, derselbe: Economics, Education and the Politician, a.a.O., S. 53–65, derselbe: Education and the State, a.a.O., passim.

[57] So waren die treibende Kraft der jüngsten Schulpflichtverlängerungen in der Bundesrepublick Deutschland ebenfalls Lehrerverbände, die es verstanden, die Schulpflichtverlängerung in einer Zeit sprunghaft ansteigender Lehrerarbeitslosigkeit politisch durchzusetzen, ehe überhaupt die ersten Lehrpläne für das zehnte Pflichtschuljahr erstellt worden waren.

zenmindernden Effekt bei denjenigen, die durch die Schulpflicht zu Humankapitalinvestitionen gezwungen werden, die sie trotz Wohlwollen der Eltern freiwillig nicht getätigt hätten und die für sie Fehlinvestitionen sind. Eine Pareto-superiore Situation kann deshalb durch die allgemeine Schulpflicht nur dann erreicht werden, wenn zwar Minderjährigenschutz gewährt wird, ohne daß jedoch andere durch die allgemeine Pflicht und den staatlichen Zwang einen Wohlfahrtsverlust erleiden. Läßt man die Frage außer acht, ob dies durch *selektive* Maßnahmen (Maßnahmen, die nur die geringe Zahl nichtwohlwollender Eltern treffen[58]) eher möglich ist, eine Frage, die hier nicht geprüft wurde, so kommt es entscheidend darauf an, den Katalog der Pflichtfächer und ihrer Inhalte sowie die Anzahl der Pflichtschuljahre so zu fixieren, daß die Zahl derjenigen, die diese Fehlinvestitionen zu tätigen haben, sowie der Umfang der Fehlinvestitionen pro Person möglichst gering bleibt. Das spricht für eine möglichst geringe Zahl der Pflichtunterrichtsfächer und für eine kurze Pflichtunterrichtszeit, da zu erwarten ist, daß der Grenznutzen mit zunehmenden Pflichtjahren ab- und der Nutzenentgang (Opportunitätskosten) bei einer wachsenden Zahl Minderjähriger mit steigender Rate zunimmt.

Der Abnahmezwang von Bildungsgütern hat darüber hinaus Wirkungen auf das Verhalten der Bildungsanbieter und -nachfrager, die die allokative Effizienz beeinträchtigen. Zum einen werden die Kosten- und Produktionsfunktionen durch das Verhalten der unfreiwillig am schulischen Ausbildungsprozeß Beteiligten ungünstig beeinflußt. Zum anderen bestehen auch unter Wettbewerbsbedingungen beschränkte Möglichkeiten, Kosten und Preise bei gegebenen Leistungen (autonom) anzuheben. Darüber hinaus werden pädagogische Innovationen auf Verfahrensinnovationen beschränkt, da Produktinnovationen durch die Fixierung der Pflichtfächer und ihrer Inhalte weitgehend ausgeschlossen sind und lediglich über den demokratischen Abstimmungsprozeß den veränderten Schutzbedürfnissen der Minderjährigen angepaßt werden können. Schließlich sinkt auch der Informationsstand der Bildungsnachfrager, da der Zwang zur Entscheidung und zur Information als Entscheidungsvorbereitung durch die Abnahmepflicht verringert wird. Den Kosten der Information steht kein größerer Nutzen gegenüber, da weniger Entscheidungen zu treffen sind, durch die die eigene Wohlfahrtssituation verbessert werden könnte. Mit dem Abnahmezwang von Bildungsgütern können trotz der beschriebenen Ineffizienzen Wohlfahrtsgewinne verbunden sein, wenn Wettbewerb unter den Pflichtschulen herrscht und der Katalog der Pflichtfächer und die Dauer der Schulpflicht gering gehalten werden. Die Wohlfahrtsgewinne gehen aber wahrscheinlich verloren, wenn sich der Abnahmezwang mit der staatlichen Finanzierung und Produktion von Pflichtbildung verbindet.

[58] Siehe hierzu Humboldt, W. von: Idee zu einem Versuch, die Gränzen der Wirksamkeit des Staates zu bestimmen, a.a.O., S. 56, und West, E. G.: Education and the State, a.a.O., S. 15ff.

V. Chancengleichheit und Nulltarif

Man kann gegen die bisherige Kritik an der Verteilung der Verfügungsrechte im Bildungsbereich zugunsten des Staates und damit gegen die staatliche Finanzierung und Produktion von Bildung einwenden, daß es nicht nur Aufgabe der staatlichen Bildungspolitik sei, die wirtschaftliche Effizienz zu fördern, sondern auch die Startchancen junger Menschen für ihr zukünftiges Leben einander anzugleichen. Das Sozialstaatsgebot[1] gelte auch für den Bildungsbereich. Aus dieser Norm wie auch aus der ordnungspolitischen Konzeption der Sozialen Marktwirtschaft rechtfertige sich die Gebührenfreiheit (Nulltarif) der Schulen und Hochschulen, und es sei nur konsequent, der Bildungspolitik nach dem Bürgerrechtsmodell[2] (materieller Rechtsanspruch auf Bildung) zu folgen, der die sozialpolitische Zielsetzung zugrunde liege, die Startchancen derjenigen zu fördern, die bildungswillig und -fähig, aber besonders aus finanziellen Gründen nicht in der Lage seien, einen höheren Schulabschluß zu erreichen und ein Hochschulstudium zu absolvieren.

Es kann kein Zweifel daran bestehen, daß Bildung nicht nur unter rein ökonomischen Gesichtspunkten, sondern auch unter dem Aspekt der sozialen Gerechtigkeit zu betrachten ist[3]. Es fragt sich jedoch, was darunter zu verstehen ist und ob die bestehende Verteilung von Verfügungsrechten und die staatliche Bildungsproduktion zusammen mit dem Nulltarif auf allen Stufen des Systems dem sozialpolitischen Anspruch genügen können.

a. *Die Unterscheidung von Effizienz- und Verteilungsaspekten*

Zunächst fällt es schwer, die sozialpolitische Zielsetzung überhaupt zu identifizieren. Soziale Gerechtigkeit als Chancengleichheit läßt sich interpretieren als gleiche Menge und Qualität an Erziehung und Bildung für jedermann oder, jeder sei so lange zu fördern, bis ein bestimmtes Bildungsniveau (Minimum) erreicht ist. Während letzteres eine positive Diskriminierung zugunsten weniger Begabter und Behinderter bedeutet, hat die Schulpflichtgesetzgebung in Verbindung mit der Schulgeld-, Lernmittel- und Fahrtkostenfreiheit schwerpunktmäßig ersteres zum Ziel. Nicht vereinbar mit dem Gedanken der Startchancen ist dagegen eine Variante der Chancengleichheit, die der Politik nach dem Bürgerrechtsmodell zugrunde liegt und zweifellos in der Bundesrepublik Deutschland, aber auch in einigen anderen hochindustrialisierten Ländern im Vordergrund gestanden hat. Es handelt sich hier um die Chance, sich seiner individuellen Begabung und Motivation entsprechend bilden zu können (Recht auf Bildung) und gefördert zu werden. Während bei den ersten beiden Zielsetzungen ein Gleichheitsaspekt im Vordergrund steht und sozialpolitisch wirksam wird, kann davon bei der Förderung nach der jeweiligen individuellen Begabung nicht mehr die Rede sein. Denn nach

1 Für die Bundesrepublik Deutschland Art. 20 Abs. 2 GG.

2 Dahrendorf, R.: Bildung ist Bürgerrecht, a.a.O., S. 23–27, S. 150f.

3 Sofern der Markt zu Verteilungssituationen führt, durch die bei gegebenen Kapitalmarktunvollkommenheiten menschliche Begabungen unausgeschöpft bleiben, beeinflußt die Verteilung die ökonomische Effizienz und muß deshalb allein schon aus Effizienzgründen korrigiert werden.

dieser Zielsetzung werden diejenigen am meisten gefördert, die schon auf Grund ihrer Anlagen und Begabungen („natürliches" Humankapital) Startvorteile besitzen. Statt des Gesichtspunktes der sozialen Gerechtigkeit rückt dann der der *Effizienz* in den Vordergrund, nachdem denjenigen zu einem Studium verholfen werden soll, die begabt sind, aber aus finanziellen Gründen selbst oder mit Hilfe ihrer Familie nicht in der Lage sind, die ihrer Begabung entsprechende Bildung nachzufragen und einen akademischen Beruf auszuüben. Das heißt, die (vermuteten) *Unvollkommenheiten des Kapitalmarktes* bei der Bereitstellung von Studiendarlehen werden mit dem Aspekt der Gleichheit der Startchancen vermengt. Personen, die bereits wegen ihrer Begabung damit rechnen können, in Zukunft ein höheres Lebenseinkommen zu erzielen als andere, erhalten auf Kosten der bereits von vornherein benachteiligten, also weder mit („natürlichem") Humankapital noch mit Sachvermögen ausgestatteten Personen einen zusätzlichen Startvorteil, indem der Staat letztere zwangsweise insbesondere zur Finanzierung ihrer Hochschulausbildung heranzieht. Der Zielkonflikt zwischen sozialer Gerechtigkeit (Startchancengleichheit) und wirtschaftlicher Effizienz wird unter diesen Bedingungen zum Vorteil der sowieso Begüterten entschieden und das distributive Ergebnis des Marktes (Funktionstüchtigkeit des Kapitalmarktes unterstellt), das als sozialpolitisch unerwünscht bewertet wird, nicht nur nicht korrigiert, sondern zuungunsten der meisten Personen der unteren Einkommensgruppen einer Gesellschaft noch verschlechtert. Mit anderen Worten, das Verteilungsergebnis des Marktes kommt der sozialpolitischen Zielsetzung (Chancengleichheit) näher als die angeblich soziale erwünschte staatliche Bildungspolitik nach dem Bürgerrechtsmodell.

Zwar wird die Belastung aller Steuerzahler (also auch der Nichtakademiker, die gleichfalls zur Finanzierung der Ausbildungssubventionen beitragen) mit den Kosten der Ausbildung für Akademiker gesamtwirtschaftlich dadurch reduziert, daß die von ihnen gezahlten Subventionen die Preise für Güter und Dienstleistungen senken, in die die Arbeitsleistungen der Akademiker eingehen. Davon profitieren aber nur diejenigen, die solche Güter kaufen und auch nur dann, wenn Arbeits- und Gütermarkt nicht vermachtet sind und die die individuellen Kosten senkenden Bildungssubventionen bei entsprechenden Angebots- und Nachfrageelastizitäten in den Preisen weitergegeben werden.

Aus diesen Gründen ist das Bürgerrecht auf Bildung in seiner jetzigen institutionellen Ausprägung als Nulltarif auch nicht vereinbar mit neueren Theorien einer gerechten Gesellschaft, wie etwa der John Rawls[4]. Nach seiner (normativen) Theorie der Gerechtigkeit ist es nicht zulässig, Universitäten so zu subventionieren, daß Personen einen erheblichen Teil der Kosten tragen, die von diesen Einrichtungen keinen entsprechenden Nutzen haben. Aus sozialen Gründen ist eine staatliche Subventionierung von Bildung nur dann gerechtfertigt, wenn sie dazu dient, Mittellose, also diejenigen, die weder Sachvermögen besitzen noch die erforderliche Ausbildung erworben haben, um aus ihrer Arbeitsleistung ein Ein-

[4] Rawls, J.: Eine Theorie der Gerechtigkeit, Neuwied 1975.

kommen zu beziehen, in die Lage zu versetzen, die Voraussetzungen für eine eigene Existenz zu schaffen. Nach dem Ausgleichsprinzip (principle of redress) soll in diesem Fall den einen auf dem Wege der Sekundärverteilung etwas genommen und den anderen gegeben werden. Als nicht weiter begründetes Maß der Subventionierung nennt er die Gewährung einer Mindestausbildung[5].

b. Die Leistungsfähigkeit der Politik des Nulltarifs im Hinblick auf die Förderung der wirtschaftlich Schwächeren

Daß besonders die Steuerfinanzierung der Hochschulen sozialpolitisch negativ zu wertende Verteilungseffekte hervorruft, ist vor allem in einer Reihe von amerikanischen Untersuchungen festgestellt worden. Für Kalifornien haben W. Lee Hansen und Burton A. Weisbrod[6] die Verteilung der Kosten und die Inanspruchnahme von Hochschulbildung untersucht und einen regressiven Verteilungseffekt festgestellt. An ihre Untersuchung schloß sich unter anderem eine heftige Diskussion mit Joseph A. Pechman[7] an. Bei aller Problematik der Annahmen über Verteilungsmaßstäbe für Kosten und Nutzen nach Einkommensgruppen, die sich in der Diskussion gezeigt hat, hat sich jedoch die Auffassung gefestigt, daß die Hochschulfinanzierung in den Vereinigten Staaten, wenn auch von Staat zu Staat je nach Progression der Einkommensteuer unterschiedlich, insgesamt dazu geführt hat, daß (Netto)Einkommensübertragungen von den unteren zu den mittleren und von den oberen zu mittleren Einkommensgruppen erfolgen[8]. Die Kritik von W. Miklius[9] und J. Conslik[10], daß eine exakte Aussage über die distributiven Wir-

5 Ebenda, S. 122f. und S. 367.

6 Hansen, W. L., und Weisbrod, B. A.: The Distribution of Costs and Direct Benefits of Public Higher Education: The Case of California, in: Journal of Human Resources, Bd. 4 (1969), S. 176–191.

7 Pechman, J. A.: The Distributional Effects of Public Higher Education in California, in: Journal of Human Resources, Bd. 5 (1970), S. 361–370, und derselbe: The Distribution of Costs and Benefits of Public Higher Education, in: a.a.O., Bd. 6 (1971), S. 375f.

8 Vgl. hierzu Hartmann, R.: A Comment on the Pechman-Hansen-Weisbrod-Controversy, in: Journal of Human Resources, Bd. 5 (1970), S. 519–523, besonders Tabelle 1, und Staaf, R. J., und Tullock, G.: Education and Equality, in: The Annals of The American Academy of Political and Social Science, Bd. 409 (1973), S. 125–134, vor allem S. 128. Siehe auch Carnegie Commission on Higher Education: Higher Education: Who Pays? Who Benefits? Who Should Pay? A Report and Recommendations, New York 1973, bes. S. 44ff. Zu dem Ergebnis, daß die Verteilung der Kosten und Nutzen der Hochschulbildung für die unteren Einkommensschichten ungünstig verläuft, kommen auch folgende Studien: Douglas, M. Windham (Education, Equality and Income Redistribution, A Study of Public Higher Education Lexington, Mass., 1970) für Florida, W. Lee Hansen (Income Distribution Effects of Higher Education, in: American Economic Review, Bd. 60 (1970), S. 335–340) für Wisconsin, Joseph E. Hight and Richard Pollock (Income Distrubtion Effects of Higher Education Expenditures in California, Florida und Hawaii, in: Journal of Human Resources, Bd. 8 (1973), S. 318–330), die auf die unterschiedlichen Grade regressiver Verteilungswirkungen der steuerfinanzierten Hochschulbildung in einzelnen amerikanischen Staaten hinweisen, besonders für Kalifornien, Florida und Hawaii, und Dennis Zimmermann (Expenditure-Tax Incidence Studies, Public Higher Education, and Equity, in: National Tax Journal, Bd. 26 (1973), S. 65–70) für den St. Louis Country Junior College District, St. Louis, USA.

9 Miklius, W.: The Distributional Effects of Public Higher Education: A Comment, in: Higher Education, Bd. 4 (1975), S. 351–355.

10 Conlisk, J.: A Further Look at the Hansen-Weisbrod-Pechman Debate, in: Journal of Human Resources, Bd. 12 (1977), S. 147–163.

kungen der Hochschulfinanzierung erst dann möglich sei, wenn das Lebenseinkommen und die über das Leben gezahlten Steuern berücksichtigt würden, ist richtig[11]. Man wird sich aber in diesem Zusammenhang nicht dem Argument entziehen können, daß sogar der Student, der aus einer Familie mit sehr bescheidenen materiellen Verhältnissen stammt und nach dem Studium ein im Vergleich zu nichtakademischen Berufen hohes Einkommen bezieht, durch den Nulltarif eine Subvention erhält, die schnell Größenordnungen erreicht, die durch die von ihm zusätzlich zu zahlende Einkommensteuer während seiner kürzeren aktiven Zeit bei der gegebenen Steuerprogression nicht ausgeglichen wird. Letzteres kann kaum unter den von Bundesstaat zu Bundesstaat unterschiedlichen amerikanischen Verhältnissen erwartet werden.

Regressive Effekte der Hochschulfinanzierung sind auch in Frankreich[12] und den meisten übrigen OECD-Staaten[13] festgestellt worden. In der Bundesrepublik Deutschland liegen die Verhältnisse nicht günstiger als in den USA. Vielmehr ist auf Grund des Nulltarifs, der Progression der Einkommensteuer, der kürzeren aktiven Zeit der Akademiker, der geringeren Beiträge zur Arbeitslosen-, Kranken- und Rentenversicherung (sofern überhaupt solche geleistet wurden) und der vergleichsweise niedrigen Zahl der Hochschulabsolventen je Altersgruppe eher das Gegenteil zu vermuten. Während amerikanische Studenten selbst an staatlichen Hochschulen im Durchschnitt 20% der Studienkosten tragen und der Anteil der Studenten, die pro Altersgruppe (18- bis 24jährige) an einer Hochschule in den Vereinigten Staaten studieren, knapp 40% beträgt, zahlen Studenten in der Bundesrepublik Deutschland keine Studiengebühren, und ihr Anteil an der gleichaltrigen Bevölkerung (19- bis unter 26jährige) beträgt etwa 15%[14].

Von Weizsäcker und Woll haben bereits zu Beginn der siebziger Jahre auf die regressiven Wirkungen der deutschen Hochschulfinanzierung hingewiesen[15].

[11] Das Problem hat Wolfram Engels bewogen, eine Einkommensbesteuerung vorzuschlagen, die sich letztlich nach dem jeweils erreichten Lebenseinkommen richtet. Engels, W., Mitschke, J. und Starkloff, B.: Staatsbürgersteuer, Vorschlag zur Reform der direkten Steuern und persönlichen Subventionen durch ein integriertes Personal- und Subventionssystem, (Hrsg.) Karl-Bräuer-Institut, Wiesbaden 1973.

[12] Horrière, Y., und Petit, P.: Les effects redistributifs de l'enseignement supérieur, Paris 1972.

[13] Nach Maureen Woodhall scheinen die meisten OECD-Staaten ein regressiv wirkendes Hochschulfinanzierungssystem zu haben (vgl. Verteilungseffekte von Methoden der Bildungsfinanzierung, in: Bildung, Ungleichheit und Lebenschancen, (Hrsg.) OECD, Frankfurt-Berlin-München 1978, S. 49–83, hier S. 75). Siehe dazu auch die Ausführungen von Blaug, M., und Woodhall, M.: Patterns of Subsidies to Higher Education in Europa, in: Higher Education, Bd. 7 (1978), S. 331–361.

[14] National Center for Education Statistics: The Condition of Education, Statistical Report 1978, S. 116f. und Bundesministerium für Bildung und Wissenschaft: Grund- und Strukturdaten, Bonn 1981/82, S. 104.

[15] Weizsäcker, C. C. von: Lenkungsprobleme der Hochschulpolitik, a.a.O., S. 545, und Woll, A.: Hochschulausbildung in der sozialen Marktwirtschaft, in: Soziale Marktwirtschaft im Wandel, (Hrsg.) E. Tuchfeldt, Freiburg 1973, S. 139–157, hier S. 147–151, siehe auch derselbe: Konkurrenz wirtschaftspolitischer Ziele in der Bildungsindustrie, in: Beiträge zur Wirtschafts- und Gesellschaftspolitik, a.a.O., S. 275–286, besonders S. 281ff.

Auch Mackscheidts[16] Untersuchung der Verteilung der Ausgaben der Universität zu Köln auf die Familieneinkommensgruppen der Studenten und besonders die Studie von Pfaff, Fuchs und Köppel[17] sowie das Gutachten der Transfer-Enquêtekommission[18] bestätigen derartige Wirkungen. Berechnungen des Rheinisch-Westfälischen Instituts für Wirtschaftsforschung zur personalen Inzidenz des Hochschulbudgets weisen in die gleiche Richtung[19].

Neben der intragenerationellen Verteilung der Chancen ist auch die Verteilung zwischen den Generationen einseitig zugunsten der jüngeren vorgenommen worden. Die ältere Generation, aus deren Steuergeldern die Expansion des tertiären Bildungsbereichs in den sechziger und siebziger Jahren finanziert wurde, war selbst nie in der Lage, höhere Bildung kostenlos in dem Umfang zu erwerben, wie es der jüngeren in der Bundesrepublik möglich ist. Darüber hinaus lag das Einkommen ihrer Mitglieder meistens niedriger als das der Hochschulabsolventen, deren Studium sie finanziert haben[20].

Der wettbewerblich verfaßte Markt hätte die regressiven Wirkungen der staatlichen Bildungspolitik zwischen den Generationen wahrscheinlich vermieden. Denn es kann vermutet werden, daß eine Finanzierung der Hochschulbildung in dem quantitativen Umfang, wie der Staat sie über das Steuersystem der älteren Generation zwangsweise abverlangt hat, die ältere Generation der jüngeren freiwillig nicht hätte zuteil werden lassen[21], weil die Erwartungen im Hinblick auf rentable Beschäftigungsmöglichkeiten und alternative Verwendungen nicht so einheitlich gewesen wären.

16 Mackscheidt, K.: Öffentliche Güter und Ausgabeninzidenz, in: Öffentliche Finanzwirtschaft und Verteilung, (Hrsg.), W. Dreißig, Schriften des Vereins für Socialpolitik, N.F., Bd. 75/IV, Berlin 1976, S. 91ff.

17 Pfaff, M., Fuchs, G., Köppl, P.: Education, Inequality and Life Income: A Report on the Federal Republic of Germany, in: Education, Inequality and Life Chances (Hrsg.) OECD, Bd. 2, Paris 1975.

18 Gutachten der Transfer-Enquêtekommission: Verteilung öffentlicher Realtransfers auf Empfängergruppen in der Bundesrepublik Deutschland, 2. Einzelbericht: Bildung, (Internationales Institut für Empirische Sozialökonomie), Leitershofen 1979 (vervielfältigtes Manuskript).

19 Rheinisch-Westfälisches Institut für Wirtschaftsforschung: Analyse der strukturellen Entwicklung der deutschen Wirtschaft (Strukturberichterstattung), Bd. 2: Wirtschaftspolitik und Strukturwandel – Einzeldarstellungen, Essen Dezember 1980, S. 117.

20 Die gleiche Auffassung zum intergenerationellen Verteilungseffekt vertreten Weizsäcker, C. C. von: Lenkungsprobleme der Hochschulpolitik, a.a.O., S. 545, und Woll, A.: Hochschulausbildung in der sozialen Marktwirtschaft, a.a.O., S. 148f. Bodenhöfer weist darauf hin, daß es problematisch sei, Individuen statt Haushalte (Familien) als das verteilungspolitisch relevante Ziel darzustellen. Es kann aber schwerlich zum Ziel staatlicher Politik erklärt werden, die eine Generation einer Familie zwangsweise finanziell zu belasten, um die andere zu fördern (Bodenhöfer, H. J.: Finanzierungsprobleme und Finanzierungsalternativen der Bildungspolitik, a.a.O., S. 141).

21 Diese Kritik ist auch an diejenigen zu richten, die die Auffassung vertreten, der Staat behalte die langfristigen Interessen im Auge, während Individuen (und folglich der Markt) kurzfristig orientiert seien. Vgl. zum Beispiel Stolleis, M.: Gemeinwohl und Minimalkonsens, Öffentliche und private Interessen in der Demokratie, in: Beilage zur Wochenzeitung das Parlement, B 3/78, (21. Januar 1978) S. 37–45, bes. S. 42f. Kenneth J. Arrows (Economic Welfare and the Allocation of Resources to Invention, in: The Rate and Direction of Resources to Invention (Hrsg.) National Bureau of Economic Research, Princeton 1962). Die Auffassung, der Markt berücksichtige nur die kurzfristigen Interessen, mag zwar in Einzelfällen zutreffen, da Individuen wie auch Regierungen sich hinsichtlich der Zukunftserwartungen täuschen können. Es müssen jedoch Zweifel gehegt werden, wenn dieser Mangel generalisiert und der Institution des Marktes als allgemeines Merkmal zugeordnet wird. Zumindest aber muß auf Grund

Dem kann jedoch entgegengehalten werden, daß zumindest ein Teil der staatlichen Mittel, die zur Finanzierung „höherer" formaler Bildung zur Verfügung gestellt werden, nicht von den Steuerzahlern von heute (ältere, aktive Generation), sondern von denen von morgen (heutige Studierende) zu zahlen sei, da die Mittel teils über den Kapitalmarkt bereitgestellt werden und lediglich die Zinsen von der aktiven Generation aufzubringen seien. Zwar läßt sich wie bei den Steuereinnahmen kein direkter Zusammenhang zwischen staatlicher Kreditaufnahme und bestimmten Haushaltsausgaben herstellen, aber das bedeutet keineswegs, daß nicht ein erheblicher Teil des Finanzierungsbedarfs für akademische Bildung auf diese Weise finanziert wird, zumal zumindest eine Teilkreditfinanzierung gerechtfertigt ist, soweit es sich um Bildungsinvestitionen handelt. Das intergenerationelle Verteilungsproblem wird dadurch so weit entschärft, wie die Rückzahlung der Kredite durch die Generation erfolgt, deren Bildungsinvestitionen damit finanziert worden sind. Gleichzeitig aber verschärft sich die intragenerationelle Verteilungssituation.

Neuerdings wird jedoch behauptet – und damit weicht man von dem Gesichtspunkt der Gleichheit der Startchancen als unmittelbare Zielsetzung der Bildungspolitik ab –, je höher das allgemeine Bildungsniveau in einer Wirtschaft sei, um so gleichmäßiger entwickle sich die Einkommensverteilung. Besonders die steuerfinanzierte Hochschulbildung sei ein probates Mittel, einen derartigen Effekt zu erzielen[22].

Zweifellos ist es richtig, daß durch eine Überproduktion von Akademikern deren Lohnsatz sinkt und durch eine Verknappung der nichtakademischen Arbeitskräfte deren Arbeitsentgelt steigt und so ein Ausgleich der Arbeitseinkommen tendenziell stattfindet. Die Vertreter dieses Standpunktes vergessen jedoch, daß es sich dabei um eine ineffiziente Verteilungspolitik handelt, weil Steuermittel in Verwendungen fließen, die keinen oder nur einen geringen Ertrag abwerfen (Fehlinvestitionen in Humankapital), und darüber hinaus Interessenverbände (Gewerkschaften und Lehrerverbände) wie auch das staatliche Berechtigungsscheinwesen, das den Zugang zum jeweiligen Arbeitsmarkt regelt, eine solche Anpassung verhindern können. Durch eine Politik, die den Wettbewerb zwischen Akademikern und Nichtakademikern fördert, Machtverhältnisse auf den Arbeitsmärkten abbaut und die mit staatlicher Hilfe errichteten Zugangsschranken beseitigt, ließe sich ein Verhältnis der Lohnsätze herbeiführen, das nicht mehr durch eine Monopolrente der lizensierten Akademikerberufe verzerrt ist, sondern echte

der Erfahrungen mit der Finanzierung der Hochschulbildung und insbesondere im Bereich der sozialen Sicherheit (Renten- und Arbeitslosenversicherung) eine relative Überlegenheit des Staates als Wahrer des langfristigen Interesses gegenüber dem Markt in Frage gestellt werden. Dieses Problem des Staatsversagens wird auch von Gérard Gäfgen (Wirtschaftsordnung und Marktversagen, in: Herausforderung der Marktwirtschaft, Limburg 1976, S. 9–37, hier bes. S. 33f.) nicht hinreichend berücksichtigt.

22 Vgl. Marin, A., und Psacharopoulos, G.: Schooling and Income Distribution, in: Review of Economics and Statistics, Bd. 58 (1976), S. 332–338.

Knappheitsverhältnisse widerspiegelt und damit neben dem sozialpolitisch erwünschten Effekt auch gleichzeitig einen Effizienzvorteil mit sich brächte[23].

Man wird deshalb nicht an der Feststellung vorbeikommen können, daß die Bildungspolitik der Chancengleichheit nicht nur versagt hat, Ungleichheiten zu beseitigen, die der Markt nicht beseitigen kann, sondern durch die Politik des Nulltarifs zumindest im tertiären Sektor des Bildungssystems[24] die Ungleichheit der Startchancen verstärkt hat[25], die der Bildungsmarkt sowohl intra- als auch intergenerationell vermieden hätte.

VI. Zusammenfassung

Die ökonomische Rationalität der Bildungspolitik findet traditionsgemäß ihre Grundlage in der Theorie der externen Effekte. Es wird behauptet, der Nutzen der schulischen und akademischen Bildung falle nicht nur bei den Personen an, die diese Bildung nachfragten, sondern auch bei den übrigen Mitgliedern der Gesellschaft. Ein marktlich verfaßtes und geordnetes Bildungssystem, in dem jeder nur so viel für Bildung ausgebe, wie ihm selbst an Nutzen aus ihr zukomme, müsse daher insgesamt zu einer Unterinvestition in Bildung führen, die ihrerseits unter anderem einen geringeren Anstieg der Produktivität und ein langsameres Wachstum der Wirtschaft zur Folge habe. Es sei daher ökonomisch rational, in dem Maße, wie die übrigen Mitglieder der Gesellschaft davon profitierten, diese auch über das Steuersystem zur Zahlung heranzuziehen. Der Nulltarif für schulische und akademische Bildung finde darin neben der sozialpolitischen Zielsetzung der staatlichen Bildungspolitik seine rationale Begründung.

Eine theoretische Analyse der externen Effekte zeigt jedoch, daß schon aus

[23] Siehe dazu auch Maddison, M.: What Is Education For?, in: Lloyds Bank Review, Bd. 112 (1974), S. 26.

[24] W. Norton Grubb stellte eine regressive Wirkung der Finanzierung des öffentlichen Schulwesens (Primär- und Sekundärbereich) für den Schuldistrikt Boston, Mass., fest. (The Distribution of Costs and Benefits in an Urban Public School System, in: National Tax Journal, Bd. 24 (1971), S. 1–12.) Für die Bundesrepublik Deutschland ist eine solche regressive Wirkung auf Grund der unterschiedlichen Ausstattung (Ausgaben je Schüler) besonders zwischen den allgemeinbildenden und den Berufsschulen, aber auch zwischen Hauptschule einerseits und Realschule und Gymnasium andererseits nicht ausgeschlossen. Vgl. dazu zum Beispiel Tabelle 3 in Pfaff, M., Fuchs, G., und Kohler, R.: Alternative Konzepte zur Berechnung einer Akademikersteuer, in: Zeitschrift für Wirtschafts- und Sozialwissenschaften, Bd. 98 (1978), S. 181–209.

[25] Das bestehende Hochschulfinanzierungssystem wird insofern als eine Einrichtung betrachtet, durch die die Lobby der mittleren und höheren, aber nicht höchsten, Einkommensgruppen Einkommen über das Steuersystem auf sich selbst übertragen oder aber die Wähler selbst waren in Wirklichkeit nicht bereit, der sozialpolitischen Zielsetzung Priorität einzuräumen, und benutzten statt dessen das politische System, um sich selbst besser zu stellen, als der Markt sie gestellt hätte (Directors Gesetz). Siehe dazu Stigler, G. J.: Director's Law of Public Income Distribution, in: Journal of Law and Economics, Bd. 13 (1970), S. 1–10, Tullock, G.: The Charity of the Uncharitable, in: Western Economic Journal, Bd. 9 (1971), S. 379–392, Staaf, R. J., und Tullock, G.: Education and Equality, in: The Annals of the American Academy of Political and Social Science, Bd. 409 (1973), S. 125–134, und die empirische Untersuchung von Pommerehne, W. W.: Budgetäre Umverteilung in der Demokratie. Ein empirischer Test alternativer Hypothesen, in: Zeitschrift für Wirtschafts- und Sozialwissenschaften, Bd. 95 (1975), S. 327–364, und die dort besprochenen empirischen Tests.

logischen Gründen externe positive Wirkungen im Fall von Bildungsgütern nur begrenzt möglich sind und dort, wo die Theorie sie prognostiziert, sie bisher empirisch nicht nachgewiesen werden konnten. Sie können deshalb kaum als rationale Grundlage der staatlichen Bildungsfinanzierung dienen, wie dies bisher geschehen ist. Dadurch wird jedoch sowohl die Bildungsökonomie, die sich immer mehr zu einer Planungswissenschaft entwickelt hat, als auch die staatliche Bildungspolitik mit ihren interventionistischen Tendenzen bis hin zum systematischen Konstruktivismus der letzten Jahre und die mit dieser Entwicklung einhergehende Schwächung der Persönlichkeits- und Freiheitsrechte der Schüler und Studenten, des Elternrechts, der pädagogischen und akademischen Freiheit der Lehrer und Professoren wie der Eigenständigkeit der Bildungseinrichtungen entscheidend in Frage gestellt.

Auch ist die ökonomische Begründung der staatlichen Bildungsproduktion (staatliche Trägerschaft von Schulen und Hochschulen) kaum haltbar. Weder sind die Bedingungen eines natürlichen Monopols (steigende Skalenerträge) im Bildungssektor gegeben, noch reicht die sittlich-normierende und gesellschaftlich-integrative Funktion der Bildungseinrichtungen aus, eine staatliche Leitung und Verwaltung dieser Institutionen unter Effizienzaspekten zu postulieren.

Ebenso erweist sich die These von der mangelnden Souveränität der Bildungsnachfrager (Eltern, Schüler, Studenten) weitgehend als nicht gerechtfertigt. Die Behauptung des Informationsmangels, so läßt sich mit Hilfe der ökonomischen Theorie prognostizieren, ist eher das Ergebnis der bestehenden Verteilung von Verfügungsrechten und eines fehlenden Wettbewerbs unter den Bildungseinrichtungen. Da Informations- und Suchprozesse Kosten (Opportunitätskosten) verursachen, aber Anbieter und Nachfrager die Erträge beziehungsweise Nutzen durch derartige Aktivitäten unter den jetzigen Bedingungen nur begrenzt steigern können, kommt es zu einem Gleichgewicht auf niedrigerem Informationsniveau.

Des weiteren gibt es gute Gründe anzunehmen, daß die Gefahr der Informationsverfälschung in einem staatlich-administrativen System auf Grund der geringeren Konkurrenz unter den Bildungsanbietern und dem geringeren Informationsstand der Bildungsnachfrager größer und der Prozeß der Eliminierung falscher Informationen langwieriger ist als auf einem wettbewerblichen Bildungsmarkt.

Bei näherer Betrachtung erweist sich gleichfalls das sogenannte „schichtspezifische Desinteresse“ an „höherer“ formaler Bildung als eine rationale Verhaltensweise, die auf wertvollen Informations- und Bewertungsvorgängen beruht, denen Informationen und persönliche Erfahrungen der Bildungsnachfrager (Eltern für ihre Kinder) in den verschiedensten Bereichen der Gesellschaft zugrunde liegen. Das angebliche „Desinteresse“ kann durch das individuelle Kosten-Nutzen-Kalkül der Individuen erklärt werden.

Wohl aber gibt es gute ökonomische Gründe im Fall nicht wohlwollender (pflichtvergessener) Eltern, Maßnahmen des Schutzes Minderjähriger vor Unwissenheit und irreparablen Erziehungsschäden zu ergreifen und die Souveränität des

Bildungsnachfragers (Eltern, Vormund) einzuschränken und sie beziehungsweise ihre Kinder der Bildungspflicht zu unterwerfen. Die Bildungspflicht kann aber nur für Bildungsgüter (Unterrichtsfächer) gelten, deren Inhalte jungen Menschen in einer bestimmten Lebensphase vermittelt werden müssen, wenn irreparable oder kaum mehr zu behebende Bildungsschäden vermieden werden sollen. Sie ist darüber hinaus zeitlich eng zu begrenzen, da mit ihr die wohlfahrtsmindernden Effekte überproportional zunehmen, während die Wohlfahrtsgewinne bei den zu Schützenden mit zunehmender Rate abnehmen.

Schließlich können auch unter distributiven und sozialpolitischen Gesichtspunkten die Finanzierung des Bildungsangebots zum Nulltarif und die bestehende Verteilung von Verfügungsrechten im Bildungsbereich rational nicht begründet werden. Es bestehen kaum Zweifel daran, daß das derzeitige System der Bildungsfinanzierung zumindest im tertiären Bereich regressive Wirkungen hervorruft.

Das heißt, unter dem Aspekt der Chancengleichheit verschafft das System denjenigen einen zusätzlichen Vorteil, die auf Grund ihrer persönlichen Ausgangslage sowieso schon größere Chancen haben, ein höheres Lebenseinkommen zu erzielen, während jene zusätzlich belastet werden, die von vornherein sich in einer ungünstigeren Ausgangsposition befinden.

In einer sonst nach freiheitlich-demokratischen und marktwirtschaftlichen Prinzipien geordneten Gesellschaft kann damit aber die bestehende Verfassung und Ordnung des Bildungsbereichs zwar historisch aus der Tradition obrigkeitsstaatlichen Denkens, schwerlich aber theoretisch-rational erklärt werden. Gleichzeitig folgt daraus die begründete Erwartung, daß ein marktlich verfaßtes und geordnetes Bildungssystem die Rechte der Eltern, Schüler und Studenten wie auch die der Lehrer, Professoren und der einzelnen Bildungseinrichtungen stärkt, ihre Souveränität erhöht und sowohl allokative als auch distributive Vorteile gegenüber dem bestehenden System aufweisen wird.

C. Eine ordnungspolitische Alternative: Der Markt als Paradigma der Bildungspolitik

Als Alternative zur administrativ-lenkenden Bildungspolitik bietet sich der Markt als Ordnungsgedanke an. Zwar wenden sich besonders Pädagogen gegen eine „Vermarktung der Bildung“, aber die Anwendung des markttheoretischen Paradigmas auf den Bildungsbereich bedeutet in erster Linie eine Neuverteilung der Verfügungs- oder Dispositionsrechte, von der zu erwarten ist, daß sie das Grundrecht der jungen Menschen auf persönliche Entfaltungsmöglichkeit in Schule und Hochschule, das Elternrecht wie auch die Eigenständigkeit der Bildungseinrichtungen und die pädagogische und akademische Freiheit der Lehrer und Professoren im Vergleich zur bestehenden Ordnung stärkt und die Macht im Bildungsbereich besser verteilt. Markt als regulative Idee der Bildungspolitik beinhaltet nicht wie fälschlicherweise häufig behauptet, eine Ökonomisierung der Bildungspolitik. Wer diesen Standpunkt vertritt, bedenkt nicht, daß auch in staatlichen Einrichtungen gewirtschaftet werden muß und daß durch eine wirtschaftliche Verwendung der vorhandenen Ressourcen eine bessere Versorgung der Menschen mit Bildungsgütern und neuem Wissen erreicht werden kann. Entscheidend kommt es uns aber auf einen zweiten Aspekt an, nämlich daß der Markt neue Möglichkeiten der Verwirklichung des Prinzips freier persönlicher Entscheidung und Verantwortung für Eltern, Schüler und Studenten schafft und Vorteile bei der Sicherung des pädagogischen und wissenschaftlichen Handlungsspielraums bietet. Durch die Anwendung der marktlichen (dezentralen) Organisation läßt sich persönliche Freiheit maximieren und die Macht des Menschen über den Menschen auf ein Minimum reduzieren, da es unter diesen Bedingungen für die staatlichen Instanzen schwieriger ist, die Freiheiten der Bürger im Namen des Gemeinwohls zu beschneiden.

Wenn wir deshalb im folgenden die Ordnungsidee der invisible hand, die im übrigen gleichzeitig eine sichtbare Hand des Gesetzgebers voraussetzt[1], als ordnungspolitische Alternative demonstrieren und vorschlagen, so nicht nur, weil damit eine höhere wirtschaftliche Effizienz erreicht werden kann, was letztendlich für alle Mitglieder der Gesellschaft von Vorteil ist, sondern gleichzeitig auch deshalb, weil sie den Grundwerten einer freiheitlichen Demokratie und offenen Gesellschaft am nächsten kommt und mit der ordnungspolitischen Konzeption der Sozialen Marktwirtschaft konform geht. Angebotsfinanzierung der Schul- und Hochschulbildung, staatliche Produktion von Bildungsgütern und Schulzwang passen ordnungstheoretisch eher in die Logik des Obrigkeitsstaates und sind

[1] Siehe hierzu Rosenberg, N.: Some Institutional Aspects of the Wealth of Nations, in: Journal of Political Economy, Bd. (1960), S. 557–570, Stern, K.: Rechtliche und ökonomische Bedingungen der Freiheit, in: Wirtschaftspolitische Chronik, 1976, H. 1, und Mestmäcker, E. J.: Die sichtbare Hand des Rechts, Über das Verhältnis von Rechtsordnung und Wirtschaftssystem bei Adam Smith, Baden-Baden 1978, S. 138–170.

systemkonform mit der des totalitären Staates und dessen zentralplanenden und ressourcenlenkenden Funktion. Sie sind aber nicht konform mit einem System, das sonst durch individuelle Freiheiten (Verfügungsrechte) gekennzeichnet ist[2]. Es ist vielleicht kein Zufall, daß ausgerechnet in dem Land, in dem die moderne Demokratie ihren Anfang nahm, auch Ordnungsgedanken und Finanzierungsformen entwickelt worden sind, die Möglichkeiten eröffnen, den Bildungsbereich nach freiheitlichen Grundsätzen zu ordnen[3].

Wie aber sieht aus ökonomischer Sicht eine neue Verteilung der Verfügungsrechte des näheren aus, von der mehr allokative Effizienz erwartet werden kann und die gleichzeitig mit der Gesamtordnung einer freiheitlichen Gesellschaft und Wirtschaft besser harmonisiert?

I. Ein Vorschlag zur Neuverteilung der Verfügungsrechte

Wenn wir bisher zu dem Ergebnis gekommen sind, daß die Theorie der externen Effekte nur für eine bestimmte Klasse von Fällen Gültigkeit haben kann, und sie in diesen Fällen für die Allokation der Ressourcen im Bildungsbereich erfahrungsgemäß kaum Bedeutung hat, wenn ferner festgestellt wurde, daß es den Argumenten zu Gunsten einer fehlenden Nachfragersouveränität bei Eltern (Schülern) und Studenten an jeglicher Überzeugungskraft fehlt, so bedeutet das nicht, daß der Staat seine Funktionen für das Bildungssystem verloren hat und die Beteiligten auf dem Bildungsmarkt nach dem Grundsatz „laissez faire, laissez aller", sich selbst überlassen werden könnten. Es folgt daraus lediglich, daß die Finanzierung der Bildungsgüter prinzipiell über Preise und Gebühren und eine Lenkung der Bildungsproduktion generell nach den Wünschen der Eltern (Schüler) und Studenten erfolgen kann und sollte, wenn das Ziel der allokativen Effizienz bestmöglich verwirklicht werden soll.

Es ist das große Verdienst von Adam Smith und John St. Mill, herausgearbeitet zu haben, daß das, was der Staat zur Wohlstandsmehrung beitragen kann, in erster Linie darin besteht, eine Ordnung (Verteilung von Verfügungsrechten) zu schaffen, durch die sichergestellt wird, daß die Verfolgung des Eigeninteresses der Menschen gleichzeitig den Wohlstand der gesamten Gesellschaft mehrt. Um eine bestmögliche Versorgung der Mitglieder einer Gesellschaft mit Bildungsgütern zu gewährleisten, ist es erforderlich, daß der Staat diese Aufgabe auch für den Bildungsbereich wahrnimmt. Wir fragen daher im folgenden zunächst nach der Ver-

[2] Siehe zu dieser Diskrepanz zum Beispiel Blankart, C. B.: Die Überfüllung der Hochschule als ordnungspolitisches Problem, in: Ordo, Bd. 27 (1976), S. 266–275.

[3] In der Tradition von A. Smith und J. St. Mill stehen heute insbesondere J. Wiseman, A. T. Peacock, E. G. West, C. K. Rowley und – wenn auch mehr abwägend – M. Blaug. Siehe Wiseman, J.: The Economics of Education, in: Scottish Journal of Political Economy, Bd. 6 (1959), S. 48–59; Peacock, A. T., und Wiseman, J.: Education for Democrats, a.a.O.; West, E. G.: Education and the State, a.a.O.; Rowley, C. K.: The Political Economy of British Education, a.a.O.; Blaug, M.: An Introduction to the Economics of Education, a.a.O. Siehe auch Crew, M. A., und Young, A.: Paying by Degrees, (Institute of Economic Affairs) London 1977.

teilung der Verfügungsrechte zwischen dem Staat als Träger hoheitlicher Funktionen, den Bildungsanbietern und Bildungsnachfragern unter der Bedingung der Bildungsvertragsfreiheit als Voraussetzung für eine dezentrale Abstimmung des Angebots und der Nachfrage nach Bildung. Daß dabei Besonderheiten zu berücksichtigen sind, durch die sich Bildungsprozesse von anderen produktiven Prozessen unterscheiden (Bildungsnachfrager sind zugleich produktive Faktoren zur Erstellung von Bildungsgütern), darf nicht unberücksichtigt bleiben.

Darüber hinaus gehen wir davon aus, daß der Staat sicherzustellen hat, daß anerkannte, im Gesellschaftsvertrag (Verfassung) vereinbarte sozialpolitische Zielsetzungen erreicht werden. Das heißt, wir unterstellen mit James M. Buchanan, daß die Zustimmung zu einem Gesellschaftsvertrag von einigen Mitgliedern nur erreicht werden kann, wenn (einseitige) Transfers zugunsten derer vorgesehen sind, die in wirtschaftliche Not geraten[1]. Diese zur Zielerreichung zu ergreifenden sozialpolitischen Maßnahmen beschränken sich aber auf Finanzierungshilfen, die Schülern (Eltern) und Studenten zu gewähren sind.

Sofern der Staat selber als Träger von Schulen und Hochschulen auftritt, ergeben sich daraus zusätzliche Aufgaben, die jedoch nicht zu seinen ordnenden (hoheitlichen) Funktionen zählen[2].

Bei der nun folgenden Beschreibung und speziellen Begründung der Neuverteilung der Verfügungsrechte im Bildungsbereich wird die Finanzierung der Bildungsnachfrage aus analytischen Gründen weiterhin als gesichert (funktionstüchtiger Kapitalmarkt) betrachtet, um sie dann im darauffolgenden Hauptkapitel einer eingehenden Untersuchung zu unterziehen.

a. Der Bildungsvertrag: Eine Alternative zur Mitwirkung und Mitbestimmung

Voraussetzung für den Bildungsmarkt, der eine individuelle Abstimmung zwischen Bildungsangebot und -nachfrage möglich machen soll, ist die *Vertragsfreiheit.* Eltern (Vormünder) sind berechtigt, für ihre Kinder (Minderjährige) Bildungsverträge mit Schulen oder anderen (staatlich anerkannten) Bildungseinrich-

[1] Buchanan, J. M.: The Limits of Liberty, besonders a.a.O., S. 71 und 73. Die ökonomische Theorie des Gesellschaftsvertrages gibt eine Erklärung dafür, weshalb es effizient sein kann, wenn der Staat diese Funktion (Gewährung eines Minimums an sozialer Sicherheit) übernimmt. Siehe dazu auch Rawls, J.: Eine Theorie der Gerechtigkeit, a.a.O., der davon ausgeht, daß die Menschen unter unsicheren Erwartungen (Schleier der Unwissenheit) für distributive Maßnahmen des Staates zugunsten der am schlechtesten gestellten Personen stimmen werden (Rawls unterstellt dabei allerdings stillschweigend risikoaverse Menschen beziehungsweise die Präferenz für soziale Institutionen, die maximin-Lösungen zu lassen). Der gleiche Gedanke liegt dem Ordnungsentwurf der Sozialen Marktwirtschaft zugrunde, die allerdings darüber hinaus eine gleichmäßigere Streuung der Vermögen zum Ziele hat. Buchanan, Rawls und die Vertreter der Sozialen Marktwirtschaft zeigen jedoch nicht, ob nicht durch die mit der Wahrnehmung solcher distributiver Aufgaben verstärkt auftretenden Probleme der Bürokratie und der Anmeldung und Durchsetzung von Sonderinteressen bei unvollkommenem politischen Wettbewerb Effizienzverluste entstehen, die größer sind, als wenn der Staat auf diese Funktion verzichten und sie der privaten Philanthropie überlassen würde.
Siehe im Gegensatz zu Buchanan und Rawls Nozick, R.: Anarchie, Staat, Utopia (Anarchy, State, and Utopia), Aus dem Amerikanischen übertragen von H. Vetter, München o.J. (1975).

[2] Insbesondere organisatorische Aufgaben (Verteilung der Entscheidungsbefugnisse) sowie Planung und Kontrolle der Bildungsproduktion.

tungen abzuschließen, Studenten schließen Ausbildungsverträge mit Hochschulen ab[3]. Im Bildungs- oder Ausbildungsvertrag sind Leistung und Gegenleistung der Vertragspartner zu regeln. Die vertragliche Fixierung der (Aus)Bildungsleistungen und Gegenleistungen (Preis, Gebühr) sowie der Ausführungsbedingungen erfolgt im staatlich (gesetzlich) vorgegebenen Rahmen[4]. Bei Nichterfüllung stehen den Vertragspartnern unter anderem Rechte zu, die der Staat ebenfalls gesetzlich zu regeln hat.

Im Gegensatz zu der kollektiven Entscheidungsorganisation nach dem Partizipationsmodell (Mitwirkung und Mitbestimmung) und zur staatlich administrativen Lenkung ermöglicht der wettbewerbliche Bildungsmarkt über den (Aus)Bildungsvertrag eine präzisere Lenkung der Bildungsproduktion nach den persönlichen Präferenzen der einzelnen Eltern, Schüler und Studenten. Da anders als im demokratisierten Bildungssystem Nachfrager nicht an den Entscheidungen in den Selbstverwaltungsorganen der Bildungseinrichtungen beteiligt sind, werden sie darüber hinaus für die getroffenen Entscheidungen nicht mit in die (kollektive) Verantwortung genommen, die sich aus den Beschlüssen der mit Bildungsproduzenten und Vertretern der Bildungsnachfrager gemeinsam besetzten Entscheidungsgremien der Bildungseinrichtungen ergibt. Ihnen stehen vielmehr aus dem Ausbildungsvertrag Rechte zu, die sie persönlich durchsetzen können, ohne von Mehrheitsentscheidungen und den mit ihnen verbundenen Problemen der kollektiven Entscheidungsfindung (hohe Transaktionskosten[5], Trittbrettfahrer, Probleme der Information und Kontrolle der Vertreter, Nichtteilbarkeit der Beschlüsse) abhängig zu sein[6]. Außerdem unterbleiben sachfremde, die Teilung des Wissens aufhebende Interventionen in den Entscheidungsprozeß der Bil-

[3] Der Bildungsmarkt setzt deshalb voraus, daß der Schüler und Student aus dem „besonderen Gewaltverhältnis", in dem er in der Bundesrepublik Deutschland zur Schule und Hochschule steht, entlassen wird. Siehe zu dieser Problematik Quaritsch, H.: Zur rechtlichen Möglichkeit eines Schulvertrages, in: Flügge, J. und derselbe: Schulmündigkeit und Schulvertrag, Bad Heilbrunn 1971, S. 39–46. Zu den pädagogischen Wirkungen des Bildungs- oder Schulvertrages im Vergleich zum Ausbildungsvertrag des Lehrlings siehe Flügge, J. und Quaritsch, H.: Schulmündigkeit und Schulvertrag, a.a.O., S. 9–37. Ein Gewaltverhältnis besteht nur noch im Rahmen der Bildungspflicht zum Schutz Minderjähriger vor Unwissenheit.

[4] Hier kann in der Bundesrepublik Deutschland zum Teil auf Erfahrungen aus dem Fernunterricht und den Verträgen zwischen den Privatschulen und ihren Benutzern zurückgegriffen werden. Zum Fernunterricht siehe die Diskussion um das Fernunterrichtsschutzgesetz Bundestagsdrucksachen 7/4245, 7/4965, 7/5325 und Haagmann, H. G.: Die deutschen Fernschulen, Stuttgart 1968, und derselbe: Fernunterricht, Stufen zum beruflichen Erfolg, Frankfurt 1978.

[5] Zu den Transaktions- oder Entscheidungskosten der Mitbestimmung im Hochschulbereich siehe Lith, U. van: Die Kosten der akademischen Selbstverwaltung. Eine vergleichende Untersuchung über den Zeitaufwand und die Kosten der Gremientätigkeit an vier deutschen Universitäten, München–New York–London–Paris 1979.

[6] Siehe dazu Hirschman, A. O.: Abwanderung und Widerspruch, Reaktionen auf Leistungsabfall bei Unternehmungen, Organisationen und Staaten, Tübingen 1974, und Watrin, C.: Studenten, Professoren und Steuerzahler, in: Wirtschaftsordnung und Staatsverfassung, (Hrsg.) H. Sauermann und J. Mestmäcker, Tübingen 1975, S. 637–665; hier besonders S. 650–655.

dungsproduzenten[7] sowie Unwirtschaftlichkeiten, die darauf zurückzuführen sind, daß Schüler (Eltern) und Studenten in keinem Dienstverhältnis zum Schulträger stehen und deshalb im Gegensatz zu den übrigen am Bildungsprozeß Beteiligten nicht zur Verantwortung gezogen werden können.

Es kann deshalb erwartet werden, daß die Rechte aus dem Ausbildungsvertrag mehr persönliche Freiheit herstellen (an der letztlich die Ordnung einer demokratischen und offenen Gesellschaft zu messen ist) als die Mitbestimmung von Bildungsnachfragern bei der Bildungsproduktion[8] und daß auch die Wirtschaftlichkeit des Schul- und Hochschulbetriebs aus diesen Gründen steigt.

b. *Die Dispositionsrechte des Staates*

1. *Staatliche Schulaufsicht als Ordnungsfunktion: Ihre ökonomische Begründung*

Die Aufgabe der staatlichen Schulaufsicht, die im Gegensatz zur bisherigen Praxis nicht als staatliche Bildungs*produktion* (Leitung und Verwaltung von Schulen), sondern als Ordnungsfunktion verstanden wird, besteht in der Aufrechterhaltung und Kontrolle von Mindeststandards im Hinblick auf die Anforderungen an die Hygiene und Sicherheit im Schul- und Hochschulbetrieb, an Lehrkräfte und Schulbücher (inputs), an die Unterrichtsrichtlinien und Organisationsformen sowie auch an die Bildungsergebnisse (outputs), die im Rahmen der Bildungspflicht durch Tests und Prüfungen festzustellen wären. Der Regulierungsbedarf, der hier im einzelnen nicht untersucht werden kann[9], sollte stets unter dem

[7] Es bleibt eine zu untersuchende Frage, inwieweit der Umstand, daß der Bildungsnachfrager gleichzeitig durch seine Mitwirkung an der Erstellung des Bildungsergebnisses Produktionsfaktor ist, für eine Teilnahme am schul- und hochschulinternen Entscheidungsprozeß spricht. Vieles scheint jedoch darauf hinzudeuten, daß diese produktionstechnisch und ökonomisch wichtige Abstimmung im Unterricht beziehungsweise in der Lehrveranstaltung durch das Unterrichtsgespräch stattfindet und lediglich kollektive Güter, wie die Benutzungsordnungen von Bildungseinrichtungen, zweckmäßigerweise Gegenstand eines kollektiven Abstimmungsprozesses sind. Insofern hätten auch unter den neuen Rahmenbedingungen Schüler- und Studentenausschüsse eine Funktion.

[8] Aus diesen Gründen muß in Zweifel gezogen werden, daß die Mitbestimmung ein Wert an sich sei. Wenn Partizipation dem Zweck dienen soll, dem einzelnen die Möglichkeit der Mitsprache einzuräumen, damit auch seine Interessen in Schule und Hochschule berücksichtigt werden, dann bedeutet das, daß durch Mitbestimmung Fremdbestimmung abgebaut und mehr persönliche Freiheit und Selbstbestimmung gewonnen werden sollen. Partizipation ist insofern kein Selbstzweck, sondern findet ihren Sinn in der Verwirklichung des übergeordneten Wertes der persönlichen Freiheit, der Entfaltungs- und Gestaltungsmöglichkeit. Als Organisationsprinzip von Entscheidungsprozessen muß sie gemessen an diesem Ziel effizient sein. Kollektive Entscheidungsregeln, wie sie der Partizipation zugrunde liegen, können überall dort persönliche Freiheit am wirksamsten herstellen, wo das Prinzip der persönlichen individuellen Wahl versagt. Bildungsleistungen, die von Schulen und Universitäten angeboten werden, lassen aber persönliche Wahlfreiheit zu, da das Ausschlußprinzip funktioniert und die Rolle des Schülers oder Studenten die des Nachfragers ist, der eine möglichst gute Dienstleistung erwartet. Das heißt, marktliche Entscheidungsmechanismen sind stets kollektiven Entscheidungsmechanismen vorzuziehen, sofern erstere angewendet werden können.

[9] Es ist einer separaten Analyse vorbehalten, die Frage des Umfangs der staatlichen Marktordnungsfunktion für Lehrkräfte und Schulbücher sowie der allgemeinen Rahmenrichtlinien für den Unterricht, die Schulorganisation und das Prüfungswesen aus ökonomischer Sicht zu untersuchen. Hier kann es sich nur darum handeln, die allgemeine ökonomische Begründung für die staatliche Aufsichtsfunktion zu liefern, ohne den Umfang exakt zu bestimmen.

Gesichtspunkt fixiert werden, daß die Herstellung von Wettbewerb unter den Bildungseinrichtungen und die Ausstattung der Schüler (Eltern) und Studenten mit Rechten aus ihren (Bildungs-)Verträgen der beste Garant für die Einhaltung nicht nur minimaler Standards ist, und daß durch ihn das Leistungsniveau erhöht und die Anpassungsfähigkeit der Schulen und Hochschulen an die Bildungs- und Ausbildungswünsche der Eltern (Schüler) und Studenten, Innovationsfreudigkeit und Vielfalt, besonders aber auch die Motivation der Schüler und Studenten, gestärkt werden. Dabei kommt der Ordnungsfunktion (staatliche Schulaufsicht) des Staates für Schulen, die im Rahmen der Bildungspflicht Leistungen anbieten, größere Bedeutung zu als für andere.

Die allgemeine ökonomische Begründung einer so verstandenen staatlichen Schulaufsicht und ihrer Ausgestaltung ist eine mehrfache:

(1) Erstens weisen Erziehungs- und Bildungsprozesse im Vergleich zu anderen produktiven Prozessen Besonderheiten auf: Die produktiven Leistungen der Schulen werden kontinuierlich über einen längeren Zeitraum (meistens mehrere Jahre) an Bildungsnachfrager (Schüler beziehungsweise Studenten) abgegeben, die gleichzeitig selbst einen Beitrag zum Produktionsergebnis zu leisten haben. Bei den Versuchen, Produktionsfunktionen für die „Bildungsindustrie" aufzustellen, werden deshalb Schüler und Studenten als ein wesentlicher Bestandteil der inputs behandelt[10]. Ein Schaden durch den schulischen Erziehungsprozeß kann deshalb schon dann eintreten, ehe der Schüler die Schule verläßt oder am Ende einer Bildungsphase das Ergebnis durch einen Test festgestellt wird. Besonders bei Kindern (Minderjährigen) können geistige oder psychische Schäden oder Wissenslücken entstehen, die nur schwer reparabel sind, da gewisse Lernprozesse und Erfahrungen in bestimmten Entwicklungsphasen gemacht werden müssen. Geistige und psychische Fehlentwicklungen und Wissenslücken stellen aber sowohl für die betreffende Person als auch für die Gesellschaft einen Wohlfahrtsverlust dar, der vermutlich nicht nur durch staatliche Mindestanforderungen an die outputs (Bildungsergebnisse) beseitigt werden kann, sondern wegen der Langfristigkeit der Bildungsprozesse[11] und der unmittelbaren Beteiligung der Schüler an diesen Prozessen zusätzlich Anforderungen an die inputs, vor allem an Lehrpersonal und Schulbücher, verlangt. Volkswirtschaftlich ist eine solche staatliche Aktivität solange sinnvoll, bis die sozialen Grenzkosten der getroffenen Maßnahmen gleich ihrem Grenznutzen sind. Wo im Einzelfall dieser Punkt liegt, bedarf der empirischen Analyse, die allerdings nicht leicht sein wird. Es ist jedoch zu vermuten, daß Anforderungen an die genannten inputs nur für Bildungseinrichtungen, die von Minderjährigen besucht werden, eine Rolle spielen.

Gegen das Gesagte kann jedoch eingewendet werden, daß auf einem wettbe-

[10] Siehe zum Beispiel die umfangreiche Literatur in Siegfried, J. J., und Fels, R.: Research on Teaching College Economics: A Survey, in: Journal of Economic Literature, Bd. 17 (1979), S. 923–969, hier S. 925f.

[11] Zwar werden sich unter den neuen Rahmenbedingungen die Fristigkeiten (Dauer der Bildungsprozesse) ändern und mehr nach individuellem Bedürfnis gestalten, trotzdem bleibt das Problem grundsätzlich bestehen.

werblichen Bildungsmarkt für die um Schüler und Studenten konkurrierenden Bildungseinrichtungen Anreize bestehen, höhere als nur minimale Anforderungen an Lehrkräfte und -materialien sowie an Hygiene und Sicherheit zu stellen, wie sie die staatliche Aufsicht verlangt. Denn nur so können die Wünsche der Schüler, Eltern und Studenten befriedigt werden und die Bildungseinrichtungen ihre Attraktivität erhalten. Von einer solchen Wirkung des Wettbewerbs kann grundsätzlich auf *lange* Sicht eine wirksamere Kontrolle erwartet werden als von staatlicher Seite. Aber selbst dann, wenn wir davon ausgehen, daß Wettbewerb herrscht, führen die Besonderheiten der Bildungsproduktion dazu, daß die Kontrollfunktion des Marktes allein wahrscheinlich nicht ausreichen wird und eine zusätzliche staatliche Aktivität (Kontrollfunktion) Wohlfahrtsgewinne möglich macht (Pareto-superiore Bewegung). Das liegt daran, daß der Bildungsprozeß eine (mehr oder weniger) ständige Kontrolle erfordert, die sich anders als beim Güterkauf nicht auf eine einmalige Prüfung bei Empfang des Gutes beschränken kann. Denn Ansprüche, wie Minderung, Nachbesserung, Wandlung und Schadensersatz, sind hier in manchen Fällen ungeeignete Mittel, Schäden zu beseitigen, da sie sich ex post oft nicht mehr oder nur schwer beseitigen lassen.

Fraglich ist auch, ob die Kosten der ständigen Kontrollmaßnahmen, die von Eltern durchgeführt werden müßten, nicht zu hohe Kosten (Opportunitätskosten) verursachen, zumal diese Kontrollen nicht koordiniert sind und sie die Eigenschaft öffentlicher Güter haben, also etwa der Nutzen der Reklamation eines unzureichenden oder nicht stattgefundenen Unterrichts oder eines sektiererischen Indoktrinationsversuchs eines Lehrers nicht nur dem Kind jener Eltern zugute kommt, die die Beanstandung vorgenommen haben, sondern allen Kindern der Klasse oder gar der Schulgemeinschaft. Allerdings wird hier das Schutzbedürfnis für das eigene Kind häufig so bedeutend sein, daß der öffentliche-Gut-Charakter solcher Maßnahmen nicht zu einem Marktversagen führen muß, weil es sich nicht notwendig um Pareto-relevante externe Effekte handelt. Letzteres hängt unter anderem maßgebend von der Ausgestaltung des Vertrages ab, den Eltern für ihre Kinder mit der Schule abschließen.

Sind die Rechte aus diesem Vertrag dergestalt, daß die Kosten der Einflußnahme auf die Schulleitung zur Beseitigung solcher Mängel relativ gering sind – etwa ein Teil des vertraglich vereinbarten Schulgeldes zurückbehalten werden kann, wenn der Mangel nicht bald behoben wird –, dann kann es durchaus realistisch sein, daß die staatliche Aufsichtsfunktion, die durch einen Schulinspektor ausgeübt würde, sich als unwirtschaftlich erweist[12].

Fraglich bleibt allerdings, ob nicht durch die präventiven Maßnahmen der staatlichen Schulaufsicht (gesetzliche Fixierung von Mindeststandards) gesundheitlicher wie auch pädagogischer Schaden von vornherein vermieden werden kann.

[12] Darauf scheinen auch die Erfahrungen mit der Kontrolle der Schulräte in den Grund- und Hauptschulen der Bundesrepublik Deutschland hinzudeuten. Die Situation der Schüler an den Grundschulen ist bei gleichen Kontrollmaßnahmen von Seiten der Schulbehörde vermutlich deshalb besser als an Hauptschulen, weil die Eltern eine stärkere Kontrolle – ob intendiert oder nicht – ausüben.

Der Staat könnte die Kontrolle der Einhaltung dieser Standards selbst übernehmen, oder er überläßt sie den einzelnen Schulbenutzern beziehungsweise von ihnen beauftragten Fachleuten und räumt ihnen durch eine entsprechende Rechtsgestaltung (kostengünstige) Möglichkeiten ein, auf die Beseitigung von Mißständen hinwirken zu können. Eventuell könnten hier auch die Elternvereine oder von ihnen Beauftragte eine aktive Rolle spielen. Die Frage, wie eine solche Aufsichtsfunktion über die Einhaltung von Mindeststandards effizient organisiert werden kann, ist keine Frage, die an dieser Stelle zu entscheiden ist. Hier kam es lediglich darauf an, zu prüfen, inwieweit der Umstand, daß Schüler und Studenten nicht nur Nachfrager von Bildungsgütern, sondern auch Produktionsfaktor sind, für eine staatliche Kontrolle der Mindestanforderungen an die übrigen Einsatzfaktoren sprechen kann, um schwer reparable Bildungsschäden zu verhindern. Diese Frage kann generell nicht verneint werden.

(2) Mit der staatlichen Schulaufsicht können auch positive Wohlfahrtseffekte verbunden sein, wenn der Staat den *Schutz Minderjähriger* vor nicht wohlwollenden Eltern gewährleisten will, in dem er alle Kinder bis zu einem bestimmten Alter der Bildungspflicht unterwirft.

Unter der Bedingung der Bildungspflicht als Schutz vor Unwissenheit stellt sich nämlich die Frage, ob eine solche Zwangsmaßnahme ökonomisch sinnvoll sein kann, wenn die Verpflichtung zur Investition in Humankapital nicht gleichzeitig verbunden ist mit der Vorgabe eines Fächerkatalogs, der für alle bildungspflichtigen Kinder unterrichtende Schulen obligatorisch ist. Dieses Argument kann nicht ganz von der Hand gewiesen werden, weil offenbar bestimmte Bildungsinhalte in einem bestimmten Alter am leichtesten angeeignet werden können beziehungsweise später deren Aneigung nur schwer nachgeholt werden kann. Bildungspflicht als Schutz Minderjähriger vor Unwissenheit erfordert deshalb wahrscheinlich einen Katalog von Pflichtfächern und allgemeinen Lehrplan-Richtlinien, weil sonst die obligatorische Abnahme von Bildungsgütern diesen Schutz nicht bieten kann; es sei denn, daß an allen Schulen spontan die erforderlichen Fächer angeboten werden, weil die große Mehrzahl der übrigen um das Wohl ihrer Kinder bemühten Eltern dafür sorgen und die Schulen sich danach richten.

(3) Schließlich können mit der staatlichen Schulaufsicht wohlfahrtssteigernde Wirkungen verbunden sein, wenn der Wettbewerb trotz fördernder Bemühungen des Staates nicht überall und zu jeder Zeit in der Lage ist, volkswirtschaftlichen Schaden zu vermeiden. Letzterer kann dadurch entstehen, daß Schulen – wenn auch nur kurzfristig – auf den Markt treten, die gewisse minimale Standards nicht einhalten beziehungsweise aus *betrügerischen* Absichten nicht einhalten wollen, und ausnutzen, daß eine Abwanderung der Schüler mit hohen Kosten verbunden ist. Um den daraus entstehenden Schaden vor allem bei jungen Menschen zu vermeiden, wird man trotz der volkswirtschaftlichen Kosten solcher Kontrollmaßnahmen und der Genehmigungsverfahren mit wohlfahrtssteigernden Effekten rechnen können, wenn die staatliche Schulaufsicht Bildungseinrichtungen den Marktzutritt verwehrt, die gegen Mindeststandards verstoßen. Besonders im Grund-

schulbereich, wo ein Schulwechsel größere Probleme aufwerfen kann, weil Kindern in diesem Alter ein Wechsel ihrer sozialen Umgebung und längere Fahrten zur Schule nicht ohne weiteres zuzumuten sind, kommt einem solchen Gesichtspunkt besondere Bedeutung zu. Im Grundschulbereich muß daher der Bildungsvertrag besondere Rechte der Eltern vorsehen, die die begrenzten Möglichkeiten des Schulwechsels kompensieren[13].

Kurzfristig auftretende Mißstände in diesem Bereich können eventuell durch besondere vertragliche Rechte, die den Eltern gesetzlich zuerkannt werden, wirksamer vermieden werden als durch kostspielige staatliche Kontrollen und Genehmigungsverfahren, die tendenziell den Marktzutritt erschweren oder hinauszögern.

(4) Pflichtfächer und Rahmenrichtlinien, die im weiten Sinne den Inhalt der Pflichtfächer fixieren, haben aber über die Bildungspflicht hinaus die Funktion, die Mobilität, das heißt den *Wechsel* von Schule zu Schule in einem weiten Rahmen (horizontal wie vertikal) zu ermöglichen (Integrationsfunktion). Das ist nicht nur für Schüler und Studenten von Bedeutung, um sich nach eigenen Wünschen und Neigungen bilden und unzureichende Leistungen einer Schule durch Abwanderung begegnen zu können, sondern auch für die berufliche Mobilität der Eltern. Mangel an Abwanderungsmöglichkeiten können zu Effizienzverlusten sowohl auf dem Bildungs- als auch auf dem Arbeitsmarkt führen.

In diesem Zusammenhang spielt die Organisation der Schulen und des Schulbetriebs eine entscheidende Rolle. Zwar ist es wirtschaftlich zweckmäßig, den Trägern von Schulen und Hochschulen einen möglichst großen Entscheidungsspielraum für die Gestaltung ihrer Organisation zu geben, doch kann das volkswirtschaftlich nachteilig sein, wenn Möglichkeiten, Schulwechsel vorzunehmen oder eine weiterführende Einrichtung zu besuchen, dadurch eingeschränkt werden. Es ist allerdings zu betonen, daß der Markt für Schulen und Hochschulen Anreize setzt, sich um Benutzer ihrer Einrichtungen zu bemühen und einen Schulwechsel im eigenen Interesse zu erleichtern, zu fördern (Überbrückungskurse, Ergänzungs- und Förderunterricht) oder gar den Besuch mehrerer Schulen gleichzeitig zuzulassen, da die Bildungseinrichtungen sich auf diese Weise finanzieren müssen. Doch ist nicht ausgeschlossen, daß sich auf dem Bildungsmarkt Tendenzen ausbreiten, die zur Kompartmentierung und Kartellierung führen und den Schul- und Hochschulwechsel und teils auch die berufliche Mobilität der Eltern hemmen. In einem dynamischen Prozeß werden sich zwar bei leichtem Marktzugang sehr schnell Anbieter finden, die dieser Tendenz entgegenwirken, es kann jedoch vermutet werden, daß der Staat hier eine wohlfahrtsfördernde ordnende Funktion hat, durch gesetzliche Vorschriften die Fluktuation zwischen den Schulen zu sichern. Die Organisationsmuster zu finden, die diese Fluktuation ermöglichen, kann den Marktteilnehmern überlassen bleiben. Zu prüfen wäre allerdings, ob die Aufgabe der Abstimmung von Richtlinien für die Schulübergänge

[13] Hier wäre näher zu prüfen, inwieweit auch Einwirkungsrechte zu einer effizienten Lösung beitragen können.

und die Organisationsstrukturen, soweit sie die Mobilität sicherstellen sollen und sie durch die Anreize zur Flexibilität bei den einzelnen Schulträgern nur mit geringerer Effizienz hergestellt werden können, nicht notwendig im Rahmen der staatlichen Schulaufsicht erfolgen muß, sondern über einen selbstverwalteten Ausschuß aller Schulträger gelöst werden kann.

(5) Staatliche Schulaufsicht ist ökonomisch außerdem dann gerechtfertigt, wenn das *unmittelbare* Interesse der Regierung als Repräsentant des Wählerwillens betroffen ist. Lehrkräfte, Schulbücher und ein Unterricht, der zur Verfassungsfeindlichkeit erzieht, kann zu politischen Instabilitäten führen, die volkswirtschaftliche Kosten zur Folge haben. Es liegt daher im unmittelbaren Aufgabenbereich der Regierung, die gesellschaftspolitische Neutralität des Unterrichts zu sichern, sofern der Wettbewerb der Schulen untereinander eine solche Neutralität nicht herstellt.

Darüber hinaus hat die Regierung ein Eigeninteresse daran, darauf hinzuwirken, daß die jungen Staatsbürger über die Verfassung und die politische, soziale und wirtschaftliche Ordnung des Landes sowie über ihre Rechte und Pflichten als Staatsbürger unterrichtet werden (sozialkundlicher Unterricht, Staatsbürgerkunde); denn Unkenntnis in diesem Bereich kann nicht nur für den Unwissenden nachteilig sein, sondern auch für den Staat und die anderen Mitglieder der Gesellschaft[14]. Es ist deshalb zweckmäßig, daß der Staat in wesentlichen Zügen den Inhalt des staatsbürgerlichen Unterrichts in den Teilen fixiert, die ihn unmittelbar betreffen, und er eventuell den Bildungsstand der Schüler überprüft[15].

Zusammenfassend läßt sich sagen, daß die ökonomische, wohlfahrtsfördernde Funktion der staatlichen Schulaufsicht (Schulgenehmigung, minimale Anforderungen an schulische Einrichtungen, an Lehrkräfte, Schulbücher, Unterrichtspläne, Organisationsstrukturen) auf dem Schutz der Person vor Unwissenheit und vor psychischen und geistigen Schäden irreparabler Natur beruht, die sowohl für den betroffenen Menschen als auch für die übrigen Mitglieder der Gesellschaft zu materiellen und immateriellen Einbußen führen und höher sein können als die Kosten, die entstehen, um diesen Schutz zu organisieren ((1) bis (3)); darüber hinaus aber auch in der Integrationsfunktion (4) und in der Aufgabe, verfassungs- und staatsfeindlicher Erziehung vorzubeugen (5).

Fraglich ist, ob eine weitere Wohlfahrtssteigerung erwartet werden kann, wenn die staatliche Vorgabe und Kontrolle von Mindeststandards der Einsatzfaktoren durch eine staatliche Kontrolle der Bildungsergebnisse (staatliches Prüfungswesen) ergänzt wird.

[14] Solange jedoch Unkenntnis des Gesetzes vor Strafe nicht schützt, wird eine staatliche Fixierung von Inhalten des staatsbürgerlichen Unterrichts nicht erforderlich sein.

[15] Auch die Pflege der „sittlichen Staatsgesinnung" kann darin enthalten sein; sie rechtfertigt aber auf der Grundlage des methodologischen Individualismus keine weiteren staatlichen Interventionen oder Ansprüche an das Bildungssystem, wie sie Georg Kerschensteiner aus dieser Zielsetzung ableitet (Theorie der Bildungsorganisation, Leipzig 1933, S. 98f.). Siehe dazu die Ausführungen zu den Abschnitten B.I.3. und B.II.

2. *Staatliche Prüfungen im Rahmen der Bildungspflicht und staatliche Aufsicht über den Markt für Prüfungsleistungen*

(1) Die Frage nach der ökonomischen Zweckmäßigkeit eines staatlichen Prüfungswesens[16] stellt sich im Rahmen der Bildungspflicht anders als für die übrigen Bereiche des Bildungssystems[17]. So wie ökonomische Gründe für Mindeststandards der Einsatzfaktoren[18] der Pflichtschulen sprechen, um physischen und psychischen Schäden präventiv zu begegnen, gibt es gute ökonomische Gründe, davon auszugehen, daß es wohlfahrtsfördernd wirkt, das Ergebnis der Erziehungs- und Bildungsprozesse im Rahmen der Bildungspflicht zumindest in wesentlichen Fächern (elementare Kenntnisse der Landessprache, Mathematik, Staatsbürgerkunde) einer staatlichen Prüfung zu unterziehen. So kann der Staat seine Schutzfunktion gegenüber jenen Minderjährigen wahrscheinlich am wirtschaftlichsten ausüben, bei deren Eltern das Wohlwollen fehlt, für die Ausbildung ihrer Kinder zu sorgen (Verletzung der elterlichen Erziehungspflicht). Zwar würde sich, wie gezeigt wurde[19], diese Maßnahme nicht auf die schutzbedürftigen Kinder beschränken, sondern sämtliche Kinder im Rahmen der Bildungspflicht (auch die der wohlwollenden Eltern) umfassen; wenn jedoch der Mindeststandard auf Fächer beschränkt ist, deren Inhalte später nur unter hohen Kosten angeeignet werden können, kann erwartet werden, daß die positiven Wohlfahrtseffekte bei den schutzbedürftigen Kindern nicht durch Wohlfahrtsverluste bei den übrigen gemindert werden. Voraussetzung dafür ist allerdings, daß der volkswirtschaftliche Nutzen dieser Prüfungs- und Kontrollmaßnahmen größer ist als die durch sie verursachten Kosten.

[16] Prüfungen und Tests spielen auch im innerschulischen und -akademischen Leistungsprozeß eine Rolle. Sie informieren den Schüler und Studenten über seinen Leistungsstand und zeigen an, in welchem Bereich Schwächen vorhanden sind. Gleichzeitig sind sie eine innerbetriebliche Leistungskontrolle für die Lehrenden und die Leitung der Bildungseinrichtung und geben Hinweise, wie die Bildungsprozesse zu steuern sind. Darüber hinaus können Prüfungen und Tests noch weitere pädagogische Funktionen haben, etwa die der Steigerung der Leistungsmotivation. All diese Prüfungen stehen im Ermessen der pädagogisch Verantwortlichen und sind von den Prüfungen und Zeugnissen zu trennen, die Signal- und Informationsfunktionen nach außen erfüllen (Hauptschulabschluß, Mittlere Reife, Abitur, Staatsexamen, Diplom etc.). Auch die Eingangs- oder Zulassungsprüfung hat hauptsächlich die Funktion, bestmöglich darüber zu informieren, ob jemand für einen bestimmten formalen Bildungsgang geeignet ist sowie der Schule oder Hochschule Entscheidungshilfe bei der Frage zu geben, ob sie in der Lage ist, einen Schüler oder Studenten zum angestrebten Ausbildungsziel zu bringen, bei wem sie dies am ehesten erwarten kann und welche Maßnahmen und Ressourcen dafür erforderlich sind.

[17] Siehe dazu zum Beispiel Leibenstein, H.: Economics of Skill Labelling, in: World Yearbook of Education, 1969, S. 268–271, aber auch die Verfechter der Filterhypothese, wie Spence, A. M.: Market Signaling: Informational Transfer in Hiring and Related Screening Processes, Cambridge, Mass., 1974, besonders S. 14ff., Stiglitz, J. E.: The Theory of „Screening“, Education, and the Distribution of Income, in: American Economic Review, Bd. 66 (1976), S. 283–300, Riley, J. G.: Information, Screening and Human Capital, in: American Economic Review, Bd. 66 (1976), Papers & Proceedings, S. 254–260, sowie die Ausführungen von Stigler, G. J.: The Economics of Information, in: Journal of Political Economy, Bd. 69 (1961), S. 213–225.

[18] Das schließt auch die Nichtzulassung von Kindern ein, die das Wohl der übrigen Schüler in besonderer Weise gefährden.

[19] Siehe Kapitel B. IV.

Der Staat kann die im Rahmen seines Wächteramtes[20] vorzunehmende Prüfung der Bildungsergebnisse durch staatliche Auftragsvergabe auch von privaten Einrichtungen durchführen lassen, sofern die Effizienz der staatlichen Prüfungen dadurch erhöht wird.

(2) Von dem Problem der staatlichen Leistungskontrolle als Schutzmaßnahme für Minderjährige unterscheidet sich die Frage, ob der Staat auch jenseits der Bildungspflicht im Schul- und Hochschulbereich die Funktion der Leistungsfeststellung durch staatliche Prüfungen und Anerkennung akademischer Grade übernehmen oder ob er sich auf die Aufsicht über den Markt für Prüfungsleistungen beschränken soll.

Für einen freien Markt für Prüfungsleistungen auf fakultativer Basis spricht der Nutzen der Information über den Wissensstand, die Fähigkeiten, Fertigkeiten und anderen persönlichen Eigenschaften, die der Prüfling selbst oder der Nachfrager nach Qualifikationen aus einer Prüfung ziehen kann[21]. Je nachdem, wie sich die Nutzen auf Prüfling und Qualifikationsnachfrager verteilen, werden der eine oder der andere, oder auch beide gemeinsam, bereit sein, die Kosten der Prüfung zu übernehmen[22]. Es ist deshalb zu erwarten, daß ein Markt für diese Leistungen spontan entsteht[23] und zu einem Gleichgewicht tendiert. Die Tests und Prüfungen können dabei von den Schulen und Hochschulen selbst, von externen Test- und Prüfungsinstituten, aber auch von potentiellen Arbeitgebern oder sonstigen Qualifikationsnachfrager oder deren beauftragte Organisationen durchgeführt werden. Einer Beteiligung der Schulen und Hochschulen an der Erstellung von (Abschluß)Prüfungsleistungen für ihre eigenen Schüler oder Studenten ist zwar entgegen zu halten, daß dies einer absichtsvollen Verfälschung der Informationen über den Leistungsstand des Prüflings Vorschub leiste, weil dann diejenigen, die maßgeblich am erfolgreichen Qualifikationserwerb oder der Realisierung des Bildungsziels mitzuwirken haben, zugleich diejenigen sind, die die Leistung feststellen. Das käme zum Teil einer Selbstprüfung und -zertifizierung gleich. Der Markt wird jedoch selber über den Wert dieser Qualifikationsfeststellungen und -bescheinigungen entscheiden, die Leistungsnachweise entsprechend bewerten und

[20] Daß damit gleichzeitig auch eine Informationsfunktion nach außen (für den Bildungs- und den Arbeitsmarkt) verbunden ist, ändert nichts an der speziellen Funktion des Staates, die sich ökonomisch aus dem Minderjährigenschutz ableiten läßt.

[21] Der Nutzen der Information kann in den Kosten ausgedrückt werden, die entstehen würden, wenn auf die Prüfung verzichtet wird und durch fehlende oder falsche Signalwirkungen die Qualifikationen der Schul- und Hochschulabsolventen mit den Wünschen der Qualifikationsnachfrager nicht zur Deckung gebracht werden können. Zum individuellen und volkswirtschaftlichen Nutzen einer dezentralen Steuerung von Prüfungsleistungen siehe Lith, U. van: Leistungskriterien, Studiengebühren und Ausbildungsförderung, in: Mitteilungen des Hochschulverbands, 31. Jg. (1983), H. 1, S. 34–38.

[22] Prüfungsgelder, die auch heute noch in einigen Bereichen des Bildungssektors in der Bundesrepublik Deutschland trotz sonst allgemein verbreiteten Nulltarifs gezahlt werden, sind ein Beleg von vielen. Siehe dazu die Untersuchung des Instituts für Bildungs- und Forschunghspolitik: Studiengelder an deutschen Privatschulen, Bonn 1982 (unveröffentlichtes Manuskript). Über Prüfungsgebühren und -gelder der höheren Schulen in Preußen gibt zum Beispiel Wiese, L.: Das höhere Schulwesen in Preußen, Historisch-statistische Darstellung, Bd. I, Berlin 1864, S. 617 Auskunft; über Prüfungsgelder an den Hochschulen Horn, E.: Kolleggeld und Honorar, München 1897.

[23] Das gilt in gleicher Weise für Schul- und Hochschulaufnahmeprüfungen.

die Bildungseinrichtungen sanktionieren, deren zertifizierte Leistungsergebnisse nicht mit den Tatsachen übereinstimmen. Absolventen dieser Bildungseinrichtungen werden dann abnehmende Chancen für eine adäquate Beschäftigung haben, und ein weiterer Besuch fortführender Bildungseinrichtungen wird möglicherweise erst nach einem Eingangstest möglich sein. Ein staatliches Prüfungswesen scheint deshalb mit diesem Argument schwerlich zu rechtfertigen sein, zumal es keineswegs sicherstellt, daß partielle Selbstprüfungen und damit verbundene Fehlinformationen und -signale vermieden werden[24].

Für eine staatliche Aufsicht über den Markt für Prüfungsleistungen könnte aber der Schutz derjenigen sprechen, die die Dienstleistungen der Akademiker als Patienten, Klienten, Schüler etc. in Anspruch nehmen *(Konsumentenschutz)*. Der Wettbewerb auf den Märkten für Dienstleistungen, besonders der hochqualifizierten Arbeitskräfte, müsse demnach reguliert sein (Marktzutrittsbeschränkung), um den Schaden zu vermeiden, den Unfähige sonst anrichten könnten. Die Berechtigung zur Ausübung des Berufs sollte der Staat aussprechen.

Zweifellos kann es zu Wohlfahrtsverlusten kommen, wenn Käufer von Dienstleistungen an ungeeignete, unfähige oder betrügerische Personen geraten, denen jedes Berufsethos fehlt. Fraglich ist aber, ob insbesondere letzteres durch ein staatliches Prüfungswesen ausgeschaltet werden kann. Die Unfähigen und Ungeeigneten müssen nicht notwendig zahlreicher ausgeschaltet werden als unter den Bedingungen des freien Marktzutritts. Denn die Renten, die auf den geschlossenen Märkten entstehen können, bewirken zusammen mit dem Einkommens- und Wettbewerbsschutz, den die Marktteilnehmer genießen, daß Unfähige angelockt werden. Es lohnt sich unter diesen Bedingungen für sie, Ressourcen für den Zugang zum Markt aufzuwenden, um in den Genuß der Renten zu gelangen, die ihnen auf Grund der Marktzutrittsbeschränkung leistungsunabhängig zufallen würden[25]. Nur in dem Fall, wo es gelingt, den Markt so weit zu öffnen, daß diese Renten gleich Null sind, könnte dies vermieden werden.

Gegen ein staatliches Prüfungswesen sprechen aber vor allen Dingen die Beschränkungen des Wettbewerbs, die es Grenzanbietern ermöglichen, sich auf dem Markt zu behaupten, weil die Gefahr des Marktaustritts durch neu hinzutretende Konkurrenten gemindert ist. Das bremst die Entwicklung des Qualifikationsniveaus und bewirkt eine langsamere Anpassung der Qualifikationen an die Entwicklung des wissenschaftlich-technischen Fortschritts. Darüber hinaus erhöht ein beschränkter Leistungswettbewerb und damit verbunden eine Erleichterung der Absprachen bei einer geringeren Zahl von Marktteilnehmern, daß sich die Marktteilnehmer als eine exakt definierte berufsständische Gemeinschaft mit gemeinsam zu vertretenden Interessen verstehen.

[24] Das Recht auf freie Berufswahl, wie es an deutschen Hochschulen praktiziert wurde und zum Teil noch wird, hat insofern seine Berechtigung. Für ein solches Recht spricht die genauere Kenntnis des Prüfers über den Leistungsstand und das Leistungsvermögen des Prüflings und die Vermeidung von Zufälligkeiten, die in einer Zeitpunktprüfung auftreten können.

[25] Siehe dazu in einem anderen Kontext Watrin, C.: Der Befähigungsnachweis in Handwerk und Einzelhandel unter besonderer Berücksichtigung der Entwicklung in der Bundesrepublik, Köln 1957.

Fraglich ist deshalb, ob sich nicht durch ein auf Freiwilligkeit aufbauendes Prüfungswesen ein höheres Wohlfahrtsniveau erreichen läßt und der Staat seine vornehmliche Aufgabe darin sehen wollte, das Gegenteil von dem zu tun, was er bisher getan hat: Vermachtungs- und Marktzutrittsbeschränkungen (Verzunftstendenzen) entgegenzuwirken. Es würde sich dann ein Markt für Prüfungs- und Testdienstleistungen entwickeln, um Bildungsbeflissene und Nachfrager nach qualifizierten und hochqualifizierten Arbeitskräften mit Informationen (Zertifikaten) zu versorgen. Der Wert dieser Zertifikate würde durch den Markt bestimmt.

Der Vorzug eines solchen Marktes für Prüfungsleistungen, auf dem Schulen und Hochschulen, selbständige Testintitute und Großunternehmen mit eigenen Testeinrichtungen konkurrieren, liegt in der Dynamik und der größeren qualitativen Koordinations- oder Abstimmungseffizienz zwischen Bildungsbereich und Arbeitsmarkt[26]. Gleichzeitig ist zu erwarten, daß die Innovation von Bildungsgütern und Ausbildungsverfahren erhöht wird und die Freiheit der Lehre und des Studiums durch die Zurücknahme der staatlichen Prüfungsvorschriften gestärkt werden. Darüber hinaus kann erwartet werden, daß X-Ineffizienzen vermieden werden, die dann bestehen, wenn ein Zertifikat weniger der Dokumentation über einen erreichten Wissens- und Ausbildungsstand denn als Berechtigung zur Bekleidung bestimmter Positionen und Ämter dient. Häufig zielt dann die Aktivität der Auszubildenden (berechtigterweise) mehr auf das Zertifikat als auf den Erwerb von Kenntnissen und Fertigkeiten. Das aber mindert die Effizienz der Bildungsprozesse.

Man kann allerdings in Frage stellen, ob der Markt für Prüfungsleistungen tatsächlich zu einem Gleichgewicht tendiert, das eine effiziente Versorgung mit Prüfungsinformationen gewährleistet. Die Anzahl der Leistungsbescheinigungen und Zertifikate könnte nämlich so groß werden, daß Intransparenz entsteht, die die Informationssuchkosten (Bestandteil der Transaktionskosten) erhöht und deshalb Ineffizienzen zur Folge hat. Zu fragen wäre dann, wodurch die Anpassung an ein Gleichgewicht verhindert wird. Eine solche Frage kann theoretisch schwerlich beantwortet werden. Erst durch empirischen Test wird festzustellen sein, ob hier durch staatliche Maßnahmen (Standardisierung der Prüfungen und Tests) Transparenz gewonnen und ein höheres Wohlfahrtsniveau erreicht werden kann. Keinesfalls läßt sich dadurch ein staatliches Prüfungswesen oberhalb der Bildungspflichtgrenze per se rechtfertigen[27]. Dem Staat kommt dort eher lediglich die ordnende Funktion der Aufsicht über den Markt für Prüfungsleistungen zu.

[26] Würde dagegen der Staat unter den Bedingungen des Bildungsmarktes die Prüfungen selbst vornehmen (Zentralabitur, zentrale Prüfungen für Mediziner, Richter, Lehrer, Architekten etc.), so würde die Bildungsproduktion erneut staatlichem Lenkungseinfluß unterworfen, und es wären erhebliche Abstriche von der Souveränität des Bildungsnachfragers zu machen, die in dem hier beschriebenen System eine zentrale Bedeutung für die Abstimmungsprozesse der Bildungsproduktion mit den konsumptiven Wünschen der Bildungsnachfrager und dem Qualifikationsbedarf der Wirtschaft hat.

[27] In der Bundesrepublik Deutschland kann zur Zeit beobachtet werden, daß der Staat (Länder) geradezu Intransparenz dadurch schafft, indem er akademische Diplome formal vereinheitlicht (zum Beispiel Diplom-Kaufmann), obwohl sie für unterschiedliche Ausbildungsgänge und -niveaus stehen. (Wahr-

3. Verhinderung von Vermachtungstendenzen des Bildungsmarktes

Die ökonomische Vorzugswürdigkeit eines pretial statt staatlich-administrativ gelenkten Bildungssystems hängt entscheidend davon ab, ob es gelingt, den Wettbewerb zwischen den Bildungseinrichtungen langfristig zu sichern. Andernfalls ist mit Wohlfahrtsverlusten zu rechnen. Es muß daher eine der ersten Aufgaben des Staates sein, sich selbst jeglicher Aktivitäten zu enthalten, durch die Bildungsmonopole und andere wettbewerbseinschränkende Zusammenschlüsse und Praktiken geschützt oder erleichtert werden. Darüber hinaus hat der Staat aktiv überall dort wettbewerbsfördernd tätig zu werden, wo der Wettbewerb behindert ist oder die akute Gefahr einer Behinderung besteht, die beseitigt werden kann. Eine Gesetzgebung gegen Wettbewerbsbeschränkungen und eine staatliche Überwachung des Wettbewerbs könnten hier staatliche Funktionen sein. Sie kann der Staat um so eher wirksam wahrnehmen, je mehr er sich selbst als Bildungsproduzent aus dem Markt zurückzieht und ohne Rücksichten auf seine eigenen Interessen als Träger von Schulen und Hochschulen den Schutz des Bildungsnachfragers und Bürgers als sein erstes Ziel betrachtet. Zu diesen Maßnahmen kann auch eine Informationspolitik zählen, die die Markttransparenz[28] erhöht.

c. Die Verfügungsrechte der Bildungsanbieter

1. Unterrichtsfreiheit, pädagogische Freiheit, Freiheit der Schülerwahl bei wirtschaftlicher Eigenständigkeit der Schulen oder ihrer Träger

Schulen beziehungsweise ihre Träger (Bund, Länder, Gemeinden, Schulvereine, Kirchen, Privatpersonen etc.) haben auf Grund der Beschränkung des Staates auf die Ordnungsfunktion sowohl in ökonomischer (Wirtschafts- und Personalverwaltung) wie auch in pädagogischer Hinsicht größere Handlungsspielräume zur Verfügung. Die staatliche Schulbestimmungsmacht wird folglich zu Gunsten der Kommunen, Privatschulen und der Eltern beschränkt[29]. Schulträger oder die einzelne Schule entscheiden in Eigenverantwortung (Produzentensouveränität) über die Verwendung der finanziellen Mittel und treffen im Rahmen der vom Staat vorgegebenen Rahmenbedingungen die Auswahl des Personals und der Lehrbücher und entscheiden über die bauliche Gestaltung der Schulgebäude. Ebenso sind sie frei in ihrer Entscheidung über die Inhalte und Methoden des Unterrichts und der

scheinlich werden die von dieser Regelung betroffenen Fakultäten Mittel und Wege finden, um die Besonderheiten ihrer Ausbildungsgänge erneut im Zertifikat zum Ausdruck zu bringen, weil sie davon ausgehen, daß dies für sie, ihre Absolventen und für Qualifikationsnachfrager Vorteile bringt.

[28] Hier kann unter anderem auf Erfahrungen der Staatlichen Zentralstelle für Fernunterricht der Länder der Bundesrepublik Deutschland zurückgegriffen werden. Siehe zum Beispiel Entwurf eines Gesetzes zum Schutz der Teilnehmer am Fernunterricht – Fernunterrichtsschutzgesetz, Bundestagsdrucksache 7/4245, Staatliche Zentralstelle für Fernunterricht der Länder der Bundesrepublik Deutschland (ZFU): Rechtsgrundlagen zur Ordnung des Fernunterrichts, Köln o.J. (1979) sowie Haagmann, H. G.: Die deutschen Fernschulen, Stuttgart 1968, S. 68ff.

[29] Die Schule würde also tendenziell den Charakter einer unselbständigen Anstalt verlieren, den sie beispielsweise in der Bundesrepublik Deutschland als öffentliche Schule hat.

Unterrichtszeit (Unterrichtsfreiheit). Sie haben also grundsätlich freie Dispositionsbefugnis hinsichtlich der Mittel und Methoden, die sie zur Erreichung bestimmter Bildungs- und Ausbildungsziele für zweckmäßig halten. Ebenso fixieren sie ihre Ausbildungsziele im Rahmen der staatlichen Richtlinien in Abstimmung mit den Präferenzen der Eltern und Schüler.

(1) Die *interne* Organisation der Schule unterliegt grundsätzlich dem freien Ermessen des Trägers. Die Frage nach der internen Entscheidungsstruktur der Schulen in wirtschaftlichen und pädagogischen Angelegenheiten bleibt folglich offen und richtet sich nach den Vorstellungen und Erwartungen, die der einzelne Schulträger in Hinblick auf die Zweckmäßigkeit alternativer Organisations- und Entscheidungsstrukturen hegt. So liegt es im Ermessen des Schulträgers, welche Kompetenzen er auf die Leitung der jeweiligen Schule in wirtschaftlichen und personellen sowie auf das Lehrerkollegium in pädagogischen Angelegenheiten überträgt. Über die Leistungsfähigkeit und Zweckmäßigkeit der Organisations- und Entscheidungsstruktur der einzelnen Schule entscheidet also letztendlich der Markt. Alternative Organisationskonzepte haben sich unter gegebenen staatlichen Rahmenbedingungen am Markt zu bewähren. Ebenso steht es im Ermessen des Trägers oder der ihm untergeordneten Stufe der Schulleitung, welcher pädagogische Handlungsspielraum dem einzelnen Lehrer überlassen bleibt (pädagogische Freiheit). Um Erziehungs- und Bildungsprozesse effizient zu gestalten, ist erfahrungsgemäß ein Handlungsspielraum erforderlich, der über den des Beamten oder des ausführenden Angestellten in privaten Dienstleistungs- oder Industriebetrieben hinausgeht. Die pädagogische Freiheit des Lehrers im staatlichen Schulsystem findet hierin ihre ökonomische Begründung. Dabei ist es unerheblich, ob es sich um ein verfassungsrechtlich fixiertes Grundrecht des einzelnen Lehrers handelt – was von Verfassungsrechtlern meistens verneint wird – oder nicht. Vielmehr kommt es darauf an, daß die unterschiedlichen Erwartungen an die Abgrenzung von pädagogischen Entscheidungsbefugnissen in Hinblick auf den Erfolg des Erziehungsprozesses frei zur Entfaltung kommen und in ihrer Leistungsfähigkeit einem Test ausgesetzt werden. Wichtig erscheint in bezug auf die Funktionsfähigkeit eines dezentralen Bildungssystems bei pretialer Lenkung, daß dem Schulträger wie auch den einzelnen Schulen Kompetenzen und Verantwortungen in wirtschaftlichen und pädagogischen Angelegenheiten übertragen werden, die die Flexibilität der Bildungseinrichtungen erhöhen, um den Bildungswünschen der Eltern und Schüler unter Berücksichtigung des Fachwissens und der ökonomischen Bedingungen des Bildungsproduzenten besser nachkommen zu können.

Auch organisatorische Fragen des Schulbetriebs fallen weitgehend in die Kompetenz des Schulträgers. Die von der Schulleitung realisierten Organisationsformen, etwa das Gesamtschulkonzept, die kooperative Schule, oder für ländliche Gemeinden die Kombination der Hauptschule mit Formen der Erwachsenenbildung, traditionelle Organisationsformen etc., sie alle wären der Bewährungsprobe des Marktes ausgesetzt. Durch mehr Flexibilität in den Organisationsmustern können insbesondere Gemeinden auf abgelegenen regionalen Schulmärkten in die

Lage versetzt werden, ein wirtschaftliches Schulangebot zu gewährleisten, was den Wünschen von Eltern, Schülern und anderen Personen mehr entspricht.

Desgleichen bleibt die Frage nach der direktorialen oder kollegialen Entscheidungsstruktur innerhalb der Schule grundsätzlich offen. Die Antwort auf diese Frage hat jeweils der Schulträger selbst zu geben.

(2) Auch ist es dem einzelnen Schulträger überlassen, oder der einzelnen Schulleitung, nach welchen Grundsätzen die Dienstleistungen des *Lehrpersonals zu vergüten* sind. Schon Adam Smith und John St. Mill hatten in der Frage der Bedeutung finanzieller Anreize für die Effizienz von Bildungseinrichtungen unterschiedliche Standpunkte vertreten[30]. Während Adam Smith grundsätzlich dafür plädierte, daß ein beachtlicher Teil des Lehrergehalts, etwa 50%, von der Leistung des Lehrers abhängig gemacht werden solle, so vertrat John St. Mill die Auffassung, daß eine solch unmittelbare Koppelung von Leistung und Gegenleistung für den Bildungsbereich insgesamt unzweckmäßig sei. Wie immer diese Frage zu entscheiden ist, eine einheitliche Antwort wird auch hierauf schwerlich möglich sein. Es kann kein Zweifel daran bestehen, daß eine Voraussetzung für einen wirtschaftlicheren Einsatz der Ressourcen im Bildungsbereich eine Lockerung der Besoldungsvorschriften ist, die dem einzelnen Träger oder der Schule Möglichkeiten eröffnet, eine eigenständigere Personalpolitik zu betreiben. Denn erst dann wird es für eine Schule möglich, je nach Standort und Anforderungen der Schüler des Einzugsbereichs das nach den Erwartungen der Schulleitung geeignete Lehrpersonal auszusuchen und Leistung nach der eigenen Bildungs- und Erziehungszielsetzung zu honorieren. Auf diese Weise werden zum Beispiel auch Schulen in abgelegenen Regionen in die Lage versetzt, nicht nur ihren Schulbetrieb recht und schlecht aufrecht zu erhalten, sondern das Personal zu rekrutieren, das die Schulleitung (unter Berücksichtigung der Bildungsnachfrager in dieser Region) für geeignet hält. Der Freiheit der Lehrerauswahl steht dabei die Freiheit des Lehrers gegenüber, sich die Schule frei zu wählen. Zwar kann dies dazu führen, daß fähige und leistungsstarke Lehrer sich in den einen und leistungsschwächere Lehrer in den anderen Schulen konzentrieren (wenn Lehrer nach Einkommensmaximierung streben, was nicht ausschließlich der Fall ist), eine effiziente Allokation des Lehr- und auch des Verwaltungspersonals wird dadurch gefördert. Denn eine präzisere Abstimmung des Anforderungsprofils, das die Schule beziehungsweise der Schulträger setzt, mit den Fähigkeiten, Fertigkeiten und pädagogischen Neigungen des Lehrers wird dadurch möglich[31].

(3) Ein besonderes Problem stellt die Frage dar, ob Schulen, die im Rahmen der Bildungspflicht (Grund- und Hauptschule) Bildungsgüter anbieten, das Recht der *freien Auswahl der Schüler* haben sollen oder ob nicht für diese Schulen ein Kontrahierungszwang erforderlich ist.

Grundsätzlich hat jede Schule einen Anreiz, Schüler zu rekrutieren, da sie finanziell von ihnen beziehungsweise deren Eltern abhängt. Dabei werden Schul-

[30] Smith, A.: Der Wohlstand der Nationen, a.a.O., S. 645f.

leitung und Lehrer Wert darauf legen, jene Schüler vorzuziehen, von denen sie annehmen, daß sie sie mit geringen Kosten und geringerem pädagogischen Bemühen zum vertraglich vereinbarten Bildungsziel bringen können. Das bedeutet, die Schulen konkurrieren bei gegebenem Marktpreis (Schulgeld) um die bildungswilligen und intelligenten Schüler. Sofern es tatsächlich gelingt, intelligente von weniger intelligenten Schülern zu trennen, werden generell die weniger begabten und von Hause aus weniger geförderten Schüler Schwierigkeiten haben, einen Schulplatz zu finden. Die schulische Bildung dieser Schüler ist ökonomisch daher nur dann gesichert, wenn sie bereit sind, für ein gegebenes Ausbildungsziel einen höheren Preis zu zahlen, der durch die zusätzlichen Kosten, die erforderlich sind, um das vorgegebene Bildungsziel zu erreichen, determiniert wird. Das gilt besonders für Schüler, die größere Erziehungs- und Bildungsschwierigkeiten bereiten. Allerdings wird dieser Effekt wiederum dadurch gemildert, daß unter den hier gegebenen Rahmenbedingungen die Auswahl der Bildungsgüter außer für die Fächer, die der Bildungspflicht unterworfen sind, frei vorgenommen werden kann und dem persönlichen Bildungswunsch durch die Gegenleistung (Schulgeld) Nachdruck verliehen wird. Die Motivation der Schüler und Lehrer wird dadurch günstig beeinflußt. Entsprechend niedriger wird die Zahl der bildungsunwilligen Schüler im Vergleich zum staatlich-administrativen Schulsystem sein. Trotzdem wird es immer Schüler geben, die weniger motiviert und leistungsfähig sind.

Aber selbst für den Fall, in dem es den Schulen nicht gelingt, Schüler nach ihrer Lernfähigkeit zu selektieren, kann es kurzfristig geschehen, daß Schüler unabhängig von ihrer Begabung keinen Schulplatz erhalten, weil die Kapazitätsgrenze der umliegenden, erreichbaren Schulen überschritten ist.

Zwar kann man erwarten, daß miteinander konkurrierende Schulen eine höhere Flexibilität und Anpassungsfähigkeit an die (quantitative) Nachfrage aufweisen und ihre Kapazitäten rechtzeitig anpassen, trotzdem wird nicht auszuschließen sein, daß Schulen, die das Recht haben, Schüler abzulehnen, davon Gebrauch machen, insbesondere dann, wenn sie durch eine zusätzliche Aufnahme von Schülern die Qualität der Ausbildung der übrigen Schüler nicht gefährden wollen.

Nun entstehen aber auf einem Bildungsmarkt sowohl auf der Angebots- als auch auf der Nachfrageseite Anreize, die zu einer Anpassung führen. Eine Maßnahme, die es ermöglicht, solche Fälle zu verhindern, ist unter anderem die rechtzeitige Anmeldung der Schüler durch die Eltern bei der Schule ihrer Wahl. Andererseits werden auch Schulen einen verstärkten Anreiz haben, auf dem Schülermarkt (Schuleinzugsgebiet) die Zahl der zukünftigen Schüler zu sondieren, um sich entsprechend anzupassen. Eine andere Möglichkeit bestünde darin, daß

Bisher ist das in den Ländern der Bundesrepublik Deutschland nur in dem engen Rahmen des Vorschlagsrechts der Schulleitung oder der Wahl des Lehrers von einer Liste möglich, die die Anstellungsbehörde festlegt (vgl. Siewert, P., und Köhler, H.: Grundschulfinanzierung und Grundschulpolitik, a.a.O., S. 50f.), da Lehrer von dieser Behörde grundsätzlich den öffentlichen Schulen zugeteilt werden.

Eltern bereits vor Eintritt ihrer Kinder in das schulpflichtige Alter einen Schulplatz „kaufen", indem sie frühzeitig einen Vertrag mit der Schule abschließen und durch Anzahlung einer bestimmten Summe sich diesen sichern.

Zwingt dagegen der Staat im Rahmen der Bildungspflicht Schulen dazu, Schüler anzunehmen, so hat das zwar den Vorteil, daß jedes bildungspflichtige Kind einen Anspruch auf einen Schulplatz hat; ob damit tatsächlich weitere Schulplätze rechtzeitig geschaffen werden, ist aber offen. Trotzdem wird man auf eine Beschulungsgarantie des Staates (Kontrahierungszwang) im Rahmen der Bildungspflicht nicht verzichten können. Vor allen Dingen, und das scheint ein besonders schwerwiegendes Argument für eine Einschränkung der Freiheit der Schülerauswahl zu sein, würde dadurch die Selektion der Schüler, etwa nach Kriterien des sozialen Status und des Besitzverhältnisses, eingeschränkt, die sich in einem gewissen Umfang auf dem Bildungsmarkt auch dann einstellen würde, wenn der Markt für Bildungsdarlehen vollkommen funktionstüchtig wäre, also jedermann in die Lage versetzt würde, Schulbildung zu finanzieren[32]. Andererseits aber ermöglicht es das Recht der freien Schulwahl, ein Kind in eine Schule zu schicken, deren Einzugsgebiet etwa vornehmlich von wohlhabenden Familien bewohnt wird.

Nimmt man den Schulen das Recht der freien Auswahl der Schüler, so wird auch die Qualität der schulischen Erziehung und Ausbildung beeinflußt[33]. Kinder, die sich nur schwer der Schulordnung fügen, Disziplinschwierigkeiten bereiten und einen ungünstigen Einfluß auf ihre Klassenkameraden ausüben, könnten zumindest nicht von vornherein von der Schule ferngehalten werden (sofern sich solche Verhaltensweisen von Schülern prognostizieren lassen). Allerdings wird durch das Schulgeld für die Schulen ein Anreiz gesetzt, durch pädagogische Maßnahmen den Einfluß dieser Kinder auf ihre Schulkameraden und auf die Erziehungs- und Bildungsprozesse gering zu halten, da sonst andere Schüler die Schule verlassen werden.

Statt alle Schulen im Rahmen der Bildungspflicht (Grund- und Hauptschulen) zur Annahme eines Schülers zu verpflichten, bestünde auch die Möglichkeit, nur die staatlichen, kommunalen und „staatskommunalen" Schulen unter Annahmezwang zu stellen, um jedem Kind einen Schulplatz zu sichern.

2. Freiheit der Forschung und Lehre bei wirtschaftlicher Eigenständigkeit der Hochschulen

Noch ausgeprägter als für die Schulen gestalten sich die Dispositionsrechte der einzelnen Hochschulen in Hinblick auf die Wirtschafts- und Personalverwaltung

[32] Man muß jedoch bei dieser Frage berücksichtigen, daß auch in einem staatlichen Schulsystem, das Schüler durch die Festlegung von Schulbezirken Schulen zuordnet, eine Trennung nach dem sozialen Status und den Besitzverhältnissen erfolgt, da durch die Wahl des Wohnortes gleichzeitig die Schule gewählt wird. Ebenso sind unter den herrschenden Bedingungen Unterschiede in der materiellen und personellen Ausstattung der Schulen festzustellen. Ein Schulmarkt, auf dem Schulen das volle Recht der Schülerwahlfreiheit besitzen, muß deshalb nicht notwendig verfassungswidrig sein, es sei denn, die Verhältnisse in den Grund- und Hauptschulen der Bundesrepublik Deutschland würden gleichfalls als nicht mit der Verfassung konform beurteilt.

[33] Siehe dazu Abschnitt B.IV.d.3.

sowie die akademische Selbstverwaltung. Wenn staatliche Hochschulaufsicht sich analog zur Schulaufsicht auf die Ordnungsfunktion beschränkt, wird Hochschulpolitik gleichfalls zur Ordnungspolitik, die darauf zielt, einen Ordnungsrahmen zu setzen, in dem Hochschulen um Studenten und Forschungsmittel[34] konkurrieren.

(1) Sowohl der Staat und andere Gebietskörperschaften als auch private natürliche oder juristische Personen haben die Möglichkeit, Hochschulen zu errichten und Lehr- und Forschungsleistungen anzubieten. Welche Rechtsformen (Anstalt oder Körperschaft des öffentlichen Rechts, Stiftung oder eingetragener Verein, erwerbswirtschaftliche Unternehmensformen) und Organisationsformen gewählt werden, bleibt dem Träger überlassen. Sie können vom losen Verbund weitgehend selbständiger Lehrstühle, Institute, Fachbereiche, Fakultäten bis hin zu straff zentralistisch organisierten Einrichtungen reichen[35]. Entscheidend ist, daß im Rahmen weitgefaßter staatlicher Bedingungen, die die Freizügigkeit des Studiums gewährleisten (freie Wahl des Studienorts, freier Hochschulwechsel), freier Zugang zum Markt für Hochschulleistungen besteht. Damit ist es den Trägern der Hochschulen oder den Hochschulen selbst überlassen, Entscheidungen über die *inneren* Organisationsstrukturen, die Entscheidungsabläufe und die Abstimmung der Wirtschafts- und Personalverwaltung mit der akademischen Verwaltung zu treffen. Wie im Schulbereich soll auch im Hochschulbereich die Freiheit der Träger im Hinblick auf die Organisations- und Entscheidungsstrukturen dazu führen, daß die gewählten Problemlösungen der internen Organisation einem Test ausgesetzt werden, der nur die besten Lösungskonzepte überleben läßt. So konkurriert das Konzept der Einheitsverwaltung mit dem der dualen, die Fachbereichsorganisation mit der Humboldtschen Fakultätslösung, die mitbestimmte mit der klassischen, die korporative mit der mehr extern determinierten Entscheidungsstruktur, moderne Managementkonzepte (management by objectives, planning-programming-budgeting-Systeme) mit kameralistischer Wirtschaftsverwaltung[36].

[34] Wenn wir der Frage nach der Ordnung des tertiären Bildungssektors nachgehen, in der staatliche und private Hochschulen miteinander konkurrieren und sich die Hochschulen für die im Lehrerbetrieb erbrachten Leistungen über Gebühren und Preise finanzieren, ist es unzweckmäßig, Forschung und Lehre getrennt zu behandeln.

[35] Die Theorie der Firma hat die theoretische Interpretation der verschiedenen Organisationsformen der Hochschule noch nicht zu ihrem Gegenstand gemacht. Es dürfte aufschlußreich sein, der Frage nachzugehen, warum Professoren sich nicht zu einer so lockeren Organisation zusammengeschlossen haben, wie sie von Rechtsanwälten, Architekten und Ärzten bekannt ist, andererseits aber die Universitäten bis vor kurzem eher den Eindruck eines losen Organisationsverbundes mit schwach ausgeprägter Zentralverwaltung erweckten, der sich von der Organisation anderer öffentlicher und privater Unternehmen unterscheidet.

[36] Siehe hierzu die neuere Diskussion um die Aufbau- und Ablauforganisation der deutschen Hochschulen und die Anwendung betriebswirtschaftlicher Planungs- und Entscheidungstheorien auf die Universitäten mit Beiträgen von G. Kienbaum, P. Meimberg, G. W. Wittkämper, K. Alewell und E. Gaugler, in: Zeitschrift für Organisation, 1977, S. 241–294, die Beiträge von H. Bolsenkötter, P. Mertens und H. J. Schuster, in: Betriebswirtschaftliche Forschung und Praxis, 30. Jg. (1978), S. 1–63, H. H. Kuhnke, P. Eichhorn und M. Timmermann, in: Wirtschaft und Wissenschaft, 1976, Heft 3, sowie Bienaymé, A.: L'application de la théorie des organisations à l'Université, in: Revue économique, Bd. 27 (1976), S. 233–265. Siehe auch Betriebsoptimierungssysteme für Hochschulen. Eine Übersicht über die für Hochschulen entwickelten Steuerungssysteme, ihre Anwendungsmöglichkeiten und deren Voraussetzungen, (Hrsg.) Der Bundesminister für Bildung und Wissenschaft, Bonn 1977.

(2) Ebenso sind die Hochschulen frei, das *Entlohnungs- und Besoldungssystem* zu wählen, das sie für zweckmäßig halten. Hier ist eine leistungsabhängige Entlohnung für Forschungs- und Lehrleistungen etwa in der Ausprägung des wissenschaftlichen Wettbewerbs um Forschungsmittel (als hochschulinterne pretiale Lenkung und als Wettbewerb um Drittmittel) und als Konkurrenz um Studenten (Kolleggelder)[37] ebenso denkbar wie eine nicht unmittelbar leistungsabhängige Entlohnung (Zeitlohn) und Besoldung (etwa Berufungsverhandlungen oder Professuren auf Zeit nach dem Schweizer Modell). Die Berufungsverhandlungen mit Professoren werden durch die Hochschulen (Kurator, Kanzler, Präsident) selbst geführt.

(3) Dem Träger der Hochschule ist auch die Entscheidung überlassen, welchen Handlungsspielraum er Professoren und wissenschaftlichen Mitarbeitern in ihrer Forschungs- und Lehrtätigkeit (Freiheit der Forschung und Lehre) gewährt, welchen Handlungsspielraum er dem *einzelnen* Forscher und Lehrer und welche Dispositionsbefugnisse er der Korporation der Professoren (Senat) oder Teilen von ihr (Fakultäten, Fachbereichen, Instituten) als *Kollektiv* (akademische Selbstverwaltung) überträgt. Auf einem Markt für Hochschulleistungen ist er gezwungen, diese Frage unter dem Gesichtspunkt, welche interne Verteilung von Verfügungsrechten einen effizienten Ressourceneinsatz sicherstellt, zu prüfen, da sonst die Existenz der Hochschule langfristig gefährdet ist. Wenn wir aber dem Träger einer Hochschule einen solchen Entscheidungsspielraum zuerkennen, stellt sich das Problem, ob damit nicht auch die Wissenschaftsfreiheit als Forschungs- und Lehrfreiheit zur Disposition gestellt ist. Anders ausgedrückt, kann überhaupt der wettbewerbliche Markt für Hochschulleistungen die Wissenschaftsfreiheit als Dispositionsbefugnis des einzelnen Wissenschaftlers und Lehrers garantieren oder ist dazu ein besonderer staatlicher Schutz notwendig, etwa eine konstitutionelle Garantie der Wissenschaftsfreiheit (Art. 5 Absatz 6 Satz 1 GG)? Ist die Wissenschaftsfreiheit auf einem solchen Markt nicht noch mehr gefährdet, als dies bereits unter den jetzigen Bedingungen der Hochschulfinanzierung und -verwaltung in der Bundesrepublik Deutschland der Fall ist, und wird nicht die Effizienz des Forschungs- und Lehrbetriebs in den verschiedensten Bereichen beeinträchtigt und folglich der Fortschritt der Wissenschaft und die Verbreitung neuen Wissens gebremst?

Um diese Frage, die einen Konflikt zwischen dem ökonomischen Ziel des wirtschaftlichen Ressourceneinsatzes im (pretial-gelenkten) Hochschulbereich und der Wissenschaftsfreiheit postuliert, zu klären, ist zu prüfen, welche ökonomische Bedeutung überhaupt der Wissenschaftsfreiheit als Verfügungsrecht beizumessen ist.

[37] Zum Kolleggeld als einem Instrument der pretialen Lenkung im Hochschulbereich siehe Jastrow, J.: Kollegiengelder und Studiengebühren, in: Das Akademische Deutschland, Bd. 3 (Hrsg.) M. Doebel u. a., Berlin 1930, S. 277–284; Horn, E.: Kolleg und Honorar, Ein Beitrag zur Verfassungsgeschichte der deutschen Universitäten, München 1897; Stein, L. von: Lehrfreiheit, Wissenschaft und Collegiengeld, Wien 1875, und das Weißbuch über die Neuordnung des Kolleggeld- und Besoldungswesens, Mitteilungen des Hochschulverbandes, Bd. 10, Sonderheft, November 1962, passim.

Aus ökonomischer Sicht kann das Recht des Wissenschaftlers, die Probleme und Methoden seiner Forschung und Lehre frei, das heißt ohne Intervention von außen (sei es durch den Minister, den Kanzler oder etwa durch den Senat oder Fachbereich) zu wählen[38], nur begründet werden, wenn dadurch eine effiziente Ressourcenallokation im Hochschulbereich erreicht werden kann. Es wäre falsch, sich hier auf die sogenannte „Eigengesetzlichkeit“[39] der Wissenschaft zu berufen, um einen Freiraum zu postulieren, der als Dispositionsrecht mit dem Ziel der effizienten Ressourcenallokation konfligiert.

Ökonomisch kann es sich bei der Wissenschaftsfreiheit (akademischen Freiheit) nur um ein Dispositionsrecht handeln, das die Voraussetzungen für einen möglichst effizienten Ressourceneinsatz schafft.

Jeder Träger einer Hochschule oder ihr Wissenschaftsverwalter (-manager) wird aber aus diesen Gründen mit sich verhandeln lassen müssen, welche Dispositionsbefugnisse er dem Wissenschaftler und Lehrer gewährt. Schränkt er die Entscheidungsspielräume des Forschers und Lehrers durch Vorgabe von Arbeitsbedingungen, „Lehrdeputate“, detaillierte Verwendungsvorschriften für Forschungsmittel, Output-Kennziffern und dergleichen zu sehr ein, wird er mit Effizienzverlusten und einer Abwanderung begabter Talente rechnen müssen, für die er die Verantwortung zu übernehmen hat. Ebenso aber kann ein Effizienzverlust eintreten, wenn die Wirtschaftsverwaltung einer Hochschule Wissenschaftlern einen so großen Freiraum gewährt, der diese veranlassen könnte, die Ziele des Trägers (Produktion und Verbreitung neuen Wissens) zu vernachlässigen, um

[38] Siehe zur Definition der Wissenschaftsfreiheit Polanyi, M.: The Logic of Liberty, London 1951, besonders S. 33, und derselbe: The Republic of Science: Its Political and Economic Theory, in: Minerva, Bd. 1 (1962), S. 54–73, sowie Baker, J. R.: Michael Polanyi's Contributions to the Cause of Freedom in Science, in: Minerva, Bd. 16 (1978), S. 382–396, und Feyerabend, P.: Science in a Free Society, London 1978.

[39] Welche Aktivitäten unterliegen nicht einer „Eigengesetzlichkeit“? Der Auftrag einer Unternehmensleitung an die betriebseigenen Ingenieure etwa einen benzinsparenden Motor zu entwickeln, kann gleichfalls nur erfüllt werden, wenn die Beauftragten über Dispositionsspielräume verfügen, den „Eigengesetzlichkeiten“ nachzuspüren, die den Benzinverbrauch des Motors determinieren. Dazu benötigt der Ingenieur einen Handlungsspielraum, weil eine Weisungsgebundenheit an die kaufmännische Geschäftsleitung auf Grund der Teilung des Wissens schlechthin nicht möglich ist. Ebenso folgt die Tätigkeit des Werbefachmanns, des Verkäufers sowie die des Arztes, Lehrers und Rechtsanwalts ihren eigenen Gesetzen, wie die Wissenschaft dem „Gesetz“ der Wahrheit. Trotz des Dispositionsspielraums muß aber der Ingenieur, der Werbefachmann etc. so an die Ziele des Auftraggebers gebunden sein, daß er seinen Handlungsspielraum zur Erreichung der Ziele des Auftraggebers bestmöglich nutzt. Auch der Wissenschaftler benötigt so seinen Freiraum, um Grundlagenforschung und die Verbreitung seiner Forschungsergebnisse zu betreiben. Dieser Freiraum wird allerdings zwangsläufig größer sein müssen als der des Konstrukteurs, dem ein enger definierter Zweck (Konstruktion eines Motors mit geringem Benzinverbrauch) vorgegeben wird, da die Zwecke der Grundlagenforschung nicht bekannt sind und allgemeines (zeit- und raumloses) Wissen zu produzieren ist. Gleichzeitig muß aber auch der Hochschulwissenschaftler so an die Zielsetzung der Universität (Produktion neuen Wissens und Verbreitung dieses Wissens) gebunden sein, daß eine Ressourcenverschwendung möglichst vermieden wird. Dies wird der Träger oder die Wirtschaftsverwaltung einer Hochschule nur dadurch erreichen können, indem er oder sie den Wettbewerb unter den Wissenschaftlern und Professoren der Hochschule fördert und Absprachen (etwa Marktzutrittsbeschränkungen für den hochschulinternen Markt für Lehrveranstaltungen, Berufungen, die die wissenschaftliche Konkurrenz schwächen) verhindert. Auch eine teilweise Entlohnung in Abhängigkeit von den Forschungs- und Lehrleistungen spielt dabei eine große Rolle.

andere eigene Ziele (Variablen der Nutzenfunktionen) zu maximieren. Häufig läuft das darauf hinaus, die freie Konkurrenz auf dem Markt für Forschungs- und Lehrleistungen zu beschränken[40].

Gerade aber auf einem wettbewerblichen Markt für Hochschulleistungen stehen die Träger oder die einzelnen Hochschulen unter dem Zwang, die Verfügungsrechte der Wissenschaftler so zu definieren, daß sie einerseits möglichst die Leistungsfähigsten unter ihnen gewinnen können und andererseits das Anreizsystem sie zur Leistung anregt[41]. Je nach dem, welche Zielsetzung eine Hochschule verfolgt, wird die Wissenschaftsfreiheit sich unterschiedlich gestalten, ob es sich etwa um mehr lehrorientierte, anwendungsbezogene Hochschulen handelt oder um Universitäten, die ihre Aufgabe in erster Linie in der Grundlagenforschung und in der Verbreitung neuen (Grundlagen)Wissens sehen.

Die dezentrale, marktliche Organisation (und Finanzierung) und die damit verbundene Möglichkeit für Professoren und andere wissenschaftliche Kräfte, zwischen eigenständige Politik betreibenden Hochschulen wählen zu können, sind deshalb der beste Garant für die Wissenschaftsfreiheit.

Zwar ist die Gefahr für die Wissenschaftsfreiheit solange nicht ganz gebannt, wie der Staat monopolistischer Nachfrager nach Grundlagenforschung ist. Doch wäre es denkbar, daß Hochschulen versuchen, Mittel für Grundlagenforschung auch aus dem Ausland und von Stiftungen und ähnlichen Einrichtungen, die etwa als Gemeinschaftsaufgabe der Wirtschaft oder von Teilen von ihr betrieben werden, zu erhalten. Die Abhängigkeit der Hochschulforscher vom Staat und die Gefährdung der Wissenschaftsfreiheit durch die staatliche Planung und Lenkung der Forschung, die durch Einheitlichkeit der Erwartungen und Anweisungen geprägt ist, würde dadurch vermindert.

Der wettbewerbliche Markt schwächt deshalb nicht die Wissenschaftsfreiheit, sondern er stärkt sie, weil er die unterschiedlichsten Erwartungen in einem Bereich zum Zuge kommen läßt, der durch die größten Unsicherheiten über die Erträge des Ressourceneinsatzes geprägt ist. Er verweigert aber auch eine exzes-

[40] Das Problem der Zugangsbeschränkung zum Markt für Forschungs- und Lehrleistungen (und damit zusammenhängend das der Marktzugangsvoraussetzungen) ist hier ebenso bedeutend wie das der Berufs- und Zitierkartelle sowie der Monopolisierung von Hauptvorlesungen. Siehe hierzu unter anderem Dingler, H.: Das Privatdozententum, in: Das Akademische Deutschland, (Hrsg.) M. Doeberl u. a., Berlin 1930, S. 205–218; Mandell, R. D.: The Professors Game, Garden City, N.Y., 1977 und McKenzie, R. B.: The Political Economy of the Educational Process, a.a.O., S. 114–124.

[41] Aus diesen Gründen stellt die neuere Betriebswirtschaftslehre der Hochschule nur dann eine Gefahr für die Wissenschaftsfreiheit dar, wenn sie ihre Instrumente nach einheitlichen Kriterien auf sämtliche oder viele Hochschulen anwendet. Kennzahlenvergleiche, Meßzahlen für Forschungs- und Lehreffizienz sind besonders dann der Wissenschaft und letztendlich auch der ökonomischen Effizienz abträglich, wenn sie einheitlich und systematisch angewandt werden und die Meßfehler und Ressourcenfehllenkungen der einen nicht durch Anwendung anderer Leistungskriterien kompensiert werden können. Eine solche einheitliche Anwendung würde der Markt aber nicht zulassen, da die Erwartungen in Hinblick auf ihre Tauglichkeit sehr unterschiedlich sein werden. – Das gleiche gilt natürlich für „Bürokratisierungs-“ und „Zerwaltungs“gefahren, die der Wissenschaft in den letzten Jahren zunehmend zu schaffen machen. Siehe Meusel, E. J.: Die Zerwaltung der Forschung, in: Wissenschaftsrecht, Bd. 10 (1977), S. 118–137, und Hailbronner, K.: Forschungsreglementierung und Grundgesetz, in: Wissenschaftsrecht, Bd. 13 (1980), S. 212–236.

sive Interpretation der Wissenschaftsfreiheit, die zur Ressourcenverschwendung führt, da die Nachfrager nach Forschungs- und Lehrleistungen (Geldgeber) zu leistungsstärkeren Einrichtungen abwandern würden. Das Rechtsinstitut der Wissenschaftsfreiheit, das sich in erster Linie gegen den Staat als den alleinigen Träger, den zentralen Planer und Lenker der Hochschulforschung und -lehre richtet, würde durch die Einführung der pretialen Lenkung an Bedeutung verlieren, da er wie jede andere Person oder Einrichtung an die Hochschule herantreten muß, um Grundlagenforschung nachzufragen. Die Gefahr, die der Wissenschaftsfreiheit vom Staat her droht, würde dadurch allerdings nie ganz gebannt, da er bei der Finanzierung der Grundlagenforschung stets eine maßgebliche Rolle spielen wird.

Die Aufgabe des Staates, das Grundrecht der Wissenschaftsfreiheit zu wahren, bestünde vornehmlich in der Funktion, Vermachtungen des Hochschulmarktes durch wettbewerbsfördernde Maßnahmen zu verhindern (Wissenschaftsfreiheit als Marktordnungsfunktion) und Grundlagenforschung in der Form des contracting out zu finanzieren, ohne dem einzelnen Wissenschaftler ein „Recht auf Forschungsfinanzierung“[42] zu gewähren.

d. Die Verfügungsrechte der Bildungsnachfrager

1. Elternrecht und das Recht des Kindes auf Selbstentfaltung in der Schule

Bekanntlich gilt das allgemeine Prinzip der Vertragsfreiheit nur für Erwachsene, da Kinder und Jugendliche noch nicht in der Lage sind, in dem Umfang die Konsequenzen ihrer Entscheidungen zu erkennen, wie diese[43]. Andernfalls würde ihre Wohlfahrt wie auch die der anderen gefährdet. Fraglich ist deshalb, wer berechtigt sein soll, für einen Minderjährigen Bildungsverträge abzuschließen.

Bereits oben wurde diese Frage untersucht[44] und festgestellt, daß es zweckmäßig ist, dieses Recht den Eltern zuzuteilen und als einen Teil des allgemeinen Rechts der Eltern, über die Erziehung ihrer Kinder im Rahmen des staatlichen Wächteramtes und der Bildungspflicht zu entscheiden[45], zu betrachten. Der ökonomische Grund, Eltern das Recht zuzuerkennen, für ihre Kinder Bildungsverträge mit Schulen zu schließen, liegt in den informationalen und motivationalen Vorzügen, die Eltern gegenüber anderen potentiellen Vormündern in der Regel vorweisen können. Eltern sind auf Grund ihrer physischen und psychischen Beziehungen zu ihrem Kind meistens besser über dessen Begabung, Fähigkeiten und Neigungen infor-

[42] Siehe hierzu zum Beispiel Schmitt-Glaeser, W.: Die Freiheit der Forschung, in: Wissenschaftsrecht, Bd. 7 (1974), S. 120f.

[43] Volkswirtschaftlich ist es deshalb angebracht, Minderjährige solange und für die Bereiche als Ausnahme vom Prinzip der Vertragsfreiheit zu behandeln, wie für den einzelnen und für die Volkswirtschaft als Ganzes ein (Netto)Vorteil durch die Bestellung eines Vormundes entsteht. Vertragsfreiheit wird deshalb für junge Menschen in den meisten Ländern mit zunehmendem Alter schrittweise hergestellt.

[44] Siehe Abschnitt B.IV.a.

[45] Art. 6 Absatz 2 GG.

miert als es andere Personen sein können. Ferner haben sie (unter entsprechenden Rahmenbedingungen) den Anreiz, Bildungsverträge zum Vorteil ihrer Kinder abzuschließen, da sie diese als zu ihrer eigenen Person gehörig betrachten.

Dabei tangiert das Recht der Eltern, für ihr Kind einen Bildungsvertrag mit der Schule ihrer Wahl (Schulwahlfreiheit) abzuschließen, nicht die pädagogische Freiheit der Lehrer, da Eltern als (stellvertretende) Bildungsnachfrager lediglich Informationen über die Präferenzen ihres Kindes artikulieren und ihre eigenen Informationen (Lebenserfahrungen) zur Erziehungs- und Bildungsentscheidung beisteuern, aber keine Rechte haben, etwa im Sinne einer Mitwirkung in den pädagogischen Prozeß zu intervenieren. Gleichzeitig stärkt die Freiheit der Eltern, für ihr Kind Bildungsverträge abzuschließen, und das Recht des Schülers, bei Eintritt der Schulmündigkeit[46] diesen Vertrag fortzuführen oder einen neuen Vertrag abzuschließen, das persönliche Recht des Kindes auf Selbstentfaltung in der Schule, da sich die schulischen Ausbildungsleistungen nach den Präferenzen der Eltern beziehungsweise des Schülers richten[47].

Allerdings wird dieses Recht der Eltern durch die Bildungspflicht begrenzt, um im Fall nichtwohlwollender Eltern den Schutz Minderjähriger vor Unwissenheit und größeren (irreparablen) Bildungsschäden zu vermeiden.

2. *Freiheit des Studiums (Studentensouveränität)*

Studenten genießen unter den neuen Rahmenbedingungen individuelle Lernfreiheit. Sie schließen Ausbildungsverträge mit der Hochschule (Fakultät) ihrer Wahl (freie Wahl des Studienortes, des Studienfaches und eventuell des Prüfers), da Vorlesungen, Seminare, Übungen, Kolloquien etc. private Güter sind. Sofern es sich jedoch um Fragen der Ordnung des studentischen Lebens, des geordneten Zusammenlebens, handelt, tritt der öffentliche-Gut-Charakter in den Vordergrund. Soweit ausschließlich sie von der Ordnung betroffen sind, geben sie sich diese über kollektive Abstimmungsmechanismen (Wahlen) selbst. Eine verfaßte Studentenschaft kann hier eine wohlfahrtsfördernde Funktion wahrnehmen. Obligatorischen Charakter kann diese allerdings nur haben, sofern sie Güter bereitstellt, die allen Studenten in gleichem Umfang zugute kommen und Trittbrettfahrerpositionen eröffnet würden, wenn man auf eine Zwangsmitgliedschaft und -beiträge verzichtete.

Soweit nicht nur Studenten von der Ordnung des Zusammenlebens betroffen sind, sind diese mit in den kollektiven Entscheidungsmechanismus einzubeziehen. In Angelegenheiten der Ordnung des Studiums steht es der Hochschule frei, den Abstimmungsmechanismus zu wählen, den sie als geeignet ansieht (Verhandlungen mit der organisierten Studentenschaft, beratende oder mitbeschließende Funktionen der Studentenvertreter in Angelegenheiten des Studiums).

[46] Wehle, G.: Schulmündigkeit, in: Pädagogik aktuell, (Hrsg.) derselbe, Bd. 2, München 1973, S. 161f.

[47] Das persönliche Recht des Kindes auf Selbstentfaltung in der Schule richtet sich dabei unter anderem gegen die Eltern, die verpflichtet sind, den Bildungsvertrag im Sinne des Kindes abzuschließen und die Rechte aus dem Vertrag gegenüber der Schule durchzusetzen.

Die Freiheit der Lehre wird durch die Freiheit des Studiums nicht beeinträchtigt, da es den Professoren unbenommen bleibt, das Was und Wie der Lehrinhalte frei zu wählen, wie es Studenten zusteht, aus der Zahl der Professoren und der Lehrveranstaltungen diejenigen auszuwählen, an denen sie teilnehmen möchten[48].

Die ökonomische Zweckmäßigkeit der Freiheit des Studiums oder der studentischen Souveränität liegt zum einen in den Kenntnissen des Studenten über seine eigenen Anlagen, Fähigkeiten, Interessen und Ausbildungswünsche und zum anderen in dem Umstand, daß er die Risiken des Studiums (Risiko des Studienabbruchs, Risiko der wirtschaftlichen Obsoleszenz der erworbenen Ausbildung) selbst tragen muß. Das setzt voraus, daß das Studienangebot der Hochschulen durch seine Wahlentscheidung, die gleichzeitig die Finanzierung des Ausbildungsangebots sichert, gesteuert wird.

Das bedeutet aber nicht, daß die Hochschule sich ausschließlich an den Präferenzen der Studenten orientiert (sofern sie überhaupt eine reine Ausbildungsfunktion zu ihrem Aufgabenbereich zählt), vielmehr hat sie ihrerseits unter diesen (Markt)Bedingungen einen verstärkten Anreiz, Ausbildungsgänge anzubieten, die sie als zukunftsträchtig ansieht und ihren Studenten die gewünschten Beschäftigungsmöglichkeiten eröffnen. Sie hat also nunmehr ein größeres Interesse daran, sich Informationen über den Qualifikationsbedarf der Wirtschaft und des Staates zu verschaffen, um sich mit ihren Ausbildungsleistungen danach auszurichten und gleichzeitig als Bildungs- und Ausbildungsinnovator und -promotor tätig zu werden[49].

Ebenso steigt auch das Interesse der Hochschule an der Prüfung der Eignung der Studenten, da die Information über den Qualifikationsbedarf der Nachfrager nach hochqualifizierten Arbeitskräften alleine nicht ausreicht, um ihre (unternehmerische) Ausbildungsfunktion zu erfüllen und sich am Markt für hochqualifizierte Ausbildungsleistungen zu behaupten. Eingangstests und -prüfungen zur Feststellung der Eignung eines Studenten sind deshalb keine Einschränkung der Freiheit des Studiums, sondern eine notwendige Ergänzung. Sie dienen lediglich dazu, den Studenten mit den notwendigen Informationen zu versehen, damit er seine Ausbildungsentscheidung unter geringeren Risiken fällen kann. Den Entschluß, trotz des signalisierten Risikos der Eignung zum Studium dieses aufzunehmen, wird allerdings letztendlich er fällen, da Hochschulen sich über Studiengelder finanzieren und sie einen Anreiz haben, je nach Arbeitsmarktlage auch leistungsschwächere Studenten auszubilden.

[48] Siehe zur Freiheit des Studiums Rupp, H. H.: Die Stellung der Studenten in der Universität, und Geck, W. K.: Die Stellung der Studenten in der Universität (2. Mitbericht), beide Berlin 1968 (Vorabdruck aus den Veröffentlichungen der Staatsrechtslehrertagung), sowie Zacher, H. F.: Lernfreiheit contra Lehrfreiheit?, in: Mitteilungen des Hochschulverbandes 1970, S. 106–113.

[49] Die Hochschule hat also eine unternehmerische Funktion im Sinne von Josef Schumpeter und Israel M. Kirzner. Siehe Kirzner, J. M.: Wettbewerb und Unternehmertum (Competition and Enterpreneurship), Tübingen 1978.

II. Die Wirkungen der Neuverteilung der Verfügungsrechte: Der Bildungsmarkt als Institutionalisierung der permanenten Reform und die Abstimmung mit dem Arbeitsmarkt

Gegen die beschriebene Neuverteilung der Verfügungsrechte und die pretiale Lenkung im Bildungsbereich wird generell eingewendet, daß unter solchen Bedingungen nur noch „vermarktbare" Reformen der Bildungsinhalte und -methoden realierbar wären[1]. Auch würde das innovatorische Potential auf kurzfristig verwertbare berufsqualifizierende Ausbildungsinhalte beschränkt. Unter anderem Bodenhöfer sieht darin einen Konflikt mit den längerfristigen Entwicklungen des Qualifikations- und Qualifikationsanpassungsbedarfs im Beschäftigungssystem und mit den gesellschaftspolitisch-emanzipatorischen und kulturellen Ansprüchen an die Entwicklung des Bildungswesens. Es seien deshalb Wirkungen in der Art eines „Gresham'schen Gesetzes für das Bildungswesen" zu erwarten[2], wonach die „guten" von den „schlechten" Bildungsgütern verdrängt würden.

Nun ist aber gerade der Markt eine Institution, der die unterschiedlichsten Bildungswünsche und die verschiedensten Erwartungen über die Vorteilhaftigkeit von Bildungsgütern zum Zuge kommen läßt, und zwar in einem Umfang, wie dies eine staatlich-administrativ gelenkte Bildungsproduktion nicht kann. Die Schwäche des staatlich-administrativen Bildungssystems liegt selbst im Fall optimaler Funktionstüchtigkeit darin begründet, daß es von Mehrheitsentscheidungen abhängt, die die „Emanzipation" auf die jeweilige Mehrheit beschränkt, wobei sich diese bereits meist schon unter Kompromissen hat zusammenfinden müssen. Zwar kommt es auch auf dem Bilungsmarkt unter wettbewerblichen Bedingungen nur dann zu einer Befriedigung der Bildungswünsche, wenn die Bildungsangebots- und -nachfragefunktionen sich schneiden – was nicht immer der Fall sein wird –, aber die Zahl der Bildungsgüter ist größer als im staatlich-administrativen System, da die Koordination der Pläne zwischen Bildungsanbietern und -nachfragern spontan und unmittelbar zwischen den Marktparteien erfolgt. Ein staatlich-administratives Informations- und Lenkungssystem kann diesen hohen Grad der Abstimmung der Pläne von Bildungsproduzenten und -nachfragern aus technischen Gründen entweder nicht erreichen oder aber die Kosten der Planabstimmung (Transaktionskosten) sind so hoch, daß darauf verzichtet werden muß. Mit anderen Worten, weil auf dem wettbewerblichen Markt Reformen der Bildungsinhalte und -methoden teilbarer sind und die Abstimmung der Pläne zwischen Anbietern und Nachfragern unmittelbar und spontan erfolgt, macht der Markt schon aus diesen Gründen mehr Reformen möglich; seine Reformen generierende Kapazität ist größer, weil es sich bei Bildungsgütern um private Güter handelt.

[1] Vgl. hierzu die Diskussionsbeiträge von Hans P. Widmaier und R. Hickel zu dem Beitrag von Weizsäcker, C. C. von: Lenkungsprobleme der Hochschulpolitik, a.a.O., S. 558f. und S. 561.

[2] Bodenhöfer, H. J.: Finanzierungsprobleme und Finanzierungsalternativen der Bildungspolitik, a.a.O., S. 151.

Bekanntlich funktionieren aber beide Systeme nicht optimal. Auf dem Markt ist es unter bestimmten Bedingungen für Bildungsanbieter möglich und vorteilhaft, den Wettbewerb durch Absprachen mit Konkurrenten zu beschränken (verschiedenste Formen der Kartellierung und der Einschränkung freier Studienortwahl). Darüber hinaus können Konzentrationstendenzen (Bildungsmonopole und Bildungskonzerne) entstehen, die die marktlichen Anreizstrukturen ebenfalls zum Teil außer Kraft setzen. Auch ist es unter solchen Voraussetzungen möglich, daß Bildungsnachfrager nicht mehr hinreichend über Bildungsgüter informiert oder gar durch gezielte Fehlinformationen desinformiert werden. Zwar zeigt die Erfahrung, daß private Kartelle und besonders Monopole langfristig nur unter dem Schutz des Gesetzgebers existieren können[3], zumindest aber zeitweilig ist auf dem sich selbst überlassenen Bildungsmarkt mit Vermachtungstendenzen zu rechnen.

Entsprechend verringern sich dadurch die Anreizstrukturen des Marktes, um so geringer ist dessen Dynamik und Innovationseffizienz und folglich auch dessen Reformen schaffende Kraft. Gleichzeitig verlagert sich das Machtverhältnis zu Gunsten des Anbieters. Die Nachfragersouveränität wird beeinträchtigt.

Aber auch ein staatlich-administrativ gelenktes Bildungssystem steht vor einer Reihe von Problemen, die sein optimales Funktionieren in Frage stellen. Bildung steht unter diesen Bedingungen anders als auf dem Markt lediglich in einem Güterbündel (Wahlprogramm) und nur in größeren Zeitabständen (Wahlperioden) dem Bildungsnachfrager (Wähler) zur Entscheidung an. Meistens sind dieses Bündel und die in ihm enthaltenen bildungspolitischen Maßnahmen sehr ungenau formuliert, weil Politiker es für vorteilhaft halten, sich möglichst nicht auf bestimmte bildungspolitische Maßnahmen festzulegen (obwohl der Wähler im Gegensatz zum Nachfrager auf dem Bildungsmarkt kein Rechtsmittel hat, Politiker zur Erfüllung ihrer Wahlversprechen zu veranlassen, wenn sie an die Macht gelangen). Zum einen ist es für sie schwierig und kostspielig, Informationen darüber zu gewinnen, welche Präferenzen die Wähler tatsächlich haben, zum anderen bringt ihnen diese Information nur begrenzten Nutzen. Häufig ist es für sie vorteilhafter, ungenaue Informationen, teils auch absichtlich Fehlinformationen zu geben, um sich der Kontrolle durch die Wähler möglichst zu entziehen. Für die Wähler ist der Mangel an Informationen über bildungspolitische Maßnahmen und der Zwang, sie gebündelt mit anderen Gütern wählen zu müssen, ein Anlaß, die Informationssuche einzuschränken, da ihre Informationskosten schnell den Nutzen der Information übersteigen. Dies ist besonders deshalb der Fall, weil der Nutzen der Informationen mit dem Risiko, daß die gewählte Partei nicht zur Macht gelangt, gewichtet werden muß[4]. Trotz des politischen Wettbewerbs schafft daher das System nicht die Informationen, die der Markt zur Verfügung stellt:

[3] Es wäre interessant, der Frage nachzugehen, inwieweit die Langlebigkeit des kirchlichen Schulmonopols nicht gleichfalls darauf zurückzuführen ist, daß Landesfürsten, Kaiser, Könige und demokratisch gewählte Regierungen die kirchliche Vorherrschaft im Eigeninteresse sanktionierten.

[4] Siehe die Quantifizierung dieses Kalküls bei Tullock, G.: Towards a Mathematics of Politics, Ann Arbor 1967, S. 109, und Downs, A.: Ökonomische Theorie der Demokratie (An Economic Theory of Democracy), Tübingen 1968.

Politiker sind weniger über das informiert, was die Wähler wollen, und die Wähler sind weniger darüber informiert, was die Politiker beabsichtigen zu tun. Das Informationsniveau sinkt unter das des Bildungsmarktes[5].

Damit ist aber auch die Lenkung der Bildungsproduktion nach den Präferenzen der Wähler in Frage gestellt. Auch werden sie nicht mehr im marktmöglichen Umfang mit den technischen Möglichkeiten und Empfehlungen der Bildungsproduzenten abgestimmt. Bildungsgüter, die Bildungsnachfrager auf dem Markt für ihre persönlichen Bildungsziele als vorteilhaft erkennen, werden unter den Bedingungen einer staatlich-administrativen Bildungsproduktion möglicherweise zu nicht einmal mehr denkbaren Bildungsalternativen, da die Menschen zum einen durch die größere Homogenität des staatlichen Bildungsangebots geprägt werden und sie zum anderen einen Teil des Anreizes verloren haben, sich über Bildungsinhalte und -methoden zu informieren, weil die Lenkung der Bildungsproduktion nach ihren Präferenzen nur noch sehr begrenzt möglich ist und der (unkontrollierte) Handlungsspielraum der Politiker entsprechend zugenommen hat. Sie sind folglich von den Politikern und staatlichen Stellen abhängiger geworden und es nicht mehr in dem Maße gewohnt, die Vor- und Nachteile von Bildungsalternativen als freie Menschen abzuwägen, wie dies auf dem Markt möglich ist. Die Nutzenfunktionen können sich unter diesen Bedingungen in einer Weise verändern, daß die Bevormundung durch den Staat zu einem präferierten Gut wird. Besonders John St. Mill[6] und Wilhelm von Humboldt[7] haben auf diese Gefahren der staatlich-administrativen Bildungsproduktion für die persönliche Freiheit der Menschen und der persönlichen Bildung hingewiesen.

[5] In diesem Zusammenhang ist die Beobachtung aufschlußreich, daß in der Bundesrepublik Deutschland sich ein nicht unbeachtlicher Informationsmarkt (Zeitungen, Zeitschriften, Annoncen) über vergleichsweise teuere und teils langlebige Güter (Reisen, Pkw, Eigenheim, Freizeitbedarf) entwickelt hat, während für den Bildungsnachfrager ein Angebot an Informationen über die Vorzüge und Nachteile von Bildungsmöglichkeiten kaum entstanden ist. Statt dessen gab es Mitte der sechziger Jahre eine Bildungswerbungskampagne mit einem sehr homogenen Inhalt über das, was jungen Menschen an Bildungskonsum oder zu Ausbildungszwecken zu empfehlen sei. Vgl. Kapitel B. III., speziell Fußnote 5.

[6] John St. Mill sagt: „Dagegen, daß die Erziehung des Volkes ganz oder zum großen Theil in die Hände des Staates übergehen soll, erhebe ich eben so laute Einsprache wie irgend sonst Jemand. Alles was . . . über die Wichtigkeit der Individualität und der Verschiedenheit der Meinungen und der Arten des Handelns gesagt worden ist, findet auch auf Verschiedenheit der Erziehung als ein Erforderniß von derselben unaussprechlich hohen Bedeutung seine Anwendung. Eine Staatserziehung ist eine bloße Vorrichtung, um alle Menschen genau nach der gleichen Form zu bilden, und da die Form, in welche sie gegossen werden, diejenige ist, welche der herrschenden Macht im Staate, sei diese nun ein Monarch, eine Priesterschaft, eine Aristokratie oder eine Majorität der dermaligen Generation am besten zusagt, so wird sie in demselben Maß, als sie wirksam und erfolgreich ist, einen Despotismus über den Geist begründen, der seiner natürlichen Tendenz nach zu einem Despotismus über den Leib führt. Eine vom Staat begründete und geleitete Erziehung sollte, wenn sie überhaupt besteht, nur als einer von vielen wetteifernden Versuchen existieren, die nur um des Beispiels und der Anregung willen fortgeführt wird und für die andern ein gewisses Normalmaß der Vortrefflichkeit bieten soll." Und an anderer Stelle heißt es: „Jede neue Verrichtung, die der Thätigkeit der Regierung hinzugefügt wird, erweitert den Kreis ihres Einflusses auf die Hoffnungen und Befürchtungen der Menschen und verwandelt mehr und mehr den thätigen und strebsamen Theil des Publicums in einen Troß, der ihr oder irgend einer Partei folgt, welche die herrschende zu werden strebt." (Anwendungen, Gesammelte Werke, Bd. 1 (Neudruck der Ausgabe Leipzig 1869), Aalen 1968, S. 112f. und S. 117).

[7] Humboldt, W. von: Idee zu einem Versuch, die Gränzen der Wirksamkeit des Staates zu bestimmen, a.a.O., S. 51–58.

Unter der Annahme, daß das Modell des selbstinteressierten Menschen auch für Politiker (und ihre Agenten) gilt, ist davon auszugehen, daß sie den Handlungs- und Machtspielraum, den sie durch die informationalen Probleme erhalten haben, zu ihrem eigenen Vorteil nutzen. Zwar ist der Spielraum und Machtzuwachs durch die politische Opposition begrenzt, die die Fehlentscheidungen der Regierung und ein zu großes Abweichen von den Wählerpräferenzen im nächsten Wahltermin (nicht simultan wie auf dem wettbewerblichen Markt) zu ihren Gunsten ausnutzen wird, doch sind die Kontrollmöglichkeiten durch die Opposition beschränkt, weil mit Koalitionen der Politiker gegen die Gesellschaft, mit strategischem Verhalten bei Abstimmungen im Parlament (Stimmentausch) und mit unzureichender Konkurrenz unter den Parteien gerechnet werden muß[8]. Der Machtzuwachs führt so leicht dazu, daß die Lenkung der staatlichen Bildungsproduktion mehr im Interesse der Regierenden und ihrer ausführenden Organe denn der Bildungsnachfrager erfolgt[9]. Die Souveränität der Bildungsnachfrager nimmt in ihrer Ausprägung als Wählersouveränität ab. Eltern (Schüler) und Studenten werden in der Rolle des Auftraggebers geschwächt (wenn nicht aus dieser Rolle ganz verdrängt) und Bildungspolitiker wechseln von der Rolle des Beauftragten mehr zu der des Auftraggebers. Die hoheitliche Gewalt, die der Staat in manchen Ländern im gesamten Bildungsbereich ausübt und die man in der Bundesrepublik Deutschland neuerdings versucht, durch Partizipationsstrukturen aufzulockern, ist das Ergebnis. Bürger werden dann mehr zu Dienern des Staates oder im Sinne der Bildungsvorstellungen der Politiker und politisch Aktiven erzogen, als daß die Bildungsleistungen der Schulen und Hochschulen sich an den Bildungswünschen der Bürger messen lassen müssen.

Fraglich ist deshalb, was gemeint ist, wenn von „nur vermarktbarer Reform", von einer „politisch ausgetrockneten Öffentlichkeit" und einem „politisch ausgetrockneten Studenten" gesprochen wird. Der wettbewerbliche Markt ermöglicht Reformen der Bildungsinhalte und -methoden, die politisch-administrativ nur zum Teil und dann meist langsamer möglich sind. Reformen der Bildungsinhalte und eine „Emanzipation", die der Markt im Bildungsbereich nicht möglich macht, können offensichtlich nur Reformen sein, die mit einer offenen Gesellschaft schwerlich vereinbar sind; denn sie setzen voraus, daß über die Souveränität des Bildungsnachfragers derartige Reformen nicht möglich sind. Man gewinnt daher den Eindruck, daß es nach den Vertretern dieser Auffassung eine Gruppe von Menschen geben muß, die den übrigen übergeordnet sind, um Reformen in die Wege zu leiten. Das Emanzipationsdenken entpuppt sich dann aber als eine Philosophie, die mit einer offenen Gesellschaft und freiheitlichen Demokratie nicht vereinbar ist: In einer offenen Gesellschaft bleibt das, was über den individuellen Entscheidungsmechanismus (Markt im weitesten Sinne des Wortes) kostengünsti-

[8] Siehe hierzu zum Beispiel Frey, B. S.: Eine Theorie demokratischer Wirtschaftspolitik, in: Kyklos, Bd. 31 (1978), S. 208–234, hier besonders S. 233.

[9] Wagner, R. E.: American Education and the Economics of Caring, in: Parents, Teachers, and Children: Prospects for Choice in American Education, (Hrsg.) Institute for Contemporary Studies, San Francisco 1977, S. 111–128.

ger geregelt werden kann, dem Individuum vorbehalten; auf dem Wege eines n-Personenvertrages (Gesellschaftsvertrag) wird dagegen das kollektiv entschieden, was sich individuell über freiwillige Tauschprozesse nicht oder nur zu höheren Kosten regeln läßt.

Den Verfechtern des Standpunktes, der Markt verhindere Reformen, die in einer offenen Gesellschaft erwünscht seien, stehen auch die empirischen Erfahrungen aus Ländern entgegen, deren Hochschulbereich mehr nach marktlichen Gesichtspunkten geordnet ist, wie etwa die Vereinigten Staaten, Kanada und Japan[10]. Die Abstimmung von Bildungssystem und Arbeitsmarkt scheint in allen drei Ländern reibungsloser zu funktionieren als in der Bundesrepublik Deutschland. Auch ist zu beobachten, daß der Konflikt zwischen den längerfristigen Entwicklungen des Qualifikationsbedarfs und den Ausbildungsentscheidungen der Bildungsnachfrager in diesen Ländern nicht stärker ausgeprägt ist als unter den Bedingungen staatlicher Bildungsplanung, wie etwa in der Bundesrepublik Deutschland. Die staatliche Bildungsplanung vermag nämlich ebenfalls keine zukünftigen historischen Ereignisse wie die Entwicklung des Qualifikationsbedarfs vorauszusagen und die Bildungsproduktion entsprechend zu lenken. Eher ist das Gegenteil der Fall, weil der Bildungsmarkt auf Grund der beschriebenen Anreizmechanismen die Bildungsanbieter, Bildungsnachfrager und die Nachfrager nach Arbeitskräften zu verstärktem Signal- und Informationsaustausch und zu mehr Flexibilität angeregt und die Risiken der Investition in Humankapital besser verteilt. Beides wirkt auf eine Verringerung der Abstimmungsprobleme zwischen Bildungs- und Arbeitsmarkt hin, auf die bereits weiter oben eingegangen wurde.

Von einem „Gresham'schen Gesetz für das Bildungswesen" zu sprechen, ist deshalb theoretisch wie empirisch nicht haltbar[11]. Vielmehr werden die Aussagen der ökonomischen Theorie bestätigt; denn es ist in Ländern, deren Bildungssystem im sekundären und tertiären Bereich mehr marktlich organisiert ist, ein Preis- und Leistungswettbewerb festzustellen, der die Anpassungen an die Qualifikationswünsche der Wirtschaft und an die Bildungskonsumwünsche der Bildungsnachfrager zwar nicht optimal, aber doch schneller und gezielter als in staatlich-administrativ gelenkten Bildungssystemen vollzieht[12].

[10] Alle drei Länder haben offenbar größere Akademikerüberschüsse und -defizite nach dem Zweiten Weltkrieg vermieden und strukturelle Veränderungen in der Nachfrage nach Akademikern flexibel bewältigen können.

[11] So fehlt bei Bodenhöfer eine Erklärung, wie auf dem Bildungsmarkt „gute" Bildungseinrichtungen von „schlechten" verdrängt werden können. Wenn Bildung konsumptiven oder investiven Zwecken dient und der Bildungsnachfrager für die Benutzung der Schulen und Hochschulen *zahlt,* ist es schwerlich zu erklären, weshalb eine Situation eintreten soll, wie sie durch das Gresham'sche Gesetz beschrieben wird. „Gutes" Geld wird gerade deshalb durch „schlechtes" Geld verdrängt, weil die Menschen rational handeln. Ein Bildungsmarkt, auf dem sich Schulen und Hochschulen durchsetzen können, deren Bildungsgüter nicht zur Maximierung des persönlichen Nutzens der Nachfrager beiträgt, setzt bei den Nachfragern irrationales (selbstzerstörerisches) Verhalten voraus.

[12] So beispielsweise in Japan, Kanada und den Vereinigten Staaten. Die Abstimmungsprozesse zwischen Bildungssystem und Arbeitsmarkt erfolgen in diesen Ländern allerdings nicht nur wegen der dezentralen Lenkung der Bildungsproduktion reibungsloser, sondern auch auf Grund eines geringer ausgeprägten Berechtigungsscheindenkens und flexibler gehandhabter Einstellungs-, Besoldungs- und Laufbahnvorschriften.

D. Die Finanzierung der Bildungsnachfrage

Bisher war stets davon ausgegangen worden, daß der Kapitalmarkt für Bildungsdarlehen voll funktionstüchtig ist und auch Schüler und Studenten aus den wirtschaftlich schwächsten Verhältnissen[1] auf Grund ihrer persönlichen Begabungen und Leistungsbereitschaft in der Lage sind, ein Bildungsdarlehen aufzunehmen[2]. Diese heroische Annahme, die keinesfalls als erfüllt betrachtet werden kann, soll nun aufgehoben und die Frage der Finanzierung der Bildungsnachfrage ausführlich untersucht werden. Es ist eine völlig andere Frage, ob die Nachfrage nach formaler Bildung suboptimal ist, weil Bildungsgüter positive externe Effekte hervorrufen – was wir weitgehend in Zweifel gezogen haben – oder ob die Bildungsnachfrage suboptimal ist, weil der Kapitalmarkt bei der Bereitstellung von Bildungsdarlehen nicht oder nicht ausreichend funktioniert. Ist letzteres nämlich der Fall, dann kann es trotz fehlender externer Effekte und trotz eines funktionstüchtigen Bildungsmarktes wohlfahrtsfördernd sein, wenn der Staat bei der Finanzierung der Bildungsnachfrage mitwirkt oder sich an ihr beteiligt. Zinssubventionen, Ausfallgarantien und Subventionen in Form von Stipendien oder Bildungsscheinen könnten hierin ihre wohlfahrtstheoretische Begründung finden.

Um die Probleme der Finanzierung der Bildungsnachfrage zu untersuchen, werden zunächst die Möglichkeiten der Eigenfinanzierung (Finanzierung aus dem verfügbaren Einkommen und Vermögen der Eltern und/oder des Studenten) geprüft, um die (quantitative) Bedeutung der Fremdfinanzierung aufzuzeigen, und im

[1] Mit wirtschaftlich schwachen Verhältnissen sind im herkömmlichen Sinne des Wortes fehlendes Geld- und Sachvermögen und geringes Einkommen gemeint, *nicht* dagegen das Humanvermögen (Gesundheit, Begabungen und Fähigkeiten) der Personen, deren Bildung zu finanzieren ist.

[2] Nur dann, wenn diese Bedingung nicht erfüllt ist, trifft der Vorwurf zu, der im Zusammenhang mit der Erhebung von Schul- und Studiengeld generell erhoben wird, daß der Bildungsmarkt Schüler und Studenten nach der Zahlungsfähigkeit und nicht nach der Begabung und dem Leistungswillen (Elite) selektiere. Andernfalls würden nicht nur die Schulen und Hochschulen begabte und leistungswillige Schüler und Studenten bei gegebenem Preis für ihre Bildungsleistungen vorziehen oder ihnen Sonderkonditionen (Schul-, Studiengeldermäßigung) einräumen, weil sie bei vorgegebenem Bildungsziel ihre Produktions- und Kostenfunktionen günstig beeinflussen, sondern auch die Kreditgeber würden bei gegebenem Zins und sonst gleichen Bedingungen (Vermögensverhältnissen) die begabten und leistungswilligen Schüler und Studenten vorziehen oder ihnen zinsgünstigere Darlehen einräumen als weniger begabten und leistungswilligen. Das ist der Fall, weil auf einem funktionstüchtigen Markt für Bildungsdarlehen Kreditgeber bei sonst gleichen Bedingungen in der Begabung und im Leistungswillen eines Bildungsnachfragers eine zusätzliche Sicherung für ihren Kredit sehen. Das heißt, bei gleichen (materiellen) Vermögensverhältnissen werden begabtere und leistungswilligere Schüler und Studenten preisgünstigere Bildungs- und Finanzierungsbedingungen erhalten als weniger begabte und leistungswillige. Wohl aber wird bei gleicher Begabung und Leistungswilligkeit der vermögende Student günstigere Finanzierungsbedingungen erhalten als der weniger vermögende. Der weniger begabte, aber vermögende Schüler oder Student wird dagegen nur Bildung nachfragen, wenn er diese entweder zu konsumptiven Zwecken verwendet oder aber erwartet, daß er sie im Wettbewerb mit den Begabteren auf dem Arbeitsmarkt ertragreich einsetzen kann. Das ist nur dann der Fall, wenn der (partielle) Arbeitsmarkt vermachtet ist und leistungsschwächere auf diesem Markt Renten beziehen können, die nicht auf Leistung sondern auf künstlicher Verknappung des Angebots an entsprechend ausgebildeten Fachkräften beruhen.

Anschluß daran der Fremdfinanzierung in Form von Darlehen und Bildungsscheinen verschiedenster Ausprägung Aufmerksamkeit zu schenken[3].

I. Möglichkeiten und Grenzen der Eigenfinanzierung

Bei der Einführung eines Bildungsmarktes ist zu berücksichtigen, daß
(1) in dem Maße, wie auf eine Finanzierung der Bildungsausgaben über Steuern verzichtet wird, Bildungsnachfrager (und andere Steuerzahler) ein um diese Minderausgaben höheres verfügbares Einkommen beziehen, sofern der Staat die Ausgabensenkung voll als Steuersenkung weitergibt,
(2) auf einem wettbewerblichen Bildungsmarkt mit einer Steigerung der allokativen Effizienz zu rechnen ist, also die Kosten pro Ausbildungseinheit gesenkt werden können oder bei gleichem finanziellen Aufwand mehr an formaler Bildung nachgefragt werden kann[1].

Von einigen Vertretern der Nachfragefinanzierung der Bildung (Finanzierung des Bildungsangebots über Preise beziehungsweise Gebühren) wird nun in diesem Zusammenhang behauptet, daß in den modernen Industriegesellschaften die schulische Bildung wegen ihrer niedrigen Kosten meistens ohne größere Schwierigkeiten aus eigenen Mitteln der privaten Haushalte bezahlt werden könne[2].

Die Grund- und Hauptschulbildung, also der Teil der Schulbildung, der der Vollzeitschulpflicht unterliegt (aber auch die berufliche Bildung), ist in der Tat auch unter den jetzigen Bedingungen im Vergleich zur Gymnasial- und Hochschulbildung billig. Die Ausgaben für sie betragen in der Bundesrepublik Deutschland und in Großbritannien pro Jahr und Schüler rund 1/10 der Universitätsausbildung[3]. Für deutsche Verhältnisse sind das ca. DM 1400,– (1970). Das

[3] Bei den nachfolgenden Ausführungen muß berücksichtigt werden, daß neben den direkten Bildungsausgaben, also dem Preis oder der Gebühr, die auf dem Bildungsmarkt für Bildungsleistungen zu zahlen ist, indirekte Bildungsausgaben (Lebenshaltungskosten, Ausgaben für Lernmittel und Fahrtkosten) anfallen, die für manche Familien bereits in der jetzigen Situation des Nulltarifs für Schul- und Hochschulausbildung eine erhebliche Belastung darstellen können, wenn eine Vollzeitausbildung über das schulpflichtige Alter hinaus erfolgen soll. (Zur Finanzierung der Unterhaltskosten siehe Blaug, M., und Woodhall, M.: Patterns of Subsidies to Higher Education in Europa, in: Higher Education, Bd. 7 (1978), S. 331–361.)

[1] Auf einen erheblich wirtschaftlicheren Ressourceneinsatz deuten die Zahlen hin, die der Bund der Freien Waldorfschulen e. V. 1982 vorgelegt hat (siehe Gesamtjahresabschluß 1980 [konsolidierter Jahresabschluß] der Freien Waldorf- und Rudolf Steiner Schulen in der Bundesrepublik Deutschland, Freies Pädagogisches Zentrum für Waldorfpädagogik e. V., Mannheim 1982) wie auch ein Kostenvergleich zwischen dem University College Buckingham und entsprechenden Abteilungen der London School of Economics and Political Science in Großbritannien. Siehe auch Vogel, J. P.: Wieviel kostet ein Schüler? Schulkosten und Schulgeld, Versuch der Berechnung der Unterrichtskosten für einen Gymnasiasten 1978, Arbeitsgemeinschaft Freier Schulen, Materialien zur Schulpolitik, No. 5, Mai 1979.

[2] Diese Auffassung teilen unter anderem Edwin G. West (Economics, Education and the Politician, a.a.O., S. 47–52) und Milton Friedman (Kapitalismus und Freiheit, a.a.O., S. 116f.).

[3] Vgl. Der Bundesminister für Bildung und Wissenschaft: Grund- und Strukturdaten, Bonn 1975, S. 36 und 69, und 1979, S. 87 und 157. In den letzten Jahren wird durch die schwächer werdenden Schülerjahrgänge, die sich zuerst im Primär- und Sekundarbereich bemerkbar machen, und die hohen Fixko-

bedeutet, daß bei einer proportionalen Senkung der Einkommensteuer über alle Tarifgruppen die Mehrzahl der Bildungsnachfrager einen größeren Zuwachs ihres verfügbaren (Lebens) Einkommens zu verzeichnen haben, als sie selbst für bisher nachgefragte Bildung auf dem Bildungsmarkt ausgeben mußten. Außerdem ist zu erwarten, daß sich formale Bildung tendenziell verbilligt, weil unter wettbewerblichen Bedingungen mit einem wirtschaftlicheren Umgang mit Ressourcen gerechnet werden kann.

Für die privaten Haushalte können aber erhebliche Liquiditätsengpässe entstehen, da ihre Ausgaben für Schulbildung sich nunmehr auf eine kürzere Periode (mindestens 9 bis 10 Jahre) konzentrieren, während sie sich bisher unter dem System der Steuerfinanzierung über das gesamte aktive Leben und eventuell darüber hinaus verteilten.

Dies ist vor allem bei kinderreichen[4] und wirtschaftlich besonders schwachen Familien sowie bei Familien der Fall, die sich in einer Notsituation befinden. Dies trifft um so mehr zu, wenn es, abgesehen von der Erfüllung der Schul- beziehungsweise Bildungspflicht darum geht, die teuere gymnasiale und akademische Ausbildung aus eigenen Mitteln zu finanzieren. Zwar werden sich die Studienzeiten auf dem Bildungsmarkt wahrscheinlich verkürzen, Studiengänge werden kostengünstiger angeboten, und vermutlich werden vielfältige Kombinationsmöglichkeiten zwischen Studium und Berufsausübung (Geldverdienen) möglich; trotzdem kann ein finanzieller Engpaß zu einer Unterversorgung mit Bildung führen, der unter den jetzigen Bedingungen steuerfinanzierter Bildung vermieden würde, weil eine Streckung der Finanzierung der Bildungsausgaben über viele Jahre möglich wäre. Der finanzielle Engpaß ist um so gravierender, wenn man bedenkt, daß während der Schul- und Studienzeit auch der Lebensunterhalt der Schüler und Studenten finanziert werden muß.

Nun könnte man einwenden, daß es dem Haushalt durchaus möglich sei, dem Problem der Finanzierung von Bildungsausgaben vorzubeugen, indem er das erforderliche Geldkapital rechtzeitig anspart. Der Kapitalmarkt wird auf einen solchen Bedarf sofort reagieren. Neben den bisherigen Möglichkeiten des Sparens wäre zu erwarten, daß Banken, Zwecksparunternehmen und Versicherungen, Eltern frühzeitig Angebote über alternative Möglichkeiten des Kapital- und *Bildungssparens*[5] (analog dem Zwecksparen nach dem Bausparprinzip) sowie der

sten des Bildungsangebots (Beamte auf Lebenszeit) diese Relation aufgehoben. Siehe auch Pfaff, M., Fuchs, G. und Kohler, R.: Alternative Konzepte zur Berechnung einer Akademikersteuer, a.a.O., S. 190. Für Großbritannien siehe zum Beispiel Perlman, R.: The Economics of Education, Conceptual Problems and Policy Issues, New York 1973, S. 134.

[4] Der Bildungsmarkt hat natürlich auch Einfluß auf das generative Verhalten der Menschen. Die Ausgestaltung des Finanzierungssystems der formalen Bildung wie auch die alternativen Möglichkeiten der eigenen Zukunftsvorsorge der Eltern (Rentenversicherung) spielen dabei eine entscheidende Rolle.

[5] Für die Bundesrepublik Deutschland ist dazu eine Novellierung des § 3 Kreditwesengesetz erforderlich, der das Zwecksparen generell verbietet.

Ausbildungsversicherung[6] machen werden, wenn sie für die Dienstleistungen der Schulen und Hochschulen zu zahlen hätten[7]. Zweifellos ist dies zutreffend. Es muß allerdings berücksichtigt werden, daß möglicherweise einige Eltern nicht mehr hinreichend bereit sind, für die Ausbildung ihrer Kinder die erforderlichen finanziellen Mittel zur Verfügung zu stellen, da für sie das ökonomisch bedeutende Motiv des Eigennutzes bei der Ausbildung der Kinder weitgehend entfallen ist: Eltern sind nämlich von den Erträgen aus den Investitionen in das Humankapital ihrer Kinder seit Einführung der gesetzlichen Sozialversicherungen im Fall von Krankheit, Invalidität und Alter weitgehend unabhängig geworden. Die Ausbildung der Kinder als privatwirtschaftliche Kapitalanlage zu betrachten, ist für sie zumindest nicht mehr in dem Umfang erforderlich, wie das früher der Fall war. Allerdings kann erwartet werden, daß die jüngsten Probleme bei der Finanzierung der Altersrenten, des Arbeitslosengeldes und der Leistungen der Krankenversicherungen sowie die öffentliche Diskussion um diese das Motiv der individuellen Vorsorge in der Bundesrepublik Deutschland tendentiell stärken werden.

Sofern jedoch Eltern gegenüber ihren Kindern nicht nur das reine, auf ihr eigenes Leben bezogene Selbstinteresse verfolgen, sondern in ihnen die Fortsetzung ihrer eigenen Existenz erblicken, kann eine spontane Nachfrage nach Kapitalsparen und Versicherungsleistungen erwartet werden, die in vielen Fällen eine Fremdfinanzierung (Kreditfinanzierung) ganz oder teilweise überflüssig macht. Welches Verhalten der Eltern sich tatsächlich einstellt, ist aber nur durch empirischen Test festzustellen.

Unabhängig von diesen Möglichkeiten der Eigenfinanzierung kann es Fälle geben, in denen Eltern nicht die Möglichkeit haben, für die Ausbildung ihrer Kinder finanziell vorzusorgen, oder Fälle, in denen das angesparte Kapital durch widrige Umstände verloren geht. Ferner ist zu fragen, welche Möglichkeiten für eine Finanzierung bestehen, wenn sich junge Menschen dazu entschließen, gegen den Willen der Eltern ein Hochschulstudium zu absolvieren oder andere Ausbildungsleistungen in Anspruch zu nehmen. Ein Rechtsanspruch auf einen finanziellen Beitrag der Eltern reicht nicht aus, wenn die Mittel dazu fehlen. Auch ist zu prüfen, wie sich eine berufliche Umorientierung finanzieren läßt, die nicht rechtzeitig antizipiert werden kann und die durch staatliche Subventionen nicht gedeckt ist. Für all diese Situationen ist eine Fremdfinanzierung unabdingbar, wenn allein schon dem Ziel der effizienten Ressourcenallokation Genüge getan, geschweige sozialpolitische Zielsetzungen erreicht werden sollen.

[6] Siehe zu den Sparverträgen die detaillierten Ausführungen und Berechnungen in Lith, U. van: Ist die Ausbildungsförderung reformbedürftig?, in: Wirtschaftsdienst 1981/VII, S. 402–410, hier S. 410, und derselbe und Hemmert, B.: Alternativen zur Ausbildungsförderung, in: Wirtschaftsdienst, 1982/V, S. 229–234; sowie derselbe: Vorschlag zur Neuordnung der Ausbildungsförderung für Studenten, Anhang, S. 264 ff.

[7] Auf diese Weise könnten auch (rechtzeitig) die umfangreichen finanziellen Mittel aufgebracht werden, die heutzutage in Hochschulen investiert werden müssen. Immerhin belaufen sich die Investitionskosten einer vollständigen Universität auf ca. 1 Mrd. DM und ihre jährlichen Unterhaltskosten auf 300 bis 400 Millionen DM. Eltern könnten so für ihre Kinder frühzeitig eine Anwartschaft auf einen Studienplatz erwerben.

II. Bildungsdarlehen

Eine der Steuerfinanzierung überlegene Pareto-superiore Finanzierung der Bildungsgüter ist nur dann möglich, wenn der Kapitalmarkt bei der Bereitstellung von Bildungsdarlehen weitgehend funktionstüchtig ist, er also wie im Fall der Investition in Sachkapital auch bei der Bildungsinvestition in der Lage ist, die Nachfrage nach finanziellen Mitteln bei gegebenem Preis (Zins) zu befriedigen[1].

Unter diesen Bedingungen werden sich die knappen finanziellen Mittel auf die Human- und Sachkapitalbildung nach der zu erwartenden Ertragskraft verteilen. Steigen zum Beispiel bei sonst gleichen Bedingungen die Erträge aus Sachinvestitionen plötzlich an, so wirkt der neue Finanzierungsbedarf für Sachinvestitionen zinserhöhend. Bei gegebener Ertragskraft der Humaninvestition würden einige von ihnen auf Grund der gestiegenen Zinskosten unrentabel; die Nachfrage nach Bildungsdarlehen sinkt, bis ein neues Gleichgewicht erreicht ist.

Ebenso aber würde ceteris paribus der Kapitalmarktzins steigen, wenn etwa auf Grund technisch-wirtschaftlichen Fortschritts der Qualifikationsbedarf der Wirtschaft oder des Staates plötzlich ansteigt und die Arbeitseinkommen der entsprechend Ausgebildeten und damit die Renditen ihres Humankapitals in die Höhe schnellen. Bei gegebener Rentabilität der Sachinvestitionen würden diesen finanzielle Mittel entzogen, bis ein neues Gleichgewicht erreicht ist, in dem die Grenzerträge beider Verwendungsalternativen des Geldkapitals erneut zum Ausgleich kommen. Das neue Gleichgewicht ist durch ein größeres Volumen der Humaninvestition und ein geringeres Volumen der Sachinvestition gekennzeichnet.

Von Gegnern der Darlehensfinanzierung der Bildungsnachfrage wird diese Abhängigkeit der Bildungsfinanzierung von den Kapitalmarktbedingungen als Nachteil betrachtet, weil die Finanzierung von Bildung, besonders die Darlehensfinanzierung, von den Zinsschwankungen für langfristige Gelder abhängt. Wenn schon ein Bildungsmarkt wünschenswert sei, weil er mit den Grundprinzipien einer offenen Gesellschaft und einer Sozialen Marktwirtschaft konform ist, und er die Effizienz des Bildungssystems wie auch die persönliche Freiheit der Bürger erhöht, so dürfe doch die Finanzierung der Bildungsnachfrage nicht dem Kapitalmarkt überlassen werden. Selbst wenn dieser voll funktionstüchtig wäre, so würde damit die Bildungsnachfrage von den Knappheitsverhältnissen auf dem Kapitalmarkt und dem dadurch bestimmten Zins abhängig gemacht.

[1] Obwohl durch einen funktionstüchtigen Kapitalmarkt pretiale Lenkung der Ressourcen erst möglich wird und mit der Herstellung seiner Funktionstüchtigkeit keine sozialen Absichten intendiert sind, würden trotzdem gleichzeitig viele als „sozial" etikettierte Probleme der Bildungspolitik gelöst. Denn menschliches Kapital könnte dann finanziell ungehindert in die Verwendungen gelangen, in denen es den höchsten Ertrag abwirft. Begabte Menschen, die sich in wirtschaftlich schwachen Verhältnissen befinden und aus eigenen Mitteln die Ausbildung nicht finanzieren können, durch die sie Zugang zu ihrer besten Verwendung fänden, würden als kreditwürdig befunden und könnten ihre Ausbildung über Fremdmittel finanzieren. Gleichzeitig würden die übrigen Menschen, die aus persönlichen Gründen ein Hochschulstudium nicht nachfragen, finanziell entlastet.

Soll aber der Staat die Finanzierung der Bildungsnachfrage übernehmen, um Bildungsnachfrager von den Zinsschwankungen auf dem Markt für Bildungsdarlehen (Markt für langfristige Gelder) unabhängig zu machen, so setzt das voraus, daß er selbst in der Lage ist, den Zinssatz zu bestimmen, der dem Zinssatz gleich wäre, der aus dem Durchschnitt der während der Laufzeit auf dem Kapitalmarkt herrschenden Zinsen besteht. Es ist aber äußerst zweifelhaft, ob eine Regierung dazu in der Lage ist. Woher sollte sie die Informationen nehmen, welche Zinssätze langfristig auf dem Kapitalmarkt für Bildungsdarlehen existieren werden? Sie hat keine anderen Informationen als diejenigen, die der Markt für langfristige Gelder zur Verfügung stellt. Ist der Kapitalmarkt für Bildungsdarlehen ganz funktionstüchtig, so gibt es keine allokativen Gründe, die Darlehensfinanzierung der Bildung in die Hände des Staates zu legen. Tut man dies doch, so muß eher damit gerechnet werden, daß die Regierung je nach ihrem politischen Standpunkt Bildungsdarlehen künstlich verbilligen oder verteuern wird. Jede solche Intervention wäre aus Effizienzaspekten unerwünscht und aus Freiheitsgründen nicht zu vertreten, da sie zwangsläufig den einen nimmt, was sie den anderen gibt, ohne daß dazu eine Legitimation gegeben wäre.

Anders dagegen ist die Lage, wenn der Kapitalmarkt nicht voll funktionstüchtig ist, weil er häufig mehr durch kurz- bis mittelfristige Ereignisse beeinflußt werde, also generell nicht in der Lage sei, ein langfristiges Gleichgewicht herbeizuführen. Dies gelte insbesondere für Bildungsdarlehen, die in vielen Fällen lange Laufzeiten (20 bis 25 Jahre) haben müßten. Eine solche Behauptung stellt die Funktionstüchtigkeit des Kapitalmarktes generell in Frage, ohne aufzuzeigen, welche alternative Institution die Funktion dieses Marktes zu übernehmen und sie besser auszuführen vermag.

Zweifellos kann nicht davon ausgegangen werden, daß der Kapitalmarkt vollkommen funktioniert, wie es das Modell der vollkommenen Konkurrenz unter vollkommener Voraussicht vorgibt. Entscheidend ist vielmehr, daß eine andere Institution möglich ist, die „bessere" oder „richtigere" Informationen über die langfristigen Knappheitsverhältnisse auf dem Kapitalmarkt produziert und Fehleinschätzungen der Zinsentwicklung schneller korrigiert, als es die Märkte für langfristige Gelder tun.

Ein informativer Vorteil des Staates ist auch dann nicht gegeben, wenn der Staat selbst der größte Kreditnehmer und -geber sein sollte, da dieser dann selbst vor größeren Unwägbarkeiten steht, die seine Kreditvergabe und -aufnahmeentscheidungen determinieren.

Aus diesen Gründen ist es angebracht, Funktionen des Staates bei der Finanzierung der Bildungsnachfrage abzulehnen, die darauf abzielen, scheinbar unerwünschte Nebenwirkungen der Kapitalmarktfinanzierung zu beseitigen, oder die mit einem allgemeinen Versagen des Kapitalmarktes bei der langfristigen Kreditfinanzierung begründet werden.

Fraglich aber ist, ob die Darlehensfinanzierung der Bildungsnachfrage überhaupt gelingt und ein funktionstüchtiger Kapitalmarkt für Bildungsdarlehen entstehen kann, da mit der Finanzierung von Bildung ganz besondere Probleme verbunden sind, auf die im folgenden eingegangen werden soll, ehe nach den verschiedenen Formen der Fremdkapitalbereitstellung gefragt werden soll.

a. Die Unvollkommenheiten des Marktes für Bildungsdarlehen

Ein spezieller Kapitalmarkt für Bildungsdarlehen hat sich bisher selten spontan herausgebildet. Wo er eine maßgebliche Rolle spielt, tritt meistens der Staat als Garant bei Zahlungsunfähigkeit des Schuldners (Studenten) auf, wie dies zum Beispiel in den Vereinigten Staaten (Guaranteed Student Loan Program) und Kanada (Canada Student Loan Plan) für Bildungsdarlehen der Fall ist, die von privaten Banken vergeben werden[2]. Wohl aber hat es in Deutschland und anderswo in kleinen, überschaubaren sozialen Gruppen spontane Kreditbeziehungen gegeben, die eine Bildungsfinanzierung ermöglichten[3].

Daß ein organisierter Kapitalmarkt bis heute nicht entstanden ist, ist unter anderem darauf zurückzuführen, daß seit der Existenz organisierter Kapitalmärkte Schul- und Hochschulbildung entweder zum Nulltarif oder gegen geringe Kostenbeteiligung (Schulgeld, Studiengebühren) meistens staatlicherseits bereitgestellt werden. Der Kapitalmarkt ist daher noch keinen experimentum crucis ausgesetzt worden, wonach er nicht in der Lage wäre, Bildungsinvestitionen im volkswirtschaftlich wünschenswerten Umfang zu finanzieren. Von einem empirisch nachgewiesenen Versagen des Kapitalmarktes bei der Finanzierung formaler Bildung kann deshalb nicht gesprochen werden.

Wohl aber existieren neben der historischen Erklärung, weshalb es bisher zu einer spontanen Organisation eines Marktes für Bildungsdarlehen nicht gekommen ist, *theoretische* Gründe, die als Hemmnisse oder Schwierigkeiten bei der Nachfrage und dem Angebot von Bildungsdarlehen bezeichnet werden können. Und zwar handelt es sich dabei um Risiken, die Kapitalnehmer (Bildungsnachfrager) und Kapitalgeber vom Abschluß eines Darlehensvertrages abhalten können, wenn keine materiellen Sicherheiten oder andere Garantien (Bürgschaften der Eltern oder anderer Personen oder Einrichtungen) gewährt und auch die rechtli-

[2] Siehe West, E. G.: Imperfect Capital Markets as Barriers to Education, a. a. O., S. 4, 7 und 9, für die Vereinigten Staaten und Kanada, und Woodhall, M.: Verteilungseffekte von Methoden der Bildungsfinanzierung, in: Bildung, Ungleichheit und Lebenschancen, a.a.O., 1978, S. 56 und 59, für Schweden.

[3] So zum Beispiel bei den Juden Nordamerikas, die vornehmlich private Bildungseinrichtungen besuchen. Die finanziellen Mittel dazu werden, sofern Eltern sie nicht selbst aufzubringen vermögen, häufig von Verwandten zur Verfügung gestellt, die sich gewissermaßen nach einem ungeschriebenen Familienkodex verpflichtet wissen, zur Finanzierung der Ausbildung entfernterer Familienangehörigen beizutragen, wie auch sie sich darauf verlassen können, daß andere Verwandte zur Ausbildung ihrer eigenen Kinder beitragen würden, sofern sie dazu selbst nicht in der Lage wären. Auch die deutschen Studentenverbindungen haben zum Teil solche Finanzierungsfunktionen übernommen. Siehe zum Beispiel Kautz, G.: Die Altherrenschaften deutscher Hochschulverbindungen, in: Das akademische Deutschland, Bd. II: Die deutschen Hochschulen und ihre akademischen Bürger, (Hrsg.) M. Doeberl et alii, Berlin 1931, S. 171–174, hier S. 174. Siehe auch Schmidt, F.: Statistik der Studentenstiftungen zu den im Reichsrathe vertretenen Königreichen und Ländern nach dem Stand vom 31. Dezember 1896, Wien 1898.

chen Mittel der Schuldeintreibung geschwächt werden[4]. Aus analytischen Gründen gehen wir in den folgenden Ausführungen von dieser Annahme aus. Es wird also unterstellt, daß der Bildungsnachfrager (Schüler, Student) lediglich mit der Ertragskraft seines Humankapitals haften kann, da es an anderen Sicherheiten fehlt. Welche Schwierigkeiten unter solchen Bedingungen auf dem Kapitalmarkt auftreten, soll im folgenden untersucht werden[5].

1. Die Risiken des Bildungsnachfragers als Darlehensnehmer

Handelt es sich bei der Nachfrage nach Bildung um eine Investition, so sind die Kosten dieser Investition für den Nachfrager (Schüler, Studenten) im Vergleich zu ihrem Ertrag mit größerer Sicherheit vorherzusehen, da sie sich aus Größen, wie Schul-, Studiengeld, Lernmitteln, Eigenleistungen (bewertet zu Opportunitätskosten) und Zinskosten zusammensetzen, die meistens in einer kürzeren und unmittelbar bevorstehenden Periode (Studienzeit) anfallen und zu einem großen Teil im Zeitpunkt der Investitionsentscheidung vertraglich fixiert werden. Trotzdem bestehen auch bei der Abschätzung der Kosten nicht unbeachtliche Risiken. Der Student kann sich vor allem über die Art und Qualität der Leistungen irren, die er von der Hochschule erhält, er kann aber auch die eigene Leistungsfähigkeit (Eigenbeitrag zur Humankapitalbildung) überschätzen. Unsicherheiten, die hier bestehen, können zur Verlängerung des Studiums (Kostenerhöhung) oder zum Studienabbruch beziehungsweise -wechsel führen.

Im Gegensatz dazu beginnt der Ertragsstrom (materielles und immaterielles Einkommen) normalerweise in einem weiter in der Zukunft liegenden Zeitpunkt[6] und zieht sich über eine erheblich längere Periode hin, die über die Zeit der Erwerbstätigkeit bis hinein in die inaktive Lebensphase reichen kann. Dabei wird vor allem der pekuniäre Ertragsstrom (Lohn, Gehalt) im wesentlichen durch das Verhältnis von Angebot und Nachfrage auf dem Arbeitsmarkt determiniert. Die zukünftige Lage auf dem Arbeitsmarkt entscheidet darüber, welches materielle Einkommen ein formal Gebildeter durch eine bestimmte Investition in sein Humankapital erzielen kann. Dabei spielt auch die wirtschaftliche Lebensdauer der Bildungsinvestition (Arbeitsmarktrisiko) eine Rolle, da sie zusammen mit dem pro Monat oder Jahr erzielbaren Einkommen den Gesamtertrag der Bildungsinvestition determiniert. Diese kann jedoch dadurch erhöht werden, indem ein bestimmtes Maß an Bildungsgütern mit allgemein verwendbaren Inhalten erworben wird. Das Risiko der wirtschaftlichen Obsoleszenz von Bildungsinvesti-

[4] Siehe hierzu die Verhandlungen des Deutschen Juristentages 1980 zum Konsumentenkreditrecht München 1981.

[5] Die Analyse der Darlehensfinanzierung konzentriert sich in erster Linie auf die Finanzierung teurer fortgeschrittener formaler Bildung, also auf Bildungs- und Ausbildungsgänge oberhalb der Bildungs oder Schulpflicht, weil dort die Fremdfinanzierungsprobleme am häufigsten und größten sind. Di Aussagen gelten aber in gleicher Weise für die Finanzierung obligatorischer Bildungsnachfrage.

[6] Sofern es sich um immaterielles Einkommen handelt, kann der Ertragsfluß bereits mit dem Erwerb de Bildungsguts einsetzen, ehe die Ausbildung abgeschlossen ist.

tionen und somit das der Arbeitslosigkeit würden dadurch reduziert; möglicherweise würde aber gleichzeitig der erzielbare Ertrag pro Zeiteinheit abnehmen.

Die beiden großen Risiken, die ein Student bei der Investition in Humankapital und der damit verbundenen Entscheidung über eine Kreditaufnahme zu tragen hat, sind daher

(a) die Ausbildung erfolgreich abzuschließen (Risiko des Studienabbruchs) und

(b) ein Einkommen zu erzielen, durch das er nach Abzug der Investitionskosten (einschließlich der Kreditkosten) bessergestellt wird als bei Realisation der zweitbesten Alternative.

Hinzu kommen Risiken, wie Krankheit, Invalidität und Tod, von denen jedoch angenommen werden kann, daß sie keine Risiken sind, die speziell die Entscheidung der Investition in Humankapital beeinflussen und Hemmnisse bei der Nachfrage nach Bildungsdarlehen hervorrufen, da sie allgemeiner Natur sind und man sich gegen sie versichern kann.

2. Die Risiken des Darlehensgebers

Der Darlehensgeber hat bei Vergabe eines Bildungsdarlehens neben dem Risiko der Rückzahlungsunfähigkeit des Darlehensnehmers durch Tod, Invalidität, Krankheit, Studienabbruch, Arbeitslosigkeit zusätzlich ein *moralisches Risiko* (moral hazard) zu tragen, was darin besteht, daß der Bildungsnachfrager durch *absichtsvolle* Handlung die Rückzahlung des Kredits und der aufgelaufenen Zinsen ganz oder teilweise verhindert. Dieses Risiko hängt allerdings maßgeblich davon ab, welche Verfügungsrechte dem Darlehensnehmer (Schuldner) zugestanden werden. Nach den bestehenden Rechtsvorschriften der westlichen Industrieländer kann in das Vermögen und Einkommen einer Person nur oberhalb des gesetzlich definierten Existenzminimums eingegriffen werden. Bleibt also ein Bildungsnachfrager nach Abbruch oder Absolvierung seines Bildungsganges absichtlich unterhalb dieser Grenze (nicht pfändbares Einkommen)[7], so entzieht er sich damit dem Zugriff des Darlehensgebers.

Außerdem entstehen aber auch je nach der Ausprägung der Verfügunsrechte und der technischen Ausgestaltung des Gerichts-, Mahn- und Einzugswesens der Kreditwirtschaft und des Staates (Finanzbehörden) Möglichkeiten, sich durch andere Maßnahmen, etwa durch Verlagerung des Wohnortes ins Ausland, der Rückzahlungsverpflichtung zu entziehen. Der Darlehensnehmer verzichtet dann nicht absichtlich auf Einkommen, um eine Rückzahlung zu vermeiden, sondern verschweigt es beziehungsweise entzieht sich ganz dem Zugriff des Gläubigers. Die Hemmnisse des Kapitalmarktes bei der Bereitstellung von Bildungsdarlehen liegen also darin, daß der einzelne Bildungsnachfrager häufig nicht gewillt sein wird, ein Darlehen zu einem Zinssatz aufzunehmen, den Darlehensgeber zur

[7] Für die Bundesrepublik Deutschland siehe §§ 811, 850–850i Zivilprozeßordnung für unpfändbare bewegliche Sachen und unpfändbares Arbeitseinkommen.

Kompensation der Risiken verlangen werden. Bei gegebenen Preisen für Bildungsgüter ist dann die tatsächliche Nachfrage nach Bildung suboptimal, und es ist nicht sicher, ob durch die Einführung der pretialen Lenkung im Bildungsbereich eine Pareto-superiore Situation beziehungsweise eine Steigerung der allgemeinen Wohlfahrt erzielt wird.

b. Die Versicherung von Ausbildungsrisiken und der Informationsbedarf der Vertragspartner

Nun kann aber aus den beschriebenen Hemmnissen nicht geschlossen werden, daß sich die Kreditfinanzierung der Bildung in einer ausweglosen Situation befindet. Zum einen sind nicht alle Menschen gleich risikofreudig und zum anderen kann durch Poolung das aggregierte Risiko der Bildungsdarlehen geringer ausfallen als das individuelle, so daß die volkswirtschaftichen Vorteile eines Versicherungsmarktes genutzt werden können. Der Kapitalmarkt für Ausbildungsdarlehen könnte dann funktionieren, wenn die Bildungsnachfrager sich gegen die von ihnen zu tragenden Risiken versichern würden. Wäre es also möglich, die Ausbildungsrisiken ganz oder teilweise vom Kreditvorgang zu trennen und sie zu handeln, so wären sie auch für den risikoaversen Bildungsnachfrager kein Hinderungsgrund mehr, einen Kredit zu Ausbildungszwecken aufzunehmen. Der Kapitalmarkt könnte dann die Finanzierung von Bildungsinvestitionen in einem Umfang bewerkstelligen, der die allokative Effizienz im Vergleich zur bestehenden steuerfinanzierten Schul- und Hochschulbildung erhöht, was volkswirtschaftlich eine Wohlfahrtssteigerung zur Folge hätte.

Sofern also – und das wurde unterstellt – der Darlehensnehmer keine anderen, vor allem materielle Sicherheiten bieten kann als sein zukünftiges Einkommen, wird das Risiko, das ausgeliehene Kapital zuzüglich der Zinsen zurückzuerhalten, normalerweise höher sein als in Fällen, in denen Kredite durch Sachwerte gesichert sind.

Darüber hinaus entstehen dem Darlehensgeber höhere *Kosten*, den Kredit wieder einzuziehen (Berichts-, Mahn- und Gerichtskosten). Sie steigen zum Teil mit der Länge der Rückzahlungsperiode und der Höhe des gewährten Kredits und sind abhängig von den rechtlichen Mitteln, die dem Darlehensgeber zur Verfügung stehen, um seine Forderungen zu realisieren.

Der Darlehensgeber wird für die Verwaltungskosten, besonders aber für das hohe Risiko, mit dem Bildungsdarlehen behaftet sind, eine höhere Verzinsung verlangen müssen als für Kredite, die nur mit einem geringeren Rückzahlungsrisiko behaftet und deren Verwaltungskosten niedrig sind. Dabei kann allein schon das moralische Risiko so hoch sein, daß eine Darlehensfinanzierung der Bildung nicht oder nicht im ausreichenden Umfang zustande kommt. Auf jeden Fall wird der Zinssatz für Bildungsdarlehen über den Zinssätzen liegen, die für Sachkredite und andere (üblichere) Personalkredite gezahlt werden. Es ist deshalb fraglich, ob Bildungsnachfrager bereit sind, einen solch hohen Zinssatz zu zahlen. Zwar mag es den einen oder anderen vermögen- und einkommenlosen Bildungsnachfrager geben, dessen Risikofreudigkeit genügend hoch ist. Fraglich ist aber dann, ob ihre Zahl so groß ist, daß sich für sie ein Kapitalmarkt herausbildet, auf dem ihre Finanzierungswünsche befriedigt werden können. Darüber hinaus wird von Schülern und Studenten mit gleicher Begabung und gleich hohem (materiellen) Vermögen derjenige von einem Bildungsgang abgehalten, der wegen geringerer Risikobereitschaft kein Darlehen aufzunehmen bereit ist.

Für einige der oben genannten Risiken wird zweifellos ein Versicherungsmarkt spontan entstehen. So kann erwartet werden, daß die Versicherung von Risiken der Rückzahlungsunfähigkeit durch Krankheit, Invalidität und Tod des Kreditnehmers, wie sie zum Teil bei der Inanspruchnahme von Bauspardarlehen und bei der Aussteuerversicherung praktiziert wird, auch im Fall der Bildungsdarlehen entstehen.

Fraglich ist, ob es möglich und sinnvoll ist, das *Risiko der Fehleinschätzung der eigenen Studierfähigkeit* gleichfalls zum Gegenstand eines Versicherungsvertrages zu machen. Zum einen wird es nicht immer einfach sein, dieses Risiko von dem der Ausbildungsqualität zu trennen, die von dem Leistungsvermögen der Bildungseinrichtung abhängt, zum anderen ist die Gefahr der bewußten Herbeiführung des Versicherungsfalls besonders groß[8]. Letzteres weist darauf hin, daß das Risiko des Studienabbruchs auf Grund ungenügender Eignung dem unternehmerischen Risiko ähnelt, wenn es auch möglicherweise leichter definiert werden kann als dieses. Dies aber würde bedeuten, daß es unversicherbare Elemente enthält, die wahrscheinlich seine Versicherbarkeit generell in Frage stellen, da der absichtlich herbeigeführte Studienabbruch für manchen eine geeignete Maßnahme sein kann, sich von der Rückzahlungsverpflichtung zu befreien. Zwar sind die Opportunitätskosten (fehlender Hochschulabschluß und Berechtigungsnachweis, geringeres Sozialprestige) dieser Strategie nicht zu vernachlässigen, doch könnten besonders *weibliche* Studierende und andere, die mehr zu (nicht offengelegten) konsumptiven Zwecken ein Studium aufgenommen haben, in der Weise verfahren. Welchen quantitativen Einfluß das auf die Prämie und Versicherbarkeit dieses Risikos hat, kann nur durch Erfahrung festgestellt werden.

Selbst wenn man etwa Bedingungen, wie eine Selbstbeteiligung oder den Ausschluß von Vorsatz und grober Fahrlässigkeit für den Fall der Rückzahlungsunfähigkeit durch Studienabbruch vertraglich vereinbart, so bleibt die Frage doch generell offen, ob es erforderlich ist, das Risiko des Studienabbruchs zu versichern, da die Rückzahlung des Bildungsdarlehens dadurch prinzipiell nicht unmöglich wird.

[8] Geeignete Maßnahmen, dieses Risiko zu senken, sind Tests und Prüfungen, die das Informationsniveau des Schülers oder Studenten über seine eigenen Fähigkeiten, ein Studium erfolgreich abzuschließen, erhöhen (fakultative Aufnahme- oder Eignungstests). Siehe hierzu Abschnitt C. I. b. 2. und Trosien, J.: Numerus clausus, Test oder Los, Fähigkeitsdiagnostische Forschungsansätze zur Entwicklung von Studieneignungstests, Stuttgart 1978; außerdem Lith, U. van: Leistungskriterien, Studiengebühren und Ausbildungsförderung, a. a. O., S. 34–38.

Das *allgemeine Arbeitsmarktrisiko,* das die zukünftige Zahlungsunfähigkeit des Bildungsnachfragers beeinflußt, hat im Gegensatz zum Studienabbruch einen anerkannten versicherbaren Charakter. Problematisch ist jedoch, daß sich dieses allgemeine Arbeitsmarktrisiko nur schwerlich von dem konjunkturellen Risiko trennen läßt, dem ehemalige Schüler und Studenten während ihrer Erwerbstätigkeit ausgesetzt sein können[9].

Ein großes Hemmnis für die Trennung von Kredit- und Versicherungsvertrag und die spontane Organisation eines Marktes für Ausbildungsrisiken ist die Gefahr, daß der Versicherungsnehmer (Bildungsnachfrager) durch seine eigene Entscheidung den Versicherungsfall absichtlich herbeiführt.

Das *moralische* Risiko, das bereits für den Darlehensgeber ausschlaggebend dafür sein kann, daß er zur Kreditvergabe nicht bereit ist oder eben nur zu einem Preis, den der Bildungsnachfrager nicht bereit sein wird, zu zahlen, kann auch den Versicherer davon abhalten, den Schüler oder Studenten zu einem Preis gegen Ausbildungsrisiken zu versichern, den dieser zu zahlen bereit wäre (Angebot und Nachfrage nach Versicherungsleistungen kämen nicht zur Deckung). Auch hierbei spielt das Problem der weiblichen Studierenden eine besondere Rolle, da für sie die Opportunitätskosten, sich der Rückzahlung zu entziehen, nach herrschendem Recht besonders niedrig, und das Risiko des Versicherers entsprechend hoch ist[10]. Ein beidseitig vorteilhafter (freiwilliger) Tausch zwischen Versicherungsnehmern und -gebern wäre dann nicht möglich.

Der Informationsmangel, der es dem Versicherer unmöglich macht, zwischen unvermeidbaren Ausbildungsrisiken und der Herbeiführung des Versicherungsfalls zu unterscheiden, dürfte einer der ökonomischen Gründe sein, weshalb sich die Versicherung von Ausbildungsrisiken spontan nur unter großen Schwierigkeiten durchsetzen kann[11]. Zum einen hat der Bildungsnachfrager und spätere Erwerbstätige die Möglichkeit, sein Einkommen, aus dem nach den herrschenden Rechtsvorschriften eine Rückzahlung des Darlehens verlangt werden kann, zu verschleiern oder sein Einkommen durch bestimmte Maßnahmen dem Zugriff des Gläubigers zu entziehen. Zum anderen kann er bewußt – und das gilt wiederum

[9] Zwar spielt das Risiko der konjunkturellen Arbeitslosigkeit für Schüler und Studenten mit höheren Bildungsabschlüssen unter den jetzigen Bedingungen nach Anstellung im öffentlichen Dienst durch Verbeamtung und Unkündbarkeit eine geringere Rolle, doch können sich diese Verhältnisse nach Einführung eines Bildungsmarktes ändern.

[10] Nach deutschem Eherecht wird durch Heirat keine gesamtschuldnerische Haftung für Schulden begründet, die vor der Heirat bei einem der Ehepartner existieren. Eine Studentin, die nach dem Studium heiratet und auf Einkommen und Vermögen verzichtet, kann sich somit der Rückzahlungspflicht entziehen. Die Folge ist, daß Studentinnen nicht versicherbar und kreditwürdig sind; es sei denn, der Staat übernimmt für sie aus familien- und bevölkerungspolitischen Gründen ganz oder teilweise ihre Verpflichtungen.

[11] Dies wird auch durch Erfahrungen bestätigt, die der Verfasser als Vorsitzender eines Arbeitskreises machen konnte, der sich mit Fragen der Studienfinanzierung und der Versicherbarkeit von Studiendarlehen befaßte. Insbesondere die Kalkulation der Versicherungsprämie machte unter den gegebenen politischen Rahmenbedingungen besondere Schwierigkeiten. Siehe dazu den Lösungsversuch des Verfassers in: Vorschlag zur Neuordnung der Ausbildungsförderung für Studenten, (Hrsg.) Verein für studentische und Hochschulfragen, Bonn 1982, S. 7 und S. 33, wieder abgedruckt im Anhang.

besonders für Frauen – auf ein Einkommen verzichten, das oberhalb des (nichtpfändbaren) Existenzminimums liegt. Aber auch sofern ein Schüler oder Student aus seinem Studium vor allem ein immaterielles Einkommen beziehen oder er es konsumtiv verwenden möchte – also der pekuniäre, zu versteuernde Teil des Einkommens für ihn eine untergeordnete Rolle spielt – und das der Versicherer vor Abschluß des Versicherungsvertrages nicht feststellen kann, kann dies die Häufigkeit des Versicherungsfalls nicht unerheblich beeinflussen[12].

Ist es dem Versicherer vor Abschluß des Versicherungsvertrages nicht möglich, seinen Informationsstand über die tatsächlichen Absichten des Versicherungsnehmers zu erhöhen, so kommt es kurzfristig zu einer Überinvestition und langfristig über steigende Versicherungsprämien zu einer Unterinvestition in Bildung. Dabei wird zusätzlich ein Struktureffekt zu Gunsten eines Anstiegs der konsumptiven Bildungsnachfrage hervorgerufen, da das immaterielle Einkommen sich dem Zugriff des Kapitalgebers entzieht und der Versicherungsfall schneller eintritt.

Völlig ungeklärt ist bisher, welchen Umfang das moralische Risiko im Fall einer Ausbildungsversicherung einnimmt. Bekanntlich sind mit nahezu allen Versicherungsarten, so etwa Feuer- und Lebensversicherung, moralische Risiken verbunden. Trotzdem wird man schwerlich behaupten können, daß der Versicherungsmarkt in diesen Bereichen nicht funktioniert und keinen positiven Wohlfahrtseffekt hervorruft. Erst durch empirische Tests kann aber eindeutig festgestellt werden, ob das moralische Risiko ein unüberwindbares Hemmnis für eine Ausbildungsversicherung ist. Das tatsächliche Verhalten der Beteiligten wird dabei eine entscheidende Rolle spielen.

Es gibt jedoch noch einen zweiten Grund, weshalb eine spontane Herausbildung eines Versicherungsmarktes für Ausbildungsrisiken auf Schwierigkeiten stoßen kann. Sofern es möglich ist, durch Bonitätsprüfungen (Begabungs- und Eignungstests) ex ante begabte und beruflich erfolgreiche Studenten von weniger begabten und erfolgreichen zu trennen, wird auf einem *freien* Versicherungsmarkt eine *Trennung der guten und schlechten Risiken* erfolgen. Das bedeutet aber, daß diejenigen, die sich ihres studien- und beruflichen Erfolges relativ sicher sind, auf eine Versicherung ihrer Risiken überhaupt verzichten oder aber geringere Versicherungsprämien zu zahlen haben, während andere sich nur zu hohen Kosten versichern könnten. Die adverse Selektion von guten und schlechten Risiken kann dazu führen, daß die Versicherungskosten für die schlechteren Risiken so hoch werden, daß nicht mehr sicher ist, ob eine günstigere Ressourcenallokation als im Fall der bestehenden steuerfinanzierten Bildung erreicht werden kann.

Die Trennung von guten und schlechten Ausbildungsrisiken ist allerdings nur möglich, wenn tatsächlich durch Bonitätsprüfungen mit einiger Sicherheit der Ausbildungs- und berufliche Erfolg vorausgesagt werden kann. Sofern Test- und

[12] Hierauf hat bereits Nerlove, M.: On Tuition and the Costs of Higher Education: Prolegomena to a Conceptual Framework, in: Journal of Political Economy, Bd. 80 (1972), Supplement, S. 178–218, besonders auf S. 185–188, hingewiesen.

Eignungsverfahren dazu *nicht* in der Lage sind, ist auch die Gefahr der adversen Selektion nicht mehr gegeben.

Bisher gibt es nur schwache Hinweise dafür, daß es möglich ist, durch Tests den weiteren (zukünftigen) schulischen und akademischen Erfolg eines Studenten vorauszusagen[13]. Schon gar nicht ist es gelungen, durch Tests den außerschulischen, beruflichen Erfolg eines Menschen zu prognostizieren. Letzteres ist auch aus logischen Gründen nicht möglich, weil der berufliche Erfolg nicht nur von der Intelligenz und Begabung eines Menschen und von seiner Fähigkeit, bestimmte formale Bildungsprozesse zu durchlaufen, abhängt, sondern vor allem auch von den Knappheitsverhältnissen zwischen Angebot und Nachfrage auf dem Arbeitsmarkt[14].

Die Situation ist jedoch dann eine andere, wenn die Prämisse aufgehoben wird, daß der Bildungsnachfrager zur Sicherung seines Kredits ausschließlich sein zukünftiges Einkommen anbieten kann, das er mit seinen angeborenen und erworbenen Fähigkeiten (Humankapital) erzielen kann. Besitzt der Bildungsnachfrager neben seinem Humanvermögen auch Sachvermögen, das er durch Erbschaft oder Schenkung erworben hat, oder das zu Kreditsicherungszwecken von elterlicher Seite zur Verfügung gestellt wird, dann nimmt das Risiko der Rückzahlungsunfähigkeit für ihn ab. Entsprechend niedrig ist dann für ihn selbst das Risiko. Ein Verkauf der mit einer Fremdfinanzierung der Ausbildung verbundenen Risiken erübrigt sich dann je nach Risikofreudigkeit des Bildungsnachfragers entweder ganz oder er poolt sie (Versicherung auf Gegenseitigkeit) und/oder verkauft sie an risikofreudigere Menschen zu einer niedrigeren Prämie, sofern das für ihn günstiger ist.

Je nach der Einkommens- und Vermögensverteilung in einer Gesellschaft ist es dann möglich, daß über einen freien Versicherungsmarkt gute und schlechte Risiken so stark voneinander getrennt werden, daß die Bildungsnachfrage teilweise ausbleibt und es zu einer Unterversorgung mit Bildung und zu einer Fehlallokation der Ressourcen kommt. Das ist dann der Fall, wenn zum einen etwa für ein Hochschulstudium begabte und willige Studenten, die keine anderen Sicherheiten bieten können als ihre eigene, durch formale Bildung gesteigerte Ertragskraft, durch ein Testverfahren nicht festgestellt werden können und folglich wegen angeblich mangelnder Bonität nicht zum Studium gelangen; und zum anderen unter diesen Bedingungen tendenziell weniger begabte, aber vermögende Studenten ein Hochschulstudium nachfragen, weil sie die mit dem Studium verbundenen Risiken wirtschaftlich besser verkraften können. Für sie kann trotz geringerer Begabung zum Studium und trotz alternativ besserer Verwendung in anderen Tätigkeitsbereichen ein Hochschulstudium nun attraktiv sein, weil die Konkurrenz der begabten Studenten entfällt. Dieser volkswirtschaftlich unerwünschte Effekt wird verstärkt, wenn mit dem Studium Berechtigungen verbunden sind, die

[13] Siehe unter anderem Trosien, J.: Numerus clausus, Test oder Los, a. a. O., passim und die dort angegebene Literatur.

[14] Die Arbeitswerttheorie hat auch für den Bildungsbereich keine Gültigkeit.

diesen Studenten unabhängig von ihrer tatsächlichen Leistung auf geschlossenen („verzünfteten") Märkten materielle und immaterielle Vorteile (Renten) bringen[15].

Es ist keinesfalls sicher, ob die Einkommens- und Vermögensverhältnisse, etwa in der Bundesrepublik Deutschland, zu einer adversen Selektion der Ausbildungsrisiken führt, wenn der Zugang zu beruflichen und gesellschaftlichen Positionen offengehalten wird. Wahrscheinlich ist die Zahl junger Menschen aus wohlhabenderen Verhältnissen, für die eine Kreditfinanzierung inattraktiv oder aber auf Grund der materiellen Sicherheiten problemlos ist, gegenüber der Zahl derjenigen, die auf eine Kreditfinanzierung angewiesen sind, so klein, daß sich ein genügend großer Pool bildet, in dem sich gute und schlechte Risiken gegenseitig ausgleichen und eventuell auch ein Verkauf der Risiken möglich ist.

Zusammenfassend läßt sich sagen, daß der Bildungsnachfrager das allgemeine, unveräußerliche Verfügungsrecht über sein Human*vermögen* besitzt (Persönlichkeitsrecht) und es aus diesen Gründen im Gegensatz zum Sachvermögen dem Darlehensgeber nicht als (bankmäßige) Sicherheit für ein Darlehen dienen kann. Aber auch der (zukünftige) *Ertrag* aus dem Humanvermögen des Bildungsnachfragers kann nur begrenzt als Sicherheit dienen, da er zu einem Teil immaterieller Natur ist (psychisches Einkommen) und sich deshalb dem Zugriff des Gläubigers ganz entzieht, und auch das materielle (pekuniäre) Einkommen absichtlich niedrig (moralisches Risiko) oder absichtlich vor dem Gläubiger verborgen gehalten werden kann, so daß es diesem nicht oder nur unter hohen Kosten möglich ist, sein Darlehen einschließlich Zinsen und Zinseszinsen einzuziehen. Aus dieser Problematik, die auf die verfügungsrechtlichen Besonderheiten des Humanvermögens zurückzuführen sind, ergeben sich auch die Schwierigkeiten bei der Versicherung von Ausbildungsrisiken, wenn man Kredit- und Versicherungsvertrag voneinander trennt. Dabei spielt zusätzlich das Problem der Trennung guter und schlechter

[15] Die Entwicklung des Berechtigungsscheinwesens führte im Deutschland des 19. und frühen 20. Jahrhunderts wahrscheinlich zu allokativen Verzerrungen und Wohlfahrtsverlusten. Siehe dazu die Ausführungen von Ruth Meyer (Das Berechtigungswesen in seiner Bedeutung für Schule und Gesellschaft im 19. Jahrhundert, in: Schule und Gesellschaft im 19. Jahrhundert, Sozialgeschichte der Schule im Übergang zur Industriegesellschaft, (Hrsg.) U. Herrmann, Weilheim-Basel 1977, S. 370–383), die von einem „Versperrungsmechanismus des Berechtigungswesens", also von Marktzutrittsbeschränkungen protektiver Art (besonders für die freien Berufe) spricht. Karl-Ernst Jeismann (Gymnasium, Staat und Gesellschaft in Preußen – Vorbemerkungen zur Untersuchung der politischen und sozialen Bedeutung der „höheren Bildung" im 19. Jahrhundert, in: Schule und Gesellschaft im 19. Jahrhundert, a. a. O., S. 44–61) ist ökonomisch so zu interpretieren, daß die mit „höherer Bildung" verbundenen Berechtigungen mehr Sozialstatus schafften als volkswirtschaftlich produktive selektierende Funktionen ausübten und die erworbenen Berechtigungen nicht unerheblich zur nationalen Desintegration beigetragen haben. Diese Problematik stellte sich zum Teil auch noch nach dem Zweiten Weltkrieg (siehe zum Beispiel Liefmann-Keil, E.: „Bildungsmonopole" in der Gegenwart, Zu Max Webers Beitrag zur Bildungsökonomie, in: Systeme und Methoden in den Wirtschafts- und Sozialwissenschaften, (Hrsg.) N. Kloten, W. Krelle, H. Müller, F. Neumark, Tübingen 1964, S. 271–290). Sie hat zwar möglicherweise durch die Bildungsexpansion an Bedeutung verloren, trotzdem ist auch heute die Gefahr der staatlich sanktionierten Verzunftung besonders durch die Einstellungsvoraussetzungen und das Laufbahnwesen im öffentlichen Dienst nicht gebannt. Siehe zu der Problematik des Berechtigungsscheinwesens für den berufsbildenden Bereich Watrin, C.: Der Befähigungsnachweis in Handwerk und Einzelhandel unter besonderer Berücksichtigung der Entwicklung in der Bundesrepublik, a. a. O., passim.

Risiken eine Rolle, das die Versicherung von Bildungsdarlehen auf fakultativer Basis problematisch machen kann[16].

c. *Typen von Bildungsdarlehen*

Um die besonderen Probleme (Risiko der Rückzahlungsfähigkeit, moralisches Risiko, hoher Verwaltungsaufwand, adverse Selektion), die bei der Ausbildungsfinanzierung über Darlehen auf dem Kapitalmarkt entstehen können, zu beseitigen, gibt es eine Vielzahl von Lösungsmöglichkeiten, die sich in zwei Gruppen aufteilen lassen:

(1) Studien„darlehen"[17] aus zukünftig zu entrichtendem Einkommen (hierunter fallen alle Vorschläge und Finanzierungssysteme, die unter den Bezeichnungen „Bildungs-" beziehungsweise „Akademikersteuer", „income contingent loan", „contingent repayment", „deferred tuition", „tuition postponement" aufgeführt werden) und

(2) konventionelle Darlehenssysteme mit speziellen Versicherungs- und Rückzahlungsbedingungen.

Der Ausdruck „Darlehen" ist allerdings für die erste Gruppe von Finanzierungsformen nicht ganz zutreffend, da der Bildungsnachfrager (Student) in diesem Fall einen Vertrag abschließt, durch der er sich bereit erklärt, einen bestimmten Anteil (Prozentsatz) seines zukünftigen Einkommens gegen eine Geldsumme zu verkaufen.

Andererseits handelt es sich aber auch nicht um eine Beteiligungsfinanzierung, bei der der Kapitalgeber Dispositionsrechte über das Humankapital der betreffenden Person erwirbt (equity financing), wie dies bei Anteilseignern (Aktionären, Gesellschaftern) der Fall ist. Der Handlungsspielraum oder das Verfügungsrecht über das geistige Kapital der Person kann hier durch Weisungsbefugnisse des Kapitalgebers nicht eingeschränkt werden, weil sonst gegen Fundamentalrechte der Person verstoßen würde (Verbot der Sklaverei). Vielmehr handelt es sich bei diesen Finanzierungsformen um eine zeitlich begrenzte Beteiligung an dem gesamten zukünftigen Ertrag (monetären Einkommen), den die Person später erzielt, oder nur um eine Beteiligung an dem Ertrag, der durch die vom Kapitalgeber finanzierte Bildungsinvestition zusätzlich entsteht.

Die Verträge haben daher ein *Nießbrauchsrecht* (usus fructus) zum Gegenstand, das gegen eine Geldsumme eingeräumt wird. Die Finanzierungsform hat somit auch Ähnlichkeiten mit der typischen stillen Beteiligung bei Eigentümergesellschaften. Wenn also im folgenden die Bezeichnungen „Darlehen" und „Kredit" verwendet werden, wie in der Literatur üblich, ist dieser Sachverhalt zu berücksichtigen.

[16] Siehe hierzu auch Lith, U. van: Ist die Ausbildungsförderung reformbedürftig?, a. a. O., S. 408–10.

[17] Zur Darlehensfinanzierung siehe die knappe und übersichtliche Erörterung von Prest, A. R.: Financing University Education, (Institute of Economic Affairs) London 1966, und die ausführliche Darstellung von Johnstone, D. B.: New Patterns of College Lending: Income Contingent Loans, New York-London 1972. Siehe auch Helberger, C.: Alternative Finanzierungsmodelle der Hochschulbildung, in: WSI Mitteilungen, 30. Jg. (1977), S. 477–485.

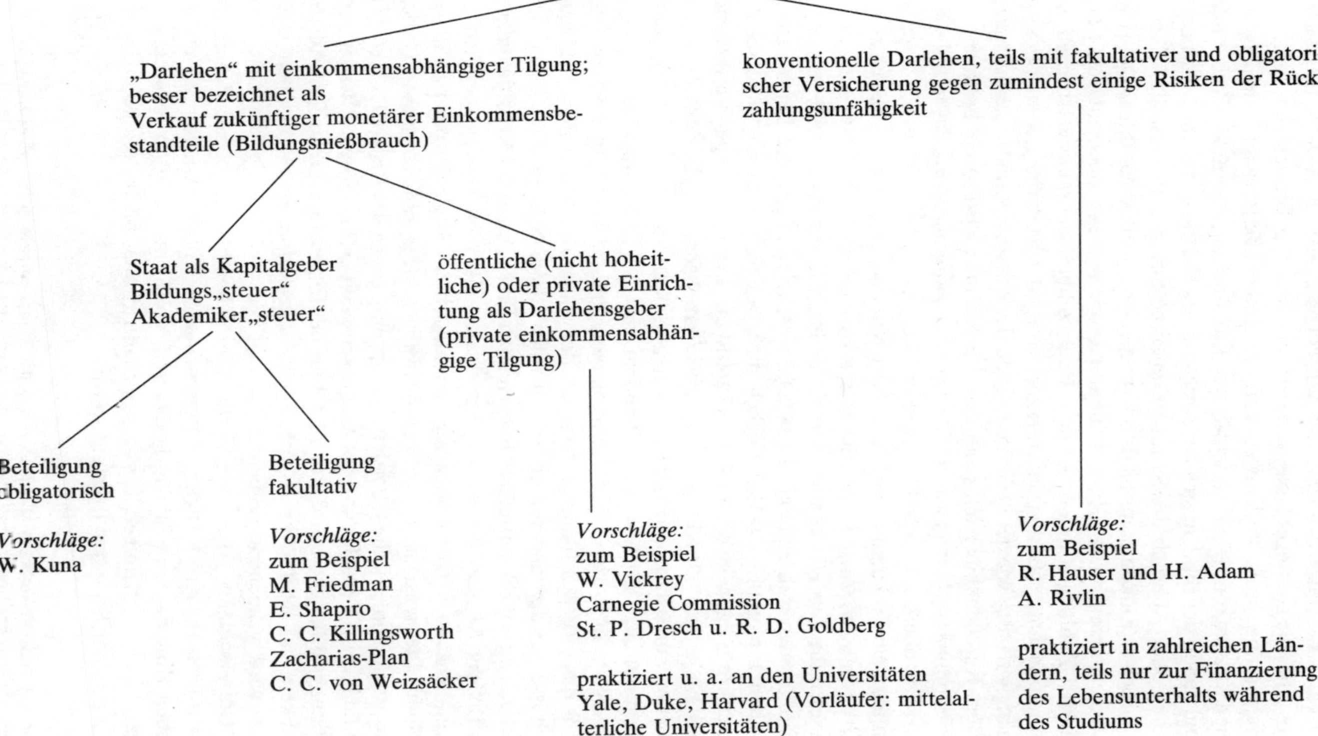
Übersicht
Bildungsdarlehen
„Darlehen“ mit einkommensabhängiger Tilgung; besser bezeichnet als Verkauf zukünftiger monetärer Einkommensbestandteile (Bildungsnießbrauch)
konventionelle Darlehen, teils mit fakultativer und obligatorischer Versicherung gegen zumindest einige Risiken der Rückzahlungsunfähigkeit
Staat als Kapitalgeber Bildungs„steuer“ Akademiker„steuer“
öffentliche (nicht hoheitliche) oder private Einrichtung als Darlehensgeber (private einkommensabhängige Tilgung)
Beteiligung obligatorisch
Vorschläge:
W. Kuna
Beteiligung fakultativ
Vorschläge:
zum Beispiel
M. Friedman
E. Shapiro
C. C. Killingsworth
Zacharias-Plan
C. C. von Weizsäcker
Vorschläge:
zum Beispiel
W. Vickrey
Carnegie Commission
St. P. Dresch u. R. D. Goldberg
praktiziert u. a. an den Universitäten Yale, Duke, Harvard (Vorläufer: mittelalterliche Universitäten)
Vorschläge:
zum Beispiel
R. Hauser und H. Adam
A. Rivlin
praktiziert in zahlreichen Ländern, teils nur zur Finanzierung des Lebensunterhalts während des Studiums

(1) *Akademiker„steuer"*. Bei Vorschlägen, die als Akademiker„steuer" oder als „income contingent loan scheme" und ähnliches bezeichnet werden (Studienfinanzierung durch Verkauf zukünftiger Einkommensbestandteile; Studien„darlehen" aus zukünftig zu entrichtendem Einkommen), handelt es sich um Verträge, bei denen der Student sich bei Abschluß des Vertrages verpflichtet, nach Beendigung oder Abbruch des Studiums einen bestimmten Prozentsatz seines späteren jährlichen Einkommens an den Kapitalgeber „zurück"zuzahlen. Dabei wird meistens eine maximale „Rück"zahlungsperiode und eine oberste Grenze der kumulierten Zahlungen fixiert. Ist der „Rück"zahlungszeitraum verstrichen, so ist der Kapitalnehmer (Bildungsnachfrager) von jeder weiteren Zahlung befreit, unabhängig davon, wieviel er bis zum Ende der Tilgungsperiode „zurück"gezahlt hat. Dem Kapitalnehmer mit niedrigem Einkommen wird so ein bestimmtes Maß an Einkommensschutz gewährt. Gleichzeitig nimmt allerdings das moralische Risiko zu. Die obere „Rück"zahlungsgrenze dient dagegen dem Zweck, Kapitalnehmer mit hohem Einkommen vor überhohen und unbegrenzten Zahlungen zu schützen. Grundsätzlich sollen jedoch die besser Verdienenden durch ihre zusätzlichen Zahlungen die Ausfälle kompensieren, die durch jene entstehen, die ein zu niedriges Einkommen während der „Rück"zahlungsperiode beziehen. Personen mit einem hohen Einkommen zahlen folglich mehr als ihr „Darlehen" und seine Kosten (marktgängige Zinsen) zurück, während ein Teil der weniger Verdienenden, die das Ende ihrer „Rück"zahlungsperiode erreichen, ihr „Darlehen" einschließlich Kosten nur teilweise ganz zurückzahlen. Soll es sich bei diesem Finanzierungssystem um ein Darlehenssystem handeln, das sich selbst trägt, so müssen der Tilgungssatz als Prozentsatz des Einkommens und die Tilgungsperiode so fixiert sein, daß die „Rück"zahlungsausfälle bei den einen durch die „Rück"zahlungsüberschüsse bei den anderen gedeckt werden (Solidargemeinschaft). Das setzt eine Schätzung der zukünftigen zu erwartenden Einkommen der Kreditnehmer voraus.

Bei der Akademiker„steuer" beziehungsweise dem Studien„darlehen" mit einkommensabhängiger Tilgung sind die Studenten Mitglieder einer Solidargemeinschaft. Sie versichern sich bei freiwilliger oder obligatorischer Darlehensinanspruchnahme (siehe Übersicht) gegenseitig gegen das Risiko der Rückzahlungsunfähigkeit (Versicherung auf Gegenseitigkeit). Das einzelne Risiko der Rückzahlungsunfähigkeit wird durch Poolung der Einzelrisiken reduziert. Auf die Möglichkeit, das Risiko von risikoaversen auf risikofreudigere Personen zu übertragen, wird weitgehend verzichtet[18].

Die einzelnen Vorschläge (siehe Übersicht) zum Studien„darlehen" mit einkommensabhängiger Tilgung unterscheiden sich abgesehen von den unterschiedlichen Konditionen (Tabelle 1) dadurch, ob (a) der Staat (in seiner hoheitlichen Funktion) als alleiniger Kapitalgeber auftritt oder ob (b) die finanziellen Mittel von privater Seite bereitgestellt werden.

[18] In der Anlaufphase kann allerdings keines der Finanzierungssysteme auf Fremdkapital verzichten, ebenso auch dann nicht, wenn die Nachfrage nach Krediten größer ist als deren Tilgung.

Merkmale von Bildungs„darlehen" mit einkommensabhängiger Tilgung (Bildungsnießbrauch)

Merkmale	Vickery (1962)	Shapiro (1963)	Killingsworth (1963)
Organisationsform	Private Bildungsfinanzierungsgesellschaften	Zentrale staatliche Bildungsinvestitionsbank	Zentrale staatliche Bildungsinvestitionsbank
Durchschnittliche Verzinsung für den Darlehensgeber	9%	Bundespfandbriefe, Kosten 4%	ca. 2%
Minimaler und maximaler Darlehensbetrag	Studiengebühren, entgangenes Einkommen	Studiengebühren, Lebensunterhalt	Bis zu 12 000 $ für ein vierjähriges Studium
Rückzahlungsrate (in v. H. des zukünftigen Einkommens)	Progressiv von 0,5% für die ersten 1000 $ bis zu 1,5% auf das zusätzliche Einkommen über 2000 $ des nichtpfändbaren Einkommens	Einkommensabhängig von 2,25% (über 4000 $) bis zu 22% über 90 000 $, unabhängig von der Darlehenshöhe	1 v. H. je 3000 $ Darlehen
Bemessungsgrundlage der Rückzahlungsrate	Differentialeinkommen (Einkommen, das der kreditfinanzierten Bildung zugerechnet werden kann)	Zu versteuerndes Einkommen abzüglich 4000 $	Zu versteuerndes Einkommen
Maximaler Tilgungszeitraum	Erwerbszeit	20 Jahre (Vorschlag)	40 Jahre
Obere Verschuldungsgrenze	Keine; Zahlungsüberschüsse gehen als Altersrente an Kapitalgeber zurück	Rückzahlung des Darlehens plus 4% Zinsen nach dem Standardplan	Keine; schlägt irgendeine Grenze für das jährliche oder kumulierte Einkommen vor, das der Rückzahlung zugrunde liegen soll
Sonstige Merkmale	Die Rückzahlung soll ausschließlich aus dem Einkommen erfolgen, das auf die Bildungsinvestition zurückzuführen ist	Zusatzplan für höher Verdienende zwecks Verlustausgleich	–

Vgl. Johnstone, D. B.: New Patterns for College Lending: Income Contingent Loans, a.a.O., S. 77–79.

Tabelle 1: Merkmale von Bildungs„darlehen“ mit einkommensabhängiger Tilgung (Bildungsnießbrauch)
Fortsetzung:

Merkmale	Zacharias (1967)	Carnegie (1970)	Yale (1971)
Organisationsform	Zentrale staatliche Bildungsinvestitionsbank	Öffentliche Körperschaft; Bundesgarantien	Universitätseigenes Darlehensprogramm
Durchschnittliche Verzinsung für den Darlehensgeber	Bundesanleihe, Kosten 4%	Ca. 6% ausschließlich Subventionen für Niedrigverdiener	Refinanzierungskosten plus 1% für Verwaltung (7–8%)
Minimaler und maximaler Darlehensbetrag	Alle Ausbildungskosten bis zu 15 000 $ für 4jähriges Studium	2500 $ jährlich (max. 6000 $ für undergrad.; 10 000 $ für graduates)	300–800 $ je nach Höhe der Studiengebühren
Rückzahlungsrate (in v. H. des zukünftigen Einkommens)	1% je 3000 $ Darlehen	0,75% je 1000 $ Darlehen	0,4% je 1000 $ Darlehen
Bemessungsgrundlage der Rückzahlungsrate	Bruttoeinkommen	Zu versteuerndes Einkommen	Zu versteuerndes Nettoeinkommen
Maximaler Tilgungszeitraum	30 Jahre	30 Jahre	35 Jahre oder nach Rückzahlung aller Schulden durch die Kohorte
Obere Verschuldungsgrenze	Zinssatz für konventionelle Darlehen (6%)	Darlehen plus Kosten des Darlehenssystems sowie Lebensversicherung ca. 7%	15% des Darlehens und Zinsen
Sonstige Merkmale	Darlehenseinziehung durch Finanzbehörden	Alle Subventionen (einschließlich der Zinssubvention während des Studiums) von der Regierung	Verwaltungskosten 1%

Tabelle 1: Merkmale von Bildungs„darlehen“ mit einkommensabhängiger Tilgung (Bildungsnießbrauch)
Fortsetzung:

Merkmale	Duke (undergraduates, 1971)	Harvard (1971)	Dresch/Goldberg (1972)		
Organisationsform	Universitätseigenes Darlehensprogramm	Universitätseigenes Darlehensprogramm mit Staatssubventionen	Öffentliche Körperschaft (Selbstverwaltung) staatliche Garantien		
Durchschnittliche Verzinsung für den Darlehensgeber	5%	Max. 7%	8%		
Minimaler und maximaler Darlehensbetrag	500–1000 $	1500 $ bis zu insgesamt 7500 $	–		
Rückzahlungsrate (in v. H. des zukünftigen Einkommens)	0,36% je 1000 $ Darlehen	Mindestens 90 $ vierteljährlich; max. 6% vom Einkommen	I 0,85% je 1000 $ Darlehen	II 0,65% je 1000 $ Darlehen	III 0,85% je 1000 $ Darlehen
Bemessungsgrundlage der Rückzahlungsrate	Zu versteuerndes Nettoeinkommen	Zu versteuerndes Nettoeinkommen	Zu versteuerndes Nettoeinkommen		
Maximaler Tilgungszeitraum	30 Jahre	10 bzw. 13 Jahre	I 30 Jahre	II 20 Jahre	III 30 Jahre
Obere Verschuldungsgrenze	Darlehensrückzahlung zu 8%	6% vom Einkommen über max. 13 Jahre	I 9%	II 10%	II 10%
Sonstige Merkmale	Getrennte Fakultätsprogramme (Jura, Betriebswirtschaft, Medizin)	Mit staatlichem Darlehensprogramm gekoppelt	Modellrechnung		

(a) Ist der *Staat* in seiner hoheitlichen Funktion der Darlehensgeber, so haben die Rückzahlungen den Chrakter einer speziellen „Steuer" (Bildungs-, Akademiker„steuer", graduate „tax"), die auf das Differentialeinkommen oder auf das gesamte Einkommen der Person erhoben wird.

Der Gedanke der Akademiker„steuer" auf das zusätzliche Einkommen aus Bildungsinvestitionen ist erstmals 1945 von Milton Friedman und Simon Kuznets geäußert worden[19]. Er wurde dann 1955 von Milton Friedman[20] weiterentwickelt. Es folgten detaillierte Vorschläge zur Akademiker„steuer" von Edward Shapiro[21] (1963), Charles C. Killingsworth[22] (1963) und vom Panel on Educational Innovation[23] unter dem Vorsitz von Jerrold Zacharias (1967), dessen Vorschlag einer staatlichen Bildungsinvestitionsbank erstmals eine breite Diskussion unter Fachleuten und in der Öffentlichkeit der Vereinigten Staaten entfachte. Karl Shell hat sodann zusammen mit Franklin M. Fisher, Duncan K. Foley und Ann F. Friedlander diesen Vorschlag auf seine Machbarkeit und Zweckmäßigkeit hin näher untersucht[24].

Darüber hinaus orientierte sich auch der Ohio-Plan (1971) an diesen Vorstellungen[25]. Er wurde jedoch dazu verwandt, Subventionen, die den staatlichen Universitäten zuflossen, von den Benutzern dieser Einrichtungen zurückzuverlangen. Ähnliche Pläne sind in den USA in den Staaten Illinois und Oregon verwirklicht worden[26].

In der Bundesrepublik Deutschland griff erstmals Carl C. von Weizsäcker 1970 den Friedman-Vorschlag auf und schlug eine Bildungs- beziehungsweise Akade-

19 Friedman, M., und Kuznets, S.: Income from Independent Professional Practice, (Hrsg.) National Bureau of Economic Research, New York 1945, S. 90.

20 Friedman, M.: The Role of Government in Public Education, in: Economics and the Public Interest, a. a. O., S. 140–142; siehe derselbe: Kapitalismus und Freiheit, Stuttgart 1971, S. 140f.

21 Shapiro, E.: Long-term Student Loans: A Program for Repayment According to „Ability to Pay", in: Harvard Educational Review, Bd. 33 (1963), S. 186–207.

22 Killingsworth, C. C.: Testimony before the U. S. Senate Subcommittee on Employment and Manpower, 20. September 1963. Siehe auch derselbe: How to Pay for Higher Education, Presidential Address at the Economic Society of Michigan, Ann Arbor, 1967; beides zitiert nach Johnstone, D. B.: New Patterns for College Lending: Income Contingent Loans, a. a. O., S. 72.

23 Panel on Educational Innovation (Vorsitz Jerrold Zacharias): Educational Opportunity Bank: A Report of the Panel on Educational Innovation to the U. S. Commissioner of Education Harold Howe II, Director of the National Science Foundation, Leland J. Haworth, and Special Assistant to the President for Science and Technology, Donald F. Hornig, Washington, D. C., (U. S. Government Printing Office) 1967.

24 Shell, K., Fisher, F. M., Foley, D. K., und Friedlander, A. F.: The Educational Opportunity Bank: An Economic Analysis of a Contingent Repayment Loan Program for Higher Education, in: National Tax Journal, Bd. 21 (1968), S. 1–45. Siehe auch Shell, K.: Notes on the Educational Opportunity Bank, in: National Tax Journal, Bd. 23 (1970), S. 214–220. Siehe aber auch die britischen Beiträge des Robbin-Committee und die von Prest, A. R.: Financing University Education, a. a. O., besonders S. 36ff., und Glennester, H., Merret, S., und Wilson, G.: A Graduate Tax, in: Higher Education Review, Bd. 1 (1968), No. 1, die hier nicht weiter berücksichtigt werden.

25 Ohio House Bill No. 930. Siehe dazu Hartman, R. W.: Equity Implications of State Tuition Policy and Student Loans, in: Journal of Political Economy, Bd. 80 (1972), Supplement, S. 159.

26 Oregon State Senate Bill No. 735. Siehe Hartmann, R. W.: Equity Implications of State Tuition Policy and Student Loans, a. a. O.

miker„steuer“ vor[27]. 1977 erörterte die Arbeitsgruppe der Bund-Länder-Kommission für Bildungsplanung und Forschungsförderung als Solidarmodell die Akademiker„steuer“[28].

Erste Berechnungsversuche zur Akademikersteuer wurden von Martin Pfaff, Gerhard Fuchs und Rudolf Kohler[29] vorgenommen, die allerdings vom bestehenden System der Hochschulen in der Bundesrepublik Deutschland ausgingen und die Akademikersteuer als ein Instrument betrachteten, mit dem die direkt an staatliche Hochschulen gezahlten Subventionen durch die Hochschulbenutzer zurückgezahlt werden sollen. Zur Finanzierung der Bildungsnachfrage auf einem Bildungsmarkt kommt daher ihr Modell ebenso wie der Ohio-Plan in Betracht. Da es sich bei dieser (echten) Akademikersteuer um *Zwangs*abgaben aller Hochschulbenutzer handelt – bei allen bisher genannten Modellen ist die Darlehensinanspruchnahme fakultativ –, werden zwar die Benutzer kollektiv mit den Kosten des Hochschulbesuchs belastet, eine individuelle Zurechnung erfolgt jedoch nur begrenzt. Auch werden die materiellen Ressourcen im Hochschulbereich nicht über Preise (Gebühren) gelenkt, die die relativen Knappheiten für einzelne Bildungsgüter signalisieren. Studentische Souveränität kann deshalb nicht in dem Umfang hergestellt werden, wie dies bei Studiengeldern der Fall ist, die das Ergebnis von Angebot und Nachfrage nach einer Hochschulausbildung sind. Außerdem kann unter diesen Bedingungen die Akademikersteuer nur zur Finanzierung staatlicher Hochschulen verwandt werden; es sei denn, staatlich anerkannte private Hochschulen erhielten im gleichen Umfang finanzielle Mittel aus dem Fonds der Akademikersteuer. Für einen Bildungsmarkt, auf dem staatliche und private Einrichtungen miteinander konkurrieren und die Souveränität des Studenten wirtschaftlich gestärkt werden soll, ist diese Ausgestaltung der Akademikersteuer kein geeignetes Finanzierungssystem. Zwar mag das im System der Akademikersteuer eingebaute Versicherungselement durch Zwangspoolung aller Risiken die Versicherungsprämie im Vergleich zur fakultativen Versicherung niedrig halten und so Studenten aus wirtschaftlich schwächeren Familien einen verstärkten Anreiz zum Studium geben, doch gehen die Effizienzvorteile verloren, die durch eine pretiale Lenkung des Hochschulbereichs möglich wären. Schließlich kann der gleiche Poolungseffekt zumindest annähernd auch durch eine Akademiker„steuer“ (fakultative Inanspruchnahme des Studiendarlehens) unter den Bedingungen des Bildungsmarktes erreicht werden, wenn die Zahl der Benutzer dieses Finanzierungsinstruments ausreichend groß ist.

[27] Weizsäcker, C. C. von: Lenkungsprobleme der Hochschulpolitik, S. 541–553, besonders S. 553.

[28] Ausbildungsförderung im Rahmen der Hochschulfinanzierung, Abschlußbericht der von der Bund-Länder-Kommission für Bildungsplanung und Forschungsförderung eingesetzten Arbeitsgruppe, Bonn 1977, S. 53 und S. 83f.

[29] Pfaff, M., Fuchs, G., und Kohler, K.: Alternative Konzepte zur Berechnung einer Akademikersteuer, a. a. O., S. 185ff. Siehe auch Weisshuhn, G.: Bildungs- und sozioökonomische Probleme alternativer Finanzierungssysteme des Hochschulbereichs, in: Zeitschrift für Wirtschafts- und Sozialwissenschaft, Bd. 98 (1978), S. 163–180, hier besonders S. 169ff.

Ein Zwangsdarlehenssystem zur Finanzierung von Studiengebühren und studentischem Lebensunterhalt sieht auch Walter Kuna[30] (1980) vor. Anders als bei Martin Pfaff et alii handelt es sich dabei jedoch um ein Nachfragefinanzierungsmodell.

(b) Ist dagegen der Kapitalgeber eine *private* Person oder Einrichtung oder eine öffentliche Institution, die keine hoheitlichen Aufgaben wahrnimmt, wie zum Beispiel Sparkassen und öffentliche Bausparkassen, so handelt es sich um „Darlehen" mit einkommensabhängiger „Rück"zahlungsverpflichtung. Vorschläge dieser Art (Übersicht: Bildungsdarlehen) sind 1962 von William Vickrey[31] (private Bildungsfinanzierungsgesellschaft) und 1968/70 von der Carnegie Commission[32] (nationale Studiendarlehensbank) gemacht worden. Stephen P. Dresch und Robert D. Goldberg[33] haben 1972 ein Modell entwickelt, dem eine öffentlich-rechtliche Finanzierungseinrichtung zugrunde liegt (Tabelle 1).

Die Universität Yale[34] hat dann als erste Universität ein solches Darlehenssystem (tuition postponement plan) 1971 eingerichtet. Darauf folgte unmittelbar die Duke University[35] mit einem ähnlichen System für ihre Studenten. (Letzteres ist allerdings kein Darlehenssystem, das ohne von der Universität selbst geleistete Subventionen auskommt.) Ebenso schuf die Universität Harvard[36] 1971 ein Darlehensprogramm für ihre wirtschaftlich schwächeren Collegestudenten. Dieses Programm profitiert zwar von staatlichen Garantien nach dem Federal Insured Student Loan Program, aber den berechtigten Studenten werden zusätzliche Sicherheiten geboten.

(2) *Konventionelle Darlehenssysteme mit speziellen Versicherungs- und Rückzahlungsbedingungen.* Im Gegensatz zu den verschiedensten Formen der Bildungsfinanzierung, bei denen die „Rück"zahlungen vom zukünftigen Einkommen abhängen und eine Prognose der zu erwartenden Einkommen erforderlich ist, besteht bei den konventionellen Bildungsdarlehen mit speziellen Versicherungs- und Rückzahlungsbedingungen ein fester (nominaler oder realer (indizierter) Rückzahlungsplan. Jeder Darlehensnehmer zahlt die geborgte Summe Geldes grundsätzlich (Subventionen sind möglich) zuzüglich Zinsen zurück.

[30] Kuna, W.: Hochschulfinanzierung – ein alternatives Modell, a. a. O.

[31] Vickrey, W.: A Proposal for Student Loans, in: Economics of Higher Education, (Hrsg.) S. Mushkin, Washington, D. C., 1962, S. 268–280.

[32] The Carnegie Commission on Higher Education: Quality and Equality: New Levels of Federal Responsibility for Higher Education, New York 1968, und dieselbe: Quality and Equality, Revised Recommendations; New Levels of Federal Responsibility for Higher Education, New York 1970.

[33] Dresch, S. P., und Goldberg, R. D.: Variable Term Loans for Higher Education: Analytics and Empirics, in: The Annals of Economic and Social Measurement, Bd. 1 (1972). S. 59–91.

[34] Yale University: Tuition Postponement Option Plan, Tuition Postponement Office, New Haven, Conn., 1971. Siehe auch The Yale Tuition Postponement Option, 1972–73: Questions and Answers, in: Johnstone, D. B.: New Patterns for College Lending: Income Contingent Loans, a. a.O., Appendix C, S. 177–184.

[35] Duke University Deferred Tuition Plan, Duke University, Durham, N. C.; siehe D. Bruce Johnstone, New Patterns for College Lending: Income Contingent Loans, a. a. O., Appendix E, S. 193–200.

[36] Harvard-Radcliffe Loan Program for Undergratuates: Harvard University Student Loan Office, Cambridge, Mass.; siehe Johnstone, D. B.: New Patterns for College Lending: Income Contingent Loans, a. a. O., Appendix D, S. 185–191.

Während ein Student, der von den Formen des Bildungsnießbrauchs Gebrauch macht, exakt weiß, welchen prozentualen Anteil er später von seinem Einkommen abzuführen hat, kennt der Nehmer eines konventionellen Darlehens die zukünftige absolute Belastung und bleibt im unklaren darüber, wieviel die Tilgung des Darlehens von seinem späteren laufenden Einkommen ausmacht. Zwar besteht häufig die Möglichkeit, den eigenen Rückzahlungsplan erst nach Abschluß des Studiums aus verschiedenen möglichen Tilgungsplänen zu wählen, so daß auch hier die monatliche, quartale oder jährliche Belastung nicht definitiv festliegt, zumindest aber kennt der Student diese alternativen Tilgungspläne und den Darlehensbetrag, den er dem (privaten, staatlichen oder halbstaatlichen) Kreditgeber schuldet. Würde bei dem Abschluß eines konventionellen Darlehensvertrages kein spezieller Einkommensschutz vereinbart, so wäre der Darlehensnehmer nur dann und solange von der Rückzahlung befreit, wie er kein pfändbares Vermögen besitzt und sein Einkommen ebenfalls unter der Pfändungsgrenze liegt. Solche Darlehensverträge kommen aber nur zustande, wenn jeweils bei Abschluß des Vertrages zumindest einige Risiken der Rückzahlungsfähigkeit (Tod, Invalidität, Arbeitslosigkeit) ausgeschlossen werden können und auch das moralische Risiko in Grenzen gehalten werden kann.

Konventionelle Darlehenssysteme mit sehr unterschiedlichen Versicherungs- und Rückzahlungsbedingungen werden in zahlreichen Ländern zur Finanzierung der Studiengelder und des Lebensunterhalts der Studenten verwendet. Maureen Woodhall hat die Funktionsweise dieser Systeme ausführlich beschrieben[37]. Hier sollen nur einige wichtige Ergebnisse zusammengefaßt werden.

Erwähnenswert sind darüber hinaus die Vorschläge von Alice Rivilin[38] im Zusammenhang mit dem Anstieg der Studiengebühren in den Vereinigten Staaten und von Richard Hauser und Hans Adam[39], die erstmals ein ausführliches Modell vorgeschlagen haben, das die Vergabe und Einziehung konventioneller Darlehen durch private Banken und Kreditinstitute an Studenten in der Bundesrepublik Deutschland vorsieht.

Auf eine spezielle Analyse der einzelnen Vorschläge wird im folgenden verzichtet, es sei denn, daß Besonderheiten dies erforderlich machen oder empirische Erfahrungen vorliegen, die eine Antwort auf die allgemeinen Probleme der Finanzierung von Bildung über Darlehen (Risiko der Rückzahlungsunfähigkeit, moralisches Risiko, Verwaltungsaufwand, adverse Selektion) geben.

[37] Woodhall, M.: Review of Student Support Schemes in Selected OECD Countries, a. a. O., und Blaug, M., und Woodhall, M.: Patterns of Subsidies to Higher Education in Europe, a. a. O.

[38] U. S. Department of Health, Education, and Welfare: Toward a Long Range Plan for Federal Financial Support for Higher Education, Washington, D. C., 1969.

[39] Hauser, R., und Adam, H.: Chancengleichheit und Effizienz an der Hochschule, Alternativen der Bildungsfinanzierung, Frankfurt–New York 1978.

d. Bildungsfinanzierung durch Verkauf zukünftiger Einkommensbestandteile

1. Der Friedman-Vorschlag und seine ersten technischen Ausgestaltungen

Es war Milton Friedmans Gedanke, die Unvollkommenheiten des Kapitalmarktes durch ein neuartiges Finanzierungssystem zu beseitigen, das eine Mischform zwischen Darlehens- und Beteiligungsfinanzierung ist. Er schlug vor, daß jedem Studenten ein Darlehen bereitzustellen sei, der sich verpflichtet, einen bestimmten Prozentsatz seines zukünftigen jährlichen Einkommens zurückzuzahlen, das durch die erworbene und kreditfinanzierte Bildung zusätzlich entstanden ist[40]. Nur der (prozentuale) Teil des Einkommens soll abgetreten[41] werden, der durch die fremdfinanzierte Bildungsinvestition zusätzlich entstanden ist. Um die administrativen Kosten der individuellen Kontoführung und Darlehenseintreibung sowie das moralische Risiko der Darlehenszurückzahlung zu reduzieren (Senkung der Transaktionskosten und des Delcredererisikos), sprach sich Friedman für eine Koppelung dieses Finanzierungssystems mit der Einkommen- beziehungsweise Lohnsteuerveranlagung aus. Carl C. von Weizsäcker schloß sich diesem Vorschlag ohne Modifikationen und Spezifizierungen an[42].

Während Milton Friedman keine weiteren Ausführungen über die technische Ausgestaltung der Akademiker„steuer" machte, präsentierte Seymour E. Harris 1959 ein ausführliches Finanzierungsmodell, in dem die Friedmanschen Überlegungen teilweise ihren Niederschlag fanden[43].

Studenten haben nach diesem Modell die Möglichkeit, zwischen einem langfristigen staatlich subventionierten konventionellen Darlehen und einem Studiendarlehen mit einkommensabhängiger Rückzahlung zu wählen. Die Inanspruchnahme eines Darlehens ist wie bei Milton Friedman fakultativ. Die Rückzahlung beträgt beim letzteren 0,34% vom zusätzlichen jährlichen Einkommen pro 1000 Dollar in Anspruch genommenen Kredits bei einer Rückzahlungsdauer von 40 Jahren und 0,76% vom jährlichen Einkommen bei einer Rückzahlungsdauer von 20 Jahren.

1963 schlug sodann Edward Shapiro ein komplizierteres Bildungsdarlehenssystem mit einkommensabhängiger Tilgung vor[44]. Danach hat der Darlehensnehmer einen bestimmten Prozentsatz seines gesamten Einkommens an den Staat abzutre-

[40] Friedman, M.: Kapitalismus und Freiheit, a. a. O., S. 140f.

[41] Dies geschah im vergangenen Jahrhundert häufig in Form einer Gehaltsabtretung beziehungsweise einer Verbindlichkeitsübernahme des (meist öffentlichen) Arbeitgebers. Im Laufe der Zeit wurde die Rückzahlung der zu Studienzwecken vom Staat gewährten Gelder durch eine Modifizierung der Besoldungsvorschriften für Beamte geregelt.

[42] Weizsäcker, C. C. von: Lenkungsprobleme der Hochschulpolitik, a. a. O., S. 542. Von Weizsäcker legte das Schwergewicht seiner Ausführungen auf die Analyse der Auswirkungen des Friedman-Vorschlages auf die Lenkungsprobleme in den Hochschulen. Eine spezielle Auseinandersetzung mit seinem Finanzierungsvorschlag erübrigt sich deshalb.

[43] Harris, S. E.: Higher Education: Resources and Finance, New York 1962, S. 291–303, hier zitiert nach Johnstone, D. B.: New Patterns for College Lending: Income Contingent Loans, a. a. O., S. 69.

[44] Shapiro, E.: Long-term Student Loans: A Program for Repayment According to „Ability to Pay", a. a. O., S. 193ff.

ten, sofern es 4000 Dollar p. a. übersteigt, bis das gesamte Kapital zuzüglich einer Verzinsung von 4% zurückgezahlt ist. Die Rückzahlungperioden variieren dabei sowohl in Abhängigkeit vom Einkommen als auch vom in Anspruch genommenen Kredit. Wird eine maximale Rückzahlungsperiode von 20 Jahren erreicht, so sind keine weiteren Zahlungen zu leisten. Verluste, die aus diesem Einkommensschutz resultieren, werden durch progressive zusätzliche Zahlungen der höher Verdienenden gedeckt.

2. *Der William-Vickrey-Vorschlag*

William Vickrey schlug 1962 private Bildungsfinanzierungsgesellschaften vor, durch die Bildungsdarlehen gegen den Verkauf von Anteilen am zukünftigen Einkommen der Darlehensnehmer vergeben werden sollten[45]. Die Kapitaleigner dieser Gesellschaften erhalten Dividenden, die durch die Bildungsinvestitionen erzielt werden. Vickrey greift damit den Friedmanschen Gedanken auf und arbeitet ihn detailliert aus. Nach seinen Vorstellungen soll die Rückzahlung ausschließlich aus dem Einkommen erfolgen, das durch die kreditfinanzierten Bildungsinvestitionen entstanden ist. Diejenigen, die auf Grund ihrer Begabung, ihrer persönlichen Anlagen und Motivationen als besonders attraktive Personen für Bildungsinvestitionen bewertet werden, sollen Darlehen zu günstigeren Bedingungen eingeräumt erhalten als andere, da ihr zukünftiges Einkommen bereits ohne die darlehensfinanzierte Bildungsinvestition hoch anzusetzen sei. Auf diese Weise werden Personen mit zu erwartenden hohen Einkommen vor exzessiven Rückzahlungen geschützt. Diejenigen dagegen, deren Einkommen ohne Bildungsinvestition als niedrig eingeschätzt wird, müssen mit erheblichen Rückzahlungen rechnen. Sie werden deshalb ein Darlehen nur dann in Anspruch nehmen, wenn ihre persönlichen Einkommenserwartungen über den Erwartungen liegen, die die Kapitalgeber hegen. Für die so individuell determinierte und von der Bonitätsprüfung abhängige Einkommensbasis schlägt Vickrey einen leicht progressiven Rückzahlungsplan vor, der 0,5% von den ersten 1000 Dollar nicht rückzahlungsfreien Einkommens bis zu 1,5% je 1000 entliehene Dollar beträgt, die das rückzahlungsfreie Einkommen zuzüglich 2000 Dollar übersteigen.

Durch den Plan sollte sichergestellt werden, daß 9% von jeder entleihenden Gruppe zurückgezahlt werden, von denen 7% als Zinsen den Kapitalgebern zufließen und die darüber hinaus gehenden Rückflüsse zur Vergabe weiterer Darlehen genutzt werden. Dieses Kapital und die darauf entfallenden Zinsen sollten später den Kapitalgebern als Altersrenten zufließen.

Das Vickrey-Modell setzt eine Trennung der guten und schlechten Risiken durch Bonitätsprüfungen voraus, die – so angenommen – durch Fähigkeiten, Anlagen und Motivationen entscheidend determiniert werden. Ob eine solche Trennung möglich ist, muß zweifelhaft erscheinen, weil – wie bereits weiter oben ausgeführt – theoretische Gründe dagegen sprechen. Bisher ist es jedenfalls nicht

[45] Vickrey, W.: A Proposal for Student Loans, in: Economics of Higher Education, a. a. O., S. 268ff.

möglich, die zukünftigen Einkommenschancen einer Person auf der Grundlage seiner persönlichen Anlagen, Motivationen seines bis zum Investitionszeitpunkt erworbenen Wissens und seiner Fertigkeiten vorauszuschätzen. Darüber hinaus werden alle die potentiellen Studenten, die zwar studierwillig und -fähig, aber risikoavers sind, trotz der positiven Einkommenserwartung, die die Kapitalgeber hegen, von der Aufnahme eines Darlehens und vom Studium abgehalten.

3. Der Killingsworth-Plan

Charles Killingsworth schlug 1963 einer Kommission des amerikanischen Senats die Gründung einer Bundes-Studiendarlehensgesellschaft (Federal Student Loan Corporation) vor, die durch eine öffentliche Anleihe finanziert werden sollte[46]. Nach seiner Absicht sind aus dieser Anleihe unter anderem Darlehen gegen den Kauf zukünftiger Einkommensbestandteile der Darlehensnehmer zu vergeben. Die Rückzahlung der Anleihe wird durch Bundesgarantien gesichert. Außerdem erhält die Gesellschaft Subventionen für Zinszahlungen und administrative Kosten, um die Zinslasten für die Darlehensnehmer auf 4% zu beschränken. Studenten, die ein Darlehen in Anspruch nahmen, verpflichten sich, etwa 0,33% ihres Einkommens pro 1000 entliehene Dollar über 40 Jahre zurückzuzahlen. Um zu hohe Gesamtrückzahlungen zu vermeiden, schlug Killingsworth vor, das Maximum der jährlichen oder der Gesamtrückzahlungsverpflichtungen zu begrenzen. Den Darlehensnehmern war es jedoch nicht gestattet, sich durch Sonderzahlungen freizukaufen.

4. Der Zacharias-Plan

Nach dem Vorschlag des Panel on Educational Innovation verleiht eine Bundes-Bildungsinvestitionsbank (Federal Educational Opportunity Bank) an jeden immatrikulierten Studenten Gelder, die zur Deckung der Studiengebühren und der Lebensunterhaltskosten ausreichen[47]. Die Rückzahlung sollte 1% vom jährlichen Einkommen pro 3000 entliehene Dollar über einen Zeitraum von 30 Jahren betragen und zusammen mit der Einkommensteuer durch die amerikanischen Finanzbehörden (Internal Revenue Service) erfolgen. Um zu vermeiden, daß Studenten mit hohen Einkommensaussichten sich an dem Darlehensprogramm nicht beteiligen, wurde vorgeschlagen, daß diese Studenten sich mit einer Verzinsung freikaufen könnten, die nur geringfügig über der der herkömmlichen staatlich garantierten Darlehen liegt. Genaue Rückzahlungsraten und maximale Rückzahlungsperioden wurden von der Kommission nicht fixiert, da man eine Subventionierung durch den Staat vorsah.

[46] Killingsworth, C. C.: How to Pay for Higher Education, a. a. O.; hier zitiert nach Johnstone, D. B.: New Patterns for College Lending: Income Contingent Loans, a. a. O., S. 71f.

[47] Panel on Educational Innovation: Educational Opportunity Bank, a. a. O., passim.

5. *Der Vorschlag der Carnegie Commission*

Die Carnegie Commission sprach sich 1968 erstmals für ein bundesweites Darlehensprogramm auf der Basis einkommensabhängiger Rückzahlungen aus[48]. 1970 schlug sie dann eine Nationale Studiendarlehensbank (National Student Loan Bank) vor, die Studiendarlehen bis zu 6000 Dollar für ein vierjähriges undergraduate-Studium und weitere 10 000 Dollar für ein graduate-Studium gegen den Verkauf zukünftiger Einkommensbeträge gewährt. Die Rückzahlungsrate beträgt 0,75% des jährlichen Einkommens pro 1000 entliehene Dollar, bis das Darlehen einschließlich Zinsen, Verwaltungskosten und Lebensversicherung zurückgezahlt ist. Dabei soll eine Verzinsung von etwa 7% des eingesetzten Kapitals erreicht werden. Die Rückzahlungen enden nach 30 Jahren unabhängig davon, ob das Darlehen zuzüglich aller Kosten zurückgezahlt worden ist oder nicht.

Darüber hinaus sollen all denjenigen Zinsen während der Studienzeit erlassen werden, die aus Familien mit niedrigerem Einkommen stammen. Da jeder Student höchstens sein eigenes Darlehen zuzüglich aller Darlehenskosten zurückzahlt, ist das staatliche Darlehensprogramm auf externe Subventionen angewiesen, aus denen die Verluste aus den nicht voll zurückgezahlten Darlehen sowie die Zinssubventionen an Studenten aus Familien mit niedrigem Einkommen während der Studienzeit gezahlt werden können. Diese Subventionen sollen von der Bundesregierung geleistet werden.

6. *Das Dresch-Goldberg-Modell*

Beim Dresch-Goldberg-Modell handelt es sich weniger um einen konkreten Vorschlag zur Einrichtung eines Bildungsdarlehenssystems mit einkommensabhängiger Rückzahlung, als vielmehr um ein Modell, aus dem die Rückzahlungssätze, die maximalen Rückzahlungsperioden und Gesamtrückzahlungsverpflichtungen bei gegebenen Einkommenserwartungen abgeleitet werden können, die eine bestimmte Verzinsung des investierten Kapitals ermöglichen[49].

Greift man aus der Vielzahl der Pläne drei typische heraus, so werden nach Plan I 0,85% des jährlichen Einkommens für 1000 entliehene Dollar zu zahlen sein, die sich mit 9% (Austrittszinssatz) verzinsen. Die maximale Rückzahlungsperiode beträgt 30 Jahre. Es handelt sich hierbei um einen Rückzahlungsplan, der dem konventionellen Darlehen mit flexiblem Rückzahlungsplan ziemlich nahekommt. Darlehensnehmer mit hohen Einkommen haben nach 16 Jahren ihre Zahlungsverpflichtungen erfüllt; mittlere Verdiener mit etwa 19 Jahren, und nur wenige Darlehensnehmer, werden ihren Verpflichtungen nicht voll nachkommen können. Allerdings wird der Rückzahlungsplan vornehmlich nur für die attraktiv

[48] The Carnegie Commission on Higher Education: Quality and Equality: New Levels of Federal Responsibility for Higher Education, a. a. O.

[49] Dresch, S. P., und Goldberg, R. D.: Variable Term Loans for Higher Education: Analytics and Empirics, a. a. O., S. 59–91 und Johnstone, D. B.: New Patterns for College Lending: Income Contingent Loans, a. a. O., S. 61–66.

sein, die hohe Einkommen erwarten, risikofreudig oder nicht bereit sind, hohe Zahlungen zu leisten, wenn sie später ein höheres Einkommen beziehen.

Nach Plan II des Dresch-Goldberg-Modells werden bei gleicher Rückzahlungsperiode (30 Jahre) 0,65% des Einkommens je 1000 entliehene Dollar bei einer maximalen Verzinsung von 10% gefordert. Die Rückzahlungsraten nach diesem Plan sind wesentlich niedriger als die nach Plan I, was zur Folge hat, daß mehr Darlehensnehmer nicht in der Lage sein werden, innerhalb von 30 Jahren ihr Darlehen zuzüglich aller Kosten zurückzuzahlen. Der höhere Einkommensschutz und die dadurch verursachten Rückzahlungsausfälle müssen durch die Kreditnehmer mit höheren Einkommen ausgeglichen werden. Die Folge davon ist, daß alle, die ihre Rückzahlungsverpflichtungen voll erfüllen, einen Zinssatz von 10% zu zahlen haben. Der Plan wird deshalb vor allem von Darlehensnehmern mit niedrigeren Einkommen bevorzugt werden.

Plan III geht dagegen von einer Rückzahlungsperiode von 20 Jahren, einer Rückzahlung von 0,85% des jährlichen Einkommens pro 1000 entliehene Dollar bei maximal 10% Zinsen aus. Die verkürzte Rückzahlungsperiode bewirkt, daß weniger Darlehensnehmer in der Lage sein werden, ihr Darlehen zu einer Verzinsung von 8% zurückzuzahlen. Die Belastung mit 0,85% vom jährlichen Einkommen ist ebenso hoch wie bei Plan I, während der maximale Zins um 1% über dem des Plans I liegt, um die höheren Verluste auszugleichen, die durch den verstärkten Einkommensschutz hervorgerufen werden.

Die erwähnten Pläne sind drei der letztendlich unbegrenzten Zahl von Plänen, die bei gegebenen Einkommenserwartungen und dem gewünschten Zinssatz für den Kapitalgeber aufgestellt werden können. Durch externe Subventionierung sowie durch höheren oder niedrigeren Einkommensschutz können weitere Kombinationen bei gegebenen Einkommenserwartungen und gegebener Verzinsung abgeleitet werden.

7. *Der Kuna-Vorschlag*

Der Vorschlag von Walter Kuna unterscheidet sich von allen bisher behandelten Finanzierungsvorschlägen durch eine *obligatorische* Kreditaufnahme aller Hochschulstudenten bei der „Bank für Hochschulbildung“ (gedacht als Nachfolgeinstitution der Lastenausgleichsbank) zur Finanzierung der Studiengebühren und der Lebensunterhaltungskosten während des Studiums[50]. Kuna gibt keine Begründung, weshalb es ökonomisch zweckmäßig sein soll, neben den Studiengebühren auch den Lebensunterhalt über Pflichtdarlehen zu finanzieren. Zu vermuten ist, daß durch eine Fondsfinanzierung nahezu aller direkten und indirekten Bildungsausgaben (geringe staatliche Subventionen sind vorgesehen), eine Poolung aller Finanzierungsrisiken erreicht werden soll. Das kann aber volkswirtschaftlich schwerlich zweckmäßig sein. Denn dies würde bedeuten, daß alle diejenigen, die

[50] Kuna, W.: Hochschulfinanzierung – ein alternatives Modell, a. a. O., passim, besonders S. 162.

die Kosten des Studiums durch eine sparsamere Lebensweise, durch besonders günstige Versorgungsmöglichkeiten und durch Benutzung von Hochschulen, die preisgünstigere Studiengänge anbieten, senken, den Anreiz verlieren, so zu verfahren[51]. Ebenso würden diejenigen schlechter gestellt, die ihr Studium günstiger finanzieren können als durch das Pflichtdarlehen, etwa weil sie oder ihre Eltern Mittel angespart haben oder andere mit dem öffentlichen Finanzierungssystem konkurrierende Finanzierungsquellen für ihre individuellen Zwecke vorteilhafter sind.

Auch dürfte unter diesen Bedingungen eine Abwanderung von Studenten ins Ausland zu erwarten sein. Mancher Student wird nun ein Studium im Ausland vorziehen, wenn die Vorteile einer kostengünstigeren Gestaltung des Studiums und/oder einer günstigeren Eigen- oder Fremdfinanzierung die Kosten der Überwindung von Abwanderungsbarrrieren (Sprache, administrative, die freie Wahl des Studienplatzes beeinträchtigende Hemmnisse) übersteigen[52]. Ebenso ist auch die totale finanzielle, gewissermaßen staatlich verordnete, *obligatorische* Lösung des Studenten von seiner Familie ökonomisch nicht positiv zu bewerten. Sie entbindet die Familie von wirtschaftlichen Verhaltensweisen, die einen bedeutenden Beitrag zur materiellen Sicherung des Studiums bieten können. Dieser Beitrag kann durch die Familie oft nicht nur wirtschaftlicher geleistet werden als durch eine zentrale Bildungsbank (Verletzung des Subsidiaritätsprinzips)[53], sondern er stärkt auch langfristig die ökonomisch wertvolle Kontinuität der Familie als gesellschaftliche Einrichtung. Ausbildungspflichtdarlehen stärken dagegen die Abhängigkeit von dem staatlichen Monopol der Bank für Hochschulbildung und leisten dadurch kollektivistischen Tendenzen und dem Zugriff des Staates Vorschub[54].

Darüber hinaus bestünde die Gefahr, daß auf Grund der Monopolstellung der Bank für Hochschulbildung die Hochschulen veranlaßt werden, sich zusammenzuschließen und mit ihr über Erhöhungen des Kreditvolumens zu verhandeln, soweit es sich um den Teil der Darlehen handelt, der zur Finanzierung der Studiengebühren bereitgestellt werden soll. Ebenso würden die Studenten sich organisieren und kollektiv mit der Lastenausgleichsbank verhandeln. Verschiedenste Strukturen und Strategien des formellen kollektiven Verhandelns und des (informellen) rent

[51] Japan ist neben anderen süd-ostasiatischen Ländern ein Land, wo der finanzielle Beitrag der Eltern zur Hochschulbildung ihrer Kinder besonders hoch ist und Hochschulen sich in ihrem Preisniveau unter Berücksichtigung der Eigenleistungen der Studenten den finanziellen Bedingungen anpassen. Siehe zum Beispiel Ministery of Education, Science and Culture: Education in Japan, Tokio 1978, S. 99.

[52] Sofern Hochschulen im Ausland weiterhin zum Nulltarif oder gegen geringere Studiengelder oder -gebühren benutzt werden können und Freiheit der Wahl des Studienorts besteht, tritt dieser Effekt im Vergleich zu den übrigen Finanzierungsmodellen lediglich verstärkt auf.

[53] Das Subsidiaritätsprinzip wird von uns ökonomisch so interpretiert, daß der Person (Student) oder der kleineren sozialen Einrichtung, zum Beispiel der Familie, das an Aktivitäten überlassen bleiben soll, was sie selbst im Vergleich zu anderen sozialen Einrichtungen (Studentenkollektiv, Staat etc.) kostengünstiger durchführen kann.

[54] Der Staat könnte durch diese Einrichtung versuchen, nicht nur in die Freiheit von Forschung und Lehre einzugreifen, sondern auch Studenten in ihrer Lebens- und Denkweise zu beeinflussen.

seekings (Einflußnahmen auf Vorstand und Verwaltungsrat[55]) würden sich entwickeln, um sich als Hochschulen bei der „lästigen" Preiskonkurrenz auf dem Markt für akademische Ausbildungsleistungen durch einen größeren Finanzierungsspielraum Erleichterung zu verschaffen und als Studenten eine möglichst großzügige Finanzierung der Unterhaltskosten zu erreichen. Gleichzeitig dürfte der Druck auf den Staat wachsen, die Subventionen an die zentrale Bildungsbank zu erhöhen.

Es ist schwerlich vorzustellen, daß die Nachteile einer obligatorischen Fremdfinanzierung der Studiengebühren und der Unterhaltskosten durch die Vorteile einer zwangsweisen Poolung aller Ausbildungsrisiken kompensiert werden, unabhängig von der Frage, ob dadurch nicht die persönliche Freiheit erheblich beeinträchtigt wird, falls es nur dann möglich sein sollte, eine deutsche Hochschule zu besuchen, wenn man sich bereit erklärt, die staatlich diktierte Verschuldungsverpflichtung einzugehen.

Besteht für viele Studenten ein Fremdfinanzierungsbedarf zum Erwerb von Ausbildungsleistungen der Hochschulen – und daran läßt sich schwerlich zweifeln –, dann ist nicht einzusehen, weshalb diese Studenten und darüber hinaus alle anderen, die keinen solchen Finanzierungsbedarf haben, durch eine gesetzliche Zwangsmaßnahme dazu verpflichtet werden sollen, ihr Studium über Kredit zu finanzieren. Die Voraussetzungen eines ökonomisch vorteilhaften Tausches würden verletzt. Es würde ausreichen und dem Pareto-Kriterium genügen, wenn alle diejenigen sich zusammentäten, für die ein Kreditbedarf existiert, und sie sich durch eine Versicherung auf Gegenseitigkeit gegen die Risiken der Rückzahlungsunfähigkeit schützten, wie das der Vorschlag von Milton Friedman, Carl C. von Weizsäcker und anderen vorsieht. Eine solche Versicheurng für diejenigen als obligatorisch zu erklären, die ein Bildungsdarlehen freiwillig nachfragen, kann ökonomisch effizient sein. Aber selbst dann ist nicht sicher, ob nicht durch eine weitere Homogenisierung der Kreditrisiken durch miteinander konkurrierende (Ausbildungs-)Kreditversicherungen eine gegenüber der Einheits-Zwangsversicherung Pareto-superiore Situation erreicht werden kann.

8. Der Yale Tuition Postponement Plan: Einige empirische Erfahrungen

(1) Das Studienfinanzierungssystem der Universität Yale ermöglicht seit 1971 Studenten der Universität, Ausgaben für Studiengebühren und Lebenshaltungskosten gegen den Verkauf zukünftiger Einkommensbeträge zu finanzieren[56]. Und zwar beträgt der Preis pro 1000 kreditierte Dollar 0,4% des zukünftigen, jährlich zu versteuernden Einkommens. Vom Studenten können auf diese Weise pro Jahr zwischen 300 bis 1150 Dollar aufgenommen werden (1972/73). Die Rückzahlung

[55] Die Ausführungen von Walter Kuna geben keine Auskunft darüber, wie Vorstand und Verwaltungsrat zu besetzen sind. Es wäre denkbar, daß die Kanzler der Hochschulen und die Studenten Vertreter in den Verwaltungsrat entsenden.

[56] Vgl. im folgenden Johnstone, D. B.: New Patterns for College Lending: Income Contingent Loans, New York–London 1972, S. 52–55, und Anhang C, S. 178–183.

erfolgt über einen Zeitraum von maximal 35 Jahren. Jeder Darlehensnehmer gehört einer Jahrgangsgruppe an. Sie setzt sich aus denjenigen zusammen, die in demselben Jahr erstmals einen Kredit aufnehmen. Die Rückzahlung endet für den Darlehensnehmer spätestens dann, wenn er das Ende der maximalen Rückzahlungsperiode (35 Jahre) erreicht hat. Die Rückzahlungsperiode kann sich jedoch verkürzen, wenn der Kreditnehmer mindestens sein eigenes Darlehen (ohne Zinskosten) und seine Jahrgangsgruppe (Tilgungskohorte) alle Schulden (aggregierte Darlehenssumme zuzüglich Zinsen) zurückgezahlt hat, so daß die dem Darlehensplan zugrunde gelegte Rendite erreicht wird. Außerdem kann jeder Darlehensnehmer sich freikaufen, indem er 150% des geliehenenen Geldes zuzüglich der Zinsen zurückzahlt. Der Zins richtet sich nach den Zinssätzen, die die Universität Yale selbst für geliehene Gelder aufzubringen hat, einschließlich der Verwaltungskosten, die der Universität durch die Verwaltung des Darlehensprogramms entstehen. Da die Universität davon ausgeht, daß sie nur dann Gelder zur Finanzierung des Darlehensprogramms aufnimmt, wenn sie flüssige Vermögenswerte als 100%ige Sicherheit stellen kann, liegt der Zinssatz für die aufgenommenen Gelder sehr niedrig. Dies kommt einer indirekten Subventionierung der Darlehensnehmer durch die Universität gleich. Nach den selbst gesetzten Statuten ist es der Universität Yale ferner nicht gestattet, aus dem Darlehensprogramm einen Gewinn zu ziehen.

Die Verwaltungskosten des Darlehensprogramms dürfen 1% des durchschnittlichen Zinssatzes, den die Universität Yale jeweils für die nächsten 6 Monate (gerechnet vom 30. Juni und 31. Dezember des jeweiligen Jahres) zu zahlen hat, nicht übersteigen. (Darüber hinaus sind dem maximalen Zinssatz für die Studiendarlehen durch die Kreditgesetzgebung des Staates Connecticut Grenzen gesetzt.) Nach den Berechnungen der Universität Yale müßten die Rückzahlungen je Entleihergruppe nach ca. 25 Jahren Tilgung enden. Um jedoch die Universität vor Verlusten aus dem Darlehensprogramm zu schützen, wurde trotzdem die maximale Rückzahlungsperiode auf 35 Jahre festgelegt. Sofern dann die Einkommensvorausschätzungen, die dem Yale-Plan zugrundeliegen, sich nicht erfüllen und die Einkommen der Darlehensnehmer langsamer steigen, ist Yale vor finanziellen Verlusten weitgehend geschützt. Steigt aber das Einkommen der Darlehensnehmer schneller als erwartet, so wird durch die Bedingung, daß alle Mitglieder einer Tilgungskohorte von weiteren Rückzahlungen befreit sind, wenn die Kohorte insgesamt alle Darlehen und angelaufenen Zinsen zurückgezahlt hat, sichergestellt, daß die Darlehensnehmer und nicht die Universität von der günstigen Einkommensentwicklung profitieren.

Zum Zeitpunkt seiner Einrichtung ging man daher davon aus, daß der dem Plan zugrundeliegende Zins nicht viel höher liegt als die Prime rate. Man nahm an, daß für Zinsen 5 bis 7% und für Verwaltungskosten zwischen 0,5 und 1% zu zahlen seien, so daß das Darlehenssystem sich bei einem Zins von ungefähr 7% für alle Darlehensnehmer (kritische Verzinsung) selbst tragen werde. Diejenigen, die ein geringeres Einkommen beziehen, zahlen 9% Zinsen. Da Darlehensnehmer auch die Möglichkeit haben, mehr als den jährlich geforderten Betrag zurückzuzahlen, reduzieren diese Zahlungen ihre späteren Zahlungsverpflichtungen, sofern sie nicht von der Möglichkeit Gebrauch machen, sich ganz freizukaufen. Solche zusätzlichen Zahlungen verzinsen sich ebenfalls zum kritischen Zins von 7%. Sofern die Tilgungskohorte, zu der die betreffende Person gehört, ihre Rückzahlungsverpflichtung früher als geplant erfüllt, erhält die betreffende Person die überschüssigen Zahlungen zuzüglich der aufgelaufenen Zinsen zurück. Auf diese Weise kann für ehemalige Studenten der Yale Tuition Postponement Plan gleichzeitig eine attraktive Form des Sparens werden.

(2) Im Gegensatz zu den konventionellen Darlehenssystemen, die in vielen Ländern praktiziert werden und über die besonders Maureen Woodhall[57] berichtet hat, liegen über die Erfahrungen mit Darlehenssystemen mit einkommensabhängiger Tilgung wenig Informationen vor. Wie sich die Beanspruchung des Darlehenssystems der Universität Yale in den ersten Jahren entwickelt hat, zeigt Tabelle 2[58]. Bereits bei Einrichtung des Darlehenssystems mit einkommensabhängiger Rückzahlung nahmen fast 25% aller Studierenden der Universität Yale ein Darlehen in Anspruch. In den darauf folgenden Jahren stieg dieser Anteil auf 35%. Da amerikanische Studenten auch die Möglichkeit haben, Geld von Banken oder anderen Einrichtungen und Personen zu leihen oder auf anderem Wege (Erwerbstätigkeit während der Semesterferien, Teilzeitarbeit während des Studiums) ihr Studium zu finanzieren, ist das ein Hinweis dafür, daß die Bedingungen des Yale-Plans im Vergleich zu alternativen Finanzierungsmöglichkeiten für viele Studenten attraktiv sind. Dies geht auch aus einer Befragung hervor, die David Storrs 1974 unter den Teilnehmern des Yale-Plans durchgeführt hat[59]. Dabei wurden die Studenten nach ihren relativen Präferenzen für alternative Finanzierungsformen des Studiums gefragt. Als Alternativen galten (1) Arbeit in den Semester-

Tabelle 2: Relative Inanspruchnahme von Darlehen nach dem Yale-Plan (in v. H. aller Berechtigten)

	1971/72	1972/1973	1973/1974
Studenten	26	33	37
Studentinnen	20	26	30
Studierende insgesamt	25	32	35

Quelle: West, E. G.: The Yale Tuition Postponement Plan in the Mid-Seventies, in: Higher Education, Bd. 5 (1976), S. 170.

57 Woodhall, M.: Student Loans, A Review of Experience in Scandinavia and Elsewhere, London 1970; dieselbe: Review of Student Support Schemes in Selected OECD Countries, a. a. O., passim.

58 West, E. G.: The Yale Tuition Postponement Plan in the Mid-Seventies, in: Higher Education, Bd. 5 (1976), S. 169–175, hier S. 170.

59 Storrs, D.: Participation in the Tuition Postponement Option, Yale University, New Haven, Conn., 1974, zitiert nach West, E. G.: The Yale Tuition Postponement Plan in the Mid-Seventies, a. a. O., S. 171f.

ferien, (2) Teilzeitarbeit während des Studiums, (3) sparsamere Lebensweise, (4) konventionelle Staats- oder Bankdarlehen, (5) Borgen von Verwandten oder Freunden und (6) der Yale-Plan.

Aus Tabelle 3 gehen die relativen Präferenzen der Befragten, die Zahl der Befragten und der durchschnittliche Rang jeder Alternative hervor. Danach wurde von allen Alternativen die Semesterarbeit von den Studenten am meisten bevorzugt. Fraglich ist nur, ob sie tatsächlich verfügbar ist. Von den Möglichkeiten, Geld zu leihen, war die Aufnahme von Geldern aus dem Yale-Plan mit Abstand die bevorzugte Alternative zum konventionellen Darlehen und zum Borgen von Geld von Verwandten und Freunden. Auch die Möglichkeit der Studenten, von dem Guaranteed Student Loan Plan der Bundesregierung Gebrauch zu machen, wird deutlich als eine ungünstigere Finanzierungsalternative betrachtet. Das dem so ist, liegt unter anderem daran, daß die amerikanischen Finanzbehörden Teilnehmern des Yale-Plans einräumen, die jährlichen Rückzahlungen als Zinsen vom zu versteuernden Einkommen abzuziehen, sobald die Darlehenssumme und die Versicherungsbeiträge zurückbezahlt sind. Da die Rückzahlungen jedes Darlehensnehmers zunächst voll zur Deckung der Darlehenssumme und dann zur Deckung der Versicherungsprämie verwendet werden, haben die Darlehensnehmer den Vorteil, sämtliche Zahlungen dann absetzen zu können, wenn sie nach Jahren der Erwerbstätigkeit hohe Einkommen beziehen. Auf diese Weise werden die Kosten des Yale-Plan besonders für diejenigen erheblich reduziert, die später hohe Einkommen beziehen.

Ein weiterer Grund für die hohe Präferenz für den Yale-Plan sind die im Vergleich zu konventionellen Darlehen niedrigeren und zeitlich länger gestreckten Rückzahlungsverpflichtungen. Schon Robert Hartman[60] hat darauf hingewiesen, daß Darlehenssysteme von den Studenten bevorzugt werden, deren jährliche beziehungsweise monatliche Tilgungslasten niedriger sind und sich über einen längeren Zeitraum erstrecken.

Die oben erwähnte Befragung hat naturgemäß einen beschränkten Aussagewert. Die Präferenz der Studenten, das eine oder andere Darlehensprogramm vorzuziehen, hängt maßgeblich auch von anderen Konditionen als Laufzeit und Rückzahlungsmodus ab. Insbesondere darf der Zinssatz, zu dem die Gelder aufgenommen werden können, nicht vernachlässigt werden. 1974/75 stiegen die Marktzinssätze in den Vereinigten Staaten erheblich an[61]. Die Universität Yale war daher gezwungen, den wachsenden Bedarf an Darlehen (Aufstockung des Darlehensfonds) mit teureren Geldern vorzunehmen. Im Gegensatz dazu blieb der Zinssatz für die staatlichen Darlehensprogramme (Federal Insured Student Loan, Guaranteed Student Loan Plan) wie bis dahin bei 7%. Die Entscheidung der ame-

[60] Hartman, R. W.: Credit for College, Public Policy for Student Loans, New York 1971, S. 61–69. Siehe auch derselbe: Equity Implications of State Tuition Policy and Student Loans, in: Journal of Political Economy, Bd. 80 (1972), Supplement, S. 158f. Hartman wendet die Ergebnisse von Lester C. Thurow über die optimale Lebenskonsumstruktur auf die Finanzierung der Hochschulausgaben an

[61] Vgl. West, E. G.: The Yale Tuition Postponement Plan in the Mid-Seventies, a. a. O., S. 174.

Tabelle 3: Präferenzen für alternative Finanzierungsmöglichkeiten

Präferenz	Semesterarbeit	Teilzeitarbeit während des Studiums	Sparsamere Lebensweise	Konventionelle Darlehen (staatliche u. private)	Geborgtes Geld von Verwandten u. Freunden	Darlehen nach dem Yale-Plan
1	62	20	57	10	13	37
2	46	36	39	18	27	33
3	33	37	34	29	30	33
4	16	40	31	30	35	31
5	9	25	16	45	31	32
6	4	20	13	43	39	11
Durchschnittlicher Rang	2,3	3,4	2,7	4,2	3,9	3,1
Summe der Antworten	170	178	190	175	175	176

Quelle: Storrs, D.: Participation in the Tuition Portponement Option, Yale University, New Haven, Conn., 1974, Tabelle 7. Zitiert nach West, E. G.: The Yale Tuition Postponement Plan in the Mid-Seventies, a. a. O., S. 171.

rikanischen Bundesregierung, den Zinssatz für ihre Darlehenssysteme nicht zu erhöhen, brachte Yale einen Wettbewerbsnachteil und stellte eine indirekte, versteckte Subventionierung der staatlichen Darlehensprogramme dar. Es mußte zu einer Abwanderung der Darlehensnehmer zu den staatlichen Programmen kommen, sofern nicht die Vorteile (höhere Versicherung gegen das Risiko der Rückzahlungsunfähigkeit, geringere jährliche Tilgungsraten und langfristigere Tilgungszeiten) den Zinsnachteil aufwogen. Der kritische Punkt, von dem an eine Abwanderung der Studenten vom Yale-Plan zu den staatlichen Programmen hin erfolgte, ist anscheinend nicht erreicht worden. Allerdings ist eine solche Feststellung auch nicht möglich, da sich die Universität Yale mit ihrem Darlehensprogramm für das akademische Jahr 1974/75 dem Federal Insured Student Loan Program anschloß. Studenten, die vom Yale-Plan Gebrauch machen, werden damit gleichzeitig Nutznießer des niedrigen Zinssatzes des Bundes-Studiendarlehensprogramms. Nach dieser Verschmelzung können Darlehen nach dem Federally Insured Loan Program, die während des ersten Studienjahres aufgenommen worden sind, sofort oder später in Darlehen nach dem Yale-Plan umgewandelt werden. Der Yale-Plan hat daher seit dieser Zeit seine Selbständigkeit zum Teil verloren.

Aufschlußreich dürfte auch die Frage der *Rückzahlungsausfälle* sein. Allerdings ist es bisher nicht möglich, darüber genauere Informationen zu erhalten, obwohl der Yale-Plan nunmehr zehn Jahre besteht und die ersten Erfahrungen mit Darlehensrückflüssen gemacht worden sind. Informationen über die Planmäßigkeit der Rückzahlungen sind deshalb von großem Interesse, weil das Eintreiben der Darlehen mit hohen Kosten und Verlusten verbunden sein kann, wenn die (amerikanischen) Finanzbehörden nicht mit der Eintreibung der Darlehen zusammen mit der Bundeseinkommensteuer beauftragt sind[62]. Doch entgegen dem Federally Insured Student Loan Plan, der ebenfalls auf eine Kooperation mit den Finanzbehörden verzichtet und in entsprechende Schwierigkeiten geraten ist, hat die Universität Yale zumindest die Möglichkeit der Einsicht in die Einkommensteuererklärung des ehemaligen Studenten, der seinen Tilgungsverpflichtungen nach dem Yale-Plan nicht nachkommt. Diese Möglichkeit besteht jedoch nur, sofern der Student sich dazu ausdrücklich bereiterklärt hat. Die Kosten für diese Einsichtnahme beim Finanzamt betragen für die Universität Yale 2 Dollar[63].

Das Problem der *adversen Selektion,* das durch freiwillige Inanspruchnahme der Darlehen nach dem Yale-Plan entstehen konnte, ist angeblich nicht eingetreten oder zumindest doch so zu bewerten, daß dadurch die Funktionstüchtigkeit des Plans nicht eingeschränkt wurde.

Nach den Untersuchungen von Storrs[64] gibt es beim Yale-Plan keine Anzeichen, die die Hypothese der adversen Selektion bei freiwilliger Partizipation an einer Versicherung gegen das Risiko der Rückzahlungsunfähigkeit bestätigen.

[62] Diese Auffassung vertritt Edwin G. West (The Economics of Tax Credits, a. a. O., S. 39).

[63] West, E. G.: The Yale Tuition Postponement Plan in the Mid-Seventies, a. a. O., S. 175 und 170.

[64] Storrs, D.: Participation in the Tuition Postponement Option, a. a. O.; zitiert nach West, E. G.: The Yale Tuition Postponement Plan in the Mid Seventies, a. a. O., S. 172.

Storrs versuchte dem Problem nachzugehen, indem er jeden Studenten befragte, ob er der Auffassung sei, daß er später mehr verdienen werde als der durchschnittliche Yale-Absolvent. Während 11% der Befragten antworteten, daß sie das nicht wüßten, gaben 68% der verbleibenden 89% die Antwort, sie würden weniger als der Durchschnitt verdienen. 32% waren der Meinung, mehr als der Durchschnitt zu verdienen.

Innerhalb der Gruppe derjenigen, die in irgendeiner Form finanzielle Unterstützung von der Universität Yale erhalten haben (neben dem Yale-Plan bestanden andere Formen der finanziellen Unterstützung), gab es keine signifikanten Unterschiede zwischen Studenten, die am Yale-Plan teilgenommen und denen, die nicht an ihm teilgenommen hatten. Es ist jedoch fraglich, ob diese Differenzierung der Befragten geeignet ist, Aussagen über das Problem der adversen Selektion zu machen. West, der auf der Grundlage derselben Erhebung die Teilnehmer am Yale-Plan von den Nichtteilnehmern trennte, sieht dagegen ein schwaches Anzeichen einer adversen Selektion. Sie komme darin zum Ausdruck, daß von den Teilnehmern am Yale-Plan dreimal soviel ein überdurchschnittliches Einkommen erwarten, während es von den Nichtteilnehmern nur knapp zweimal soviel sind[65].

9. Der Duke Deferred Tuition Plan

(1) Während die Universität Yale dazu gezwungen war, neue Finanzierungsquellen für ihre Studenten zu erschließen, als sie zu Beginn der siebziger Jahre in finanzielle Schwierigkeiten geriet, und das Studiengeld wie auch die Preise für Unterkunft und Verpflegung erhöhen mußte, ohne die Finanzkraft der Eltern und Studenten noch mehr in Anspruch zu nehmen, war die Universität Duke mehr daran interessiert, mit der neuen Finanzierungsform (Darlehen mit einkommensabhängiger Rückzahlung) zu experimentieren[66].

Sie richtete daher zunächst für die Dauer von einem Jahr ein Darlehensprogramm ein, das es Studenten ermöglichte, 500 bis 1000 Dollar der fälligen Studiengebühren gegen die Verpflichtung zu kreditieren, 0,36% ihres zukünftigen jährlichen Einkommens je „erlassene" 1000 Dollar zurückzuzahlen. Schon die minimale jährliche Rückzahlung von 36 Dollar war bei einer Tilgungszeit von 30 Jahren hinreichend, um die Kreditsumme (ohne Zinsen) zurückzuzahlen. Dieser Mindestbetrag war unabhängig vom Einkommen fällig. Die Rückzahlungsverpflichtung eines Darlehensnehmers war nach dem Duke-Plan dann erfüllt, wenn er die geborgte Darlehenssumme einschließlich der Verzinsung von 8% zurückgezahlt hatte oder er das Ende der maximalen Rückzahlungsperiode von 30 Jahren erreichte. Jeder Student hatte also die Möglichkeit, sich freizukaufen, indem er das Darlehen und die angelaufenen Zinsen zurückzahlte.

[65] West, E. G.: The Yale Tuition Postponement Plan in the Mid-Seventies, a. a. O., S. 172f.

[66] Vgl. im folgenden Johnstone, D. B.: New Patterns for College Lending: Income Contingent Loans, a. a. O., S. 55–58 und Anhang E, S. 193–199.

(2) Der Duke-Plan unterscheidet sich von dem Darlehenssystem der Universität Yale, vor allem durch seine externen Subventionen. Kein Student der Universität Duke, der das Darlehen in Anspruch nimmt, zahlt mehr als 8% Zinsen, was im günstigsten Fall gerade ausreicht, um die Kosten des Darlehensprogramms zu decken. Den größten Teil der Verluste, die durch Niedrigverdienende entstehen, werden durch die Universität selbst getragen.

Im Gegensatz zu Yale bietet Duke voneinander getrennte Darlehensprogramme für undergraduate-Studenten in Jura, Betriebswirtschaft und Medizin an. Dadurch wird es möglich, Darlehen auf der Grundlage der unterschiedlichen Einkommensvorausschätzungen der Absolventen der jeweiligen Fakultät zu offerieren. Da Medizinstudenten auch in den Vereinigten Staaten die höchsten Einkommenserwartungen haben, kann die medizinische Fakultät auch die besten Darlehensbedingungen (Rückzahlungsraten, Zinsen einschließlich Versicherungsprämien) anbieten. Andererseits haben Studenten anderer Fakultäten nicht die Möglichkeit, ihre geringeren Einkommensaussichten mit denen der Medizinstudenten zu poolen und das Risiko der Rückzahlungsunfähigkeit zu reduzieren. Jedoch wird das Problem der adversen Selektion dadurch abgeschwächt, daß Studenten mit hohen Einkommenserwartungen, die sich sonst möglicherweise nicht dazu entschieden hätten, ein Darlehen aufzunehmen, sich nunmehr an einem Darlehensprogramm beteiligen, da sie ihre hohen Einkommenserwartungen mit den niedrigen Einkommen der Studenten, etwa der Sozialpädagogik, der Theologie und des Frauenkollegs nicht mehr poolen müssen. Allerdings weist D. Bruce Johnstone zu recht darauf hin, daß das Problem der adversen Selektion auf Grund der fehlenden Alternativen auch bei einem integrierten Darlehenssystem nicht hoch einzuschätzen sei, zumal die Verluste von der Universität selbst getragen werden.

Auswertbares empirisches Material zum Problem der adversen Selektion der Rückzahlungsausfälle und des Verwaltungsaufwands konnten von der Universität Duke nicht zur Verfügung gestellt werden.

10. Das Harvard-Radcliffe Loan Program

Auch die Universität Harvard konnte sich dem Kostendruck zu Beginn der siebziger Jahre und den daraus entstehenden Finanzierungsschwierigkeiten nicht entziehen, ohne neue Finanzierungsmöglichkeiten zu schaffen[67].

Der Harvard Plan ist eine Kombination eines herkömmlichen Darlehensmodells mit einem einkommensabhängigen Darlehenssystem. Er ist darüber hinaus gekoppelt mit dem Federal Guaranteed Loan Program der amerikanischen Bundesregierung und profitiert deshalb von staatlichen Garantien und Subventionen. Allerdings bieten die Universität Harvard und das Radcliffe College einen zusätzlichen Einkommensschutz für Niedrigverdiener.

[67] Vgl. Johnstone, D. B.: New Patterns for College Lending: Income Contingent Loans, a. a. O., S. 58–61 und Anhang D, S. 186–191.

Nach dem Harvard-Radcliffe Plan kann jeder Student, der den staatlichen Bedingungen zur Ausbildungsförderung genügt, jährlich 1500 Dollar bis zu einer Gesamtsumme von 7500 Dollar entleihen. Bedingungen für dieses Darlehen entsprechen denen des Federal Guaranteed Loan Program.

Der Student zahlt 7% Zinsen zuzüglich einer Versicherungsprämie von 0,25%, die nur im ersten Tilgungsjahr zu zahlen ist. Zinsen, die während des Studiums bis zum Beginn der Rückzahlung, die ein Jahr nach Abschluß des Studiums beziehungsweise nach der Beendigung des Militärdienstes oder ähnlichem beginnt, werden von der Bundesregierung für die Studenten übernommen, die aus Familien stammen, deren jährliches zu versteuerndes Einkommen unterhalb von 15 000 Dollar liegt. Studenten, die zu dieser Zinssubvention nicht berechtigt sind, haben die Zinskosten selbst zu tragen. Die Rückzahlung des Darlehens beträgt 360 Dollar pro Jahr (90 Dollar je Quartal). Sie erfolgt über mindestens fünf Jahre, es sei denn, daß freiwillig höhere vierteljährliche Zahlungen geleistet werden oder das gesamte Darlehen in einer Summe voll zurückgezahlt wird. Der maximale Rückzahlungszeitraum beträgt 10 Jahre. Im Gegensatz zu dem garantierten Darlehensprogramm der amerikanischen Bundesregierung erfolgt die Rückzahlung aller Schulden über 2100 Dollar jedoch nach einem gestuften Tilgungsplan. Und zwar steigen die vierteljährlich zu leistenden Zahlungen um ca. 8% pro Jahr, was dem erwarteten jährlichen Einkommensanstieg des durchschnittlichen Darlehensnehmers entspricht. Auf diese Weise wird die Zahlungslast für den durchschnittlich Verdienenden über die gesamte Tilgungsperiode in etwa konstant gehalten.

Zu den konventionellen Darlehenssystemen fügt Harvard die Möglichkeit, alle Zahlungen zu stunden, die 6% des jährlichen Einkommens übersteigen. Beträge, die gestundet werden, werden einem separaten Konto belastet und mit 7% verzinst. Sie sind innerhalb des folgenden Jahres in vierteljährlichen Zahlungen zu begleichen. Da die Zahlungen nach dem konventionellen Programm für Schulden über 2100 Dollar mit einer jährlichen Rate von etwa 8% steigen, wird jemand, der in einem Jahr zu einer Stundung berechtigt ist, wahrscheinlich im nächsten Jahr erneut sowohl für das konventionelle Darlehen als auch für die gestundeten Beträge von der Stundung Gebrauch machen, da er lediglich mit maximal 6% des jährlichen Einkommens belastet werden darf. Sofern der Kreditnehmer am Ende dieser regulären Tilgungsperiode noch nicht alle Schulden beglichen hat, wird der gesamte geschuldete Betrag fällig, der sich dann allerdings wieder über die darauffolgenden Jahre verteilen kann, weil auch für diese Zeit gilt, daß 6% des jährlichen Einkommens durch Rückzahlungen nicht überschritten werden dürfen. Eine Schuld, die nach 13 Jahren noch nicht getilgt ist, wird erlassen. Da kein Darlehensnehmer mehr als 7% Zinsen zahlen wird, aber einige Kreditnehmer wegen zu geringer Einkommen weniger als 7% zurückzahlen werden, sind externe Subventionen erforderlich. Sie können als gestundete Stipendien bezeichnet werden, da es sich dabei um eine Ausbildungsförderung handelt, die erst dann erfolgt, wenn sich der Benutzer als nicht zahlungskräftig erwiesen hat. Da die Universität Harvard selber darüber entscheidet, wer zum Studium zugelassen wird und wer nicht, kann das gestundete Stipendium als ein Anreiz betrachtet werden, bei der Auswahl der Studenten und der Qualität der Ausbildung mehr Sorgfalt walten zu lassen.

Unter den gegebenen Bedingungen wirkt die 6-Prozent-Grenze mehr als Moratorium denn als Einkommensschutz, da fällige Rückzahlungen in der Regel zu neuen Verpflichtungen werden, spätestens nach Ablauf der ersten 10 Jahre. Lediglich in den Fällen, in denen größere Kreditsummen aufgenommen worden sind, deren gestundete Restbeträge auch in den drei Jahren nach der regulären (zehnjährigen) Rückzahlungsperiode nicht voll zurückgezahlt worden sind, kehrt sich die Stundungsregel in eine Einkommensschutzregel um.

Zahlenmaterial, das eine Beurteilung der Funktionstüchtigkeit des Harvard Plans ermöglicht hätte, lag nicht vor[68].

e. Konventionelle Bildungsdarlehen mit speziellen Versicherungs- und Rückzahlungsbedingungen

Aus der Vielzahl der konventionellen Darlehenssysteme seien zunächst die Vorschläge von Alice Rivilin und Hauser-Adam kurz beschrieben, um dann die empirischen Erfahrungen einiger Länder zu berücksichtigen und die Leistungsfähigkeit dieser Finanzierungssysteme mit unterschiedlichen Versicherungs- und Rückzahlungsbedingungen zu prüfen. Dabei stehen die Probleme des moralischen Risikos und der anderen subjektiven Risiken der Rückzahlungsunfähigkeit (speziell das Problem der Rückzahlung bei Frauen), die Frage der Trennung der guten und schlechten Risiken (adverse Selektion) und die Höhe der Verwaltungskosten der Darlehenssysteme im Vordergrund. Von vornherein muß dabei betont werden, daß die Beantwortung dieser Fragen nur soweit möglich war, wie Informationsmaterial zur Verfügung stand[69].

1. Der Rivilin Report (HEW)

1969 schlug das Department of Health, Education and Welfare (HEW) unter der Leitung von Alice Rivilin unter anderem eine Nationale Studiendarlehensbank (National Student Loan Bank) vor, die langfristige Darlehen bereitstellen sollte[70]. Die Arbeitsgruppe war allerdings nicht bereit, das System der Vergabe von Geldern gegen den Verkauf zukünftiger Einkommensbestandteile als bundesweiten Plan zu unterstützen, da sie damit die Verpflichtung der amerikanischen Bundesregierung verbunden sah, die Verluste der Bank, die besonders aus der Einkom-

68 Weder konnte dieses Material vom Verfasser selbst beschafft werden, noch enthält die neueste Untersuchung von Woodhall, M.: Student Loans: Lessons from recent international experience, London 1982, eine Auswertung dieses Finanzierungssystems.

69 Der Verfasser dankt Frau B. Birke von der International Communication Agency der Amerikanischen Botschaft in Bonn, Herrn J. E. Wold von der Statens lanekasse for utdanning, Oslo, und Herrn Shimizu vom Japanischen Kulturinstitut, Köln, für wertvolle Informationen und Hinweise bei der Beschaffung von Zahlenmaterial.

70 U. S. Department of Health, Education, and Welfare: Toward a Long Range Plan for Federal Financial Support for Higher Education, a. a. O.

mensschutzregelung resultierten, durch Subventionen auszugleichen. Die Arbeitsgruppe empfahl daher eine Vielzahl von konventionellen Studiendarlehensplänen mit Rückzahlungsperioden bis zu 30 Jahren, wobei die Rückzahlungen zu konstanten oder abgestuften Raten erfolgen konnten. Nach diesen Plänen wird zwar den niedrigsten Einkommensempfängern unter den Darlehensnehmern ebenfalls ein gewisser Bestandteil ihrer Rückzahlungsverpflichtungen erlassen und von der Bundesregierung übernommen; allerdings wird dieser Einkommensschutz nicht als fester Bestandteil in das Darlehenssystem eingebaut. Vielmehr wird jährlich durch die Nationale Studiendarlehensbank ein Mindesteinkommen fixiert und gleichzeitig die maximalen Rückzahlungssätze so festgelegt, daß 5 bis 10% er in diesem Jahr insgesamt zu tilgenden Summe den Darlehensnehmern mit niedrigsten Einkommen erlassen werden können. Die Einkommensgrenze, bis zu der der Kreditnehmer einen Rückzahlungsnachlaß erhält, hängt folglich von der Zahl der niedrig verdienenden Kreditnehmer und von den verfügbaren finanziellen Mitteln des betreffenden Jahres ab. Zweck dieser Regelung ist es, eine gewisse Einkommensgarantie für niedrig Verdienende zu gewährleisten, ohne daß die Regierung ihrerseits langfristig eine Verpflichtung zu Subventionen übernimmt, deren Summe sie nicht kennt. Der Plan läuft also darauf hinaus, jedes Jahr einen bestimmten Teil der Rückzahlungen so zu verwenden, daß Niedrigverdiener vor zu hohen Rückzahlungen (relativ zu ihrem Einkommen) geschützt werden und die Regierung jährlich einen diskretionären Handlungsspielraum behält, die Höhe der Subventionen aus dem allgemeinen Steueraufkommen festzulegen.

2. *Das Darlehensmodell von Hauser und Adam*

Richard Hauser und Hans Adam[71] schlugen 1977 für die Bundesrepublik Deutschland ein Darlehenssystem zur Finanzierung der Studiengebühren (je nach Studium DM 1200 bis DM 3600 p. a.), der Lebenshaltungskosten (DM 7200 p. a.) und der Sozialversicherungsbeiträge zur Kranken-, Arbeitslosen-, Unfall- und Rentenversicherung (ca. DM 2400) der Studenten vor, das mit einem staatlichen Bezuschussungssystem gekoppelt ist und über das private Bankensystem abgewickelt werden soll. Das Risiko der Rückzahlungsunfähigkeit für den darlehensfinanzierten Teil der Ausbildungskosten wird vom Staat durch Ausfallgarantien in Höhe von 90% übernommen. Die verbleibenden 10% sind von den darlehensvergebenden Banken und Kreditinstituten selbst zu tragen, sofern es zu keiner Rückzahlung von seiten der Schuldner kommt. Darüber hinaus übernimmt der Staat Zinszuschüsse, um die Zinslasten der Darlehensnehmer zu begrenzen. Die Verzinsung der Darlehensschuld erfolgt nach einem Zinssatz, der dem langfristiger Staatsanleihen entspricht. Die Rückzahlung beginnt drei Jahre nach Abschluß des Studiums über eine Zeit von 20 Jahren mit jährlich steigenden Tilgungsraten. Sofern die fälligen Rückzahlungen 10% des Bruttoeinkommens übersteigen, und der Darlehensneh-

[71] Hauser, R., und Adam, H.: Chancengleichheit und Effizienz an der Hochschule, Alternativen der Bildungsfinanzierung, Frankfurt–New York 1978, passim, besonders S. 32–40.

mer kein Vermögen besitzt, aus dem die Zahlungen geleistet werden können, übernimmt der Staat im Rahmen seiner Ausfallgarantie den Restbetrag. Weibliche Studenten, die ihre spätere Berufstätigkeit wegen Mutterschaft und Kindererziehung aufgeben, werden je Kind drei jährliche Tilgungsraten erlassen.

Außer einem Darlehen, das jeder immatrikulierte Student maximal in Höhe des gesamten Ausbildungsförderungsbetrages beantragen und aufnehmen kann, kann der Student einen Antrag auf Bezuschussung durch den Staat stellen, sofern er aus einer wirtschaftlich schwachen Familie stammt und er selbst oder eventuell sein Ehepartner kein Einkommen bezieht, aus dem eine Eigenfinanzierung der Ausbildungsausgaben erwartet werden kann (pauschalierte Anrechnung von Einkommen und Vermögen des Studenten, der Eltern und gegebenenfalls des Ehegatten). Der staatliche Ausbildungszuschuß ist auf insgesamt fünf Jahre je Student beschränkt und reduziert pro Jahr entsprechend den maximalen Darlehensbetrag. Durch zusätzliche Beanspruchung von Hochbegabtenstipendien kann allerdings die gesamte Förderungszeit auf insgesamt zehn Jahre gesteigert werden.

3. *Darlehenssysteme in skandinavischen Ländern: Empirische Erfahrungen*

(1) *Norwegen* ist eines der Länder, die die längsten Erfahrungen mit der Vergabe von Studiendarlehen haben[72]. Schon 1947 richtete die norwegische Regierung eine Staatsbank für Studiendarlehen (State Loan Bank for Students) ein, die wie die speziellen norwegischen Staatsbanken für Wohnungs-, Land-, Fischereiwirtschaft und die verarbeitende Industrie staatliche Gelder bereitstellt, um Finanzierungsengpässe zu beseitigen. Sie ähnelt damit den deutschen öffentlich-rechtlichen Kreditanstalten mit Sonderaufgaben, wie etwa der Kreditanstalt für Wiederaufbau, ist aber in unmittelbarem Besitz des Staates.

Im akademischen Jahr 1974/75 wurden über die staatliche Bank für Studiendarlehen 65% aller staatlichen Ausgaben für die individuelle Ausbildungsförderung der Studenten als Darlehen zur Deckung der Lebenshaltungskosten während des Studiums gewährt (Studiengebühren werden keine erhoben). Die restlichen 35% kamen den Studenten in Form von Stipendien und anderen nicht rückzahlbaren Zuweisungen zugute. Das durchschnittliche Darlehen betrug in demselben Jahr N. K. 8700 und die durchschnittliche Darlehensschuld belief sich bei Abschluß des Hochschulstudiums auf N. K. 30 000 je Kreditnehmer.

Das Darlehen wird den Studenten während ihres Studiums und in den darauf folgenden 15 Monaten zinsfrei gewährt. Danach verzinst sich die Darlehensschuld zu 6,5%. Bei Aufnahme des Darlehens wird kein Tilgungszeitraum festgelegt. Erst wenn der Student sein Darlehen zurückzuzahlen hat, wird für ihn ein individueller Tilgungsplan erstellt, der sich nach seiner finanziellen Lage (Art der Erwerbstätigkeit, voraussichtliches zukünftiges Einkommen) richtet. Die meisten Darlehensnehmer zahlen jedoch ihren Kredit innerhalb von 15 Jahren zurück.

[72] Vgl. im folgenden Woodhall, M.: Review of Student Support Schemes in Selected OECD Countries, a. a. O., S. 75–78, S. 81–85 und S. 108–121.

Lediglich Studenten, die hohe Darlehenssummen aufgenommen haben, tilgen den Kredit über einen längeren Zeitraum, während jene mit nur geringen Schulden bereits nach drei bis fünf Jahren ihr Darlehen einschließlich Zinsen getilgt haben.

Bei Krankheit und Arbeitslosigkeit kann die Rückzahlung *gestundet* werden. Ebenso können verheiratete Frauen um Stundung bitten, sofern sie keiner Erwerbstätigkeit nachgehen. Allerdings besteht für sie kein rechtlicher Anspruch auf Zahlungsaufschub. Da der Prozentsatz der Frauen, die einer Erwerbstätigkeit nachgehen, sehr hoch ist – 63 bis 73% aller Universitätsabsolventinnen und 70 bis 89% der Absolventinnen von Lehrerausbildungseinrichtungen (teacher training colleges) gehen im Durchschnitt 26 bis 32 Jahre einer Erwerbstätigkeit nach – und ein Darlehen meistens nach 15 Jahren zurückgezahlt ist, stellt die Beteiligung von Frauen am Darlehenssystem kein besonderes Problem dar. Weder das moralische Risiko noch die übrigen subjektiven Risiken (Delcredererisiken) scheinen das System in Schwierigkeiten zu bringen. Ebenso ist bei Freiwilligkeit der Inanspruchnahme des Darlehens keine Trennung der guten und schlechten Risiken zu beobachten, die zu Problemen führen könnte.

(2) Wie Norwegen hat auch *Schweden* Studiendarlehensprogramme, aus denen seit geraumer Zeit Studenten in zunehmendem Maße ihren Lebensunterhalt finanzieren. Studiengebühren werden wie in Norwegen nicht erhoben. Neben Darlehen, die Studenten zu marktüblichen Bedingungen von Privatbanken erhalten können – der Staat übernimmt für diese Darlehen die Rückzahlungsgarantie –, gewährt der Staat Darlehen über das Central Study Assistance Committee mit seinen dezentralen Niederlassungen an den Universitäten. 1964, als das derzeit noch gültige Finanzierungssystem eingeführt wurde, betrug der Anteil der so gewährten Darlehen an der gesamten individuellen staatlichen Ausbildungsförderung 75%. 1975 lag derselbe Anteil bei über 85%. 69% aller Hochschulstudenten nahmen ein staatliches Darlehen von durchschnittlich S. K. 10 000 in Anspruch.

Die vom Staat gewährten Darlehen sind in *realer* Kaufkraft ohne Zinsen rückzahlbar. Sobald jedoch die Inflationsrate so hoch steigt, daß die Rückzahlung des Darlehens in konstanter Kaufkraft höhere Tilgungsraten erfordert als konventionelle Darlehen zu 6% Zinsen, wird die Differenz zwischen den beiden Zinssätzen vom staatlichen Central Study Assistance Committee übernommen. Darüber hinaus übernimmt der Staat die Rückzahlungsrisiken aus Tod, Krankheit, Invalidität, Arbeitslosigkeit. Darlehensnehmer sind dadurch gegen jährliche Anhebungen der gesamten Darlehensschuld und des jährlichen Tilgungsbetrages von mehr als 3,2% p. a. durch Stundung der Rückzahlungen versichert.

Die Rückzahlung des Darlehens beginnt mit Beendigung des Studiums. Der geschuldete Betrag muß bis zum Ende des 49. Lebensjahres getilgt sein. Der Tilgungszeitraum liegt folglich bei ca. 20 Jahren. Frauen, die nicht erwerbstätig sind, haben keinen Anspruch auf Erlaß ihrer Darlehensschuld. Es wird vielmehr im Einzelfall geprüft, ob für ein bestimmtes Jahr auf eine Rückzahlung verzichtet werden kann. Bis 1979 wurden dabei 50% des Einkommens des Ehegatten in Rechnung gestellt.

Die Tilgung erfolgt in Abhängigkeit von der Höhe der Darlehensschuld und dem Alter zu Beginn der Tilgungsperiode. Ein fester Rückzahlungsplan besteht nicht. Bei Berufsanfängern beträgt die Tilgung im Durchschnitt 4,5% des Einkommens.

1974 waren ca. 13% aller Darlehensnehmer wegen Krankheit, Arbeitslosigkeit oder zu geringen Einkommens von der Rückzahlung befreit.

Auch in Schweden, wo wie in Norwegen die Finanzierung der Lebenshaltungskosten während des Studiums zum größten Teil über Darlehen statt über Stipendien erfolgt, bestätigt sich nicht die Hypothese, daß wirtschaftlich schwächere Studenten durch die Schuldenaufnahme vom Studium abgehalten werden[73]. Ebenso ist auch der Anteil der Studentinnen an der Gesamtzahl aller Studierenden im Vergleich zu Ländern, in denen die individuellen Studienausgaben ausschließlich oder zum größten Teil durch Stipendien finanziert werden, ebenso hoch oder höher[74].

Maureen Woodhall stellt auch fest, daß in Norwegen und Schweden die Zahl der notleidenden Bildungsdarlehen gering ist (geringer als in den Vereinigten Staaten) und die Verwaltungskosten 1980/81 lediglich 1,8% der gewährten Darlehen betrug[75]. Die geringen Rückzahlungsausfälle führt Woodhall auf die flexiblen Rückzahlungsmodalitäten (Stundungsmöglichkeiten) und die Versicherung der Darlehensnehmer gegen die oben genannten Rückzahlungsrisiken zurück. Probleme der Trennung guter und schlechter Risiken stellten sich in beiden Ländern nicht, da es sich (hauptsächlich) um staatliche Bildungsdarlehenssysteme handelt.

4. Konventionelle Darlehenssysteme in den Vereinigten Staaten und in Japan

(1) In den *Vereinigten Staaten* existiert eine nicht überschaubare Zahl von konventionellen Darlehensprogrammen, die von staatlichen, kommunalen und privaten Einrichtungen angeboten werden. Die beiden bedeutenden Bundesprogramme sind jedoch das National Direct Student Loan Program (NDSLP) und das Guaranteed Student Loan Program (GSLP).

Das *National Direct Student Loan Program* wurde 1958 als National Defense Loan Program geschaffen und diente zunächst hauptsächlich zur Rekrutierung von Lehrern[76]. In seiner derzeitigen Ausgestaltung sollen mit Hilfe dieses Bundesdarlehensprogramms auf Hochschulebene revolvierende Darlehensfonds geschaffen werden, die zu neun Teilen aus dem Bundesprogramm und zu einem Teil aus den Mitteln der Hochschule finanziert werden. Diese Darlehen sollen wirtschaft-

[73] Woodhall, M.: Student Loans: Lessons from recent international experience, a. a. O., S. 29 und 97f.

[74] Vgl. Statistik årsbok för Sverige 1980, Stockholm 1980, S. 329. Siehe auch Woodhall, M., und Blaug, M.: Patterns of Subsidies to Higher Education in Europe, a. a. O., S. 343. Das gleiche gilt nach Maureen Woodhall und Mark Blaug für Finnland.

[75] Woodhall, M.: Student Loans: Lessons from recent international experience, a. a. O., S. 75 und 96. Aus den Ausführungen von Maureen Woodhall geht nicht hervor, ob die Angaben über Zahlungsausfälle und notleidende Darlehen tatsächlich vergleichbar sind.

[76] Siehe im folgenden dieselbe: Review of Student Support Schemes, a. a. O., S. 108f.

[77] West, E. G., und McKee, M.: Imperfect Capital Markets as Barriers to Education, a. a. O., S. 5.

lich *bedürftigen* Studenten zur Verfügung gestellt werden. Sie werden während der Studienzeit und neun Monate nach Abbruch oder Beendigung des Studiums zinslos gewährt. Darlehensberechtigt ist jeder Student, der zumindest die Hälfte seiner Zeit auf ein Studium verwendet. In der darauffolgenden maximal zehnjährigen Tilgungsperiode sind 3% auf die jeweils bestehende Darlehensschuld zu zahlen. Von der Rückzahlung des Darlehens werden diejenigen teilweise oder ganz befreit, die bestimmte Lehrberufe ergreifen oder Militärdienst leisten. Während des undergraduate-Studiums können maximal 5000 Dollar und weitere 5000 Dollar während des graduate-Studiums aufgenommen werden.

Das *Guaranteed Student Loan Program* wurde durch den Higher Education Act von 1965 geschaffen. Private Banken, Kreditinstitute und Versicherungsgesellschaften, die Gelder zu 7% als Studiendarlehen vergeben, erhalten staatliche Tilgungsgarantien. Darüber hinaus zahlt die Bundesregierung in den meisten Fällen die Zinsen, die während der Studienzeit und der darauf folgenden Periode von neun bis zwölf Monaten anfallen. Die Tilgung erfolgt ebenfalls in maximal zehn Jahren. Die Bundesregierung gewährt außerdem allen Banken und anderen kreditgewährenden Einrichtungen zu den vom Kreditnehmer zu zahlenden 7% Zinsen, je nach der Differenzierung zwischen dem marktüblichen und dem staatlich fixierten Studiendarlehenszins weitere maximal 5% Zinsen. Die Garantie für die meisten Darlehen übernimmt zunächst der jeweilige Bundesstaat, der sich seinerseits bei der Bundesregierung rückversichert. Der maximale Darlehensbetrag beträgt für einen undergraduate-Studenten 2500 Dollar pro Jahr und insgesamt 7500 Dollar. Graduate-Studenten können pro Kopf jährlich bis zu 5000 Dollar und insgesamt 15 000 Dollar (einschließlich ihres undergraduate-Darlehens) entleihen. Die Tilgungsausfälle betrugen für das Guaranteed Student Loan Program 1972 4,5% und waren bis 1974 auf 7,2% angestiegen[77]. Für das National Direct Student Program betrugen sie 1978 17,4%, wobei die Tilgungsausfälle an den staatlichen Hochschulen 17,9% und an den privaten 15,8% betrugen. Sie waren darüber hinaus an den Universitäten (staatliche 16,1%; private 14,2%) niedriger als an den übrigen Hochschulen (vor allem den zweijährigen Colleges)[78].

Robert W. Hartman[79] weist darauf hin, daß beide Darlehenssysteme (NDSLP und GSLP) eine zu kurze Tilgungsperiode und zu hohe Tilgungsraten in einer Lebensphase mit sich bringen, in der die jährlichen Einkommen der Schuldner noch relativ gering sind und meistens besondere Ausgaben (Errichtung eines eigenen Hausstandes) getätigt werden. Er vermutet daher, daß Studenten Darlehen mit einer längeren Tilgungsperiode und geringeren jährlichen Tilgungsraten den bisher bestehenden Programmen vorziehen würden. Trotzdem werden sie von Studenten aus Familien der *untersten Einkommensgruppe* in Anspruch genommen, um durchschnittlich 14% aller Ausbildungsausgaben zu finanzieren (siehe

[78] National Center for Educational Statistics: The Condition of Education, Statistical Report, Washington, D. C., 1980, S. 184 und 147.

[79] Hartman R. W.: Equity Implications of State Tuition Policy and Student Loans, in: Journal of Political Economy, Bd. 80 (1972), Supplement, S. 158f.

Tabelle 4). Zwar muß diese Zahl nicht der Vermutung von Robert Hartman entgegenstehen, da amerikanische Studenten mit wenigen Ausnahmen (Bildungsnießbrauch beziehungsweise einkommensabhängige „Darlehens“-systeme) keine Wahlmöglichkeit haben. Wohl aber widersprechen die Zahlen in Tabelle 5 der Behauptung, daß konventionelle Darlehenssysteme einen Abschreckungseffekt bei Studenten aus wirtschaftlich schwachen Familien erzeugen[80].

Tabelle 4: Relativer Anteil der Darlehensfinanzierung und anderer Finanzierungsquellen an den Ausbildungsausgaben (Studiengebühren und Lebensunterhalt) der amerikanischen Studenten nach Einkommensgruppen (1972/73)

Finanzierungsquelle	Untere Einkommen	Untere bis mittlere Einkommen	Mittlere bis höhere Einkommen	Höhere Einkommen
Unterstützung durch die Eltern	31	41	50	70
Stipendien und Zuwendungen	30	19	13	7
Eigene Ersparnisse	18	22	21	16
Studiendarlehen	14	12	10	4
Erwerbstätigkeit während des Studiums	8	6	5	2
Insgesamt	100	100	100	100

Quelle: National Center for Educational Statistics: The Condition of Education, Statistical Report, Washington, D. C., 1978, S. 230.

Tabelle 5: Relativer Anteil der Darlehensfinanzierung und anderer Finanzierungsquellen an den Ausbildungsausgaben amerikanischer Studenten und Studentinnen (1972/73)

Finanzierungsquelle	Studenten	Studentinnen
Unterstützung durch die Eltern	51	56
Stipendien und Zuwendungen	15	14
Eigene Ersparnisse	22	16
Studiendarlehen	7	10
Erwerbstätigkeit während des Studiums	5	4
Insgesamt	100	100

Quelle: National Center for Educational Statistics: The Condition of Education, a. a. O., S. 230.

[80] Ausbildungsförderung im Rahmen der Hochschulfinanzierung, Abschlußbericht der von der Bund-Länder-Kommission für Bildungsplanung und Forschungsförderung eingesetzten Arbeitsgruppe, a. a. O., S. 75. Die Arbeitsgruppe war allerdings in diesem Punkt geteilter Auffassung. Siehe auch Bodenhöfer, H. J.: Finanzierungsprobleme und Finanzierungsalternativen der Bildungspolitik, a. a. O., S. 146, sowie Albach, H., und andere: Zur Diskussion der Hochschulfinanzierung, insbesondere der individuellen Förderung von Studenten, in: Deutsche Universitätszeitung, 1977, S. 131, und Weisshuhn, G.: Bildungs- und sozio-ökonomische Probleme alternativer Finanzierungssysteme des Hochschulbereichs, a. a. O., S. 169.

Aus Tabelle 4 geht hervor, daß der darlehensfinanzierte Teil der Studienausgaben bei Studenten aus Familien der untersten Einkommensgruppe höher liegt als der von Studenten aus Familien mit niedrigem bis mittlerem (16,7%) und aus mittlerem bis höherem Einkommen (40%). Ebenso trifft es nicht zu, daß *Frauen* zur Aufnahme eines Studiendarlehens nicht bereit seien (siehe Tabelle 5, Zeile 4)[81].

Wohl aber sind die *Rückzahlungsausfälle* beim Guaranteed Student Loan Program und noch mehr beim National Direct Student Loan Program höher als in Norwegen und Schweden[82]. Sie betrugen in den USA 1979 8% der vergebenen Mittel[83] und waren beim GSLP unter anderem darauf zurückzuführen, daß die Darlehen vergebenden Banken und Kreditinstitute keinen hinreichenden Anreiz hatten, die fälligen Gelder von säumigen Schuldnern einzutreiben, da der Staat für die Zahlungsausfälle eintrat[84]. Woodhall führt die höheren Ausfallquoten vor allem auf die fehlenden Stundungs- und Versicherungsmöglichkeiten gegen Zahlungsunfähigkeit im Fall von Krankheit und Arbeitslosigkeit zurück[85].

Angaben über die Verwaltungskosten der beiden Studiendarlehensprogramme konnten nicht gemacht werden. Während man in Kanada der Auffassung ist, daß die Vergabe der Darlehen über Banken kostensparend sei und keine Schwächen zeige, herrrscht darüber in den Vereinigten Staaten keine einheitliche Meinung[86].

(2) In *Japan* kamen die hohen Wachstumsraten der Nachfrage nach Hochschulbildung, die breite Kreise der Bevölkerung umfaßten, zustande, ohne daß der Kapitalmarkt einen wesentlichen Beitrag dazu leistete. 1978 besuchten 34,4% aller 18- bis 21jährigen Japaner eine Hochschule[87]. Die Finanzierung der Lebenshaltungskosten während des Studiums und der meist hohen Studiengebühren erfolgte zum größten Teil aus Eigenmitteln. Lediglich 11% der undergraduate- und 10% aller Universitätsstudenten nahmen 1974 ein Darlehen in Anspruch[88]. Die Darlehen werden durch private Banken bereitgestellt und durch Zuschüsse (Zinssubventionen und im Fall von „Sonderdarlehen“ durch um 50% nicht rück-

[81] Desgleichen Woodhall, M.: Student Loans: Lessons from recent international experience, a. a. O., S. 97.

[82] Dieselbe: Ebenda.

[83] U. S. Department of Education: Office of Student Financial Assistance, OSFA Program Book, Washington, July 1981, S. 56, und andere Unterlagen des Office. Der Verfasser dankt Herrn Direktor Ernst Becker, Office of Student Financial Assistance, für wertvolle Auskünfte.

[84] West, E. G., und McKee, M.: Imperfect Capital Markets as Barriers to Education, a. a. O., S. 5. Gründe, weshalb die Tilgungsausfälle beim National Direct Student Loan Program wesentlich höher liegen, entziehen sich der Kenntnis des Verfassers. Die Office of Student Financial Assistance konnte darüber bisher keine Auskunft geben. Auch ist das in den Vereinigten Staaten von privaten Banken erfolgreich betriebene credit scoring auf Studenten bisher nicht angewandt worden.

[85] Woodhall, M.: Student Loans: Lessons from recent international experience, a. a. O., S. 79.

[86] Dieselbe: A. a. O., S. 75.

[87] Ministery of Education, Science and Culture: Education in Japan, Tokio 1978, S. 24f.

[88] Zum spontanen Wachstum der Nachfrage nach Hochschulbildung siehe Ohkawa, M.: Government-type and Market-type Higher Education: A Comparative Survey of Financing Higher Education in the Soviet Union, Great Britain, the United States and Japan, in: Hitotsubashi Journal of Economics, Bd. 19 (1978), S. 16–32, hier S. 26–28. Vgl. ferner Woodhall, M.: Review of Student Support Schemes in Selected OECD Countries, a. a. O., S. 64, und Ministry of Education, Science and Culture: Educational Standards in Japan 1975, Tokio 1976, S. 23ff. Siehe auch Teichler, U.: Geschichte und Struktur des japanischen Hochschulwesens, Stuttgart 1975.

zahlbare Stipendien) der Japan Scholarship Foundation ergänzt. Darlehensberechtigt sind nur Studenten mit hervorragenden Fähigkeiten, guter Gesundheit und guten Charaktereigenschaften, die aus eigenen finanziellen Mitteln ihr Studium nicht bestreiten können. Die Darlehen werden zinslos vergeben und sind innerhalb von 20 Jahren, beginnend mit dem siebten Monat nach Beendigung des Studiums, zurückzuzahlen. Im Fall von Krankheit und Arbeitslosigkeit werden die fälligen Raten gestundet. Frauen haben auch dann kein Recht auf Stundung oder Darlehenserlaß, wenn sie verheiratet sind und keiner Erwerbstätigkeit mehr nachgehen. Trotzdem liegt der *Anteil der Studentinnen* an der Altersgruppe höher als in der Bundesrepublik Deutschland. Er betrug 1978 23,6% (Bundesrepublik Deutschland 15,1%)[89]. Über die administrativen Probleme der Darlehensvergabe und -einziehung (Tilgungsausfälle) standen keine Informationen zur Verfügung.

5. *Deutsche Erfahrungen*

(1) In der Bundesrepublik Deutschland wurde mit dem Bundessozialhilfegesetz (BSHG) vom 30. März 1961 die individuelle Bildungsförderung erstmals als allgemeine Förderung (Ausbildungsbeihilfen gem. §§ 31–35) eingeführt. Ein erster Schritt in diese Richtung wurde bereits 1955 durch das Honnefer Modell getan, das eine Förderung geeigneter und bedürftiger Studenten an den wissenschaftlichen Hochschulen in der Bundesrepublik Deutschland vorsah. Die Anfangsförderung wurde in den ersten beiden Semestern als Stipendium, und daran anschließend und in der Hauptförderung zu 40% als Darlehen bis zur maximalen Verschuldung von DM 2500 p. a. gewährt[90]. Nach erfolgreichem Abschluß des Studiums wurde die Darlehensschuld auf DM 1500 gekürzt (1969). Die Mittel für Stipendien und Darlehen wurden von Bund und Ländern je zur Hälfte bereitgestellt. Im Jahre 1959 wurde durch den Beschluß der Kultusminister der Länder die individuelle Bildungsförderung auf andere Hochschulen, Ingenieur- und Wirtschaftsfachschulen sowie Akademien ausgedehnt (Rhöndorfer Modell). 1969 schuf man sodann die erste bundesgesetzliche Regelung zur individuellen Förderung der Ausbildung (Ausbildungsförderungsgesetz). Dieses Gesetz sowie das Honnefer und Rhöndorfer Modell wurden 1971 durch das „Bundesgesetz über individuelle Förderung der Ausbildung (Bundesausbildungsförderungsgesetz – BAföG)“ ersetzt, das heute die allgemeine individuelle Bildungsförderung im Bereich von Schule (ab Klasse 11, teils ab Klasse 10) und Hochschule regelt. Danach besteht für eine der Neigung, Eignung und Leistung entsprechende Ausbildung ein Rechtsanspruch, wenn die finanziellen Mittel für den Lebensunterhalt während der Ausbildung anderweitig nicht beschafft werden können. Die Förderleistung ist

[89] Vgl. Ministry of Education, Science and Culture: Education in Japan, a. a. O., S. 24, und Der Bundesminister für Bildung und Wissenschaft: Grund- und Strukturdaten 1980/81, a. a. O., S. 106. Die Zahlen sind jedoch nicht ganz vergleichbar, da für Japan der Durchschnitt der Jahrgänge der 18- bis 21jährigen und für die Bundesrepublik der der 19- und 20jährigen zugrunde gelegt wurde.

[90] Vgl. die Einleitung von Söllner, A.: BAföG, Bildungsförderung, 7., neubearbeitete Auflage München o. J. (Stand 1. Oktober 1979).

abhängig vom Einkommen und Vermögen des Schülers beziehungsweise Studenten, seiner Eltern und seines Ehepartners. Sie erfolgt in Form eines nicht rückzahlbaren Stipendiums, wobei lediglich Studenten und Praktikanten davon maximal bis zu DM 150 monatlich als Darlehen erhalten.

(2) Die Erfahrungen mit dem Darlehensteil des *Honnefer Modells,* besonders aber die Erfahrungen der Darlehenskassen der Länder und der einzelnen Studentenwerke während der fünfziger Jahre sind positiv zu werten. Zwar fehlen genaue Angaben über die *Tilgungsausfälle,* doch wurde von den Studentenwerken, die mit der Einziehung der Darlehen betraut waren, von einer guten Rückzahlungsmoral berichtet[91]. Auch wurden die Ansätze der Darlehensrückflüsse in den Länderhaushalten meist von den tatsächlichen Rückzahlungen weit übertroffen. Für den *Verwaltungsaufwand* wurden 3% der Darlehenssumme berechnet. Dabei hat sich offensichtlich sowohl auf die Tilgung der Studiendarlehen als auch auf den Verwaltungsaufwand günstig ausgewirkt, daß die Gewährung der Darlehen auf Studenten in den letzten Semestern vor dem Examen beschränkt blieb und die Laufzeit meistens fünf Jahre (maximal zehn Jahre) betrug und die Tilgung in Jahresraten erfolgte.

(3) Im Gegensatz dazu stehen die Erfahrungen mit den Darlehen nach dem *Bundesausbildungsförderungsgesetz* (BAFöG)[92]. Die *Zahlungsausfälle* bei Studiendarlehen nach dem BAföG werden vom Bundesverwaltungsamt und der Bundeskasse mit insgesamt 30% der Darlehenssumme angegeben[93]. Allein auf Grund von Eheschließungen und Teilzeitarbeit der Darlehensnehmerinnen entsteht eine Ausfallquote von fast 20%. Hinzu kommen Tilgungsausfälle durch Verschleierung der Einkommens- und Vermögensverhältnisse, der Unauffindbarkeit des Darlehensnehmers und des Verzichts auf Tilgung in Härtefällen.

Diese Zahlen unterscheiden sich deutlich von denen der übrigen Länder (Norwegen, Schweden, USA, Kanada). Noch größer sind die Differenzen zu den Ausfallquoten der Banken, die ihr Marketing auf einen Personenkreis gerichtet haben, der dem der Studenten ähnlich ist und/oder sich mit ihm überschneidet. Die durchschnittlichen Zahlungsausfälle überschreiten dort (Konsumentenkreditgeschäft) nicht die 0,2-%-Marke[94]. Auch die von Geldinstituten berichteten Rückzahlungsgepflogenheiten jüngerer Kreditnehmer werden als durchaus zuverlässig

[91] Siehe dazu Rundstedt, M. von: Die Studienförderung in der Bundesrepublik Deutschland in den Jahren 1950 bis 1960. Mit einer Einleitung von F. Edding, Deutsches Institut für Internationale Pädagogische Forschung, Frankfurt a. M. 1964, S. 29f.

[92] Siehe dazu die Ausführungen zur Zahlungsmoral in Lith, U. van, und Hemmert, B.: Alternativen zur Ausbildungsförderung, a. a. O., S. 232f.

[93] Siehe Der Präsident des Bundesrechnungshofes als Bundesbeauftragter für Wirtschaftlichkeit in der Verwaltung, Gutachtlicher Bericht über die Entwicklung des Verwaltungsaufwandes im Zusammenhang mit dem Bundesgesetz über individuelle Förderung der Ausbildung (Bundesausbildungsförderungsgesetz – BAföG) unter besonderer Berücksichtigung der Darlehen, März 1979 (VI P 1-R-90-31-01), S. 43. Siehe auch „Das Ausmaß der Bürokratie beim Bundesausbildungsförderungs Gesetz", in: Frankfurter Allgemeine Zeitung vom 30. Oktober 1979.

[94] Diese Angaben wurden von deutschen Großbanken, Sparkassen und anderen Kreditinstituten im Frühjahr 1981 gemacht.

und die Ausfallquote in derselben Größenordnung angegeben. Das gleiche gilt für Studiendarlehen, die von privaten Kreditinstituten an Medizin-, Zahnmedizin- und Pharmaziestudenten nach dem Vordiplom vergeben werden; die Ausfallquoten werden mit fast Null angegeben.

Diese Differenzen in den Ausfallquoten legen den Schluß nahe, daß die Zahlungsmoral der ehemaligen Studenten, die ein Darlehen nach BAföG in Anspruch genommen haben, gegenüber dem Staat schlechter ist als gegenüber privaten Kreditinstiuten. Fraglich ist, worauf dies zurückzuführen ist, da es sich doch weitgehend um denselben Personenkreis handelt und auch die Größenordnungen der Kredite sich nicht unterscheiden.

Zweifellos wissen Studenten, daß sie auf den Service der Banken immer angewiesen sein werden, während dies von den Leistungen des Förderungsamtes kaum angenommen werden kann. Es liegt deshalb nahe, die hohen Ausfallquoten auch mit dem Verhalten der staatlichen Inkassostellen in Zusammenhang zu bringen. Denn die Zahlungsmoral der ehemaligen Studenten kann nicht unabhängig von dem Verhalten der staatlichen Inkassostellen gesehen werden. Letztere unterscheidet sich aber von dem der privaten Kreditgeber. Der Anreiz, sich um notleidende Kredite zu bemühen und das Berichts- und Mahnwesen zu verbessern, ist offenbar bei den staatlichen Einrichtungen nicht stark ausgeprägt. Während private Kreditinstitute sich trotz geringer Ausfallquoten bemühen, die Merkmale ausfindig zu machen, die den Kundenkreis oder die Kunden definieren, bei dem die Ausfallrisiken besonders hoch sind, gibt es für die staatliche Darlehen vergebenden und einziehenden Stellen auch bei der hohen Ausfallquote von 30% bisher kaum Bemühungen, solche und ähnliche Recherchen anzustellen und daraus Konsequenzen zu ziehen[95]. Trotz des schnelleren Zugriffs, den sich der Staat durch das Leistungsbescheidverfahren im Vergleich zum zivilen Mahnverfahren auf das Vermögen des ehemaligen Studenten verschafft, kann der Student sich offenbar erfolgreicher der Rückzahlung entziehen als bei einem privaten Kreditvertrag. Die Rücksichtnahme des Staates in Härtefällen kann die Unterschiede in den Ausfallquoten nicht erklären, zumal auch Banken in Härtefällen zu Konzessionen bereit sind.

Der Tatbestand einer schlechteren Zahlungsmoral der ehemaligen Studenten gegenüber dem Staat als gegenüber privaten Kreditinstituten wird auch nicht durch die positiver zu wertenden Erfahrungen widerlegt, die mit der Studienförderung der studentischen Darlehenskassen und des Honnefer Modells in den 50er Jahren gemacht wurden. Nach diesen Finanzierungssystemen wurde nämlich nach einem staatlichen Förderungsbescheid (Stufe 1 des Verfahrens) ein privater Kreditvertrag (Stufe 2) zwischen dem zuständigen Studentenwerk und dem Studenten geschlossen. Ein *Rechtsanspruch* auf Förderung bestand nicht. Unter diesen Bedingungen war die Zahlungsmoral der ehemaligen Studenten trotz niedrigerer

[95] Siehe hierzu auch die erfolgreichen Bemühungen der US-Regierung, Zahlungsrückstände einzutreiben. Vgl. U.S. Department of Education, Office of Student Financial Assistance: Collection of Defaulted Loans Under the Federal Insured Student Loan Program (1981).

Einkommen, wie bereits oben ausgeführt, offenbar besser als unter BAföG-Bedingungen. Es kann deshalb vermutet werden, daß die berichtete „gute“ Zahlungsmoral der nach dem Honnefer und Rhöndorfer Modell geförderten Studenten mit dem privatrechtlichen Charakter des Darlehensvertrages und dem persönlichen Kontakt (Beseitigung von Anonymität) zum Darlehensnehmer in Zusammenhang steht und darüber hinaus die Verhaltensweise des Darlehensgebers sowie das langfristige und breitangelegte Interesse des Darlehensnehmers an dem Service des Kreditgebers die Rückzahlungsausfallquoten verringern helfen.

Genauere Angaben über die Höhe des mit dem Darlehensteil der Förderung nach dem Bundesausbildungsförderungsgesetz verbundenen *Verwaltungsaufwandes* wurden erstmals in dem Gutachten des Bundesrechnungshofes von 1979 gemacht[96].

Der Gesamtaufwand beim Bundesverwaltungsamt wird in dem Gutachten für 1978 mit 5,9 Mill. DM angegeben. Für die gesamte Bundesverwaltung wird er mit mindestens 8 Mill. DM beziffert. Davon sind 6,5 Mill. DM der Verwaltung und Einziehung der Darlehen *unmittelbar* zurechenbar[97]. Setzt man die Verwaltungsausgaben (8 Mill. DM) zur Anzahl der Geförderten (300 000) ins Verhältnis, so ergibt sich ein Verwaltungsaufwand von ca. 27 DM p. a. und Darlehen. Bei einer durchschnittlichen Laufzeit der Darlehen von 14,75 Jahren beträgt dieser Aufwand pro Darlehen rund 400 DM. Das sind bei einer Darlehenssumme von durchschnittlich 6500 DM 6,2%. Da jedoch nur 65% der Mittel vom Bund stammen (durchschnittlich 4225 DM), betragen die Verwaltungsausgaben für die vom Bund bereitgestellten Mittel 9,5%.

Setzt man die Verwaltungsausgaben zweckmäßigerweise ins Verhältnis zu den tatsächlich zurückfließenden Darlehensbeträgen (durchschnittlich 2957,50 DM), so beträgt der Verwaltungsaufwand ca. 13,5%.

Dieser Prozentsatz läßt sich zwar nicht ohne weiteres mit den Angaben über das staatliche schwedische Darlehenssystem (Verwaltungsaufwand von 1,8% der Darlehenssumme)[98] vergleichen, da detaillierte Angaben über die Berechnungsmethode fehlen; trotzdem wird man schwerlich von einer wirtschaftlichen Verwaltung der Darlehen nach BAföG sprechen können, zumal auch deutsche Kreditinstitute im Durchschnitt mit einem Verwaltungsaufwand von ca. 2% (also in der Größenordnung der schwedischen Angaben) rechnen. Abgesehen von Unwirtschaftlichkeiten in der Verwaltung der BAföG-Darlehen (die hier nicht näher zu untersuchen sind), können die hohen Verwaltungsaufwendungen (die echten Kosten sind unbekannt) auf die vergleichsweise geringen Darlehensbeträge zurückgeführt werden, maximal monatlich 150 DM, die bei den hohen fixen

[96] Der Präsident des Bundesrechnungshofes . . ., a. a. O., S. 43. Die Zahlen über die Höhe des Verwaltungsaufwandes beziehen sich allerdings nur auf die Bundesverwaltung und nicht auf die den Ländern zuzuordnenden Ausbildungsförderungsämter.

[97] Genauere Angaben über die Aufwandszurechnung wurden vom Präsidenten des Bundesrechnungshofes nicht gemacht.

[98] Woodhall, M.: Student Loans, Lessons from recent international experience, a. a. O., S. 75.

Kosten des Mahn- und Berichtswesens die BAföG-Verwaltung in iher Wirtschaftlichkeit fragwürdig machen.

Aus den Funktionsschwächen des BAföG-Darlehenssystems (hohe Rückzahlungsausfälle, hoher Verwaltungsaufwand) können keine generalisierende Schlüsse auf die Funktionstüchtigkeit von Bildungsdarlehenssysteme gezogen werden. Sofern die hier verwerteten Informationen über die Erfahrungen in Norwegen und Schweden stichhaltig sind, läßt sich daraus nicht einmal schließen, daß die Vergabe von Studiendarlehen *generell* dezentral über private und öffentlich-rechtliche Kreditinstitute erfolgen sollte. Wohl aber gibt es Hinweise, daß dies unter *deutschen* Verhältnissen Effizienzgewinne mit sich bringen wird. Das hängt aber entscheidend davon ab, wie ein solches dezentrales (Banken)Darlehenssystem im einzelnen ausgestaltet ist.[99]

f. Zusammenfassung

Die Probleme einer Darlehensfinanzierung der Bildung im weitesten Sinne (einschließlich Bildungsnießbrauch) liegen in speziellen Risiken des Darlehensnehmers und Darlehensgebers, oder, anders ausgedrückt, in dem speziellen Informationsbedarf der Vertragspartner zum Zeitpunkt des Vertragsabschlusses. Der Bildungsnachfrager trägt vor allem das Risiko des Studienabbruchs und das der Rückzahlungsunfähigkeit auf Grund von Unsicherheiten auf dem Arbeitsmarkt, der Darlehensgeber das moralische Risiko, daß der Bildungsnachfrager durch absichtsvolles Handeln die Rückzahlung des Darlehens zuzüglich Zinsen und Zinseszinsen ganz oder teilweise verhindert. Dieses Problem hängt entscheidend von den Rechten und Pflichten ab, die die Vertragspartner im Darlehensvertrag eingehen. Es betrifft aber besonders weibliche Studierende, die sich bei den bestehenden Verfügungsrechten relativ leicht der Rückzahlung entziehen können. Eine Versicherung gegen die speziellen Risiken, auch gegen das der Rückzahlungsunfähigkeit (Delcredere), ist aber grundsätzlich möglich. Entscheidend dabei ist allerdings, die guten und schlechten Risiken so zu poolen, daß die Versicherungsprämie zuzüglich Zins eine Höhe aufweist, die es ermöglicht, ein volkswirtschaftliches Gleichgewicht zwischen Sach- und Humankapitalinvestitionen herzustellen – also zu geringe oder teuere Möglichkeiten der Finanzierung über den Kapitalmarkt kein Hemmnis (wenigstens aber kein größeres Hemmnis darstellen, wie es bei der Finanzierung von Sachkapital auftritt) für die Anpassung des Bildungsmarktes an das volkswirtschaftliche Gleichgewicht sind. Zumindest aber müßte die nicht vollständige Beseitigung der Unvollkommenheiten des Kapitalmarktes bei der Bereitstellung von Bildungsdarlehen zu geringeren Abweichungen vom volkswirtschaft-

[99] Siehe hierzu den Vorschlag des Verfassers zur Neuordnung der Ausbildungsförderung für Studenten, a. a. O., besonders S. 5–8, S. 19–22 und S. 23–35 beziehungsweise Anhang, S. 268–273, 289–298; sowie derselbe: Plädoyer für eine Renaissance der Hochschulpolitik als Ordnungspolitik, Bildungspolitische Studien, H. 4, (Institut für Bildungs- und Forschungspolitik) Köln 1983, S. 24ff.

lichen Optimum führen als die existierende Finanzierung der Bildungsinvestitionen (institutionelle Hochschulausgaben und Unterhaltungsstipendien).

Während die Erfahrungen mit Bildungs„darlehen“ aus zukünftig zu entrichtendem Einkommen (Bildungsnießbrauch) bisher äußerst gering und die Informationen über die Funktionstüchtigkeit dieser Finanzierungssysteme sehr beschränkt sind (Universitäten Yale, Duke, Harvard), lassen die Erfahrungen mit konventionellen Darlehenssystemen mit speziellen Versicheurngs- und Rückzahlungsbedingungen, die in verschiedenen Ländern gemacht worden sind, erkennen, daß Bildungsdarlehen leistungsfähige Instrumente der Bildungsfinanzierung sind. Sie können zusammen mit den verschiedensten Formen der Eigenfinanzierung (einschließlich der Ansparsysteme) durchaus in der Lage sein, und sind es auch (zum Beispiel in Japan, USA, Kanada, Norwegen, Schweden), die Finanzierung der Studiengebühren und/oder des Lebensunterhalts der Schüler und Studenten in einem Umfang zu gewährleisten, wie sie annähernd unter den Bedingungen eines funktionstüchtigen Kapitalmarktes erfolgt. Empirische Aussagen darüber sind aber exakt nicht möglich, da der Staat in den meisten Fällen Zinssubventionen und häufig auch die Ausfallbürgschaften im Fall von Tod, Krankheit und Arbeitslosigkeit oder sonstigen Notlagen der Darlehensnehmer übernimmt. Wird auf diese Subventionierung weitestgehend verzichtet (Fall Japan), so zeigt sich, daß die Darlehensfinanzierung durch Eigenfinanzierung substituiert wird, nicht aber die Bildungsnachfrage auf Grund der Unvollkommenheiten des Kapitalmarktes für Bildungsdarlehen volkswirtschaftlich „zu niedrig“ bleibt. Zumindest hat Japan die Vermehrung seines wissenschaftlichen und technischen Wissens und Könnens und sein wirtschaftliches Wachstum unter diesen Bedingungen realisieren können. Daraus kann aber keinesfall der Schluß gezogen werden, daß der Kreditfinanzierung der Bildung generell eine untergeordnete Rolle zukommt.

Für die Leistungsfähigkeit eines Systems des Bildungsnießbrauchs, etwa nach dem Yale-Plan, dürfte neben dem Problem der Vorausschätzung der zukünftigen Einkommensentwicklung wohl entscheidend sein, ob die Einziehung der Gelder aus den zukünftigen Einkommen wirtschaftlicher (geringe Transaktionskosten) durch spezialisierte, dezentrale, konkurrierende Institutionen (Inkassounternehmen) oder durch die Finanzbehörden bei der Einziehung der Lohn- und Einkommensteuer betrieben werden kann[100].

Für die Einziehung der „Darlehen“ zusammen mit der Lohn- und Einkommensteuer spricht die lange Laufzeit, die flexible Handhabung des Einkommensschutzes sowie vor allem die verwaltungstechnische Einfachheit und die Verringerung des moralischen Risikos, sofern die Finanzbehörden die Steuereinziehung tatsächlich erfolgreich und wirtschaftlich betreiben können. Darin werden sie sich jedoch von Land zu Land unterscheiden. Auch wird diese Aufgabe der „Darlehens“einziehung nicht immer problemlos mit der Finanzverfassung eines Landes vereinbar

[100] Letzteres erfordert einen Vertrag zwischen dem Auftraggeber (Hochschulen) und dem Staat, etwa analog der Regelung der Amtshilfe, wie sie die deutschen Finanzbehörden den evangelischen Kirchen und der katholischen Kirche bei der Einziehung der Kirchensteuer leisten.

sein und die Gefahr bestehen, daß ein beim Staat angesiedeltes Finanzierungssystem zweckentfremdet und in eine echte Steuer umgewandelt wird, die zur Finanzierung verschiedenster staatlicher Ausgaben verwendet wird. Die pretiale Lenkung des Bildungsbereichs und die Souveränität der Bildungsnachfrager würde dann erneut in Frage gestellt. Auch könnte ein solches zentrales Finanzierungssystem schnell dem Druck von relativ leicht organisierbaren (Studenten- und Hochschulverbänden) ausgesetzt sein und die klare Trennung zwischen staatlichen Subventionen (vor allem Zinssubventionen bei langen Laufzeiten und Inanspruchnahme aus Ausfallgarantien) an das Finanzierungssystem und eigener Tragfähigkeit des Systems aufgehoben werden. Die Allokation knappen Geldkapitals wird damit in ihrer Effizienz erneut gefährdet, zumal sie unter diesen Bedingungen zu sehr von den einheitlichen Erwartungen einer zentralen Instanz über die „richtige" Höhe der Nachfrage nach Bildung gelenkt wird und alternative und konkurrierende Erwartungen nur unter erschwerten Bedingungen zur Entfaltung kommen. Dies trifft besonders dann zu, wenn es sich um ein obligatorisches Bildungsnießbrauchssystem handelt, dem etwa alle Studenten anzugehören haben, und das die Konkurrenz durch andere Finanzierungssysteme (Ansparsysteme, Eigenleistungen, private konventionelle Darlehenssysteme, Darlehenssysteme mit speziellen Rückzahlungs- und Versicherungsbedingungen) ausschließt und damit die Finanzierung risikoreicher Investitionen fast ausschließlich über Fremdmittel verpflichtend vorschreibt.

Wie die Erfahrungen mit Studiendarlehen in Norwegen, Schweden, USA, Japan und anderen Ländern zeigen, nutzen sowohl Studenten aus Familien der unteren Einkommensgruppen als auch weibliche Studierende dieses Finanzierungsinstrument entweder im gleichen oder stärkeren Maße als Studenten aus Familien mit mittlerem und höherem Einkommen beziehungsweise männliche Studierende (Norwegen, Schweden). Daß aus Gründen mangelnder Verschuldungsbereitschaft oder eines „Abschreckungseffektes" der Kapitalmarkt für Bildungsdarlehen nicht funktionstüchtig sei, wird durch die internationalen Erfahrungen widerlegt. Die Risiken der Rückzahlung und der Verwaltungsaufwand der Studiendarlehen sind nach bisherigen Erkenntnissen dort am geringsten, wo Studiendarlehenssysteme flexibel gehandhabt werden, das heißt Möglichkeiten für eine Stundung in besonderen Umständen vorgesehen und die Darlehensnehmer gegen unverschuldete Rückzahlungsunfähigkeit (Tod, Krankheit, Arbeitslosigkeit) versichert sind.

Inwieweit Studienkredite durch absichtsvolles Handeln notleidend wurden und nicht zurückgezahlt worden sind, ist nicht bekannt. Die Zahlungsmoral der Darlehensnehmer hängt entscheidend von der Verhaltensweise der Darlehen vergebenden Stellen ab. Die Gesamtheit der (absichtlich oder unabsichtlich herbeigeführten) Zahlungsausfälle liegt in den USA bei 8% und ist – vorbehaltlich nicht identischer Berechnungsmodi – in Schweden noch geringer. In der Bundesrepublik Deutschland scheint die Zahlungsmoral der ehemaligen Studenten unter den Bedingungen des Honnefer Modells aus verschiedenen Gründen (persönlicher

Kontakt zum Darlehensgeber, privatrechtlicher Kreditvertrag, andere Verhaltensweise des Kreditgebers) besser gewesen zu sein als unter den Bedingungen des Bundesausbildungsförderungsgesetzes (Rechtsanspruch, Anonymität, geringe Anreize der zentralen Stelle bei der Einziehung der Darlehen), obwohl die Rückzahlungsvoraussetzungen (Einkommenssituation) für die letzteren günstiger waren. Es sprechen Gründe dafür, anzunehmen, daß in der Bundesrepublik Deutschland die Rückzahlungsausfälle erheblich reduziert werden könnten, wenn die Vergabe und Einziehung der Studiendarlehen dezentral über Kreditinstitute erfolgt.

III. Bildungsscheine

Die Ausführungen des vorangegangenen Kapitels haben gezeigt, daß die Finanzierung von Schul- und Hochschulbildung über den Kapitalmarkt besondere Probleme bereitet, die allerdings nicht unüberwindbar sind. Trotzdem wäre es kühn zu behaupten, daß die Möglichkeiten der Eigen- und Darlehensfinanzierung in der Realität stets sicherstellten, daß eine Bildungsnachfrage zustande kommt, die aus allokativer Sicht durch zusätzliche Finanzhilfen nicht verbessert werden kann: Mit anderen Worten, es ist nicht sicher, ob nicht durch staatliche Subventionen die Ressourcenallokation in einer Volkswirtschaft doch verbessert werden kann, weil der *Kapitalmarkt* bei der Bereitstellung von Bildungsdarlehen nicht immer voll funktionstüchtig ist.

Auch positive externe Effekte der formalen Bildung, die vereinzelt und zeitlich begrenzt wie auf anderen, typischen Märkten auftreten und die durch spontane Tauschakte nicht beseitigt werden können, können punktuell staatliche Subventionen rechtfertigen und die allokative Effizienz erhöhen, wenn es gelingt, sie nicht zu einer Dauereinrichtung werden zu lassen.

Darüber hinaus kann es distributive Gründe geben (kinderreiche und andere wirtschaftlich schwache Familien), die formale, vor allem elementare Bildung nachfragen, zu subventionieren, um in diesen Fällen eine Schuldenkumulation über viele Jahre hinweg zu vermeiden und zum sozialen Ausgleich (nicht Gleichheit) beizutragen, den der Markt und das spontane, freiwillige Bildungsmäzenatentum möglicherweise nicht oder nur zu höheren Kosten (Transaktionskosten) leisten kann[1]. Letzteres kann jedoch nur im Rahmen der Bildungs- oder Schulpflicht (Schutz des Minderjährigen vor irreparablen Bildungsschäden) sinnvoll sein, da sonst erneut die regressiven Effekte auftreten, wie sie besonders bei der Subventionierung der Hochschulbildung festgestellt wurden.

[1] Es ist unter Ökonomen allgemein anerkannt, daß der Staat diese Aufgabe hat (siehe unter anderem Hayek, F. A. von: Die Verfassung der Freiheit, a. a. O., S. 361). Ökonomische Gründe sprechen dafür, daß sonst ein Gesellschaftsvertrag nicht zustande kommt, was eine Wohlfahrtsminderung für alle zur Folge hat. Siehe Buchanan, J. M.: The Bases of Collective Action, New York 1971, S. 10f. Vergleiche auch Rawls, J.: Eine Theorie der Gerechtigkeit, a. a. O., S. 121ff. Allerdings nimmt dadurch die Gefahr des rent seeking zu, da es für manche kostengünstiger wird, Ressourcen darauf zu verwenden, in die Kategorie der sozial Bedürftigen eingeordnet zu werden und Sozialtransfers zu erhalten als sich durch Leistung dasselbe Einkommen zu verschaffen.

Die folgenden Ausführungen befassen sich jedoch nicht mit Bildungssubventionen allgemein (Zinssubventionen, Ausfallbürgschaften für Bildungsdarlehen, Stipendien, Bildungs- oder Erziehungsgeld), sondern mit Bildungsscheinen (Bildungsgutscheinen[2]), die eine im deutschsprachigen Bereich bisher kaum bekannte technische Ausprägung der Nachfragefinanzierung der Bildung, besonders im Rahmen der Schul- oder Bildungspflicht, sind. Wir wenden uns ihrer Analyse zu, um schließlich einen eigenen Vorschlag zur Finanzierung formaler Bildung zu präsentieren, der aus diesen Ausführungen und denen des vorangegangenen Kapitels die Konsequenzen zieht.

Der Bildungsschein ist im Gegensatz zum allgemeinen Zahlungsmittel (Geld) nur mit einer speziellen Kaufkraft[3] versehen, auf den Namen des Inhabers ausgestellt und nicht übertragbar (vinkuliertes Namenspapier).

Der Emittent von Bildungsscheinen bestimmt somit darüber, wer welche Bildungsleistungen mit dem Gutschein erwerben kann. Grundsätzlich könnte der Aussteller jede natürliche oder juristische, private oder staatliche Person oder Einrichtung sein, wie dies früher etwa bei Schulvereinen der Fall war und es beispielsweise heute noch bei Essens- und Geschenkgutscheinen der Fall ist[4]. Alle vorgeschlagenen Bildungsscheinsysteme sind jedoch dadurch gekennzeichnet, daß die Mittel ihrer Finanzierung ganz oder teilweise aus Zwangsbeiträgen, meistens aus Steuermitteln, bestehen. Emittent ist deshalb entweder der Staat oder eine öffentlich-rechtliche Körperschaft (Parafiskus), wie dies bei Wohnungs- und Krankenscheinen der Fall ist. Aus diesem Grunde haben Bildungsscheine gleichzeitig den Charakter von staatlichen Transferzahlungen an Haushalte mit Verwendungsauflage[5]. Es handelt sich daher bei den vorgeschlagenen Bildungsscheinen um staatliche oder halbstaatliche Stipendien, die nicht zur Deckung des Lebensunterhaltes bestimmt sind (obwohl sie ohne weiteres auf diesen ausgedehnt werden können), sondern zur vollen oder teilweisen Finanzierung des Schul- oder (selte-

[2] Woodhall, M.: Review of Student Support Schemes, a. a. O., passim; dieselbe: Student Loans: Lessons from recent international experience, a. a. O., S. 90–104, besonders S. 101ff., Crew, M. A., und Young, A.: Paying be Degrees, (Institute of Economic Affairs) London 1977.

[3] Verhältnis des Produkts aus Anzahl der Bildungsgüter und ihren Preisen zum Produkt aus Anzahl und Nennwert der Gutscheine.

[4] Soweit spontan entstandene Schulsozietäten (Schulverbände, Schulinteressenschaften, Schulgemeinden) im 18. und 19. Jahrhundert Schüler beziehungsweise deren Eltern aus sozialen Gründen von dem Teil der Schulunterhaltskosten befreiten, der durch Schulgeld finanziert wurde, und dies für diese Schulen keinen Einnahmeausfall darstellte, weil die Sozietät den Ausfall kompensierte, handelt es sich gleichfalls um eine Art „Gutschein", der von (privaten) Schulgenossenschaften ausgestellt wurde. Der finanzielle Beitrag zur Unterhaltung der Schule und seines Lehrkörpers war dann nämlich an den Schüler gebunden. derartige Regelungen sind allerdings nur vereinzelt nachweisbar (siehe zum Beispiel Fikker, A.: Schulgeld, in: Encyklopädie des gesamten Erziehungs- und Unterrichtswesens, (Hrsg.) K. A. Schmid, Bd. 8, Gotha 1870, S. 31–62, hier S. 42). Verschiedentlich wurde das Schulgeld auch von der Armenpflege übernommen.

[5] Dabei handelt es sich keinesfalls in erster Linie um (reine) Sozialtransfers, da mit der Einführung von Bildungsscheinen nicht nur sozialpolitische Ziele verfolgt werden können. Der Bildungsschein hat Subventionscharakter, da er zur Finanzierung von Humaninvestitionen verwendet wird.

ner) des Studiengeldes, wobei diese Mittel meistens die äußere Form von Gutscheinpapieren haben[6].

Besondere Bedeutung kommt dem Bildungsschein als Finanzierungsinstrument im Primar- und Sekundarbereich (Schul- beziehungsweise Bildungspflichtbereich) eines Bildungssystems zu, weil dort auf Grund der langen Bildungszeiten die Darlehensfinanzierung besonders schwierig ist, und bei fortgesetztem Schul- oder Hochschulbesuch ein kumulativer Effekt entsteht, der vermutlich nur bestimmte technische Ausprägungen von Bildungsdarlehenssystemen (staatliche Darlehen, Bildungsnießbrauch) als Finanzierungsmodi praktikabel erscheinen läßt[7].

a. Historischer Abriß der wissenschaftlichen und politischen Diskussion um Bildungsscheinsysteme

(1) Die Idee des Bildungsscheins geht zurück auf Thomas Paine (1791)[8]. Zwar sprach sich Adam Smith schon vorher (1776) für eine Beibehaltung der Finanzierung der Bildungseinrichtungen nach dem Äquivalenzprinzip aus und forderte, daß auch im Elementarbereich des Bildungssystems das Schulgeld einen wesentlichen Teil der Schulunterhaltskosten, insbesondere der Lehrergehälter ausmachen müsse, wenn nicht Leistungsschwächen des Systems gefördert werden sollten; die Konzeption des Bildungsscheins aber stammt nicht von ihm. Sie geht erstmals aus den Überlegungen Thomas Paines hervor, welcher der festen Überzeugung war, daß die arbeitende Bevölkerung Großbritanniens eine hohe Auffassung vom Wert der Bildung hatte, und sie nur durch ihre Armut, die hauptsächlich durch hohe und regressive Besteuerung verursacht worden sei, daran gehindert würde, ihren Kindern eine gute Ausbildung zu ermöglichen[9]. Er schlug deshalb vor, daß der Staat jährlich eine bestimmte Summe Geldes für jedes Kind armer Eltern zahle, welches das vierzehnte Lebensjahr noch nicht vollendet habe. Die Eltern sollten dadurch in die Lage versetzt werden, ihre Kinder zur Schule zu schicken, damit sie Lesen, Schreiben und Rechnen lernten. Der Geistliche der Gemeinde, gleich welcher Konfession, habe sodann gegenüber der Behörde zu bestätigen, daß die Eltern dieser Pflicht nachgekommen seien[10].

[6] Sieht man von der äußeren Form des Gutscheins ab, so kämen diese Mittel einem Erziehungs- oder besser einem Bildungsgeld gleich, das der Staat wie ein Kindergeld zahlt, allerdings unter der zusätzlichen Bedingung der zweckgebundenen Verwendung für formale Bildung.

[7] Siehe dazu den Finanzierungsvorschlag des Verfassers in Abschnitt C.III.d., der sich unter anderem aus diesen Gründen unterscheidet von dem Vorschlag in derselbe: Ist die Ausbildungsförderung reformbedürftig, a. a. O., besonders S. 409f., und Vorschlag zur Neuordnung der Ausbildungsförderung für Studenten, a. a. O., wieder abgedruckt im Anhang. Allerdings würde das dort vorgeschlagene Bildungssparen als Zwecksparen auch für die Finanzierung von Schulbildung, besonders von Gymnasialbildung, geeignet sein (siehe Vorschlag zur Neuordnung . . ., S. 8–12 und S. 35–42).

[8] Paine, T.: Die Rechte des Menschen (The Rights of Man 1791/92), (Hrsg.) T. Stemmler, Frankfurt 1973, S. 289 u. S. 294. Einzelheiten finden sich bei West, E. G.: Tom Paine's Voucher Scheme for Education, in: Southern Economic Journal, Bd. 33 (1967), S. 378–382. Fälschlicherweise führt Roger A. Freeman den Bildungsschein auf Adam Smith zurück (Financing the Schools, (American Enterprise Institute) Washington, D. C., 1972, S. 59).

[9] West, E. G.: Dr. Blaug and State Education: A Reply, in: Education, A Framework for Choice, London 1967, S. 64.

Ein halbes Jahrhundert später lassen sich die Prinzipien eines Bildungsscheinsystems aus den Ausführungen John St. Mills herauslesen, der den Wettbewerb unter den Bildungseinrichtungen befürwortet und den Eltern im Rahmen staatlicher Prüfungen das Recht der individuellen Wahl der Ausbildung ihrer Kinder zuerkannt wissen will[11].

In diesem Jahrhundert wurde wahrscheinlich zum ersten Mal 1926 von Kardinal Francis Bourne, Erzbischof von Westminster, ein Bildungsscheinsystem vorgeschlagen[12]. Bei ihm stand jedoch im Gegensatz zu Paine und Mill nicht die ordnungspolitische Frage im Vordergrund, wie die Rechte von Eltern und Schülern zu sichern und sozialpolitische Ziele zu erreichen seien, ihm ging es vielmehr darum, die Wettbewerbsnachteile der katholischen Schulen in Großbritannien zu beseitigen. Denn die privaten Schulen mußten, um existieren zu können, von den Eltern ihrer Schüler ein Schulgeld verlangen, während die öffentlichen Schulen ihre Bildungsleistungen zum Nulltarif abgeben konnten. Gleichzeitig aber waren Eltern, die ihre Kinder auf private Schulen schicken wollten, gezwungen, über Steuern die öffentlichen Schulen mitzufinanzieren.

In den deutschen Staaten des 18. und 19. Jahrhunderts wie auch im Deutschen Reich und in der Bundesrepublik Deutschland bis in die Mitte der sechziger Jahre hatte die Schulgeldbefreiung oder -ermäßigung für bedürftige und begabte Schüler sowie für Geschwister eine ähnliche Funktion[13] wie der Vorschlag von Thomas Paine. Allerdings darf nicht übersehen werden, daß der Schulgelderlaß oder die Schulgeldermäßigung in deutschen Schulen die ökonomische Bedeutung des Rechtes der Kinder und Eltern, die unter diesen Erlaß fielen, im Vergleich zu dem der übrigen Schulbenutzer schwächte, was bei der Verwendung von Bildungsscheinen nicht der Fall gewesen wäre[14]. Denn der Bildungsschein läßt den Unter-

[10] Paine, T.: Die Rechte des Menschen, a. a. O., S. 289; vgl. auch die Ausführungen von West, E. G.: Tom Paine's Voucher Scheme for Education, a. a. O., S. 381.

[11] Mill, J. St.: Grundsätze der politischen Ökonomie, a. a. O., S. 271f. Mill sah wie Wilhelm von Humboldt sehr deutlich die Gefahren eines staatlichen Bildungsmonopols. Vgl. Humboldt, W. von: Über öffentliche Erziehung, Gesammelte Werke, Bd. 1, Berlin 1841, S. 336–342.

[12] Beagles, A. C. F.: Historical Aspects of the Debate on Education, in: Education, A Framework for Choice, a. a. O., S. 6–15.

[13] Schon das Allgemeine Landrecht (1794) sah eine Verteilung der Schulunterhaltskosten nach dem Verhältnis von „Besitz und Nahrung" vor. Vgl. Tews, J.: Schulgeld, in: Encyklopädisches Handbuch der Pädagogik, (Hrsg.) W. Rein, Bd. 8, Langensalz 1908, S. 148. Siehe auch die Regelung der Schulgeldermäßigung vor und nach der Gründung des Deutschen Reiches, in: Wiese, L.: Das höhere Schulwesen in Preußen, Historisch-statistische Darstellung, Bd. I, Berlin 1864, S. 609, und Bd. III, Berlin 1874, S. 435. Die Schulgeldfreiheit für Gymnasien wurde sehr unterschiedlich gehandhabt. Sie betrug an den staatlich finanzierten oder subventionierten Gymnasien maximal 10% der Schülerschaft und wurde nicht nur aus sozialpolitischen Erwägungen gewährt. (So waren beispielsweise die Söhne von Lehrern und Beamten der höheren Lehranstalten grundsätzlich von Schulgeld befreit.) An den privaten Gymnasien gab es Schulgeldfreiheit für 2 bis 25% der Schülerschaft. Die höchste Zahl der Schülerfreistellen war nach Ludwig Wiese an katholischen Schulen anzutreffen. Vgl. Wiese, L., a. a. O., Bd. I, S. 609.

[14] Darüber berichtet zum Beispiel Ficker, A.: Schulgeld, a. a. O., S. 38. Fraglich ist jedoch, weshalb Regierungen, bevor sie Schulen und Hochschulen schließlich ganz verstaatlichten, zunächst dazu übergingen, die Bildungseinrichtungen statt Eltern und Studenten finanziell zu unterstützen? Immerhin, so könnte man annehmen, wäre es möglich gewesen, den Wettbewerb unter den Bildungsinstitutionen schon damals zu steigern beziehungsweise aufrecht zu erhalten und damit die Effizienz der Einrichtungen zu erhöhen. Schließlich hatten bereits die Klassiker (A. Smith, J. St. Mill, N. W. Senior, J. R.

schied zwischen zahlungskräftigem und wirtschaftlich schwachem Schüler verschwinden, da alle Eltern gegenüber der Schule den vollen Preis ihrer Benutzung zahlen.

(2) Nach dem Zweiten Weltkrieg wurde die Konzeption des Bildungsscheins zum ersten Mal von Nationalökonomen aufgegriffen und *theoretisch* und technisch genauer ausgearbeitet. Milton Friedman[15] schlug 1955 einen Bildungsgutschein für die amerikanischen Schulen vor, gefolgt von James Buchanan und G. Warren Nutter[16] (1959), die für die Einrichtung eines Bildungsscheinsystems für den Primar- und Sekundarbereich des Schulsystems in Virginia plädierten. In demselben Jahr sprach sich Jack Wiseman[17] für ein Bildungsscheinsystem in Großbritannien aus, das er 1964 zusammen mit Alan T. Peacock[18] vornehmlich für Schulen im Rahmen der Schulpflicht entwickelte. Edwin G. West[19] arbeitete sodann die ordnungspolitische Konzeption des Bildungsscheins weiter aus. Es folgten schließlich eine Reihe von weiteren Vorschlägen von Psychologen, Soziologen, Pädagogen und Juristen (Theodor Sizer und Phillip Whitten[20], 1968; Jencks-Kommission[21], 1970; John E. Coons und Stephen Sugarman[22], 1971).

McCulloch, H. Sidgwick) auf diese Zusammenhänge hingewiesen. Derartigen mikroökonomischen Fragen der Schul- und Hochschulpolitik ist man jedoch bisher nicht nachgegangen. Allerdings lag diese Form der Unterstützung in der Logik des Obrigkeitsstaates. Denn die unmittelbare Finanzierung des Bildungsangebotes ermöglichte einen direkten Einfluß auf die Bildungsinhalte und das, was in den Schulen geschah, während die Nachfragefinanzierung einen souveränen Bürger voraussetzt, den der Obrigkeitsstaat im Prinzip – die Realität sieht häufig im Hinblick auf das Bildungswesen anders aus – nicht kennt. Finanzierung des Bildungsangebots ist ein wirksames Instrument der sozialen Lenkung bis hin zur Indoktrination und kann nur noch durch das (zusätzliche) Mittel der Verstaatlichung übertroffen werden. Absolutismus, Angebotsfinanzierung der Bildung sowie Verstaatlichung des Bildungswesens gehören daher logisch zusammen. (Allerdings darf in diesem Zusammenhang die Rolle der Kirchen und das Problem der geistlichen Schulaufsicht nicht unberücksichtigt bleiben, woran nach West die Einführung von Bildungsscheinen 1870 (Forster Act) in England scheiterte. Vgl. West, E. G.: Dr. Blaug and State Education: A Reply, a. a. O., S. 60).

15 Friedman, M.: The Role of Government in Education, in: Economics and the Public Interest, (Hrsg.) R. A. Solo, New Brunswick, N. J., 1955, wieder abgedruckt in: Capitalism and Freedom, Chicago 1962, 6. Kap.; deutsche Übersetzung: Kapitalismus und Freiheit, Stuttgart 1971, S. 115–143, auszugsweise wieder abgedruckt in: Texte zur Bildungsökonomie, (Hrsg.) A. Hegelheimer, Frankfurt 1975, S. 180–206.

16 Buchanan, J. M., und Nutter, G. W.: The Economics of Universal Education, The Thomas Jefferson Center for Studies in Political Economy, 10. Februar 1959, abgedruckt in: Report on the Virginia Plan for Universal Education, Occasional Paper No. 2, Charlottesville, University of Virginia 1965, S. 1–19.

17 Wiseman, J.: The Economics of Education, in: Scottish Journal of Political Economy, Bd. 6 (1959), S. 48–58. (Der Vorschlag wurde jedoch von Wiseman bereits 1958 auf der Tagung der British Association for the Advancement of Science in Glasgow gemacht.); derselbe: The Economics of Education: A Rejoinder, a. a. O., Bd. 7 (1960), S. 75f.; beides wieder abgedruckt in: Economics of Education, Bd. 2, (Hrsg.) M. Blaug, Harmondsworth 1969.

18 Peacock, A. T., und Wiseman, J.: Education for Democrats, a. a. O., besonders S. 35f.

19 West, E. G.: Education and the State, passim; siehe auch derselbe: Economics, Education and the Politician, London 1976, S. 34–46.

20 Sizer, T. und Whitten, P.: A Proposal for a Poor Children's Bill of Rights, in: Psychology Today, August 1968.

21 Education Vouchers, A Report on Financing Elementary Education by Grants to Parents (Jencks-Kommission), Center for the Study of Public Policy, Cambridge, Mass., 1970, S. 13–17 und S. 59ff.

22 Coons, J. E., und Sugarman, S.: Family Choice in Education: A Model State System for Vouchers, Berkeley 1971, und dieselben: Education by Choice, a. a. O.

Während die wissenschaftliche Diskussion um Bildungsscheinsysteme im angloamerikanischen Bereich seit Mitte der sechziger Jahre nicht abgebrochen ist, liegt ein deutscher Beitrag aus bildungsökonomischer Sicht bisher nicht vor[23]. Lediglich Hans J. Bodenhöfer[24] hat dem Friedmanschen Bildungsschein in dem speziellen Zusammenhang der Hochschulfinanzierung Aufmerksamkeit gewidmet. Ansonsten beschränkt sich die Diskussion auf die Probleme der Darlehensfinanzierung der Hochschulausbildung, die sich abgesehen von den Beiträgen von Carl. C. von Weizsäcker, Christian Watrin, Artur Woll, Michael Zöller und Richard Hauser/Hans Adam mehr an der Finanzknappheit des Staates orientiert, als daß ihr ordnungstheoretische Überlegungen zugrunde liegen[25].

(3) Über den wissenschaftlichen Bereich hinaus ist die Konzeption des Bildungsscheins in den Vereinigten Staaten bereits zu Beginn der siebziger Jahre in die Öffentlichkeit vorgedrungen und zum Gegenstand *politischer* Diskussion geworden. Von 1970 bis 1977 finanzierte das Office of Economic Opportunity (OEO) und das National Institute of Education (NIE) acht Bildungsschein-Experimente, von denen allerdings nur eins (Alum Rock, San Jose, Kalifornien) zu Ende geführt wurde. Anlaß für die öffentliche Diskussion und die staatliche Finanzierung von Bildungsschein-Experimenten war die Unzufriedenheit amerikanischer Eltern mit den öffentlichen Schulen Amerikas. Insbesondere das Problem der Abwanderung von Schulen, an denen große Mißstände herrschten, wie

[23] Das wirft ein besonderes Licht auf die institutionelle Struktur der bildungsökonomischen Forschung in der Bundesrepublik Deutschland. Ingo Richter erwähnt den Bildungsschein zwar im Rahmen einer Darstellung der bildungspolitischen Diskussion in den Vereinigten Staaten (Alternativen zur „Politik der Chancengleichheit"?, in: Neue Sammlung, Bd. 15 (1975), S. 262–282), hält aber eine solche Einrichtung auch für die Finanzierung der beruflichen Bildung in der Bundesrepublik für nicht denkbar (S. 277). Wohl aber wird in Privatschulkreisen der Bildungsschein lebhaft diskutiert. Besonders Johann P. Vogel plädiert für dessen Anwendung in der Bundesrepublik Deutschland. Er betont die größere finanzielle Chancengleichheit, die private Schulen durch die Einführung von Bildungsscheinen erhalten würden. Siehe Vogel, J. P.: Der Bildungsgutschein – eine Alternative der Bildungsfinanzierung, in: Neue Sammlung, Bd. 12 (1972), S. 514–527, und derselbe: Goldener Käfig oder Förderung freier Initiativen? Die staatliche Finanzhilfe für Privatschulen, in: Alternative Schulen, Gestalt und Funktion nicht staatlicher Schulen im Rahmen öffentlicher Bildungssysteme, (Hrsg.) D. Goldschmidt und P. M. Roeder, Stuttgart 1979, S. 131–148.

[24] Bodenhöfer, H. J.: Finanzierungsprobleme und Finanzierungsalternativen der Bildungspolitik, a. a. O., S. 148–151.

[25] Weizsäcker, C. C. von: Lenkungsprobleme der Hochschulpolitik, a. a. O.; Woll, A.: Hochschulausbildung in der sozialen Marktwirtschaft, a. a. O.; Watrin, C.: Studenten, Professoren und Steuerzahler, a. a. O.; und derselbe, Alternativen zur dirigistischen Bildungspolitik, in: Investition statt Klassenkampf, (Hrsg.) W. Frickhöffer, E. Helmstädter u. derselbe, Stuttgart 1978, S. 125–135; Zöller, M.: Planung, Politische Entscheidung und Aktivierung des Eigeninteresses der Beteiligten, in: Hegelheimer, A., und derselbe: Wider die kranke Reform: Ordnungspolitik für Bildungswesen und Arbeitsmarkt, Zürich 1977, S. 39–88; derselbe: Der überforderte Staat, Plädoyer für eine freiheitliche Ordnungspolitik am Beispiel der Bildungspolitik, Stuttgart 1977; derselbe: Die Kombinierbarkeit von Ordnungsformen, Das Beispiel der Hochschul- und Studienfinanzierung, in: Die Zähmung des Leviathan, Neue Wege der Ordnungspolitik, Baden-Baden 1980, S. 275–286; Hauser, R., und Adam, H.: Chancengleichheit und Effizienz an der Hochschule: Alternativen der Bildungsfinanzierung, a. a. O. Wohl aber hat Horst Albach im Anschluß an Gösta Rehn für das deutsche berufliche Bildungswesen ein Gutscheinsystem programmatisch vorgeschlagen. Siehe Albach, H.: Zur Finanzierung der beruflichen Bildung, in: Strukturwandel und mikroökonomische Steuerung, (Hrsg.) S. Klatt und M. Willms, Berlin 1975, S. 247–265, besonders S. 259ff.

aber auch die Kritik an den Lehrplänen, der Organisation und den pädagogischen Methoden waren der Anlaß[26].

1976 kam es in Großbritannien im Unterhaus zu einer ersten Debatte[27] über Bildungsscheine und die Möglichkeit, in einem britischen Schuldisitrikt ein Bildungsschein-Experiment durchzuführen, nachem sich die Finanzkrise des Staates verschärft und die Unzufriedenheit mit den staatlichen Schulen weiter verstärkt hatte[28]. 1978 wurde eine sorgfältige empirische Untersuchung (feasibility study) abgeschlossen, in der die Anwendbarkeit von Bildungsscheinsystemen und ihre politische Machbarkeit geprüft wurden[29]. Ein Bildungsschein-Experiment soll im September 1981 in Kent County (Schulbezirk Ashford) beginnen[30]. Auch in Australien wird im Staat Victoria seit 1977 die allgemeine Anwendung von Bildungsscheinsystemen empirisch geprüft[31]. In Spanien ist 1980 ein Gesetz verabschiedet worden, das Bildungsscheine für den gesamten elementaren und sekundaren Bereich des spanischen Bildungswesens vorsieht[32], und in Tarragona wurde 1977 auf einer Tagung der Vereinten Nationen (UNESCO) ein Memorandum verabschiedet, in dem Regierungen aufgefordert wurden, Eltern die Möglichkeit der Wahl zwischen privater und staatlicher Schule zu geben und sie zu diesem Zweck mit Bildungsscheinen auszustatten[33]. Zu den Vorwahlen zur amerikanischen Präsidentschaftswahl des Jahres 1980 bemühten sich im Staat Kalifornien die Verfechter von vier Bildungsscheinsystemen um Anerkennung bei den Wählern, ohne daß jedoch auch nur eines von ihnen die erforderliche Unterstützung erhielt[34]. Im

[26] Siehe dazu Education Vouchers in Kent: A Feasibility Study for the Education Department of the Kent County Council, Kent County Council Education, Department 1978, S. 3 und S. 88–92, Freeman, R. A.: Financing the Schools, a. a. O., S. 60–62, der die Gründe der Diskussion um die Einführung von Bildungsscheinen in den USA zusammenfaßt, und die Veröffentlichungen in den Informationsblättern „News“ des Education Voucher Institute, Southfield, Michigan.

[27] House of Commons: Parliamentary Debates, Bd. 915, No. 148, Wednesday 21st July 1976, S. 1888–1936.

[28] Einen Überblick über die Entwicklung der öffentlichen Meinung über das staatliche Bildungssystem geben Ralph Harris und Arthur Seldon: Over-ruled on Welfare, (Institute of Economic Affairs) London 1979. Sie konstatieren in dem Zeitraum von 1963 bis 1978 bei der britischen Bevölkerung den deutlich zunehmenden Wunsch nach mehr persönlicher Wahlfreiheit im Bildungsbereich und eine erhöhte Bereitschaft für Bildungsleistungen selbst zu zahlen.

[29] Education Vouchers in Kent: A Feasibility Study for the Education Department of the Kent County Council, a. a. O.

[30] The Friends of the Education Voucher Experiment in Representative Regions (F. E. V. E. R.), National Committee, Honorary Chairman: Marjorie Seldon, Sevenoakes, Kent.

[31] Scott, R. G., Seldon, M., und Whetstone, L.: The Education Voucher System, A scheme for greater parent involvement and higher standards in our schools, National Council in Educational Standards, Esher, Surrey, 1978, S. 15.

[32] Siehe den Gesetzentwurf, der inzwischen das Parlament passiert hat, in: Boletin de las Cortes vom 24. Dezember 1979; siehe dazu auch Seldon, M.: Spain's Lesson on School Vouchers, in: The Daily Telegraph vom 26. April 1980, sowie dieselbe in der Ausgabe des Daily Telegraph vom 8. Mai 1980.

[33] Siehe Scott, R. G., Seldon, M., und Whetstone, L.: The Education Voucher System, a. a. O., S. 15.

[34] Und zwar

(1) das von Coons und Sugarman entworfene regulierte Bildungsscheinsystem (Education by Choice, a. a. O.; siehe auch Coons, J. E.: The School Finance Cases as a Window on Judicial Review, in: Zeitschrift für Recht und Verwaltung, Beiheft 6, September 1978, S. 221–234);

(2) der Hickey-Canfield-Leistungsgutschein (Hickey-Canfield Performance Voucher Proposal, Redwood City, Ca., 1979);

Staat British-Columbia in Kanada existiert seit 1978 eine Art Gutscheinsystem[35] und seit 1979 wird der Vorschlag von A. R. Bailey und D. G. Hull für Quebec diskutiert, der im Zusammenhang mit der Entbürokratisierungsdiskussion in Kanada eine leistungsabhängige Finanzierung der staatlichen Bildungseinrichtungen vorsieht[36].

Auch in Italien gibt es neuerdings Bemühungen, durch die Einführung von Bildungsscheinen die Vielfalt der Schulen, ihre Flexibilität und Wirtschaftlichkeit zu erhöhen[37].

In der Bundesrepublik Deutschland ist die Konzeption des Bildungsscheins in der politischen Öffentlichkeit nicht bekannt[38]. Zwar wird seit 1976 nicht nur in Fachkreisen eine partielle Finanzierung der Hochschulen über Gebühren diskutiert[39], die Idee des Bildungsscheins hat dabei aber keine Rolle gespielt[40].

(3) der Vorschlag der National Taxpayers Union (Taxpayers for Improved Education, Santa Barbara, Ca., 1979), der einen Abzug der jährlichen Bildungsausgaben eines Haushaltes von der zu zahlenden Einkommensteuer vorzieht, der 50% der zu zahlenden Einkommensteuer nicht übersteigt;
(4) der Packwood-Moynihan-Vorschlag, Congressional Record, 26. September 1977; siehe auch Williams, W. E.: Statement to House of Ways and Means on Senat Bill 2142, Washington, D. C., 1979; Moynihan, D. P.: Private Schools and the First Amendment, in: National Review vom 3. August 1979, S. 962–966 u. S. 987ff., und Ascik, T.: Tuition Tax Credit Proposals, Issue Bulletin, No. 23, (The Heritage Foundation) Washington, D. C., 1978. Zum Vorschlag der National Taxpayers Union und von Packwood-Moynihan siehe auch Klausner, M. S.: Tuition Tax Credits: A Debate Reviewed, in: Inform, Center for Independent Education (Institute for Humane Studies), San Francisco, No. 10, September 1979, S. 1f. Es handelt sich bei diesen Vorschlägen um eine Modifikation des Bildungsscheins, bei der auf die Ausgabe von Scheinen verzichtet wird. Auf diese Vorschläge, die in der Literatur „tuition tax credits" genannt werden, wird später näher eingegangen.

35 West, E. G.: „Voucher" System Now Being Attempted in Canada and the U. S. 1979–1980 (Manuskript).

36 Bailey, A. R. und Hull, D. G.: The Way Out: A More Revenue Dependent Public Sector and How It Might Revitalize the Process of Governing, Hull, Quebec, 29. August 1979, S. 65–75 (unveröffentlichtes Manuskript), die die Einführung von Bildungsscheinen für schulische und akademische Bildung in drei Phasen vorsehen.

37 Financing Education in a Free Society, Centro Ricerche Economiche Applicate, Rom 1982.

38 Direkte staatliche Subventionen an Privatschulen sind wie die staatliche Finanzierung der öffentlichen Schulen Fälle der Angebotsfinanzierung und deshalb nicht Instrumenten der Nachfragefinanzierung wie den Bildungsscheinen zuzurechnen, wenn sie auch unter bestimmten Bedingungen diesen in ihren Merkmalen recht nahekommen können. Siehe Müller, F., Pieroth, B., und Fohmann, L.: Leistungsrechte im Normbereich einer Freiheitsgarantie – untersucht an der staatlichen Förderung Freier Schulen, Berlin 1982; Müller, F.: Das Recht der Freien Schulen nach dem Grundgesetz, 2. Auflage Berlin 1982, sowie zum Beispiel Land Baden-Württemberg: Landtagsdrucksache zur zweiten Beratung der Verfassungsgebenden Landesversammlung über Artikel 14 (2) am 24. Juni 1953, S. 1937–1947.

39 Siehe dazu Zöller, M.: Selbststeuerung statt bürokratische Lenkung, in: Frankfurter Allgemeine Zeitung vom 12. Juli 1976, die Diskussion in „Die Welt" vom 29. Juni 1977 zwischen Michael Zöller, Christian Schwarz-Schilling und Hanna-Renate Laurien, und in „Die Zeit" vom 4. Juli 1975 zwischen Rudolf W. Leonhardt und Dirk Beckerhoff sowie den Beitrag von Gerd Roellecke: Hochschulpolitik, wirr und ohne Ziel, in: Die Welt vom 27. Mai 1977.

40 Nach Kenntnis des Verfassers gab es lediglich einen Bericht über Bildungsscheine und performance contracting in den Vereinigten Staaten von Eberhard Radbuch in der Frankfurter Allgemeinen Zeitung vom 13. November 1971 (Nr. 264) unter dem Titel „Gutschein für die Schule", und von Ulrich Müller (Selbstverwaltung statt Mitbestimmung an der Universität, Von der Defizitverwaltung zum marktorientierten Bildungsangebot, in: Beilage zur Wochenzeitung „Das Parlament" vom 3. Januar 1976, S. 26–31, hier S. 31).

b. Merkmale und Typen von Bildungsscheinen

Aus der Fülle der Vorschläge, die insbesondere in den letzten zwanzig Jahren gemacht worden sind, läßt sich erkennen, daß der Bildungsschein sehr unterschiedliche Ausprägungen haben kann. In Hinblick auf die allokativen und distributiven Wirkungen sind dabei die nachfolgenden Merkmale von besonderer Bedeutung. Sie sollen deshalb vorab behandelt werden, ehe näher auf einzelne Bildungsscheinsysteme eingegangen wird (siehe Tabelle 6).

(1) Der *Nennwert* (Nominalwert) des Bildungsscheins kann

(a) für alle Berechtigten unabhängig von deren Vermögens- und Einkommenssituation fixiert sein (so zum Beispiel der von Milton Friedman vorgeschlagene Bildungsschein) oder

(b) invers zum Einkommen des Berechtigten beziehungsweise seiner Eltern (Erziehungsberechtigten) in seinem Wert variieren. Dies kann dadurch geschehen, daß
- der Nominalwert des Scheins mit dem Einkommen invers gestaffelt ist; so der Vorschlag von Theodor Sizer und Philipp Whitten, der Vorschlag der Jencks-Kommission und zum Teil auch von John Coons und Stephen Sugarman;
- der Bildungsschein zwar einen konstanten Nominalwert aufweist, dieser jedoch dem zu versteuernden Einkommen des Berechtigten oder seiner Eltern zuzurechnen ist; so der Vorschlag von Alan T. Peacock und Jack Wiseman; bei progressiver Einkommensteuer nimmt damit der Wert des Gutscheins entsprechend ab.

Der Nennwert richtet sich nach einer näher zu spezifizierenden Berechnung der durchschnittlichen Kosten pro Jahr und Schüler, gestaffelt nach Schulstufen. Dabei können entweder die durchschnittlichen Kosten der staatlichen Schulen oder die Durchschnittskosten aller zum Empfang von Gutscheinen berechtigten Schulen in staatlicher, kommunaler oder privater Trägerschaft zugrunde gelegt werden. Staatliche Schulen hätten dann kostendeckende Gebühren (Schulgelder) zu verlangen, um mit privaten Trägern unter gleichen Bedingungen zu konkurrieren. Körperlich und/oder geistig Behinderten kann ein zusätzlicher Bonus gegeben werden (etwa Coons-Sugarman-Vorschlag), der die durchschnittlichen Kosten der zusätzlich erforderlichen Bildungs- und Betreuungsmaßnahmen deckt.

Weiterhin unterscheiden sich Bildungsscheinsysteme hinsichtlich ihres *Regulierungsbedarfs,* also den administrativen Vorschriften, die die Verwendung des Gutscheins und den technsichen Prozeß der Finanzierung regeln; und zwar

(2) ob der Bildungsschein durch *zusätzliche private Mittel* ergänzt werden kann (open-ended voucher) beziehungsweise staatlich anerkannte Bildungseinrichtungen berechtigt sind, ein höheres Schulgeld oder höhere Studiengebühren zu verlangen als er Bildungsschein wert ist (so die Vorschläge von Milton Friedman, Edwin G. West, Alan T. Peacock und Jack Wiseman) oder nicht (egalitärer Bildungsschein, Vorschlag der Jencks-Kommission).

(3) welche Personen zum *Kreis der Berechtigten* zählen:
(a) alle schulpflichtigen Schüler (Jencks-Kommission, Milton Friedman, Edwin G. West, Alan T. Peacock und Jack Wiseman);
(b) über das schulpflichtige Alter hinaus Schüler und Hochschulstudenten, Fort- und Weiterbildende (so zum Beispiel die Hinweise bei Ulrich Müller und Gösta Rehn sowie die Ausführungen von Horst Albach);
(4) welche von der Schulaufsichtsbehörde fixierte *Bedingungen für die staatliche Akkreditierung* von den Bildungseinrichtungen zu erfüllen sind und ob dabei
(a) eine *bestimmte Leistung* erbracht werden muß (Fixierung von Ausbringungsgrößen), also der Ausbildungsvertrag zwischen Bildungseinrichtung und Bildungsnachfrager den Charakter eines Werkvertrages annimmt (performance voucher); so der Hickey-Canfield-Vorschlag;
(b) bestimmte *Anforderungen an die Einsatzfaktoren* (Lehrpersonal, Lehrmittel, Gebäude) sowie an Sicherheit und Hygiene erfüllt sein müssen (zum Beispiel Jencks-Kommission und der Vorschlag von John Coons und Stephan Sugarman).
(5) ob der Bildungsschein
(a) als Gutschein*papier* dem Berechtigten oder dessen Erziehungsberechtigten zugestellt, von ihm der ausgewählten, staatlich akkreditierten Schule oder Hochschule eingereicht und von dieser beim Staat gegen Bargeld eingelöst wird, oder ob er
(b) als *Steuerabzug* beziehungsweise -gutschrift (tax credit) von der jährlich zu zahlenden Lohn- oder Einkommensteuer des an staatlich anerkannte Bildungseinrichtungen gezahlten Schulgeldes bis zu einem maximalen Betrag (Höhe des Nennwertes des fiktiven Gutscheins) analog der negativen Einkommensteuer gehandhabt wird; so zum Beispiel die Vorschläge der National Taxpayers Union[41] und von Packwood-Moynihan[42]. Entgegen dem in der Bundesrepublik Deutschland üblichen Abzug der Sonderausgaben für Zukunftsvorsorge (zum Beispiel Ausbildungspauschale) von dem zu versteuernden Einkommen, handelt es sich hier um einen Abzug von der Steuer*schuld,* der zu einer Steuerauszahlung führt, wenn die effektiven, abzugsfähigen Bildungsausgaben die Steuerschuld überschreiten. Dieser fiktive Bildungsschein wirkt deshalb im Gegensatz zur steuerlichen Behandlung der Bildungsausgaben als Sonderausgaben nicht regressiv[43].

41 Taxpayers for Improved Education, a. a. O.; siehe dazu auch West, E. G.: Tuition Tax Credit Proposal, in: Policy Review, (The Heritage Foundation) Washington, D. C., Winter 1978.

42 Congressial Record, 26. September 1977. Es existiert also analog der Sammelschuldbuchforderung beim tax credit kein Wertpapier mehr, sondern lediglich ein Anspruch auf eine bestimmte finanzielle Leistung, der hier gesetzlichen Charakter hat.

43 Selbst der Friedman-Bildungsschein mit konstantem Nennwert wirkt so, daß zwar höhere und höchste Einkommenbezieher oder deren Kinder die gleiche Subvention erhalten, wie Kinder aus Familien der untersten Einkommensgruppen, aber bei progressiver Einkommensteuer keine Umverteilung zuungunsten der unteren Einkommensempfänger herbeigeführt wird. Er würde nur dann regressiv wirken, wenn er über das schulpflichtige Alter hinaus ausgegeben wird und die Benutzung der Einrichtungen beziehungsweise der Kauf des Gutscheins nach Einkommensgruppen unterschiedlich ausfällt. Es ist deshalb bei zwangsfinanzierten Bildungsscheinsystemen aus verteilungspolitischen Gründen empfehlenswert, die Vergabe von Bildungsscheinen auf schulpflichtige Kinder zu beschränken, wie das Milton

Schon diese Übersicht zeigt, daß der Bildungsschein ein sehr *flexibles,* technisch höchst *unterschiedlich ausgestaltbares* Instrument der teilweisen oder vollständigen *Nachfrage*finanzierung der Bildung (vor allem im Rahmen der Bildungspflicht) über Steuergelder oder über Beiträge von Mitgliedern einer Solidargemeinschaft ist. Dabei wird besonders die Höhe des Regulierungs- und Informationsbedarfs und damit die Höhe der Transaktionskosten sehr unterschiedlich sein.

c. Bildungsscheine und allokative Effizienz

Bevor auf die speziellen ökonomischen und sozialen Wirkungen einzelner Bildungsscheine eingegangen wird, seien die allgemeinen Wirkungen von Bildungsscheinen in Hinblick auf die Ressourcenallokation analysiert und die Unterschiede zur direkten angebotsseitigen Subventionierung (institutionelle Bildungsausgaben) untersucht. Dabei wird zunächst der Einfluß auf das Verhalten beziehungsweise die Freiheitsspielräume des Bildungsnachfragers und im Anschluß daran das Verhalten des Staates (Determinierung des staatlichen Bildungsbudgets) und seine Abstimmung mit dem des Nachfragers analysiert.

1. Die Wirkungen des Bildungsscheins auf das Verhalten des Bildungsnachfragers

Die ökonomischen Wirkungen von Bildungsscheinen auf das Verhalten des Bildungsnachfragers seien mit Hilfe der statistischen Partialanalyse untersucht[44]. Zu diesem Zweck unterstellen wir, daß es sich bei den Bildungsleistungen der Schulen und Hochschulen um homogene Güter handelt, die in Einheiten, wie Schuljahre, Semester oder Trimester nachgefragt werden können. Ferner sei unterstellt, daß Haushalte, die Bildung nachfragen, nicht zur Finanzierung der staatlichen Bildungssubventionen herangezogen werden. Steuerzahler und formale Bildung nachfragende Haushalte sind also nicht identisch. Auch seien alle qualitativen Veränderungen der Bildungsgüter außer acht gelassen, die mit der Einführung der Nachfragefinanzierung in Form von Gutscheinen (weitgehende Wiederherstellung der Nachfragersouveränität) verbunden sein können. Ebenso werden unveränderte Produktions- und Kostenfunktionen für Schulen und Hochschulen unterstellt. Wir schließen also durch Annahmen zunächst Wirkungen aus, die sich die Verfechter von Bildungsscheinen und jene, die für eine Nachfragefinanzierung der Bildung plädieren, von Gutscheinen versprechen.

(1) Die Ausgangssituation sei dadurch gekennzeichnet, daß weder die Nachfrage nach noch das Angebot an Bildung staatlich subventioniert werden. Es sei nun ein Haushalt (Familie) mit einem bestimmten Einkommen (Gerade G_1B_1 in

Friedman und die meisten Verfechter von Bildungsscheinsystemen tun (anders dagegen Müller, U.: Selbstverwaltung statt Mitbestimmung an der Universität, a. a. O.) und es John Rawls aus Gründen der sozialen Gerechtigkeit fordert (Eine Theorie der Gerechtigkeit, a. a. O., S. 122f.).

[44] Siehe zu diesem Problem auch die Analysen von Olson, E. O.: Some Theorems in the Theory of Efficient Transfers, in: Journal of Political Economy, Bd. 79 (1971), S. 166–176, Rowley, C. K., und Peacock, A. T.: Welfare Economics, A Liberal Restatement, London 1975, S. 122–125, und Peltzman, S.: The Effect of Government Subsidies-in-Kind on Private Expenditures: The Case of Higher Education, in: Journal of Political Economy, Bd. 81 (1973), S. 1–27, besonders S. 1–5.

Bezeichnung des Bildungsschein-systems / Merkmale des Bildungsscheinsystems (1)	Friedman-Bildungsschein (1955) („unreguliertes“ Marktmodell) (2)	Peacock-Wiseman-Bildungsschein (1958, 1964) („unregulierter“-kompensatorischer Bildungsschein) Ähnlich Sizer-Whitten (1968) (3)	Buchanan-Nutter (1959) (Virginia Plan for Universal Education) (4)	Bildungsschein-Stipendien Pflichtmodell (5)	Egalitärer Bildungsschein (6)	Coons-Sugarman-Bildungsschein (Quality Choice Modell) (1970) (7)	Jencks-Bildungsschein (1970) (8)	Hickey-Canfield-Bildungsschein (Bildungserfolgsschein) (1979) (9)	Steuerabzugsverfahren (fiktiver Bildungsschein) Packwood-Moynihan (1979) Ähnlich National Taxpayers Union (1980) (10)
Teilnehmende Bildungseinrichtungen (Anbieter)	Staatliche und private (staatlich anerkannte) Schulen im Rahmen der Schulpflicht (gewinnorientierte wie nicht-gewinnorientierte)	Staatliche und private (staatlich anerkannte) Schulen im Rahmen der Schulpflicht; unter bestimmten Bedingungen auch darüber hinaus	Private Schulen	Schulen und Hochschulen mit staatlicher Anerkennung	Staatliche und private (staatlich anerkannte) Schulen	Staatliche und private (staatlich anerkannte) Schulen; letztere soweit sie freiwillig dem Gutscheinsystem beitreten	Staatliche und private (staatlich anerkannte) Schulen im Rahmen der Schulpflicht	Private Schulen	Staatliche und private (staatlich anerkannte) Schulen und Hochschulen
Bildungsscheinberechtigte Personen (Nachfrager)	Alle schulpflichtigen Kinder und Jugendlichen	Alle schulpflichtigen Kinder und Jugendlichen und ggfs. Studenten	Alle schulpflichtigen Kinder und Jugendlichen, die private Schulen besuchen	Eingeschriebene Schüler und Studenten an staatlich anerkannten Bildungseinrichtungen	Alle schulpflichtigen Kinder und Jugendlichen	Alle schulpflichtigen Kinder und Jugendlichen	Alle schulpflichtigen Kinder und Jugendlichen	Kinder und Jugendliche von 5 bis 21 Jahren	Eingeschriebene Schüler und Studenten
Nennwert des Bildungsscheins	Für alle Berechtigten gleicher Nennwert in Höhe der durchschnittlichen Kosten pro Schüler an staatlichen Schulen	In Abhängigkeit vom Einkommen gestaffelt (minimaler Nennwert zur Finanzierung des Mindeststandards)	Gleich für alle in Höhe der durchschnittlichen Kosten der Schüler in staatlichen Schulen	Für alle Berechtigten gleicher Nennwert in Höhe der vom Staat berechneten Durchschnittskosten pro Schüler/Student	Für alle Berechtigten gleicher Nennwert in Höhe der staatlichen Ausgaben je Schüler	In Abhängigkeit vom Einkommen und von den Kosten der Schulbenutzung	(1) Grundschein mit gleichem Nennwert für alle Berechtigten in Höhe der durchschnittlichen Kosten des jeweiligen öffentlichen Schultyps (2) kompensatorischer Ergänzungsschein mit invers zum Einkommen der Eltern (Maßstab der Bildungsbenachteiligung) gestaffeltem Nennwert; Nennwert geht mit Annäherung an das Durchschnittseinkommen gegen Null; Nennwert max. das Doppelte des Grundscheins	Pro Schüler von 5 bis 21 Jahren insgesamt max. 25 000 U.S. Dollar oder ca. 2000 U.S. Dollar p. a.	Variabel je nach Höhe der Bildungsausgaben p. a. bis zu einem max. Betrag (absolut oder relativ in v. H. der gesamten jährlichen Bildungsausgaben)

Tabelle 6: Bildungsscheinsysteme und Steuerabzugsverfahren für Bildungsausgaben
Fortsetzung:

Bezeichnung des Bildungsschein-systems / Merkmale des Bildungsscheinsystems	Friedman-Bildungsschein (1955) („unreguliertes" Marktmodell)	Peacock-Wiseman-Bildungsschein (1958, 1964) („unregulierter"-kompensatorischer Bildungsschein) Ähnlich Sizer-Whitten (1968)	Buchanan-Nutter (1959) (Virginia Plan for Universal Education)	Bildungsschein-Stipendien Pflichtmodell	Egalitärer Bildungsschein	Coons-Sugarman-Bildungsschein (Quality Choice Modell) (1970)	Jencks-Bildungsschein (1970)	Hickey-Canfield-Bildungsschein (Bildungserfolgsschein) (1979)	Steuerabzugsverfahren (fiktiver Bildungsschein) Packwood-Moynihan (1979) Ähnlich National Taxpayers Union (1980)
(1)	(2)	(3)	(4)	(5)	(6)	(7)	(8)	(9)	(10)
Preisbildung	Frei (ergänzungsfähiger Gutschein)	Frei (ergänzungsfähiger Gutschein)	Frei	Frei; bei Preisen über den Durchschnittskosten pro Schüler/Student obligatorische Stipendien in Höhe des Differenzbetrages für wirtschaftlich schwache Studenten	Staatlicher Höchstpreis (nicht ergänzungsfähiger Gutschein)	Schulen können zwischen vier vom Staat vorgegebenen Kostenniveaus wählen (Preisbindung)	Keine freie Preisbildung (nicht ergänzungsfähiger Gutschein)	Preis in Abhängigkeit vom Ausbildungserfolg	Frei
Sonstige institutionelle Ausprägung	Schulplatzgarantie durch staatliche Schulen	Staatliche Entscheidungshilfen bei der elterlichen Schulwahl (Informationsbeschaffung und Beratung); Verhinderung von Monopolbildungen	Staatliche Schulen – wie bisher direkt durch den Staat finanziert	Keine Angaben	Staatliche und private Sonderzuwendungen (Schenkungen) gestattet	Schulwahlfreiheit; begrenzte Freiheit der Schülerwahl; Losverfahren sofern Übernachfrage nach Schulplätzen	Freie Schulwahl; Schülerwahl jedoch ohne Rassendiskriminierung bei Übernachfrage nach Schulplätzen, Verteilung von 50% der Schulplätze durch das Los; staatliche Informationsbeschaffung und Beratung; Rechnungslegung gegenüber Staat und Eltern	Keine Schulpflicht; unabhängige Test- und Prüfungseinrichtungen	Keine Austeilung von Gutscheinen an die Berechtigten; Verrechnung der Bildungsausgaben mit der Lohn- oder Einkommensteuer
Zielsetzung des Gutscheinsystems	Erhöhung der Schulwahlfreiheit und -vielfalt sowie der Innovationsfreudigkeit; gleiche Bildungschancen; Abbau der Kultusverwaltung	Größtmögliche persönliche Entscheidungsfreiheit und pädagogische Vielfalt; wirtschaftliche Effizienz	Freie Schulwahl unabhängig vom Einkommen; Erhöhung der Effizienz und der Innovationsbereitschaft; Wettbewerb unter gleichen Bedingungen für staatliche und private	Teuerste Ausbildung auch für wirtschaftlich schwache Studenten zugänglich machen	Gleiche Bildungschancen bei größerer Freiheit der Schulwahl	Gleiches Erziehungsopfer für alle Eltern bei freier Wahl der Ausbildungsqualität; große pädagogische Vielfalt und Wahlfreiheit für Eltern	Freiheit der Schulwahl ohne soziale und ethnische Diskriminierung; Wettbewerb unter den Schulen; finanzieller Ausgleich für Ausbildungsleistungen an benachteiligten Kindern	Höhere Ausbildungsqualität bei Freiheit der Schulwahl und geringeren Ausbildungskosten	Freiheit der Schulwahl; Wettbewerb zwischen den Schulen; Abbau der Kultusverwaltung

Schülertransportkosten	Keine Angaben	Keine Angaben	Keine Angaben	Keine Angaben	Keine Angaben	Staatlich subventioniert (Teilkostenerstattung) in einem Umkreis, der hinreichend Auswahl zwischen Schulen ermöglicht	Staatliche Kostenübernahme für Fahrten innerhalb eines Schulbezirks	Keine Angaben	Keine Angaben
Standards	Mindeststandards, Mindestfächerkatalog	Mindestanforderungen an alle Bildungseinrichtungen; staatliches Prüfungswesen	Mindestanforderungen	Wie bisher gehandhabt	Mindestanforderungen an alle teilnehmenden Bildungseinrichtungen	Mindestanforderungen an alle Bildungseinrichtungen	Außer staatlichen Mindestanforderungen für alle beteiligten Schulen zusätzliche Standards der Bildungsscheinbehörde bei Relegation eines Schülers	Keine Mindestanforderungen, aber staatliche Prüfungsvorschriften durch die Department of Educational Accountability	Mindestanforderungen
Steuerliche Behandlung	Keine Angaben	Flexibel zu gestalten (zugunsten wirtschaftlich schwacher Familien)	Keine Angaben	Keine Angaben	Keine Angaben	Progressive Bildungssteuer zur Herstellung der Opfergleichheit bis zum Eineinhalbfachen der Ausbildungskosten	Keine Angaben	Keine Angaben	Abzug von der Lohn- oder Einkommensteuerschuld in Höhe der Ausgaben für staatlich anerkannte Bildungsgüter; Packwood-Moynihan: übersteigen die abzugsfähigen Bildungsausgaben die Steuerschuld, wird der Differenzbetrag ausgezahlt (negative Einkommensteuer)

Abbildung 5) betrachtet, der dieses für Bildung (B) und/oder andere Güter (Güterbündel G) ausgeben kann. Unter der Voraussetzung der Nutzenmaximierung verwendet der Haushalt sein Einkommen auf Bildung und andere Güter so, daß er bei gegebenen Präferenzen das höchstmögliche Nutzenniveau (Tangentialpunkt H_1 der Budgetgeraden mit der Indifferenzkurve I_1) erreicht. Gewährt nun der Staat diesem Haushalt zum Kauf einer bestimmten Menge Bildung (B_4) einen Gutschein (pro-Kopf-Gutschein), so verschiebt sich die Budgetgerade nach rechts und wird zum Beispiel zu G_1CB_5, da sich durch den Gutschein das Einkommen des Haushaltes erhöht. Er erreicht dadurch ein höheres Nutzenniveau (I_2) und kann statt B_2 die größere Menge B_3 an Bildung nachfragen, ohne auf andere Güter verzichten zu müssen. Dieser pro-Kopf-Gutschein stellt den Bildungsnachfrager so wie er unter den Bedingungen eines zeitlich begrenzten Nulltarifs (Regelstudienzeit zum Nulltarif) stehen würde, von dessen Ende an er die Kosten der Benutzung der Schule oder Hochschule selber tragen müßte[45].

Abbildung 5: Der pro-Kopf-Bildungsschein

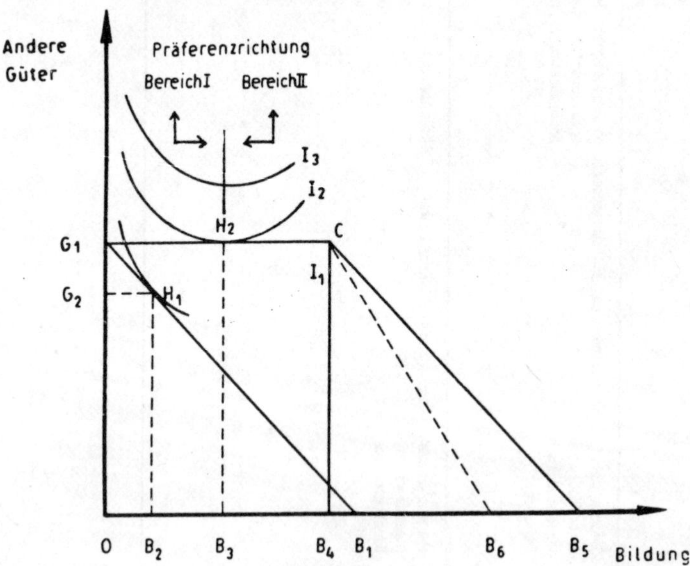

Kann der Haushalt eine x-beliebige Zahl von Bildungsscheinen beziehen – erklärt sich also der Staat wie bei der Angebotsfinanzierung (Nulltarif) bereit, alle Ausbildungskosten zu übernehmen –, so wird der Tangentialpunkt (Haushaltsgleichgewicht) stets im Bereich der parallel zur Abszisse verlaufenden Budgetge-

45 Eine solche Regelung hatte zum Beispiel das Land Hessen an den Hochschulen vorgesehen. Pro Semester sollten Studenten, die die Regelstudienzeit überschritten hatten, Gebühren in Höhe von 200 DM zahlen.

rade G_1H_3 liegen (siehe Abbildung 6)[46]. Finanziell ist der Haushalt unter diesen Bedingungen genauso gestellt wie im bestehenden Finanzierungssystem (steuerfinanzierte Schulen und Hochschulen) *ohne Kapazitätsbeschränkungen.* Ein solches Gutscheinsystem könnte daher auch oder müßte gerade von denen akzeptiert werden, die Anhänger einer konsequenten Politik des Bürgerrechts auf Bildung sind.

Abbildung 6: Nulltarif ohne Kapazitätsbeschränkung bei Haushalten (Studenten) mit unterschiedlichen Präferenzstrukturen

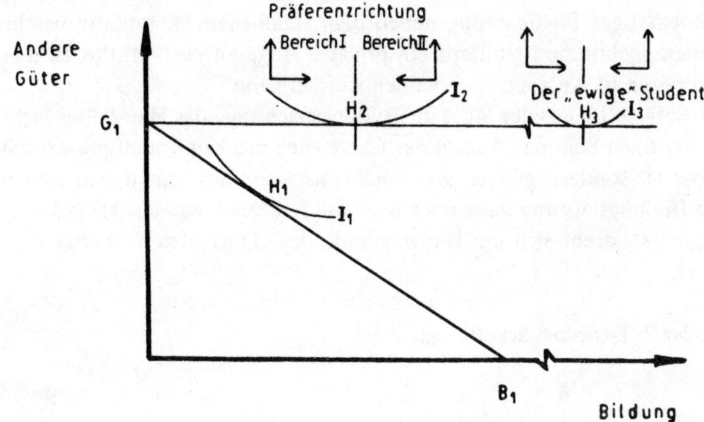

Sind dagegen die Bildungsscheine in Zahl und Wert pro Kopf limitiert und ist es nicht gestattet, den Gutschein aus eigenen Mitteln zu ergänzen *(nicht ergänzungsfähiger* Bildungsschein[47]), so ist die Wahlmöglichkeit des Haushaltes quantitativ ebenso beschränkt, als wenn die Benutzung der Schulen und Hochschulen mengenmäßig (zeitlich) kontingentiert wäre (Schulpflicht = maximale Schulbenutzungszeit zum Nulltarif[48]; Regelstudienzeit, Numerus clausus). In beiden Fällen könnte Bildung zum Beispiel nur noch bis zur Menge B_4 (Abbildung 5) nachgefragt werden. Die Budgetgerade dreht sich also im Punkt C und verläuft senkrecht nach B_4. Haushalte, die eine hohe Präferenz und Zahlungsbereitschaft für Bildung haben, sind unter diesen Bedingungen nicht in der Lage, ihre Nachfrage nach Bil-

[46] Da der Bildungsschein wie der Nulltarif die Opportunitätskosten des Studiums senkt, wird die Schulbeziehungsweise Studienzeit sich ceteris paribus verlängern. Würde der Bildungsschein auch die Unterhaltskosten des Schülers und/oder Studenten teilweise oder ganz decken, so würden die Opportunitätskosten weiter gesenkt und die Bildungszeiten sich noch mehr verlängern. Das sogenannte „ewige" Studentendasein würde dadurch gefördert.

[47] So der egalitäre Bildungsschein, der Coons-Sugarman-Bildungsschein und der Bildungsschein der Jencks-Kommission.

[48] Die Benutzung der deutschen Hauptschule ist in der Regel nur bis zur Erfüllung der Vollzeitschulpflicht statthaft. Sprechen besondere pädagogische Gründe dafür, ist ihre Benutzung in vielen Ländern der Bundesrepublik Deutschland um ein weiteres Jahr statthaft, wenn das gesteckte Ausbildungsziel noch nicht erreicht ist.

dung voll zu realisieren und ein Nutzenniveau zu erreichen, das bei einer Aufhebung der quantitativen Beschränkungen und des Nulltarifs erreichbar wäre. Der Handlungsspielraum des Haushalts beziehungsweise die persönliche Freiheit des Schülers (Eltern) oder des Studenten wird insoweit ebenso eingeschränkt wie im Fall der Kapazitätsbeschränkung (Numerus clausus, maximale Schulbenutzungszeit)[49].

Ist es dagegen zulässig, weitere Bildung auf eigene Kosten (etwa bei privaten Bildungseinrichtungen) nachzufragen, so sind auch diese Haushalte in ihrer Wahlfreiheit nicht beschränkt. Die Situation wäre dann nicht viel anders, als wenn bei angebotsseitiger Finanzierung neben dem staatlichen, quantitativ beschränkten Bildungsangebot zum Nulltarif ein privates Angebot besteht, das zu marktüblichen Preisen in Anspruch genommen werden kann[50].

(2) Subventioniert der Staat die Bildungsnachfrage des Haushaltes nicht global mit einer fixen Summe (Anzahl der Gutscheine pro Kopf, multipliziert mit ihrem Nennwert), sondern gibt er *pro-Stück-Gutscheine* aus, mit denen eine nachgefragte Bildungsleistung ganz oder teilweise finanziert werden kann (open-ended voucher), so dreht sich die Budgetgerade des Haushaltes im Punkt G_1 (Abbildung 7).

Abbildung 7: Der pro-Stück-Bildungsschein

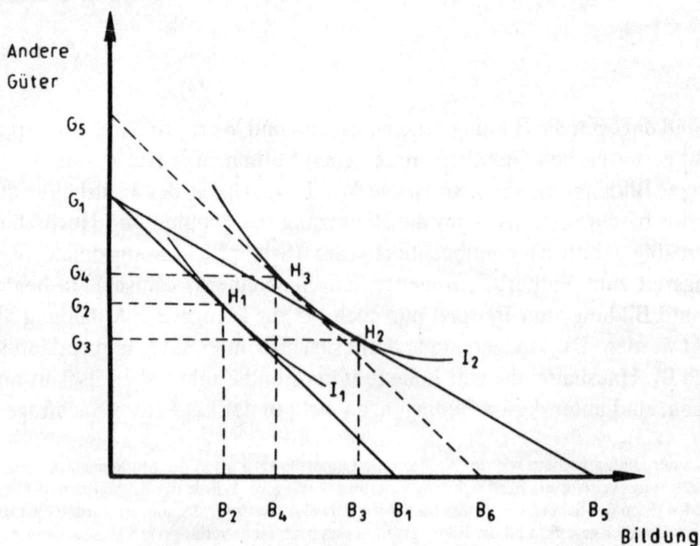

[49] Sie betrifft in diesem Zusammenhang nur den quantitativen Aspekt der Bildungsnachfrage. Der bedeutende Aspekt freier persönlicher Entscheidung in Hinblick auf die Bildungsinhalte (Art und Qualität der Bildungsgüter) wird durch die Homogenitätsprämisse ausgeklammert.

[50] Allerdings würden unter diesen Bedingungen die Produktions- und Kostenfunktionen ungünstig beeinflußt, wenn nur noch eine geringe Zahl von Bildungsnachfragern bereit ist – und es sich leisten kann –,

Wie im Fall einer direkten staatlichen Beteiligung am (benutzten) Schul- oder Studienplatz (direkte pro-Stück-Subvention) kommt es beim ergänzungsfähigen Bildungsschein zu einer Senkung des relativen Preises für Bildung und zu einer Erhöhung des Realeinkommens des Haushaltes (Einkommenseffekt ausgedrückt in Bildungsleistungen B_4-B_2). Durch die relative Preissenkung nimmt unter normalen Bedingungen die Nachfrage nach Bildung zu, da der Haushalt mehr von der billigeren Bildung und weniger von den relativ teureren anderen Gütern kaufen wird (Substitutionseffekt).

Das neue Haushaltsgleichgewicht ist H_2. Hätte sich lediglich das Einkommen des Haushaltes von B_1 auf B_6 beziehungsweise G_1 auf G_5 erhöht (Parallelverschiebung der Budgetgeraden), was zum Beispiel einer *Barsubvention* des Haushaltes gleich käme, so wäre zwar das gleiche Nutzenniveau (I_2) erreicht worden wie im Fall der relativen Preisänderung, aber die Nachfrage nach Bildung wäre nur von B_2 auf B_4 gestiegen.

Der Haushalt muß aber auf eine Einkommenserhöhung, die hier durch eine Subventionierung der Bildung hervorgerufen wurde, nicht unbedingt normal reagieren. Sofern Bildung für den Haushalt kein normales oder superiores gut ist, verläuft die Reaktion *anomal:* Der Haushalt fragt bei steigendem Nennwert der Gutscheine pro Stück relativ weniger Bildung nach (negativer Einkommenseffekt). Der negative Einkommenseffekt kompensiert dann ganz oder teilweise den durch den konvexen Verlauf der Indifferenzkurven stets positiven Substitutionseffekt (siehe Abbildung 8). Soweit Bildung investiven Charakter hat, wird sie erfahungsgemäß von einer bestimmten Einkommenshöhe an weniger nachgefragt werden.

Der pro-Kopf- und pro-Stück-Bildungsschein unterscheiden sich unter den eingangs spezifizierten Bedingungen in ihren Wirkungen auf das Verhalten der Bildungsnachfrager nicht von den bekannten und praktizierten Formen der Angebotsfinanzierung der Bildung (institutionelle Schul- und Hochschulausgaben). Unterschiedliche Wirkungen entstehen erst dann, wenn die Prämissen der Homogenität und unveränderten Qualität der Bildungsgüter die Konstanz der Produktions- und Kostenfunktionen aufgehoben werden. Die Bildungsproduktion würde sich dann unter wettbewerblichen Bedingungen nicht nach den Zielsetzungen der verantwortlichen staatlichen Stellen richten als vielmehr nach den Bildungswünschen der Nachfrager – vorausgesetzt der Staat beschränkt sich auf seine ordnende Funktion, wie sie oben beschrieben wurde[51]. Das muß auch im Fall der Nachfragefinanzierung nicht zwangsläufig der Fall sein, obwohl hier die Anreize in diese Richtung gesetzt werden.

die gesamten Kosten privater Bildung zu tragen, nachdem sie über die abzuführenden Steuern, das staatliche Bildungsangebot bereits mitfinanzieren. Unter dieser Bedingung kann es geschehen, daß die zunehmenden Skalenerträge nicht genutzt beziehungsweise die optimale Betriebsgröße nicht erreicht wird. Sofern im Durchschnitt weniger Begabte diese Einrichtungen besuchen, würde der Effekt verstärkt. Der Ast CB_5 der Budgetgeraden in Abbildung 5 würde steiler verlaufen, zum Beispiel von C nach B_6.

[51] Siehe Abschnitt C. I.

Abbildung 8: Bildung als inferiores Gut

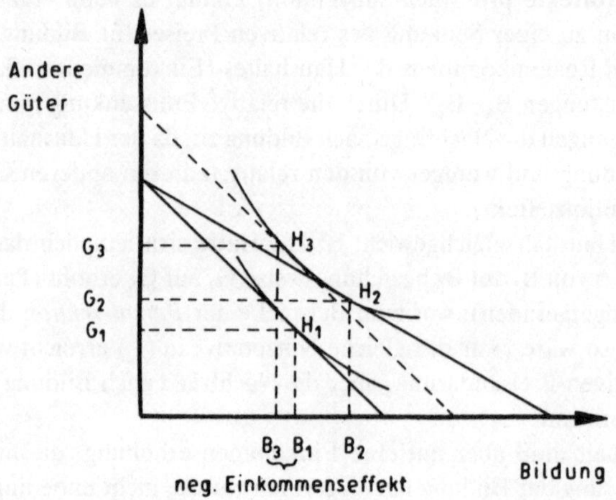

2. *Bildungsscheine und die Höhe des staatlichen Bildungsbudgets*

In einem weiteren Schritt soll nun das Verhalten des Staates bei der Determinierung des Bildungsbudgets untersucht werden. Wie läßt sich, so lautet die Frage, sicherstellen, daß das Bildungsbudget die Höhe aufweist, durch eine der bisherigen institutionellen Finanzierung der Bildung Pareto-superiore Allokation der Ressourcen erreicht wird? Das Bildungsbudget determiniert nämlich zusammen mit der Zahl der Bildungsscheinberechtigten den Nennwert des Gutscheins (Quotient aus Bildungsbudget und Anzahl der Berechtigten) und die Nachfrage nach Bildung (nicht ergänzungsfähiger Bildungsschein) oder bestimmt sie mit (ergänzungsfähiger Bildungsschein).

Insbesondere in den Vereinigten Staaten ist eine Diskussion darüber geführt worden, ob ein ergänzungsfähiger Bildungsschein unter Paretianischen Gesichtspunkten überhaupt eine optimale Lösung ermöglicht, das heißt, das Bildungsbudget in seiner Höhe so determiniert werden kann, daß für die gesamte Gesellschaft ein höchstmögliches Wohlfahrtsniveau erreicht wird[52]. Allerdings wird die Bereitstellung der staatlichen Mittel von diesen Ökonomen mit positiven externen Effekten der Bildungsgüter und nicht mit *fehlenden Finanzierungsmöglichkeiten* (Unvollkommenheit des Kapitalmarktes, ungünstige Vermögens- und Einkommensverteilung) begründet, was uns von diesen Autoren wesentlich unterscheidet.

[52] Pauly, M. V.: Mixed Public and Private Financing of Education: Efficiency and Feasibility, in: American Economic Review, Bd. 57 (1967), S. 213–223; Barlow, R.: Efficiency Aspects of Local School Finance, in: Journal of Political Economy, Bd. 78 (1970), S. 1028–1040, übersetzt von Friedrich Schneider und wieder abgedruckt in: Ökonomische Theorie der Politik, (Hrsg.) W. W. Pommerehne und B. S. Frey, Berlin–Heidelberg–New York 1979, S. 209–224. Olson, E. O.: Some Theorems in the Theory of Efficient Transfers, a. a. O., S. 166–176; Eysenbach, M. L.: Voucher Plans Voting Models, and the Efficiency of Local School Finance, S. 863–871; West, E. G.: Vouchers, Voting and Pareto-Efficiency (Manuskript); Rowley, C. K., und Peacock, A. T.: Welfare Economics, A Liberal Restatement, a. a. O., S. 122–128.

Trotzdem können wir auf ihre Analyse bei der Bestimmung der Höhe der staatlichen Subventionen zurückgreifen.

Folgen wir zunächst Pauly, der den ergänzungsfähigen Bildungsschein mit konstantem Nennwert und den mit invers zum Einkommen gestaffelten Nennwert auf diese Frage hin untersucht hat.

(1) Wenn positive externe Effekte der schulischen Bildung existieren, so ist zu deren mikroökonomischer Beschreibung eine Nutzenfunktion erforderlich, in der nicht nur der Konsum von Bildung und anderen (privaten) Gütern durch einen Haushalt erfaßt wird, sondern auch der Konsum von Bildung (öffentliches Gut) durch alle anderen Haushalte der Gesellschaft. Die Nutzenfunktion der Familie i, der m Güter (q) und die Menge q_{pi} an Bildungsleistungen für das eigene Kind in einer Gesellschaft von n Personen nachfragt, sieht dann wie folgt aus:

$$(1)\ u^i = u^i\ (q_{1i}, q_{2i}, \ldots, q_{mi}; q_{p1}, \ldots, q_{pi}, \ldots, q_{pn})$$

Der Konsum von Bildung durch alle anderen n-1 Familien ist hier als ein separates öffentliches Gut für die Familie i dargestellt. Jede Familie hat damit eine positive Grenzrate der Substitution zwischen dem Konsum an Bildung durch eine andere Familie und den Gütern, die sie selbst konsumiert. Die Optimalitätsbedingung setzt daher voraus, daß die Summe der Grenzraten der Substitution aller Familien der Gesellschaft gleich der Grenzrate der Transformation ist. Für die Bildung des Kindes $j(q_{pj})$ bedeutet das, daß

$$(2)\ \sum_{i=1}^{n} u^i_{pj} : u^j_r = k'_{pj} : k'_r\,.$$

Auf der linken Seite der Gleichung wird der Grenznutzen der Ausbildung des Kindes der Familie j über alle Individuen der Gesellschaft (n) und der Grenznutzen der Nachfrage der Familie j nach dem privaten Gut ins Verhältnis gesetzt. Die rechte Seite der Gleichung beschreibt das Verhältnis der Grenzkosten der Ausbildung des Kindes j zu den Grenzkosten der Produktion des privaten Gutes. Daraus folgt, daß eine positive marginale Bewertung der Ausbildung des Kindes j durch andere Haushalte der Gesellschaft dazu führt, daß bei ausschließlich privater Finanzierung der Ausbildung des Kindes j eine Unterversorgung der Gesellschaft mit Bildung durch das Kind j vorliegt.

(2) Theoretisch ist es nun sehr einfach, Pareto-Optimalität herzustellen, indem alle übrigen Familien so viel Subventionen für die Ausbildung des Kindes j zahlen, bis die Optimalitätsbedingung (2) erfüllt ist. Praktisch allerdings steht eine solche Subventionspolitik, die der Staat zu organisieren hätte, vor erheblichen Schwierigkeiten, da nicht bekannt ist, wie die übrigen Mitglieder der Gesellschaft die Ausbildung des Kindes j bewerten. Das heißt, *hohe Informations- und andere Transaktionskosten* entstehen, will man die Auskünfte über die Präferenzen der Haushalte hinsichtlich des Teils der Ausbildung des Kindes j einholen, der den postulierten Öffentlichkeitscharakter hat, und dabei das Problem des strategischen Verhaltens überwinden.

(3) Neben der Schwierigkeit herauszufinden, wie die Mitglieder der Gesellschaft die Ausbildung von j bewerten, weist Pauly auf ein anderes Problem hin, auf das Buchanan und Tullock[53] in allgemeiner Form schon aufmerksam gemacht und das sie als *„reziproke Externalität"* bezeichnet haben. Pauly widmet seine Ausführungen besonders diesem Problem, weil dadurch eine optimale Lösung von vornherein ausgeschlossen sein kann[54].

Unter reziproker Externalität ist dabei die wechselseitige Abhängigkeit der privaten (staatlichen) Ausgaben gemeint. Das nämlich, was die Familie j für die Ausbildung ihres Kindes zu zahlen bereit ist, wird auch davon abhängen, wieviel der Staat seinerseits bereit ist, an Subventionen zu zahlen. Andererseits aber macht auch der Staat die Entscheidung darüber, wieviel Subventionen für die Ausbildung eines Kindes zu zahlen sind, davon abhängig, wieviel Geld Eltern bereit sind, für die Ausbildung ihres Kindes auszugeben[55].

Geht man zunächst einmal davon aus, daß der Staat in der Ausgangssituation keine Subventionen für die Ausbildung zahlt, so werden alle Haushalte (Familien) ihr Budget zwischen der Ausbildung ihres Kindes und den übrigen Gütern so aufteilen, daß sie ihren Nutzen maximieren. Eltern werden für ihre Kinder so viel Ausbildung finanzieren, bis der Punkt erreicht ist, wo $u^j_{pj} : u^i_r = k'_{pj} : k'_r$. Nimmt man ferner an, daß es sich bei der Bildung um ein normales Gut handelt und Eltern gleicher Einkommensgruppen bereit sind, den gleichen Betrag für die Bildung ihrer Kinder auszugeben und daß Eltern bei gleichen Präferenzen mit zunehmendem Einkommen gewillt sind, mehr für die Ausbildung ihrer Kinder zu zahlen, so ist für den Fall, daß nunmehr der Staat plötzlich bereit ist, in dem Maße, wie externe Effekte (Summe der positiven Grenznutzen aller übrigen Mitglieder der Gesellschaft) durch die Erziehung des Kindes j erzeugt werden, zu subventionieren, die Subvention der Ausbildung des Kindes j um so größer (kleiner), je mehr (weniger) die Eltern dieses Kindes für seine Ausbildung ausgegeben haben. Ist das Einkommen niedrig, geben also die Eltern des Kindes j weniger für Bildung aus als es die übrigen Mitglieder der Gesellschaft für nützlich halten, so wird der Staat die Ausbildung des Kindes j solange subventionieren, bis der Grenznutzen für alle Mitglieder der Gesellschaft gleich Null ist. Durch die Subventionen wird ein marginaler externer Effekt erzielt. Beziehen die Eltern des Kindes j dagegen ein hohes Einkommen und geben sie annahmegemäß einen hohen Betrag dieses Einkommens für die Ausbildung ihres Kindes j aus, so kann es sein, daß die Subvention, die der Staat bereit ist zu zahlen, gleich Null ist. Sofern nun jedoch der Bildungsschein einheitlich mit einem *konstanten Betrag (pro Kopf)* für alle

[53] Siehe Buchanan, J. M., und Tullock, G.: Public and Private Interaction under Reciporcal Externalities, in: The Public Economy of Urban Communities, (Hrsg.) J. Margolis, Washington, D. C., 1964, S. 52–73.

[54] Pauly, M. V.: Mixed Public and Private Financing of Education: Efficiency and Feasibility, a. a. O., S. 216.

[55] Daß durch eine derartige Reziprozität der Externalitäten eine Gleichgewichtslösung unmöglich werden kann, darauf haben O. A. Davis und A. B. Whinston bereits hingewiesen (Externalities, Welfare, and the Theory of Games, in: Journal of Political Economy, Bd. 70 (1962), S. 241–262).

Kinder ausgestattet ist, fließt auch den Eltern dieses Kindes eine Subvention zu. Dadurch wird aber die Optimalitätsbedingung (2) verletzt, weil die Nachfrage der Gesellschaft beziehungsweise der Grenznutzen der Mitglieder der Gesellschaft im Hinblick auf die Ausbildung des Kindes j nicht mehr positiv ist. Das heißt, der Bildungsschein erzeugt einen inframarginalen Effekt; die Bildung, die schon nachgefragt wurde, war bereits die optimale Menge. Handelt es sich dagegen um Eltern, deren Einkommen relativ gering ist, so erhöht die vom Staat gezahlte Subvention in Form eines konstanten Betrags die Zahl der positiven externen Effekte (marginaler externer Effekt). Das Optimum wird erreicht, wenn der marginale Nutzen für die übrigen Familien gleich Null ist. Dies ist allerdings wie *im Fall der Angebotsfinanzierung der Bildung mit einem konstanten Subventionsbetrag nicht möglich,* wenn je nach Einkommensgruppe die Ausgaben für Bildung höher oder niedriger liegen. Aber selbst wenn man von diesem Problem absieht, kann ein Optimum nur dann erreicht werden, wenn die gezahlten Ausbildungssubventionen das Ausgabenverhalten der Eltern für die Ausbildung ihres Kindes j nicht verändert.

Reagieren dagegen Eltern auf staatliche Subventionen für die Ausbildung ihres Kindes mit einer Reduzierung ihrer Bildungsausgaben, so kann eine *optimale* Allokation der Ressourcen wahrscheinlich nicht erreicht werden.

Geht man dagegen von dem Fall aus, in dem Eltern die Erziehung ihrer Kinder in der Ausgangssituation nicht finanzieren, dann wird eine Subvention in gleicher Höhe an alle Schüler deren Nutzen nur maximieren, sofern Kinder in ihren Begabungen und Motivationen sich nicht voneinander unterscheiden. Die Bereitstellung gleicher Mittel ist aber lediglich dann optimal, wenn alle Eltern für Bildung selbst nicht zahlen können oder wollen. Sofern Eltern die vom Staat gezahlten Subventionen durch ein von ihnen selbst geleistetes Schulgeld *ergänzen,* sind solche Zahlungen zweifellos optimal. denn Eltern sind nur dann bereit, zusätzliche Mittel (Grenzkosten) für die Ausbildung ihrer Kinder auszugeben, wenn sie sich davon einen eigenen (internalisierten) Nutzen versprechen.

Wird jedoch durch den institutionellen Rahmen verhindert, daß Eltern zusätzliche Mittel für die Erziehung ihrer Kinder bereitstellen *(nicht ergänzungsfähiger Bildungsschein),* oder sind die staatlich gezahlten Subventionen so hoch, daß sie freiwillig gezahltes Schulgeld ersetzen, dann wird dadurch gleichfalls eine optimale Allokation der Ressourcen verhindert. Das gilt sowohl für den staatlich finanzierten Schul- oder Studienplatz (Angebotsfinanzierung der Bildung) wie für einen Bildungsschein mit konstantem Wert, der den Kosten des Schul- oder Studienplatzes entspricht.

Senkt der Staat jedoch mit zunehmenden privaten Beiträgen zur Finanzierung der Ausbildung seinen eigenen Beitrag, indem er die bisher an alle Schüler gezahlte Subvention reduziert, so kann es sein, daß der Grenznutzen, summiert über alle Mitglieder der Gesellschaft, größer ist als die Grenzkosten der Bildung. Das ist der Grund, weshalb Pauly annimmt, daß auch ein Bildungsscheinsystem, wie es von Friedman vorgeschlagen worden ist (Bildungsschein mit konstantem Nominalwert), nicht notwendig Pareto-optimal ist. Das heißt, es ist unerheblich, ob in der Ausgangssituation die Ausgaben der Eltern für die Ausbildung ihrer Kinder Null betragen oder die des Staates. In beiden Fällen kommt es zu gegenseitigen Anpassungen der Bildungsausgaben, und in beiden Fällen wird ein Bildungsscheinsystem Friedmanscher Prägung nicht zu einem Pareto-Optimum führen, sondern zu einem Prozeß reziproker Anpassung von Seiten des Staates und der Eltern[56].

(4) Pauly zeigt unter der Annahme, daß die gesellschaftliche Nachfragekurve wie auch die Nachfragekurven der Haushalte nach Bildung bekannt sind, daß nur ein Bildungsschein, dessen Nominalwert *invers zum Familieneinkommen* gestaffelt ist, Pareto-optimal sein kann[57]. Entscheidende Voraussetzung dabei ist, daß die gesellschaftliche Nachfrage nach Bildung im relevanten Bereich fast vollkommen unelastisch ist. Das bedeutet, daß Eltern in ihrer Eigenschaft als Mitglieder der Gesellschaft (Wähler) eine bestimmte Menge an Bildung (Vollzeitschulpflicht; Mindeststandard) für jedes Kind bereitgestellt wissen wollen. Diese Bildungsmenge soll gleichzeitig die maximale Menge sein, die die Wähler auf ihre Kosten jedem Kind zur Verfügung stellen möchten.

Daß unter diesen Bedingungen ein Bildungsschein nur dann Pareto-optimal sein kann, wenn sein Wert in Abhängigkeit vom Familieneinkommen fixiert wird, macht Pauly graphisch deutlich (Abbildung 9). Angenommen sei, daß vier Familien (F_1, F_2, F_3, F_4) mit unterschiedlichem Einkommen sich jeweils einer verschieden hohen staatlichen Bildungssubvention gegenüber sähen und je nach Höhe der staatlichen Subvention, die sie zur Ausbildung ihres Kindes erhalten, den Betrag, den sie selbst zur Ausbildung ihres Kindes noch beisteuern möchten, wählen könnten (ergänzungsfähiger Bildungsschein). Dabei wird angenommen, daß die nach der Höhe ihres Einkommens geordneten Familien mit zunehmendem Einkommen auch mehr Bildung nachfragen. Die staatliche Nachfrage nach Bildung ist durch die Gerade GG' dargestellt, die ein absolutes Steigungsmaß von 1 hat, da der Staat nur eine bestimmte Menge Bildung, nämlich OG, nachgefragt wissen will, die er notfalls bereit ist, ganz selbst zu finanzieren. Die Gerade GG' stellt daher die Ausgaben dar, die der Staat bei alternativer Höhe der Bildungsausgaben der Familien F_1, F_2, F_3 und F_4 selbst finanziert.

Betrachten wir nun zum Beispiel Familie 3 und nehmen wir an, der Staat finanziere in der Ausgangssituation die gesamte Mindestausbildung (OG). Familie F_3 wird dann ihrerseits die Menge OX an Bildung zusätzlich nachfragen und finanzieren. Das veranlaßt den Staat, seine Ausgaben auf OA zu reduzieren, worauf wiederum Familie 3 reagiert und ihren Beitrag zur Bildung auf OY erhöht. Darauf reagiert der Staat erneut und paßt sich an (OB), was wieder Familie 3 zu einer

56 Sam Peltzman hat nachgewiesen, daß in den Vereinigten Staaten Dreiviertel der staatlichen Ausgaben für Hochschulen private Ausgaben substituieren (The Effect of Government Subsidies-in-Kind on Private Expenditures: The Case of Higher Education, in: Journal of Political Economy, a. a. O., S. 7–27); siehe auch die theoretischen Ausführungen von Pauly, M. V.: Efficiency in the Provision of Consumption Subsidies, in: Kyklos, Bd. 23 (1970), S. 33–57).

57 Pauly, M. P.: Mixed Public and Private Financing of Education: Efficiency and Feasibility, a. a. O., S. 218f.

Abbildung 9: Wechselseitiger Anpassungsprozeß bei privater und öffentlicher Finanzierung eines staatlich fixierten Bildungsminimums

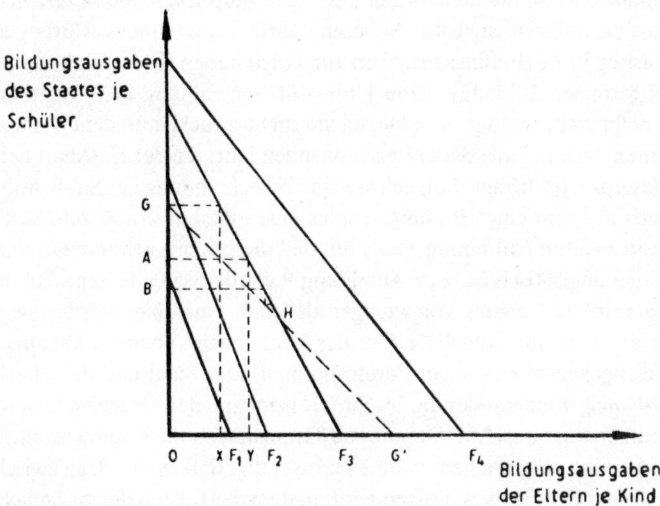

Reaktion bewegt. Wie aus Abbildung 9 ersichtlich ist, führen die Aktionen und Reaktionen von Staat und Familie 3 zu einem Gleichgewicht. Es ist erreicht, wo die Ausgabenkurve der Familie 3 die Ausgabenkurve des Staates GG' schneidet. Der gleiche Prozeß findet zwischen Staat und Familie 2 statt. Familie 1 hat dagegen eine so geringe Nachfrage nach Bildung, daß der Staat die gesamte Mindestmenge OG finanziert. Demgegenüber hat Familie 4 eine so hohe Präferenz für Bildung, daß der Staat überhaupt keine Subvention an sie zu zahlen braucht. Alle Zahlungen des Staates und der Familien sind Pareto-optimal, da jeweils der Grenznutzen des Staates und der Familie gleich ihren Grenzkosten sind. Für Bildungsmengen unterhalb dieser Schnittpunkte übersteigen dagegen der soziale und individuelle Grenznutzen die Grenzkosten, so daß eine Tendenz zur Ausweitung der Bildungsnachfrage besteht. Bildungsmengen dagegen, die oberhalb der Gleichgewichtsmengen liegen, sind dadurch gekennzeichnet, daß der Grenznutzen der Gesellschaft sich auf Null reduziert und daß der der Familie geringer ist als die Grenzkosten. Es besteht eine Tendenz zur Reduktion der Bildungsnachfrage. Nur in den Schnittpunkten, wo der Grenznutzen des Staates Null ist und der der Familie gleich den Grenzkosten, ist die Bedingung (2) erfüllt. Folglich muß der Bildungsschein den Wert Null für Familie 4 und den maximalen Wert (OG) für Familie 1 annehmen. Familie 2 und 3 erhalten einen Bildungsschein mit einem Wert invers zu ihren Einkommen.

Nun geht aber Pauly von der Prämisse aus, daß die Präferenz für eine Ausbildung der Kinder bei allen Familien die gleiche sei und folglich die Bildungsausgaben, die Eltern bereit sind zu tätigen, ausschließlich von ihrem Einkommen abhängen (was gewiß nicht zutreffen muß). Das aber bedeutet, daß die aus Sicht des Staates zu geringe Nachfrage nach Bildung bei den Familien 1, 2 und 3 auf deren finanzielle Schwächen beziehungsweise auf *Kapitalmarktunvollkommenheiten* zurückzuführen ist. Eine Anhebung ihres Einkommens würde gleichzeitig einen Anstieg ihrer Bildungsausgaben zur Folge haben (hohe Einkommenselastizität der formalen Bildung). Eine Unterstützungszahlung in Bargeld ist jedoch deshalb nicht zweckmäßig, da eine solche nicht zweckgebundene Erhöhung des Einkommens sich auf alle die Güter verwenden läßt, die der Haushalt bei gegebenen Präferenzen nachfragt. Folglich sei eine Zweckbindung der Subvention (subsidy-in-kind) in Form eines Bildungsscheins eine effizienz-erhöhende Maßnahme.

In einem zweiten Fall nimmt Pauly an, daß die Nachfragekurve des Staates fast vollkommen unelastisch ist. Für Abbildung 9 würde das bedeuten, daß die Kurve GG' eine absolute Neigung von weniger als 1 hat. Auch hier würden sich Gleichgewichte ergeben, die von der Höhe des Familieneinkommens abhängen. Aber diese Gleichgewichte sind nicht Pareto-optimal. Der Staat und die Eltern passen sich *unabhängig* voneinander an, bis ihr Grenznutzen den Grenzkosten entspricht. Dadurch übersteigt auch die Summe der Grenznutzen die Grenzkosten. Um eine optimale Lösung zu erreichen, wäre es notwendig, daß ein Vertrag zwischen dem Staat und jeder Familie geschlossen wird, in dem die Kosten der zusätzlichen Ausbildung für jedes Kind zwischen den Parteien aufgeteilt wird.

Eine Möglichkeit, die Kosten der Ausbildung aufzuteilen, wäre, den Kostenanteil des Staates so gering wie möglich zu halten[58].

In Abbildung 10 sind die Kurven N_{2+G}, N_{3+G} und N_{4+G} die vertikale Addition der Kurve der staatlichen Bildungsnachfrage N_G mit der Nachfragekurve der jeweiligen Familie (N_2, N_3, N_4). Die optimale Menge an Bildung für Familie 1 und 2 ist O_{q2} (Familie 1 hat ein so niedriges Einkommen, daß deren Nachfrage nach Bildung bei positivem Preis gleich Null ist). Für Familie 3 ist die optimale Menge O_{q3} usw. Da davon ausgegangen wird, daß der Staat den Preis je Bildungseinheit für jede Familie variieren kann, ist er in der Lage, die Familien zu Zahlungen zu veranlassen, die der Fläche unter ihrer jeweiligen Nachfragekurve und der Grenzkostenkurve (K') entspricht. Für Familie 2 ist dies zum Beispiel die Fläche OIBA. Der Staat zahlt dann den Betrag, der erforderlich ist, um die Nachfragemenge nach Bildung bis zu ihrem Optimum auszudehnen.

Das bedeutet, der Staat zahlt für Familie 1 O_{q2}DA, für Familie 2 I_{q2}DB, für Familie 3 LEC, für Familie 4 MGF und für Familie 5 keine Subventionen. Es ist deutlich erkennbar, daß die Flächen dieser Felder invers zum Einkommen der Familien variieren.

[58] Mark Pauly führt drei Gründe an, weshalb das eine zweckmäßige Annahme ist: (1) Da der Staat sich freizügiger anpassen kann als die einzelne Familie, ist es ihm eher möglich, in der Verhandlung seine Forderung durchzusetzen. (2) Die Kosten der Steuereinziehung sind erfahrungsgemäß hoch. (3) Weil eine Kopfsteuer wahrscheinlich nicht praktikabel ist, führt jede Methode der staatlichen Finanzierung über Steuern zu einer zusätzlichen Belastung, die zu Verzerrungen führt. Eine Reduktion der staatlichen Bildungsausgaben würde diese Belastung abbauen.

Abbildung 10: Einkommensabhängige Bildungsnachfrage und staatliche Subventionen (Bildungsscheine)

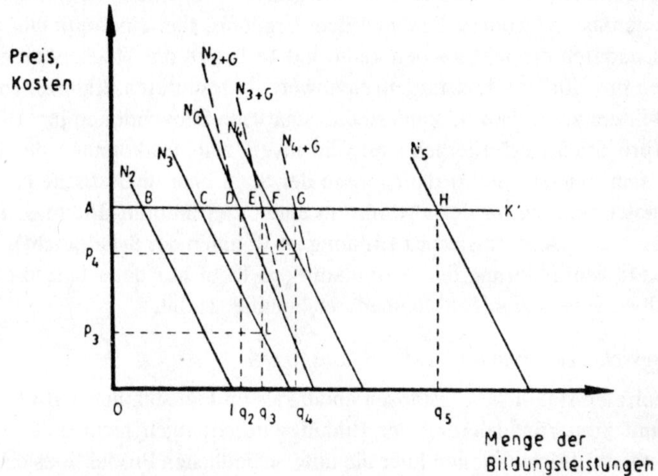

Die Beträge, die der Staat in der optimalen Situation zahlen sollte, sind das Ergebnis eines Verhandlungsprozesses. Zunächst könnte man meinen, daß man sich unter Voraussetzung von Bedingung (2) darauf einigt, daß der Staat jedem Kind den gleichen Betrag zahlt. Dies setzt aber ein anomales Verhalten bei der Verhandlung voraus, das kaum zu erwarten sei. Denn gleiche Zahlungen des Staates an alle erfordern günstigere Verhandlungspositionen für Familien mit höherem Einkommen und ungünstigere für jene mit niedrigerem Einkommen. Pauly ist hier vermutlich der Auffassung, daß dies in einer Demokratie nicht der Fall sein könne, da normalerweise das politische System die Möglichkeit gebe, die Einkommensverteilung zugunsten derjenigen zu verbessern, denen dies über den Markt nicht gelungen ist. Die Erfahrungen zeigen jedoch (etwa die Berücksichtigung von Bildungsausgaben als Sonderausgaben), daß Familien mit einem höheren Einkommen nicht nur nicht den gleichen Betrag, sondern einen höheren Betrag als Subventionen vom Staat erhalten, wie dies unter anderem in der Bundesrepublik Deutschland der Fall ist.

Nun ist aber ein optimales Ergebnis durch Pro-Kopf-Zahlungen (Bildungsschein) nur schwer zu erreichen, da mit jeder Familie eine Vereinbarung getroffen werden muß, wieviel sie für Bildung ausgeben soll. Ein System jedoch, in dem der Staat sich bereit erklärt, einen bestimmten Teil der Kosten pro Bildungsleistung (Stückkosten) zu tragen, die die Eltern für ihre Kinder kaufen, kann dagegen zu einer optimalen Allokation führen, ohne daß eine explizite Vereinbarung mit jeder Familie getroffen werden muß. Voraussetzung dafür ist, daß der Anteil, den der Staat an den Stückkosten der Bildungsleistungen trägt, mit der Höhe des Einkommens invers variiert. In Abbildung 10 würde der Staat zum Beispiel für Familie 3 einen Anteil von p_3A der Stückkosten OA tragen und für Familie 4 einen Anteil von p_4A. Für Familie 1 und 2 würde der Staat die gesamten Stückkosten (OA) übernehmen, während Familie 5 die gesamten Stückkosten selbst trägt.

Zusammenfassend kommt Pauly zu dem Ergebnis, daß eine optimale Allokation nicht dadurch erreicht werden kann, indem Eltern die Möglichkeit gegeben wird, einen pro Kind mit konstantem Nennwert ausgestatteten Bildungsschein aus eigenen Mitteln zu ergänzen, sondern daß staatliche Subventionen pro Bildungsleistung (pro Stück) erforderlich sind, die invers zum Einkommen der Familie gestaffelt sein müssen. Selbst dann, wenn der Staat eine unelastische Nachfrage nach formaler Bildung hat, er also nur an einem bestimmten Bildungsminimum eines jeden Bürgers interessiert ist (Bildung im Rahmen der Schulpflicht), ist eine staatliche Subventionierung der Ausbildung pro Kopf nur dann Pareto-optimal, wenn auch sie invers zum Einkommen der Familie erfolgt.

d. *Bildungsscheinsysteme und Transaktionskosten*

Da die zentralen staatlichen Instanzen anders als im Fall staatlicher Bildungsproduktion und Steuerfinanzierung der Bildungseinrichtungen nicht mehr vor der Aufgabe stehen, Informationen über die unterschiedlichen Produktionsleistungen von Bildungsgütern und gleichzeitig über die (wahren) Präferenzen der Bildungsnachfrager zu beschaffen, wird der Informationsbedarf bei Einführung eines Gutscheinsystems unter den Bedarf sinken, der erforderlich ist, wenn der Staat die Bildungsproduktion selbst in die Hand nimmt. Bildungsscheinsysteme setzen nämlich grundsätzlich voraus, daß einerseits Schulen und Hochschulen größere Handlungsspielräume erhalten, um Schüler und Studenten zu rekrutieren und zu bilden und sich auf diese Weise zu finanzieren, andererseits Eltern, Schüler und Studenten die Möglichkeit erhalten, durch Wahl der Schule beziehungsweise der Hochschule und der Bildungsgänge die Bildungsproduktion zu lenken. Dadurch kommt es zu einer Senkung der Transaktionskosten bei den zentralen staatlichen Instanzen. Ein Abbau der zentralen Verwaltung wird grundsätzlich möglich.

Fraglich ist, in welchem Umfang der Abbau der Zentralverwaltung möglich ist. Er hängt entscheidend von der Ausgestaltung des Bildungsscheinsystems ab. Je regulierender oder interventionistischer ein System ist und der Staat in den spontanen Prozeß der simultanen Abstimmung von Schüler-, Eltern- und Studentenpräferenzen mit den Produktionsbedingungen der Bildungseinrichtungen eingreift, um so höher werden die Transaktionskosten bei der zentralen staatlichen Instanz sein. Stark regulierte Bildungsscheinsysteme, etwa das von John E. Coons und Stephen D. Sugarman[59] sowie das der Jencks-Kommission[60], werden daher höhere Transaktionskosten verursachen als „unregulierte“[61] (Vorschläge von M.

[59] Siehe S. 228ff.

[60] Siehe S. 236ff.

[61] Es wäre falsch anzunehmen, daß „unregulierte“ Bildungsscheinsysteme ohne staatliche Kontrolle auskämen. Auch diese Systeme haben einen, wenn auch minimalen Regulierungsbedarf, der durch die Fixierung von Rahmenbedingungen und ihre Kontrolle hervorgerufen wird. Siehe dazu die Ausführungen zum Friedman-Bildungsschein.

Friedman, West und Peacock-Wiseman)[62]. Dabei wird im Fall einer föderativen Organisation der staatlichen Kultus- und Bildungsverwaltung der Übergang zu einer einzigen zentralen (Bundes)Instanz nicht nur allokativ zweckmäßig, da die einzelnen Bildungsnachfrager und -anbieter die Bildungsproduktion dezentraler steuern, sondern auch politisch leichter möglich. Denn ein Konsens muß nunmehr lediglich noch über die Rahmenbedingungen (minimale inhaltliche Anforderungen an bestimmte Unterrichtsfächer, Bildungspflicht, Rechtsaufsicht) und über die Höhe des Bildungsbudgets, aus dem die Bildungsscheine zu finanzieren sind, gefunden werden[63].

Browning hat in der allgemeinen Diskussion um die Effizienz von Subventionen mit Verwendungsauflage auf den hohen Informationsbedarf über die Menge und Eigenschaften der zu produzierenden Güter hingewiesen und betont, daß die administrativen Kosten, die Kosten der politischen Entscheidungsfindung und die Kosten der Identifizierung von potentiellen Externalitäten so hoch sein können, daß eine Intervention sich ökonomisch nicht rechtfertigen lasse[64].

Nun kann hier eingewendet werden, die Neuverteilung der Verfügungsrechte führe dazu, daß die Transaktionskosten, die bisher bei Ministerien und zentralen Schulverwaltungen (Schulämtern) angefallen sind, sich entsprechend der Redefinition der Dispositionsrechte und der Veränderung des Finanzierungssystems auf die Bildungsproduzenten (dezentrale staatliche und private Bildungseinrichtungen) und -nachfrager verteilten, es also zu keiner Effizienzsteigerung kommt, sondern lediglich die Last der Transaktionskosten anders verteilt werde (pekuniäre externe Effekte). Sofern diese Einrichtungen in staatlicher Hand bleiben, aber mit mehr Entscheidungsbefugnissen versehen sind, komme es lediglich zu einer Verlagerung der Transaktionskosten innerhalb des staatlichen Sektors.

An dieser Auffassung ist richtig, daß Schulen und Hochschulen bei der Finanzierung über Bildungsscheine dazu gezwungen sind, sich über die Präferenzen der potentiellen Nachfrager zu informieren, um ihre knappen Ressourcen auf dem Bildungsmarkt bestmöglich einzusetzen.

Die Eigenständigkeit der Schulen und Hochschulen erhöht insofern deren Entscheidungs- und Informationsbedarf und je nach deren interner Organisations-

[62] Diesen Zusammenhang hat George Pearson erkannt, wenn er die hohen administrativen Kosten des Coons-Sugarmanschen Bildungsscheins kritisiert. Siehe Pearson, G. H.: Another Look at Education Vouchers, Center for Independent Education, Wichita, Kan, o. J., S. 6. Pearson ist bei dieser Bemerkung weniger unmittelbar an den hohen Transaktionskosten interessiert, sondern an den Konsequenzen, die aus den dirigistischen Maßnahmen für die Schulen in freier Trägerschaft resultieren, die sich bisher einer Freiheit erfreuten, die deutschen staatlich anerkannten Schulen nicht gewährt ist. Siehe auch derselbe: Vouchers, Tax Credits and the Future of Education, Wichita, Kan., September 1979 (vervielfältigtes Manuskript).

[63] Bildungsscheine könnten deshalb auch die Integration der nationalen Bildungssysteme in ein europäisches Bildungssystem erleichtern.

[64] Browning, E. K.: The Externality Argument for In-kind Transfers: Some Critical Remarks, in: Kyklos, Bd. 28 (1975), S. 526–544. Reinar Lüdeke kommt aus distributiver Sicht zu dem gleichen Ergebnis. (Die Subventionierung von Produktionsfaktoren als verteilungspolitisches Instrument: Möglichkeiten größerer distributiver Wirksamkeit, in: Jahrbücher für Nationalökonomie und Statistik, Bd. 197 (1982), S. 385–412).

struktur auch den der Lehrer und Professoren. Ebenso sind die Bildungsnachfrager durch die erweiterten Befugnisse gezwungen, mehr und gewichtigere Entscheidungen zu fällen, wozu auch sie mehr Informationen benötigen. Es darf jedoch nicht unberücksichtigt bleiben, daß Bildungsanbieter bereits durch ihre produktive Tätigkeit das Wissen über die technischen und wirtschaftlichen Voraussetzungen der Bildungsproduktion zur Verfügung haben, wie auch Bildungsnachfrager bereits weitgehend über ihre eigenen Präferenzen informiert sind, also die Kosten der Informationsbeschaffung und -verarbeitung schon aus diesen Gründen niedriger liegen.

Lediglich für die Abstimmung der Bildungsproduktion mit den Präferenzen der Bildungsnachfrager entstehen nun Transaktionskosten (Informations-, Vertragsabschluß- und -durchsetzungskosten), die bisher in dem Umfang nicht erforderlich waren, weil manches durch die zentralen staatlichen Instanzen einmalig und einheitlich und deshalb mit geringeren Kosten geregelt wurde.

Es ist aber fraglich, ob die zentralen staatlichen Instanzen überhaupt bereit und in der Lage (extrem hohe Informationskosten) sind, sich die erforderlichen Informationen zu beschaffen und die Bildungsproduktion so zu lenken, wie es den Präferenzen der Bildungsnachfrager entspricht. Wie die Erfahrung zeigt, ist die staatliche Administration dazu – wahrscheinlich berechtigterweise – nicht bereit[65], weil die Transaktionskosten für sie und die Steuerzahler unvertretbar hoch wären. Es handelt sich also unter anderem um diesen ökonomischen Zusammenhang, der dazu führen kann, daß sich die staatliche Bildungspolitik verselbständigt und von den Präferenzen der Nachfrager entfernt.

Wenn nun verglichen werden soll, ob sich die Transaktionskosten tatsächlich durch die Einführung eines Bildungsscheinsystems insgesamt lenken lassen oder nicht, dann muß der Vergleichbarkeit halber berücksichtigt werden, ob auch das Informationsniveau in beiden Fällen gleich hoch ist. Davon kann aber aus folgenden Gründen nicht ausgegangen werden: Eine zentrale staatlich-administrative Bildungsorganisation mit steuerfinanziertem Bildungsangebot erhöht solange ihr Informationsniveau – vollkommener politischer Wettbewerb und vollkommene Kontrolle der Bildungsverwaltung durch die gewählten Politiker[66] oder altruistisches Verhalten der Kultusbeamten und -politiker vorausgesetzt –, bis der zusätzliche Ertrag einer Information gleich ihren Grenzkosten ist. Sind aber für die staatlich-administrative Organisation die Kosten der Informationsfindung, -übertragung und -verarbeitung bei gleichem Ertrag[67] höher als bei marktlicher Organisation und Bildungsscheinen, was nicht abgestritten wird, dann folgt daraus notwendig, daß auch das Informationsniveau im staatlich-administrativen System

[65] Downs, A.: Ökonomische Theorie der Demokratie (An Economic Theory of Democracy), Tübingen 1968, S. 233–254.

[66] Es existieren also keine motivationalen Probleme im Sinne der principle-agent-Theorie. Alle Kontrollprobleme der untergeordneten Instanzen durch die übergeordneten Instanzen der Administration sind gelöst.

[67] Dieser ist bei Eliminierung aller Unvollkommenheiten des politischen Systems gleich dem, den die Bildungsnachfrager sich wünschen.

niedriger ist. Für den Vergleich der beiden Institutionen bedeutet das, daß entweder bei gleichem Abstimmungsgrad des Bildungsangebots mit der Bildungsnachfrage die Transaktionskosten höher sind als auf dem Bildungsmarkt oder aber bei gleichen Transaktionskosten das Bildungsangebot nicht in gleichem Maße mit der Bildungsnachfrage abgestimmt ist.

Für niedrigere Transaktionskosten *bei gleichem Abstimmungsgrad* von Bildungsangebot und-nachfrage spricht auch, daß auf dem längeren, administrativen Weg, den Informationen zwischen den zentralen Instanzen und den Bildungseinrichtungen und ihren potentiellen Benutzern zurücklegen müssen, Informationsverluste und -verfälschungen auftreten können, die größer sind als jene auf Bildungsmärkten. Zumindest sind das die Erfahrungen, die mit administrativ gelenkten Wirtschaften und Wirtschaftsbereichen gemacht worden sind[68].

Schließlich wird auch die Zahl der den administrativen und politischen Willensbildungsprozeß intervenierenden Faktoren reduziert, die durch selbstinteressierte Beamte und externe Gruppen hervorgerufen werden und zu Lenkungs- und Kontrollschwächen der zentralen administrativen Organisation führen, wie sie in Wohlfahrtsstaaten zutage treten[69].

Die Beobachtung, daß durch die simultanen Abstimmungsprozesse zwischen Bildungsanbietern und -nachfragern auf dem Bildungsmarkt Transaktionskosten (Bildungswerbung, -marketing, -beratung, -befragung) hervorgerufen werden, die teilweise einen solchen Umfang ausmachen, daß bestimmte Funktionen von den Bildungseinrichtungen und -nachfragern ausgelagert und daraus selbständige Einrichtungen werden, muß dem oben genannten Standpunkt keineswegs widersprechen. Ihr Entstehen ist darauf zurückzuführen, daß diese Einrichtungen die Transaktionskosten, die Bildungsanbieter und -nachfrager freiwillig auf sich nehmen, zu senken vermögen. Sie können also die Funktionen der Informationsbeschaffung und -verarbeitung so kostengünstig ausüben, daß die Träger von Bildungseinrichtungen wie auch die Bildungsnachfrage bereit sind, diese Leistungen in Anspruch zu nehmen, da sie selbst nicht in der Lage sind, sie ebenso wirtschaftlich zu erstellen.

Zusammenfassend ist deshalb zu erwarten, daß Bildungsscheine die Transaktionskosten bei gegebenem, hohem Abstimmungsgrad von Bildungsangebot und -nachfrage im Vergleich zur administrativen Lenkung der Bildungsproduktion senken. In welchem Umfang dies jedoch der Fall ist, hängt maßgeblich von der Ausgestaltung des Bildungsscheinsystems ab. Eine exakte Aussage über die tatsächliche Höhe der Transaktionskosten ist jedoch nur durch empirischen Test möglich.

[68] Wegehenkel, L.: Gleichgewicht, Transaktionskosten und Evolution, Eine Analyse der Koordinationseffizienz unterschiedlicher Wirtschaftssysteme, Tübingen 1981, S. 181.

[69] Vorausgesetzt, daß der Wettbewerb auf dem Bildungsmarkt funktioniert und keine Vermachtungen entstehen, die ähnliche Lenkungs- und Kontrollschwächen aufweisen.

e. Alternative Bildungsscheinsysteme: Ihre ökonomischen und sozialen Wirkungen

1. Der „unregulierte" Bildungsschein (Friedman-Vorschlag)

(1) Milton Friedman hat ein einfaches, mit geringem verwaltungstechnischen Aufwand organisierbares Bildungsscheinsystem skizziert[70]. Es wird in der angloamerikanischen Literatur als „unreguliertes" Bildungsscheinsystem (unregulated market model) bezeichnet, obwohl auch Friedmans Vorschlag einige wenige ordnende Funktionen des Staates vorsieht. Es ist darüber hinaus der bekannteste und weitverbreiteste Vorschlag, gleichwohl andere Entwürfe in der Sorgfalt der Ausarbeitung ihm gewiß nicht nachstehen und sich in breiten Kreisen der Pädagogen, Kultusbeamten und Bildungspolitiker zu Unrecht die Meinung verfestigt hat, daß ein Bildungsscheinsystem nur diese spezielle Form annehmen könne.

Nach diesem Vorschlag ist der Wert des Bildungsscheins für jeden berechtigten, schulpflichtigen Schüler konstant. Unabhängig vom Familieneinkommen erhält jeder von ihnen einen Bildungsschein, der es ihm ermöglicht, ein bestimmtes vom Staat fixiertes Minimum an Bildung nachzufragen. Staatlich anerkannte Schulen, öffentliche wie private, sind befugt, zusätzlich zum Bildungsschein ein Schulgeld zu verlangen (freie Preisbildung).

Der Wert des Bildungsscheins entspricht den jährlichen durchschnittlichen Gesamtkosten der staatlichen Schulen. Schulen können sowohl gewinnorientiert als auch nicht-gewinnorientiert sein. Sie haben freie Schülerwahl, müssen aber bestimmte Fächer obligatorisch anbieten und bestimmte, von Friedman nicht näher spezifizierte Standards erfüllen. Eine Schulplatzgarantie ist nur durch staatliche Schulen vorgesehen.

(2) Der Friedman-Bildungsschein ist unter den Bildungsscheinen derjenige mit dem geringsten Regulierungsbedarf[71] und entspricht deshalb wohl auch am ehesten liberalen Grundsätzen: Eltern (Schüler) haben das Recht der freien Schulwahl, Schulen das Recht im Rahmen großzügig definierter Mindestanforderungen an die Anzahl und den Inhalt von Schulfächern Bildungsgüter und Lernmethoden nach Belieben anzubieten oder anzuwenden, Preise frei zu setzen, Schüler frei zu wählen und sogar Gewinne zu machen.

Welche allokativen, finanzwirtschaftlichen und sozialpolitischen Wirkungen sind mit diesem Gutschein im einzelnen verbunden?

(a) Unter den Bedingungen freier Schülerwahl und Preisbildung je Ausbildungsleistung haben Schulen einen ökonomischen Anreiz, aus der Zahl ihrer

[70] Friedman, M.: Kapitalismus und Freiheit, a. a. O., S. 120.

[71] Außer dem Hinweis, daß Schulen staatlich zu genehmigen seien und sie einen Mindestfächerkatalog und Mindeststandards erfüllen sollten, äußert sich Friedman zum Regulierungsbedarf nicht. Ein Vergleich mit detaillierter ausgearbeiteten Vorschlägen muß deshalb letztendlich ungenau bleiben. Der Bildungsschein als solcher ist jedoch im Vergleich zu den übrigen einfach konzipiert (durchschnittliche Gesamtkosten der staatlichen Schulen, keine steuerlichen Vergünstigungen und Staffelungen nach Bedürftigkeit). Außerdem deuten die Zulassung gewinnorientierter Schulen (die im übrigen den Zutritt zum Schulmarkt wesentlich erleichtern wird, da häufig der Kapitalmangel die Gründung neuer privater Schulen verhindert) und die Betonung der Vielfalt der Schulen auf ein Minimum staatlicher Interventionen.

Bewerber möglichst jene zu selektieren, die eine hohe Lernfähigkeit und -willigkeit[72] aufweisen und daher besonders geeignet sind, den schulischen Ausbildungsprozeß mit Erfolg zu absolvieren. Die Kosten der schulischen Ausbildung lassen sich auf diese Weise senken beziehungsweise – sofern die Schulen kommerzielle Zielsetzungen verfolgen – der Gewinn oder das Einkommen der Schulträger maximieren[73]. Dies gilt auch für die übrigen Einsatzfaktoren (Personal, Schulgebäude etc.), die je nach Standort der Schulen in ihren Preisen unterschiedlich sein können.

Schulen, denen durch Aufnahmeprüfungen und Tests die Selektion begabter und lernbereiter Schüler (gemäß ihren Zielsetzungen) gelingt, können bei gegebenem Preis und Ausbildungsziel den Einsatz an Lehrpersonal und Lehrmitteln verringern. Denn bei vorgegebenen Bildungszielen werden sowohl durch höhere Begabung der Schüler (bei gegebener Lernwilligkeit) als auch durch eine höhere Lernwilligkeit oder Bildungsbereitschaft (bei gegebener Begabung) Leistungsfaktoren der Schule durch Eigenleistungen der Schüler ersetzt (substitutionale Faktorvariation)[74]. Zwar wird der Spielraum für Substitutionsmöglichkeiten zwischen den Eigenleistungen der Schüler und den Ausbildungsleistungen der Schule stets begrenzt sein; er erweitert sich jedoch, wenn Schüler selektiert werden können, die diese Merkmale aufweisen. Tendenziell werden deshalb Schulen unter den genannten Bedingungen Standorte aufsuchen, wo Schüler rekrutiert werden können, deren Elternhaus den schulischen Ausbildungsprozeß erleichtern (funktionale Erziehung in der Familie) oder gar aktiv unterstützen (intentionale Erziehung durch die Familie). Herrscht Wettbewerb unter den Schulen, wird der Produktivitätsvorteil dieser Schulen durch Preissenkungen an die Schüler (Eltern) weitergegeben. In welchem Umfang dies der Fall ist, hängt von der Elastizität der Nachfrage ab. Ist die Nachfrage vollkommen unelastisch, was zu unterstellen ist, wenn es sich um bildungs- oder schulpflichtige Kinder handelt, so gehen die gesamten Produktivitätsgewinne an die Eltern (siehe Abbildung 11), ist sie vollkommen elastisch, wäre das Gegenteil der Fall.

Statt einer Preissenkung haben Schulen jedoch die Möglichkeit, das Ausbildungsziel und/oder die Ausbildungsleistungen nach oben zu korrigieren[75]. Wie immer aber die Anpassung erfolgt, ob durch eine Preissenkung oder durch eine

[72] Die Lernwilligkeit oder -motivation eines Schülers ist kein fixes Datum, sondern unter anderem eine Funktion der schulischen Bildungsziele und -methoden. Ihre Prognose macht schon aus diesen Gründen besondere Schwierigkeiten.

[73] Allerdings muß dies keineswegs die ausschließliche Zielsetzung von Schulen sein. So kann die Erreichung pädagogischer oder religiös-weltanschaulicher Ziele (kirchliche und Ordensschulen) durchaus im Vordergrund stehen und unter der Nebenbedingung der Wirtschaftlichkeit maximiert werden. Siehe zum Beispiel Bund der Freien Waldorfschulen e. V.: Gesamtjahresabschluß 1980 (konsolidierter Jahresabschluß) der Freien Waldorf und Rudolf Steiner Schulen in der Bundesrepublik Deutschland, Freies Pädagogisches Zentrum für Waldorfpädagogik e. V., Mannheim 1982. Die Waldorfschulen betrachten sich auch als wirtschaftliche Alternative zu den öffentlichen Schulen.

[74] Privatschulen, die es sich zur Aufgabe machen, leistungsschwache Schüler auf ein bestimmtes Bildungsniveau zu bringen (etwa Abitur), müssen deshalb teurer sein als andere Schulen.

[75] Dies ist eine der Anpassungsstrategien, die Schulen auch unter den Bedingungen des Nulltarifs wählen, wenn sie um Schüler konkurrieren

Erhöhung der Ausbildungsleistung der Schule, ein Bildungsschein mit einheitlichem Nennwert für alle Schüler führt in der Tendenz zu einer höheren Subventionierung der für schulisches Lernen überdurchschnittlich begabten und motivierten Kinder. Entspricht zum Beispiel der Nennwert des Friedman-Bildungsscheins dem Preis p_O in Abbildung 11, so könnten Schulen, denen die Selektion begabter und lernwilliger Schüler gelungen ist, das Schulgeld bei unverändertem Ausbildungsziel für alle Schüler von p_O auf p_1 senken. Da jedoch eine Auszahlung der Differenz p_0-p_1 an die Schüler (Eltern) wegen der Zweckbindung des Gutscheins nicht möglich ist, werden die Schulen sich unter diesen Bedingungen dazu entschließen, das Ausbildungsziel nach oben zu verlagern. Bei quantitativer Darstellung der qualitativen Verbesserung der Ausbildung könnten sie statt q_0 die Menge q_1 zum gleichen Preis (= Nennwert des Gutscheins) während der bildungspflichtigen Zeit anbieten[76]. Liegt dagegen der Preis einer Ausbildungseinheit über dem Nennwert des Gutscheins, so ist eine Preissenkung bis zur Höhe des Unterschiedsbetrages möglich. Schulen, denen die Selektion begabter und lernwilliger Schüler gelingt, würden dann einen geringeren Preis verlangen als Schulen, denen ceteris paribus die Selektion nicht gelingt.

Abbildung 11: Produktivitätseffekt durch Selektion überdurchschnittlich begabter und lernwilliger Schüler im schulpflichtigen Alter

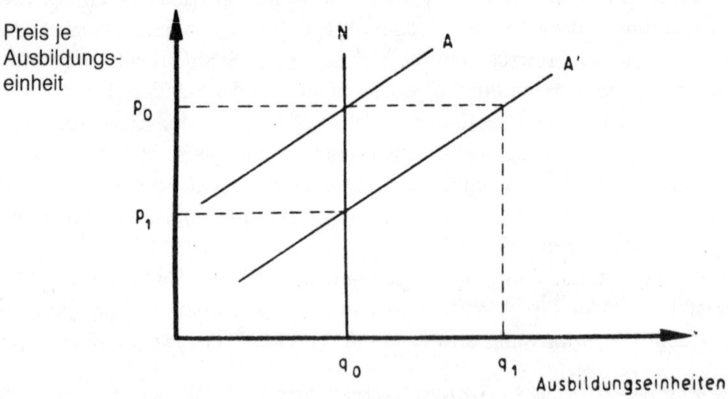

Das aber würde bedeuten, daß ein Bildungsschein mit konstantem Nennwert unter allokativen Gesichtspunkten mit Ineffizienzen verbunden ist, da für schulische Bildungsziele (staatlich fixiertes Bildungsminimum) unterschiedlich geeignete Schüler die gleiche Subvention erhalten. Fraglich ist jedoch, ob die dadurch

[76] Die qualitative Verbesserung der schulischen Ausbildung (Erreichung eines höheren Bildungsziels) muß hier unter der Annahme homogener Bildungsgüter und zwecks graphischer Veranschaulichung als eine quantitative Ausweitung des Bildungsangebots im schulpflichtigen Alter gedacht werden. (Durchschnittlich begabte Schüler würden mehr Unterrichtseinheiten (q_1-q_0) nachfragen, um ceteris paribus das gleiche Bildungsniveau zu erreichen.)

verursachten Wohlfahrtsverluste so groß sind, daß sie die Transaktionskosten übersteigen, die dann entstehen, wenn der Nennwert des Bildungsscheins jeweils mit der schulischen Eignung des Schülers invers variiert würde. Denn nur so könnte das vom Staat geforderte und von Friedman unterstellte Bildungsminimum exakt erreicht werden. (Auch kann der beschriebene Effekt lediglich abgeschwächt auftreten, wenn die Selektion der Schüler nach der Begabung und Lernwilligkeit nur beschränkt gelingt.) Dies wäre allerdings möglich, wenn man ein kostengünstiges Verfahren findet, das es gestattet, Bildungsscheine auszugeben, die entsprechend der schulischen Eignung der Schüler variieren.

Jencks et alii[77] glaubten einen Indikator gefunden zu haben, wenn sie den Bildungsschein mit einheitlichem Nennwert für alle (basic voucher) durch einen (kompensatorischen) Bildungsschein ergänzen, der sich nach dem Einkommen und Vermögen der Eltern richtet. Sie gehen davon aus, daß die Besitzverhältnisse der Eltern ein einfacher, aber im großen und ganzen zutreffender Maßstab für die schulische Eignung der Kinder sind. Das träfe statistisch zu, wenn das Einkommen aus vornehmlich manuellen Tätigkeiten durchschnittlich geringer ist als das aus vornehmlich geistigen (akademischen Berufen). Denn dann würde der die schulische Eignung unterstützende funktionale Bildungseinfluß des Elternhauses positiv mit den Einkommensverhältnissen korrelieren.

Untersuchungen über die Bildungspartizipation von Kindern nach der sozialen Stellung der Eltern und den Einkommensverhältnissen deuten darauf hin, daß unter den herrschenden Bedingungen (einseitig akademisch determinierte schulische Bildungsziele) ein solcher Zusammenhang besteht. Er wurde bereits oben ökonomisch erklärt[78].

Allerdings verändern sich diese Bedingungen unter einem Bildungsscheinsystem, und es ist durchaus denkbar, daß eine größere Vielfalt der Bildungsinhalte und -methoden diesen Zusammenhang lockert oder ganz auflöst.

Sieht man einmal von den sonstigen, meist die ökonomische Effizienz mindernden Eigenschaften des Jencks-Bildungsscheins ab, so könnte ein Gutschein mit einkommensabhängig gestaffeltem Nennwert in der Tat eine effizientere Lösung sein. Bildungsscheine, deren finanzielle Ausstattung aus sozialpolitischen Erwägungen einkommensabhängig gestaffelt ist – so die Vorschläge von Peacock-Wiseman, Buchanan-Nutter, Whitten-Sizer –, können sich daher auch unter dem Aspekt der ökonomischen Effizienz als vorzugswürdig erweisen, wenn die einkommensabhängige Staffelung ohne größeren administrativen Aufwand (Transaktionskosten) bewältigt werden kann; genauer, die Wohlfahrtseffekte der Staffelung größer sind als die dadurch verursachten Transaktionskosten. Die Besteuerung des Bildungsscheins mit konstantem Nennwert, wie sie von Peacock und Wisemann in Erwägung gezogen wird, könnte als eine administrativ einfache Lösung in Betracht kommen.

77 Jencks et alii: Education Vouchers, a. a. O., S. 13–17.
78 Siehe Kapitel B.III.b.

Fraglich ist, ob es unter den obigen Bedingungen (freie Preisbildung, freie Schülerwahl) nicht dazu kommt, daß die einzelne Schule ein unterschiedlich hohes Schulgeld in Abhängigkeit von der Begabung und Lernwilligkeit des einzelnen Schülers verlangt. Denn mit Hilfe der allgemeinen Gesetze der Preistheorie lassen sich unterschiedliche Preise je Schüler prognostizieren, sofern die Kosten der Selektion der Schüler niedriger sind als die Kostenvorteile, die dadurch entstehen. Die Preispolitik privater Schulen, deren ökonomischer und pädagogischer Handlungsspielraum nicht durch staatliche Vorschriften eingeschränkt ist, scheint dafür jedoch keine Anzeichen zu liefern[79]. Auch aus der deutschen Schulgeschichte ist nicht bekannt, daß sich Schulgeldforderungen unter anderem nach der Lernfähigkeit der Schüler richteten[80].

Die Gründe hierfür liegen vermutlich in den Schwierigkeiten, mit Aufnahmetests die individuelle Eignung der Kinder für einen bestimmten schulischen Ausbildungsprozeß mit der erforderlichen Genauigkeit vorauszusagen und das Schulgeld danach zu bemessen. Wahrscheinlich spielt dabei auch der Widerstand der Eltern eine Rolle, ihre Kinder einer Taxierung des Humankapitals zu unterwerfen, die ihren Ausdruck in einem unterschiedlich hohen Schulgeld findet.

Die übliche Strategie der Schulen ist es deshalb, durch Aufnahmetests eine möglichst homogene Schülerschaft zu rekrutieren und von jedem einzelnen Schüler ein einheitliches Schulgeld zu verlangen.

Sofern die Prognose fehlgeht und später ein bestimmtes Ausbildungsziel, etwa das Klassenziel, nicht erreicht wird, könnte für die Teilnahme an Sonder- und Ergänzungskursen oder für die Wiederholung des Schuljahres ein besonderes Entgelt gefordert werden, wodurch ökonomisch der gleiche Effekt entstünde: unterschiedliche Preise für unterschiedlich begabte und/oder lernwillige Schüler.

Gehen wir nun aus analytischen Gründen in einem nächsten Schritt davon aus, daß die Eigenschaften der Schüler *homogen* sind beziehungsweise ihre Selektion nach Begabung und Lernwilligkeit nicht erfolgreich durchgeführt werden kann (Zufallsverteilung der Begabungen). Bei freier Preisbildung sind dann diejenigen Schulen in der Lage, bessere Lehrkräfte anzuwerben, die ein höheres Schulgeld verlangen. Anders als bei staatlicher Zuweisung von Lehrern durch eine zentrale Instanz werden qualifizierte Lehrer dann tendenziell von weniger qualifizierten und fähigen Lehrern getrennt. Erstere werden sich in teureren Schulen konzentrieren.

Kritiker des Friedman-Vorschlags haben dieses Phänomen als einen Nachteil des Gutscheinsystems hervorgehoben[81]. Da nach Friedman der Nennwert des Bil-

[79] Aus dem Privatschulbereich ist lediglich das Phänomen bekannt, daß eine Schule unterschiedliches Schulgeld nach der Zahlungsfähigkeit (Besitzverhältnissen) der Eltern verlangt.

[80] Siehe zum Beispiel Ficker, A.: Schulgeld, in: Encyklopädie des gesamten Erziehungs- und Unterrichtswesens (Hrsg.) K. A. Schmid, Bd. 8, Gotha 1870, S. 31–62, und Petersilie, A.: Das öffentliche Unterrichtswesen im Deutschen Reich und in den übrigen europäischen Kulturländern, Bd. I, Leipzig 1897, S. 33–39. Dagegen ist diese Praxis aus dem akademischen Bereich geläufig.

[81] Siehe zum Beispiel Jencks, C. et alii: Education Vouchers, a. a. O., S. 31, und Mason, P.: Educational Vouchers under Test, a. a. O., S. 162f.

dungsscheins sich nach den durchschnittlichen Kosten der staatlichen Schulen richtet, werden tendenziell leistungsschwächere Lehrer in öffentlichen Schulen vorzufinden sein. Aber auch unter den öffentlichen Schulen wird es Unterschiede in der Lehrerqualität geben, sofern die einzelnen Schüler über ihre finanziellen Mittel weitgehend frei disponieren können. Darüber macht Friedman jedoch keine Aussagen. Aus allokativer Sicht ist die Freiheit der Lehrerwahl im Rahmen der staatlichen Mindestanforderungen und eine Differenzierung der Lehrergehälter nach der Leistung wünschenswert, weil dadurch Ineffizienzen, die durch fehlende Leistungsanreize und Informationen in den Schulen hervorgerufen werden, abgebaut werden und sowohl der Staat über seine als auch die Eltern (Schüler) über ihre Zahlungsbereitschaft die Qualität der Lehrer determinieren. Was Lehrer in Schulen leisten, die lediglich ein Schulgeld in Höhe des Nennwertes eines Gutscheins verlangen, hängt von der Zahlungsbereitschaft des Staates ab – also von dem, was der Staat seinerseits bereit ist, als Bildungsminimum zu finanzieren[82]. Die einheitliche Struktur der Lehrergehälter, wie sie zur Zeit zum Beispiel in der Bundesrepublik Deutschland existiert, wird damit in Frage gestellt. Je nach der Zahlungsbereitschaft der Eltern und des Staates könnten Grund- und Hauptschulen die Qualität und Leistung ihres Lehrpersonals besser steuern und höhere Gehälter zahlen (etwa wie sie bisher in anderen Schultypen gezahlt werden), um besonders qualifiziertes Personal anzuwerben. Ob Real- und Gymnasialbildung stets teurer als Hauptschulbildung sind, entscheiden bei konstantem Nennwert der Bildungsscheine und Wettbewerb der Schulen die Eltern. Allokative Ineffizienzen sind mit dieser Entwicklung nicht verbunden.

Wohl aber kommt es zu Ineffizienzen, wenn vor allem Eltern geistig und/oder körperlich *behinderter Kinder* die finanziellen Mittel fehlen, um die besonderen pädagogischen Maßnahmen zu finanzieren, die erforderlich sind, um ihren Kindern eine Ausbildung zu gewähren, die es diesen später möglich macht, ihren eigenen Lebensunterhalt ohne fremde Hilfe zu erwirtschaften und so positiv zur allgemeinen Wohlfahrt beizutragen. Friedman hat in seinem Gutscheinsystem für diese Fälle keine besonderen Vorkehrungen getroffen. Zu betonen ist aber, daß auch aus *allokativer* Sicht der Friedman-Bildungsschein Ineffizienzen in all jenen Fällen aufweist, in denen besondere pädagogische Maßnahmen für behinderte junge Menschen aus finanziellen Gründen unterbleiben, die diese in die Lage versetzt hätten, eine eigenständige ökonomische Existenz zu gründen (ökonomische Rehabilitation)[83]. Pädagogische Maßnahmen, die diese Bedingungen erfüllen, fördern

[82] Friedman stützt sich in seinem Vorschlag von 1955 auf das Argument der externen Effekte, das er später weitgehend aufgibt. siehe Friedman, M.: Are Externalities Relevant?, in: Nonpublic School Aid, The Law, Economics, and Politics of American Education, (Hrsg.) E. G. West, a. a. O., S. 92f.

[83] Sie ist von dem „principle of redress“ (Ausgleichsprinzip) bei John Rawls zu unterscheiden (vgl. Rawls, J.: Eine Theorie der Gerechtigkeit, a. a. O., S. 121f.). Die ökonomische Rehabilitation ist lediglich eine Teilmenge der Fälle, die unter das Rawlssche Ausgleichsprinzip fallen. Letzteres umfaßt auch all jene Fälle, in denen die Behinderung so groß ist, daß eine wirtschaftliche Existenz ohne fremde Hilfe nicht mehr möglich ist. Die Maßnahmen der Sonder- oder Heilpädagogik amortisieren sich nicht mehr (soziale Rehabilitation). Im letzten Fall handelt es sich dann um rein sozialpolitisch motivierte staatliche (Sozial)Transfers.

nämlich die allgemeine Wohlfahrt – sie entsprechen dem Pareto-Kriterium. Es bedarf also keiner sozialpolitischen Zielsetzung, um sie zu rechtfertigen. Denn da der Kapitalmarkt für solche Maßnahmen keine Mittel bereitstellt und der Bildungsschein gerade zur Finanzierung der durchschnittlichen Kosten einer Mindestausbildung in staatlichen Schulen ausreicht, unterbleiben die wohlfahrtsfördernden sonderpädagogischen Maßnahmen in den Fällen, wo Eltern aus eigenen Mitteln sie nicht finanzieren können.

(b) Unter *finanzwirtschaftlichen* Gesichtspunkten ist zu berücksichtigen, daß in den Vereinigten Staaten, wo bisher im Gegensatz zur Bundesrepublik Deutschland nur in Ausnahmefällen staatliche Subventionen an private Schulen gezahlt und öffentliche Schulen vornehmlich durch lokale Grund- und Bodensteuern (property taxes) finanziert werden, die Einführung des Friedman-Bildungsscheinsystems eine Erhöhung der Grund- und Bodensteuer mit sich brächte, da dann auch private Schulen zumindest teilweise mitfinanziert werden müßten. Für die Bundesrepublik Deutschland ist die Situation anders. Unter anderem auf Grund der Verträge zwischen dem Staat und den Kirchen[84] werden private Ersatzschulen zum größten Teil vom Staat mitfinanziert. Auch dürfte die finanzielle Gleichbehandlung, die zur Zeit nicht ganz erfüllt ist[85], keine wesentliche Belastung des Staatshaushalts mit sich bringen, zumal mit Rationalisierungseffekten zu rechnen ist, die die Kosten der staatlichen Schulen senken. Nach ihnen aber richtet sich der Nennwert der Gutscheine. Außerdem handelt es sich nur um Schulen, an denen die Schulpflicht erfüllt werden kann.

Darüber hinaus folgt man in der Bundesrepublik Deutschland dem Prinzip der Nonaffektation; das heißt, staatliche Schulen und private Ersatzschulen werden aus dem *allgemeinen* Steueraufkommen finanziert. Damit ist im Gegensatz zu den meisten Staaten der USA die Gefahr gebannt, daß Steuerzahler der oberen Einkommensschichten versuchen, die finanzielle Ausstattung des Bildungsscheins durch ihre Wählerstimme möglichst niedrig zu halten, da eine Ergänzung der Bildungsscheine durch ein zusätzlich gezahltes Schulgeld für ihre eigenen Kinder ihnen langfristig einen finanziellen Vorteil bringt. Denn die Gesamtsumme der

[84] Siehe dazu zum Beispiel Hollerbach, A.: Die neuere Entwicklung des Konkordatsrechts, in: Jahrbuch des öffentlichen Rechts, N. F. Bd. 17 (1968), S. 117–163, hier speziell S. 137–145, und die dort angegebene Literatur, sowie Weber, H.: Staatskirchenverträge, Textsammlung, München 1967, und Müller, F., Pieroth, B. und Fohmann, L.: Leistungsrechte im Normenbereich einer Freiheitsgarantie – untersucht an der staatlichen Förderung Freier Schulen, a. a. O.

[85] Soweit private Schulen Schüler auf das gleiche Bildungsniveau bringen wie öffentliche Schulen, aber einen bestimmten Prozentsatz (zum Beispiel 6% im Land Nordrhein-Westfalen) der laufenden Kosten und den größten Teil der Investitionskosten selbst tragen müssen, kann von einer vollkommenen finanziellen Gleichbehandlung nicht gesprochen werden, wenn es Ziel der staatlichen Politik ist, einen Steuerbetrag von x aufzuwenden, um bestimmte Bildungsziele zu erreichen. Aus ökonomischer Sicht ist es dann unerheblich, daß der private Schulträger gleichzeitig auch noch andere, selbst gesetzte Bildungsziele, etwa religiös-weltanschauliche, verfolgt und diese nicht mit den staatlichen in Konflikt stehen. Jede andere Form der Finanzierung mindert die Effizienz des staatlichen Mitteleinsatzes, da sie die leistungsstärkeren Schulen bestraft und damit den Leistungswettbewerb behindert.

jährlich zu zahlenden property tax überträfe das Schulgeld für die Ausbildung der eigenen Kinder.

Auch der Versuch von Wählern besonders aus den mittleren Einkommensgruppen, die monetäre Ausstattung des Bildungsscheins zu erhöhen, da sie auf diese Weise bei hoher Präferenz für Bildungsgüter eventuell ihr privat zu zahlendes Schulgeld reduzieren könnten, wird durch das Prinzip der Nonaffektation eher verhindert als im System des Nulltarifs. Jedoch bleibt unter den institutionellen Bedingungen der Bundesrepublik Deutschland der Einfluß der Interessenverbände wahrscheinlich bestehen.

Wohl aber kann sich ein Konflikt zwischen der Gruppe der kinderlosen Wähler (diejenigen, die kinderlos sind und die es bleiben wollen) aller Einkommensschichten und der Wähler mit Kindern ergeben, der dazu führt, daß Politiker sich veranlaßt sehen, den Wert der Bildungsscheine zu senken oder anzuheben. Diese potentielle Konfliktsituation ist jedoch auch unter den jetzigen Verhältnissen vorhanden. Es ist schwerlich zu erkennen, weshalb sie sich unter den Bedingungen eines Friedmanschen Bildungsscheins verschärfen sollte.

Entgegen der Situation in den Vereinigten Staaten kann in der Bundesrepublik Deutschland folglich damit gerechnet werden, daß die Einführung eines Bildungsscheinsystems zu einer finanziellen Entlastung der öffentlichen Hand führt, da mit privaten Beiträgen der Eltern zu rechnen ist, die eine hohe Präferenz für schulische Bildung haben.

(b) Aus *sozialpolitischer* Sicht stellt sich schließlich die Frage, ob die Möglichkeit, den Bildungsschein zu ergänzen, nicht zu einer *Diskriminierung nach den wirtschaftlichen Verhältnissen* führt. Friedman verneint diese Frage, da er von der für die USA zutreffenden Annahme ausgeht, daß die Diskriminierung nach den Vermögensverhältnissen im bestehenden Schulfinanzierungssystem größer ist als unter seinem Bildungsscheinsystem. Die (teueren) privaten Schulen können nämlich von dem größten Teil der amerikanischen Bevölkerung zur Zeit nicht bezahlt werden.

Jeder der seinen Sohn oder seine Tochter auf eine private (Pflicht)Schule schickt, zahlt doppelt: über die property tax die öffentlichen und über Schulgeld die privaten Schulen. Durch den Bildungsschein würden auch die privaten Schulen, die von vielen unter anderem wegen des Leistungsverfalls in den öffentlichen Schulen bevorzugt würden, für breite Bevölkerungsschichten zugänglich. Die Diskriminierung durch die Ergänzungsfähigkeit des Bildungsscheins sei also geringer.

Auch für die Bundesrepublik Deutschland wird man eine *Förderung* der Diskriminierung nach den Besitz und Vermögensverhältnissen ad hoc schwerlich annehmen können, wenn sich der Wert des Gutscheins nach den durchschnittlichen Kosten der öffentlichen Schulen richtet und auf den Besuch von Pflichtschulen oder Schulen, an denen die Schulpflicht erfüllt werden kann (Realschulen und Gymnasien bis zum Abschluß der Sekundarstufe I) beschränkt bleibt.

Unabhängig von diesen Erwägungen haben Befragungen unter der Bevölkerung Großbritanniens gezeigt, daß die Bereitschaft, Bildungsscheine durch Schulgeld zu ergänzen, unter *allen* Einkommensgruppen verbreitet, die Zahlungsbereitschaft also nicht nach Besitzverhältnissen gestaffelt ist[86].

Dem Vorwurf der Diskriminierung nach den Besitzverhältnissen könnte man zusätzlich dadurch begegnen, daß in Höhe der Differenz zwischen Nennwert des Gutscheins und (überdurchschnittlich) teurer Schulbildung Bildungsdarlehen zur Verfügung gestellt werden[87].

2. *Das kompensatorisch-freie Marktmodell (Peacock-Wiseman-Bildungsschein)*

(1) Der Vorschlag von Jack Wiseman[88] sowie Alan T. Peacock und J. Wiseman[89] entspricht weitgehend dem Vorschalg Friedmans. Er unterscheidet sich jedoch von ihm dadurch, daß der Wert des Bildungsscheins *nach dem Familieneinkommen gestaffelt* ist (kompensatorisch-freies Marktmodell). Dies kann nach Auffassung der Autoren unter anderem dadurch geschehen, daß ein Bildungsschein mit konstantem Nennwert dem zu versteuernden Einkommen zugeschlagen wird und sein Wert auf diese Weise nach Steuerabzug mit zunehmenden Einkommen sinkt. Wie bei Friedman ist auch hier die Ergänzung des Bildungsscheins durch private finanzielle Mittel möglich, um eine größere Freiheit bei der Schulwahl herzustellen und der Entscheidung der Eltern, mehr für die Ausbildung der Kinder auszugeben, größeren Spielraum zu lassen. Außerdem hat der Staat dafür zu sorgen, daß Eltern über die Bildungsangebote der Schulen ausreichend informiert sind und sich in Schulangelegenheiten beraten lassen können (staatlicher Beratungs- und Informationsdienst). Die Verantwortung für das Prüfungswesen trägt ebenfalls der Staat.

Peacock und Wiseman sehen die Verwendung des Bildungsscheins insbesondere für Schüler im schulpflichtigen Alter vor. Aber auch darüber hinaus empfehlen sie eine Anwendung, sofern bestimmte Voraussetzungen erfüllt sind. Zu diesen zählen:

(1) spezielle Bildungsgüter, die in bestimmten historischen Situationen zur gesellschaftlichen Wohlfahrt beitragen (externe Effekte) und ohne staatliche Subventionierung nicht zustande kommen; es wird also davon ausgegangen, daß der bildungsmarkt faktisch nicht immer perfekt funktioniert;

(2) sofern Kreditinstitute nicht in der Lage sind, für studierwillige und -fähige Studenten die gewünschten Darlehen bereitzustellen;

(3) in Fällen, wo der Staat selbst ein besonderes Interesse an der Ausbildung von Studenten hat, zum Beispiel bei der Förderung der Forschung für Verteidi-

[86] Harris, R., und Seldon, A.: Choice in Welfare, (Institute of Economic Affairs) London 1971, und dieselben: Over-ruled on Welfare, The increasing desire for choice in education and medicine and its frustration by „representative“ government, (Institute of Economic Affairs) London 1979.

[87] Siehe dazu das Bildungsschein-Stipendien-Pflichtmodell und den Vorschlag des Verfassers in Abschnitt C.III.d.

[88] Jack Wiseman schlägt erstmals 1958 für Großbritannien einen Bildungsschein vor, um eine freiheitliche und wirtschaftliche Gestaltung des Schulwesens zu erreichen. Siehe The Economics of Education, in: Scottish Journal of Political Economy, Bd. 6 (1959), S. 48–58, besonders S. 54.

[89] Peacock, A. T., und Wiseman, J.: Education for Democrats, a. a. O., besonders S. 15f. und S. 35f.

gungszwecke (in einem solchen Fall kauft die Regierung Bildungsleistungen für ihren eigenen Bedarf)[90].

In all diesen Fällen gehen Peacock und Wiseman jedoch davon aus, daß sich die Finanzierung über Bildungsscheine auf einen Teil der Ausbildungskosten beschränkt.

Einen ähnlichen Vorschlag haben T. Sizer und P. Whitten[91] gemacht. Nach ihren Vorstellungen ist der Wert des Bildungsscheins so gestaffelt, daß er den Wert Null annimmt, wenn das zu versteuernde Familieneinkommen des Berechtigten den Bundesdurchschnitt erreicht. Kinder aus Familien mit einem zu versteuernden Einkommen oberhalb dieses Durchschnitts erhalten somit keine staatlichen Ausbildungssubventionen.

Um zu verhindern, daß durch die Einführung eines solchen kompensatorischen freien Marktmodells begabte und disziplinierte Schüler sich in Privatschulen konzentrieren, während öffentliche Schulen vornehmlich von weniger begabten und undisziplinierten Schülern frequentiert werden, empfehlen Sizer und Whitten, den Kontrahierungszwang öffentlicher Schulen aufzuheben.

(2) Die ökonomischen und sozialen Wirkungen dieses Bildungsscheinsystems decken sich weitgehend mit den Ausführungen zum Friedman-Bildungsschein. Es seien deshalb hier nur einige Besonderheiten hervorgehoben.

So wird von Gegnern des Vorschlags von Peacock-Wiseman und Sizer-Whitten betont, daß (unter amerikanischen Bedingungen) der Staat nicht bereit und in der Lage sei, die unteren Einkommensschichten hinreichend zu subventionieren, um Schülern aus diesen Familien eine Ausbildung zu ermöglichen, die keine allzu große Diskrepanz zur Ausbildung der Kinder aus den höheren Einkommensgruppen aufweise. Sie begründen diesen Standpunkt mit der Feststellung, daß etwa bei der Bezuschussung des sozialen Wohnungsbaus Subventionen nur ein bescheidenes Ausmaß erreichten und noch ein erheblicher Unterschied zum Wohnkomfort der höheren Einkommensgruppen bestünde. Das gleiche Phänomen würde festzustellen sein, wenn man dem Vorschlag des kompensatorischen Bildungsscheins folgte.

Unabhängig von dem ökonomisch utopischen Egalitarismus, der diesem Argument für amerikanische Verhältnisse zugrunde liegt, kann es nicht als Kritik des kompensatorischen Bildungsschein*systems* gewertet werden, wenn der politische Wille fehlt, einen größeren positiven Verteilungseffekt zugunsten finanziell schwächerer Einkommensgruppen im Bildungsbereich zu erzielen. Außerdem stellt sich dieses Problem für den Primar- und Sekundarbereich in der Bundesrepublik Deutschland lediglich in kleinem Umfang.

Fraglich ist jedoch, ob eine verstärkte Subventionierung der unteren Einkom-

[90] Im 18. und 19. Jahrhundert hat der Eigenbedarf der deutschen Regierungen zu Stipendienprogrammen geführt, durch die der wissenschaftlich geschulte Nachwuchs für militärische und Verwaltungszwecke gefördert wurde.

[91] Sizer, T., und Whitten, P.: A Proposal for a Pure Children's Bill of Rights, in: Psychology Today, August 1968, zitiert nach Jencks, C. et alii: Education Vouchers, a. a. O., S. 31–35.

mensgruppen durch Bildungsscheine mit höherem Nennwert nicht deren *Geburtenrate* positiv verändert, da der Netto-Verteilungseffekt ihr verfügbares Familieneinkommen erhöht. Mit einer solchen Veränderung des generativen Verhaltens muß generell gerechnet werden. Sie kann nicht nur unter amerikanischen Bedingungen, wo vor allem die schwarzen Bevölkerungskreise durch einen invers zum Einkommen gestaffelten Bildungsschein begünstigt würden, sondern auch unter den Bedingungen der Bundesrepublik Deutschland erwartet werden[92]. Ein solcher Einfluß auf das generative Verhalten der Mitglieder der niedrigeren Einkommensgruppen hängt jedoch maßgeblich von der Höhe der gewährten Subventionen (Transfers) ab[93].

3. Der Virginia Plan for Universal Education (Buchanan-Nutter-Vorschlag)

James M. Buchanan hat zusammen mit G. Warren Nutter bereits 1959 für die Einführung eins Gutscheinsystems in Virginia gutachtlich Stellung genommen[94]. Die Überlegungen wurden zur gleichen Zeit mit Jack Wiseman in Großbritannien angestellt und laufen in den Grundsätzen auf ein Gutscheinsystem hinaus, das später von Alan T. Peacock und Jack Wiseman ausführlicher ökonomisch begründet wurde. Bei freier Preisbildung für schulische Leistungen, Schulwahl- und Schülerwahlfreiheit sollten die Gutscheine nach der Zahlungsfähigkeit der Eltern schulpflichtiger Kinder gestaffelt sein. Aus pragmatischen Gründen schlugen Buchanan und Nutter jedoch unter den damaligen Umständen in dem Virginia Plan for Universal Education vor, es bei einem Gutschein mit konstantem Nennwert zu belassen, der allen schulpflichtigen Kindern gewährt werden sollte, die private Schulen besuchen. Staatliche Schulen sollten ihre Leistungen weiterhin zum Nulltarif anbieten. Der Gutschein in Höhe der durchschnittlichen Kosten eines Schülers an staatlichen Schulen sollte die Wahlfreiheit erhöhen und staatliche Schulen dem Wettbewerb mit privaten Einrichtungen aussetzen, um die wirtschaftliche Effizienz und den pädagogischen Fortschritt zu fördern.

Buchanan und Nutter unterscheiden sich in ihren Grundsätzen nicht von den Plänen Peacocks und Wisemans. Wir verzichten daher auf eine separate Analyse

[92] Die Fruchtbarkeitsrate ausländischer Arbeitnehmerfamilien liegt bekanntlich deutlich höher als die deutscher Arbeitnehmer unter gleichen Einkommensverhältnissen. Der Peacock-Wiseman Bildungsschein würde vermutlich die Schere zwischen der Geburtenrate der ausländischen und der deutschen Arbeitnehmerfamilien weiter öffnen, was soziale und politische Probleme mit sich bringen könnte.

[93] Siehe dazu zum Beispiel McKenzie, R. B., und Tullock, G.: The New World of Economics, Homewood, Ill. – London 1975, 9. Kapitel. Vgl. auch die empirische Arbeit von Fredlander, S., und Silver, M.: Quantitative Study of Determinant of Fertility Behaviour, in: Demography, Bd. 4 (1967), S. 32–55, die feststellen, daß die finanzielle Belastung wirtschaftlich schwacher Familien mit schulpflichtigen Kindern die Fruchtbarkeitsrate reduziert.

[94] Buchanan, J. M., und Nutter, G. W.: The Economics of Universal Edication (1959), Report on the Virginia Plan for Universal Education, The Thomas Jefferson Center for Studies in Political Economy, Occasional Paper No. 2, University of Virginia 1965. Im politischen Bereich setzte sich besonders Leon Dure für einen derartigen Plan in Virginia ein.

[95] Siehe dazu Jencks, C. et alii: Education Vouchers, a. a. O., S. 35f., und Maynard, A.: Experiment with Choice in Education, a. a. O., S. 31.

der Wirkungen ihres Gutscheinsystems und verweisen auf die Ausführungen zum Peacock-Wiseman-Gutschein.

4. Das Bildungsschein-Stipendien-Pflichtmodell

(1) Dieses Bildungsscheinmodell[95] entspricht dem Friedman-Vorschlag insofern, als die staatlichen Stellen Bildungsscheine mit konstantem Nennwert verteilen. Berechtigt sind alle Schüler und Studenten, die staatlich anerkannte Schulen *und* Hochschulen besuchen. Darüber hinaus sind aber Bildungseinrichtungen, die von den vom Staat berechneten Durchschnittskosten einer Bildungsleistung nach oben abweichen (freie Preisbildung), *verpflichtet,* durch Stipendien auch Schülern und Studenten aus einkommensschwächeren Familien die Möglichkeit einzuräumen, an ihrer Einrichtung zu studieren, sofern sie dazu willig und fähig sind.

(2) Die besondere Frage, die sich an diesen Vorschlag anschließt, betrifft die Frage nach der ökonomischen Zweckmäßigkeit, die Vergabe von Stipendien von den Schulen und Universitäten zu verlangen (Pflichtstipendien), die Schul- oder Studiengeld erheben, das den Wert des Bildungsscheins überschreitet. Immerhin werden Stipendienprogramme an vielen privaten Schulen und Hochschulen nicht zuletzt in den Vereinigten Staaten (College Scholarship Service) bereits freiwillig praktiziert[96]. Auch die neueren Finanzierungsformen, wie sie besonders durch die Universität Yale, aber auch durch die Universitäten Duke und Harvard unabhängig von der Einrichtung eines Bildungsscheinsystems eingeführt wurden[97], können in diesem Zusammenhang von Bedeutung sein. Zwar handelt es sich dabei nicht um Stipendien, sondern um Darlehen und Bildungsnießbrauchssysteme, welche die Finanzierung der Studiengebühren und des Lebensunterhalts während des Studiums ermöglichen, doch erhalten die Studenten teilweise auch Vergünstigungen, etwa in Form von Zinssubventionen.

Ebenso stehen universitätseigene Programme zur Finanzierung von Studiengebühren und Lebensunterhalt für Studenten in einer alten europäischen und deutschen Tradition. Bereits im Mittelalter zeichneten sich europäische Universitäten dadurch aus, daß sie von Studenten aller sozialen Schichten besucht wurden und die Universitäten selbst für die Finanzierung des Studiums ihrer einkommensschwachen Mitglieder sorgten[98].

Bei der Frage, ob es zweckmäßig ist, die Bildungseinrichtungen zu einem Angebot an Stipendien zur Finanzierung der Differenz zwischen Nennwert des Gutscheins und Höhe des Schul- oder Studiengeldes zu verpflichten oder es ihrer frei-

96 Einen Einblick in die Fülle der finanziellen Hilfen, die Schulen und Hochschulen sowie andere private, gemeinnützige und staatliche Stellen Schülern und Studenten anbieten, gewähren die Studienfinanzierungsführer Kesslar, O.: Financial Aids for Higher Education 78/79 Catalog, Dubuque, Iowa 1977, und Feingold, S. N. et alii: Scholarships, Fellowships and Loans, Bd. VI, Arlington, Mass., 1977.

97 Siehe dazu S. 164ff.

98 Siehe zum Beispiel Grundmann, H.: Vom Ursprung der Universität im Mittelalter, Berichte über die Verhandlungen der Sächsischen Akademie der Wissenschaften zu Leipzig, Philologisch-historische Klasse, Bd. 103, H. 2, Berlin 1957, S. 16–21; siehe auch Viguerie, J. de: Quelques remarques sur les Universités françaises au dix-huitième siècle, in: Revue historique, Juillet-Septembre 1979, S. 29–49, hier S. 31 und die dort angegebene Literatur.

willigen Initiative zu überlassen, ist es wichtig, daran zu erinnern[99], daß es sich dabei nicht notwendig nur um sozialpolitisch motivierte Finanzierungsprogramme handeln muß. Denn die Stipendienprogramme der Schulen und Universitäten lassen sich ökonomisch auch aus dem Eigeninteresse dieser Einrichtungen erklären, wenn sie gezwungen sind, ihre Bildungsleistungen unter wettbewerblichen Bedingungen anzubieten. Schulen und Universitäten haben nämlich ein ökonomisches Interesse daran, Schüler und Studenten aus wirtschaftlich schwächeren Familien aufzunehmen, sofern diese begabter und leistungswilliger sind als jene, die die Studiengebühren in voller Höhe aus eigenen Mitteln zahlen können. Da die Produktions- und Kostenfunktion der Bildungseinrichtungen auch von der Qualität der Schüler und Studenten als einer der Einsatzfaktoren abhängen, kann höher begabten Studenten der Produktivitätsvorteil als Preisnachlaß in Form niedriger Studiengelder gewährt werden. Das ist möglich, weil die Nachfrager von Bildungsleistungen gleichzeitig auch Produktionsfaktor sind, der in einem begrenzt substitutiven Verhältnis zu den übrigen Faktoren (Personal, Gebäude, Lehrmittel) steht, die die Bildungseinrichtung bereitstellt.

Die Produktionsfunktion einer Schule oder Hochschule kann sich außerdem auch dadurch positiv verändern, daß Schüler und Studenten aus anderen sozialen Gruppen durch ihre intellektuellen und persönlichen charakterlichen Eigenschaften einen günstigen Einfluß auf die übrigen Studenten ausüben, der kostensenkend wirkt oder gar die Produktion des Bildungsgutes erst möglich macht (Erziehung zu sozialen Verhaltensweisen)[100]. Auch das sind produktionstechnische Zusammenhänge, die Bildungseinrichtungen schon aus ökonomischen Gründen veranlassen, bestimmten Schülern und Studenten Preisnachlässe oder Stipendien zu gewähren[101]. Daß darüber hinaus soziale (distributive) oder andere Zielsetzungen auf freiwilliger Basis Bestandteil der Zielfunktion einer Schule oder Universität sein können, nach der Stipendien freiwillig vergeben werden, ist deshalb keinesfalls ausgeschlossen[102]. Wichtig ist hier nur die Feststellung, daß es theoretische

[99] Siehe S. 113.

[100] Beide Gesichtspunkte werden in dem Gutachten der Jencks-Kommission nicht berücksichtigt. Siehe Jencks, C. et alii: Education Vouchers, a. a. O., S. 36.

[101] Auch hier zeigt sich, daß auf einem Bildungsmarkt Effekte, die begabte und/oder „gute“ Schüler und Studenten auf andere weniger begabte und/oder „schlechtere“ ausüben, durch die am Markt agierenden internalisiert werden.

[102] Kirchliche Schulen und Schulen religiöser oder anderer weltanschaulicher und pädagogischer Vereinigungen werden zum Teil aus anderen wirtschaftlichen Aktivitäten ihrer Träger subventionsiert, etwa aus der Wein- und Likörherstellung. Öfters verzichtet das Personal dieser Einrichtungen aus religiösen oder humanitären Gründen auch auf einen Teil seines Einkommens. Der Verzicht senkt ebenfalls als Kostensubvention den Preis der Bildungsleistung für Schüler und Studenten aus einkommensschwächeren Familien. Vor allem die Brüder der Christlichen Schulen (Fratres Scholarum Christianarum) und die Jesuiten erhoben es zu ihrem Prinzip, unentgeltlich Unterricht in Schulen und Universitäten zu erteilen. Siehe zum Beispiel Zähringer, K.: Die Schulbrüder, Orden der Kirche, Bd. 6 (Hrsg.) D. Planzer, O. P., Freiburg i. d. Sch. 1962, sowie Duhr, B., S. J.: Geschichte der Jesuiten in den Ländern deutscher Zunge im 16. Jahrhundert, Bd. 1, Freiburg i. B. 1907, S. 279f. und die dort angegebenen Quellen, sowie die Waldorfschulen praktizieren häufig eine einkommensabhängige Finanzierung ihrer Schulen (Staffelung des Schulgeldes nach der finanziellen Leistungsfähigkeit).

Gründe gibt, weshalb Stipendien auch ohne gesetzliche Verpflichtung freiwillig bereitgestellt werden und daß dies empirisch belegt werden kann.

Trotzdem ist nicht sicher, ob nicht eine gesetzliche Verpflichtung, zum Beispiel 10% der Schüler oder Studenten aus einer hier nicht näher zu definierenden unteren Einkommensgruppe zu rekrutieren, sozialpolitischen Zielsetzungen förderlicher ist als ein System der reinen Freiwilligkeit. Denn alle am Markt operierenden Bildungseinrichtungen sind letztendlich darauf angewiesen, sich aus Bildungsscheinen und eventuell zusätzlichen Schulgeldern oder Studiengebühren zu finanzieren. Die Folge des Wettbewerbs ist doch, daß über den Markt, das heißt über ein System fakultativer Stipendien der Schulen und Universitäten, es nicht gelingen kann, finanziell schwächere mit *gleichbegabten,* aber finanziell besser gestellten Studenten gleichzubehandeln; es sei denn, es existiert ein funktionstüchtiger Kapitalmarkt für Bildungsdarlehen, der den wirtschaftlich Schwächeren die Aufnahme eines Darlehens möglich macht, oder die freiwillige, karitativ oder philantropisch motivierte Unterstützung der benachteiligten Schüler und Studenten schafft einen Ausgleich. Über Spenden von Schülern und Studenten wohlhabender Familien und über erfolgreiche Absolventen (ehemalige Schüler, Förderkreise der Hochschulen) sowie durch Lehrpersonal, das bereit ist, seine Leistungen, aus welchen Motiven auch immer, unter Marktpreis anzubieten (zum Beispiel Angehörige kirchlicher oder sozialer Einrichtungen) könnten solche Mittel beschafft werden.

Ein weiteres besonderes Problem bei der Einführung von Pflichtstipendien als Ergänzung zum Bildungsschein ist die *Überprüfung der Vermögens- und Einkommensverhältnisse* der Stipendien beantragenden Studenten. Unter anderem die amerikanischen Erfahrungen mit dem College Scholarship Service wie auch die deutschen Erfahrungen mit den Unterhaltsstipendien nach dem Bundesausbildungsförderungsgesetz[103] zeigen, daß es nicht einfach ist, die finanzielle Lage der Studenten zu überprüfen, um den Mißbrauch derartiger Programme zu verhindern[104]. Das Problem ließe sich jedoch weitgehend lösen, wenn derartige Einrichtungen Informationen über die finanzielle Lage der Familie des Studenten während des Studiums wie auch über die spätere finanzielle Situation des Studenten von den Finanzbehörden erhalten könnten.

Von der obligatorischen Bildungsphilanthropie zu unterscheiden sind Finanzierungsprogramme, durch die lediglich rückzahlbare Darlehen bereitgestellt werden. Sie unterscheiden sich kaum von Finanzierungsprogrammen, die den Verkauf langfristiger Konsum- (Personenwagen, Eigentumswohnungen, Wohnungseinrichtungen) und Investitionsgüter fördern sollen: Das gleichzeitige Angebot eines Finanzservice mit dem Verkauf von Bildungsgütern trägt dann dazu bei, weniger bemittelten Studenten auch ein Studium an überdurchschnittlich teuren

[103] Vierter Bericht nach § 35 des Bundesausbildungsförderungsgesetzes (BAföG) zur Überprüfung der Bedarfssätze, Freibeträge sowie Vomhundertsätze und Höchstbeträge nach § 21 Abs. 2 BAföG, Bundestagsdrucksache 9/206, S. 6f.

[104] Jencks, C. et alii: Education Vouchers, a. a. O., S. 36.

Schulen und Hochschulen zu ermöglichen. Die Schwierigkeiten des Kapitalmarktes, Darlehen bereitzustellen, würden dadurch tendenziell beseitigt. Eine Umverteilung der persönlichen Einkommen aus sozialpolitischen Gründen wäre damit jedoch nicht verbunden.

5. *Der egalitäre Bildungsschein*

(1) Der egalitäre Bildungsschein[105] (Uniform Grant Modell) ist mit einem *fixen* Geldbetrag ausgestattet und kann durch ein zusätzliches Schulgeld nicht ergänzt werden *(staatliche Preisfixierung)*. Berechtigt sind alle schulpflichtigen Kinder und Jugendlichen, die staatliche oder private staatlich anerkannte Schulen besuchen. Den Schulen ist es gestattet, außer dem Bildungsschein Schenkungen und Subventionen von privaten und staatlichen Einrichtungen und Personen in Empfang zu nehmen.

(2) Die *Allokation* der Ressourcen im Schulbereich wird unter den Bedingungen des egalitären Bildungsscheins in ihrem Niveau (Höhe des staatlichen Bildungsbudgets) und ihrem Verhältnis zu anderen Produktions- und Dienstleistungsbereichen (Verhältnis Human- zu Sachkapitalbildung) ausschließlich auf dem politischen Entscheidungswege bestimmt. Bei fehlender pretialer Lenkung erfolgt lediglich die Allokation der Ressourcen im Schulsektor durch die elterliche Schulwahl, da durch sie bei gegebenem Bildungsbudget die finanziellen Mittel auf die einzelnen Schulen verteilt werden. Unberücksichtigt bleiben die persönlichen Präferenzen und die Zahlungsbereitschaft der Eltern (Schüler) für mehr oder weniger Schulbildung (etwa in Form von Sonder- und Ergänzungsunterricht) und für unterschiedliche Ausbildungsqualitäten und -methoden soweit sie zum staatlich fixierten Preis nicht angeboten werden können. So sind zum Beispiel Schulen, die ihre Klassenfrequenzen unter dem Durchschnitt halten wollen, bei Integration in ein egalitäres Bildungssystem dazu kaum in der Lage, da ihre Personalkosten pro Schüler höher liegen würden als in Schulen mit einer größeren Anzahl von Schülern je Klasse.

Ein egalitärer Bildungsschein kann besonders den Eltern und Schülern nicht gerecht werden, die mit öffentlichen Schulen unzufrieden sind, weil ihre Ausstattung mit Personal, Sachmitteln, Freizeitangebot etc. nach ihrer Auffassung unzureichend oder zu üppig ist. Wohl aber können diejenigen, die bei gegebenem Bildungsbudget mit der Verwendung der Ressourcen nicht einverstanden sind (Probleme der Erziehungsmethoden, Lehrpläne, persönliche Eigenschaften und Anschauungen des Lehrpersonals) durch ein solches Bildungsscheinsystem eher zufriedengestellt werden.

Darüber hinaus vernachlässigt der egalitäre Bildungsschein stärker als der Friedmansche Gutschein die regionalen Unterschiede in den Preisen der Einsatz-

[105] Ausgearbeitete Modelle dieses Bildungsscheintyps waren nicht verfügbar. Die folgenden Ausführungen beruhen auf Sekundärquellen. Siehe zum Beispiel Jencks, C. et alii: Education Vouchers, a. a. O., S. 40–46; Coons, J. E., und Sugarman, S. D.: Education by Choice, a. a. O., S. 194; Maynard, A.: Experiment with Choice in Education, a. a. O., S. 32.

faktoren (Personal, Grundstücke, Bauten, Einrichtungen, Energie) und die verschiedene persönliche Eignung der Schüler für den schulischen Ausbildungsprozeß. Schulen mit regional bedingt überdurchschnittlichen Faktoreinsatzpreisen können diese Kosten nicht durch ein zusätzliches Schulgeld abdecken. Entsprechende Vorteile haben andere Schulen.

Unter Wettbewerbsbedingungen wird bei Schulen daher die Tendenz vorherrschen, die Schüler zu rekrutieren, deren Ausbildung weniger kostet, und Standorte zu wählen, die bei staatlich verordnetem Preis eine Kostendeckung ermöglichen. Immerhin aber wird auch in einem solchen System der Preisfixierung für Bildungsleistungen über den Wettbewerb der Schulen um Schüler mit einem kostenminimierenden Verhalten bei gleichzeitig bestmöglichem Leistungsangebot tendenziell zu rechnen sein. Das Angebot an Ausbildungsleistungen ist aber quantitativ und qualitativ dem ergänzungsfähigen Bildungsschein unterlegen und die Standorteinrichtungen der Schulen sind den Standortwünschen der Schüler nicht so gut angepaßt (Kosten werden in Form von Wege- und Zeitkosten auf die Schüler verlagert). Gleichwohl gewährleistet auch der egalitäre Bildungsschein mehr Wahlfreiheit für Schüler und mehr pädagogische Vielfalt als ein System des Nulltarifs, sofern die staatlichen Rahmenbedingungen sie nicht von vornherein unterbinden[106].

Wenn es staatlichen und privaten Schulen gestattet ist, sich um zusätzliches Geld in Form von *Schenkungen* und Subventionen von öffentlichen und privaten Einrichtungen und Personen zu bemühen, steigt die Bedeutung solcher Unterstützungen. Wohlhabenden Eltern wird es damit möglich, auf die Aufnahme und pädagogische Betreuung ihrer Kinder durch die Schule Einfluß zu nehmen. Zwar mag es zutreffen, daß erfahrungsgemäß hauptsächlich große Spenden, die in ihrer Zahl sehr beschränkt sind, die Rekrutierung von Schülern beeinflussen[107]. In der Tendenz aber wird ein solches Gutscheinsystem durch wachsende Spendenfreudigkeit insbesondere im Fall eines Verkäufermarktes (Markt mit kurzfristig auftretenden Kapazitätsengpässen) unterlaufen werden und sich einem ergänzungsfähigen Bildungsscheinsystem annähern.

Sollte der Gesetzgeber sich dazu entschließen, Spenden von Eltern zu untersagen, so muß damit gerechnet werden, daß diese versuchen werden, auf andere Weise ihren Einfluß auszuüben, etwa durch Schmiergeldzahlungen oder sonstige informelle Tauschprozesse mit den entscheidenden Instanzen in der Schule.

Da beim egalitären Bildungsschein die Entscheidungen und die Kontrolle über die Bildungsausgaben nach wie vor fast ausschließlich in den Händen der Politiker

[106] Würden die Kosten eines Schulplatzes an einer Hauptschule ebenso hoch sein wie die an einer Realschule oder einem Gymnasium (Sekundarstufe I), so entspräche der egalitäre Bildungsschein *seinem Nennwert nach* dem bestehenden System der Angebotsfinanzierung staatlicher *Schulplätze* in der Bundesrepublik Deutschland. Das Bildungsbudget würde sich allerdings um die Produktivitätsgewinne, die der egalitäre Bildungsschein mit sich brächte, verringern und sich geringfügig dadurch erhöhen, daß nunmehr auch private, staatlich anerkannte Schulen im Rahmen der Schulpflicht Anspruch auf gleich hohe Subventionen haben wie staatliche.

[107] Jencks, C. et alii: Education Vouchers, a. a. O., S. 41.

liegen, ist davon auszugehen, daß der Median-Wähler die Ausstattung des Bildungsscheins zu Gunsten der Präferenzen der Mittelklasse herbeiführen wird, sofern nicht Sonderinteressen (Lehrer- und Schulverbände) sich durchsetzen, die bei voller staatlicher Subventionierung der Bildungsnachfrage und dem Verbot privater Leistungsentgelte ein verstärktes Interesse daran haben, sich politisch zu organisieren und auf diese Weise den Wettbewerb zu mildern sowie ihr Einkommen zu sichern (Gefahr des rent seeking)[108].

Aus *sozialpolitischer* Sicht ist der egalitäre Bildungsschein in etwa wie der bestehende Nulltarif im Primar- und Sekundarbereich I zu bewerten. Er würde unter den Bedingungen der Bundesrepublik Deutschland allerdings Hauptschulen finanziell ebenso ausstatten wie Realschulen und die Unter- und Mittelstufe der Gymnasien. Er gibt finanziell schwächeren Eltern im Rahmen der Schulpflicht die gleiche Kaufkraft wie finanziell besser gestellten und stärkt auf Grund der hergestellten Nachfragersouveränität im Gegensatz zum System der Angebotsfinanzierung jene Eltern, die in ihren Präferenzen von denen des Medianwählers und der Interessenverbände abweichen. Das kommt wahrscheinlich einer Stärkung der Ausbildungsgänge gleich, die mehr auf eine berufliche statt akademische Bildung ausgerichtet sind. Für weniger begabte oder für schulische Bildung weniger geeignete Kinder und Jugendliche sind jedoch durch die staatliche Preisfixierung wie im bestehenden System des Nulltarifs keine Kompensationen möglich.

6. *Der Coons-Sugarman-Bildungsschein (1970)*

(1) Coons und Sugarman[109] haben in ihrem Vorschlag von 1970 (Family Power Equalizing, später Quality Choice Model[110] genannt) ein Bildungsscheinsystem entworfen, durch das die „Bemühung" der wohlhabenden Familie um eine gute Ausbildung ihrer Kinder gleich sein soll der „Bemühung" einer weniger wohlhabenden. Das heißt, der Nutzenentgang (Opfer) soll möglichst für alle Familien der verschiedensten Einkommensgruppen gleich sein. Zu diesem Zweck werden die Kosten pro Schüler gestaffelt. Jede staatlich anerkannte Schule wählt von vier vom Staat vorgegebenen, gestaffelten Kostenintervallen den Kostensatz pro Schüler, zu dem sie ihre Bildungsleistungen anbieten möchte. Schüler (Eltern) sind berechtigt, zwischen Schulen der verschiedenen Kostenkategorien zu wählen.

[108] Das rent seeking ist ex definitione wohlfahrtsmindernd. Gordon Tullock umschreibt mit rent seeking die Ressourcen verzehrenden Aktivitäten von Personen und Personengruppen (Verbänden), durch politische Einflußnahme Knappheitsrenten langfristig zu sichern, etwa durch Einfluß auf die staatlichen Instanzen, die Zulassung neuer Schulen restriktiv zu handhaben. Siehe Tullock, G.: The Welfare Costs of Tariffs, Monopolies, and Theft, in: Western Economic Journal, Bd. 5 (1967), S. 224–243, wieder abgedruckt in: Toward a Theory of the Rent-Seeking Society, (Hrsg.) J. M. Buchanan, R. D. Tollison und G. Tullock, Texas A & M University Press 1980, S. 39–50.

[109] Erstmals in Coons, J. E., Clune, W. H. III, und Sugarman, S. D.: Privat Wealth and Public Education, Harvard University Press 1970; ausführlich in Coons, J. E., und Sugarman, St. D.: Family Choice in Education: A Model State System for Vouchers, (Institute of Governmental Studies) Berkeley 1971. Dieser Vorschlag ist von dem von 1978 (siehe Coons, J. E., und Sugarman, S. D.: Education by Choice, University of California Press 1978) in einigen Punkten zu unterscheiden. Die folgenden Ausführungen beziehen sich, wenn nicht anders vermerkt, auf den ausführlichen Vorschlag von 1971.

[110] Coons, J. E., und Sugarman, S. D.: Education by Choice, a. a. O., S. 198.

Schulen, die auf dem untersten Kostenniveau operieren, werden fast ausschließlich vom Staat subventioniert. Aber auch für die Benutzung dieser Schulen haben Eltern einen geringen *direkten* Beitrag zu den Ausbildungskosten und gegebenenfalls zusätzlich eine *Bildungssteuer* zu zahlen. Die Höhe der Eigenleistungen hängt sowohl von der *Zahlungsfähigkeit* der Eltern als auch von dem *Kostenniveau* ab, auf dem die von den Eltern gewählte Schule operiert[111]. Wählen Eltern für ihr Kind eine Schule, die einer höheren Kostenkategorie angehört, so haben sie *stets* einen höheren Eigenbetrag zu leisten, als wenn sie sich für eine Schule mit niedrigeren Kosten entscheiden. Je geringer (höher) aber ihr Einkommen und Vermögen ist, um so geringer (höher) ist dieser Betrag in Form von Schulgeld *und* Bildungssteuer.

Die Differenz zwischen dem Kostensatz der gewählten Schule und dem direkten Beitrag (Schulgeld) der Eltern zahlt der Staat in Form eines Gutscheins, den die Eltern erhalten. Die Bildungssteuer ist so angelegt, daß wohlhabende Familien, einschließlich dem direkten Beitrag, mehr zahlen als die Ausbildung ihrer Kinder kostet. Der Staat kann den positiven Differenzbetrag für diejenigen Schüler verwenden, die aus Familien niedriger Einkommensgruppen stammen und weniger zahlen, als ihre schulische Ausbildung kostet. Allerdings soll dadurch kein finanzielles Gleichgewicht (volle Kompensation der Gutscheine aus dieser Steuer) herbeigeführt werden, weil das nach der Auffassung von Coons und Sugarman eine zu hohe Belastung der Eltern mit überdurchschnittlichem Einkommen mit sich bringen würdc[112].

(2) Coons und Sugarman verfolgen neben der Wiederherstellung der Souveränität des Bildungsnachfragers sowie der Förderung des Wettbewerbs und der Vielfalt der Bildungseinrichtungen eine *egalitäre Zielsetzung,* wenn sie Eltern mit gleicher Bildungspräferenz durch ein einkommensabhängig (progressiv) gestaffeltes Schulgeld und eine gleichfalls progressive einkommensabhängige Bildungssteuer möglichst in die gleiche materielle Position versetzen wollen, um schulische Bildung zu kaufen. Das von den Eltern für die Ausbildung ihrer Kinder zu bringende Opfer (Nutzenentgang) soll bei gleichen Präferenzen für Bildung für alle gleich sein.

Nach dieser Vorstellung müssen daher die Menschen für den Kauf von Bildung materiell gleich ausgestattet sein. Da dies aber nicht der Fall ist, verlangen sie bei der Verwendung des Familieneinkommens zu Bildungszwecken eine besondere „Verbrauchs- oder Investitionssteuer", durch die eine Angleichung der materiellen Situation beziehungsweise der „Macht" (Kaufkraft) einer Familie, sich Bildungsgüter anzueignen, erreicht werden soll (Family Power Equalizing). Anders als bei den Versuchen, über eine progressive Besteuerung der Einkommen eine

[111] Die Allokation der Ressourcen hängt demnach nicht von der Zahlungs- sondern von der Opferbereitschaft der Eltern ab.

[112] Dies wäre jedoch nicht der Fall, wenn auch die Eltern der übrigen Einkommensgruppen verstärkt zur Finanzierung herangezogen würden. Die Bildungssteuer (-abgabe) könnte dann zur Alimentierung eines sich selbst tragenden Fonds mit Selbstverwaltung benutzt werden.

Nivellierung der Einkommens- und Vermögensverhältnisse zu erreichen, handelt es sich hier um eine „indirekte Steuer", die allerdings einkommensabhängig gestaffelt ist[113].

Im Gegensatz zu den herkömmlichen egalitären Ansätzen zur Einkommens- und Vermögensbesteuerung wird hier eine Egalisierung der materiellen Verhältnisse über einen progressiv gestaffelten Benutzungstarif von Schulen zu erreichen versucht. In ihrer Zielsetzung stehen insoweit die Coons-Sugarmanschen Intentionen einem ökonomischen Ansatz diametral entgegen. Konsequent ausgeführt und auf andere Leistungsbereiche übertragen, würden die Leistungsanreize in einer Volkswirtschaft beseitigt, da unabhängig von der materiellen Situation jedermann in die Lage versetzt wird, wirtschaftliche Leistungen in Anspruch zu nehmen, ohne daß eine materielle Schlechterstellung eintreten würde. Bei fehlenden materiellen Leistungsanreizen würde jedoch das Sozialprodukt und das Steueraufkommen des Staates sinken und schließlich trotz Nachfragersouveränität und quantitativ gleichem Anspruch auf das Sozialprodukt (Gleichverteilung) die Versorgung gefährdet (Übergang von der Leistungs- zur Anspruchsgesellschaft).

Nun haben allerdings Coons und Sugarman ihr Family-Power-Equalizing-Modell nicht zur Verallgemeinerung und Übertragung auf andere Leistungsbereiche entworfen. Es würde deshalb auch zu einer unzutreffenden Beurteilung führen, wenn dies hier aus anderen Gründen als zur Verdeutlichung des egalitären Denkansatzes geschehen würde. Immerhin aber wirken die beschriebenen ökonomischen Fehlanreize des Coons-Sugarman-Gutscheinsystems im Bildungsbereich in diese Richtung.

Unabhängig von dieser Feststellung scheitert das Modell grundsätzlich an der Problematik, den persönlichen Nutzenentgang zu messen und interpersonell zu vergleichen. Coons und Sugarman übersehen, daß Kenntnisse über die Nutzenfunktionen eine notwendige Voraussetzung sind, wenn durch die Staffelung des Schulgelds und die Progression der Bildungssteuer die Opportunitätskosten für alle Eltern angeglichen werden sollen. Ferner vernachlässigen sie, daß ein wesentlicher Bestandteil der Ausbildungskosten die Kosten des Lebensunterhalts während des Schulbesuchs sind. Wollen also Eltern ihrem Kind eine bestimmte schulische Ausbildung angedeihen lassen, so werden durch den Coons-Sugarman-Bildungsschein schon aus diesen Gründen bei gleicher Bildungspräferenz keine gleichen Opfer (Opportunitätskosten) verlangt.

Coons und Sugarman haben aber absichtlich einen pragmatischen Weg eingeschlagen und darauf verzichtet, die Konzeption des Family Power Equalizing stringent durchzuführen. In ihren Vorschlägen gehen sie davon aus, daß für Eltern der höchsten Einkommensgruppen, die bei Wahl der teuersten Schule für ihr Kind anfallende Bildungssteuer 50% der gesamten Ausbildungskosten nicht überschrei-

[113] Der Coons-Sugarmanschen Konzeption kommt § 2 der deutschen Gebührenordnung für Ärzte vom 18. März 1965 (Bundesgesetzesblatt, Teil I, Seite 89) sehr nahe. Er bestimmt, daß die Vergütung der ärztlichen Leistung unter anderem auch nach den Vermögens- und Einkommensverhältnissen des Zahlungspflichtigen zu bemessen ist.

ten soll. Insbesondere für die oberen Einkommensgruppen verzichten Coons und Sugarman auf eine konsequente Anwendung ihres egalitären Ansatzes. Andernfalls bestünde (nicht nur unter amerikanischen Verhältnissen) trotz der zu erwartenden Qualitätsverbesserung der miteinander im Wettbewerb stehenden staatlichen und privaten Schulen die Gefahr, daß Eltern ihre Kinder in Privatschulen schicken, die sich den Bedingungen des Bildungsscheinsystems nicht unterwerfen. Trotz dieser Einschränkung der eigenen Zielsetzung und der Nichtberücksichtigung der individuellen Lebenshaltungskosten kommen Coons und Sugarman durch die Subventionierung einkommensschwacher Eltern und die progressive Besteuerung wohlhabenderer Eltern tendenziell zu einer Angleichung des „Erziehungsopfers", das Eltern auf sich nehmen, wenn sie sich für Schulen eines bestimmten Kostenniveaus entscheiden.

Positiv ist aus volkswirtschaftlicher Sicht zu bewerten, daß sich die Präferenzen für Schulbildung in Abhängigkeit von der Opferbereitschaft der Eltern relativ frei artikulieren und eher durchsetzen können als in einem System des Nulltarifs. Denn während der Nulltarif Eltern von der unmittelbaren finanziellen Belastung durch die schulische Bildung der Kinder zum größten Teil befreit (Aufhebung des Äquivalenzprinzips) und dadurch das Verhältnis zwischen den Eltern und ihren Kindern lockert, stärkt der Coons-Sugarmansche Bildungsschein dieses Verhältnis und die Stellung der einzelnen Kinder gegenüber der Schule (Erhöhung der Konsumentensouveränität).

(3) Allerdings weist der Vorschlag von Coons und Sugarman noch einige andere Schwächen auf. Nach ihren Vorstellungen soll die staatliche Preisvorgabe für Schulen in Form von (vier) Kostenniveaus verhindern, daß es zu einem ständigen Anstieg der Ausbildungskosten kommt, wenn das Schulgeld *ausschließlich* von der Höhe des Einkommens der Eltern abhängig gemacht und die restlichen Kosten vom Staat übernommen werden. Es ist zwar zutreffend, daß staatliche Subventionen in Form von Gutscheinen (Nachfragefinanzierung) den Preis- und Leistungswettbewerb unter den Schulen reduzieren und einen permanenten Kostenanstieg ermöglichen, wenn der Staat sich bei der Bestimmung des Nennwerts der Gutscheine *ausschließlich* an den Einkommen der Eltern orientiert und sich bereit erklärt, die Differenz zwischen den angefallenen Kosten und den Schulgeldzahlungen der Eltern zu übernehmen, fraglich aber ist, ob dies durch eine staatliche Preisvorgabe in Form von Kostenniveaus verhindert werden kann. Eltern bestimmen unter diesen Bedingungen durch die Wahl von Schulen auf alternativen Kostenniveaus über die *Höhe* der Subventionen. Zwar steigt die Selbstbeteiligung bei Wahl einer teureren Schule an, fraglich ist aber, ob dieser Anstieg ausreicht, wenn das Ziel gleichen Opfers bei gleicher Bildungspräferenz aufrecht erhalten werden soll.

Wählen die Eltern teurere Schulen, so haben Schulen den Anreiz, sich auf höherem Kostenniveau anzusiedeln. Politisch bedeutet das, daß Bildungsanbieter und -nachfrager leicht zu Lasten der Steuerzahler in eine identische Interessenlage geraten, die Ineffizienzen fördert.

(4) Allerdings würde sich der Staat schwerlich bereit erklären, eine Garantie für die Finanzierung der restlichen Kosten zu übernehmen, ohne Einfluß auf das zu nehmen, was in den Schulen geschieht. Dafür sind unter den Bedingungen dieses Modells die finanziellen Konsequenzen für den Staat zu groß. Jede staatliche Subvention, und erst recht ein staatliches Subventionssystem wie das eines Bildungsscheins, bei dem die Höhe der Subventionen durch die Wahl unterschiedlich teurer Schulen durch die Eltern bestimmt wird, birgt die latente *Gefahr staatlicher Interventionen* in sich. Der Anreiz zur Intervention wird durch die Tendenz zur Kostenexpansion, die einem nach dem Einkommen gestaffelten Bildungsscheinsystem innewohnt, selbst hervorgerufen[114]. Coons und Sugarman schlagen deshalb mit dem Bildungsscheinsystem gleichzeitig die Vorgabe alternativer Kostenniveaus vor, zwischen denen Schulen wählen können und die von ihnen nicht überschritten werden dürfen. Das ist jedoch bereits eine in Kenntnis der Problematik vorausgeplante Maßnahme, die die Freiheit der Preisgestaltung für schulische Leistungen einschränkt und die bekannten Konsequenzen der Preisintervention mit sich bringt.

Es wäre im Hinblick auf das Ziel Opfergleichheit fast ebenso zweckmäßig und unter dem Gesichtspunkt der Kostensenkung wahrscheinlich wirksamer, wenn der Staat sich nicht bereit erklärte, die Differenz zwischen Schulgeld und durchschnittlichen Kosten je Schüler zu übernehmen, sondern er lediglich fixe, nach dem Familieneinkommen invers gestaffelte, den Nutzenentgang egalisierende Beträge übernimmt, wobei es der diskretionären Entscheidung der Politiker überlassen bliebe, diese Beträge von Zeit zu Zeit in ihrer absoluten Höhe zu revidieren. Schulgelderhöhungen würden dann nicht mehr unmittelbar den Staat, sondern die Bildungsnachfrager treffen, die durch die Grenzen ihrer Opferbereitschaft in Schranken gehalten werden. Das aber entspräche einem Gutschein mit invers zum Einkommen gestaffeltem Nennwert, wie er von Buchanan und Nutter in den USA und von Peacock und Wiseman in Großbritannien vorgeschlagen wurde.

(5) Als problematisch betrachtet ferner Alan Maynard die Annahme, daß *mit steigenden Kosten* (höherem Kostenniveau) auch die *Qualität der schulischen Bildung zunehme*[115]. Zwar gewährleisten generell höhere Preise keine bessere Qualität des Produkts (Preise geben Auskunft über Knappheitsverhältnisse auf dem jeweiligen Markt); bei offenen Märkten und freier Konsumwahl wird aber die Nachfrage abwandern, da es dem Anbieter unter diesen Bedingungen nur schwer gelingen kann, eine falsche Information über die Qualität des Produkts oder einen Informationsmangel zum eigenen Vorteil zu nutzen. Das gleiche gilt auch für den reglementierten Bildungsmarkt des Coons-Sugarman-Modells.

(6) Fraglich ist, ob nicht durch die Aufhebung der Freiheit der Preisbildung und die staatliche Vorgabe von vier alternativen Preisniveaus für Schulen die

[114] Die staatlichen Instanzen werden versuchen, durch Einfluß auf die Selektion der Schüler (Leistungskriterien) die Zahl der Schüler, die höhere Subventionen erhalten wollen, zu beschränken, um die Finanzlast in Grenzen zu halten.

[115] Maynard, A.: Experiment with Choice in Education, a. a. O., S. 32.

soziale Integration ungünstig beeinflußt wird. Zwar stellt der Coons-Sugarman-Gutschein sicher, daß Eltern unabhängig von ihrer materiellen Lage zwischen Schulen auf verschiedenen Kostenniveaus wählen können – und zwar mehr als es der Friedman-Gutschein zuläßt –, aber die Klassifizierung der Schulen nach Kostenkategorien begünstigt in der Gesellschaft möglicherweise Tendenzen, die Ausbildungsqualität der Schüler gleichfalls nach den Kosten der schulischen Ausbildung zu bemessen.

Der Staat würde unter solchen Bedingungen eine Entwicklung fördern, durch die Schüler in Bildungs„klassen" eingeteilt werden, die ihrerseits durch die Kosten der Ausbildung bestimmt werden. Das aber wäre eine Fehlinformation, die zumindest vorübergehend Ineffizienzen mit sich bringen würde; denn die Ausbildungsqualität hängt entscheidend auch von den Eigenschaften (Begabung, Motivation) des Schülers ab, der als Einsatzfaktor das Bildungsergebnis mitbestimmt. Zwar wird der Arbeitsmarkt auf lange Sicht diesen Gesichtspunkt mit berücksichtigen, inwieweit sich aber trotzdem soziale Normen und Gruppen danach ausbilden, kann ohne empirische Erfahrungen schwerlich gesagt werden. Falsch wäre es aber, die Wahl von Schulen auf niedrigem Kostenniveau durch Eltern aus den unteren Einkommensgruppen als unzureichende Bildungsmotivation zu bezeichnen, wie dies von Jencks und anderen[116] unterstellt wird. Die Gründe dafür wurden bereits weiter oben genannt[117]. Wohl aber würden die Schulen dazu neigen, möglichst begabte, lernwillige und disziplinierte Schüler zu rekrutieren. Denn dadurch entsteht bei gewähltem Kostenniveau (staatlich festgelegtem Preis) und ex ante fixiertem Ausbildungsziel ein Produktivitätsvorteil, der zu versteckten „Gewinnen" führt und in Form von „gemachten" Kosten an die Kapitalgelder und/oder Beschäftigten (kürzere Unterrichtsvorbereitungszeiten der Lehrer beziehungsweise bezahlte Freizeit) weitergegeben werden kann. Zu einer Preissenkung käme es erst dann, wenn ein niedrigeres staatlich vorgegebenes Kostenniveau erreicht werden kann (die Kosteneinsparung also so groß ist, daß ein Preisintervall übersprungen werden kann) und der Wettbewerb der Schulen um Schüler dazu zwingt. Ein solcher Schritt ist jedoch um so unwahrscheinlicher, je höher der Nennwert der Gutscheine beziehungsweise je niedriger der Eigenbetrag der Eltern ist. Denn da der Subventionen zahlende Staat nicht berechtigt ist, die Schulwahl mit zu determinieren – dieses Dispositionsrecht steht nur den Eltern zu –, hängt diese Entscheidung ausschließlich von den Eltern ab, für die sich die Kostensenkung nur zu einem geringen, jedoch mit ihrem Einkommen variierenden Prozentsatz niederschlägt. Allerdings wäre dieser Anreiz für eine Schule um so stärker, je höher das Kostenniveau ist, auf dem sie ihre Leistungen anbietet und um so wohlhabender die Eltern der Schüler sind. Eine Senkung des Kostenniveaus würde für diese Eltern nämlich besonders attraktiv sein, da sie nicht nur ein geringeres Schulgeld, sondern auch weniger Bildungssteuer zu zahlen hätten.

[116] Jencks, C. et alii: Education Vouchers, a. a. O., S. 38.
[117] Siehe Kapitel B.III.

Statt zu einer Kostensenkung käme es unter Wettbewerbsbedingungen daher wahrscheinlich eher zu einer Leistungserhöhung (Revision der Ausbildungsziele nach oben). Voraussetzung dafür ist allerdings, daß (a) die Selektion begabter und lernwilliger Schüler gelingt, was bisher nur beschränkt der Fall ist und (b) sie statthaft ist. Das Coons-Sugarmansche Modell sieht aber vor, daß jede Schule jedem Kind oder Jugendlichen grundsätzlich offensteht, sofern es oder er nach Alter und Vorbildung geeignet ist, in die gewünschte Klasse aufgenommen zu werden. Lediglich wenn die Nachfrage nach Schulplätzen die vorher angekündigte Kapazität überschreitet, ist nach Los zu entscheiden[118]. Den Möglichkeiten der Selektion von begabten und lernwilligen Schülern sind daher von vorne herein enge Grenzen gesetzt. Ebenso wird auch die Diskriminierung rassischer oder religiöser Minderheiten zumindest bei der Aufnahme erschwert.

(7) Die staatliche Vorgabe von Kostenniveaus führt jedoch zu *regionalen allokativen Verzerrungen,* wenn die Preise der Einsatzfaktoren (insbesondere Löhne und Gehälter, Grundstücks-, Bau- und Mietpreise, Energiekosten) von Region zu Region unterschiedlich sind. Zwar wird dieser Effekt dadurch gemildert, daß Schulen mit standortbedingten über(unter)durchschnittlichen Preisen für Einsatzfaktoren ein höheres (niedrigeres) Kostenniveau wählen können; an der unteren und oberen Kostengrenze werden bei größeren geographischen Preisdifferenzen Verzerrungen jedoch nicht zu verhindern sein.

Coons und Sugarman haben diese Problematik erkannt[119] und sich trotzdem für einen Verzicht auf die Berücksichtigung regionaler Faktorpreisunterschiede entschieden, weil sie der Auffassung sind, daß sich sonst die Berechnung der Preisvorgaben erheblich verkompliziert und die politischen Auseinandersetzungen um eine sachgerechte Kompensation der von den Schulen nicht beeinflußbaren Faktorpreisunterschiede zunehmen würden. Sie schätzen also den Wohlfahrtsverlust, der durch die regionalen Verzerrungen in der Faktorallokation hervorgerufen wird, geringer ein als den, der bei ihrer Berücksichtigung durch den politischen (demokratischen) Entscheidungsprozeß entstehen würde – ein Urteil, das für den Wirtschaftsraum, für den sie ihr Bildungsscheinsystem entworfen haben (Kalifornien) durchaus zutreffen mag[120].

(8) Der *Verwaltungsaufwand* des Coons-Sugarman-Gutscheins ist trotzdem höher einzuschätzen als für die Gutscheinsysteme, die Milton Friedman sowie Alan T. Peacock und Jack Wiseman vorgeschlagen haben; und zwar sowohl bei

[118] Vgl. Coons, J. E., und Sugarman, St. D.: Family Choice in Education, a. a. O., S. 14 und 35. In ihrer Publikation von 1978 gewähren sie jedoch allen beteiligten Schulen ein begrenztes Recht freier Schülerwahl (Education by Choice, a. a. O., S. 145).

[119] Coons, J. E., und Sugarman, St. D.: Education by Choice, a. a. O., S. 197.

[120] Coons und Sugarman haben ihr Bildungsscheinsystem für den Staat Kalifornien entworfen und waren bei ihren Überlegungen davon ausgegangen, daß ihr System zunächst in urbanisierten Regionen getestet wird. Vgl. Coons, J. E., und Sugarman, St. D.: Family Choice in Education, a. a. O., S. 15.

der Abwicklung des Gutschein- und Besteuerungsverfahrens (Bestimmung von vier Kostenniveaus, Vorausschätzung des Finanzierungsbedarfs) als auch bei der Kontrolle der Einhaltung der staatlichen Vorschriften[121], die erheblich zahlreicher sind als bei Friedman und Peacock-Wiseman, jedoch geringer als beim Jencks-Bildungsschein. Eine definitive Aussage bedürfte allerdings einer eingehenden Kostenanalyse unter exakt spezifizierten Bedingungen der Anwendung der einzelnen Gutscheinsysteme. Eine solche genaue Ausarbeitung der Vorschläge von Friedman und Peacock-Wiseman liegt jedoch bisher nicht vor.

(9) Bei Abwägung aller ökonomischen und sozialpolitischen Gesichtspunkte ist das Coons-Sugarmansche Bildungsscheinsystem gewiß in der Lage, die Souveränität des Bildungsnachfragers erheblich zu vergrößern. Die Allokation der Ressourcen wird innerhalb des Schulpflichtbereichs in ihrer Struktur weitgehend durch die Eltern (Schüler) bestimmt. Das quantitative Niveau der Bildungsausgaben determiniert teils der Staat, teils die Eltern. Der Staat bestimmt durch Fixierung der Kostenniveaus die Höhe der Bildungsausgaben, ohne jedoch ex ante determinieren zu können, welche Höhe das Bildungsbudget tatsächlich erreichen wird. Die Eltern bestimmen die Höhe der Bildungsausgaben über die Wahl der Schule, die unterschiedlich hohe staatliche Subventionen in Form von Gutscheinen erforderlich macht.

Neben den staatlichen Preisvorschriften wird der Dispositionsspielraum der Schulen durch Begrenzung der Schülerwahlfreiheit beschränkt. Das Modell läßt sich insoweit am ehesten als ein nach relativ strengen staatlichen Maßstäben veranstalteter Schulwettbewerb mit starker Betonung der elterlichen Präferenz und Opferbereitschaft für schulische Bildung umschreiben.

Den Zielen der Nachfragesouveränität und allokativen Effizienz werden deshalb Grenzen gezogen, weil der Zugang zur schulischen Bildung unabhängig von den wirtschaftlichen Verhältnissen erfolgen soll. Insbesondere die zu diesem Zweck einzuführende progressive Bildungssteuer führt zusammen mit der staatlichen Vorgabe der Kostenniveaus (Preisvorschriften) zu einem Verwaltungs- und Regulierungsaufwand, der vermieden werden könnte. Dies kann dadurch geschehen, indem man von der strikten Vorstellung von der Gleichheit des Erziehungsopfers für alle Eltern schulpflichtiger Kinder, die von dem Modell sowieso nicht erreicht werden kann, Abstriche macht und nach dem Vorschlag von Friedman, Buchanan-Nutter und Peacock-Wiseman freie Preisbildung zuläßt. Der Staat würde sich dann darauf beschränken, invers zum Einkommen gestaffelte Bildungsscheine an alle schulpflichtigen Kinder zu verteilen.

[121] Siehe hierzu die Funktionen der Schulaufsichtsbeamten in Coons, J. E., und Sugarman, S. D.: Family Choice in Education, a. a. O., S. 34–43.

7. *Das Jencks-Bildungsscheinsystem*

(1) Der Vorschlag der Jencks-Kommission[122] sieht einen doppelten Bildungsschein vor: einen Bildungs*grundschein* für jedes schulpflichtige Kind im Wert der durchschnittlichen Kosten der Bildung im jeweiligen öffentlichen Schultyp und zusätzlich einen *kompensatorischen* Bildungsschein, der nur an die Familien mit schulpflichtigen Kindern verteilt wird, deren Einkommen als gering bewertet wird. Der kompensatorische Bildungsschein ist invers zum Familieneinkommen gestaffelt. Ein zusätzliches Schulgeld darf nicht verlangt werden. Die Preise sind also staatlich fixiert und nach der „Bildungsbenachteiligung" (geringeres Einkommen der Eltern) gestaffelt. Es wird unterstellt, daß die Bildungsleistungen der Schule um so größer und die Kosten entsprechend höher sind, je schwächer die wirtschaftlichen Verhältnisse sind, aus denen die Schüler stammen. Eine spezielle Behörde (Education Voucher Agency) verteilt die Gutscheine an Familien mit schulpflichtigen Kindern und zahlt aus Steuermitteln die entsprechenden Geldbeträge an die Schulen, die ihr die ausgeteilten Bildungsscheine einreichen. Der Wert eines Gutscheins richtet sich nach den Durchschnittskosten der Bildung im jeweiligen Ausbildungsbereich. Die staatlich anerkannten privaten oder öffentlichen Schulen, die berechtigt sind, von Eltern Bildungsscheine in Empfang zu nehmen, haben neben den staatlichen Anforderungen noch spezielle Bedingungen zu erfüllen, die von der Bildungsschein ausgebenden Behörde gestellt werden und festlegen, wann es statthaft ist, einen Schüler der Schule zu verweisen oder ihn nicht zu versetzen. Außerdem sind sie verpflichtet, jeden Schüler aufzunehmen, sofern ein Platz vorhanden ist.

Falls die Anzahl der sich bewerbenden Schüler die Kapazität der Schule übersteigt, so sind mindestens 50% aller Plätze zu verlosen. Ferner haben die Schulen die Eltern gemäß den staatlichen Vorschriften über ihr Bildungsangebot umfangreich zu informieren. Die Politik der Schule wird jeweils von ihrem Vorstand (school board) festgelegt[123]. Sowohl der zuständigen Behörde als auch den Eltern der Schulkinder ist auf Verlangen Einsicht in die Bücher zu gewähren, um die ordnungsgemäße Verwendung der finanziellen Mittel zu prüfen.

Die Kosten für den Schülertransport übernimmt der Staat für Fahrten innerhalb eines Schuldistrikts.

Jeweils im Frühjahr haben Eltern schulpflichtiger Kinder die Entscheidung zu

[122] Jencks, C. et alii: Education vouchers, a. a. O. Das Jencks-Bildungsscheinsystem liegt dem Experiment zugrunde, das von 1973 bis 1978 in Alum Rock in der Nähe von San José in Kalifornien stattfand. Siehe dazu auch Education Vouchers: From Theory to Alum Rock, (Hrsg.) J. M. Mecklenburger und R. W. Hostrop, Homewood, Ill., 1972; National Institute of Education: Education Vouchers: The Experience at Alum Rock, Washington, D. C., 1973; Rand Corporation Report: The Public School Voucher Demonstration: The First Year at Alum Rock, Santa Monica, Ca., 1974; Mason, P.: Education Vouchers under Test, in: Oxford Review of Education, Bd. 1 (1975), S. 159–167.

[123] In den Vereinigten Staaten wird der school board (oberstes Entscheidungsgremium eines Schuldistrikts von den Eltern schulpflichtiger Kinder des Distrikts gewählt. Er entscheidet darüber, ob neue Schulen zu eröffnen, alte zu erweitern oder private Personen durch Subventionen zu unterstützen sind, die eine neue Schule errichten möchten.

treffen, in welche Schule sie ihre Kinder im Herbst desselben Jahres schicken möchten. Jedem Kind, das bereits eine staatlich anerkannte Schule besucht hat, ist ein Platz zu garantieren. Das gleiche gilt für die Geschwister des Kindes. Solange Schülerplätze vorhanden sind, hat jede Schule die erste Wahl des Bewerbers zu berücksichtigen. Kindern, die nicht die Schule ihrer ersten Wahl besuchen können, ist die zweite oder dritte Wahl je nach freier Kapazität zu ermöglichen. Schulen mit Überkapazitäten haben diese der Bildungsscheinbehörde zu melden.

(2) Ebenso wie der egalitäre Bildungsschein und der von John Coons und Stephen Sugarman erlaubt der Gutschein von Christopher Jencks und anderen keine Ergänzung durch ein privat entrichtetes Schulgeld (staatliche Preisvorgabe). Während jedoch der egalitäre Gutschein mit gleichem Nennwert für alle schulpflichtigen Kinder und Jugendlichen ausgestattet und der Coons-Sugarman-Gutschein eine Funktion des elterlichen Einkommens und des Kostenniveaus der gewählten Schule ist, verändert sich der Gesamtwert der Bildungsscheine (Nennwert des Grund- und Ergänzungsscheins) bei Jencks invers zum Einkommen der Eltern. Das Einkommen der Eltern soll dabei als ein Indikator für die Bildungsbenachteiligung (Startchancennachteil) des jeweiligen Schülers dienen: Diejenigen Schüler sollen finanziell besser ausgestattet werden, die *„benachteiligt"* sind.

Was unter Benachteiligung zu verstehen ist, wird allerdings nicht genau gesagt. Es kann sich dabei um Kinder handeln, die für schulisches Lernen nicht begabt sind (langsame Lerner), es können Kinder aus verwahrlosten Familien sein, aus ärmlichen Verhältnissen, Kinder aus ausländischen Familien und schließlich auch geistig und/oder körperlich behinderte Kinder. Da der Jencks-Gutschein die Benachteiligung an den Einkommens- und Vermögensverhältnissen der Familie des Kindes mißt, liegt dem Gutschein die Annahme zugrunde, daß (unter den Bedingungen der Vereinigten Staaten) die genannten Benachteiligungen mit den wirtschaftlichen Verhältnissen der Familie korrelieren, so daß die Einkommenssituation einer Familie als ein geeigneter Indikator für die Benachteiligung eines Kindes angesehen werden kann. Der Jencks-Gutschein hat somit die Zielsetzung, neben der Wiederherstellung der Nachfragesouveränität und des Wettbewerbs zwischen den Schulen die *Startchancen* junger Menschen *anzugleichen*. Dabei wird unterstellt, daß die Eltern „benachteiligter" Kinder mit Hilfe staatlich bereitgestellter Informationen und durch Beratung in Erziehungsfragen die geeignete Instanz sind, Bildungsentscheidungen für ihre eigenen Kinder zu treffen. Die Herstellung eines reglementierten Bildungsmarktes wird hier also zu einem Instrument zur Erreichung eines sozialpolitischen Ziels. Und zwar sind die Verfechter des Gutscheins der Auffassung, daß durch die ökonomischen Anreize des Bildungsscheinsystems Startchancengleichheit wirtschaftlicher und deshalb in höherem Maße (Maximalprinzip) erreicht werden kann als durch staatlich verwaltete und geleitete Schulen unter Nulltarifbedingungen. Der Markt wird zum Mittel für eine sozialpolitische Zielsetzung: Schulen erhalten einen finanziellen Anreiz, Kinder, die durch ihre persönlichen Eigenschaften die gesteckten Bildungsziele ohne zusätzliche, überdurchschnittliche pädagogische Bemühungen der Schule nicht erreichen, aufzunehmen und zum Ziel zu führen. Die Vertreter des Jencks-Bildungsscheins unterstellen damit, daß durch ergänzende und intensivierte pädagogische Maßnahmen auch bei benachteiligten Kindern die gesteckten Bildungsziele erreicht werden können.

Es versteht sich von selbst, daß ein solches Finanzierungssystem *einem rein ökonomischen Denkansatz widerspricht.* Die allokative Zielsetzung würde verlangen, daß Schüler nach ihrem Begabungspotential selektiert werden, so wie bei anderen Leistungsprozessen Einsatzfaktoren nach ihrer Eignung zur Realisierung des Produktionsziels ausgewählt werden. Je geringer die Qualität oder Eignung eines Einsatzfaktors zur Erstellung eines Leistungsergebnisses ist, um so geringer wird der Preis sein, den der Produzent bereit sein wird, für diesen Faktor zu zahlen.

Der Leistungsprozeß in der Schule unterscheidet sich in dieser Hinsicht nicht von dem anderer Dienstleistungs- und Fertigungsbetriebe. Für den schulischen Lern- und Bildungsprozeß weniger geeignete Kinder beeinflussen daher die Produktionsfunktionen ungünstig. Bei einem (begrenzt) substitutiven Faktoreinsatzverhältnis – das wird von den Verfechtern des Jencks-Gutscheins unterstellt – ist es möglich, den geringeren Eigenbeitrag des Schülers zum Bildungsergebnis durch verstärkten Einsatz der übrigen Leistungsfaktoren (Personal, Lehrmittel) zu kompensieren[124]. Der Preis für den zusätzlichen Faktoreinsatz der Schule soll durch den (kompensierenden) Ergänzungsgutschein entgolten werden[125].

Würde sich der Jencks-Gutschein nach der tatsächlichen „Benachteiligung“ statt nach dem Familieneinkommen der Schüler richten, so wäre für den Schüler ein Anreiz gegeben, die eigenen Anstrengungen zur Erreichung des Bildungszieles zu verringern, und mehr Ausbildungsleistungen von der Schule zu verlangen, die über den Ergänzungsbildungsschein finanziert werden können. Ein solcher negativer Anreiz wird aber verhindert, indem als Indikator für die Benachteiligung des Kindes das Einkommen der Eltern herangezogen wird.

Nun besteht aber kein unmittelbarer Zusammenhang zwischen der schulischen Lernfähigkeit und -willigkeit eines Kindes und dem Einkommen der Eltern. Jede Schule wird daher einen Anreiz haben, möglichst begabte und lernwillige Schüler aus wirtschaftlich schwächeren Familien zu rekrutieren. Für amerikanische Verhältnisse würde das bedeuten, daß Schulen einen besonderen finanziellen Anreiz haben, möglichst viele begabte schwarze Schüler zu akquirieren, da diese in der großen Mehrzahl aus Familien mit niedrigerem Einkommen stammen. In der Bundesrepublik Deutschland würde ein besonderer Anreiz gesetzt, Kinder aus-

124 Allerdings ist dabei zu berücksichtigen, daß das Bildungsergebnis durch den Schüler nicht nur durch seine persönlichen Eigenschaften unmittelhar beeinflußt wird, sondern auch indirekt durch den Einfluß, den er auf andere Schüler ausübt (interdependente individuelle Produktionsfunktionen). Siehe S. 77ff.

125 Ob die mit dem Ergänzungsschein finanzierten Ressourcen tatsächlich dem Schüler zugute kommen, der ihn einreicht, ist im Jencks-Modell nicht sichergestellt. Erst wenn das Bildungsangebot der Schule teilbar gemacht wird, zum Beispiel durch Belegung von Ergänzungs- und Sonderunterricht, der über den Ergänzungsschein separat abgerechnet werden kann, ist weitgehend gewährleistet, daß die Leistung auch dem „benachteiligten“ Schüler zukommt.

ländischer Arbeitnehmer und Kinder aus Arbeiterfamilien anzuwerben, da deren Einkommen normalerweise unter dem einer Akademikerfamilie liegt. Voraussetzung dafür ist allerdings wiederum, daß durch Tests und Prüfungen die Begabung und Lernwilligkeit eines jungen Menschen festgestellt werden kann und Freiheit der Auswahl der Schüler besteht. Nach den Vorstellungen von Jencks und seinen Anhängern ist jedoch eine solche Selektion von vornherein ausgeschlossen, da Schulen nach ihrem Vorschlag kein Recht auf freie Schülerwahl haben. Lediglich im Fall einer Übernachfrage nach Schulplätzen können 50% der Schüler von der Schule ausgewählt werden. Aber auch dabei dürfen ethnische Minderheiten nicht diskriminiert werden. Die übrigen 50% werden nach dem Losverfahren zugeteilt.

Aber selbst das Verbot der freien Schülerwahl kann unterlaufen werden, indem Schulen ihren Standort so wählen, daß sich in ihrem Einzugsgebiet vornehmlich wirtschaftlich schwache Familien gefinden. Zwar können auch Schüler aus entfernteren Wohngebieten diese Schulen besuchen, ohne die Transportkosten selbst tragen zu müssen, doch auch bei vollem Ausgleich der Fahrtkosten sind die Opportunitätskosten dieser Schüler größer als diejenigen, die in unmittelbarer Nachbarschaft der Schule wohnen. Dieser Effekt ist aber unter amerikanischen Verhältnissen von vielen erwünscht, da eine Unterversorgung mit Schulen in schwarzen und ärmlichen Stadtregionen festzustellen ist. Es käme unter diesen Bedingungen zu Schulen, die entweder sich finanziell besser stehen und von „benachteiligten" Schülern besucht würden oder zu Schulen, die sich finanziell schlechter stehen, aber deren Schüler wirtschaftlich besser gestellt sind und deren außerschulisches Milieu den schulischen Bildungsprozeß mehr als bei den anderen Schülern unterstützt.

Fraglich ist, ob mit dem Jencks-Gutschein die allokative Effizienz im Schulwesen erheblich verbessert werden kann. Da den Schulen die Freiheit der Preissetzung genommen ist und eine Ergänzung der Gutscheine durch eigene Mittel nicht gestattet ist, wird die Höhe der Bildungsausgaben ausschließlich von staatlicher Seite determiniert. Der Bildungsmarkt – sofern von einem solchen überhaupt gesprochen werden kann – liefert keine Informationen mehr über die volkswirtschaftlich erforderliche Höhe der Bildungsausgaben. Vielmehr muß damit gerechnet werden, daß sich der Wert der Gutscheine danach richtet, welche Kosten in den Schulen entstehen und aus welchen Einkommensverhältnissen die Schüler stammen. Bei einem Rückgang des Volkseinkommens, das gleichzeitig mit einem Rückgang der staatlichen Einnahmen einhergeht, würden mehr Steuermittel zur Ausstattung der Ergänzungsgutscheine in einer Zeit erforderlich werden, in der die Einnahmen des Staates rückläufig sind.

Es ist daher fraglich, ob ein solches Finanzierungssystem einen größeren konjunkturellen Rückgang überstehen wird, zumal es zu noch gravierenderen finanziellen Konsequenzen führen würde als ein System des Nulltarifs, wie es in der Bundesrepublik Deutschland praktiziert wird.

Schließlich werden Schüler, die für die Benutzung der Schulen kein Schulgeld zu zahlen haben, die gleiche Verhaltensweise gegenüber diesen Einrichtungen einnehmen, wie sie aus den Systemen des Nulltarifs bekannt sind[126]. Eine Erziehung zur Wirtschaftschaftlichkeit würde so von vornherein ausgeschlossen, obwohl die außerschulische Welt stets von Knappheitsverhältnissen und wirtschaftlichen Gesetzmäßigkeiten geprägt ist und der wirtschaftliche Umgang mit knappen Ressourcen dann ein Bestandteil der schulischen Erziehung sein müßte, wenn diese auf das Leben außerhalb der Schule vorbereiten soll.

8. Der Bildungserfolgsschein (performance voucher)

(1) Während bei den bisher behandelten Bildungsscheinsystemen die Vergütung für die Dienstleistungen der Bildungseinrichtungen unabhängig vom Bildungserfolg fällig war, richtet sie sich beim Bildungserfolgsschein nach dem tatsächlich eingetretenen *Erfolg* der Ausbildungsbemühungen[127]. Der Vertrag zwischen Schule und Eltern nimmt somit den juristischen Charakter eines *Werkvertrages* (performance contracting) statt wie bisher eines Dienstvertrages an. Der Erfolg der schulischen Bildungsbemühungen, nicht die Tatsache der Bemühungen als solche, wird zum Gegenstand des Vertrages gemacht und durch den Bildungsschein vergütet. Unabhängig von dem Finanzierungsinstrument Bildungsschein wurde in den Vereinigten Staaten mit performance contracting im Bildungsbereich experimentiert[128]. Lokale Schulbehörden schlossen Verträge mit privaten Bildungseinrichtungen, in denen letztere sich verpflichteten, bestimmte Schüler in Fächern mit eindeutig spezifizierbarem Inhalt[129] zu unterrichten und auf ein bestimmtes Wissensniveau und einen vorgegebenen Fertigkeitsstandard zu bringen. Die Schulbehörde verpflichtete sich ihrerseits, einen bestimmten Preis bei einem bestimmten eingetretenen Bildungserfolg zu zahlen. Der Preis war um so höher, je besser die Schüler in einem standardisierten Test, der von einer unabhängigen

[126] Johannes Flügge weist darauf besonders hin. Siehe Flügge, J., und Quaritsch, H.: Schulmündigkeit und Schulvertrag, a. a. O., S 9–37.

[127] Zum Beispiel der Bildungserfolgsschein, der von Jack Hickey und Roger Canfield 1979 für Californien vorgeschlagen worden ist (C. R. E. D. O.: Hickey-Canfield Performance Voucher Initiative, Redwood City, Ca., 1979). Eine ausführliche Ausarbeitung dieses Vorschlages liegt nicht vor.

[128] Garfinkel, I., und Gramlich, E. M.: A Statistical Analysis of the OEO Experiment in Educational Performance Contracting, in: Journal of Human Ressources, Bd. 8 (1973), S. 275–305. Siehe dazu auch die theoretische Analyse von Hiller, J., und Tollison, R.: An Economic Model of Performance Contracting in Education, in: Public Finance, Bd. 29 (1974), S. 36–47, die sich mit der Frage der Effizienz des performance contracting auseinandersetzen; Harris, M., und Raviv, A.: Some Results on Incentive Contracts with Applications to Education and Employment, Health Insurance, and Law Enforcement, in: American Economic Review, Bd. 68 (1978), S. 20–30, und zur allgemeinen Theorie unter anderem Baron, D. P.: Incentive Contracts and Competitive Bidding, in: Bd. 62 (1972), S. 384–394. Siehe ferner den kurzen Bericht von Radbruch, E.: Gutschein für die Schule, in: Frankfurter Allgemeine Zeitung vom 13. Nov. 1971 (Nr. 264) über die Banneker-Elementary School in Gary, Indiana, die mit den Behavioral Research Laboratories (BRL) kontrahierte. Experimente fanden zunächst in Schuldistrikten in Portland, Oregon, Texarkana, Arkansas und dann neben den bereits genannten in Kalifornien, Virginia und Michigan statt. Sie wurden von der Department of Health, Education, and Welfare, Washington, D. C., finanziert.

[129] Mit Ausnahme des Experiments in Gary, wo der gesamte Lehrplan über performance contracting unterrichtet wurde, waren hauptsächlich die Fächer Lesen und Rechnen Gegenstand solcher Werkverträge. Vgl. Hiller, J., und Tollison, R.: An Economic Model of Performance Contracting in Education, a. a. O., S. 36.

Einrichtung am Ende der Ausbildungsperiode durchgeführt wurde, abschnitten.

(2) Das performance contracting im Bildungsbereich beruht auf der Voraussetzung der Meßbarkeit von schulischer Bildung und der Vorhersagbarkeit der Bildungswilligkeit und -fähigkeit von Schülern. Selbst wenn man davon ausgeht, daß zum Beispiel die Fähigkeit zu lesen, sich auszudrücken und mathematische Probleme zu lösen, in kognitiven Tests gemessen werden kann, so bleibt die Feststellung der Lernfähigkeit und besonders die Prognose der Lernbereitschaft ein Problem[130].

Unabhängig davon sind unter Fachleuten *standardisierte Tests strittig,* weil sie die sehr vielfältigen und unterschiedlichen individuellen Begabungen an sehr groben, allgemeinen Standards messen und zu einer Nivellierung und Vereinheitlichung kognitiven Verhaltens führen.

Zwar behaupten einige Psychologen und Pädagogen, daß *Intelligenztests* mit einiger Verläßlichkeit die Vorhersage zukünftigen Schulerfolgs ermöglichten und auch die Zahl der Schuljahre, die ein Kind mit Erfolg abschließen werde, mit ziemlicher Genauigkeit prognostiziert werden könnten[131]. Es kann jedoch nicht behauptet werden, daß derartige Standards zweckmäßige Zielgrößen sind, wenn Schulbildung nicht Selbstzweck bleiben soll und nicht nur die Vermittlung von Wissen und Fertigkeiten Gegenstand des Bildungsprozesses ist.

Da der Zusammenhang zwischen der Zahl erfolgreich absolvierter Schuljahre und dem späteren beruflichen Erfolg nicht stringent ist, und schon aus ökonomischen Gründen nicht sein kann, ist ein derartiger Zusammenhang zwischen dem schulischen Erfolg, gemessen in Zeugnisnoten, und dem späteren beruflichen Erfolg selbst in Form einer simplen Korrelation kaum feststellbar. Abgesehen davon fehlt derartigen Tests die theoretische Grundlage. Bisher ist es nicht gelungen, Faktoren, die zum schulischen Erfolg beitragen, aber nicht auf formale Bildungsprozesse zurückzuführen sind, von dem Einfluß der Schule zu isolieren. Eine einwandfreie Trennung des Einflusses natürlicher (ererbter) Begabung, familiärer Erziehung und schulischer Bildungsprozesse ist deshalb bisher nicht möglich.

Noch unverläßlicher als kognitive Tests sind *Verhaltenstests* (Charaktertests), durch die die Lernbereitschaft prognostiziert werden soll, die gleichfalls eine unabdingbare Voraussetzung für den schulischen Erfolg ist.

Nun sind aber standardisierte Tests nicht unbedingt ein Erfordernis für den Bildungserfolgsschein, wenn es sich um einen Vertrag handelt, der unmittelbar zwischen den Eltern (Schülern) und der Bildungseinrichtung geschlossen wird. Zwar werden auch hier unter den Voraussetzungen eines Privatvertrages zwischen Eltern und Schule Verträge auf einen bestimmten Bildungserfolg nur dann von Schulen abgeschlossen werden, wenn diese mit einer gewissen Sicherheit voraus-

[130] Siehe dazu Undeutsch, U.: Zum Problem der begabungsgerechten Analyse beim Eintritt in die Höhere Schule und während der Schulzeit, in: Begabung und Lernen, (Hrsg.) H. Roth, 2. Auflage Stuttgart 1969, S. 377–405.

[131] Jencks, C. et alii: Education Vouchers, a. a. O., S. 47–49.

sehen können, daß sie einen bestimmten Schüler auf ein exakt spezifiziertes Niveau zu heben vermögen. Da ein solcher Lernerfolg jedoch nicht ohne entsprechende aktive Mitwirkung des Schülers zustandekommt, wird ein Abschluß solcher Werkverträge im Bildungsbereich sehr begrenzt sein. Sie werden sich spontan nur in den Bereichen ausbreiten können, in denen der Lernerfolg relativ eindeutig meßbar ist (zum Beispiel Lesen, Schreiben, Mathematik, Stenographie, Maschinenschreiben).

9. *Das Steuerabzugsverfahren für Schul- und Studiengeld (educational tax credit)*

(1) Das Steuerabzugsverfahren ermöglicht es, die jährlichen Bildungsausgaben für Schüler und Studenten an staatlichen und privaten, staatlich anerkannten Schulen und Hochschulen gegen die Lohn- oder Einkommensteuerschuld bis zu einem maximalen Betrag *aufzurechnen.* Im Gegensatz zu den bisher behandelten Subventionssystemen der Bildungsnachfrage wird beim Steuerabzugsverfahren darauf verzichtet, Gutscheine auszugeben.

Im folgenden wird das Steuerabzugsverfahren als „*fiktives* Bildungsscheinsystem" bezeichnet, ein Ausdruck, der nicht unproblematisch ist. Fraglich ist nämlich, ob es sich hier wie bei den bisher behandelten Gutscheinen um Transfers an private Haushalte handelt oder nicht.

(2) Ist privates (verfügbares) Einkommen, das auf Steuererleichterungen zurückzuführen ist, ein staatlicher Transfer? Bejaht man diese Frage, so folgt man der Auffassung, daß jedes erwirtschaftete Einkommen grundsätzlich dem Staat zustehe – ein finanzwirtschaftlicher Standpunkt, der sich möglicherweise aus der Philosophie des deutschen Idealismus ableiten läßt, aber mit freiheitlich-demokratischen und Grundprinzipien der Sozialen Marktwirtschaft nicht vereinbar ist. Die klassische Ökonomie hat das Individuum und seine Bedürfnisbefriedigung stets an den Anfang des ökonomischen Denkens gestellt. Akzeptiert man diesen klassischen Standpunkt und sieht man die ökonomische Begründung der Übertragung von Aufgaben an den Staat und den Zweck der Erhebung von Zwangsabgaben aus dieser Sicht, die ihre neuere Fortentwicklung besonders in der Vertragstheorie von James Buchanan[132] gefunden hat, so ist eine solche Interpretation nicht zu vertreten[133]. Fraglich aber ist, ob das schon bedeutet, daß es sich beim Abzug der Bildungsausgaben von der Steuer*schuld* nicht um staatliche Subventionen handelt; und wäre es deshalb falsch, dieses Verfahren den Bildungsscheinsystemen zuzurechnen und als fiktiven Gutschein zu bezeichnen?

Der Standpunkt, daß Bildungsausgaben, die von der Steuerschuld abgezogen werden, keine Subventionen sind, wird von Richard E. Wagner[134] vertreten. Er

[132] Buchanan, J. M.: The Limits of Liberty, a. a. O.

[133] Manche Finanzpolitiker neigen bewußt oder unbewußt dazu, von einem solchen Standpunkt auszugehen, wenn sie Kreisen der Wirtschaft oder anderen Gruppen der Gesellschaft vorrechnen, was sie auf Kosten des Staates (Steuernachlaß) erwirtschaftet oder finanziert haben.

[134] Wagner, R. E.: State Aid For Private Education: Curse or Blessing, and For Whom?, in: Government Aid to Private Schools: Is It a Trojan Horse?, (Hrsg.) Derselbe, Center for Independent Education, Wichita, Kan., 1979, S. 38–46. Anders dagegen Staaf, R. J.: The (School) House That Jack Built, in:

erscheint uns fragwürdig, weil die Bildungsausgaben beim Abzug von der Steuerschuld im Gegensatz zum Abzug vom zu versteuernden Einkommen (Sonderausgaben) *nicht ausschließlich* aus dem eigenen Einkommen gezahlt werden. Nur unter der Bedingung *reiner* Eigenfinanzierung wäre die Bezeichnung Transfer oder Subvention zutreffend. Beim Steuerabzugsverfahren handelt es sich aber nicht um reine Eigenfinanzierung. Der Staat erstattet dem Bildungsnachfrager aus seinem Steueraufkommen die Bildungsausgaben ganz oder bis zu einem bestimmten Betrag. Aus Gründen der technischen Einfachheit verzichtet er aber hier auf die Einziehung von Steuern, die nach der allgemeinen Übereinkunft der Wähler alle zu zahlen haben, und zahlt so die Subvention beziehungsweise den Sozialtransfer. Der Steuerzahler (Bildungsnachfrager) muß also einen Anspruch gegen den Staat erwerben, der der Einfachheit halber gegen die Steuerschuld aufgerechnet werden kann. Ein solcher Anspruch könnte dann zweifellos aus einem Gesellschaftsvertrag erwachsen, der Transfers an Familien mit schul- oder bildungspflichtigen Kindern oder an Studenten vorsieht, die von diesen zweckgebunden (investiv) zu verwenden sind. Deutlich wird dieser Sachverhalt insbesondere in dem Moment, wo der Anspruch auch dann bestehen bleibt, wenn die eigene Steuerschuld geringer ist (Packwood-Moynihan-Vorschlag[135]) als die Forderung gegen den Staat und es zu einer (interpersonellen) Transferzahlung kommt. Bei dem speziellen Vorschlag der National Taxpayers Union[136] ist der Anspruch auf eine Subvention allerdings an die Bedingung geknüpft, daß Schul- und Hochschulbesuch nur in dem Umfang subventioniert werden können, wie die eigenen, nach den allgemeinen Grundsätzen abzuführenden Lohn- und Einkommensteuerbeträge dazu ausreichen. Das ändert aber nichts an dem Sachverhalt, daß es sich um einen Transfer handelt, der in erster Linie Subventionscharakter hat.

(3) Unter *allokativen* Gesichtspunkten hat das Steuerabzugsverfahren in seiner Ausgestaltung nach den Grundsätzen der negativen Einkommensteuer[137] (Pack-

Government Aid to Private Schools, a. a. O., S. 12–22.
Ist die Steuerschuld größer als der maximal abzugsfähige Betrag für Schulgeld und Studiengebühren, so kann man sich den Zusammenhang am besten dadurch verdeutlichen, daß die Transferzahlung des Staates aus den Steuern erfolgt, die der Haushalt nach den allgemeinen Besteuerungsgrundsätzen selbst zu zahlen hat. Aus technischen Gründen wird auf einen interpersonellen Transfer verzichtet.

135 Tuition Tax Credit Act, Washington, D. C. (Senat Bill 2142); siehe unter anderem Ascik, T.: Tuition Tax Credit Proposals, in: Issue Bulletin, No. 23, (The Heritage Foundation) Washington, D. C., 1978; Williams, W. E.: Statement to House of Ways and Means on Senate Bill 2142; Moynihan, D. P.: Tuition Tax Credits, Private Schools and the First Amendment, in: National Review vom 3. August 1979, S. 962–966 und S. 987ff.; West, E. G.: The Economics of Tax Credits, a. a. O., S. 38–40, Klausner, M. S.: Tuition Tax Credits: A Debate Revived, in: Inform, September 1979 (Nr. 10), S. 1f.; The Hegeler Institute: Education: How Schools and Education Can Be Made More Effective, La Salle, Ill., 1980 (Mikfrofilm). Ähnlich lautet der Vorschlag des Bundes Kinderreicher und Junger Familien Deutschlands (Entwurf eines Ausbildungskostengesetzes 32/1967), der allerdings nur die Finanzierung des Lebensunterhalts während des Schulbesuchs zum Ziel hatte und technisch eine andere Abwicklung der Transferzahlungen vorsah.

136 National Taxpayers Union: Educational Tax Credits, Santa Barbara o. J. (1980): Nach diesem Vorschlag sind jährlich 1200 US-Dollar pro Person von der Steuerschuld (income tax) abzugsfähig. Ist die Steuerschuld geringer als dieser Betrag, wird nur der geringere Betrag erstattet.

137 Zur negativen Einkommenssteuer siehe OECD. Negative Income Tax, An approach to the co-ordination of taxation and social welfare policies, Paris 1974, und die dort angegebene Literatur.

wood-Moynihan-Variante) alle Vorzüge und Nachteile, die mit dem Friedman-Bildungsschein verbunden sind (freie Preisbildung für Bildungsleistungen, freie Schul- und Schülerwahl, hohes Innovationspotential). Das gleiche gilt für die Determinierung des staatlichen Bildungsbudgets, das sich kalkulatorisch aus den nicht eingezogenen, den privaten Haushalten für Bildungsausgaben belassenen Steuern und den Beträgen zusammensetzt, die der Staat an diejenigen zahlt, deren Bildungsausgaben die zu zahlenden Steuern übersteigt.

Bei der Variante des Steuerabzugsverfahrens, das von der National Taxpayers Union vorgeschlagen wird, könnten sich dagegen allokative Ineffizienzen und *sozialpolitsche* Nachteile dadurch ergeben, daß gerade diejenigen Schüler und Studenten aus finanziellen Gründen an dem Besuch einer Schule oder Hochschule gehindert werden, deren Familien sich in einer wirtschaftlichen Situation befinden, die es nicht ermöglicht, auf dem Wege des Steuerabzugs die für die übrigen Schüler und Studenten üblichen Beträge ganz oder teilweise abzusetzen. Diese Ineffizienzen treten jedoch nur in dem Maße auf, wie andere private Personen, Einrichtungen und Unternehmen nicht bereit sind, für die Ausbildung dieser Schüler und Studenten freiwillig zu spenden. Ein solcher Anreiz wird durch den Vorschlag der National Taxpayers Union verstärkt, da alle natürlichen und juristischen Personen von dem Steuerabzugsverfahren zu Gunsten von Schülern und Studenten aus wirtschaftlich schwachen Familien Gebrauch machen können; und zwar beliebig oft, aber pro Person jeweils nur bis zur Höhe des maximalen Steuerabzugsbetrages. Dies stellt sowohl unter allokativen als auch sozialpolitischen Gesichtspunkten eine interessante Variante dar, von der ad hoc nicht angenommen werden darf, daß sie unter Effizienz- und Verteilungsgesichtspunkten der Packwood-Moynihan-Variante unterlegen ist. Ihr großer Vorzug liegt darin, daß sie die soziale Verbundenheit der Bürger untereinander stärkt, ohne daß es dazu einer staatlich-kollektiven Organisation bedarf, die Anonymität sozialer Maßnahmen aufhebt und das Trittbrettfahren samt seinen Effizienzverlusten beseitigt[138]. Dies entspricht nicht nur freiheitlichen Prinzipien und dem Grundsatz der Subsidiarität, sondern führt möglicherweise auch zu einer Entlastung des staatlichen Budgets durch private Bildungsspenden[139]. Der Vorschlag könnte daher einen Mechanismus hervorrufen, der dem Wachstum der Staatsausgaben in einem Teilbereich erfolgreich entgegenwirkt. Eine endgültige Beurteilung der allokativen und distributiven Wirkungen dieses Steuerabzugverfahrens kann allerdings erst nach einem empirischen Test erfolgen.

(4) Fraglich ist, ob die vom Bildungsschein zu unterscheidende *Transfertechnik* des Steuerabzugs von der Steuerschuld auch zu unterschiedlichen ökonomischen Wirkungen führt. Denn anders als beim Bildungsschein fließt ein großer Teil der

[138] Diese Ineffizienzen würden bei systematischer Anwendung der negativen Einkommensteuer zunehmen und die ökonomische Abhängigkeit der Menschen vom Staat vergrößern.

[139] Hier kann man einwenden, daß durch die freiwilligen Spenden die Abhängigkeit des Spendenempfängers vom Mäzen zunimmt – eine Gefahr, die nicht ganz von der Hand zu weisen ist.

finanziellen Mittel nicht vom Steuerzahler über den Staat an die Eltern oder Studenten zurück, sondern bleibt von vornherein in den Händen derjenigen, die staatlich anerkannte Bildungsleistungen nachfragen. Nach dem Vorschlag der National Taxpayers Union ist dies sogar ausschließlich der Fall.

Die Transfertechnik des Steuerabzugs läßt erwarten, daß die *Verwaltungskosten* niedriger sein werden als beim Bildungsschein. Möglicherweise können Verwaltungskosten beim Steuereinzug eingespart werden, da ein beachtlicher Teil der Steuern nicht mehr eingezogen werden braucht; vor allem aber sinken die Kosten der Redistribution von Bildungsscheinen, die je nach Gutscheinsystem ganz erheblichen Aufwand verursachen und die Einrichtung und Unterhaltung von Gutschein-Behörden mit sich bringen können.

Die Kosten des politischen Entscheidungsprozesses (Fixierung des Bildungsbudgets und des maximal abzugsfähigen Betrages der Bildungsausgaben) bleiben dagegen gleich.

(5) Wichtig ist ferner die Frage, ob die Technik des Steuerabzugsverfahrens im Gegensatz zum echten Bildungsschein ein anderes *Verhalten der Bildungsnachfrager und der staatlichen Instanzen* zur Folge hat. Eine Verhaltensänderung der Bildungsnachfrager ist dann nicht zu erwarten, wenn sie rational handeln und erkennen, daß sie unter einem Packwood-Moynihan-Steuerabzugsverfahren finanziell genau so dastehen werden wie unter einem Bildungsschein, dessen Wert es gestattet, die gleiche Menge Bildung nachzufragen (Zinsen für eventuelle Überbrükkungskredite bei auseinanderfallenden Terminen für Schulgeld/Studienzahlungen und Subventionszahlungen des Staates einmal außer acht gelassen). Unter den Bedingungen des Steuerabzugsverfahrens nach Packwood-Moynihan und weitgehend auch unter denen der National Taxpayers Union entsteht dann der gleiche Effekt, der für alle Gutscheinsysteme zu beobachten ist. Die Haushalte werden nämlich Einkommensbestandteile, die sie bei fehlender staatlicher Subventionierung für schulische Bildung ausgegeben hätten, zum Kauf anderer Güter verwenden. Darüber hinaus wird man Preisforderungen der Anbieter so lange einen geringeren Preiswiderstand entgegensetzen, wie diese Preisforderungen durch den Bildungsschein oder das Steuerabzugsverfahren gedeckt werden[140].

Kommt es aber bei dem Steuerabzugsverfahren zu einer *Eigenfinanzierungsillusion,* weil die Zahlung des Schulgeldes oder der Studiengebühren zunächst aus dem eigenen Einkommen erfolgt, ehe sie später über die jährliche Lohn- oder Einkommensteuerveranlagung rückerstattet wird, dann könnte das den Preiswiderstand der Bildungsnachfrager unter den Bedingungen des Steuerabzugsverfahrens im Gegensatz zum Bildungsschein erhöhen. Fraglich ist allerdings, ob diese Eigenfinanzierungsillusion – sofern sie überhaupt auftritt – von anhaltender Dauer ist, da die Zusammenhänge transparenter sind als im bekannten Fall der

[140] Der Vorschlag von Packwood und Moynihan sieht allerdings vor, daß jeweils nur 50% aller staatlich anerkannten Ausbildungsausgaben von der Steuerschuld abgezogen werden können. Siehe dazu die Kritik von West, E. G.: The Economics of Tax Credits, a. a. O., S. 40.

Geldillusion. Eine Verhaltensänderung der Bildungsnachfrager in Richtung auf eine wirtschaftlichere Nutzung der Schulen und Hochschulen dürfte deshalb kaum zu erwarten sein.

Allerdings ist es durchaus möglich, daß das Preisbewußtsein der Bildungsnachfrager dadurch angehoben wird, weil stets für Liquidität gesorgt werden muß, um den Schulgeldzahlungen nachkommen zu können, da ein Steuerabzug erst nach der geleisteten Schulgeldzahlung erfolgen kann. Zwar werden die Schulen und Hochschulen sich den Zahlungsterminen der Finanzbehörden anpassen und zu Stundungen bereit sein. Trotzdem besteht ihre Forderung nicht direkt gegenüber dem Staat, sondern gegenüber dem einzelnen Bildungsnachfrager.

Schließlich ist fraglich, ob die staatlichen Instanzen ihr Verhalten ändern, wenn auf Bildungsschein ausgebende und sammelnde Stellen verzichtet und nur noch ein geringer Teil der Bildungsausgaben direkt über den Staatshaushalt abgewikkelt wird. Zweifellos trifft es zu, daß der unmittelbare Kontakt zwischen den staatlichen Stellen und den Bildungsanbietern, wie er bei der Einlösung von Bildungsscheinen zustandekommt, beim Steuerabzugsverfahren nicht mehr besteht und der dadurch gegebene Anlaß, in die private Bildungsproduktion *sachfremd zu intervenieren,* entfällt. Trotzdem bleibt für die staatlichen Instanzen der mit jeder Subvention (Transfer) verbundene Anreiz vorhanden, Auflagen mit ihr zu verbinden, wenn auch die finanziellen Mittel nicht mehr vom Staat vergeben werden, sondern durch Abzug von der Steuerschuld direkt beim Steuerzahler verbleiben.

Die Frage, ob die Gefahr der staatlichen Intervention in die private Bildungsproduktion unter den Bedingungen des Steuerabzugsverfahrens anders zu beurteilen ist als unter einem Bildungsscheinsystem, weil die Technik des Bildungsscheins im Gegensatz zu der des Steuerabzuges doch noch einen regelmäßigen direkten Kontakt zwischen den Bildungseinrichtungen und den staatlichen Instanzen bei der Einlösung des Gutscheins schafft, kann theoretisch nicht eindeutig beantwortet werden. Auch unter einem Steuerabzugsverfahren hat der Staat einen Anreiz, die private Bildungsproduktion gesetzlich zu regeln, da sie zu einem großen Teil aus Steuermitteln finanziert wird.

10. Empirische Erfahrungen mit Bildungsscheinen

Die Erfahrungen mit Bildungsscheinen sind äußerst gering. Obwohl die amerikanische Bundesregierung über das Office of Economic Opportunity (OEO) und das National Institute of Education (NIE) finanzielle Mittel für acht Bildungsscheinexperimente zur Verfügung stellte[141], wurde nur eins dieser Projekte und auch die-

[141] Dazu zählten neben Alum Rock, East Hartford (Connecticut), Gary (Indiana) New Hampshire, New Rochelle (New York), Rochester (New York), San Francisco und Seattle. Näheres dazu findet sich bei Cohen, D. K., und Farrar, E.: Power to the Parents? – the Story of Education Vouchers, in: The Public Interest, Bd. 48 (1977), S. 72–97, besonders S. 72–81; Education Vouchers in Kent: A Feasibility Study for the Education Department of the Kent Country Council, a. a. O., S. 91f. Zu der politischen Auseinandersetzung, die zu den Bildungsscheinexperimenten in den Vereinigten Staaten führte, siehe Education Vouchers from Theory to Alum Rock, (Hrsg.) J. A. Mecklenburger und R. W. Hostrop, Homewood, Ill., 1972, und Educational Vouchers: Concepts and Controversies, Teachers College Press, New York-London 1972.

ses nur im kleinen, unzureichenden Rahmen durchgeführt. Und zwar entschied sich der Schuldistrikt von Alum Rock (East San Jose, Kalifornien), der finanziell schwach dastand und mit Minderheitenproblemen zu kämpfen hatte, für die Durchführung des Experiments. In allen anderen Fällen scheiterte es an der politischen Durchsetzungsfähigkeit der von Harvard stammenden Verfechter des Programms.

Zum einen bemühte man sich, die Unterstützung der Eltern zu erhalten und erlitt Schiffbruch an dem Widerstand der Lehrer und Lehrervereinigungen, zum anderen warb man um die Unterstützung der Pädagogen und Kultusbeamten, ohne jedoch die zu gewinnen, die die erforderlichen Entscheidungsbefugnisse hatten. Die wirtschaftlich Schwachen, die am meisten von der Einführung eines Gutscheinsystems profitiert hätten, waren nicht organisiert, und die schwarze Bevölkerung kämpfte traditionell auf der Grundlage des Bürgerrechts für gleiche Bildungschancen statt den Bildungsschein zu favorisieren, der zu zwanglosen Lösungen im Bildungsbereich hätte führen können. Schließlich war das Bildungsscheinsystem, das von den wissenschaftlichen Beratern aus Harvard empfohlen wurde, ein schwerfälliges, kompliziertes Modell, was zu Schwierigkeiten bei seiner Durchsetzung führte[142]. Vor allem aber wurde nach Auffassung von David K. Cohen und Eleonor Farrar die Bildungsscheinkampagne propagandistisch unter der falschen Vorstellung von elterlichem Machtzuwachs (power to the parents) und falsch verstandener Nachfragersouveränität geführt, die von den Eltern selbst nicht gewollt war und den Widerstand der Lehrer hervorrufen mußte[143].

Der Grund, weshalb der Alum Rock Unified Elementary School District sich

142 Dem Friedman-Bildungsschein wurden von Beobachtern größere Chancen eingeräumt. Vgl. Cohen, D. K., und Farrer, E.: Power to the Parents – the Story of Education Vouchers, a. a. O., S. 76. Auch aus einer 1978 vom Institute of Economic Affairs in London durchgeführten Untersuchung ergibt sich, daß ein ergänzungsfähiger Bildungsschein nach Friedman oder Peacock-Wiseman politisch machbar ist. Bei einer Repräsentativbefragung unter den britischen männlichen Erwerbspersonen hatten sich die Befragten zu zwei alternativen Maßnahmen zur qualitativen Verbesserung der schulischen Ausbildung zu äußern: Alternative (1) Verbesserung der Ausbildungsqualität staatlicher Schulen durch eine Steuererhöhung; Alternative (2) Verbesserung der Ausbildungsqualität durch Beauftragung privater Schulen und Finanzierung der Ausbildungskosten durch Bildungsscheine und Eigenbeteiligung. 15% aller Befragten entschieden sich für Alternative (1), 60% für Alternative (2). Von den Familienvätern mit mindestens einem Kind erklärten sich 51% bereit, ein Drittel der schulischen Ausbildungskosten zu übernehmen, wenn der Staat die restlichen zwei Drittel in Form eines Bildungsscheins zuschießen würde. Vgl. Harris, R., und Seldon, A.: Overruled on Welfare, The increasing desire for choice in education and medicine and its frustration by ‚representative' government, a. a. O., S. 50f. und S. 90. (Harris und Seldon vergleichen diese Ergebnisse mit Untersuchungen aus den Jahren 1963, 1965 und 1970).

143 Nach Cohen und Farrer zielte die Reformbewegung nicht auf die Wiederherstellung der Nachfragesouveränität nach dem Marktmodell (Lenkung der Bildungsproduktion nach den Präferenzen oder Wertvorstellungen der Eltern), sondern auf eine *Intervention* der Eltern in den schulischen Erziehungsprozeß, also auf eine teilweise Beseitigung der pädagogischen Freiheit, wie sie auch der Konzeption der Demokratisierung der Schulen zugrunde liegt. Ob das tatsächlich der Fall war, kann hier nicht überprüft werden. Es gibt allerdings Hinweise, die dies zweifelhaft erscheinen lassen, da auch der Jencks-Bildungsschein in seiner Grundkonzeption der marktlichen Teilung von Macht und Wissen folgt und sachfremde Interventionen durch Eltern und Schüler in die Bildungsproduktion verhindert (siehe Cohen, D. K., und Farrar, E.: Power to the Parents – the Story of Education Vouchers, a. a. O., S. 91–93).

für die Durchführung des Experiments entschied, war außerdem weniger das Interesse an einem Bildungsschein als vielmehr das Interesse an einer Dezentralisierung des Schuldistriks.

Das Experiment begann im September 1972 mit sechs Schulen (5 Elementar- und einer Mittelschule) mit insgesamt 4000 Schülern und wurde von der amerikanischen Bundesregierung für einen Zeitraum von fünf Jahren finanziert. Die bereitgestellten Mittel betrugen im ersten Jahr 1,5 Millionen U.S. Dollar (10% des Gesamtbudgets). Sie stiegen in den folgenden Jahren auf 2,5 Millionen Dollar (17% des Gesamtbudgets). In der gleichen Zeit erhöhte sich die Anzahl der Schulen auf vierzehn und die Zahl der Schüler auf 9000. Schulen konnten sich dem Experiment freiwillig anschließen, wenn die Mehrzahl des Lehrerkollegiums und die Ortsgemeinde damit einverstanden waren[144].

Grundlage des Versuchs bildete der regulierte kompensatorische Bildungsschein von Christopher Jencks et alii. Der Grundbildungsschein wurde vom Schuldistrikt finanziert, der kompensatorische Ergänzungsschein vom Office of Economic Opportunity. Die Verwaltungs- und Schülertransportkosten wurden ebenfalls von dieser Einrichtung getragen. Träger sämtlicher beteiligter Schulen war der Schuldistrikt.

Viele der ökonomisch bedeutenden Bedingungen des Bildungsscheinsystems wurden nicht erfüllt[145]. So wurden die Arbeitsplätze des Schulpersonals weiterhin garantiert, und mehr Leistung des einzelnen Lehrers fand keinen Ausdruck in einem höheren Gehalt, sondern führte über mehr Schüler zur Einstellung zusätzlicher Lehrkräfte und zum Kauf von mehr Unterrichtsmaterial. Es blieb daher nicht aus, daß nach einiger Zeit die Kapazitäten der einzelnen Schulen limitiert wurden. Sämtliche beteiligten Schulen standen unter der Kontrolle der lokalen Schulbehörden. Sofern sich private Schulen dem Gutscheinsystem anschließen wollten, hatten sie sich den Bedingungen dieser lokalen Behörden zu unterwerfen.

Es entschied sich daher auch keine private Schule, an dem Experiment teilzunehmen. Lediglich eine kleine, von experimentierfreudigen Lehrern gegründete Schule (grokid) schloß sich dem System an, mußte aber ebenfalls sämtliche Standards (Gehalt, Sozialleistungen, Ausbildung der Lehrer, Lehrer-Schüler-Verhältnis) erfüllen, wie jede der anderen teilnehmenden Schulen auch. Berater, die Eltern und Schüler ausführlich informieren sollten und zunächst einem unabhängigen Institut (Sequoia Institute) angehörten, wurden alsbald Angestellte der Schulen selbst oder des Schuldistrikts.

[144] Vgl. Education Vouchers in Kent, a. a. O., S. 90.

[145] Siehe im folgenden die wissenschaftliche Auswertung des Alum Rock Bildungsscheinexperiments durch die Rand Corporation, insbesondere Weiler, D.: A Public School Voucher Demonstration: The First Year at Alum Rock, Santa Monica 1974; Weiler, St. S., und Kellen, K.: The Politics and Administration of the Voucher Demonstration in Alum Rock: The First Year, 1972/73, Analysis of the Education Voucher Demonstration, A Working Note, Santa Monica 1974; Levinson, E., Abramowitz, S., Furry, W., und Joseph, D.: The Politics and Implementation of the Alum Rock Multiple Option System: The Second Year, 1973/74, Analysis of the Education Voucher Demonstration, A Working Note, Santa Monica 1975.

Trotz der den Wettbewerb unter den Schulen einschränkenden Bedingungen und der kleinen Zahl beteiligter Schulen wurde von den Beobachtern des Experiments (Rand Corporation[146]) festgestellt, daß sowohl die pädagogische Vielfalt als auch die pädagogische Freiheit erheblich aufgewertet wurden und es gleichzeitig zu mehr Wahlfreiheit für die Eltern gekommen sei. Während vor Beginn des Experiments sich sämtliche Schulen durch einen einheitlichen Lehrplan auszeichneten, bildeten sich im Laufe des Experiments pädagogische Unterschiede heraus, die von den Eltern (Schüler) wahrgenommen wurden. Einige Schulen nahmen lediglich geringe Veränderungen am Lehrplan vor, andere taten das Gegenteil und wieder andere beschritten einen mittleren Weg. Ebenso kam es zu einer größeren Methodenvielfalt als vor dem Experiment.

Außerdem erlaubten die Arbeitsbedingungen der Lehrer mehr Flexibilität im Unterricht. Das führte zu einer größeren Abstimmung zwischen dem Leistungsgrad und Leistungsvermögen der Schüler und machte eine unkomplizierte Revision der Unterrichtsinhalte möglich. Lehrer äußerten sich besonders positiv darüber, Schüler zu unterrichten, die ihren Unterrichtsstil attraktiv fanden.

Auf der Nachfragerseite wurde gleichfalls eine größere Zufriedenheit registriert, die trotz aller Restriktionen auf das Vorhandensein von Wahlmöglichkeiten zurückgeführt wird. Während für das erste Jahr nur ein geringer Teil der Eltern ihre Kinder in Schulen außerhalb ihrer unmittelbaren Nachbarschaft schickten, waren es im zweiten Jahr über 10%. In den darauffolgenden Jahren stieg dieser Prozentsatz auf 18% an, obwohl jede Schule in ihren Räumen mindestens zwei Alternativprogramme (Minischulen) anbot. Der Anteil der Kinder in den traditionellen Unterrichtsprogrammen ging während der ersten drei Jahre des Experiments um 18% zurück[147].

Darüber hinaus wurde beobachtet, daß Lehrer sich zugänglicher und kontaktfreudiger zeigten und Eltern dies zum Vorteil ihrer Kinder nutzten. Im Gegensatz dazu stand die Beteiligung der Eltern an der Arbeit des Education Voucher Advisory Committee, eines Gremiums, das sich jeweils aus einem Mitglied der Lehrer- und der Elternschaft aller am Experiment beteiligten Schulen zusammensetzte. Der Zweck dieser Einrichtung war es, die Vorstellungen der Lehrer, Schulbeamten und Eltern dem Vorsitzenden des Schuldistrikts und dem Verwaltungsrat vorzutragen. Dieses rein beratende Gremium, das auf Schulebene durch eine Art Elternbeirat ergänzt wurde, wurde zur Artikulierung elterlicher Interessen kaum wahrgenommen. Die Eltern waren meist abwesend, schlecht informiert und unterwarfen sich dem Urteil des pädagogischen Fachmanns[148]

146 Weiler, D.: Public School Voucher Demonstration: The First Year at Alum Rock, a. a. O., passim. Siehe auch Cohen, D. K., und Farrer, E.: Power to the Parents? – The Story of Education Vouchers, a. a. O., S. 83, 89 und 93.

147 Cohen, D. K., und Farrar, E.: Power to the Parents? – The Story of Education Vouchers, a. a. O., S. 89.

148 Die Erfahrungen decken sich weitgehend mit der elterlichen Mitwirkung in deutschen Schulen und bestätigen die Auffassung, daß die Mitwirkung (Mitbestimmung) in der Schule (Hochschule) als eine

Trotz der sehr beschränkten Bedingungen des Alum Rock Bildungsscheinexperiments, das von Verfechtern und Gegnern des Bildungsscheins als unzureichend bezeichnet wird, und trotz der noch ausstehenden endgültigen Beurteilung des Experiments sind die Beobachter der Auffassung, daß die pädagogische Freiheit der Lehrer und die pädagogische Vielfalt zugenommen haben und sowohl eine größere Zufriedenheit der Lehrer als auch der Eltern festzustellen war.

f. Zusammenfassung

Der Bildungsschein geht zurück auf Thomas Paine. Erst durch den Vorschlag von Milton Friedman hat er theoretische und seit den sechziger Jahren in der Diskussion um die Finanzierung der schulischen Bildung in den Vereinigten Staaten, Großbritannien, Kanada, Australien, Spanien und Italien politische Bedeutung erlangt.

Bildungssubventionen in Form von Bildungsscheinen sind ein Instrument der Nachfragefinanzierung mit dem Ziel, die Bildungsproduktion vor allem im Primar- und Sekundarbereich mehr als im Fall der Angebotsfinanzierung (institutionelle Bildungsausgaben) nach den Bildungswünschen der Eltern (Schüler) und Studenten zu lenken (Herstellung der Nachfragersouveränität) und die Effizienz des Bildungssystems, seine Angebotsvielfalt und Innovationsfähigkeit zu erhöhen. Effizienz, Vielfalt und Innovationsfähigkeit hängen aber letztendlich von der technischen Ausgestaltung des Bildungsscheinsystems als Finanzierungsinstrument und von den Rahmenbedingungen ab. Als Instrument der Nachfragefinanzierung ist der Bildungsschein aber grundsätzlich in einer sonst freiheitlich-demokratischen und marktwirtschaftlichen Ordnung im Gegensatz zur Angebotsfinanzierung (Schul- und Studiengeldfreiheit) als ordnungskonform anzusehen, weil er mehr als ein System der Angebotsfinanzierung der Bildung (Schul- und Studiengeldfreiheit) die ökonomische Position des Bildungsnachfragers und damit seine Souveränität stärkt.

Die Diskussion um die *Effizienzaspekte* des Bildungsscheins wurde vor allem unter dem Gesichtspunkt der externen Effekte der (schulischen) Bildung, also unter der Annahme des Versagens des *Bildungs*marktes, geführt. Das Ergebnis der obigen Analyse (Kapitel B. I.) hat jedoch gezeigt, daß dieser Standpunkt nicht aufrecht erhalten werden kann. Das gilt auch für elementare Bildung, für deren Finanzierung Bildungsscheine normalerweise vorgesehen sind[149].

Zwar wurde deutlich, daß externe Effekte (wie auf jedem Markt) nicht generell ausgeschlossen werden können. Um in den speziellen Fällen, in denen sie auftreten und durch spontane Prozesse nicht wirtschaftlich internalisiert werden kön-

der Teilung des Wissens zuwiderlaufende Organisationsform ist. Denn sie beschränkt sich nicht darauf, die Präferenzen der Eltern (Schüler) für bestimmte Bildungsgüter offenzulegen, sondern greift in die Funktionen der Bildungsproduzenten ein.

[149] Hier spielt lediglich das Problem des Minderjährigenschutzes vor Unwissenheit und Bildungsmangel eine besondere Rolle, das durch die Bildungspflicht oder ähnliche Maßnahmen zu regeln ist.

nen, jedoch gezielt zu subventionieren, sind die vorgeschlagenen Bildungsscheinsysteme kein geeignetes Mittel, weil sie als Instrumente der systematischen Finanzierung der Schulbildung konzipiert sind und sich weniger als Mittel der punktuellen flexiblen Subventionierung eignen. Sie kommen in der Regel allen schul- oder bildungspflichtigen Schülern zugute. Der Zweck von Bildungsscheinen kann nach den vorliegenden Ergebnissen nur sein, die Unvollkommenheiten des *Kapitalmarktes* zu beseitigen, die vor allem bei der *Finanzierung* der elementaren Bildung auftreten können.

Die Untersuchung der Möglichkeiten der Darlehensfinanzierung hat gezeigt, daß Bildungsdarlehen unter bestimmten Bedingungen funktionstüchtige Systeme der Bildungsfinanzierung sind.

Trotzdem kann in der Realität nicht davon ausgegangen werden, daß der Markt für Bildungsdarlehen zur Finanzierung von Elementarbildung ausreichend funktioniert und er jungen Menschen rechtzeitig die von ihnen (ihren Eltern) gewünschte Bildung zu finanzieren ermöglicht. Dies gilt besonders für elementare Bildung, die zwar im Vergleich zur „höheren“ Bildung kostengünstig (geringere Lebenshaltungskosten und Kosten der Schulbenutzung) ist, die aber bei der Fremdfinanzierung besondere Probleme bereitet, weil die Laufzeiten der Darlehen auf Grund der langen Bildungszeiten (mindestens acht bis zehn Jahre) ebenfalls sehr lang und die Verwaltungskosten hoch sind.

Hier bietet sich der Bildungsschein als ein Finanzierungsinstrument an, das die Wohlfahrtsverluste unter bestimmten Bedingungen beseitigen helfen kann, die dann entstehen würden, wenn auf Grund von Finanzierungsengpässen Bildung nicht im ausreichenden Umfang nachgefragt werden kann. Der Staat tritt hier gewissermaßen als „Darlehens“geber auf, in dem er Subventionen in der Erwartung zahlt, daß die Erträge aus ihnen später in Form eines höheren Steueraufkommens an ihn zurückfließen. Er verzichtet also auf die strengeren Bedingungen des Darlehensvertrags und hat dadurch prinzipiell die Möglichkeit, die Verwaltungskosten niedrigzuhalten. Nur so kann die Subventionierung der Bildungsnachfrage *allokativ* begründet werden.

Wir kommen also auf Grund von Kapitalmarktunvollkommenheiten, nicht aber – oder keinesfalls in erster Linie – wegen positiver externer Effekte der Bildung zu dem Ergebnis, daß mit Hilfe von Bildungssubventionen (Bildungsscheinen) die Nachfrage nach elementarer Bildung volkswirtschaftlich verbessert und eine Pareto-superiore Situation erreicht werden kann.

Aus diesem Grunde sind positive externe Effekte der Bildung keine notwendige Voraussetzung, um Bildungssubventionen zu begründen. Unter anderem Mark V. Pauly postuliert externe Effekte der Bildung, wo es sich um Unvollkommenheiten des Kapitalmarktes oder besser um Fremdfinanzierungsprobleme handelt. Sie ergeben sich daraus, daß das Persönlichkeitsrecht die Pfändung in das Humanvermögen einer Person nicht zuläßt (Verbot der Sklaverei). Gerade deshalb kommt Pauly in seiner Analyse zu dem Ergebnis, daß ein einkommensabhängig gestaffelter Bildungsschein einem Bildungsschein mit konstantem Nennwert überlegen ist.

Anders läßt sich nicht erklären, weshalb Familien mit einem höheren Einkommen ohne staatliche Subvention Bildung nachfragen.

Ob ein Bildungsscheinsystem (staatliches Subventionssystem der Nachfrage nach elementarer Bildung) diesen allokativen Vorzug tatsächlich hat, hängt entscheidend von der technischen Ausgestaltung des Systems ab. Würde es keine Kosten (Transaktionskosten) verursachen, die Fälle herauszufinden, in denen Bildungsnachfrager auf Grund ihrer materiellen Lage keine Bildung nachfragen und vor allem ihrer Bildungspflicht nicht genügen können, so wäre aus allokativer Sicht der Bildungsschein eine effiziente Lösung, da er exakt den durch den Kapitalmarkt (direkt) nicht bereitgestellten Finanzierungsbedarf deckt.

Nun werden aber gerade die Kosten sehr hoch sein, wenn man durch staatliche Maßnahmen rechtzeitig herausfinden will, welche Finanzierungsschwierigkeiten, die Bildungsnachfrager (Eltern für ihre Kinder) in Einzelfällen haben.

Zum Teil wird es sogar unmöglich sein, die Finanzierungsschwierigkeiten so rechtzeitig festzustellen, daß die Mittel zum gewünschten Zeitpunkt verfügbar sind (unendlich hohe Transaktionskosten). Ein derartiges Bildungsscheinsystem wird deshalb schwerlich machbar sein, wenn die durch die geschaffenen Finanzierungsmöglichkeiten erzielten Wohlfahrtsgewinne nicht durch den Verwaltungsaufwand überkompensiert werden sollen.

Eine Annäherung an dieses System wäre ein Bildungsschein, der nach den Einkommens- und Vermögensverhältnissen der Bildungsnachfrager invers gestaffelt ist, etwa der Bildungsschein von Alan T. Peacock und Jack Wiseman und das Steuerabzugsverfahren (fiktiver Bildungsschein). Voraussetzung für die Effizienz dieser Bildungsscheinsysteme ist allerdings, daß die Feststellung der tatsächlichen Einkommens- und Vermögensverhältnisse (und damit auch die Vermeidung von Mißbrauch) in den Kosten so niedrig liegt, daß der Nutzen dieser Maßnahmen die Kosten übersteigt.

Mark V. Pauly weist zurecht darauf hin, daß ein abhängig vom Einkommen gestaffelter (ergänzungsfähiger) Bildungsschein einem Bildungsschein mit konstantem Nennwert (Friedman-Gutschein) überlegen ist. Dies gilt allerdings nur, wenn – wie Pauly stillschweigend unterstellt –, kein Verwaltungsaufwand und kein Mißbrauch entstehen (Transaktionskosten gleich Null), die die von Pauly aufgezeigten allokativen Vorzüge (geringere Substitution von Eigen- durch staatliche Mittel, geringere Preisanstiegseffekte) des invers zum Einkommen gestaffelten Bildungsscheins kompensieren. Nur dann ist der invers zum Einkommen gestaffelte Bildungsschein dem Bildungsschein mit konstantem Nennwert überlegen, der die administrativ unzweifelhaft einfachere Lösung ist. Friedman ist also (unausgesprochen) pessimistisch in der Erwartung, ob es gelingt, hohe Transaktionskosten zu vermeiden, wenn die staatlichen Subventionen auf die Fälle beschränkt werden, in denen Kapitalmarktunvollkommenheiten eine Finanzierung verhindern, um auf diese Weise zu einer Wohlfahrtsmehrung durch einkommensabhängige Staffelung zu kommen. Peacock und Wiseman sind wie auch Edwin G. West in diesem Punkt stillschweigend optimistisch.

Bildungsscheine, die die wohlfahrtsmindernden Effekte von Kapitalmarktunvollkommenheiten (Finanzierungsengpässen) beseitigen sollen, müssen *ergänzungsfähige* Bildungsscheine sein. Nichtergänzungsfähige Gutscheine (der egalitäre Bildungsschein, der Jencks- und mit Abschwächung der Coons-Sugarman-Bildungsschein) verbinden staatliche Subventionen mit staatlicher Preisfixierung für Bildungsgüter. Sie steht mit der Finanzierungsfunktion von Bildungsscheinen in keinem Zusammenhang und vermindert außerdem die Effizienz der Ressourcenallokation, da sie einen Eingriff in die Preisbildung darstellt, der nicht zum Ziele hat – wie etwa im Fall der Monopolpreisregulierung –, die Effizienz des marktlichen Allokationsmechanismus zu verbessern, sondern aus egalitären Gründen heraus die Nachfrage nach überdurchschnittlich teueren Bildungsgütern zu unterbinden.

Nichtergänzungsfähige Bildungsscheine fördern darüber hinaus den Preisanstieg für schulische und akademische Bildungsleistungen, da ausschließlich eine zentrale staatliche Instanz über das Bildungsbudget entscheidet. Damit wird Interessenverbänden der Bildungsnachfrager (Eltern-, Schüler- und Studentenvereinigungen) und -anbieter (Lehrer-, Schul- und Hochschulverbänden), die ein gemeinsames Interesse an möglichst hohen Subventionen haben, der verstärkte Anreiz gegeben, das staatliche Bildungsbudget durch politische Einflußnahme anzuheben. Alle Vorteile einer dezentralen Finanzierung, die das in einer Volkswirtschaft vorhandene knappe Geldkapital auf die alternativen Verwendungen der Human- und Sachkapitalfinanzierung nach unterschiedlichen, sich gegenseitig kompensierenden Erwartungen verteilen, gehen verloren.

Aus dem letztgenannten Grund ist es auch für die Beurteilung eines Bildungsscheins mit konstantem Nennwert und einem Bildungsschein mit invers zum Einkommen der Bildungsnachfrager gestaffelten Nennwert aus allokativer Sicht entscheidend, wie groß (trotz Ergänzungsfähigkeit des Gutscheins) der Anteil der Bildungsausgaben ist, die dezentral von den Bildungsnachfragern finanziert werden, und welchen Anteil der Staat an der Finanzierung hat. Je höher der Anteil der staatlichen Mittel ist, um so größer ist die Gefahr, daß Ineffizienzen aus dem politischen Entscheidungsmechanismus und dem Einfluß von Sonderinteressen resultieren. Unter einem Friedman-Bildungsschein wird aber das staatliche Bildungsbudget größer sein als bei einem einkommensabhängig gestaffelten Gutschein. Daraus ergeben sich Ineffizienzen, die bei der Beurteilung alternativer Bildungsscheinsysteme zu berücksichtigen sind. Niedrige Transaktionskosten reichen als Kriterium allein nicht aus. Auch die Höhe des Bildungsbudgets ist entscheidend.

Dieser Aspekt gewinnt besondere Bedeutung, wenn berücksichtigt wird, daß mit jeder Subventionierung, auch wenn es sich um eine Subventionierung der Bildungsnachfrage handelt, staatliche Auflagen verknüpft werden können, durch die auf dem Bildungsmarkt interveniert wird. Die Analyse der einzelnen Bildungsscheinsysteme zeigt, daß die Bedingungen von interventionistischen bis hin zu dirigistischen Maßnahmen reichen können, die der Nachfragersouveränität engste

Grenzen setzen. Insbesondere das Bildungsscheinsystem der Jencks-Kommission und der Coons-Sugarman-Bildungsschein weisen diese Merkmale auf. Zwar ist nicht sicher, daß auch bei ausschließlich privater Finanzierung der Bildung der Staat sich auf die oben beschriebenen ordnenden Aufgaben beschränken wird, der Anreiz zur Intervention ist jedoch bei hohem staatlichen Anteil an der Bildungsfinanzierung größer als bei kleinem.

Schließlich spielt auch die technische Ausgestaltung der Nachfragesubventionierung eine Rolle. Es scheint nicht ganz unberechtigt zu sein, davon auszugehen, daß die Interventionsgefahr wächst, wenn Bildungsscheine in Form von Gutscheinpapieren (Geld mit staatlich beschränkter Verwendung) statt in Form von Bargeld mit Verwendungsauflage (Steuerabzugsverfahren) gewährt werden. Der direkte Kontakt zwischen Bildungsproduzent und Staat, der bei der Einlösung der Bildungsscheine entsteht und Anlaß zu Interventionen geben kann, entfällt, wenn die Mittel in Form des Steuerabzugs (einkommensabhängig) und eventuell als Negativsteuer gewährt werden. Tendenzen zu einer Bürokratisierung und Überreglementierung werden dadurch verringert.

Aus *distributiver* Sicht sind Bildungsscheinsysteme positiv zu werten, wenn sie sich auf die Finanzierung der im Rahmen der Bildungspflicht angebotenen Bildung beschränken. Regressive Effekte werden unter dieser Bedingung ausgeschlossen, da die Benutzung der Bildungseinrichtung sich insoweit auf die Steuerpflichtigen gleich verteilt.

IV. Ein staatliches Darlehensprogramm mit privatwirtschaftlicher Konkurrenz und Bildungsscheinen

Im Anschluß an die Untersuchung der Bildungsdarlehens- und Bildungsscheinsysteme soll nun in einem letzten Schritt der Versuch unternommen werden, ein Finanzierungsmodell vorzustellen, das die Finanzierung der Nachfrage für schulische und akademische Bildung unter den Bedingungen neuverteilter Verfügungsrechte (staatlich geordneter Bildungsmarkt) sicherstellen soll, daß in seiner Effizienz dem (bestehenden) System der Angebotsfinanzierung der Bildung relativ überlegen ist. Ein ähnlicher, ausführlicher Vorschlag, der sich allerdings auf die Studien- und Hochschulfinanzierung beschränkt und die institutionellen Bedingungen der Bundesrepublik Deutschland verstärkt berücksichtigt, wurde vom Verfasser 1982 vorgestellt[1] und ist im Anhang abgedruckt.

(1) Um die Bedingungen eines funktionstüchtigen Finanzierungssystems für schulische und akademische Bildung zu schaffen, das die Kriterien der Effizienz und nicht minder die Rawlsschen Kriterien einer gerechten Gesellschaft zu erfüllen vermag, soll der Staat bei der Geburt eines Bürgers (oder mit dessen Eintritt in das bildungspflichtige Alter) ein Bildungsinvestitionskonto (Steuerkonto) eröffnen und auf diesem Konto in Form eines zweckgebundenen Dispositionskredites

[1] Vorschlag zur Neuordnung der Ausbildungsförderung für Studenten, herausgegeben vom Verein für studentische und Hochschulfragen e. V., Bonn, 11. November 1982.

Mittel bereitstellen, mit denen akademische und sonstige staatlich anerkannte Bildungsleistungen bestritten werden können. Die dem Konto gutgeschriebenen Darlehensbeträge können entweder sich auf einen jährlich maximalen und mit dem Alter zunächst zunehmenden Betrag beschränken[2] oder aber der Staat legt pro Bürger insgesamt eine Beleihungsgrenze fest, die nicht überschritten werden darf. Sobald die betreffende Person ein Einkommen bezieht, das ein bestimmtes (nicht zu versteuerndes) Mindesteinkommen übersteigt, beginnt sie, durch einen vom Umfang des in Anspruch genommenen Darlehens abhängigen Aufschlag zur Lohn- und Einkommensteuer das gewährte Darlehen samt einer vom Staat bei Inanspruchnahme des Darlehens festgelegten marktgängigen Verzinsung zurückzuzahlen[3]. Der Zins enthält einen Risikoaufschlag in Höhe der durchschnittlichen Ausfallwahrscheinlichkeiten der Bildungsdarlehen, so daß die Mittel tatsächlich den Charakter eines durchlaufenden Postens des Staatshaushaltes annehmen, der einmalig aus allgemeinen Steuermitteln oder, da es sich um Investitionen und nicht um laufende Ausgaben handelt, zu einem Teil über Kredit (Kapitalmarktanleihe) finanziert werden kann[4].

Sollte sich herausstellen, daß viele Eltern (Schüler) und Studenten von diesen Darlehen keinen Gebrauch machen und sich gute und schlechte Risiken voneinander trennen, was ad hoc nicht ausgeschlossen werden kann, wenn private Banken und Kreditinstitute trotz des Rückzahlungsrisikos, das je nach der Vermögenslage des Studenten beziehungsweise der Familie unterschiedlich sein kann, auf dem Kapitalmarkt kostengünstiger Bildungsdarlehen anbieten, so ließe sich dies durch eine *Zwangsversicherung* der Rückzahlungsrisiken vermeiden. Einer adversen Selektion der Risiken steht jedoch entgegen, daß die Koppelung der Darlehensrückzahlung mit der Entrichtung der Lohn- und Einkommensteuer Effizienzvorteile bietet, die der private Kapitalgeber kompensieren muß, wenn er konkurrenzfähig sein will. Sowohl ein höherer Verwaltungsaufwand als auch eine hohe Ausfallquote bei Darlehensrückzahlung könnten dann weitgehend vermieden wer-

[2] So könnten sie im Rahmen der Bildungspflicht maximal in Höhe des tatsächlich anfallenden Schulgeldes gewährt werden und oberhalb derselben einen zunehmenden Teil der Lebenshaltungskosten während des Schul- und Hochschulbesuchs abdecken. Die Fixierung der Beleihungsgrenzen hängt dabei maßgeblich von der Bevölkerungspolitik ab, die die Regierung für zweckmäßig hält. Dabei ist die Frage der Lastverteilung zwischen Eltern und ihren Kindern eine besonders delikate Frage.

[3] Dieses Finanzierungssystem kann in Zusammenhang gesehen werden mit Wolfram Engels Vorschlag einer Staatsbürgersteuer. Engels, W., Mitschke, J., und Starkloff, B.: Staatsbürgersteuer, Vorschlag zur Reform der direkten Steuern und persönlichen Subventionen durch ein integriertes Personal- und Subventionssystem, a. a. O.

[4] Wilfrid Schreiber hat bereits 1964 ähnliche Gedanken im Zusammenhang mit dem Kindergeld gehegt. Seine „Kindergeldkasse" war eine Solidargemeinschaft, durch die jedem neugeborenen Menschen dieser Gemeinschaft im Vorgriff auf das spätere Erwerbseinkommen monatliche Geldbeträge während der ersten erwerbsfreien Lebensphase (Kindheit, Schul- und Ausbildungszeit) gewährt wurden. Das bereitgestellte Darlehen (Summe aller Kindergeldzahlungen, eventuell zuzüglich Zinsen) sollte im Verlauf des Erwerbslebens in die Kindergeldkasse zurückgezahlt werden (vgl. Schreiber, W.: Kindergeld im sozio-ökonomischen Prozeß, in: Sozialpolitische Perspektiven, (Hrsg.) H. Allekotte, Köln 1972, S. 52 f.).

den[5]. Hat der private Kapitalgeber jedoch ein wirksames Mahn- und Berichtswesen, so ist es durchaus denkbar, daß er konkurrenzfähig bleibt. Der Vorteil dieses Systems bestünde in dem Wettbewerb des staatlichen Kapitalgebers mit den privaten Darlehensgebern, der es dem Studenten ermöglichen würde, unter einer größeren Vielfalt von Kreditangeboten zu wählen als bei einem ausschließlich staatlichen System, das auf Grund der gesetzlichen Vorschriften zwangsläufig durch mehr Einheitlichkeit geprägt sein muß.

Es bleibt folglich nach diesem Vorschlag der Kapitalmarkt einem permanenten Test ausgesetzt, *Finanzierungsalternativen* für Eltern und Studenten zu entwikkeln[6]. Gleichzeitig wird das staatliche Bildungsdarlehensprogramm der Konkurrenz ausgesetzt und die Abhängigkeit der Bildungsnachfrager vom staatlichen Darlehensanbieter verringert. Insbesondere das Bildungssparen[7] (analog zum Bausparwesen) könnte möglicherweise eine wirksame Konkurrenz und wertvolle Alternative zu einem monopolistischen staatlichen Darlehensanbieter sein, der wie jedes Monopol einem Leistungsverfall unterliegen wird. Der Staat hätte hierzu den Bildungssparkassen lediglich den Sonderstatus (Zwecksparen) zuzuerkennen, wie er ihn den Bausparkassen gewährt hat. Bildungssparer müßten dann in der Kreditphase wahrscheinlich ebenso einem Pflichtversicherungssystem angeschlossen sein wie die, die bei privaten Banken und Kreditinstituten ein Bildungsdarlehen aufgenommen haben.

Für den Fall, daß positive *externe Effekte* für bestimmte Bildungsgüter nachgewiesen werden können, besteht die Möglichkeit, daß der Staat den betreffenden Bildungsnachfragern zweckgebundene Subventionen zahlt, sofern das eine geeignete Maßnahme zur Internalisierung der positiven externen (Pareto-relevanten) Effekte im Einzelfall ist. Die Zahlung könnte als Nachlaß von der Steuerschuld oder als Erstattung erfolgen.

[5] Diesen Standpunkt vertritt auch Edwin G. West (The Economics of Tuition Tax Credits, a. a. O., S. 39). Es ist aber eine faktische Frage, ob das Mahn- und Berichtswesen der Finanzämter mit der Lohn- und Einkommensteuer wirtschaftlicher durchgeführt werden kann als von privaten Banken. Verlagern Schüler oder Studenten ihren Wohnsitz ins Ausland, so sind die Probleme der Eintreibung der Forderungen für private Banken und Kreditinstitute selbst innerhalb Europas bisher immer noch erheblich. Verbesserungen wären hier zunächst erforderlich, ehe die Eintreibung der Mittel in diesen Fällen für private Geldinstitute gesichert werden kann.
Handelt es sich um ein staatliches Darlehen, so könnten Verträge zwischen den Saaten die Einziehung gewährleisten. Sie könnten im Zusammenhang mit Besteuerungsabkommen geregelt werden.
Bei ausländischen Arbeitnehmern, deren Kinder deutsche Bildungseinrichtungen auf Kredit besucht haben, könnte der Einzug der Mittel bei der Rückkehr ins Heimatland gewährleistet werden, in dem der ausländische Staat die Rückzahlungsgarantie übernimmt und er sich seinerseits an die Darlehensschuldner wendet.

[6] Dezentrale (nicht staatliche) Ansparinstitutionen hätten gegenüber einem staatlichen Einheitsdarlehenssystem den Vorzug, daß die Abhängigkeit des Bürgers vom Staat, wie sie in der Bundesrepublik Deutschland für die meisten Bundesbürger durch die soziale Rentenversicherung heutzutage besteht, nicht unnötig durch die staatliche Vergabe von Bildungsdarlehen erhöht wird. Auch die Gefahr, daß der Staat die angesparten Gelder konfisziert, wie er das Vermögen der Reichsversicherung im Dritten Reich beschlagnahmt und zweckentfremdet hat, könnte dadurch erschwert werden, weil es sich um mehrere selbständige private Einrichtungen handelt.

[7] Siehe hierzu die Ausarbeitungen von Lith, U. van: Vorschlag zur Neuordnung der Ausbildungsförderung für Studenten, a. a. O., S. 8–12 und S. 35–42, siehe auch Anhang, S. 273–277, 298–304.

Darüber hinaus könnte der Staat nunmehr gezielt *verteilungspolitische Maßnahmen* ergreifen, die besonders benachteiligten Personen der Gesellschaft zugutekommen, ohne daß die Probleme entstehen, die durch eine unzureichende Unterscheidung des Effizienzaspektes, nämlich des Kapitalmarkt„versagens", vom Verteilungsaspekt hervorgerufen würden[8]. So könnte er zum Beispiel zweckgebundene Zinssubventionen oder Zuschüsse als Nachlaß von der Steuerschuld beziehungsweise als Negativsteuer gewähren, die für bestimmte Personen die Rückzahlung erleichtern beziehungsweise die Kreditaufnahme zu Ausbildungszwecken reduzieren. Das System der Bildungsdarlehen läßt sich so mit Transfers mit Verwendungsauflage an Nachfrager verbinden, die identisch sind mit Bildungsscheinen, ohne jedoch den Verwaltungsaufwand in dem Umfang hervorzurufen, der mit Gutscheinsystemen verbunden sein kann. Im Gegensatz zum Bildungsscheinsystem Friedmanscher Prägung handelt es sich hier um ein System, bei dem die Höhe der Transfers (Nennwert der Gutscheine) in Abhängigkeit vom zu versteuernden Einkommen gestaffelt sein kann (zum Beispiel Peacock-Wiseman-Bildungsschein) und die Möglichkeit besteht, die sozialpolitisch motivierte Förderung des Humanvermögens mit der Förderung der privaten Sachvermögensbildung systematisch zu verbinden. Die Wahl der einen oder anderen Alternative bleibt dabei dem Bürger selbst überlassen. In welchem Umfang das geschieht, hängt vom Willen der Wähler ab und der Möglichkeit, den Wählerwillen gegen Sonderinteressen durchzusetzen[9].

(2) Es ist der große Vorzug eines solchen dezentralen Systems der Bildungsfinanzierung, daß Schüler und Studenten unabhängig von den Einkommens- und Vermögensverhältnissen der Eltern in die Lage versetzt werden – das staatliche Darlehenssystem übernimmt diese Sicherungsfunktion –, die Menge und Art von Bildungsleistungen zu finanzieren, die sie oder bei Minderjährigen ihre Eltern für erforderlich halten. Auch im bildungspflichtigen Alter würde die Wahlfreiheit der Schule und die Steuerung des Bildungsangebotes im Rahmen großzügig definierter staatlicher Standards durch monetär ausgestattete Nachfrage verwirklicht. Das Verhältnis zwischen Eltern und Schule würde auf die Grundlage eines Bildungsvertrages gestellt und die hierarchische Struktur und Machtverteilung zu Gunsten des Staates abgebaut. Das Verhältnis zwischen Eltern und Lehrern beziehungsweise Studenten und Professoren würde gestärkt.

(3) Ebenso sind die Voraussetzungen geschaffen, daß *allgemeine und berufliche Bildung* sich *unter gleichen Bedingungen* bewähren müssen und keine einseitige Förderung der ersteren und Vernachlässigung der letzteren mehr möglich ist. Vor allen Dingen werden die allokativen Verzerrungen zwischen schulischer und akademischer Bildung einerseits und außerschulischer Bildung (außerschulische funk-

[8] Siehe dazu Abschnitt B.V.a.

[9] Da die staatliche Sozialpolitik durch die Abschaffung des Nulltarifs und die Verteilung von Bildungsscheinen, die in Abhängigkeit vom Einkommen gestaffelt sind, an Transparenz gewonnen hat, ist es sehr fraglich, inwieweit ein solcher Wille vorhanden ist und sich tatsächlich durchsetzt. Es können berechtigte Zweifel gehegt werden, ob überhaupt ein solches Finanzierungssystem politisch machbar ist, weil es eine *hohe Transparenz* aufweist, die wahrscheinlich nicht erwünscht ist.

tionale und intentionale Bildung) andererseits durch den weitgehenden Wegfall der umfangreichen Subventionierung der formalen Bildung abgebaut. Teurere *formale Bildung* wird dadurch tendenziell durch preisgünstigere *informelle Bildungsprozesse ersetzt;* desgleichen teurer Nahunterricht durch billigeren Fernunterricht. Gleichzeitig wird durch die verstärkte Konkurrenz der alternativen Verwendungen um das knappe Geldkapital die Tendenz verstärkt, die Ertragsraten der verschiedenen Humankapitalinvestitionen wie auch die des Human- und Sachkapitals zum Ausgleich zu bringen.

(4) Es kann davon ausgegangen werden, daß unter den Bedingungen dieses Systems die *Einschätzung der eigenen Fähigkeiten* und der Leistungsbereitschaft einerseits sowie der *beruflichen Chancen auf dem Arbeitsmarkt* andererseits darauf hinwirkt, daß das System eher zum Gleichgewicht tendiert als eine staatlich gelenkte und finanzierte Bildungsproduktion. Zwar wäre es falsch zu erwarten, daß die pretiale Abstimmung von Arbeits- und Bildungsmarkt optimal erfolgt[10], aber mit Hilfe der ökonomischen Theorie läßt sich ein Effizienzgewinn prognostizieren, da die Anreize sowohl für die Bildungseinrichtungen (besonders Hochschulen) als auch für die Benutzer dieser Einrichtungen in diesem System so angelegt sind, daß Informationsdefizite tendenziell abgebaut werden und bei noch vorhandenen Informationsmängeln eine größere Flexibilität erreicht werden kann, die Fehlallokationen im Bildungsbereich minimiert. Zum einen werden die Investitionsperioden für Bildung verkürzt werden, weil die Studienreform, wie Carl C. von Weizsäcker[11] für die Hochschulen ausführlich gezeigt hat, eine der Innovationen sein wird, die die Hochschulen in den einzelnen Fachbereichen und Studiengängen gezwungen sein werden durchzuführen, um sich am Markt zu behaupten. Denn Hochschulen, die solche Maßnahmen ergreifen, können die Sicherheit der Erwartungen ihrer Studenten über die Lage des Arbeitsmarktes nach der Beendigung des Studiums erhöhen, da sie deren Planungshorizont reduzieren[12]. Das macht ceteris paribus das Studium an diesen Hochschulen für viele Studenten attraktiver, weil ertragssicherer (geringere Risiken), und erhöht die Marktchancen der Hochschulen. Dies kommt einem Abbau von Informationsdefiziten gleich, von dem erwartet werden kann, daß er die zu beobachtenden großen Ausschläge (Schwankungen beziehungsweise Zyklen) der Hochschulbildung zu reduzieren vermag, die die Entwicklung der Hochschulbildung im Deutschland des 19.

[10] Hegelheimer, A.: Auch in Bildung und Wissenschaft mehr Wirtschaftlichkeit durch Marktmodelle? Referat auf dem Sonderseminar „Wissenschaft, Forschung und Rechnungshöfe – Wirtschaftlichkeit und ihre Kontrolle“, Fortbildungsprogramm für die Wissenschaftsverwaltung (Projekt im Rahmen des OECD-Hochschulverwaltungsprogramms) an der Hochschule für Verwaltungswissenschaften am 19. März 1981 in Speyer (Manuskript), S. 24 f.

[11] Weizsäcker, C. C. von: Lenkungsprobleme der Hochschulpolitik, a. a. O., S. 550–552, und derselbe: Hochschulstruktur und Marktsystem, in: Die deutsche Hochschule zwischen Numerus clausus und Akademikerarbeitslosigkeit, Der doppelte Flaschenhals, (Hrsg.) U. Lohmar, G. E. Ortner und M. Bayer, Hannover-Berlin 1975, S. 306–324.

[12] Auch eine stärkere Wechselbeziehung zwischen beruflicher Tätigkeit und Weiterbildung an der Hochschule, wie sie Friedrich Edding vorschlägt (Zur Rolle der Wirtschaft in der Bildungsarbeit, in: Neue Sammlung, 1982, H. 5), kann die Folge sein.

und 20. Jahrhunderts kennzeichneten. Der Bildungsmarkt würde also darauf hinwirken, daß die formale (schulische und akademische) Bildung feiner gestuft und kombinierbar bereitgestellt wird.

Die Funktionstüchtigkeit des Abstimmungsprozesses zwischen Bildungs- und Arbeitsmarkt wird auch dadurch erhöht, daß die Nachfrager nach hochqualifizierten Arbeitskräften stärker als bisher angeregt werden, Studenten Signale zu setzen, bestimmte Bildungsinvestitionen vorzunehmen, da die Studiengelder und -gebühren, die Studenten an Hochschulen zu zahlen haben, nunmehr ihre Kostenbestandteile werden. Darüber hinaus ist zu erwarten (sofern keine gesetzlichen Vorschriften dem entgegenstehen), daß Unternehmen spontan einzeln oder im Zusammenschluß (mittlere und kleine Unternehmen) *„Stipendien“*[13] bereitstellen, um Studenten zu veranlassen, ein bestimmtes Studium zu absolvieren. Auf diese Weise können Unternehmen gezielt ihren eigenen Bedarf an hochqualifizierten Nachwuchskräften decken. Der Student hätte sich dann zu verpflichten, nach Abschluß des Studiums mehrere Jahre bei dem Unternehmen tätig zu sein, welches das „Stipendium“ gewährte oder dieses als Darlehen zurückzuzahlen, sofern er nach Beendigung des Studiums einen Arbeitsplatz bei einem anderen Unternehmen vorzieht. Auf diese Weise würden die Arbeitskräftemobilität und die Freiheit der Berufswahl (Art. 12 GG) nicht beeinträchtigt[14].

(5) Neben den Veränderungen der Ausbildungsgänge und der erhöhten Flexibilität des Ausbildungssystems, die der Bildungsmarkt mit sich bringen wird, ist auch mit einer Abnahme der *Bedeutung von Diplomzeugnissen* und anderen Qualifikationsnachweisen zu rechnen. Arbeitgeber können nunmehr bei Einstellungsentscheidungen davon ausgehen, daß derjenige, der für ein Studium zahlt, auch mehr Wert darauf legt, eine Gegenleistung zu erhalten und selbst den erforderlichen eigenen Beitrag, die Anstrengung des Lernens, auf sich zu nehmen, um ein gewünschtes Bildungsergebnis zu erzielen. Das heißt, der Bildungsnachfrager wird mehr als bisher sowohl vom Lehrer als auch von sich selbst eine Verhaltensweise verlangen, die den Lernerfolg sicherstellt. Auf diese Weise ist zu erwarten, daß ein Teil der *Ineffizienz* des Bildungsbereichs abgebaut werden kann.

(6) Unter den beschriebenen Finanzierungsbedingungen kann von einem Bildungsmarkt auch ein positiver *Beitrag zur gesellschaftlichen Integration* erwartet werden. Die feinere Abstufung und Gliederung der Bildungsgänge und -abschlüsse würde die strenge Grenzziehung zwischen gymnasial-akademisch Gebildeten und den übrigen Mitgliedern der Gesellschaft auflockern, die in Deutschland in Verbindung mit dem Berechtigungsscheinwesen Barrieren aufgebaut hat, die volkswirtschaftlich und gesellschaftspolitisch unerwünscht sind[15].

[13] Siehe dazu Lith, U. van: Vorschlag zur Neuordnung der Ausbildungsförderung für Studenten, a. a. O., S. 12 und 42, sowie Anhang, S. 277f., 304f. Ökonomisch handelt es sich hier nicht um Stipendien, sondern um vorausgezahlte Lohnbestandteile für später zu leistende hochqualifizierte Arbeit.

[14] Die freie Wahl des Arbeitsplatzes wäre nur dann beeinträchtigt, wenn der Student verpflichtet ist, das „Stipendium“ in einer Summe zurückzuzahlen, sofern er nach dem Studium eine andere Beschäftigung annimmt.

[15] Jeismann, K. E.: Gymnasium, Staat und Gesellschaft in Preußen, Vorbemerkungen zur Untersuchung

Zwar besteht die Gefahr der Vermachtung und Kartellierung des Bildungsmarktes und damit die Entstehung neuer Verkrustungen, doch haben sich Monopole und Kartelle nirgends länger halten können als dort, wo der Staat sie mit seinem (gesetzlichen) Schutz versah. Der Markt hat zwar eine Tendenz zur gesellschaftspolitischen Heterogenisierung, sie ist aber unter der Voraussetzung einer freiheitlich-demokratischen, offenen Gesellschaft erwünscht. Soziale Strukturen werden sich allein schon aus der volkswirtschaftlichen Arbeitsteilung herausbilden. Entscheidend ist, daß sie sich nicht verhärten und die Fluktuation zwischen den sozialen Gruppen nicht behindert wird. Konzentriert sich deshalb der Staat auf seine Ordnungsfunktion, ohne selbst die Bildungsproduktion als hoheitliche Aufgabe in die Hand zu nehmen, so gewinnt er einen großen Handlungsspielraum, Vermachtungsstrukturen des Bildungsmarktes mehr als bisher entgegenzuwirken[16].

Auch wirkt die Einführung des Äquivalenzprinzips daraufhin, daß die sogenannte *„schicht-spezifische" Verschuldungsbereitschaft*[17] von Familien mit geringem Einkommen abnimmt, da jeder gegen das Risiko der Rückzahlungsunfähigkeit versichert ist und damit gerechnet werden kann, daß die Mehrzahl der Bürger auf diese Weise zumindest einen Teil ihrer schulischen und akademischen Ausbildung finanzieren werden. Insbesondere kann angenommen werden, daß die Einstellung der Eltern und der bei Eltern der unteren Einkommensgruppen von Wilhelm Arnold festgestellte *„Unzulänglichkeitskomplex"*[18] gegenüber höheren Bildungsanforderungen abgebaut wird. Denn die Gegenleistung in Form eines Kaufpreises, den sie zu zahlen haben, wird sie in ihrem Selbstbewußtsein und -wertgefühl stärken und aus der Rolle des Bittstellers, der auf Grund seiner sozialen Herkunft eventuell besonderer Nachsicht oder Bemühungen der Lehrer bedarf, entlassen.

(7) Die *distributiven* und sozialpolitischen Vorzüge der Nachfragefinanzierung sind vielfältig. Zwar sind bei diesem Finanzierungssystem alle gezwungen, nach dem individuellen Äquivalenzprinzip ihre Ausbildung grundsätzlich selbst zu finanzieren, aber diejenigen – und das ist die Mehrzahl –, die bisher über Steuern nicht nur ihre eigene, meist nicht teure Ausbildung bezahlt, sondern darüber hinaus zur Ausbildung anderer beigetragen haben, stehen sich jetzt finanziell besser und haben ein Stück Freiheit in Form eines zusätzlichen disponiblen Einkommens hinzugewonnen. Das bedeutet mehr Gerechtigkeit für diejenigen, die sich aus persönlichen Gründen gemäß ihrer Eignung und ihrem Interesse unter dem derzeit

der politischen und sozialen Bedeutung der „höheren Bildung" im 19. Jahrhundert, a. a. O., S. 44–61.

16 Allerdings setzt das voraus, daß der Staat auch als Arbeitgeber seine Personalpolitik (Einstellungsvoraussetzungen, Besoldungs- und Laufbahnvorschriften) flexibler handhabt.

17 Die Verschuldungsbereitschaft hängt maßgeblich von der Vermögens- und Einkommenslage der Person und nicht von deren „Schichtzugehörigkeit" ab. Daß sich unabhängig von diesen Einflußgrößen risikofreudige oder -adverse Menschen (Optimisten beziehungsweise Pessimisten) in bestimmten „Schichten" konzentrieren, hat sich bisher nicht erhärtet.

18 Arnold, W.: Bildungswilligkeit der Eltern im Hinblick auf ihre Kinder, a. a. O., S. 374.

existierenden Finanzierungssystem nicht dazu entschlossen haben, größere Mengen teurerer Ausbildungsleistungen oberhalb der Schulpflichtgrenze in Anspruch zu nehmen, sondern statt dessen eine Alternative zu wählen, in der ihnen keine staatliche Unterstützung gewährt wird.

Ein solches System der Bildungsfinanzierung beseitigt nicht nur die Schwächen des Kapitalmarktes bei der Bereitstellung von Studiendarlehen und setzt Schüler und Studenten unabhängig von den Einkommens- und Vermögensverhältnissen des Elternhauses in den Stand, Bildung nachzufragen, sondern legt auch die tatsächliche Bereitschaft der Bürger zu *Spenden* für Ausbildungszwecke (Stipendien) offen, die über den politischen Entscheidungsmechanismus sich nicht eindeutig artikulieren kann, weil er Zwangscharakter hat. Auf diese Weise wird trotz der Möglichkeit der Kapitalmarktfinanzierung der *Zusammenhalt der Familie* gefördert, da Eltern und Verwandte nach ihrem Willen und Vermögen durch Übernahme von Bildungsausgaben die Verschuldung ihrer Kinder gegenüber dem Staat oder gegenüber privaten Banken und sonstigen Kredit gewährenden Einrichtungen gering halten können. Auch die Bereitschaft der Mitbürger sowie der Stiftungen, Verbände, Vereine und Unternehmen, für die Ausbildung anderer zu spenden (privates Bildungsmäzenatentum), würde gefördert[19]. Der Staat kann seinerseits die privaten Spenden für die Ausbildung bestimmter (bedürftiger) Personen durch steuerliche Abzugsmöglichkeit begünstigen, ohne daß die regressiven Wirkungen der bisherigen Steuerfinanzierung der Bildung auftreten können.

Neben den Vorteilen im Hinblick auf die intragenerationelle Verteilungssituation haben derartige Finanzierungssysteme auch Vorzüge im Hinblick auf die intergenerationelle Verteilung. Da das System auf dem individuellen Äquivalenzprinzip aufbaut und Umverteilungen primär, aber nicht nur, auf freiwilliger Basis erfolgen, vermeidet es eine Zwangsfinanzierung der Bildungsausgaben durch Mitglieder der älteren Generation, die möglicherweise auf Grund langfristig ansteigender Realeinkommen schlechter dastehen als die der jüngeren und die selber so viel schulische und akademische Bildung und ein entsprechendes Einkommen nie erhalten haben.

[19] Unter den finanziellen Rahmenbedingungen kann auch ein spontaner Ausbau der privaten Studienstiftungen erwartet werden. Siehe dazu van Lith, U.; Vorschlag zur Neuordnung der Ausbildungsförderung für Studenten, a. a. O., S. 13 und 42 f sowie Anhang, S. 278, 305.

E. Schlußbemerkungen

Die staatliche Finanzierung, Lenkung und Produktion von schulischer und akademischer Bildung läßt sich ökonomisch weder mit der Theorie der externen Effekte noch mit der Theorie des natürlichen Monopols oder der These vom Informationsmangel und den verzerrten Präferenzen der Bildungsnachfrager begründen. Nur in besonderen Fällen können positive externe Effekte ökonomisch relevant werden. Sie können aber keinesfalls als theoretische Grundlage dienen, den Bildungssektor zu einem Ausnahmebereich zu erklären, der anders als die übrigen wirtschaftlichen und gesellschaftlichen Bereiche in freiheitlichen Staaten zu ordnen ist.

Ebenso ist auch aus sozialpolitischen Gründen eine direkte staatliche Finanzierung der Schulen und Hochschulen nicht zu rechtfertigen. Vor allem die Finanzierung der Hochschulen weist in einer Reihe von Ländern Strukturen auf, die den postulierten Zielen der Gerechtigkeit zuwider laufen.

Wohl läßt sich aus dem Minderjährigenschutz vor Unwissenheit und Bildungsmangel eine subsidiär schützende und wachende Funktion des Staates ableiten, die auch die Form der Bildungspflicht annehmen kann, wenn selektive Maßnahmen zum Schutz Minderjähriger zu hohe Kosten verursachen. In Einzelfällen lassen sich auch aus der sittlich-normierenden Funktion der Schule intervenierende staatliche Maßnahmen ableiten. Die Aufgabe des Staates im Bildungsbereich hat sich sonst aber aus ökonomischer Sicht auf die rein ordnende Funktion (Marktordnungsfunktion) zu beschränken.

Gibt man die staatliche Leitung und Verwaltung der Schulen und Hochschulen auf, so sind unter der Voraussetzung eines funktionstüchtigen Kapitalmarktes für Bildungsdarlehen wohlfahrtsfördernde Effekte zu erwarten. Nicht nur ist mit einer „besseren" (Pareto-superioren) Versorgung mit Bildungs- und (indirekt) anderen Gütern zu rechnen, sondern auch die Abstimmung des Bildungsmarktes mit dem Arbeitsmarkt erfolgt flexibler, weil durch eine Neuverteilung der Verfügungsrechte im Bildungsbereich die Risiken und Verantwortlichkeiten neu verteilt werden und Anreize gefördert werden, Informationen über die Eigenschaften von Bildungsgütern und über die zukünftige Entwicklung des Qualifikationsbedarfs zur Verfügung zu stellen und sie zu nutzen.

Tragen die Bildungsnachfrager, Eltern (Schüler) und Studenten, die Kosten des Schul- und Hochschulbesuchs selbst, kann die Versorgung mit Bildungsgütern nicht als (relativ) effizient betrachtet werden, wenn nicht der Kapitalmarkt seinerseits die Geldmittel für diejenigen bereitstellt, die potentiell erfolgreich in Bildung investieren würden, denen aber die finanziellen Mittel dazu fehlen. Der Kapitalmarkt kann diese Finanzierungsfunktion (Humankapitalfinanzierung) nicht ohne weiteres leisten, weil die Verfügungsrechte über Humanvermögen dies erschweren und keine materiellen (bankküblichen) Sicherheiten geboten werden können als persönliche Begabungen, Fähigkeiten und Leistungswillen. Die theoretische und empirische Untersuchung hat jedoch gezeigt, daß Bildungsdarlehen unter bestimmten Bedingungen leistungsfähige Instrumente der Bildungsfinanzierung sind und daß die bei Darlehensfinanzierung der Bildung erreichbare dezentrale Nachfrage nach Geldkapital einer fast ausschließlich durch zentrale staatliche Finanzierungsentscheidungen (Determinierung des Bildungsbudgets) gelenkten Bildungsproduktion allokativ überlegen ist, weil sie die individuellen Erwartungen über den Nutzen beziehungsweise Ertrag von Bildungsgütern besser zum Ausdruck kommen läßt. Sie schafft zusätzliche Informationen, die die staatlichen Stellen nicht gewinnen können und steuert entsprechend die Bildungsproduktion. Der Staat hat daher nur eine subsidiäre Finanzierungsfunktion, die aus allokativer Sicht dann einsetzt, wenn Bildungsnachfrager über den Markt für Bildungsdarlehen nicht versorgt werden, deren Nachfrage aber doch wohlfahrtsfördernd ist, weil sie das vom Staat vorgestreckte Geldkapital (Subventionen) einschließlich einer marktüblichen Rendite verzinst. Für die Nachfrage im Rahmen der Bildungspflicht kann dies unter den beschriebenen Bedingungen des Bildungsmarktes stets für gegeben angenommen werden, darüber hinaus nur durch strenge Selektion beziehungsweise Prüfung des Einzelfalls. Das vorgeschlagene Finanzierungsmodell (Kapitel D.IV.) versucht dem Rechnung zu tragen.

F. Anhang: Vorschlag zur Neuordnung der Ausbildungsförderung für Studenten

A. Der Vorschlag[1]

Die Ausbildungsförderung soll unter Beachtung des Subsidiaritätsprinzips im tertiären Bildungssektor (wissenschaftliche Hochschule, Kunsthochschulen, Fachhochschulen, Höhere Fachschulen und Akademien) neu geordnet werden.

Ziel der Neuordnung ist eine Sicherung der Ausbildungsfinanzierung, die eine ordnungspolitische Wende der Bildungs- und Hochschulpolitik möglich macht und die Eigenverantwortung aller Beteiligten stärkt.

Der Vorschlag beruht auf dem Prinzip der Vielfalt und des Wettbewerbs der Finanzierungsformen.

Voraussetzung für den Vorschlag ist die Außerkraftsetzung des Bundesausbildungsförderungsgesetzes, die Aufhebung der Studiengeldfreiheit und die Stärkung der wirtschaftlichen Eigenständigkeit der Hochschulen (Recht der Hochschulen im staatlich vorgegebenen Rahmen das Studiengeld frei zu fixieren und darüber zu verfügen).

Der Vorschlag zur Neuordnung der Finanzierung von Hochschulbildung setzt sich aus folgenden Teilelementen zusammen:

(a) Verstärkte Nutzung der Ausbildungsversicherung und anderer Formen des Kapitalsparens
(b) Studiendarlehen mit Zinssubventionen während der Ausbildung und Ausfallgarantien der Hochschulen
(c) Bildungssparen mit staatlichen Anreizen und Ausfallgarantien der Hochschulen
(d) Ausbildungsförderung im Rahmen des Arbeitsvertrages
(e) Ausbau der privaten Studienstiftungen

Von den Vorschlägen haben nur (b) und (c) Neuheitscharakter; alle anderen Finanzierungsformen werden bereits praktiziert. Ihnen kommt aber unter den veränderten Rahmenbedingungen (Wegfall des BAföG und der Studiengeldfreiheit) verstärkte Bedeutung zu.

Die Realisierung der Vorschläge erfordert

- eine Änderung des Einkommenssteuergesetzes
- eine Ausnahmegenehmigung zu § 3 Kreditwesengesetz und ein Bildungssparkassen- und ggf. Bildungssparprämiengesetz.

Zu empfehlen wäre eine Änderung des Bundesbesoldungsgesetzes.

Die staatlichen Funktionen (Bund/Länder) bestehen

(a) in der Bereitstellung von Mitteln zur Ausbildungsförderung nach dem Repartitionsprinzip (die Mittel werden nach einem festen Schlüssel auf die Hochschulen verteilt),

[1] Der Vorschlag wurde am 11. November 1982 durch den Verein für studentische und Hochschulfragen, Bonn, dem Ausschuß für Bildung und Wissenschaft des Deutschen Bundestages anläßlich seiner Großen Anhörung zum Bundesausbildungsförderungsgesetz (BAföG) zugeleitet.

(b) in der Rückversicherung der Studien- und Bildungsspardarlehen gegenüber den Hochschulen, die unter Abzug eines Selbstbehalts der Kreditgeber (Banken, Bildungskassen) für die Rückzahlungsausfälle bei der Tilgung von Studiendarlehen und Bildungsspardarlehen einzutreten haben, und

(c) in der Übernahme einer begrenzten Zuschußpflicht, wenn das Neugeschäft der Bildungssparkassen besonders starken Schwankungen ausgesetzt ist. Die Zuschußpflicht betrifft einen Teil der Zinskosten, die der Bildungssparkasse bei der dann notwendig werdenden Zwischenfinanzierung zusätzlich entstehen.

Die staatlichen Mittel der Ausbildungsförderung könnten auf diese Weise im Hochschulbereich auf mindestens ein Viertel der bisherigen Ausgaben gesenkt werden (ohne Bildungssparprämien). Die institutionellen Hochschulausgaben ließen sich kürzen oder einfrieren, wenn Hochschulen die Freiheit gewährt wird, Studiengeld zu erheben.

Der Geldwertstabilität kommt bei Verwirklichung der Vorschläge verstärkte Bedeutung zu. Eine Politik des stabilen Geldes wird unter den neuen Bedingungen zur Sozialpolitik.

Ebenso ist der Sicherung des Wettbewerbs in der Kredit- und Versicherungswirtschaft besondere Beachtung zu schenken.

I. Außerkraftsetzung des Bundesausbildungsförderunggesetzes als Voraussetzung für eine Neuordnung

1. Außerkraftsetzung des BAföG und Aufhebung der Studiengeldfreiheit

Voraussetzung für die Anwendung oder eine verstärkte Inanspruchnahme der oben aufgeführten Finanzierungsmodelle ist eine Außerkraftsetzung des Rechtsanspruchs auf Unterhaltsstipendien nach dem Bundesausbildungsförderungsgesetz (BAföG) und eine Aufhebung der totalen Studiengeldfreiheit der wissenschaftlichen Hochschulen und Fachhochschulen.

Die Hochschulen sind berechtigt, im staatlich vorgegebenen Rahmen eine *preisorientierte* Gebührenpolitik zu betreiben und über das erhaltene Studiengeld nach eigenem Ermessen frei zu verfügen.[2]

Die staatlichen Finanzzuweisungen sind in ihrer Höhe unabhängig vom Erfolg einer Hochschule zu gewähren, sich über Studiengebühren zu finanzieren. Das schließt Kürzungen oder geringere Zuwächse bei den Zuweisungen nicht aus; diese dürfen lediglich nicht in Abhängigkeit von dem Erfolg oder Mißerfolg einer

[2] Siehe hierzu Lith, U. van: Funktion und Wirkung von Studiengebühren, in: Aktuelle Probleme der Hochschulökonomie, (Hrsg.) Arbeitsgruppe Fortbildung im Sprecherkreis der Hochschulkanzler (Fortbildungsprogramm für die Wissenschaftverwaltung, Materialien Nr. 12), Essen 1983, S. 13–40.

Hochschule, sich über Studiengelder zu finanzieren, vorgenommen bzw. festgelegt werden. Anderenfalls gingen die Anreize verloren, die von der Erhebung von Studiengebühren und der wirtschaftlichen Eigenständigkeit der Hochschulen zu erwarten sind.

2. Unterhaltssubventionen in Form des Steuerabzugs für Schüler aus wirtschaftlich besonders schwachen Verhältnissen

Da es unzweckmäßig ist, die Ausbildungsförderung nach BAföG bestehen zu lassen (hoher Verwaltungs- und Kostenaufwand), sind Unterhaltungsunterstützungen (Transfers) an Schüler in Form des Steuerabzugs (zu unterscheiden vom Abzug vom zu versteuernden Einkommen) zu gewähren (Änderung des Bundeskindergeldgesetzes oder des Einkommensteuergesetzes).

Dabei soll sich die Subventionierung, die den Charakter eines Bildungsgeldes hat, auf die wirtschaftlich schwächsten Familien beschränken.

3. Steuersenkung in Höhe der finanziellen Entlastung des Staates

Die finanzielle Entlastung des Staates bei den institutionellen Hochschulausgaben und bei der individuellen Förderung nach BAföG (Länder 2/3, Bund 1/3) sollte möglichst bald als Steuersenkung an die Steuerzahler weitergegeben werden.

II. Die Neuordnung der Ausbildungsfinanzierung

Vorschlag (a): Verstärkte Nutzung der Ausbildungsversicherung und anderer Formen des Kapitalsparens

4. Ausbildungsversicherung und Bonussparen

Die Ausbildungsversicherung (Aussteuerversicherung) ermöglichst es Eltern (oder anderen Personen), zur Finanzierung der Ausbildung ihres (eines) Kindes einen Grundstock durch jährlich oder monatlich zu leistende Beiträge unabhängig vom Tod oder von der Berufsunfähigkeit der versicherten Person (Vater, Mutter, Pate) bereitzustellen.

Das gleiche gilt für andere Formen des Kapitalsparens, etwa des Bonussparens, das zwar keinen Versicherungsschutz gegen Tod und Invalidität gewährt, aber als bereits existierendes Ansparsystem geeignet ist, für eine Hochschulausbildung etwa während der Gymnasialzeit finanziell vorzusorgen.

5. Verstärkte Inanspruchnahme unter veränderten Rahmenbedingungen

Ausbildungsversicherung und Bonussparen sind zwar keine neuen Finanzierungsinstrumente. Vor allem aber die Ausbildungsversicherung wurde, bedingt durch die bisher bestehende Gebührenfreiheit der Bildungseinrichtungen und den Anspruch auf Unterhaltsstipendien, nur wenig genutzt. Durch die Außerkraftsetzung des Rechtsanspruchs auf Unterhaltsstipendien nach BAföG und die Einführung von Studiengebühren ist allerdings unter sonst gleichen Bedingungen mit einer erheblich umfangreicheren Nutzung dieses Finanzierungsinstruments wie auch anderer Ansparsysteme zu rechnen.

6. Keine gesetzlichen Veränderungen erforderlich

Eine weitere gesetzliche Initiative ist deshalb nicht erforderlich. Es wäre jedoch zu prüfen, ob verstärkte steuerliche Anreize, Erhöhung der Höchstbeiträge für Versorgungsaufwendungen (§ 10 EStG) besonders für kinderreiche Familien, von Seiten des Staates durchgesetzt werden sollten, die den Abschluß von Ausbildungsversicherungen zusätzlich fördern und zu weiteren persönlichen Leistungen in der Zukunftsvorsorge anregen.

Mit einer solchen Initiative könnte jedoch gewartet werden, bis die Anpassung an die veränderten Rahmenbedingungen durch die privaten Haushalte vollzogen ist und die aus eigener Kraft geleisteten Beiträge zur Sicherung der Berufsausbildung der Nachkommen erkennbar werden.

Vorschlag (b): Studiendarlehen mit Zinssubventionen während der Studienzeit und Ausfallgarantien der Hochschulen

7. Spontane Studiendarlehensprogramme der Kreditinstitute

Unter der Bedingung des Wegfalls der Ausbildungsförderung nach BAföG und der Einführung von Studiengebühren werden Banken und andere Kreditinstitute spezielle Kreditprogramme anbieten, die Studenten die Finanzierung der Lebenshaltungskosten und der Studiengebühren während des Studiums möglich machen. Es steht dem Studenten frei, von diesen Kreditangeboten Gebrauch zu machen oder andere Finanzierungsquellen in Anspruch zu nehmen. Er hat die Wahl zwischen verschiedensten Formen der Ausbildungsfinanzierung (Eigenmittel, Ausbildungsversicherung, Bildungsdarlehen, Mittel aus einem Arbeitsvertrag, Werkarbeit, Begabtenstipendium und andere, vor allem private Stipendien).

8. Marktübliche Darlehenskonditionen; keine speziellen Refinanzierungsmöglichkeiten für Banken

Die Studiendarlehen werden von den Banken unter marktüblichen Konditionen bereitgestellt. Besondere Refinanzierungsmöglichkeiten (Sonderkonditionen der Deutschen Bundesbank oder der Lastenausgleichsbank als „Bildungsbank") bestehen für sie nicht.

9. Ausfallgarantien der Hochschule und Zinssubventionen

Sofern vom Studenten keine banküblichen sachlichen oder personellen (erste/zweite Bürgschaft) Sicherheiten beigebracht werden können, um ein Darlehen in Anspruch zu nehmen, kann der Student sich bei der Hochschule um Ausbildungsförderung bemühen, an der er sein Studium aufnehmen oder fortsetzen will. Die Ausbildungsförderung besteht in der Gewährung der Ausfallgarantie für das aufgenommene Darlehen im Fall der unverschuldeten Zahlungsunfähigkeit und in der Übernahme des gesamten Zinsdienstes während der regulären Studienzeit.

10. Förderungsvoraussetzungen

Voraussetzungen für die Übernahme der Ausfallgarantie und des Zinsdienstes während der regulären Studienzeit sind die Feststellung, (a) daß keine anderen Mittel zur Finanzierung des Studiums verfügbar sind (soziale Förderungwürdigkeit) und (b) der Student zur Aufnahme des Studiums geeignet ist (fachliche Förderungswürdigkeit).

11. Eignungsfeststellung durch die Hochschule

Die Hochschulen sind frei, über die Eignung der Studenten ausbildungsgangspezifisch nach eigenen Maßstäben zu entscheiden.

12. Einbeziehung der Studentenwerke

Die Hochschulen können mit der Förderung zusammenhängende Verwaltungs- und sonstige Dienstleistungsaufgaben durch vertragliche Vereinbarung dem an der Hochschule bestehenden Studentenwerk übertragen.

13. Staatliche Zuteilung der Förderungsmittel

Staatliche (und private) Hochschulen erhalten nach einem festen Verteilungsschlüssel (z. B. Anzahl der bisherigen Studenten) zweckgebundene Mittel für die

Ausbildungsförderung bereitgestellt, die vom Parlament im Rahmen des Haushaltsgesetzes jährlich in ihrer Höhe ex ante festgelegt werden (Repartitionsprinzip). Dabei werden die rückfließenden Mittel aus gewährten Darlehen nach dem Bundesausbildungsförderungsgesetz berücksichtigt.

Unberücksichtigt dagegen bleiben die Rückflüsse von Darlehen nach dem Honnefer Modell. Sie stehen zur Disposition des Förderungsamtes bzw. Studentenwerks der jeweiligen Hochschule, das mit der Einziehung betraut ist.

14. Verfügung der Hochschule über die staatlichen Förderungsmittel

Die staatlichen Mittel sind von der Hochschule für zweierlei Zwecke zu verwenden:

(1) zur Gewährung von Zinssubventionen während der Ausbildungszeit
(2) zur Bildung von Rückstellungen zur Deckung der gegenüber den kreditgewährenden Instituten eingeräumten Ausfallgarantien.

Über die Allokation der vom Staat zugeteilten Mittel zur Ausbildungsförderung auf die beiden Verwendungsarten entscheidet die Hochschule nach freiem Ermessen.

15. Ergänzung der staatlichen Mittel zur Ausbildungsförderung durch private Spenden

Die Hochschulen sind berechtigt, die finanzielle Ausstattung des Ausbildungsförderungsfonds (Garantiefonds und Zinssubventionsfonds) unabhängig von den staatlichen Zuweisungen durch private Spenden beliebig zu ergänzen. Bei der Akquisition dieser Spenden sollte dem Kuratiorium bzw. Verwaltungsausschuß der Hochschule besondere Bedeutung zukommen.

16. Beteiligung des Kreditgebers am Ausfallrisiko

Die Übernahme der Ausfallgarantie sollte möglichst unter Berücksichtigung eines Selbstbehalts des Kreditgebers (Bank, Kreditinstitut) von mindestens 10% erfolgen.

17. Bedingungen der Inanspruchnahme der Ausfallgarantie

Die Inanspruchnahme der Ausfallgarantie durch den Kreditgeber erfolgt nach den herrschenden Bedingungen der Kreditversicherungswirtschaft (fruchtlose Pfändung/nachgewiesene Insolvenz).

18. Die Hochschule als erster Bürge

Die nicht getilgte Restschuld des Kreditnehmers (ehemaliger Student) ist unter Abzug des Selbstbehalts des Kreditgebers von der Hochschule zu tragen, die die Förderungswürdigkeit festgestellt hat. Sie geht zu Lasten anderer Positionen des Hochschulhaushalts, sofern die vorgenommenen Rückstellungen unzureichend sind.

Unter noch näher zu spezifizierenden Bedingungen (Extremfall: Zahlungsunfähigkeit der Hochschule) tritt der Staat (Land/Bund) als letzter Garant (Rückversicherer) ein.

19. Beauftragung von Inkassounternehmen

Es ist den Hochschulen überlassen, die Einziehung der überfälligen Mittel durch Inkassounternehmen betreiben zu lassen. Auch ist es der Hochschule freigestellt, sich bei einem Kreditversicherer gegen Tilgungsfälle in dem Umfang zu versichern, wie sie selbst die Tilgungsausfälle zu tragen hätte, ehe der Staat als letzter Garant eintritt.

20. Verwendung der privaten Förderungsmittel

Private Mittel, die dem Ausbildungsförderungsfonds der Hochschule zugeführt worden sind, können nach dem Willen der Sponsoren oder, sofern ein solcher nicht bekannt ist, nach Belieben der Hochschule unter Leistungs- und sozialen Gesichtspunkten zur Reduzierung der von geförderten Studenten aufgenommenen Darlehen verwendet werden (Ermäßigung oder Erlaß von Studiengebühren, Unterhaltsstipendien für besonders erfolgreiche, in kurzer Frist ihr Studium beendende Studenten, Unterstützung von Studenten aus wirtschaftlich besonders schwachen und kinderreichen Familien).

21. Laufzeit der Studiendarlehen

Die Laufzeit (Auszahlungs- und Tilgungsphase) der mit staatlichen Zinssubventionen und Ausfallgarantien versehenen Studiendarlehen beträgt maximal 20 Jahre.

22. Maximale Höhe der Darlehen und Förderungsbescheid

Die maximale Höhe des Studiendarlehens, für das die Hochschule den Zinsdienst während der Auszahlungsphase übernimmt, wird von dem Förderungsamt der Hochschule bei der Feststellung der Förderungwürdigkeit auf dem Förderungsbescheid zusammen mit dem maximalen Zeitraum fixiert, für den die Hochschule den Zinsdienst übernimmt. Eine Dynamisierung des Darlehenshöchstbetrages ist möglich.

23. Nachricht über Beendigung des Studiums, Studienabbruch, Studienplatzwechsel

Mit dem Förderungsbescheid verpflichtet sich die Hochschule, den Kreditgeber unverzüglich von der Beendigung des Studiums, dem Studienabbruch oder Studienplatzwechsel zu informieren.

24. Tilgung des Studiendarlehens

Die Tilgung beginnt in der Regel mit Beendigung oder Abbruch des Studiums. Die Tilgungsvereinbarung ist den individuellen Gegebenheiten nach dem Studium anzupassen. Sie darf jedoch die 20jährige Laufzeit nicht überschreiten, sofern der Kreditgeber die Ausfallbürgschaft der Hochschule in Anspruch nehmen will.

Nach Beendigung des Studiums trägt der Student die Zinslasten (es sei denn, der Arbeitgeber ist bereit, die Zinsen während der praktischen Ausbildung (Referendariat, Einarbeitungszeit) zu übernehmen).

25. Kontoführung

Die kreditgebende Bank richtet für den Studenten ein laufendes Konto mit monatlich (vierteljährlich) steigenden Kreditlimits ein. Das Limit wird durch den monatlichen Förderungsbetrag bestimmt, für den die Hochschule den Zinsdienst übernommen hat. Die während der Auszahlungsphase angelaufenen Zinsen werden nach Vereinbarung zwischen dem Kreditgeber und der Hochschule vierteljährlich oder jährlich getilgt. Die Zinsbelastungen und -gutschriften erscheinen auf dem laufenden Konto des Studenten.

26. Sonderregelung für Mütter

Für Frauen, die wegen Mutterschaft die Berufstätigkeit aufgeben, übernimmt der Staat die Rückzahlung eines noch näher zu spezifizierenden Teils des Darlehens, der sich nach den bevölkerungs- und familienpolitischen Zielsetzungen der Regierung richtet.

27. Nicht berufstätige Frauen

Verheiratete, kinderlose Frauen, die nicht berufstätig sind, sind zur Rückzahlung verpflichtet. (Zu prüfen wäre, ob eine Regelung gefunden werden kann, wonach diese Verpflichtung auch für den Ehemann gilt sowie umgekehrt für die verheiratete kinderlose Frau, sofern der Ehemann ein Studiendarlehen aufgenommen hat.)

Vorschlag (c): Bildungssparen mit staatlichen Anreizen und Ausfallgarantien der Hochschulen

28. Gesetzliche Voraussetzung

Bildungssparen als Zwecksparen erfordert eine Ausnahmegenehmigung vom generellen Zwecksparverbot (§ 3 Kreditwesengesetz) sowie ein Gesetz über Bildungssparkassen.

Bildungssparkassen sind als Teil des Bankwesens zu betrachten und unabhängig von ihrer privaten oder öffentlichen Rechtsform bundeseinheitlich zu regeln. Dabei beschränkt sich die Bundeskompetenz auf die Vorschriften, die die zu ordnenden wirtschaftlichen Verhältnisse des Bildungssparwesens betreffen. Wettbewerbsverzerrungen zwischen privaten und öffentlichen Bildungssparkassen sind zu vermeiden.

Private und öffentliche Bildungssparkassen unterliegen der einheitlichen Aufsicht durch das Bundesaufsichtsamt für das Kreditwesen.

29. Vertrag zugunsten Dritter

Der Bildungssparvertrag ist ein Vertrag zugunsten Dritter, den in der Regel Eltern für ihren Sohn bzw. ihre Tochter abschließen, um für sie Sparleistungen erbringen und ihnen einen Anspruch auf ein zinsgünstiges Darlehen zu verschaffen. Die Darlehensrückzahlung wird vom Begünstigten (Sohn, Tochter) geleistet[3]. Aber auch Dritte (natürliche und juristische Personen) sind berechtigt, zugunsten einer anderen (natürlichen) Person einen Bildungssparvertrag abzuschließen, die im Vertrag niedergelegten Sparleistungen zu erbringen und dem Begünstigten das Recht auf das Bildungsspardarlehen zu verschaffen.

30. Entscheidung über die Inanspruchnahme

Die Entscheidung über die tatsächliche Inanspruchnahme des Bildungsspardarlehens bleibt ausschließlich dem Begünstigten selbst vorbehalten.

31. Voll- oder Teilfinanzierung des Studiums

Ein Bildungssparvertrag kann sowohl für die Deckung des gesamten Finanzierungsbedarfs (Vollfinanzierung) des zukünftigen Studierenden als auch zu dessen Teilfinanzierung abgeschlossen werden.

[3] Siehe hierzu ausführlicher Grossmann, D.: Bildungssparen/Existenzgründungssparen – Ein Modell, in: Bildungssparen – Mehr Eigenvorsorge bei der Studien- und Ausbildungsfinanzierung, Bildungspolitische Studien, H. 5, (Institut für Bildungs- und Forschungspolitik) Köln 1984, S. 13.

32. Wahlfreiheit zwischen verschiedenen Vertragstypen

Der Bildungssparer kann zwischen verschiedenen Vertragstypen mit unterschiedlichen Laufzeiten und Konditionen frei wählen.

33. Staatliche Förderung

Der Staat kann das Bildungssparen für wirtschaftlich besonders schwache und kinderreiche Familien fördern. Dazu bedarf es einer näheren Regelung, die gegebenenfalls im Zusammenhang mit dem Bausparprämiengesetz zu treffen wäre.

34. Pflichtsparleistungen

In dem Vertrag verpflichtet sich der Bildungssparer, einen bestimmten Prozentsatz der Vertragssumme (etwa 50%) über einen vereinbarten Zeitraum (Ansparphase), z. B. neun (Gymnasialzeit) oder neunzehn Jahre, in (monatlichen oder quartalen) Raten (Pflichtsparraten) einzuzahlen.

35. Reduzierung der Bildungssparsumme bei geringeren Ansparleistungen

Kommt der Bildungssparer seinen vertraglich vereinbarten Sparverpflichtungen nicht nach, reduziert sich die Bildungssparsumme und reduzieren folglich die Leistungen (ratenweise Auszahlung der Bildungssparsumme und des Bildungsspardarlehens), die der Bildungssparer von der Bildungssparkasse verlangen kann.

36. Verzinsung des Bildungssparguthabens und des -darlehens

Die Einzahlungen verzinsen sich zu einem vorab fest vereinbarten Zins (z. B. 3,5%). Ist die Ansparsumme durch vertragsgemäße Einzahlungen, Zinsen und Zinseszinsen erreicht, erwirbt der oder die Begünstigte den Anspruch auf ein zinsgünstiges Darlehen (z. B. 5,5%), mit dem der angesparte Betrag (Bildungssparguthaben) voll bis zur Höhe der vereinbarten Bildungssparsumme aufgestockt wird.

37. Risikolebensversicherung

Will man die Leistung der Sparbeiträge vom Tod oder der Berufsunfähigkeit des Bildungssparers unabhängig machen, kann eine Versicherung abgeschlossen werden, die die noch ausstehenden Sparleistungen übernimmt.

38. Inanspruchnahme der Bildungssparsumme

Die begünstigte Person ist berechtigt, nach Ablauf der (Pflicht-)Ansparzeit und vertragsgerechter Leistung der Sparbeiträge, die Bildungssparsumme in (monatlichen oder quartalen) Raten nach einer bei Vertragsabschluß fixierten maximalen Wartezeit (etwa sechs bis zwölf Monate) in Anspruch zu nehmen. Entsprechend ist die Bildungssparkasse verpflichtet, auf Verlangen des Begünstigten die Bildungssparsumme sofort, spätestens aber innerhalb einer bei Vertragsabschluß vereinbarten Frist nach Ablauf der vertraglichen Ansparzeit und Erhalt der Sparbeiträge in den vorab vereinbarten regelmäßigen (monatlichen) Raten auszuzahlen. Die Zuteilung erfolgt innerhalb der maximal zulässigen Wartezeit durch Los.

39. Funktion der Bewertungsziffer

Die Bewertungszahl (Zeit mal Geld) als Maß für das Sparverdienst dient zur Berechnung der Höhe der Bildungssparsumme, sofern die vertraglich vereinbarten Sparleistungen nicht pünktlich oder nicht in voller Höhe geleistet wurden, zur Berechnung der Nachforderungen der Bildungssparkasse, wenn der Bildungssparer trotz geringerer Sparleistungen durch Sonderzahlungen die vorgesehene und bei Vertragsabschluß fixierte Bildungssparsumme ausgezahlt erhalten möchte, sowie zur Berechnung der zusätzlich zu leistenden Einzahlungen im Fall der Aufstockung.

40. Staatliche Zuschußpflicht

Der Staat hat bei nachhaltigem Absinken des Neuzugangs einen Teil der Zwischenfinanzierungskosten zu tragen, die der Bildungssparkasse entstehen, um ihren vertraglichen Verpflichten nachzukommen. Es handelt sich dabei um einen prozentualen Anteil an den zusätzlichen Zinskosten.

Die Bedingungen, unter denen der Staat zur Leistung von Zuschüssen verpflichtet ist, sind noch näher zu bestimmen. Sie sind gesetzlich so festzulegen, daß auch die Bildungssparkasse ein Risiko trägt und sich in einem bestimmten Umfang geschäftspolitisch bewähren muß.

41. Tilgung und Laufzeit des Darlehens

Die Tilgung des Bildungsspardarlehens einschließlich Zinsen und Zinseszinsen ist von dem Begünstigten in (monatlichen oder quartalen) Raten zu leisten. Die Tilgung beginnt in der Regel ein Jahr nach voller Auszahlung der Bildungssparsumme und dauert maximal etwa 12 Jahre.

42. Bankübliche Sicherheiten

Die Sicherheiten für die Rückzahlung des Bildungsspardarlehens hat der Begünstigte spätestens vor Eintritt in die Darlehensphase zu beschaffen (materielle Sicherheiten, Bürgschaft der Eltern, eines Bildungsmäzens, des zukünftigen Arbeitgebers, Ausfallgarantie einer Hochschule). Ein Teil dieser Sicherheiten kann durch eine Risikolebens- und Invaliditätsversicherung ersetzt werden, die die Restschuld gegenüber der Bildungssparkasse im Fall des Todes und der Erwerbsunfähigkeit (eventuell auch für andere versicherbare Risiken) übernimmt.

43. Ausfallgarantie der Hochschule

Die Hochschule tritt wie bei den Studiendarlehensnehmern (Ziffer 9) nur für diejenigen Bildungsspardarlehensnehmer ein, die keine ausreichenden Sicherheiten für das Darlehen herbeischaffen können.

Die Übernahme der Ausfallgarantie erfolgt nach Prüfung der sozialen und fachlichen Förderungswürdigkeit durch das Förderamt der Hochschule.

44. Bildungssparkonto

Die Bildungssparkasse richtet ein Bildungssparkonto ein, auf dem die (monatlichen oder vierteljährlichen) Spar- und Tilgungsleistungen sowie die Zinsen verbucht werden.

45. Sonderregelung für Mütter

Für Frauen, die wegen Mutterschaft die Beruftstätigkeit aufgeben, übernimmt der Staat wie bei der Inanspruchnahme eines Studiendarlehens (Ziffer 26) die Rückzahlung unter gleichen Bedingungen.

46. Nicht berufstätige Frauen

Die gleiche Regelung wie in Ziffer 27 gilt für verheiratete, kinderlose Frauen.

47. Übertragbarkeit von Bildungssparverträgen

Bildungssparverträge sind mit Zustimmung der Bildungssparkasse übertragbar. Die Übertragung ist stets zuzulassen, wenn sie innerhalb der Familie erfolgt. Unter diesen Bedingungen kann sowohl eine andere (natürliche oder juristische) Person an die Stelle des bisherigen Bildungssparers treten, sofern die Ansparpflicht noch nicht voll erfüllt ist; ebenso kann der Bildungssparer vor Zuteilung und Annahme des Bildungssparvertrages durch den Begünstigten den Vertrag auf eine andere als die bisher begünstigte Person übertragen.

48. Dynamisierung

Eine vertraglich vereinbarte Dynamisierung (Anpassung an die Lebenshaltungskosten) der Bildungssparsumme ist möglich.

49. Aufstockung

Von der Aufstockung des Bildungssparvertrages kann nur unter beschränkten, näher zu spezifizierenden Bedinungen Gebrauch gemacht werden.

50. Teilung

Die Teilung eines Bildungssparvertrages ist mit Zustimmung der Bildungssparkasse möglich.

51. Kündbarkeit

Der Bildungssparvertrag ist in der Ansparphase vom Bildungssparer und ab Annahme durch den Begünstigten von diesem kündbar. Die Bedingungen der Kündbarkeit sind noch näher zu spezifizieren.

Vorschlag (d): Ausbildungsförderung im Rahmen des Arbeitsvertrages

52. Beitrag der Wirtschaft zur Ausbildungsförderung

Unter den Bedingungen des Fortfalls der Unterhaltsstipendien nach dem Bundesausbildungsförderungsgesetz und der Einführung von Studiengebühren kann auch mit einem verstärkten Beitrag der Wirtschaft zur Studienfinanzierung gerechnet werden.

Insbesondere ist zu erwarten, daß im Rahmen von Arbeitsverträgen nach dem Beispiel der Ingenieur-Ausbildungsverträge von (privaten und öffentlichen) Unternehmen mehr als bisher Stipendien an junge Mitarbeiter oder an Werkstudenten vergeben werden, die ein Arbeitsverhätlnis eingegangen sind oder bereit sind, dieses einzugehen. Die Stipendien (Vorschüsse auf das später zu zahlende Gehalt) sind nur dann in Darlehen umzuwandeln und zurückzuzahlen, wenn der

Student nach Abschluß seines Studiums nicht mehr bereit ist, für die vertraglich vereinbarte Zeit (drei bis fünf Jahre) seine Beschäftigung in dem Unternehmen wieder aufzunehmen.

Gesetzlicher Vorschriften bedarf es für diese Form der Studienfinanzierung nicht.

Vorschlag (e): Ausbau der privaten Studienstiftungen

53. Privates Bildungsmäzenatentum

Unter den neuen Rahmenbedingungen ist auch mit einer Stärkung der privaten Studienstiftungen zu rechnen, die die leistungsabhängige Förderung besonders begabter Studenten wie auch die Förderung durchschnittlich Begabter aus sozialen oder bildungsphilanthropischen Zielsetzungen übernehmen. Insbesondere können auch von der privaten Hochbegabtenförderung in Ergänzung und zur Stärkung der staatlichen Hochbegabtenförderung neue Impulse erwartet werden.

B. Die Begründung des Vorschlags

I. Begründung für die Notwendigkeit einer grundlegenden Reform des bestehenden Systems der Ausbildungsförderung

Die wirtschaftlichen und sozialen Konsequenzen der Studiengeldfreiheit und des Rechtsanspruches auf staatliche Unterhaltssubventionen

Die vollständige Gebührenfreiheit der deutschen Hochschulen und der Rechtsanspruch auf staatliche Unterhaltssubventionen nach dem Bundesausbildungsförderungsgesetz (BAföG) sind die Prinzipien, nach denen die Finanzierung akademischer Bildung unter sozialen, gesellschaftspolitischen (emanzipatorischen) und ökonomischen Zielsetzungen konzipiert wurde. Die Resultate dieser Politik müssen alle Beteiligten (Professoren, Studenten, Hochschulverwalter, Steuerzahler, Arbeitgeber) bedenklich stimmen.

1. Volkswirtschaftliche Konsequenzen

a) Finanzwirtschaftliche und stabilitätspolitische Konsequenzen

Das beschleunigte Wachstum der Staatsausgaben seit Ende der sechziger Jahre ist durch ein überdurchschnittliches Wachstum der Bildungsausgaben und durch eine explosionsartige Entwicklung der Hochschulausgaben gekennzeichnet.

Diese finanzielle Last konnte von den Steuerzahlern allein nicht mehr getragen werden. Trotz Steuererhöhungen mußte sich der Staat u. a. zur Deckung der Hochschulausgaben zunehmend am Kapitalmarkt verschulden.

Die verstärkte Inanspruchnahme des Kapitalmarktes durch den Staat hat zu einem Zinsanstieg geführt, der die Investitionstätigkeit der Wirtschaft schwächt und die Schaffung neuer Arbeitsplätze verhindert oder verzögert.

(Es wäre falsch, die amerikanische Hochzinspolitik für diesen Sachverhalt allein verantwortlich zu machen. Einer Senkung der Zinsen werden in der nächsten Zeit auch dann enge Grenzen gesetzt sein, wenn die amerikanische Hochzinspolitik zu Ende ginge – es sei denn, der Staat enteignet über eine inflationäre Geld- und Fiskalpolitik alle (Netto)Geldgläubiger.)

Gegen eine Verschuldung des Staates zur Finanzierung von Subventionen an Studierende ist solange nichts einzuwenden, wie die akademische Ausbildung der Begabten (nicht der Zahlungskräftigsten) ohne staatlichen Zuschuß aus irgendwelchen Gründen zu einer Unterversorgung mit hochqualifizierten und leistungswilligen Arbeitskräften führt. Nur unter solchen Bedingungen kann damit gerechnet werden, daß die aufgenommenen Mittel einschließlich angefallener Zinsen amortisiert und ein Nettoertrag erzielt wird, der die Aufnahme der Gelder rechtfertigt, nur in diesem Fall kann auch der Staat für die Mitglieder der Gesellschaft wohlfahrtsfördernd tätig sein.

Die derzeitige Finanzierung akademischer Bildung erfüllt aber diese Voraussetzungen nicht. Unabhängig von der Frage der volkswirtschaftlichen Ertragskraft der eingesetzten Mittel wird jedermann beliebig lang in voller Höhe der Studienplatzkosten subventioniert und vielen über einen großzügig bemessenen Zeitraum in Abhängigkeit von der wirtschaftlichen Situation ein Unterhaltsstipendium gewährt. Die Frage der Knappheit von Hochschulabsolventen der einzelnen Fachrichtungen auf dem Arbeitsmarkt spielt dabei keine Rolle.

Die Folge sind Fehlinvestitionen in akademische Bildung, die sich weniger in der steigenden Akademikerarbeitslosigkeit als in der permanenten oder länger andauernden Verwendung von Hochschulabsolventen in Beschäftigungen zeigen, die keine langjährige, teuere Hochschulausbildung rechtfertigen.

Soweit der Staat diese Investitionen finanziert, tragen (bei Geldwertstabilität) die Steuerzahler die aus ihnen resultierenden Risiken. Sie haben später bei Fälligkeit die aufgenommenen Kredite, denen keine zusätzlichen Einnahmen des Staates aus akademischer Bildung gegenüber stehen, zuzüglich Zinsen zurückzuzahlen.

b) Hochschul- und arbeitsmarktpolitische Konsequenzen

Der volkswirtschaftliche Schaden beschränkt sich aber nicht auf diese Fehlinvestitionen und die Verteuerung des Geldes als Folge staatlicher Kreditaufnahme. Die bestehende Hochschulfinanzierung hat auch Konsequenzen für die Studierenden und Hochschulen selbst sowie für den Arbeitsmarkt.

Studiengeldfreiheit, Unterhaltsstipendien (in Verbindung mit staatlicher Bildungswerbung) bei festem Zusammenhang zwischen Ausbildung einerseits und Arbeitseinkommen und sozialem Status andererseits, machen das Hochschulstudium für viele junge Menschen so attraktiv, daß der Staat nicht mehr in der Lage ist, Studienplätze im ausreichenden Umfang zur Verfügung zu stellen. Das Hochschulstudium wird dann zu einem Massenstudium mit negativen Konsequenzen für die Studierenden und ihre Ausbildungsqualität. Auf letztere aber sind Staat und Gesellschaft, das heißt wir alle, angewiesen.

Die Überfüllung der Hochschulen ist darüber hinaus mit einer Zunahme der Verweildauer der Studenten an den Hochschulen verbunden, da es zum einen teils an einer geeigneten Betreuung durch die Hochschule fehlt und zum anderen das Hochschulstudium für den Studenten den Charakter eines knappen Gutes, für das eine Gegenleistung zu erbringen ist, weitestgehend verloren hat.

Der Staat mußte aus diesen Gründen zu Bewirtschaftungsmaßnahmen greifen, die freiheitlichen Grundsätzen und der deutschen Tradition der Freizügigkeit des Studiums widersprechen. Das veranlaßte viele Studenten, gerichtliche Schritte zu unternehmen, die zum Numerus clausus-Urteil des Bundesverfassungsgerichts führten. Das Bundesverfassungsgericht schob den staatlichen Bewirtschaftungsmaßnahmen aber keinen Riegel vor, sondern zwang die staatlichen Stellen, die dirigistischen Maßnahmen zu verstärken. Die Folge waren der Staatsvertrag über die Vergabe von Studienplätzen, Kapazitätsverordnungen und bürokratische Kontrollen des faktischen Lehrangebots.

Die Vermassung des Studiums und der zunehmende staatliche Wissenschaftsdirigismus lähmen nicht nur den Lehrbetrieb, sondern beeinträchtigen vor allem auch die Forschung und damit die für Staat und Wirtschaft so wichtige Funktion der Hochschulen: die Produktion neuen Wissens.

Die Politik des (materiellen) Rechtsanspruchs auf Hochschulbildung (Nulltarif, Unterhaltsstipendium) gefährden die Grundlagenforschung durch Verengung des Finanzierungsspielraums und des Zeitbudgets, das Professoren und ihre Mitarbeiter der Grundlagenforschung widmen können.

Während bei der Grundlagenforschung die staatliche Finanzierungsaufgabe weitestgehend gegeben ist, ist das bei der Ausbildungsfinanzierung nur sehr bedingt der Fall, da akademische Bildung sich in einem höheren materiellen und immateriellen Einkommen des Hochschulabsolventen niederschlägt. Die Prioritäten staatlicher Förderung haben sich daher zu Ungunsten der Grundlagenforschung verschoben.

Die staatliche Subventionierung der akademischen Bildung hat darüber hinaus die Ausbildungsströme fehlgelenkt und dem Arbeitsmarkt, verstärkt durch die zunehmende Verweildauer der Studierenden an der Hochschulen, immer mehr Arbeitskräfte entzogen. Die Folge davon ist ein Anstieg der Löhne in den nichtakademischen Berufen, sofern nicht durch Anwerbung ausländischer Arbeitnehmer der Mangel (mittel- oder unmittelbar) behoben werden konnte. Es ist deshalb auch nicht auszuschließen, daß mit der expansiven Hochschulpolitik gleichzeitig indirekt ein Rückgang des Sozialprodukts verbunden war.

2. Soziale Konsequenzen

Eine Hochschulpolitik, die volkswirtschaftliche Schäden verursacht, kann auch sozialpolitisch nicht erwünscht sein. Sie beschränkt den materiellen Spielraum, aus dem sozialpolitische Maßnahmen finanziert werden können. Außerdem aber wälzt sie einen erheblichen Teil der hohen Ausbildungskosten (einschließlich der Sondervorteile der Akademiker bei der Renten-, Kranken- und Arbeitslosenversicherung) auf die meist einkommensschwächeren nichtakademisch gebildeten Steuerzahler ab.

Gravierend sind die sozialen Konsequenzen, wenn der Staat sich seiner hohen Schulden, die auch ein Ergebnis der sozial motivierten Öffnung der Hochschulen sind, über eine Geldentwertung entledigt. (Netto)Geldsparer, zu denen vornehmlich die kleinen Sparer mit niedrigem Einkommen gehören, sind dann mit den Steuerzahlern teils in Personalunion diejenigen, die die finanziellen Lasten der verfehlten Hochschulpolitik zu tragen haben.

Das bestehende System der Finanzierung ist aber auch für die Studenten selbst unsozial, weil es für sie Anreize schafft, sich nicht nach den zukünftigen Beschäftigungsmöglichkeiten zu richten. Es entkoppelt Bildungssystem und Arbeitsmarkt, gaukelt den Betroffenen Beschäftungsmöglichkeiten vor, die nicht vorhanden sind, führt zu Erwartungsenttäuschungen, Arbeitslosigkeit und teils zur Verdrängung formal Minderqualifizierter aus Beschäftigungen, für die letztere durchaus geeignet sind.

Aber auch schon in der Schule verschärft das bestehende Finanzierungssystem den Kampf um Notendurchschnitte, weil die Hochschulausbildung finanziell wesentlich attraktiver ausgestattet ist als nichtakademische, berufliche und außerschulische Bildung.

Die Übernahme der Ausbildungskosten durch den Staat hat zusammen mit der kollektiven Altersvorsorge dazu geführt, daß Eltern und Studenten auf die sonst notwendige Zukunftsvorsorge zur Finanzierung einer Ausbildung durch Kapitalsparen weitgehend verzichten. Die Garantie des Staates, diese Aufgabe zu übernehmen und selbst die notwendigen Sparmaßnahmen zu treffen, rechtfertigten dieses Verhalten. Der Staat aber hat diese Maßnahmen nicht ergriffen. Er unterliegt offenbar Gesetzesmäßigkeiten, die ein beschleunigtes Wachstum der Staatsausgaben und die Staatsverschuldung fördern. Die Folge ist, daß niemand, weder die Eltern und Studenten noch der Staat gespart haben. Zweifel sind deshalb berechtigt, ober der Staat tatsächlich ein besserer Wahrer der langfristigen Interessen des einzelnen Bürgers und der Familie ist als dieser oder jene selbst.

Da auch in anderen Bereichen staatlicher Aktivität ähnliche institutionelle Regelungen wie in der Hochschulpolitik (sogenannter „Rechtsanspruch" auf einen Studienplatz und ein Unterhaltsstipendium) getroffen worden sind, entsteht daraus ein kumulativer Effekt, der die Ausbildungs- und Zukunftschancen der nächsten Generation auch bei optimistischen Erwartungen über die zukünftige Entwicklung der deutschen Wirtschaft erheblich beeinträchtigen wird. Mit anderen Worten: Die angeblichen Ausbildungschancen, die der Staat jungen Menschen seit geraumer Zeit durch Milliardensubventionen einräumt, obwohl die Mittel dazu nicht erwirtschaftet (und gespart) worden sind, verletzen die Ausbildungschancen der kommenden Generation. Schon in der jüngsten Vergangenheit hat sich gezeigt, daß sich das „Recht auf Bildung" als Subventionsanspruch gegenüber dem Staat nicht aufrecht erhalten läßt. Für die nächste Generation wird dies weit deutlicher spürbar sein, weil man die ökonomischen Voraussetzungen der Hochschulpolitik außer acht gelassen hat.

Es ist deshalb mit Kürzungen der Unterhaltsstipendien, wie sie bereits vom Parlament beschlossen wurden, und einer Ausweitung des Darlehensteils bei der Förderung nach dem Bundesausbildungsförderungsgesetz unter sonst unveränderten Rahmenbedingungen der Hochschulpolitik nicht getan. Vielmehr ist eine grundlegende Reform erforderlich, um eine weitere Fehllenkung der Ressourcen und die sozial unerwünschten Konsequenzen der Hochschulpolitik weitgehend zu vermeiden. Das soll durch den Vorschlag zur Neuordnung der Ausbildungsförderung erreicht werden.

II. Allgemeine Begründung für die vorgeschlagene Neuordnung

Der Vorschlag zur Neuordnung der Ausbildungsförderung setzt voraus, daß der materielle Rechtsanspruch auf Bildung (Studiengeldfreiheit und Unterhaltsstipendien) aufgehoben wird und die ordnungspolitischen Rahmenbedingungen im Bildungs- und Hochschulbereich so gesetzt werden, daß alle an der Hochschulausbildung und ihrer Finanzierung Beteiligten (Professoren, Studenten, Hochschuladministratoren, Darlehens- und Arbeitgeber) in ihrer Kompetenz und Verantwortung gestärkt werden. Nur auf diese Weise lassen sich die Risiken, die bisher fast ausschließlich auf den Staat, genauer auf die Steuerzahler, abgewälzt wurden und die Hochschulpolitik und -finanzierung zwangsläufig in Schwierigkeiten bringen mußten, so verteilen, daß die Effizienz des tertiären Sektors erhöht, die Freizügigkeit des Studiums wiederhergestelt, die Koordination von Hochschulsystem und Arbeitsmarkt verbessert und die Wohlfahrt der Mitglieder der Gesellschaft gefördert wird.

Es versteht sich von selbst, daß die Neugestaltung der Rahmenbedingungen, die eine Wende in der Hochschulpolitik bedeutet, eingebettet sein muß in die Gesamtkonzeption einer Wirtschafts- und Gesellschaftpolitik, die auch in anderen Bereichen die Eigenverantwortung und den Leistungswillen aller Bürger stärkt, die aber zugleich materiellen Spielraum schafft, die schwächsten Glieder der Gesellschaft und die in materielle Not Geratenen zu unterstützen.

Der Entwurf zur Neuordnung der Ausbildungsfinanzierung sieht vor, daß die Hochschulen und die in ihnen Tätigen ebenso Verantwortungen und Risiken zu übernehmen haben wie Studenten, Kreditgeber und Arbeitsgeber. Sollen die Hochschulen, die einen Ausbildungsauftrag haben, mehr in die Eigenverantwortung genommen werden, so setzt das voraus, daß sie über einen Handlungsspielraum verfügen, der es ihnen ermöglicht, dieser Verantwortung gerecht zu werden. Aus diesem Grunde ist es eine notwendige Voraussetzung für die Funktionstüchtigkeit der vorgeschlagenen Neuordnung der Ausbildungsfinanzierung, ihnen größere Eigenständigkeit in akademischen (organisatorische und inhaltliche Gestaltung des Studienangebots, Aufnahmetests) und in wirtschaftlichen und personellen Angelegenheiten (Organisationsstruktur, Kapazitäts- und Personalpolitik, Verwendbarkeit der Haushaltsmittel) zu geben und das Recht einzuräumen im staatlich vorgegebenen Rahmen nach eigenem Ermessen (preisorientiert) Studiengebühren zu verlangen. Dafür beteiligen sie sich an den Risiken der Hochschulausbildung, die bisher Steuerzahler und Studenten trugen, nämlich den Studienerfolg soweit wie möglich zu sichern (Eignungstests und entsprechende Betreuung des Studenten) und die Studienkapazitäten und -inhalte so zu gestalten, daß ihre Absolventen u. a. eine möglichst gute Arbeitsmarktchance haben. Gelingt den Hochschulen dies, werden sie durch ein entsprechendes Gebührenaufkommen honoriert, andernfalls geben Einbußen im Gebührenaufkommen Anreize zu einer Revision der bisher verfolgten Studienangebotspolitik.

In gleicher Weise setzt das voraus, daß auch die Studenten sich an den Ausbildungsrisiken beteiligen und einen Beitrag zu den Kosten der Benutzung der Hochschulen leisten. Dies muß nicht bedeuten, daß für sie die Ausbildungsrisiken im Vergleich zum bestehenden System (materieller Rechtsanspruch auf Hochschulbildung) steigen. Zwar trägt der Student nun einen höheren Anteil an den direkten individuellen Kosten der Hochschulausbildung, die Opportunitätskosten können jedoch absolut unter jenen liegen, die sie unter den alten Bedingungen zu tragen hatten. Empirische Erfahrungen bestätigen dies.

Schließlich ist auch zu erwarten, daß auf Grund eines höheren Informationsniveaus der Studenten, das sich unter den neuen Rahmenbedingungen einstellen wird, die Risiken der Fehlentscheidung abnehmen und die Einkommen langfristig tendenziell steigen.

Die Arbeitgeber haben bei der Einstellung eines Hochschulabsolventen ein höheres Risiko zu tragen, da die Kosten für die Arbeitsleistungen eines Hochschulabsolventen auf Grund der höheren individuellen Ausbildungskosten (direkte Kosten) langfristig tendenziell steigen werden, und die Entscheidung, ob es sich zu diesen Kosten lohnt, einen Hochschulabsolventen einzustellen, sorgfältiger getroffen werden muß.

Vor allem aber soll auch der Studiendarlehensgeber nicht ohne jedes Risiko Finanzierungsaufgaben übernehmen. Denn bei der Finanzierung von Investitionen kommt es entscheidend darauf an, das knappe Geldkapital so auf Human- und Sachinvestitionen zu verwenden, daß eine möglichst effiziente Ressourcenallokation erreicht wird. Das setzt aber voraus, daß beide Verwendungsarten um die knappen Geldmittel konkurrieren und es vermieden wird, Human- oder Sachvermögensbildung einseitig zu fördern. Sowohl das eine als auch das andere stellt letztendlich alle Mitglieder der Gesellschaft schlechter und gefährdet den Wohlstand der nächsten Generation. Aus diesen Gründen soll die Finanzierungsfunktion dezentralisiert und dort angesiedelt werden, wo die Entscheidungen über die alternativen Verwendungen des knappen Geldkapitals unter Wettbewerbsbedingungen fallen. Der Vorschlag zur Neuordnung der Ausbildungsförderung beruht deshalb auf dem Prinzip der Vielfalt und des Wettbewerbs der Finanzierungsformen und der kreditgebenden Einrichtungen. Nur so ist es möglich, daß bei den nicht selten hohen Risiken der Ausbildungsinvestitionen eine Vielzahl von Erwartungen über die Vorteilhaftigkeit und Zweckmäßigkeit solcher Investitionen zur Entfaltung kommt und bei Dezentralisierung der Finanzierungsentscheidungen Fehlentscheidungen der einen durch die richtigen Entscheidungen der anderen kompensiert werden. Voraussetzung dafür ist, daß die Entscheidung über die Verwendung des knappen Geldkapitals eine unternehmerische Funktion bleibt und der Staat sich aus dieser Funktion zurückzieht, da die Unteilbarkeit der staatlichen Finanzierungsentscheidung und die Möglichkeit des sanktionslosen Rückzugs aus der politischen Verantwortung das Risiko der Fehlallokation und damit der Wohlfahrtsminderung für alle Mitglieder der Gesellschaft erhöht.

Die staatliche Funktion kann hier lediglich darin bestehen, Hemmnisse zu beseitigen, die eine Inanspruchnahme des Kaptialmarktes durch diejenigen erschwert oder unmöglich macht, die die materiellen Sicherheiten nicht beischaffen können. Die Gewährung staatlicher Bürgschaften (über die Hochschulen) für die Rückzahlung von Studiendarlehen spielt dabei eine entscheidende Rolle.

Die Beschränkung des Staates auf die Funktion des Garanten im Fall der unverschuldeten Rückzahlungsunfähigkeit eines Studenten entspricht dabei zugleich dem Prinzip der Subsidiarität, wenn der Staat sich damit begnügt, die Ausfallgarantie für diejenigen Studenten zu übernehmen, die die sachlichen oder persönlichen Sicherheiten nicht bieten können, um ein Studiendarlehen aufzunehmen. Da diese Studenten meistens aus Familien mit geringerem Einkommen stammen, soll durch Übernahme des Zinsdienstes während der Studienzeit, die Verschuldung und das Risiko von Kapitalmarktzinsschwankungen in Grenzen gehalten werden und erst dann die Zinslast auf den Studenten übergehen, wenn dieser die Möglichkeit hat, das Studiendarlehen zu tilgen. Insbesondere in der Phase der Umstellung vom BAföG auf die neuen Finanzierungsformen, die durch überdurchschnittlich hohe Zinsen gekennzeichnet ist, kommt hier dem Staat eine kompensierende Aufgabe zu, zumal auch andere Dienstleistungs- und Wirtschaftszweige sich solcher Finanzierungshilfen erfreuen.

Bei der Neuordnung der Ausbildungsförderung ist zu beachten, daß bei den hohen Risiken, die Ausbildungsinvestitionen mit sich bringen können, dem Grundsatz zu folgen ist, risikoreiche Investitionen zumindest zu einem erheblichen Teil aus Eigenmitteln zu finanzieren. Aus diesen Gründen ist den Finanzierungsformen besondere Beachtung zu schenken, die es möglich machen, für die Hochschulausbildung finanziell vorzusorgen. Aus denselben Gründen wird der Ausbildungsversicherung, dem Ansparen (wie etwa dem Bonussparen) und vor allem dem Bildungssparen als Zwecksparen besondere Aufmerksamkeit geschenkt.

Es wäre falsch, Studiendarlehenssysteme deshalb abzulehnen, weil angeblich die finanziellen Belastungen bei der Rückzahlung zu hoch sind. Die hohen Belastungen müssen zum einen in Relation zu den mittel- und langfristigen Einkommenserwartungen gesehen werden, die sich auf Grund der gestiegenen individuellen Ausbildungskosten tendenziell verbessern müssen. Zum anderen ist zu berücksichtigen, daß Studiendarlehen aus den genannten Gründen in der Regel als Teilfinanzierungsinstrumente zu betrachten sind, was sie normalerweise auch in den Ländern sind, die eine langjährige Erfahrung mit Studiendarlehen haben. Nichtsdestotrotz wird für Studenten, die eine hohe Bonität (Begabung und Leistungswillen) ihres Humankapitals vorweisen können, auch eine volle Finanzierung ihres Studiums über Darlehen vorteilhaft sein können, wenn sie sich von ihrer Ausbildung gute Chancen auf dem Arbeitsmarkt versprechen können.

III. Einzelbegründungen

Zu 1.

Eine spezielle Begründung für die Außerkraftsetzung des BAföG erübrigt sich, da sie aus der allgemeinen hervorgeht.

Die Gründe für die Aufhebung der Studiengeldfreiheit ergeben sich aus dem privaten Charakter der Hochschulausbildung, die es dem Studenten ermöglicht, sich die materiellen und immateriellen Vorteile dieser Ausbildung anzueignen. Entsprechend ist der Student an den Kosten der Hochschulausbildung zu beteiligen. Die Beteiligung an den Ausbildungskosten (institutionellen Hochschulausgaben) sollte schrittweise erfolgen, da sonst diejenigen große Nachteile hinnehmen müssen, die mit denjenigen auf dem Arbeitsmarkt konkurrieren, die ihr Hochschulstudium noch weitestgehend vom Staat finanziert bekommen haben.

Eine Aufhebung der Studiengeldfreiheit und eine Beteiligung der Studenten an den Ausbildungskosten ist aber auch erforderlich, um die Wirtschaftlichkeit des Hochschulsektors zu erhöhen und die Studentensouveränität und die Freizügigkeit des Studiums wiederherzustellen.

Darüber hinaus kann die angestrebte Risikoverteilung (Beteiligung der Hochschule an den Ausbildungsrisiken) und die daraus erwachsenden Vorteile für den Studenten untern den neuen Finanzierungs- und Rahmenbedingungen nur durch eine Beteiligung an den Ausbildungskosten erreicht werden.

Da es Ziel der Neuordnung der Ausbildungsfinanzierung ist, Hochschulen als Anbieter von Ausbildungsleistungen an der Ausbildungsverantwortung und den damit verbundenen Risiken zu beteiligen, ist es eine zweite notwendige Bedingung, für die Funktionstüchtigkeit der Finanzierungsmodelle und die Erreichung der mit ihnen verfolgten Ziele, Hochschulen den Freiraum zu geben, eine eigenständige Gebührenpolitik zu betreiben und mit den erzielten Einnahmen nach eigenem Ermessen zu wirtschaften. Dabei sollte der staatlich vorgegebene Rahmen für die universitäre Gebührenpolitik großzügig bemessen sein, um den Hochschulen die Möglichkeit zu geben, gemäß unterschiedlichen Standort-, Angebots- und Nachfragebedingungen zu handeln. Auf diese Weise würde es möglich, daß sich überlastete Hochschulen zusätzliche Mittel zum Kapazitätsausbau verschaffen und bisher nicht ausgelastete Hochschulen an entlegenen Standorten mehr Freiraum haben, um sich für Studenten attraktiv zu machen. Der Staat käme dann aus seinem Dilemma zwischen materiellem Rechtsanspruch auf Hochschulbildung und der extrem verschlechterten Haushaltslage heraus, die schon vor Jahren das Bundesverfassungsgericht zum Numerus clausus-Urteil, zur Kapazitätsverordnung und Einrichtung einer Zentralstelle zur Vergabe von Studienplätzen gedrängt hat.

Die Gebührenpolitik der Hochschulen sollte preisorientiert sein, damit alle Hochschulen die Möglichkeit haben, sich auf dem Markt für Hochschulleistungen zu bewähren. Bei kostenorientierter Gebührenpolitik wäre dies nicht möglich, da sie die Knappheitsrelationen auf dem Markt für Hochschulleistungen (Verhältnis von Angebot und Nachfrage nach Studienplätzen in den einzelnen Studiengängen) unberücksichtigt lassen. Preisorientierte Studiengeldpolitik macht es u. a. möglich, die starke Nachfrage nach billigen Studiengängen zur Finanzierung teuerer Studiengänge heranzuziehen, und zwar je nach den Erwartungen, die die Hochschule und ihre Fakultäten über die Chancen, ihre Ausbildungsleistungen erfolgreich am Markt zu plazieren, hegen. Hochschulen bzw. ihre Fakultäten werden auf diese Weise angeregt, unternehmerisch (nicht im Sinne einer Gewinnmaximierung) tätig zu werden, weil sich für sie ein erfolgreiches Studienangebot und eine entsprechende Kapazitäts- und Gebührenpolitik lohnen.

Um die Honorierung auch denjenigen persönlich zukommen zu lassen, die maßgeblich an dem erfolgreichen Studienangebot beteiligt sind (Professoren und ihre Mitarbeiter), sollte eine Novellierung des Bundesbesoldungsgesetzes in Erwägung gezogen werden, die neben einem fixen Gehaltsbestandteil einen leistungsabhängigen Bestandteil vorsieht. Eine solche Änderung des Besoldungsgesetzes ist jedoch keine notwendige Voraussetzung für die Funktionstüchtigkeit einer preisorientierten Gebührenpolitik, da andere Möglichkeiten der Leistungshonorierung (bessere Ausstattung der Lehrstühle mit Personal- und Sachmitteln) möglich sind. Wohl aber sollte den Hochschulen neben der wirtschaftlichen Eigenständigkeit auch die Möglichkeit eingeräumt werden, über die interne Organisations- und Entscheidungsstruktur eigenständig zu entscheiden, da dadurch die Hochschule neuen Handlungsspielraum gewinnt, der den wirtschaftlichen Ressourceneinsatz in der Hochschule verbessert. Ebenso sind Kompetenzen in der Mittelverteilung und in der Personalpolitik erforderlich.

Zu 2.

Da sich die Ausbildungsförderung nach BAföG auch für Schüler wegen des hohen Verwaltungsaufwandes und des Förderungsmißbrauchs nicht bewährt hat, es vor allem aber unzweckmäßig ist, das BAföG ausschließlich für Schüler beizubehalten, ist es angebracht, für sie eine andere Regelung zu treffen. Eine ersatzlose Streichung des Schüler-BAföG ist keine Lösung des Finanzierungsproblems. Für einige Schüler würde dann eine finanzielle Barriere aufgebaut, wie sie an der deutschen Bildungsfinanzierung vor Einführung des Schüler-BAföG kritisiert worden ist: Begabte und leistungswillige Schüler aus finanziell schwachen Verhältnissen können die Hochschule nicht erreichen und die dort bestehenden finanziellen Förderungsmöglichkeiten wahrnehmen, weil im Bereich der Sekundarstufe II eine Finanzierungslücke entsteht, die bei einigen begabten und leistungswilligen Schülern nicht geschlossen werden kann. Solange kein Schulgeld oberhalb der Schulpflicht erhoben wird (Sekundarstufe II) und dementsprechend auch die Finanzierung der Ausbildung auf dieser Stufe in ähnlicher Weise geordnet werden kann wie im Hochschulbereich, bietet sich das Steuerabzugsverfahren für individuelle Ausbildungskosten als Lösungsmöglichkeit an, Schülern von Eltern mit niedrigsten

Einkommen den Besuch der Schule bis zum Abitur finanziell zu erleichtern. Diese Subventionierung, die den Charakter eines *Bildungsgeldes* hat, hat sich aber auf die wirtschaftlich schwächsten Familien zu beschränken, um die Ausbildung junger Menschen nicht in einer Situation zu gefährden, in denen Kostenerhöhungen in nahezu allen Bereichen die privaten Haushalte belasten.

Die Aufrechterhaltung dieser Unterhalts- und Bildungssubventionen ist zumindest solange gerechtfertigt, wie die Zukunftsvorsorge der älteren Generation im wesentlichen kollektiv organisiert ist und Eltern nicht darauf vorbereitet sind, für ihre Kinder Unterhaltskosten auch während des Vollzeitschulbesuchs im vollen Umfang zu tragen.

Zu 3.

Staatliche Einsparungen bei den institutionellen Hochschulausgaben und der Ausbildungsförderung nach BAföG sollen im Rahmen einer allgemeinen Steuersenkung an die Steuerzahler weitergegeben werden. Dabei sollten vor allen Dingen die unteren Einkommen entlastet werden, da es sich dabei um Steuerzahler handelt, die die fortführenden Schulen und besonders die Hochschuleinrichtungen nicht benutzt haben.

Vorschlag (a): Verstärkte Nutzung der Ausbildungsversicherung und anderer Formen des Kapitalsparens

Zu 4. bis 6.

Eine spezielle Begründung für die verstärkte Nutzung der Instrumente der Ausbildungsversicherung und des Bonussparens erübrigt sich, da es dazu keiner gesetzlichen Initiative bedarf. Zu prüfen wäre allerdings, ob verstärkte steuerliche Anreize, etwa eine Erhöhung der Höchstbeiträge für Vorsorgeaufwendungen (§ 10 EStG) für kinderreiche Familien, von Seiten des Staates gesetzt werden sollten, um die Zukunftsvorsorge für diese Familien zu erleichtern und zu vermehrten Eigenleistungen anzuregen.

Die verstärkte Nutzung der Ausbildungsversicherung und anderer Formen des Kapitalsparens läßt erwarten, daß die Sparrate ansteigt, sich das Kapitalangebot erhöht und ein zinssenkender Effekt erzielt wird, der die Voraussetzungen für neue Investitionen verbessert.

Vorschlag (b): Studiendarlehen mit Zinssubventionen während der Studienzeit und Ausfallgarantien der Hochschulen

Zu 7.

Trotz der verschiedenen Möglichkeiten durch Ansparen eine Hochschulausbildung zu finanzieren, ist es erforderlich, auch den Studenten, für deren Studium finanziell nicht vorgesorgt wurde, dieses zu ermöglichen. Zwar ist damit zu rechnen, daß unter den neuen Rahmenbedingungen die Finanzierung des Studiums vermehrt durch eigene Ersparnisse und weniger durch Aufnahme von Fremdmitteln erfolgt, was die Bedeutung der Darlehensfinanzierung des Studiums relativ vermindert. Sie ist aber trotzdem eine notwendige Ergänzung zu den übrigen Finanzierungsformen für all die Studenten, die mit Mitteln der Eltern, des Ehepartners oder aus eigenen Mitteln ein Studium nicht voll finanzieren können. Banken und andere Kreditinstitute werden diesen Finanzierungsbedarf decken, sofern bestimmte Bedingungen erfüllt sind.

Zu 8.

Um Fehlentscheidungen größeren Ausmaßes und Verzerrungen bei der Allokation des knappen Geldkapitals zu vermeiden, sollen Studiendarlehen zu marktüblichen Konditionen zur Verfügung gestellt werden. Das heißt, in den Kreditvergabeentscheidungen der Banken müssen die alternativen Verwendungsmöglichkeiten berücksichtigt werden, damit die volkswirtschaftlich richtige (möglichst effiziente) Menge an Mitteln in die Studienfinanzierung fließen.

Ebenso erscheint es nicht zweckmäßig, besondere Refinanzierungsmöglichkeiten für die Vergabe dieser Darlehen zu schaffen, wie dies durch Sonderkonditionen der Deutschen Bundesbank oder durch zinsgünstige Gelder der Lastenausgleichsbank, die die Funktion einer Bildungsbank übernehmen könnte, geschehen würde. Derartige Maßnahmen kämen einer Investitions- und Strukturlenkung gleich, die nicht Aufgabe der Bundesbank sein kann und darf.

Aber auch die Lastenausgleichsbank mit der Vergabe zinsgünstiger Darlehen zu betrauen, die über die Banken und Kreditinstitute an Studenten vergeben würden, bringt wahrscheinlich keine Funktionsvorteile des Systems, da sie als zentrale Einrichtung gleichfalls dem politischen Druck der Hochschul- und Studentenverbände sowie anderer gesellschaftlicher Gruppen ausgesetzt wäre, was die Aufstockung oder Kürzung ihrer Fondsmittel anbetrifft.

Zu 9.

Um die Schwierigkeiten zu beseitigen, die auf dem Kapitalmarkt bestehen, um dem Studenten, der keine banküblichen, sachlichen oder personellen Sicherheiten beibringen kann, dessen Begabung und Leistungswilligkeit jedoch für die Bonität seines Humankapitals sprechen, die Aufnahme eines Studiendarlehens zu ermöglichen, wird vorgesehen, daß die Hochschule, an der sich der Student erfolgreich um Ausbildungsförderung bewirbt, sich für die Rückzahlung des Studiendarlehens verbürgt. Zweck dieser Regelung ist es, die Vorteile zu nutzen, die die Hochschule als in Ausbildungsfragen kompetente Institution bietet, und sie volkswirtschaftlich (für Wirtschaft und Gesellschaft) voll nutzbar zu machen. Das setzt voraus, daß die Hochschule (Fakultät) die Entscheidungsfreiheit hat, nach eigenen Maßstäben zu prüfen, ob (1) der Student zur Absolvierung eines bestimmten Studiums an der Hochschule geeignet ist (individuelle Eignungsprüfung) und (2) realistische Aussichten bestehen, daß der Student nach dem erfolgreichen Abschluß des Studiums eine Beschäftigung findet, die ihn so stellt, daß er sein Studiendarlehen zurückzahlen kann. Dazu gehört auch die Kompetenz und Verantwortung, vorhandene Ausbildungsgänge zu modifizieren, neue zu entwerfen und auf dem Bildungs- und Arbeitsmarkt durchzusetzen. Soll die Hochschule das Wissen über die Eignung des Studenten und die arbeitsmarktpolitische Zweckmäßigkeit des Studiums, soweit dies eine Frage ihrer eigenständigen Kapazitätspolitik ist, produzieren und nicht – zum Nachteil aller – leichtfertig in diesen Angelegenheiten verfahren, so ist die Übernahme der Ausfallgarantie eine geeignete Regelung, die Hochschule zu wohlfahrtsförderndem Verhalten anzuhalten. Die Hochschule gewinnt damit neue Möglichkeiten, das persönliche Verhältnis zum Studenten während der Studienzeit und darüber hinaus zu pflegen.

Zusätzlich zur Ausfallbürgschaft übernimmt die Hochschule die Zinsen, die der Student während seines Studiums an der Hochschule für die zu Studienzwecken aufgenommenen Gelder zu zahlen hat. Die Zinssubventionen haben die Funktion, die Kumulation der Schulden besonders in Zeiten hoher Kapitalmarktzinsen zu begrenzen. Sie sollen dem Studenten über seine Hochschule zukommen, da diese am besten über den Studienverlauf informiert ist, einen Anreiz hat, den positiven Verlauf zu fördern, ein Interesse an einem persönlichen Verhältnis zum Studenten während der Studienzeit und darüber hinaus hat und sie auch die Prüfung der Einkommens- und Vermögensverhältnisse als Voraussetzung für die Zahlung von Zinssubventionen und die Übernahme der Ausfallgarantie ernster vornehmen kann.

Zu erwägen wäre, ob die Gewährung von Zinssubventionen nicht in Form einer Absetzbarkeit von der zu zahlenden Lohn- und Einkommenssteuer der Eltern, des Studenten oder des Ehepartners verwaltungstechnisch einfacher abgewickelt werden kann. Eine solche Regelung würde zweifellos gewisse administrative Vorteile bieten, weil die Prüfung der Einkommens- und Vermögensverhältnisse nicht noch einmal in den Förderungsämtern zu Verwaltungsarbeiten führt, sondern uno actu mit der Feststellung des zu versteuernden Einkommens erfolgen kann.

Ein Nachteil der Absetzbarkeit von der Einkommenssteuer wäre aber, daß die persönlichen Kontakte der Hochschulbediensteten zu den Studenten nicht gestärkt und dadurch Möglichkeiten des Mißbrauchs, wie sie aus den Erfahrungen mit der Ausbildungsförderung nach BAföG bekannt sind, kaum vermieden werden können. Die Erfahrungen nach dem Honnefer Modell, aber auch Erfahrungen aus anderen Bereichen zeigen, daß die persönlichen Beziehungen zum Kreditnehmer die Zahlungsmoral erhöhen, ohne daß ein aufwendiges Berichts- und Mahnsystem in Gang gesetzt werden muß.

Zu 10.

Ausfallgarantien und Zinsdienste, die die Hochschulen übernehmen, und für die der Staat die Mittel bereitstellt, sollen nach dem Prinzip der Subsidiarität auf die Studenten beschränkt bleiben, denen die finanziellen Voraussetzungen für ein Studium fehlen. Würde man auf die Prüfung der Einkommens- und Vermögensverhältnisse als erstes Kriterium der Förderungswürdigkeit (soziale Förderungswürdigkeit) verzichten, so besteht die Gefahr, daß Zinssubventionen und Ausfallgarantien im größeren Umfange zweckentfremdet werden und sie lediglich private Mittel, die sonst auf die Ausbildungsförderung verwandt worden wären, substituieren. Das aber würde die Zielsetzung der Ausbildungsförderung konterkarieren und Ineffizienzen zur Folge haben, wenn die zweckentfremdeten Mittel die Verwaltungskosten übersteigen, die die Prüfung der Einkommens- und Vermögensverhältnisse verursachen.

Die Feststellung, daß ein potentieller Student nicht über die finanziellen Mittel zum Studium verfügt (soziale Förderungswürdigkeit), reicht jedoch als alleiniges Kriterium der Förderungswürdigkeit nicht aus, wenn durch die staatliche Ausbildungsförderung ein wohlfahrtsfördernder Effekt erzielt werden soll. Dieser Effekt kann nur erzielt werden, wenn die Gewährung der Förderungsmittel gleichzeitig von der Eignung des Studenten zum Studium an der Hochschule seiner Wahl abhängig gemacht wird. Andernfalls laufen die Hochschulen bzw. der Staat und seine Steuerzahler Gefahr, daß die für Zinssubventionen und Ausfallgarantien bereitgestellten Mittel keinen Ertrag erzielen, der die Bereitstellung der Mittel aus ökonomischen Gründen rechtfertigt. Ist das aber der Fall, so hat die Ausbildungsförderung ihre Zielsetzung verfehlt; von einer Effizienzsteigerung und Wohlfahrtsförderung kann dann nicht mehr die Rede sein.

Zu 11.

Da die Hochschulen sich zum Teil über Studiengebühren finanzieren und sie auch als erste Garanten die Ausfallgarantie, die sie im Rahmen ihrer Ausbildungsförderung gewährt haben, zu übernehmen haben, müssen sie bzw. ihre Fakultäten (Fachbereiche, Abteilungen) völlig frei in der Entscheidung sein, welche Studenten sie für die Aufnahme eines Studiums an ihrer Hochschule bzw. Fakultät geeignet halten. Die Feststellung der Eignung nach den Maßstäben der Hochschule ist eine unabdingbare Voraussetzung, wenn Hochschulen akademische und wirtschaftliche Verantwortungen und Risiken übernehmen sollen.

Da unterschiedliche Erwartungen darüber gehegt werden können, welche Eigenschaften ein Student mit sich bringen muß, um ein Studium erfolgreich zu absolvieren, wird es unter diesen Bedingungen zu einer Konkurrenz der Eignungs- und Aufnahmetests oder sonstiger Zulassungsverfahren kommen. Sie können vom Losverfahren (wenn die Verantwortlichen in der Fakultät und Hochschule zu der Auffassung gelangt sind, daß sachliche Kriterien der Eignungsfeststellung keinen prognostischen Wert haben, um die Wahrscheinlichkeit des erfolgreichen Studienabschlusses vorauszusagen) bis hin zu Leistungstests reichen, die zusätzlich zur allgemeinen Hochschulreife und eventuellen sonstigen Voraussetzungen gefordert haben.

Der Vorteil einer solchen Regelung liegt u. a. darin, daß nunmehr der Student, dessen Antrag auf Ausbildungsförderung positiv beschieden wurde, über eine brauchbarere Information verfügt, ob er seinen Studierwillen und seine persönliche Eignung zu einem Studium korrekt einschätzt. Das minimiert die Zahl der Studenten, die aus mangelnder Eignung ein Studium aufgeben müssen und verringert die Risiken der Rückzahlungsunfähigkeit, soweit sie durch den Studienabbruch hervorgerufen werden.

Es ist aber auch zu erwarten, daß das Informationsniveau des Studenten im Hinblick auf seine zukünftigen Beschäftigungschancen steigt, da die Hochschule unter der Bedingung der Übernahme der Ausfallgarantie nunmehr selber einen stärkeren Anreiz hat, die Zahl der Studienplätze in den einzelnen Studiengängen so zu planen, daß sie möglichst sichergehen kann, ihre Absolventen auch tatsächlich bei Staat und Wirtschaft oder in den selbständigen Berufen unterbringen zu können. Dadurch verringert sich gleichfalls das Risiko des Studenten, den aufgenommenen Kredit nicht zurückzahlen zu können.

Auch ist aus diesen Gründen anzunehmen, daß der Student trotz seiner nun höheren individuellen Kosten (Studiengebühren, Streichung der Unterhaltssubventionen) in eine bessere materielle Lage versetzt wird, da die Hochschule ein größeres Interesse hat, ihn zügiger zum Ausbildungsziel zu bringen, er selbst einen stärkeren Anreiz hat, seinen Beitrag dazu zu leisten und durch die verantwortliche Kapazitätspolitik der Hochschule seine Berufs- und Einkommenserwartungen sicherer werden, was sein Risiko der Fehlinvestition in akademische Bildung tendenziell reduziert. Das alles senkt die Opportunitätskosten des Studiums im Vergleich zu den Kosten unter den Bedingungen des Nulltarifs und des Rechtsanspruchs auf Unterhaltsstipendien.

Zu 12.

Da die Studentenwerke Erfahrungen in den Verwaltungs- und Dienstleistungsaufgaben gesammelt haben, die mit der Feststellung der sozialen Förderungswürdigkeit in Zusammenhang stehen, sollen die Hochschulen prüfen, ob sie das Personal für die neue Aufgabe ganz oder teilweise übernehmen oder das Studentenwerk als

Anstalt des öffentlichen Rechts auf der Basis vertraglicher Vereinbarungen mit diesen Aufgaben betrauen.

Zu 13.

Damit die Hochschulen in die Lage versetzt werden, Ausbildungsförderung zu betreiben, erhalten sie zu diesem Zweck Mittel von Bund und Land, die sich in ihrer Höhe z. B. nach der Zahl der immatrikulierten Studenten des Vorjahres bemessen. Die Höhe der Zuweisungen richtet sich nach der Zahl der Studenten, die Bund und Länder fördern möchten und können, nach der Höhe der durchschnittlich zu erwartenden Zahlungsausfälle und dem durchschnittlichen Zinssatz für Bildungsdarlehen.

Während die rückfließenden Mittel aus Darlehen nach dem BAföG dabei zu berücksichtigen sind, soll dies mit den restlichen Rückflüssen der Darlehen nach dem Honnefer Modell nicht der Fall sein, da letztere auch heute noch den Hochschulen und dem Studentenwerk unmittelbar zurechenbar sind.

Zu 14.

Um eine Zweckentfremdung der staatlichen Ausbildungsförderungsmittel zu vermeiden, ist eine Zweckbindung erforderlich. Die Hochschule soll jedoch selber frei darüber disponieren können, wie sie die gewährten Mittel zur Finanzierung von Zinssubventionen und zur Bildung von Rückstellungen zur Deckung der Ausfallrisiken verwendet (gegenseitige Deckungsfähigkeit der beiden Haushaltspositionen); denn die Höhe der Zinsen kann regional unterschiedlich sein und auch die Risiken können je nach dem Erfolg der Hochschule bei der Selektion ihrer Studenten und ihrer Kapazitätspolitik verschieden sein. Es liegt deshalb u. a. auch in dem Ermessen der Hochschule, mit Banken, Kreditinstituten und Unternehmen, die Ausbildungsfinanzierung betreiben, günstige Kreditbedingungen auszuhandeln.

Zu 15.

Die Ergänzung der staatlichen Mittel zur Ausbildungsförderung sollte möglich sein, weil sie der Hochschule zusätzlichen Spielraum in der Ausbildungsförderung verschafft und zur Spendenakquisition anregt. Dabei erscheint es angebracht, das Kuratorium oder ähnliche Organe der Hochschule in diese Aufgabe mit einzubeziehen, da sie geeignete Ansatzpunkte bieten, den Kontakt zu potenten Bildungsmäzenen dauerhaft herzustellen.

Zu 16.

Um die wichtige unternehmerische Funktion des Bankiers zu erhalten und eine bloß treuhänderische Verwaltung der Darlehen mit Verlagerung sämtlicher Ausfallrisiken auf die Hochschulen und letztendlich auf Bund und Länder zu vermeiden, ist eine Selbstbeteiligung der Kreditgeber an den Ausfallrisiken von mindestens 10% vorgesehen. Gegen eine solche Regelung spricht allerdings, daß die Beteiligung von 10% an den Ausfallrisiken ein Kreditinstitut veranlassen kann, trotz des Förderungsbescheides, den der Student vorlegen kann, den Studienkredit nicht zu gewähren, wenn das Risiko unvertretbar hoch erscheint. Dem ist jedoch entgegen zu halten, daß der Kreditgeber sich dieses Risiko im Zinssatz entgelten lassen kann.

Ein Verzicht auf eine gewisse Beteiligung des Kreditgebers an dem Ausfallrisiko erscheint volkswirtschaftlich nicht angebracht, da die Kapitallenkungsfunktion des Bankiers erneut verloren ginge, seine rein treuhänderische Funktion tendenziell die Bürokratie in der Kreditwirtschaft verstärkt, vor allem aber die Gefahr besteht, daß die Kreditgeber die Bedingungen (wenn auch legal) unterlaufen werden, unter denen die Ausfallgarantie des Staates in Anspruch genommen werden kann. Letzteres würde zur Folge haben – und dies bestätigen die Erfahrungen in den Vereinigten Staaten und Kanada –, daß die Ausfallgarantie über Gebühr genutzt und dadurch das System der Darlehensfinanzierung in seiner Effizienz generell in Frage gestellt wird. Ist z. B. der Selbstbehalt des Kreditgebers zu niedrig oder gleich Null, so ist auch seine Bereitschaft im Fall der vorübergehenden Zahlungsunfähigkeit eine Stundung vorzunehmen, gering und entsprechend höher die Wahrscheinlichkeit, daß der Staat und letztlich der Steuerzahler zur Zahlung herangezogen wird.

Der vorliegende Entwurf und die ihm zugrundeliegenden Prinzipien sehen deshalb vor, daß der allzu schnellen Verlagerung von Risiken auf den Staat Einhalt geboten wird. Andernfalls kann das schnelle Wachstum der Staatsausgaben nicht gebremst und der Entscheidungsineffizienz in Hochschule, Wirtschaft und Gesellschaft nicht Einhalt geboten werden, da immer wieder Entscheidungen gefällt werden, für die die Verantwortlichkeiten nicht feststellbar sind und die Risiken der Entscheidung auf Personen (und Einrichtungen) verlagert werden, die auf die Entscheidung keinen oder kaum einen Einfluß haben.

Unter den Bedingungen des Wettbewerbs der Kreditinstitute dürfte zu erwarten sein, daß die Wahrscheinlichkeit, mit der ein mit dem Förderungsbescheid einer angesehenen Hochschule versehener Student kein Studiendarlehen erhält, als gering einzuschätzen ist, zumal Studenten noch in anderer Hinsicht für Kreditgeber attraktive Kunden sein können.

Ein weiterer Vorteil, Banken und Kreditinstitute nicht ausschließlich als Treuhänder von Studiendarlehen fungieren zu lassen, kann neben der Verbesserung der Effizienz der Allokationsentscheidungen für Geldkapital aber auch in den zusätzlichen Informationen gesehen werden, die die Kreditgeber unter den Bedingungen der Beteiligung an den Ausfallrisiken über die Kapazitätspolitik der Hochschulen erzeugen werden. Grobe Fehlentwicklungen in der Kapazitäts- und Ausbildungspolitik würden die Kreditgeber zum Verzicht bei der Bewilligung der Studiendarlehen veranlassen, wobei allerdings die Meinungen darüber unter ihnen differieren können. Für die Hochschule (Fakultät) wären das zusätzliche Informationen, die sie zu ihrem Vorteil nutzen kann.

Zu 17.

Aus Gründen der vereinfachten Handhabung wird vorgesehen, daß der Kreditgeber die Ausfallgarantie der Hochschule nach den strengen Bedingungen der Kreditwirtschaft, nämlich fruchtlose Pfändung nach der Zivilprozeßordnung, in Anspruch nehmen kann.

Zu 18.

Nach Abzug des Selbstbehalts des Kreditgebers soll die Hochschule als erster Bürge die Restschuld aus Kapital und Zinsdienst übernehmen, die die Förderungswürdigkeit festgestellt hat. Sie wird zunächst aus den Mitteln vorgenommen, die zu diesem Zweck zurückgestellt worden sind. Übersteigen die Verpflichtungen der Hochschule aus Ausfallgarantien die von ihr vorgenommenen Rückstellungen, so hat die Hochschule zuerst zu Lasten anderer Positionen ihres Haushaltes ihren Verpflichtungen nachzukommen. Dies setzt voraus, daß die Hochschule den haushaltstechnischen Handlungsspielraum hat, um Garantieverpflichtungen, die über die gebildeten Rückstellungen hinausgehen, nachkommen zu können (einseitige Deckungsfähigkeit der Ausfallgarantie durch andere Positionen des Hochschulhaushalts). U. a. die Einnahmen aus Studiengebühren stehen ihr hier zur freien Disposition.

Zu 19.

Ist die Hochschule mit ihrer Ausfallbürgschaft in Ansprch genommen worden, so soll es ihr freigestellt sein, ob sie die Einziehung der Restschuld vom Schuldner selbst betreibt oder aus Wirtschaftlichkeitsgründen ein Inkassounternehmen mit der Einziehung beauftragt.

Ebenso erscheint es zweckmäßig, der Hochschule die Entscheidung zu überlassen, ob sie statt eigener Rückstellungen zur Deckung der Garantieverpflichtungen die Dienstleistungen eines Kreditversicherers in Anspruch nimmt, der dann die Tilgungsausfälle in dem Umfang übernimmt, wie sie sie selbst als erster Bürge zu tragen hätte. Hierdurch könnten erste Versuche mit einer Kreditversicherung von Studiendarlehen möglich werden.

Zu 20.

Die Verwendung der privaten Spenden zur Ausbildungsförderung im Sinne ihrer Sponsoren oder der Hochschule bedarf keiner weiteren Begründung. Es gehört zu dem Zweck des Vorschlags zur Neuordnung der Ausbildungsförderung, das freiwillige Bildungsmäzenatentum zu fördern. Dies entspricht dem Prinzip der Subsidiarität und der Vielfalt der Finanzierungsmöglichkeiten. Gegenüber dem zuständigen Landesrechnungshof hat die Hochschule lediglich darüber Rechenschaft abzulegen, ob die zur Ausbildungsförderung eingegangenen Spenden zweckentsprechend verwendet worden sind.

Zu 21.

Die Laufzeit der Studiendarlehen sollte nicht zu kurz sein, um ehemalige Studenten nicht in den Jahren besonders stark zu belasten, in denen andere größere Ausgaben (Gründung eines eigenen Hausstandes) auf sie zukommen. Andererseits aber kann die Laufzeit der Darlehen nicht beliebig ausgedehnt werden, weil sonst die Zinslasten schnell ansteigen. Eine Laufzeit von etwa maximal 20 Jahren scheint daher realistisch.

Zu 22.

Die Fixierung der maximalen Höhe des Darlehens ist in das Ermessen der Hochschule bzw. seines Förderungsamtes zu stellen, da die Hochschule selbst die finanziellen Vorkehrungen zu treffen hat, um den Zinsdienst für die von ihr fixierte Förderungszeit (reguläre Studienzeit) leisten zu können.

Die gewährte Darlehenshöhe kann dynamisiert werden, um sie den während der Studienzeit ansteigenden Lebenshaltungskosten des Studenten automatisch anzugleichen. Auf dem Förderungsbescheid sind die maximale Höhe, die reguläre Studienzeit, während der der Zinsdienst von der Hochschule übernommen wird, und die maximale Laufzeit zu fixieren. Der Förderungsbescheid ist vom Studenten dem kreditgebenden Institut vorzulegen, von dem der Student vorher ein Kreditangebot dem Förderungsamt eingereicht hat.

Zu 23.

Die Verpflichtung der Hochschule, das kreditgebende Institut von der Beendigung, dem Abbruch des Studiums oder dem Wechsel des Studienorts des Studenten (Kreditnehmers) zu unterrichten, ist erforderlich, damit die Bank vor unnötigen Verlusten geschützt und das Darlehen nicht zweckentfremdet wird.

Zu 24.

Mit der Tilgung des Studiendarlehens (soweit es vom einzelnen Studenten tatsächlich in Anspruch genommen wurde) sollte möglichst schnell nach Beendigung oder Abbruch des Studiums begonnen werden, da die dann zu Lasten des (ehemaligen) Studenten gehenden Zinsen die Kreditschuld erhöhen. Je nach Studiengang kann dies unmittelbar nach dem Studium oder nach einer Karenzzeit geschehen. Daß dies möglich ist, bestätigen die Erfahrungen aus den fünfziger und sechziger Jahren. Wenige Monate nach Beendigung des natur-, ingenieurwissenschaftlichen und betriebswissenschaftlichen Studiums begannen Darlehensnehmer der Studentischen Darlehenskassen bereits mit der Tilgung ihres Darlehens. Vereinbarungen mit Arbeitgebern, die Tilgung der Darlehen zu übernehmen, wie auch Umschuldungen, die einen günstigeren Darlehenszins möglichen machen, sind zulässig.

Prinzipiell wäre die Tilgungsvereinbarung zwischen Student und Kreditgeber den individuellen Gegebenheiten des Kreditnehmers nach dem Studium anzupassen. Sofern der Kreditgeber die Ausfallbürgschaft der Hochschule in Anspruch nehmen will, darf jedoch die angenommene zwanzigjährige Laufzeit nicht überschritten werden.

Zu 25.

Um Transparenz über die geleisteten Zahlungen des Kreditgebers, die Zinszahlungen der Hochschule und das kumulierte Darlehen sowie die Kreditlinie zu verschaffen, hat die Bank dem Studenten ein laufendes Konto einzurichten und ihn regelmäßig über Belastungen und Gutschriften auf seinem Konto zu informieren.

Zu 26. und 27.

Inwieweit von Frauen, die wegen ihrer Mutterschaft die Berufstätigkeit außerhalb des eigenen Haushalts vorübergehend oder für immer aufgeben, die Rückzahlung des Darlehens gefordert werden sollte, hängt von den bevölkerungs- und familienpolitischen Zielsetzungen der Regierung ab. Übernimmt der Staat für Mütter die Rückzahlung des Darlehens ganz oder zu einem großen Teil, so fördert das den Hochschulbesuch von Frauen, für die die Neigung zur Berufstätigkeit relativ gering ist. Verzichtet man auf eine finanzielle Entlastung dieser Frauen von der Rückzahlung, so kann das für diese Frauen Anlaß sein, einer Berufstätigkeit nachzugehen.

Soweit Frauen vor ihrer standesamtlichen Eheschließung ein Studiendarlehen aufgenommen haben, können sie nach herrschendem Recht nicht zur Rückzahlung herangezogen werden, wenn sich ihr Einkommen und Vermögen unterhalb der Pfändungsgrenze befindet. Dies aber würde bedeuten, daß Banken nicht bereit sein werden, Studentinnen, die einen Förderungsbescheid vorlegen, Kredit zu gewähren, es sei denn, daß sie in Höhe der Ausfallrisiken, die der Kreditgeber selbst zu tragen hat (10%), bankübliche Sicherheiten bieten können.

Vorschlag (c): Bildungssparen mit staatlichen Anreizen und Ausfallgarantien der Hochschulen

Zu 28.

Dem System des Bildungssparens liegt der Gedanke zugrunde, einer Vielzahl von Bildungsinteressenten die Möglichkeit einzuräumen, sich vertraglich zu planmäßigem Sparen in eine gemeinsame Kasse zu verpflichten, aus der sie die bei Vertragsabschluß vereinbarte, aus dem einzuzahlenden Bildungssparguthaben und dem Bildungsspardarlehen bestehende Bildungssparsumme erhalten. Es beruht wie die Ausbildungsversicherung vor allem auf der freiwilligen Entscheidung der Eltern oder dritter Personen, für die Ausbildung ihres Sohnes, ihrer Tochter oder einer anderen Person finanziell vorzusorgen.

Dem Bildungssparen ist besonders dann große Bedeutung beizumessen, wenn Kapitalknappheit herrscht und eine ausschließliche Darlehensfinanzierung eines kapitalintensiven Studiums über den Kapitalmarkt für breite Schichten der Bevölkerung zu teuer wird. Es ist besonders attraktiv für Eltern, die sich und ihren Kindern kein größeres Finanzierungsrisiko zumuten wollen.

Um das Bildungssparen, welches eine Form des Zwecksparens ist, zu ermöglichen, ist eine Ausnahmegenehmigung von § 3 Absatz 2 Kreditwesengesetz erforderlich, der Zwecksparunternehmen generell verbietet. Die Ausnahmegenehmigung ist gerechtfertigt, da mit einer Kontinuität des Sparzugangs zu rechnen ist, wie sie Voraussetzung für das Bausparen ist. Allerdings ist ein Gesetz über die Bildungssparkassen erforderlich, um die Aktivitäten dieser Einrichtungen zu ordnen.

Das Gesetz über die Bildungssparkassen und eine Bildungssparkassenverordnung für private und öffentliche Sparkassen (materielles Aufsichtsrecht) sind unter dem Gesichtspunkt zu konzipieren, privaten und öffentlichen Bildungssparkassen ein größtmögliches Maß an geschäftspolitischer Flexibilität zu gewähren, um die Vorteile dezentralen Bildungssparens und des Wetttbewerbs der Bildungssparkassen zu nutzen.

Im Gegensatz zu dem Vorschlag von Wilfried Schreiber (1964) beruht das System des Bildungssparens auf freiwilliger Basis, auf Dezentralisation und Wettbewerb. Damit soll erreicht werden, die Finanzierung der Hochschulausbildung dem politischen Einfluß zu entziehen, die Machtballung, die mit zentralen (Zukunftsvorsorge)Fonds verbunden ist, zu vermeiden und dem Machtmißbrauch Grenzen zu setzen. Besonders der Zweckentfremdung der Spargelder durch hoheitliche Gewalt, die dann schnell eintreten kann, wenn sich die politischen Kräfte in einem Land radikal ändern, soll dadurch entgegengewirkt werden.

Zu 29.

Das Bildungssparen soll nicht nur Eltern die Möglichkeit verschaffen, für die Ausbildung ihrer Kinder finanziell vorzusorgen, sondern auch anderen natürlichen und juristischen Personen. Das Bildungsmäzenatentum auf freiwilliger und privater Basis kann dadurch gefördert werden.

Zu 30.

Die Entscheidung über die tatsächliche Inanspruchnahme des Bildungsspardarlehens bleibt dem Begünstigten vorbehalten, da dieser auch darüber entscheidet, ob er ein Studium aufnimmt oder nicht. Nimmt er das Bildungsspardarlehen nicht in Anspruch, so muß er berechtigt sein, die Auszahlung des angesparten Kapitals zuzüglich der Zinsen verlangen zu können.

Zu 31.

Um eine flexible Gestaltung der Ausbildungsfinanzierung zu ermöglichen, sollten Bildungssparverträge zur Voll- und Teilfinanzierung eines Studiums verwendbar sein.

Zu 32.

Aus den gleichen Gründen (Ziffer 31) sollte der Bildungssparer die Möglichkeit haben, zwischen verschiedenen Vertragstypen mit unterschiedlichen Laufzeiten und Konditionen zu wählen. Bei Wettbewerb zwischen den Bildungssparkassen wird sich diese Vielfalt in den Laufzeiten und Konditionen der Bildungssparverträge von selbst einstellen, wenn die gesetzlichen Rahmenbedingungen dafür den entsprechenden Freiraum gewähren.

Zu 33.

Um die finanzielle Vorsorge für wirtschaftlich besonders schwache und kinderreiche Familien zu fördern, kann der Staat durch Bildungssparprämien oder durch steuerliche Anreize das Bildungssparen fördern. Voraussetzung dabei ist allerdings, daß der Wettbewerb zwischen den verschiedenen Ansparformen für Bildungszwecke nicht beeinträchtigt wird.

Die staatliche Förderung ist auch insofern berechtigt, als dadurch die Höhe der vom Staat zu übernehmenden Ausfallgarantien wie auch der zu zahlenden Zinssubventionen verringert wird.

Durch Förderungsmaßnahmen ist ein weiterer Anstieg der Sparrate und eine entsprechende Erhöhung des Kapitalangebots zu erwarten, sofern das Bildungssparen die Bildung von Sparkapital in alternativen Anlageformen nicht substituiert.

Da sich die staatliche Förderung des Bildungssparens wie die des Bausparens auf die Bildung von privatem Human- und Sachvermögen beziehen, sollte eine staatliche Regelung in Abstimmung mit der Bausparförderung und gegebenenfalls mit anderen Vermögensbildungs-Förderungsmaßnahmen getroffen werden.

Zu 34.

Der Bildungssparer hat sich zu regelmäßigen Sparleistungen zu verpflichten, um sicherzustellen, daß die Bildungssparsumme von einem bestimmten Zeitpunkt an in (monatlichen) Raten bis zur vollen Höhe ausgezahlt werden kann. Andernfalls kann die Bildungssparkasse keine Garantie für die Verfügbarkeit der Mittel zum vorgesehenen Zeitpunkt (Studienbeginn) übernehmen.

Zu 35.

Da die Bildungssparsumme von einem relativ fixen Zeitpunkt an auszuzahlen ist, muß sie sich reduzieren, wenn der Bildungssparer seinen vertraglich vereinbarten Bildungssparleistungen in voller Höhe nicht pünktlich nachkommt; das heißt, die Bildungssparsumme wird im Gegensatz zum Bausparprinzip variabel gehalten, nicht dagegen, bzw. nur in einem sehr beschränkten Maße, die Wartezeit.

Zu 36.

Durch die Hergabe von Geldern zu einem niedrigeren Zins (z. B. 3,5%), der von den Bildungssparern selbst fixiert wird (kollektives Sparen), ist es möglich, auch das zu gewährende Darlehen zu einem Zinssatz (etwa 5,5%) bereitzustellen, der in der Regel deutlich unter dem des Kapitalmarktes liegt. Der niedrige Darlehenszins ermöglicht es, die Zinslasten für das Darlehen erheblich zu reduzieren. Zwar wächst durch geringe Zinsen auf das Sparguthaben dieses in der Regel langsamer als in alternativen Sparformen (z. B. Bonus-Sparen), doch stehen dem die Vorteile eines zinsgünstigen Darlehens gegenüber.

Abgesehen von den steuerlichen Vergünstigungen und/oder eventuellen Prämien, die der Staat für Bildungssparbeiträge zahlt, ist ein Vorteil des Bildungssparens gegenüber alternativen Anspar-Nachspar-Systemen dann gegeben, wenn die Kapitalmarktzinsen langfristig steigen.

Da es sich beim Bildungssparvertrag um einen Vertrag zugunsten Dritter handelt, erscheint es zweckmäßig, die Ansprüche aus dem Vertrag normalerweise nach Erreichen der Bildungsansparsumme (z. B. 50% der Bildungssparsumme) auf den Begünstigten übergehen zu lassen.

Zu 37.

Um die Zukunftsvorsorge der Eltern für die Ausbildung ihrer Kinder bei Abschluß eines Bildungssparvertrages gegen Risiken zu sichern, die die Leistung der Sparbeiträge unmöglich machen (Tod, Invalidität, Arbeitslosigkeit des Bildungssparers), kann es angebracht sein, den Bildungssparvertrag u. a. mit einer Risikolebensversicherung zu kombinieren, die die Zahlung der Restsparleistungen übernimmt.

Zu 38.

Um den Beginn des Studiums durch das Warten auf die Zuteilung des Bildungssparvertrages in engen Grenzen zu halten, soll das Bewertungssystem der Bildungssparkassen so angelegt sein, daß die Zuteilung aus der Finanzierungsmasse nur sehr beschränkt in zeitlicher Reihenfolge (Wartezeit von maximal sechs oder zwölf Monaten), sondern vornehmlich über eine Anpassung der Bildungssparsumme an die zur Verteilung stehenden Gelder erfolgt. Dabei wird davon ausgegangen, daß bei Konstanz des Neuzugangs die Zuteilung ohne Wartezeit erfolgen kann. Sinkt der Neuzugang, so soll dies durch eine Wartezeit, die maximal sechs oder zwölf Monate dauert, ausgeglichen werden. Rückläufige Zahlungseingänge, die auf nicht pflichtgemäße Leistungen der Sparbeiträge der Bildungssparer beruhen, schlagen sich ausschließlich in einer Reduzierung der Bildungssparsumme, nicht dagegen in einer Verlängerung der Wartezeiten nieder.

Zu 39.

Die Bewertungszahl als Zeit-mal-Geld-System dient ausschließlich zur Berechnung

- der Bildungssparsumme im Fall nicht vertragsgemäßer Sparleistungen,
- der Nachforderungen, wenn trotz nicht vertragsgemäßer Sparleistungen die vereinbarte Bildungssparsumme bereitgestellt werden soll,
- der zusätzlich zu zahlenden Beiträge im Fall der Aufstockung.

Im Gegensatz zum heute praktizierten Bausparen dient die Bewertungsziffer also nicht als Kriterium der Anwartschaftsrangfolge. Dies ist erforderlich, um alle Bildungssparer nach ihren Sparleistungen gleichzustellen. Das Zeit-mal-Geld-System der Bildungsparkassen hat deshalb nicht die Funktion, Schwankungen im Neugeschäft der Bildungssparkasse auszugleichen. Die Wartezeit dient lediglich dazu, Zahlungsschwierigkeiten, die durch Schwankungen im Neugeschäft und bei den Rückzahlungen der Bildungsdarlehen entstehen, soweit wie möglich zu kompensieren.

Zu 40.

Eine Übernahme eines Teils der Zwischenfinanzierungskosten bei nachhaltigem Absinken des Neuzugangs durch den Staat ist erforderlich, da eine Bildungssparkasse ihrer gesetzlichen Verpflichtung, innerhalb einer bestimmten Zeit (maximale Wartezeit) den Bildungssparvertrag zuzuteilen, nur unter der Bedingung eines konstanten oder wachsenden Neuzugangs nachkommen kann.

Allerdings sollte sich die Zuschußpflicht des Staates auf einen Teil der Gesamtkosten beschränken, die durch eine Zwischenfinanzierung verursacht werden, weil sonst die Bildungssparkasse den Anreiz verliert, sich um ein ausreichendes Neugeschäft zu bemühen. Insbesondere bei starken Schwankungen in der demographischen Entwicklung wäre der Staat zur Zahlung von Zinssubventionen verpflichtet. Dabei sollte allerdings berücksichtigt werden, daß Bildungssparkassen auch die Möglichkeit haben, durch Abschluß von Bildungssparverträgen mit Ausländern Schwankungen in der demographischen Entwicklung der inländischen Bevölkerung auszugleichen. Ausländischen Studenten könnte auf diese Weise ein Studium in der Bundesrepublik Deutschland erleichtert werden; zugleich würde eine gleichmäßigere Auslastung der Hochschulkapazitäten erreicht. Die Rückzahlung des an einen ausländischen Studenten gewährten Bildungsspardarlehens könnte durch eine Ausfallgarantie des Staates gesichert werden, dessen Bürger der Student ist.

Zu 41.

Um die Leistungsfähigkeit des Bildungssparsystems zu gewährleisten, hat die Tilgung des Bildungsspardarlehens möglichst schnell nach Abschluß des Studiums zu beginnen. Für die Tilgung des Bildungsspardarlehens werden kaum mehr als zwölf Jahre zur Verfügung stehen.

Zu 42.

Um den Rückfluß der Bildungsspardarlehen an die Bildungssparkasse zu gewährleisten, wird diese auf bankübliche Sicherheiten nicht verzichten können, wenn sie nicht ihre Existenz und Funktionstüchtigkeit (ausreichender Abschluß von Neugeschäften) aufs Spiel setzen will. Bereits bei Abschluß eines Bildungssparvertrages sollte daher über die Möglichkeiten der Sicherung des Bildungsspardarlehens zumindest eine Vorklärung erfolgen. Spätestens bei Eintritt in die Darlehensphase (normalerweise also nach Abschluß der Zwischenprüfung) müßten bankübliche Sicherheiten herbeigeschafft worden sein.

Zu 43.

Wie unter den Bedingungen des Bildungsdarlehenssystem soll auch für den Studenten, für den ein Bildungssparvertrag abgeschlossen worden ist, die Übernahme einer Ausfallgarantie durch die Hochschule möglich sein, wenn die soziale und fachliche Förderungswürdigkeit festgestellt worden ist.

Zu 44.

Zur technischen Abwicklung des Bildungssparens ist die Einrichtung eines Bildungssparkontos erforderlich, aus dem der Stand der Leistungen des Bildungssparers und der Bildungssparkasse sowie die Abweichungen von den vertraglich eingegangenen Verpflichtungen hervorgehen. Vor allem durch letzteres soll die Transparenz des Bildungssparsystems erhöht werden.

Zu 45. und 46.

Um Frauen, die ein Bildungsspardarlehen aufgenommen haben, mit denen gleichzustellen, die ein Studiendarlehen in Anspruch genommen haben, haben Ziffer 26 und 27 auch für weibliche Begünstigte von Bildungssparverträgen zu gelten, die wegen Mutterschaft ihre Berufstätigkeit aufgeben.

Zu 47.

Die Übertragbarkeit von Bildungssparverträgen sollte mit der Zustimmung der Bildungssparkasse erfolgen, da die Bildungssparkasse ihrerseits ein Interesse daran hat, Bildungssparverträge abzuschließen, für die Spar- und Tilgungszahlungen pünktlich eingehen. Darüber hinaus hat sie aber auch ein Interesse, die Übertragbarkeit der Verträge einzuschränken, um finanziellen Spielraum durch diejenigen zu gewinnen, die ihr Bildungsspardarlehen nicht in Anspruch nehmen. Aus volkswirtschaftlicher Sicht ist gegen eine solche Einschränkung der Übertragbarkeit nichts einzuwenden, da die Bedingungen der Nichtübertragbarkeit oder eingeschränkten Übertragbarkeit bei Abschluß des Bildungssparvertrages bekannt sind und die Mittel als zinsgünstige Darlehen anderen Bildungssparern zur Verfügung stehen. Die Wartezeit der übrigen Bildungssparer auf die Zuteilung ihrer Verträge wird dadurch verringert.

Innerhalb der Familie sollte jedoch der Bildungssparvertrag stets übertragbar sein, um dem Familienvorstand größere Flexibilität in der Ausbildungsfinanzierung seiner Kinder zu ermöglichen. Auch sind die Bedingungen der Sicherung des Bildungsspardarlehens häufig dieselben, soweit sie von der Familie gestellt werden.

Zu 48.

Eine Dynamisierung der Bildungssparsumme sollte möglich sein, um ihre Anpassung an die steigenden Lebenshaltungs- und Ausbildungskosten zu erleichtern.

Zu 49.

Eine Aufstockung des Bildungssparvertrages ist zuzulassen, um für den Bildungssparer und den Begünstigten eine größere Flexibilität in der Ausbildungsfinanzierung zu ermöglichen, da u. a. je nach Ausbildungsgang ein unterschiedlicher Finanzierungsbedarf entsteht. Die Aufstockung kann allerdings nur unter Berücksichtigung der Bewertungsziffer (Zeit mal Geld) vorgenommen werden, um Benachteiligungen der anderen Bildungssparer und ihrer Begünstigten zu vermeiden.

Zu 50.

Die Ausführungen zu Ziffer 49 gelten auch für die Teilung eines Bildungssparvertrages.

Zu 51.

Dem Bildungssparer ist das Recht der Kündigung einzuräumen, damit dieser auf eine Veränderung seiner finanziellen Situation oder einer Veränderung des Finanzierungsbedarfs für das Studium des Begünstigten flexibel reagieren kann.

Sobald der Begünstigte den Bildungssparvertrag angenommen hat, ist ihm das Recht der Kündigung einzuräumen, weil er zugleich derjenige ist, der über die Aufnahme eines Studiums entscheidet.

Vorschlag (d): Ausbildungsförderung im Rahmen des Arbeitsvertrages

Zu 52.

Die Ausbildungsförderung im Rahmen eines Arbeitsvertrages ist sowohl für den Studenten als auch für den Arbeitgeber vorteilhaft, da sie zum einen das Risiko des Studenten, nach dem Hochschulstudium ein seiner Ausbildung nicht entsprechendes Beschäftigungsverhältnis eingehen zu müssen oder arbeitslos zu werden, reduziert, und sie zum anderen dem Arbeitgeber als Rekurtierungsinstrument dient, mit dem er hochqualifizierten Nachwuchs geplanter heranbilden kann. Die Abstimmung von Arbeitsplatzanforderungen und Qualifikation des Personals wird dadurch verbessert, aus volkswirtschaftlicher Sicht die Abstimmungseffizienz zwischen Hochschule und Arbeitsmarkt erhöht und die Finanzierung besonders teuerer Studiengänge (natur- und ingenieurwissenschaftliche Studiengänge) erleichtert.

Gesetzliche Regelungen für die vermehrte Anwendung der Ausbildungsförderung im Rahmen eines Arbeitsvertrages bedarf es nicht, da es sich um freiwillige Vereinbarungen im Rahmen eines Arbeitsvertrages handelt.

Vorschlag (e): Ausbau privater Studienstiftungen

Zu 53.

Auf eine besondere Begründung kann wie bei den Vorschlägen (a) und (d) verzichtet werden, da es sich um eine Finanzierungseinrichtung handelt, die keine gesetzlichen Änderungen oder besonderen Maßnahmen des Staates erfordert. Vielmehr kann mit einer spontanen Zunahme des Bildungsmäzenatentums ohne staatliches Zutun gerechnet werden, da sich der Staat unter den neuen Rahmenbedingungen aus der Ausbildungsförderung weitgehend zurückgezogen hat. Vor allen Dingen aber ermöglicht die Förderung von Studenten über private Studienstiftungen einerseits eine sorgfältigere Selektion der Studenten sowohl nach leistungs- als auch nach sozialen Kriterien, andererseits eine gezieltere, dezentrale Förderung nach einzelnen Fachrichtungen. Die Anonymität der bestehenden Ausbildungsförderung nach BAföG würde weitgehend beseitigt.

Auch ist zu erwarten, daß sich das Bild der Studenten in der Öffentlichkeit zum Positiven wandeln wird und die Bereitschaft zur materiellen Hilfe (nicht nur über Studienstiftungen) zunimmt, wenn sichtbar wird, daß Studenten es wieder zum Bestandteil ihrer Handlungsmaximen machen, zunächst die Möglichkeiten der Selbsthilfe zu nutzen, ehe sie von anderen Mitgliedern der Gesellschaft Unterstützung erwarten. Die neuen Rahmenbedingungen können dazu eine Hilfe sein.

G. Literaturverzeichnis

Adam, H.: siehe Hauser, R.

Albach, H.: Zur Finanzierung der beruflichen Bildung, in: Strukturwandel und makroökonomische Steuerung, (Hrsg.) S. Klatt und M. Willms, Berlin 1975, S. 247–265.

– et alii: Zur Diskussion der Hochschulfinanzierung, insbesondere der individuellen Förderung von Studenten, in: Deutsche Universitätszeitung, 1977, S. 130f.

Alchian, A. A.: Economic Forces at Work, Indianapolis 1977.

– Pricing and Society (Institute of Economic Affairs) London 1967.

– The Economic and Social Impact of Free Tuition, in: The New Individualist Review, 1968 (Winter), S. 42–58.

Andel, N.: Subventionen als Instrument des finanzwirtschaftlichen Interventionismus, Tübingen 1970.

– Zur Diskussion über Musgraves Begriff der „merit wants", in: Finanzarchiv, N.F., Bd. 28 (1969), S. 209–213.

Andernach, N.: Der Einfluß der Parteien auf das Hochschulwesen in Preußen 1848–1948, Göttingen 1972.

Anderson, C. A.: Literacy and Schooling on the Development Threshold: Some Historical Cases, in: Education and Economic Development, (Hrsg.) Derselbe und M. J. Bowman, Chicago 1965, S. 314–344.

Arnold, W.: Bildungswilligkeit der Eltern im Hinblick auf ihre Kinder, in: Begabung und Lernen, (Hrsg.) Deutscher Bildungsrat, Gutachten und Studien der Bildungskommission, Bd. 4, 8. Auflage Stuttgart 1972, S. 357–406.

Arrow, K. J.: Essays in the Theory of Risk-Bearing, Chicago 1971.

– Higher Education as a Filter, Standford 1972.

– Ökonomischer Nutzen und die Allokation von Ressourcen für Erfindung, in: Forschungsökonomie und Forschungspolitik, (Hrsg.) J. Naumann, Stuttgart 1970, S. 115–132.

Ascik, T.: Tuition Tax Credit Proposals, Issue Bulletin, No. 23, (The Heritage Foundation) Washington, D. C., 1978.

Ausbildungsförderung im Rahmen der Hochschulfinanzierung, Abschlußbericht der von der Bund-Länder-Kommission für Bildungsplanung und Forschungsförderung eingesetzten Arbeitsgruppe, Bonn 1977.

Baden-Württemberg: Landtagsdrucksache zur zweiten Beratung der Verfassungsgebenden Landesversammlung über Artikel 14 (2) am 24. Juni 1953, S. 1937–1947.

BAföG, Bildungsförderung: Textausgabe, 7., neubearbeitete Auflage München o.J. (Stand 1. Oktober 1979).

Bailey, A. R., und Hull, D. G.: The Way Out. A More Revenue Dependent Public Sector and How It Might Revitalize the Process of Governing, Hull, Quebec, 29. August 1979 (Manuskript).

Baines, E.: The Social, Educational and Religious State of the Manufacturing Districts (1843), Wiederabdruck der 2. Auflage New York 1969.

Baker, J. R.: Michael Polanyi's Contributions to the Cause of Freedom in Science, in: Minerva, Bd. XVI (1978), S. 382–396.

Banfield, E. C.: The Unheavenly City Revisited, A Revision of the Unheavenly City, Boston-Toronto 1974.

Barker, E.: The Development of the Public Services in Western Europe, 1660–1930, Oxford 1944.

Barlow, R.: Efficiency Aspects of Local School Finance, in: Journal of Political Economy, Bd. 78 (1970), S. 1028–1040.

Baron, D. P.: Incentive Contracts and Competitive Bidding, in: American Economic Review, Bd. 62 (1972), S. 384–394.

Baumert, J.: Aspekte der Schulorganisation und Schulverwaltung, in: Bildung in der Bundesrepublik Deutschland, Bd. 1, (Max-Planck-Institut für Bildungsforschung) Stuttgart 1980, S. 589–748.

Beagles, A. C. F.: Historical Aspects of the Debate on Education, in: Education, A Framework for Choice, Papers on Historical, Economic and Administrative Aspects of Choice in Education and Its Finance, (Institute of Economic Affairs) London 1967, S. 3–19.

Becker, W.: Weichendes Elternrecht – wachsendes Kindesrecht, in: Recht der Jugend und des Bildungswesens, 18. Jg. (1970), S. 364.

Becker, W. E., Jr.: The University Professor as a Utility Maximizer and Producer of Learning, Research, and Income, in: The Journal of Human Resources, Bd. 10 (1975), S. 108–123.

Beckerhoff, D. et alii: Hochschulfinanzierung auf der Grundlage leistungsorientierter Kennziffern, (Bundesminister für Bildung und Wissenschaft, Schriftenreihe Hochschule 33), München 1980.

Beier, A.: Die höheren Schulen in Preußen (für die männliche Jugend) und ihre Lehrer, Sammlung der hierauf bezüglichen Gesetze, Verordnungen, Verfügungen und Erlasse nach amtlichen Quellen herausgegeben, 3., gänzlich durchgearbeitete und vermehrte Auflage, Halle a.d.S. 1909.

Bellen van der, A.: Finanzierungsverstaatlichung oder -privatisierung?, in: Wirtschaft und Gesellschaft, Nr. 2, 1976, S. 43–60.

Bennett, J. T., u. Johnson, M. H.: Demographic Trends in Higher Education: Collective Bargaining and Forced Unionism?, (International Institute For Economic Research) Los Angeles 1979.

Ben-Porath, Y.: Economics and the Family – Match or Mismatch? A Review of Becker's „A Treatize on the Family", in: Journal of Economic Literature, Bd. 20 (1982), S. 52–64.

Berg, C.: Staat und Schule oder Staatsschule? Stellungnahmen von Pädagogen und Schulpolitikern zu einem unerledigten Problem 1787–1889. Ausgewählt und eingeleitet von derselben, Königstein 1980.

Berg, H.: Ausbildungsausgaben und Marktmechanismus, in: Texte zur Bildungsökonomie, Frankfurt a.M. 1975, S. 207–217.

– Ökonomische Grundlagen der Bildungsplanung, Berlin 1965.

Berg, I.: Education and Jobs, The Great Training Robbery, New York 1970.

Berg, V. von: Bildungsstruktur und industrieller Fortschritt, Essen (Ruhr) im 19. Jahrhundert, Stuttgart 1979.

Betriebsoptimierungssysteme für Hochschulen, Eine Übersicht über die für Hochschulen entwickelten Steuerungssysteme, ihre Anwendungsmöglichkeiten und deren Voraussetzungen, (Hrsg.) Der Bundesminister für Bildung und Wissenschaft, Bonn 1977.

Bienaymé, A.: L'application de la théorie des organisations à l'Université, in: Revue économique, Bd. 27 (1976), S. 233–265.

Birch, D. W., Calvert, J. R. and Sizer, J.: A Note on Costing the Teaching Activity, in: Higher Education, Bd. 7 (1977), S. 67–74.

Black, D.: The Theory of Committees and Elections, Cambridge, Mass., 1958.

Blaich, F.: Kartell- und Monopolpolitik im kaiserlichen Deutschland, Das Problem der Marktmacht im deutschen Reichstag zwischen 1879 und 1914, Düsseldorf 1973.

Blankart, C. B.: Die Überfüllung der Hochschule als ordnungspolitisches Problem, in: Ordo, Jahrbuch für die Ordnung von Wirtschaft und Gesellschaft, Bd. 27 (1976), S. 266–275.

Blaug, M.: An Economic Interpretation of the Private Demand for Education, in: Economica, Bd. 33 (1966), S. 166–182.

– Education and the Employment Problem in Developing Countries (International Labour Office), Genf 1973.

– An Introduction to the Economics of Education, London 1970.

– Education and Employment, in: Investment in Education, National Strategy Options for Developing Countries, International Bank for Reconstruction and Development, Working Paper No. 196, February 1975, S. 82–89.
– Approaches to Educational Planning, in: Economic Journal, Bd. 77 (1967), S. 263–302.
– Economic Aspects of Vouchers for Education, in: Education: A Framework for Choice, Readings in Political Economy 1, (Institute of Economic Affairs) London 1967.
– (Hrsg.), Economics of Education, 2 Bde, Harmondworth 1968.
– Selectivity in Education, in: Social Services for All?, Fabian Tract 383, London 1968, S. 29–39.
– The Economics of Education in English Classical Political Economy: A Re-Examination, in: Essays on Adam Smith, (Hrsg.) A. S. Skinner und T. Wilson, Oxford 1975, S. 568–599.
– The Correlation between Education and Earnings: What Does It Signify?, in: Higher Education, 1974, S. 53–76.
– Peston, M., und Ziderman, A.: The Utilization of Educated Manpower in Industry, London 1967.
– Woodhall, M.: Patterns of Subsidies to Higher Education in Europe, in: Higher Education, Bd. 7 (1978), S. 331–361.
Bleicher, K.: Organisation und Führung der Universität im Spannungsfeld politischer und wirtschaftlicher Forderungen, in: Zeitschrift für Organisation, 1977, S. 241 ff.
Blum, V. C., S. J.: Tax Refunds for Tuition, in: Catholic League Newsletter, Bd. (8), No. 5.
Bodenhöfer, H. J.: Finanzierungsprobleme und Finanzierungsalternativen der Bildungspolitik, in: Zeitschrift für Wirtschafts- und Sozialwissenschaften, Bd. 98 (1978), S. 129–161.
– Lenkung und Finanzierung der Hochschulexpansion, Probleme und Alternativen, in: Wirtschaftspolitische Blätter, Bd. 24 (1977), S. 90–97.
Boeckmann, K.: Alles regelt der Staat, Gegen die bürokratische Bevormundung – Plädoyer für einen radikalen Neuansatz in der Bildungspolitik, in: Die Zeit, Nr. 14, vom 30. März 1979, S. 64.
Bohley, P.: Gebührenzertifikate – Steuerungselement ohne soziale Achillesferse, in: Bildung als öffentliches Gut? (Hrsg.) M. Zöller, Stuttgart 1983, S. 138–144.
Boletin de las Cortes de fecha 24 de diciembre de 1979.
Bolsenkötter, H.: Leistungserfassung in den Hochschulen, in: Betriebswirtschaftliche Forschung und Praxis, Bd. 30 (1978), S. 1–24.
Borchardt, K.: Zum Problem der Erziehungs- und Ausbildungsinvestitionen im 19. Jahrhundert, in: Beiträge zur Wirtschafts- und Sozialgeschichte, Festschrift für Hektor Amman, (Hrsg.) H. Aubin et alii, Wiesbaden 1965, S. 380–392.
Bowman, M. J.: The Social Returns to Education, in: International Social Science Journal, Bd. 14 (1962), S. 647–659.
Brainard, W. C.: Private and Social Risk and Returns to Education, in: Efficiency in Universities: The La Paz Papers, (Hrsg.) K. G. Lumsden, Elsevier 1974, S. 241–265.
Brandi, K.: Vorbildungs- und Zulassungsfragen, in: Das akademische Deutschland, Bd. 3, (Hrsg.) M. Doeberl, Berlin 1930, S. 245 ff.
Braun, H., Hammer, G., Schmid, K.: Ein Verfahren zur Ermittlung der Ausbildungskapazität wissenschaftlicher Hochschulen, in: Jahrbücher für Nationalökonomie und Statistik, Bd. 182 (1968/69), S. 381–397.
Bremen, E. von: Die Preußische Volksschule, Gesetze und Verordnungen, Stuttgart-Berlin 1905.
– siehe Schneider, K.
Breneman, D. W.: The Ph. D. Production Process, in: Education as an Industry, (Hrsg.) J. T. Froomkin, D. T. Jamison, R. Radner, (N.B.E.R.) Cambridge, Mass., 1976, S. 1–52.
– (Hrsg.): Internal Pricing Within the University – a Conference Report, Office of the Vice-

President (Planning), University of California, December 1971.
Brennan, H. G.: Fee Abolitian: An Appraisal, in: The Australian University, Bd. 9 (1971), S. 81–149.
Breton, A.: Student Unrest and The Yield on Human Capital, in: Canadian Journal of Economics, Bd. 7 (1974), S. 434–448.
Browning, E. K.: The Externality Argument for In-kind Transfers: Some Critical Remarks, in: Kyklos, Bd. 28 (1975), S. 526–544.
Brümmerhoff, D.: Zur Beeinflussung der Verteilung der Jahres- und der Lebenseinkommen durch die Finanzpolitik, Tübingen 1977.
Buchanan, J. M.: An Economic Theory of Clubs, in: Economica, Bd. 32 (1965), S. 1–14.
– Politics, Policy and Pigouvian Margins, in: Economica, Bd. 29 (1962), S. 17–28.
– The Limits of Liberty, Chicago-London 1975.
– The Bases for Collective Action, New York 1971.
– und Develetoglou, N. E.: Academia in Anarchy, New York 1970.
– und Nutter, G. W.: The Economics of Universal Education, The Thomas Jefferson Center for Studies in Political Economy, 10. Februar 1959; abgedruckt in: Report on the Virginia Plan for Universal Education, Occasional Paper No. 2, Charlottesville, University of Virginia 1965, S. 1–19.
– und Stubblebine, W. C.: Externality, in: Economica Bd. 29 (1962), S. 371–384.
– und Tullock, G.: Public and Private Interaction under Reciprocal Externalities, in: The Public Economy of Urban Communities, (Hrsg.) J. Margolis, Washington, D. C., 1964, S. 52–73.
– und Tullock, G.: The Calculus of Consent, The Logic Foundations of Constitutional Democracy, 5. Auflage, The University of Michigan Press 1965.
– Tollison, R. D., und Tullock, G. (Hrsg.): Towards a Theory of Rent-Seeking Society, Texas A & M University Press 1980.
Bund der Freien Waldorfschulen e. V.: Gesamtjahresabschluß 1980 (Konsolidierter Jahresabschluß) der Freien Waldorf- und Rudolf Steiner Schulen in der Bundesrepublik Deutschland, (Hrsg.) Freies Pädagogisches Zentrum für Waldorfpädagogik e.V., Mannheim, Abteilung Bildungsökonomie, Heidelberg o.J. (1982).
Bund Kinderreicher und Junger Familien Deutschlands: Entwurf eines Ausbildungskostengesetzes, 32/1967.
Der Bundesminister für Bildung und Wissenschaft: Grund- und Strukturdaten 1980/81, Bonn.
Burleigh, A. H. (Hrsg.): Education in a Free Society, Indianapolis 1973.
Burns, J. M., und Chiswick, B. R.: An Economic Analysis of State Support for Higher Education, in: Western Economic Journal, Bd. 7 (1969), S. 91ff.
Burton, A.: siehe Hansen, W. L.
Calvert, J. R.: siehe Birch, D. W.
Carnegie Commission on Higher Education: Higher Education: Who Pays? Who Benefits? Who Should Pay? A Report and Recommendations, New York 1973.
– Quality and Equality: New Levels of Federal Responsibility for Higher Education, New York 1968.
– Quality and Equality, Revised Recommendations: New Levels of Federal Responsibility for Higher Education, New York 1970.
Carroll, N. E.: siehe Hall, W. C.
Center for the Study of Public Policy: Education Vouchers, A report on financing elementary education by grants to parents, Cambridge, Mass., 1970.
Centralblatt für die gesamte Unterrichtsverwaltung in Preußen, Im Auftrage des Herrn Ministers der geistlichen, Unterrichts- und Medizinal-Angelegenheiten und unter Benutzung der amtlichen Quellen, (Hrsg.) Stiehl, Jahrgang 1859 und folgende, Berlin.
Centro Ricerche Economiche Applicate: Financing Education in a Free Society, Rom 1982.

Chapman, J. W.: Tenure in the American University, in: Newsletter, International Council for the Future of the University, Bd. 6 (1979).
Chiswick, B. R.: Minimum Schooling Legislation and the Cross-Sectional Distribution of Income, in: Economic Journal, Bd. 79 (1969), S. 495–507.
– Minimum Schooling Legislation, Externalities and a „Child Tax", in: Journal of Law and Economics, Bd. 15 (1972), S. 353–361.
– siehe Burns, J. M.
Coase, D. H.: Economics and Continguous Disciplines, in: The Organisation and Retrieval of Economic Knowledge, (Hrsg.) M. Perlman, London 1977, S. 481–491.
Cohen, D. K., und Farrar, E.: Power to the Parents? – The Story of Education Vouchers, in: Public Interest, 1977, Nr. 48, S. 72–97.
Cohn, E.: The Economics of Education, revidierte Auflage Cambridge, Mass., 1979.
Coleman, J. S. (Hrsg.): Education and Political Development, Princeton 1965.
– et alii: Youth: Transition to Adulthood, Report of the Panel on Youth of the President's Science Advisory Committee, Chicago 1974.
Conlisk, J.: A Further Look at the Hansen-Weisbrod-Pechman Debate, in: Journal of Human Resources, Bd. 12 (1977), S. 147–163.
Coons, J. E.: The School Finance Cases as a Window on Judicial Review, in: Wissenschaftsrecht, Bd. 11 (1978), Beiheft 6, S. 221–234.
– und Sugarman, St. D.: A Case for Choice, in: Parents, Teachers, and Children: Prospects for Choice in American Education (Institute for Contemporary Studies), San Francisco, Ca., 1977, S. 129–148.
– und Sugarman, St. D.: Education by Choice, The Case for Family Control, Berkeley 1978.
– und Sugarman, St. D.: Family Choice in Education: A Model State System for Vouchers, Berkeley 1971.
– Clune, W. H. III, und Sugarman, St. D.: Private Wealth and Public Education, Harvard University Press 1970.
Crew, M. A., und Young, A.: Paying by Degrees, A study of the financing of higher education students by grants, loans and vouchers, (Institute of Economic Affairs) London 1977.
Culyer, A. J.: A Utility- Maximising View of Universities, in: Scottish Journal of Political Economy, Bd. 17 (1970), S. 349–367.
– siehe Peacock, A. T.
– und Peacock, A. T.: Economic Aspects of Student Unrest, London 1969.

Dahrendorf, R.: Bildung ist Bürgerrecht, Plädoyer für eine aktive Bildungspolitik, Hamburg 1965.
Davies, B.: siehe Verry, D.
Davis, O. A., und Whinston, A. B.: Externalities, Welfare, and the Theory of Games, in: Journal of Political Economy, Bd. 70 (1962), S. 241–262.
– siehe Williamson, O. E.
Demsetz, H.: Information and Efficiency: Another Viewpoint, in: Journal of Political Economy, Bd. 82 (1974), S. 237–262.
– Economies in the Industrial State: Discussion, in: American Economic Review, Pap. & Proc., Bd. 60 (1970), S. 481–484.
Deutscher Ausschuß für das Erziehungs- und Bildungswesen, Empfehlungen und Gutachten 1953–1965, Gesamtausgabe, Stuttgart 1966.
Deutscher Bildungsrat: Strukturplan für das Bildungswesen, Empfehlungen der Bildungskommission, 2. Auflage Stuttgart 1970.
– Zur Reform von Organisation und Verwaltung im Bildungswesen, Teil I, Empfehlungen der Bildungskommission, Bonn 1973.
Devletoglou, N. E.: siehe Buchanan, J. M.

Dore, Richard P.: The Legacy of Tokugawa Education, in: Changing Japanese Attitudes Toward Modernization, Princeton 1965.

Dorff, G.: Das Ergebnis der Kolleggeld- und Besoldungsreform, in: Mitteilungen des Hochschulverbandes, Bd. 14 (1966), S. 136–146.

Downs, A.: Ökonomische Theorie der Demokratie (An Economic Theory of Democracy), Tübingen 1968.

Doyle, D. P.: The Politics of Choice: A View from the Bridge, in: Parents, Teachers and Children, Prospects for Choice in American Education, (Hrsg.) Institute for Contemporary Studies, San Francisco, Ca., S. 227–255.

Dresch, S. P., und Goldberg, R. D.: Variable Term Loans for Higher Education: Analytics and Empirics, in: The Annals of Economic and Social Measurement, Bd. 1 (1972), S. 59–91.

Dürr, E.: Bildungs- und Forschungspolitik als Mittel der Wachstumspolitik?, in: Beiträge zur Wirtschafts- und Gesellschaftspolitik, Festschrift für Theodor Pütz, (Hrsg.) E. Dürr, W. A. Jöhr, K. W. Rothschild, Berlin 1975, S. 287–301.

Duhr, B. S. J.: Geschichte der Jesuiten in den Ländern deutscher Zunge im 16. Jahrhundert, Bd. 1, Freiburg i. Br. 1907.

Eckstein, O.: The Problem of Higher College Tuition, in: Review of Economics and Statistics, Bd. 42 (1960), Supplement, S. 61–72.

Edding, F.: Ökonomie des Bildungswesens, Lehren und Lernen als Haushalt und Investition, Freiburg 1963.

– Bildung, in: Handwörterbuch der Wirtschaftswissenschaften, Bd. 1, Stuttgart 1977, S. 1–18.

– Zur Rolle der Wirtschaft in der Bildungsarbeit, in: Neue Sammlung, 1982, Heft 5.

Education Vouchers in Kent, A Feasibility Study for the Education Department of the Kent County Council, Kent 1978.

Edwards, L. N.: An Empirical Analysis of Compulsory Schooling Legislation, 1940–1960, in: Journal of Law and Economics, Bd. 21 (1978), S. 203–222.

Eichhorn, J. R.: Delinquency and the Educational System, in: Juvenile Delinquency, (Hrsg.) H. C. Quay, Princeton 1965.

El Ministerio de Educación Informa: El Estatuto de Centros Escolares y la Financiación de la Ensenanza Obligatoria, Madrid 1980.

Elstermann, G., Mutius, L. von, und Schuster, H. J.: Grundausstattung, Göttingen 1976.

Engels, W.: Bildung ohne Leistung und Wettbewerb? Das Bildungswesen wird deformiert, in: Mitteilungen des Hochschulverbandes, 1974, S. 347–352 (gekürzt erschienen in: Wirtschaftswoche 1974, Nr. 31).

– Mitschke, J., und Starkloff, B.: Staatsbürgersteuer, Vorschlag zur Reform der direkten Steuern und persönlichen Subventionen durch ein integriertes Personal- und Subventionssystem, (Karl-Bräuer-Institut) Wiesbaden 1973.

Eysenbach, M. L.: Voucher Plans, Voting Models, and the Efficiency of Local School Finance, in: Journal of Political Economy, Bd. 82 (1974), S. 863–871.

Faller, P.: Betriebswirtschaftslehre und Bildungsreformen, Das Aktualitäts- und das Effizienzproblem im Bildungssektor unter betriebswirtschaftlichen Aspekten, Göttingen 1974.

Farrar, E.: siehe Cohen, D. K.

Feingold, S. N. et alii: Scholarships, Fellowships and Loans, Bd. VI, Arlington, Mass., 1977.

Fernunterrichtsschutzgesetz: Bundestagsdrucksachen 7/4245, 7/4965 und 7/5325.

Feyerabend, P.: Science in a Free Society, London 1978.

Ficker, A.: Schulgeld, in: Encyklopädie des gesamten Erziehungs- und Unterrichtswesens, (Hrsg.) K. A. Schmid, Bd. 8, Gotha 1870, S. 31–62.

Fisher, F. M.: siehe Shell, K.

Fishlow, A.: The American Common School Revival: Fact or Fancy?, in: Industrialization in Two Systems, Essays in Honor of Alexander Gerschenkron, New York 1966, S. 40–67.

Flügge, J.: Vergesellschaftung der Schüler oder: „Verfügung über das Unverfügbare“, Sondierungen einer Bildungsreform, Bad Heilbrunn 1979.

– und Quaritsch, H.: Schulmündigkeit und Schulvertrag, Bad Heilbrunn 1971.

Foley, D. K.: siehe Shell, K.

Freeman, R. A.: Financing the Schools, (American Enterprise Institute) Washington, D.C., 1972.

Freiden, A.: siehe Staaf, R. J.

Freihofer: Schulvereine, in: Encyklopädie des gesamten Erziehungs- und Unterrichtswesens, (Hrsg.) K. A. Schmid, Bd. 8, Gotha 1870, S. 303–308.

Frey, B. S.: Eine ökonomische Theorie demokratischer Wirtschaftspolitik, in: Kyklos, Bd. 31 (1978), S. 208–234.

Friedlander, St., und Silver, M.: Quantitative Study of the Determinants of Fertility Behavior, Demography Bd. 4 (1967), S. 32–55.

Friedman, M.: Kapitalismus und Freiheit (Capitalism and Freedom, 1962), Stuttgart 1971.

– und Kuznets, S.: Income from Independent Professional Practice, (National Bureau of Economic Research) New York 1945.

Fritzsche, F. W.: Das Problem einer Berufsausbildungspolitik. Eine wirtschaftspädagogische Studie, Diss. Köln 1979.

Froomkin, J. T., Jamison, D. T., und Radner, A. (Hrsg.): Education as an Industry, Conference of the Universities, National Bureau of Economic Research, Cambridge, Mass., 1976.

Fuchs, G.: siehe Pfaff, M.

Gäfgen, G.: Wirtschaftsordnung und Marktversagen, in: Herausforderung der Marktwirtschaft, Limburg 1976, S. 9–37.

Gapinski, J. H.: siehe Tuckman, H. P.

Garfinkel, I., und Gramlich, E. M.: A Statistical Analysis of the OEO Experiment in Educational Performance Contracting, in: Journal of Human Resources, Bd. 8 (1973), S. 275–305.

Garvin, D. A.: The Economics of University Behavior, New York 1980.

Geck, W. K.: Die Stellung der Studenten in der Universität, Veröffentlichungen der Vereinigung der Deutschen Staatsrechtslehrer, Heft 27, 1969, S. 143ff.

Gesetz zur Änderung des Schulpflichtgesetzes und des Schulfinanzgesetzes, Landtag Nordrhein-Westfalen, Drucksache 8/4310.

Glennerster, H., Merrett, S., und Wilson, G.: A Graduate Tax, in: Higher Education Review, 1968, No. 1.

Göbel, U., und Schlaffke, W.: Privatwirtschaftliche Initiativen im Bildungswesen, Köln 1977.

Goode, R.: The Individual Income Tax, Washington, D. C., 1976.

Goodman, P.: Freiheit und Lernen, in: Neue Sammlung, 5. Jg. (1969), S. 419–427.

Gramlich, E. M.: Siehe Garfinkel, J.

Granzow, H.: Effizienz in den Hochschulen, in: Deutsche Universitätszeitung, 1979, H. 20, S. 642–644.

Grossmann, D., und Laux, H.: Bildungssparen – Mehr Eigenvorsorge bei der Studien- und Ausbildungsfinanzierung, Bildungspolitische Studien, H. 5, (Institut für Bildungs- und Forschungspolitik) Köln 1984.

Grubb, W. N.: The Distribution of Costs and Benefits in an Urban Public School System, in: National Tax Journal, Bd. 24 (1971), S. 1–12.

Grundmann, H.: Vom Ursprung der Universität im Mittelalter, in: Ausgewählte Aufsätze, Teil 3: Bildung und Sprache 1978.

Haagmann, H. G.: Die deutschen Fernschulen, Stuttgart 1968.
– Fernunterricht, Stufen zum beruflichen Erfolg, Frankfurt 1978.
Hageman, R. P.: siehe Tuckman, H. P.
Hailbronner, K.: Forschungsreglementierung und Grundgesetz, in: Wissenschaftsrecht, Bd. 13 (1980), S. 212–236.
Hall, W. C., und Carroll, N. E.: The Effect of Teachers Organizations on Salaries and Class Size, in: Industrial and Labor Relations Review, Bd. 26 (1972/73), S. 834–841.
Hansen, W. L.: Income Distribution Effects of Higher Education, in: American Economic Review, Bd. 60 (1970), S. 335–340.
– und Weisbrod, B. A.: Benefits, Costs, and Finance of Public Higher Education, Chicago 1969.
– The Distribution of Costs and Direct Benefits of Public Higher Education: The Case of California, in: Journal of Human Resources, Bd. 4 (1969), S. 176–191.
Hanusch, H. (Hrsg.): Reform öffentlicher Leistungen, in: Schriften zur öffentlichen Verwaltung und öffentlichen Wirtschaft, Nr. 37, Baden-Baden 1978.
Harbreaves, D. H.: Social Relations in a Secondary School, New York 1967.
Hardorp, B.: Waldorfschule und Waldorfschulverein, in: Erziehungskunst (im Erscheinen).
Hare, P. G., und Ulph, D. T.: Imperfect Capital Markets and the Public Provision of Education, Paper Presented at the U.S.-U.K. Conference on Collective Choice in Education, Boston, December 1979.
Harris, M., und Raviv, A.: Some Results on Incentive Contracts with Applications to Education and Employment, Health Insurance, and Law Enforcement, in: American Economic Review, Bd. 68 (1978), S. 20–30.
Harris, R.: siehe Seldon, A.
Hartman, R. W.: A Comment on the Pechman-Hansen-Weisbrod Controversy, in: Journal of Human Resources, Bd. 5 (1970), S. 519–523.
– Credit for College, Public Policy for Student Loans, New York 1971.
– Equity Implications of State Tuition Policy and Student Loans, in: Journal of Political Economy, Bd. 80 (1972), Supplement, S. 159–171.
– The Rationale for Federal Support for Higher Education, (The Brookings Institution) Washington, D.C., 1974.
Hauser, R., und Adam, H.: Chancengleichheit und Effizienz an der Hochschule, Alternativen der Bildungsfinanzierung, Frankfurt 1978.
Hayek, F. A. von: Die Verfassung der Freiheit, Tübingen 1971.
– The Use of Knowledge in Society, in: American Economic Review, Bd. 35 (1945), S. 519–530, wieder abgedruckt (Institute for Humane Studies) San Francisco 1979.
Head, J. G.: On Merit Goods, Finanzarchiv, Bd. 25 (1966), S. 1–29.
– Über meritorische Güter, in: Finanztheorie, (Hrsg.) H. C. Recktenwald, 2. Auflage Köln 1970, S. 46–74.
Hegeler Institute: Conference on Education: How Schools and Education Can be Made More Effective, Hegeler Institute Seminar, January 24–25, 1980, Washington, D.C. (Microfilm), o.J.
Hegelheimer, A.: Auch in Bildung und Wissenschaft mehr Wirtschaftlichkeit durch Marktmodelle? Referat auf dem Sonderseminar „Wissenschaft, Forschung und Rechnungshöfe – Wirtschaftlichkeit und ihre Kontrolle“, an der Hochschule für Verwaltungswissenschaften am 19. März 1981 in Speyer (Manuskript).
– (Hrsg.): Texte zur Bildungsökonomie, Frankfurt 1975.
Helberger, C.: Alternative Finanzierungsmodelle der Hochschulbildung, in: WSI-Mitteilungen, Bd. 30 (1977), S. 477–485.
Hentig, H. von: Cuernavaca oder: Alternativen zur Schule? Stuttgart-München 1971.
Herrmann, U. (Hrsg.): Schule und Gesellschaft im 19. Jahrhundert, Sozialgeschichte der Schule im Übergang zur Industriegesellschaft, Weinheim-Basel 1977.

Hickey-Canfield Performance Voucher Proposal, Redwood City, Ca., 1979.

Hight, J. E., und Pollock, R.: Income Distribution Effects of Higher Education Expenditures in California, Florida, and Hawaii, in: Journal of Human Resources, Bd. 8 (1973), S. 318–330.

Hiller, J., und Tollison, R.: An Economic Model of Performance Contracting in Education, in: Public Finance, Bd. 29 (1974), S. 36–47.

Hippel, E. von: Schulverfassung und Demokratie, in: Die öffentliche Verwaltung, Bd. 3 (1950), S. 601–605.

Hirsch, W. Z., Segelhorst, E. W., und Marcus, M. J.: Spillover of Public Education Costs and Benefits, (Institute of Government and Public Affairs, UCLA) Los Angeles 1964.

Hirshleifler, J.: The Private and Social Value of Information and the Reward to Inventive Activitiy, in: American Economic Review, Bd. 61 (1971), S. 561–574.

Hirschman, A. O.: Abwanderung und Widerspruch, Reaktionen auf Leistungsabfall bei Unternehmungen, Organisationen und Staaten, Tübingen 1974.

Hochschulrahmengesetz: Kommentar von P. Dallinger, C. Bode, F. Dellian, Tübingen 1978.

Hochschulverband: Symposion „Gruppenuniversität", Dokumentation einer Tagung des Hochschulverbandes am 1./2. Mai 1981 auf Schloß Gracht in Erftstadt, Forum des Hochschulverbandes, H. 26, Bonn 1981.

Hoffmann, W. G.: Erziehungs- und Forschungsausgaben im wirtschaftlichen Wachstumsprozeß, in: Eine Freundesgabe der Wissenschaft für Ernst Hellmut Vits, (Hrsg.) G. Hess, Braunschweig 1963, S. 101–133.

Hollerbach, A.: Die neuere Entwicklung des Konkordatsrechts, in: Jahrbuch des öffentlichen Rechts, N.F. Bd. 17 (1968), S. 117–163.

Homans, G. C.: Elementarformen sozialen Verhaltens, 2. Auflage Opladen 1972.

Hoppmann, E.: Soziale Marktwirtschaft oder konstruktivistischer Interventionismus, in: Soziale Marktwirtschaft im Wandel, (Hrsg.) E. Tuchtfeldt, Freiburg 1973, S. 28–68.

Horn, E.: Kolleggeld und Honorar, München 1897.

Horrière, Y., und Petit, P.: Les effets redistributifs de l'enseignement supérieur, CEPREMAG (Centre d'études prospectives d'économie mathématique appliquée à la planification), Paris 1972.

Hoselitz, B. F.: Investment in Education and Its Political Impact, in: Education and Political Development, (Hrsg.) J. S. Coleman, Princeton, N.J., 1965, S. 541–565.

– Wirtschaftliches Wachstum und Sozialer Wandel, (Schriften zur Wirtschafts- und Sozialgeschichte, Bd. 15) Berlin 1969.

House of Commons: Parliamentary Debates, Education Bill (Voucher Schemes), Bd. 915, Nr. 147, Wednesday 21st July 1976, S. 1890–1972.

– Education, Science and Arts Committee, Session 1979–80: The Funding and Organisation of Courses in Higher Education, Minutes of Evidence, Wednesday 21 May 1980.

Hüfner, K. (Hrsg.): Bildung, Ungleichheit und Lebenschancen, Ausgewählte Beiträge, Frankfurt 1978.

Hull, D. G.: siehe Bailey, A. R.

Humboldt, W. von: „Ideen zu einem Versuch, die Grenzen der Wirksamkeit des Staates zu bestimmen", in: Gesammelte Werke, Berliner Akademie der Wissenschaften, 17 Bde., 1903–1936.

– Über öffentliche Staatserziehung, in: Gesammelte Werke, Bd. 1, Berlin 1841, S. 336–342.

Husén, T.: Implications of the IEA Findings for the Philosophy of Comprehensive Education, Paper Presented at the Harvard Conference on Educational Achievement, Harvard Graduate School of Education, November 1973.

– Probleme und Aussichten des institutionalisierten Schulwesens, Max-Planck-Spiegel 12/1978.

– Schulkrise, Weinheim-Basel 1974.

– Soziale Umwelt und Schulerfolg, Perspektiven der Forschung zum Problem der Chancengleichheit (Social Influences on Educational Attainment-Research-Perspectives on Education Equality, hrsg. und eingeleitet von H. Thomas, Frankfurt 1977, S. 152ff.

Illich, I.: Schulen helfen nicht – Über das mythenbildende Ritual der Industriegesellschaft, Reinbek 1972.

Institut für Demoskopie Allensbach: Lage der Forschung an deutschen Universitäten, Archiv-Nr. 1264.

International Association of Universities: University Autonomy, Its Meaning Today, Papers-7, Paris 1965.

Internationales Institut für Empirische Sozialökonomie: Verteilung öffentlicher Realtransfers auf Empfängergruppen in der Bundesrepublik Deutschland, Leitershofen, Dezember 1979.

Intriligator, M. D., und Smith, B. L. R.: Einige Aspekte der Aufteilung des Wissenschaftsaufwandes zwischen Forschung und Lehre, in: Forschungsökonomie und Forschungspolitik, (Hrsg.) J. Naumann, Stuttgart 1970, S. 133–148.

Jackman, R.: siehe Layard, P. R. G.

Jallade, J.-P.: The Financing of Education: An Examination of Basic Issues, International Bank for Reconstruction and Development, Bank Staff Working Paper No. 157 (1973).

James, E., und Neuberger, E.: The University Department As a Non-Profit Labor Cooperative, Paper Presented at the U.S.–U.K. Conference on Collective Choice in Education, December 1979 in Boston.

Jamison, D. T.: siehe Froomkin, J. T.

Jastrow, J.: Kollegiengelder und Studiengebühren, in: Das Akademische Deutschland, Bd. 3, (Hrsg.) M. Doebel u. a., Berlin 1930, S. 277–284.

– Promotionen und Prüfungen, in: Das akademische Deutschland, Bd. 3, (Hrsg.) M. Doebel u. a., Berlin 1930, S. 219–244.

Jeismann, K.-E.: Gymnasium, Staat und Gesellschaft in Preußen, Vorbemerkungen zur Untersuchung der politischen und sozialen Bedeutung der „höheren Bildung" im 19. Jahrhundert, in: Schule und Gesellschaft im 19. Jahrhundert, (Hrsg.) U. Herrmann, Weinheim-Basel 1977, S. 44–61.

Jencks, C. et alii: Chancengleichheit, Reinbek 1973.

Jöhr, A.: Der Beitrag der Nationalökonomie zur Bildungsforschung, in: Schweizerische Zeitschrift für Volkswirtschaft und Statistik, Bd. 105 (1969), S. 367–423.

Johnson, H. G.: The Alternatives before Us, in: Journal of Political Economy, Bd. 80 (1972), Supplement, S. 283.

– The Economics of Student Protest, in: New Society, 1968, 7. November, S. 673–675.

– The University and Social Welfare, in: Minerva, Bd. 11 (1973), S. 30–52.

Johnson, M. H.: siehe Bennett, J. T.

Johnstone, D. B.: New Patterns for College Lending: Income contingent loans. With the assistance of St. P. Dresch, A Ford Foundation Report, New York–London 1972.

Jolly, L.: Das Unterrichtswesen, in: Handbuch der Politischen Ökonomie, Bd. 3, 3. Auflage Tübingen 1891, S. 1047–1128.

Kahan, A.: Determinants of the Incidence of Literacy in Rural Nineteenth-Century Russia, in: Education and Economic Development, (Hrsg.) C. A. Anderson und M. J. Bowman, Chicago 1965, S. 298–302.

Kahlert, H.: Das Schulgeld als Instrument der Finanz- und Bildungspolitik, in: Recht der Jugend und des Bildungswesens, Bd. 22 (1974), S. 38–44.

Kandel, J. L.: Die Verlängerung der Schulzeit, Eine internationale Übersicht (Raising the School-leaving Age), Deutsche Ausgabe mit einem Geleitwort und Ergänzungen von E. Löffler, Frankfurt-Berlin 1952.

Kaufmann, G.: Geschichte der deutschen Universitäten, Bd. I–II (Nachdruck der Auflage von 1888), Graz 1958.

Kautz, G.: Die Altherrschaften deutscher Hochschulverbindungen, in: Das akademische Deutschland, Bd. II: Die deutschen Hochschulen und ihre akademischen Bürger, (Hrsg.) M. Doeberl et alii, Berlin 1931, S. 171–174.

Kaysen, C.: Some General Observations on the Pricing of Higher Education, in: Review of Economics and Statistics, Bd. 42 (1960), Supplement, S. 55–60.

Keeslar, O.: Financial Aids for Higher Education 78/79 Catalog, Dubuque, Iowa, 1977.

Kifer, E.: Die Bedeutung des Elternhauses für Schulleistungen, in: Schulen im Leistungsvergleich, (Hrsg.) T. Neville Postlethwaite und andere, Stuttgart 1980, S. 58–69.

Kirschling, W.: siehe Staaf, R. J.

Kirzner, I. M.: Wettbewerb und Unternehmertum (Competition and Enterpreneurship 1973), Tübingen 1978.

Klausner, M. S.: Tuition Tax Credits: A Debate Reviewed, in: Inform, No. 10, (Center for Independent Education) San Francisco 1979, S. 1f.

Köhler, H.: Die privaten Schulen in der amtlichen Statistik, (Hrsg.) D. Goldschmidt und P Roeder, Alternative Schulen, Stuttgart 1979, S. 175–196.

– siehe Siewert, P.

Kohler, R.: siehe Pfaff, M.

Köppl, P.: siehe Pfaff, M.

Koetz, A. G., und Staufenbiel, J. E.: Die wirtschaftswissenschaftlichen Fakultäten und Aus- und Weiterbildung für den Managementnachwuchs, Köln 1977.

Kraul, M.: Gymnasium und Gesellschaft im Vormärz, Göttingen 1980.

Krause-Junk, G.: Abriß der Theorie von den öffentlichen Gütern, in: Handbuch der Finanzwissenschaft, Bd. 1, 3. Auflage Tübingen 1977, S. 687–711.

Kroeber-Riel, W.: Konsumentenverhalten, München 1975.

Kroh, O.: Die Revision der Erziehung, 3. Auflage Heidelberg 1957.

Kruber, K. P.: Verteilungswirkungen öffentlicher Güter – dargestellt am Beispiel der Hochschulbildung, in: Einkommensverteilung im Systemvergleich, (Hrsg.) D. Cassel und H. J. Thieme, Stuttgart 1976.

Krug, W.: Quantitative Beziehungen zwischen materiellem und immateriellem Kapital, in: Jahrbücher für Nationalökonomie und Statistik, Bd. 180 (1967), S. 36–71.

– Erfassung des durch Ausbildung entgangenen Einkommens, in: Schmollers Jahrbuch für Gesetzgebung, Verwaltung und Volkswirtschaft, Bd. 86 (1966), S. 561–593.

– siehe Kullmer, H.

Küchenhoff, E., und Lüthje, J.: Sicherung und Ausbau der Wissenschaftsfreiheit im neuen Hochschulrecht, in: Wissenschaftsrecht, Bd. 3 (1969), S. 226–240.

Kullmer, L.: siehe Musgrave, R. A. und P. B.

Kullmer, H., und Krug, W.: Beziehungen zwischen beruflicher Ausbildung und Nettoeinkommen der ausgebildeten Personen, in: Wirtschaft und Statistik, 1967, S. 570–576.

Kumagai, H.: Economics of University Tuition, in: Osaka Economic Papers, Bd. 20 (March 1972), S. 1–8.

Kuna, W.: Hochschulfinanzierung – ein alternatives Modell, Weinheim–Basel 1980.

Kuznets, S.: siehe Friedman, M.

Laaser, A.: Die Verrechtlichung des Schulwesens, in: Bildung in der Bundesrepublik Deutschland, Bd. 2: Gegenwärtige Probleme, Max-Planck-Institut für Bildungsforschung, Stuttgart 1980, S. 1343–1376.

Ladd, E. C., Jr., and Lipset, S. M.: Professors Unions, and American Higher Education, Washington 1973.

Laird, W. E., und Schilson, D. L.: Financing Investment in Education, in: The Journal of General Education, Bd. 17 (1965), S. 55–62.

Lampman, R. J.: Approaches to the Reduction in Poverty, in: American Economic Review, Bd. 35 (1965), Papers & Proceedings (May), S. 521–529.

Landesverband der CDU Westfalen-Lippe: Gesetzesentwurf einer Ordnung für die Selbstverwaltung des Bildungs- und Erziehungsbereichs (der Schulen) vom 20. März 1950.

Layard, P. R. G., und Jackmann, R.: University Efficiency and University Finance, in: Essays in Modern Economics, (Hrsg.) M. Parkin und A. R. Mobay, London 1973, S. 171–191.

– and Psacharopoulos, G.: The Screening Hypothesis and the Returns to Education, in: Journal of Political Economy, Bd. 82 (1974), S. 985–998.

– Sargan, J. D., Ager, M. E., und Jones, D. H.: Qualified Manpower and Economic Performance, An Inter-plant Study in the Electrical Engineering Industry, London 1971.

– siehe Verry, D. W.

Leibenstein, H.: Beyond Economic Man, A New Foundation for Microeconomics, 3. Auflage Cambridge, Mass., 1980.

– Economics of Skill Labelling, in: World Year Book of Education 1969, Examinations, (Hrsg.) J. A. Lauwerys und D. G. Scanlon, London 1969, S. 268–271.

Leibowitz, A.: Home Investment in Children, in: Economics of the Family, (Hrsg.) T. W. Schultz, Chicago-London 1974, S. 432–452.

Lemennicier, B. et alii: L'aide aux étudiants en France: Faits et critique, Centre Nationale de la recherche scientifique, Paris 1977.

Lester, R. A.: Antibias Regulation of Universities: Faculty Problems and Their Solutions, New York 1974.

Letzelter, F., und Reinermann, H. (Hrsg.): Wissenschaft, Forschung und Rechnungshöfe, Wirtschaftlichkeit und ihre Kontrolle, Berlin 1981.

Leuze, D.: Leitungsprobleme innerhalb der Hochschulverwaltung, Einheitsverwaltung statt Kuratorialverwaltung, in: Mitteilungen des Hochschulverbandes, Jg. 29 (1981), S. 147–153.

Levin, H. M.: Concepts of Economic Efficiency and Educational Production, in: Education as an Industry, (Hrsg.) J. T. Froomkin, D. T. Jamison, R. Radner, (N.B.E.R.) Cambridge, Mass., 1976, S. 149–198.

Levin, H. M.: Individual Entitlements for Recurrent Education, June 1979 (Manuskript).

Levinson, E., Abramowitz, S., Furry, W., und Joseph, D.: The Politics and Implementation of the Alum Rock Multiple Option System: The Second Year, 1973/74, Analysis of the Education Voucher Demonstration, Santa Monica, Ca., 1975.

Levy-Garbona, L.: La justice distributive de l'école, in: Consommation: Annales du CREDOC (Centre de Recherche pour l'Etude et l'Observation des Conditions de Vie), No. 2, 1975.

– Les dépenses d'enseignement en France, in: Educational Expenditure in France, Japan and the U. K., (OECD) Paris 1977.

Lewis, A., Sandford, C., Thomson, N.: Grants or Loans? A survey of opinion on the finance of maintenance costs of university students, (Institute of Economic Affairs) London 1980.

Lexis, W.: Die Deutschen Universitäten, Berlin 1893.

Liefmann-Keil, E.: „Bildungsmonopole" in der Gegenwart, Zu Max Webers Beitrag zur Bildungsökonomie, in: Systeme und Methoden in den Wirtschafts- und Sozialwissenschaften, (Hrsg.) N. Kloten, W. Krelle, H. Müller, F. Neumark, Tübingen 1964, S. 271–290.

Lipset, S. M.: siehe Ladd, E. C., Jr.

Lith, U. van: Demokratie, Soziale Marktwirtschaft und die Ordnung des Bildungswesens, Bonn 1980.

– Die Kosten der akademischen Selbstverwaltung. Eine vergleichende Untersuchung über den Zeitaufwand und die Kosten der Gremientätigkeit an vier deutschen Universitäten, München-New York-London-Paris 1979.

– Der Markt als Organisationsprinzip des Bildungsbereichs, in: Zukunftsprobleme der Sozialen Marktwirtschaft, (Hrsg.) O. Issing (Schriften des Vereins für Socialpolitik, N. F. Bd. 116), Berlin 1981, S. 367–385.

– Ist die Ausbildungsförderung reformbedürftig?, in: Wirtschaftsdienst, 61. Jg. (1981), S. 402–410.

– Vorschlag zur Neuordnung der Ausbildungsförderung für Studenten, (Hrsg.) Verein für studentische und Hochschulfragen, Bonn 1982.

– Markt, persönliche Freiheit und die Ordnung des Bildungswesens, Vorträge und Aufsätze Nr. 90, Walter Eucken Institut, Tübingen 1983.

– Plädoyer für eine Renaissance der Hochschulpolitik als Ordnungspolitik, Bildungspolitische Studien, H. 4, (Institut für Bildungs- und Forschungspolitik) Köln 1983.

– Funktion und Wirkung von Studiengebühren, in: Aktuelle Probleme der Hochschulökonomie, (Hrsg.) Arbeitsgruppe Fortbildung im Sprecherkreis der Hochschulkanzler (Fortbildungsprogramm für die Wissenschaftsverwaltung, Materialien Nr. 12), Essen 1983, S. 13–40.

– Leistungskriterien, Studiengebühren und Ausbildungsförderung, Vom individuellen und volkswirtschaftlichen Nutzen einer dezentralen Steuerung von Prüfungsleistungen, in: Mitteilungen des Hochschulverbandes, 31. Jg. 1983, H. 1, S. 34–38.

– und Hemmert, B.: Alternativen zur Ausbildungsförderung, in: Wirtschaftsdienst, 62. Jg. (1982), S. 229–234.

Lohmar, U. und Ortner, G. E. (Hrsg.): Die deutsche Hochschule zwischen Numerus clausus und Akademikerarbeitslosigkeit – der Doppelte Flaschenhals, Hannover-Dortmund-Darmstadt-Berlin 1975.

Lüdeke, R.: Die Subventionierung von Produktionsfaktoren als verteilungspolitisches Instrument: Möglichkeiten größerer distributiver Wirksamkeit, in: Jahrbücher für Nationalökonomie und Statistik, Bd. 197 (1982), S. 385–412.

Lundgreen, P.: Bildung und Wirtschaftswachstum im Industrialisierungsprozeß des 19. Jahrhunderts, Berlin 1973.

Machlup, F.: The Production and Distribution of Knowledge in the United States, Princeton 1962.

Mackay, R. J., und Weaver, C. L.: Monopoly Bureaus and Fiscal Outcomes: Deductive Models and Implications for Reform, in: Policy Analysis and Deductive Reasoning, (Hrsg.) G. Tullock und R. E. Wagner, Lexington 1978, S. 141–165.

Mackscheidt, K.: Bildung, Öffentliche Finanzierung, in: Handwörterbuch der Wirtschaftswissenschaften, Bd. 1, Stuttgart 1977, S. 18–30.

– Öffentliche Güter und Ausgabeninzidenz, in: Öffentliche Finanzwirtschaft und Verteilung IV, (Hrsg.) W. Dreißig, (Schriften des Vereins für Socialpolitik N.F. Bd. 75/IV), Berlin 1976, S. 91–118.

Macmahon, A.W.: The Educational Future of Columbia University, New York 1957.

Maddison, A.: What is Education For? in: Lloyds Bank Review, Bd. 112 (1974), S. 19–30.

Maître, H. J.: Die Privatuniversität, Alternative zum staatlichen Hochschulmonopol, München-Wien 1973.

Mallmann, W., und Strauch, H. J.: Die Verfassungsgarantie der freien Wissenschaft als Schranke der Gestaltungsfreiheit des Hochschulgesetzgebers, 1970.

Malthus, T. R.: Eine Abhandlung über das Bevölkerungsgesetz (An Essay on the Principle of Population, 1789), Bd. 2, Jena 1925.

Mandell, R. D.: The Professors Game, Garden City, N.Y., 1977.

Manne, H. G.: The Political Economy of Modern Universities, Menlo Park, Ca., 1975.

Marcus, M. J.: siehe Hirsch, W. Z.

Marin, A., und Psacharopoulos, G.: Schooling and Income Distribution, in: Review of Economics and Statistics, Bd. 58 (1976), S. 332–338.

Mason, P.: Education Vouchers under Test, in: Oxford Review of Education, Bd. 1 (1975), S. 159–167.

Maunz-Dürig-Herzog-Scholz: Grundgesetz, Kommentar, 4. Auflage München o.J.

Maynard, A.: Experiment with Choice in Education, (Institute of Economic Affairs) London 1975.
McClelland, D. C.: Does Education Accelerate Economic Growth? in: Economic Development and Cultural Change, Bd. 16 (1966), S. 267ff.
McCulloch, J. R.: Principles of Political Economy (1830), 3. Auflage London 1843.
McKee, M.: siehe West, E. G.
McKenzie, R. B.: The Political Economy of the Educational Process, Boston-The Hague-London 1979.
– and Staaf, R. J.: An Economic Theory of Learning: Student Sovereignty and Academic Freedom. A Public Choice Monograph. Blacksburg, Va. (University Publications), 1975.
– The Economics of Reducing Faculty Teaching Loads, in: Journal of Political Economy, Bd. 80 (1972), S. 617–619.
– und Tullock, G.: The New World of Economics, 2., veränderte Auflage, Homewood, Ill., 1975.
Mecklenburger, J. A., und Hostrop, R. W. (Hrsg.): Education Vouchers from Theory to Alum Rock, Homewood, Ill., 1972.
Merrett, S.: Student Finance in Higher Education, in: Economic Journal, Bd. 77 (1967), S. 288–302.
– siehe Glennerster, H.
Merritt, R. L.: The Courts, the Universities and the Right of Admission in the Federal German Republic, in: Minerva, Bd. 17 (1979), S. 1–32.
Mertens, P.: Kennzahlenvergleiche deutscher Universitäten, in: Betriebswirtschaftliche Forschung und Praxis, Bd. 30 (1978), S. 25–34.
Meusel, E.-J.: Die Zerwaltung der Forschung, in: Wissenschaftsrecht, Bd. 10 (1977), S. 118–137.
Meyer, R.: Das Berechtigungswesen in seiner Bedeutung für Schule und Gesellschaft im 19. Jahrhundert, in: Schule und Gesellschaft im 19. Jahrhundert, (Hrsg.) Ulrich Herrmann, Weinheim-Basel 1977, S. 371–383.
Miklius, W.: The Distributional Effects of Public Higher Education: A Comment, in: Higher Education, Bd. 4 (1975), S. 351–355.
Mill, J. St.: Gesammelte Werke, Übersetzung von T. Gomperz, Darmstadt 1968 (Neudruck der Ausgabe Leipzig 1869).
Mingat, A.: Essai sur la demande de l'éducation, Thèse présentée le 12 novembre 1977 à l'Université de Dijon, Faculté de science économique et de gestion (vervielfältigt).
– Théorie du capital humain et analyse des scolarisations, Une application au cas du système éducatif français, in: Revue d'économie politique, Bd. 90 (1980), S. 410–431.
Ministère de l'Education Nationale: La réforme de l'enseignement, Projet soumis à M. le Ministre de l'Education Nationale par la Commission ministérielle d'étude (Langevin-Ausschuß), Paris o.J. (1945).
Ministery of Education, Science and Culture: Education in Japan, Tokio 1978.
– Educational Standards in Japan 1975, Tokio 1976.
Mises, L. von: Nation, Staat und Wirtschaft, Beiträge zur Politik und Geschichte der Zeit, Wien-Leipzig 1919.
Mitgau, H.: Soziale Herkunft der deutschen Studenten bis 1900, in: Universitäts- und Gelehrtenstand 1400–1800, Büdinger Vorträge 1966, (Hrsg.) H. Rössler und G. Franz, Limburg 1970.
Molitor, B.: Ausbildungsförderung in Sozialpolitischer Sicht, in: Wirtschaftspolitik, Wissenschaft und politische Aufgabe, Festschrift zum 65. Geburtstag von Karl Schiller, Bern-Stuttgart 1976, S. 391–403.
Monissen, H. G.: Externalitäten und ökonomische Analyse, in: Zur Theorie marktwirtschaftlicher Ordnungen, (Hrsg.) E. Streißler und C. Watrin, Tübingen 1980, S. 342–377.

Moynihan, D. P.: Private Schools and the First Amendment, in: National Review vom 3. August 1979, S. 962–966 und S. 987ff.

Müller, D. K.: Sozialstruktur und Schulsystem, Aspekte zum Strukturwandel des Schulwesens im 19. Jahrhundert, Göttingen 1977.

Müller, F.: Schulgesetzgebung und Reichskonkordat, 1966.

– Das Recht der Freien Schulen nach dem Grundgesetz, 2. Auflage Berlin 1982.

– Pieroth, B., und Fohmann, L.: Leistungsrechte im Normbereich einer Freiheitsgarantie – Untersucht an der staatlichen Förderung Freier Schulen, Berlin 1982.

Müller, R. A.: Wirtschaftliche und soziale Probleme der Geschichte der Universität Dillingen im 1. Jahrhundert ihres Bestehens, in: Augsburger Beiträge zur Landesgeschichte Bayerisch-Schwabens, Bd. 1, (Hrsg.) P. Fried, Sigmaringen 1977, S. 163–192.

Müller, U.: Selbstbestimmung statt Mitbestimmung an der Universität, Beilage zur Wochenzeitung „Das Parlament“, B. 1–2/76 vom 3. 1. 1976, S. 26ff.

Müller-Armack, A.: Holzwege der Universitätsreform, in: Wirtschaftspolitische Chronik, Bd. 29 (1980), S. 91–105.

Münch, J. et alii: Jugendliche ohne Ausbildungsvertrag, Bericht einer Kommission im Auftrag des Ministers für Arbeit, Gesundheit und Soziales des Landes Nordrhein-Westfalen, Essen 1979.

Münnich, F. E.: Gesellschaftliche Ziele und Organisationsprinzipien, in: Zur Theorie marktwirtschaftlicher Ordnungen, (Hrsg.) E. Streißler und C. Watrin, Tübingen 1980, S. 163–196.

Musgrave, P. A., Musgrave, P. B., und Kullmer, L.: Die öffentlichen Finanzen in Theorie und Praxis (Public Finance in Theory and Practice), Tübingen 1975.

Mutius, L. von: siehe Elstermann, G.

National Center for Educational Statistics: The Condition of Education, Statistical Report, Washington, D. C., 1980.

National Institute of Education: Education Vouchers: The Experience at Alum Rock, Washington, D. C., 1973.

National Taxpayers Union: Taxpayers for Improved Education, Santa Barbara, Ca., 1979.

Neigebaur, J. F.: Die Preußischen Gymnasien und höheren Bürgerschulen, Eine Zusammenstellung der Verordnungen, welche den höheren Unterricht in diesen Anstalten umfassen, Berlin-Posen-Bromberg 1835.

Nerlove, M.: On Tuition and the Costs of Higher Education: Prolegomena to a Conceptual Framework, in: Journal of Political Economy, Bd. 80, Supplement (1972), S. 178–218.

– Some Problems in the Use of Income-contingent Loans for the Finance of Higher Education, in: Journal of Political Economy, Bd. 83 (1975), S. 157–185.

Neuberger, E.: siehe James, E.

Niskanen, W. A., Jr.: Bureaucracy-Servant or Master?, (Institute of Economic Affairs) London 1973.

– Bureaucrats and Politicians, in: Journal of Law and Economics, Bd. 18 (1975), S. 617–643.

Noue, G. R. la (Hrsg.): Educational Vouchers: Concepts and Controversies, New York-London 1972.

Nozick, R.: Anarchie, Staat, Utopia (Anarchy, State, and Utopia), Aus dem Amerikanischen übertragen von H. Vetter, München o. J. (1975).

Nutter, G. W.: siehe Buchanan, J. M.

Nyssen, E.: Schule im Nationalsozialismus, Heidelberg 1979.

OECD (Hrsg.): Bildung, Ungleichheit und Lebenschancen, Ausgewählte Beiträge, hrsg. und eingeleitet von Klaus Hüfner, Frankfurt a. M.–Berlin–München 1978.

– Negative Income Tax, Paris 1974.

Ohkawa, M.: Government-type and Market-type Higher Education: A comparative survey of financing higher education in the Soviet Union, Great Britain, the United States and Japan, in: Hitotsubashi Journal of Economics, Bd. 19 (1978), S. 16–32.

O'Keeffe, D. J.: Some Economic Aspects of Raising the School Leaving Age in England and Wales in 1947, in: Economic History Review, Bd. 28 (1975), S. 500–516.

Olivera, J. H. G.: Die Universität als Produktionseinheit, in: Weltwirtschaftliches Archiv, Bd. 98 (1967), S. 51–63.

Olsen, D. G.: siehe Williamson, O. E.

Olson, E. O.: Some Theorems in the Theory of Efficient Transfers, in: Journal of Political Economy, Bd. 79 (1971), S. 166–176.

Oppermann, T.: Bildung, in: Besonderes Verwaltungsrecht, (Hrsg.) F. von Münch, 5. Auflage Berlin 1979, S. 609ff.

– Kulturverwaltungsrecht, Tübingen 1969.

Ottweiler, O.: Die Volksschule im Nationalsozialismus, Weinheim-Basel 1979.

Paine, T.: Die Rechte des Menschen (The Rights of Man 1791/92), (Hrsg.) T. Stemmler, Frankfurt 1973.

Panel on Educational Innovation: Educational Opportunity Bank: A Report of the Panel on Educational Innovation to the U.S. Commissioner of Education Harold Howe II, Director of the National Science Foundation, Leland J. Haworth, and Special Assistant to the President for Science and Technology, Donald F. Hornig, Washington, D. C., 1967.

Parsons, T., und Platt, G. M.: The American University, Cambridge, Mass., 1973.

Passin, H.: Portents of Modernity and the Meiji Emergence, in: Education and Economic Development, (Hrsg.) C. A. Anderson und M. J. Bowman, Chicago 1965, S. 394–421.

Paulsen, E.: Geschichte des gelehrten Unterrichts, Bd. 2, 3. Auflage Leipzig 1921.

Pauly, M. V.: Efficiency in the Provision of Consumption Subsidies, in: Kyklos, Bd. 23 (1970), S. 33–57.

– Mixed Public and Private Financing of Education: Efficiency and Feasibility, in: American Economic Review, Bd. 57 (1967), S. 213–223.

Peacock, A. T.: Setting up in the University Business (Manuskript).

– siehe Culyer, A. J.

– siehe Rowley, Ch. K.

– und Culyer, A. J.: Economic Aspects of Student Unrest, (Institute of Economic Affairs) London 1969.

– und Wiseman, J.: Education for Democrats, A Study of Financing of Education in a Free Society, (Institute of Economic Affairs) London 1964.

Pearson, G. H.: Vouchers, Tax Credits and the Future of Education, Wichita, Kan., September 1979 (vervielfältigtes Manuskript).

– Another Look at Education Vouchers, Wichita, Kan., o.J.

Pechman, J. A.: The Distributional Effects of Public Higher Education in California, in: Journal of Human Resources, Bd. 5 (1970), S. 361–370.

– The Distribution of Costs and Benefits of Public Higher Education: Further Comments, in: Journal of Human Resources, Bd. 6 (1971), S. 375f.

– Note on the Intergenerational Transfer of Public Higher Education Benefits, in: Journal of Political Economy, Bd. 80 (1972), Supplement S. 252–259.

Perlman, R.: The Economics of Education: Conceptual Problems and Policy Issues, New York 1973.

Peltzman, S.: The Effect of Government Subsidies-in-Kind on Private Expenditures: The Case of Higher Education, in: Journal of Political Economy, Bd. 81 (1973), S. 1–27.

Peston, M.: The Theory of Spillovers and Its Connection with Education, in: Public Finance, Bd. 21 (1966), S. 184–199.

– siehe Blaug, M.

Petersilie, A.: Das öffentliche Unterrichtswesen im Deutschen Reiche und in den übrigen europäischen Kulturländern, Leipzig 1897.

Petit, P.: siehe Horrière, Y.

Pfaff, M.; Fuchs, G., und Kohler, R.: Alternative Konzepte zur Berechnung einer Akademi-

kersteuer, in: Zeitschrift für Wirtschafts- und Sozialwissenschaften, Bd. 98 (1978), S. 181–209.
– und Fuchs, G., unter Mitarbeit von P. Hurler und R. Kohler: Bildung, Ungleichheit und Lebenseinkommen in der BRD, in: Bildung, Ungleichheit und Lebenschancen, (OECD) Frankfurt a. M. 1978, S. 84–109.
– Fuchs, G., Köppl, P.: Education, Inequality and Life Chances, A Report on the Federal Republic of Germany, in: Education, Inequality and Life Chances, Bd. 2, (OECD)Paris 1975.
Pfetsch, F. R.: Zur Entwicklung der Wissenschaftspolitik in Deutschland 1750–1914, Berlin 1974.
Platt, G. M.: siehe Parsons, T.
Pleyer, K.: Die Vermögens- und Personalverwaltung der deutschen Universitäten, Ein Beitrag zum Problemkreis Universität und Staat, Marburg 1955.
Plowden Commitee's Report: Children and Their Primary Schools, A report of the Central Advisory Council for Education, Bd. 1: Report, HMSO, London 1967.
Pohlenz, M.: Griechische Freiheit, Wesen und Werden eines Lebensideals, Heidelberg 1955.
Polanyi, M.: The Logic of Liberty, London 1951.
– The Republic of Science: Its Political and Economic Theory, in: Minerva, Bd. 1 (1962), S. 54–73.
Pollock, R.: siehe Hight, J. E.
Pommerehne, W. W.: Budgetäre Umverteilung in der Demokratie. Ein empirischer Text alternativer Hypothesen, in: Zeitschrift für Wirtschafts- und Sozialwissenschaften, Bd. 95 (1975), S. 327–364.
Der Präsident des Bundesrechnungshofes als Bundesbeauftragter für Wirtschaftlichkeit in der Verwaltung, Gutachtlicher Bericht über die Entwicklung des Verwaltungsaufwandes im Zusammenhang mit dem Bundesgesetz über individuelle Förderung der Ausbildung (Bundesausbildungsförderungsgesetz – BAföG) unter besonderer Berücksichtigung der Darlehen, März 1979 (VII P1-R-90-31-01).
Prahl, H. W.: Sozialgeschichte des Hochschulwesens, München 1978.
Prest, A. R.: Financing University Education, (Institute of Economic Affairs) London 1966.
Psacharopoulos, G.: siehe Layard, R.
– siehe Marin, A.
Quilisch, M.: Die Verfassung als Auftrag oder als Hindernis für die Bildungsreform, in: Neue Sammlung, Bd. 13 (1973), S. 346–363.
Radbruch, E.: Gutschein für die Schule, Frankfurter Allgemeine Zeitung vom 13. Oktober 1971.
Radner, R.: siehe Froomkin, J. T.
Raiser, L.: Ausländische Universitäts-Modelle in: Wissenschaftsrecht, Bd. 13 (1980), S. 193–212.
Ralstan, A.: siehe Williamson, O. E.
Rand-Corporation (Hrsg.): Case Studies in Educational Performance Contracting, Santa Monica, Ca., 1971.
– The Public School Voucher Demonstration: The First Year at Alum Rock, Santa Monica, Ca., 1974.
– The Politics and Administration of the Voucher Demonstration in Alum Rock, Santa Monica, Ca., 1974.
– The Politics and Implementation of the Alum Rock Multiple Option System: The Second Year, 1973/74, Santa Monica, Ca., 1975.
Raviv, A.: siehe Harris, M.
Rawls, J.: Eine Theorie der Gerechtigkeit (A Theory of Justice), Aus dem Amerikanischen von H. Vetter, Neuwied 1975.

Recum, H. von: Bildung als Ware – Zum Bedeutungswandel der Bildung in der Wohlstandsgesellschaft, in: Recht der Jugend und des Bildungswesens, Bd. 28 (1980), S. 192–202.

Rehn, G.: For Greater Flexibility of Working Life, in: The OECD-Observer, No. 62, February 1973, S. 3–7.

Report on the Virginia Plan for Universal Education, Thomas Jefferson Center for Studies in Political Economy, Occasional Paper 2, Charlottesville, Va., 1965.

Reuhl, G.: Wissenschaftsfreiheit und Kulturstaatsprinzipien, in: Wissenschaftsrecht, Bd. 13 (1980), S. 236–251.

Rheinisch-Westfälisches Institut für Wirtschaftsforschung: Analyse der strukturellen Entwicklung der deutschen Wirtschaft (Strukturberichterstattung), Bd. 2: Wirtschaftspolitik und Strukturwandel - Einzeldarstellungen, Essen 1980.

Richter, I.: Alternativen zur „Politik der Chancengleichheit", in: Neue Sammlung, Bd. 15 (1975), S. 262–282.

– Bildungsreform durch Verfassungsinterpretation?, in: Recht der Jugend und des Bildungswesens, Bd. 19 (1971), S. 131ff.

– Die unorganisierbare Bildungsreform, Innovations-, Legitimations- und Relevanzprobleme im amerikanischen Bildungswesen, München 1975.

Riese, H.: Das Ertrags-Kosten-Modell in der Bildungsplanung, in: Bildungsökonomie – Eine Zwischenbilanz. Economics of Education in Transition, Festschrift für Friedrich Edding, (Hrsg.) K. Hüfner und J. Naumann, Stuttgart 1969, S. 123–138.

– Wechselbeziehungen zwischen Arbeitsmarkt und Bildungswesen, in: Schriften des Vereins für Socialpolitik, N.F. Bd. 58, Berlin 1971, S. 471–489.

Riley, J. G.: Information Screening and Human Capital, in: American Economic Review, Bd. 66 (1976), Papers & Proceedings, S. 254–260.

– Testing the Educational Screening Hypothese, in: Journal of Political Economy, Bd. 87 (1979), Supplement, S. 227ff.

Ringer, F. K.: Education and Society in Modern Europe, Bloomington 1979.

– The Decline of the German Mandarins: The German Academic Community, 1890–1933, Cambridge, Mass., 1969.

Roeder, P. M.: Gemeindeschule in Staatshand, zur Schulpolitik des Preußischen Abgeordnetenhauses, in: Zeitschrift für Pädagogik, Bd. 12 (1966), S. 539–569.

Roellecke, G.: Richter gegen Hochschulen? Zum Strukturwandel der Universität durch den Numerus clausus, in: Wissenschaftsrecht, Bd. 14, 1981, S. 24–40.

Rolle, H.: Schulgemeinde, in: Encyklopädisches Handbuch der Pädagogik, (Hrsg.) W. Rein, Bd. 8, Langensalza 1908, S. 156–172.

Roloff, O.: Finanzprobleme des Bildungswesens, in: H. P. Widmaier et alii: Zur Strategie der Bildungspolitik, Bern 1968, S. 156–186.

Romberg, H.: Staat und höhere Schule, Ein Beitrag zur deutschen Bildungsverfassung vom Anfang des 19. Jahrhunderts bis zum Ersten Weltkrieg unter besonderer Berücksichtigung Preußens, Diss. Göttingen 1977.

Romer, T., und Rosenthal, H.: Bureaucrats versus Voters: On the Political Economy of Resource Allocation by Direct Democracy, in: Quarterly Journal of Economics, Bd. 93 (1979), S. 563–587.

Rosenberg, N.: Some Institutional Aspects of ‚The Wealth of Nations', in: Journal of Political Economy, Bd. 68 (1960), S. 557–570.

Rosenthal, H.: siehe Romer, T.

Rosenzweig, M. R.: Farm-Family Schooling Decisions: Determinants of the Quantity and Quality of Education in Agricultural Populations, in: Journal of Human Resources, Bd. 12 (1977), S. 71–91.

– Educational Subsidy, Agricultural Development, and Fertility Change, in: Quarterly Journal of Economics, Bd. 96 (1982), S. 67–88.

Rosovsky, H.: Japans Übergang zum modernen Wirtschaftswachstum 1868–1885, in: Wirtschafts- und Sozialgeschichte: Probleme der frühen Industrialisierung, (Hrsg.) W. Fischer, Berlin 1968, S. 118–178.

Ross, L.: siehe Tobin, J.

Rothbard, M. N.: Education, Free and Compulsory, (Center for Interdependent Education) Wichita, Kan., o.J. (1978).

Rowley, C. K.: Market ‚Failure' and Government ‚Failure' in: The Economics of Politics, (Institute of Economic Affairs) London 1978, S. 29–43.

– The Political Economy of British Education, in: Scottish Journal of Economics, Bd. 16 (1969), S. 152–176.

– und Peacock, A. T.: Welfare Economics: A Liberal Restatement, New York 1975.

Rubinfeld, D. L.: Voting in a Local School Election: A Micro Analysis, in: Review of Economics and Statistics, Bd. 19 (1977), S. 30–42.

Rüthers, B.: Auf dem Wege zur Tendenzuniversität, in: Frankfurter Allgemeine Zeitung vom 23. 10. 1976, S. 13.

Ruge, R.: Bildung, in: Lebensbedingungen in der BRD, Sozialer Wandel und Wohlfahrtsentwicklung 1950 bis 1975, (Hrsg.), W. Zapf, Frankfurt 1977.

Rundstedt, M. von: Die Studienförderung in der Bundesrepublik Deutschland in den Jahren 1950 bis 1960, Mit einer Einleitung von Friedrich Edding, (Deutsches Institut für Internationale Pädagogische Forschung) Frankfurt a. M. 1964.

Rupp, H. H.: Die Stellung der Studenten in der Universität, Veröffentlichungen der Vereinigung der deutschen Staatsrechtslehrer, Heft 27, 1969, S. 113ff.

– „Gruppenuniversität" und Hochschulselbstverwaltung, in: Wissenschaftsrecht, Bd. 7 (1974), S. 88–106.

Ruß-Mohl, S.: Kann der Markt, was der Staat nicht kann? Anmerkungen zur ökonomischen Theorie des Staatsversagens, in: Beilage zur Wochenzeitung „Das Parlament", B 14/80 v. 5. April 1980, S. 17–27.

Sachs, W.: Schulzwang und soziale Kontrolle, Argumente für eine Entschulung des Lernens, Frankfurt-Berlin-München 1976.

Salkever, S. G.: Who Knows Whether It's Rational to Vote?, in: Ethics, Vol. 90 (1980), S. 203–217.

Samuelson, P. A.: The Pure Theory of Public Expenditure, in: Review of Economics and Statistics, Bd. 36 (1954), S. 387–389.

Sandford, C.: siehe Lewis, A.

Scheibe, W.: Schulzeitverlängerung, in: Lexikon der Pädagogik, Freiburg-Basel-Wien 1971, S. 55.

Schelsky, H.: Einsamkeit und Freiheit, Idee und Gestalt der deutschen Universität und ihrer Reform, Reinbek 1963.

Schlaffke, W.: siehe Göbel, U.

Schlieper, F.: Allgemeine Berufspädagogik, Freiburg 1963.

Schmidt, F.: Statistik der Studentenstiftungen zu den im Reichsrathe vertretenen Königreichen und Ländern nach dem Stand vom 31. Dezember 1896, Wien 1898.

Schmitt-Glaeser, W.: Die Freiheit der Forschung, in: Wissenschaftsrecht, Bd. 7 (1974), S. 108–134 und S. 177–192.

Schmitz, E.: Das Problem der Ausbildungsfinanzierung in der neoklassischen Bildungsökonomie, (Max-Planck-Institut für Bildungsforschung) Berlin 1973.

Schmucker, H.: Die materiellen Aufwendungen der Familie für die heranwachsende Generation, in: Jahrbuch für Sozialwissenschaften, Bd. 30 (1979), S. 337–357.

Schneider, K., und Bremen, E. von: Das Volksschulwesen im Preußischen Staate in systematischer Zusammenstellung der auf seine innere Einrichtung und seine Rechtsverhältnisse, sowie auf seine Leitung und Beaufsichtigung bezüglichen Gesetze und Verordnungen, zugleich ein vollständiger Auszug der durch das Centralblatt für die gesamte Unter-

richtsverwaltung von 1859–1886 mitgeteilten auf das Volksschulwesen bezüglichen und noch in Kraft stehenden Gesetze und Verordnungen, Bd. 1–3, Berlin 1886–1887.
Schotta, C.: siehe Bailey, D.
Schreiber, W.: Kindergeld im sozio-ökonomischen Prozeß, in: Sozialpolitische Perspektiven, (Hrsg.) Heinz Allekotte, Köln 1972, S. 52–88.
Schule, in: Encyklopädie des gesamten Erziehungs- und Unterrichtswesens, (Hrsg.) K. A. Schmid, Bd. 7, Gotha 1869, S. 927 ff.
Schuler, H.: Der Lehrer, sein Dienstherr und die demokratische Schule, in: Recht der Jugend und der Bildung, Bd. 18 (1970), S. 230–233.
Schultz, T. W. (Hrsg.): Investment in Education. The equity-efficiency quandary, in: Journal of Political Economy, Bd. 80 (1972), Supplement.
– The Economics of the Family: Marriage, Children and Human Capital, A Conference Report, (N.B.E.R.) Chicago 1974.
Schulverfassung, in: Encyklopädie des gesamten Erziehungs- und Unterrichtswesens, (Hrsg.) K. A. Schmid, Bd. 8, Gotha 1870, S. 308f.
Schuster, H. J.: Ökonomisierungstendenzen an den Hochschulen in der Bundesrepublik Deutschland und im Ausland, in: Betriebswirtschaftliche Forschung und Praxis, Bd. 30 (1978), S. 35–63.
– (Hrsg.): Cost Indicators for Institutions of Higher Education – The German Project, (Saarbrückener Studien zur Hochschulentwicklung) Universität des Saarlandes, Dezember 1980.
– (Hrsg.): Kennzahlenvergleich an deutschen Hochschulen 1974, 1977, 1978, Kurzfassung des Abschlußberichtes, Universität des Saarlandes, Januar 1981.
– siehe Elstermann, G.
Scott, J. H., McCallum (Hrsg.): University Independence, London 1971.
Scott, R. G., Seldon, M., und Whetstone, L.: The Education Voucher System, A scheme for greater parent involvement and higher standards in our schools, Esher (Surrey) o.J. (1978).
Segelhorst, E. W.: siehe Hirsch, W. Z.
Seipp, P, und Tenhof, D. (Hrsg.): Die Privatschule, Ergänzbare Sammlung erlassener Vorschriften aus den Bereichen des Verfassungs- und Privatschutzrechts, Berlin 1964.
Seldon, A., und Harris, R.: Over-ruled on Welfare, The increasing desire for choice in education and medicine and its frustration by ‚representative' government, (Institute of Economic Affairs) London 1979.
– Choice in Welfare, (Institute of Economic Affairs) London 1971.
Seldon, M.: Spain's Lesson on School Vouchers, in: The Daily Telegraph vom 26. April 1980 und vom 8. Mai 1980.
– siehe Scott, R. G.
Senior, N. W.: An Outline of the Science of Political Economy (1836), London 1938.
Shapiro, E.: Long-term Student Loans: A Program for Repayment According to „Ability to Pay", in: Harvard Educational Review, Bd. 33 (1963), S. 186–207.
Shell, K.: Notes on the Educational Opportunity Bank, in: National Tax Journal, Bd. 23 (1970), S. 214–220.
– Fisher, F. M., Foley, D. K.: The Educational Opportunity Bank: An Economic Analysis of a Contingent Repayment Loan Program for Higher Education, in: National Tax Journal, Bd. 21 (1968), S. 2–45.
Shils, E.: Academic Appointments, University Autonomy and the Federal Government, in: Minerva, Bd. 9 (1971), S. 161–170.
– The American Private University, in: Minerva, Bd. 11 (1973), S. 6–29.
– (Hrsg.): Criteria of Scientific Development, Cambridge, Mass., 1968.
Sidgwick, H.: The Principles of Political Economy, 3. Auflage London 1924.
Siegfried, J. J., und White, K. J.: Financial Rewards to Research and Teaching: A Case

Study of Academic Economists, in: American Economic Review, Bd. 63 (1973) Papers and Proceedings, S. 309–315.

– Teaching and Publishing as Determinants of Academic Salaries, in: The Journal of Economic Education, Bd. 4 (1973).

Siewert, P.: Kostenrechnung für Schulen in öffentlicher Trägerschaft, Fragen und Ansätze, Studien und Berichte, (Max-Planck-Institut für Bildungsforschung) Berlin 1976.

– und Koehler, H.: Grundschulfinanzierung und Grundschulpolitik, Aufgaben und Lastenverteilung im Primärbereich, (Max-Planck-Institut für Bildungsforschung) Berlin 1977.

Silver, M.: Siehe Friedlander, S.

Sizer, J.: siehe Birch, D.W.

Sizer, T., und Whitten, P.: A Proposal for a Poor Children's Bill of Rights, in: Psychology Today, August 1968.

Smith, A.: Der Wohlstand der Nationen, Übers. v. H. C. Recktenwald, München 1975.

Smith, B. L., and Associates: The Tenure Debate, San Francisco-Washington-London 1973.

Sowell, T.: Knowledge and Decisions, New York 1979.

Spence, A. M.: Market Signaling, Informational Transfer in Hiring and Related Screening Processes, Cambridge, Mass., 1974.

Spranger, E.: Die wissenschaftlichen Grundlagen der Schulverfassungslehre und Schulpolitik, Bad Heilbrunn 1963.

– Wandlungen im Wesen der Universität seit hundert Jahren, Leipzig 1913.

Staaf, R. J.: The Leisure Class: Non-Human or Human Capital Embodiment? (Manuskript).

– The Public School System in Transition, in: Budgets and Bureaucrats: The Origins of Government Growth, (Hrsg.) Thomas E. Borcherding, Duke University Press, N.C., 1977.

– The (School) House That Jack Built, in: Government Aid to Private Schools: Is It a Trojan Horse?, (Hrsg.) R. E. Wagner, (Center for Independent Education) Wichita, Kan., 1979, S. 12–22.

– Student Performance and Changes in Learning Technology in Required Courses, in: Journal of Economic Education, 1972, S. 124–129.

– und Freiden, A.: Scholastic Choice: An Economic Model of Student Behavior, in: Journal of Human Resources, Bd. 8 (1973), S. 396–404.

– und Kirschling, W.: Efficiency and Productivity: A Behavioral View, in: Measuring and Increasing Academic Productivity, (Hrsg.) S. Suslow und P. Jedamus, San Francisco-Washington-London 1975, S. 61–90.

– siehe McKenzie, R. B.

– und Tannian, F.: Externalities, Theoretical Dimensions of Political Economy, New York-London o.J.

– und Tullock, G.: Education and Equality, The Annals of the American Academy of Political and Social Science, Bd. 409 (1973), S. 125–134.

– siehe West, E. G.

Staff, J.: Schulaufsicht und pädagogische Freiheit des Lehrers, in: Die öffentliche Verwaltung, 22. Jg. (1969), S. 627–630.

Statistik årsbok för Sverige 1980, Stockholm 1980.

Staufenbiel, J. E.: siehe Koetz, A. G.

Steiger, H.: Der Einfluß des Elternhauses auf die schulische und berufliche Ausbildung der Kinder, in: Wirtschaft und Statistik, 1973, S. 462ff.

Stein, E.: Das Recht des Kindes auf Selbstentfaltung in der Schule, Neuwied 1967.

Stein, L. von: Das Bildungswesen, in: Die Verwaltungslehre, 2. Auflage Leipzig 1883.

– Lehrfreiheit, Wissenschaft und Collegiengeld, Wien 1875.

Stern, K.: Rechtliche und ökonomische Bedingungen der Freiheit, in: Wirtschaftspolitische Chronik, H. 1, 1976.

Stigler, G. J.: Director's Law of Public Income Distribution, in: Journal of Law and Economics, Bd. 13 (1970), S. 1–10.

– The Economics of Information, in: Journal of Political Economy, Bd. 69 (1961), S. 213–225.

– The Xistence of X-Efficiency, in: American Economic Review, Bd. 66 (1976), S. 213–216.

Stiglitz, J. E.: The Theory of „Screening", Education, and the Distribution of Income, in: American Economic Review, Bd. 66 (1976), S. 283–300.

Stolleis, M.: Gemeinwohl und Minimalkonsens, Öffentliche und private Interessen in der Demokratie, Beilage zur Wochenzeitung das Parlament, B 3/78 (21. Januar 1978), S. 37–45.

Strauch, H. J.: siehe Mallmann, W.

Streißler, E.: Kritik des neoklassischen Gleichgewichtsansatzes als Rechtfertigung marktwirtschaftlicher Ordnungen, in: Zur Theorie marktwirtschaftlicher Ordnungen, (Hrsg.) derselbe und Ch. Watrin, Tübingen 1980, S. 38–69.

Stubblebine, W. C.: Institutional Elements in the Financing of Education in: Social Economic Journal, Bd. 32 (1965), Supplement, S. 15–35.

– siehe Buchanan, J. M.

Student und Hochschule im 19. Jahrhundert, Studien und Materialien, (Hrsg.) C. Helfer und M. Rassem, Göttingen-Zürich 1975.

Studentenschaft in der Bundesrepublik Deutschland, 9. Sozialerhebung des Deutschen Studentenwerkes, (Der Bundesminister für Bildung und Wissenschaft, Schriftenreihe Hochschule 34) Bonn 1980.

Sugarman, St. D.: siehe Coons, J. E.

Tannian, F.: siehe Staaf, R. J.

Teichler, U.: Geschichte und Struktur des japanischen Hochschulwesens, Stuttgart 1975.

Tenhof, D. (Hrsg.): siehe Seipp, P.

Terny, G.: Quelques réflections sur les liaisons éducation-formation-emploi, in: Revue d'économie politique, Bd. 90 (1980), S. 353–370.

Tews, J.: Schulgeld, in: Encyklopädisches Handbuch der Pädagogik, (Hrsg.) W. Rein, Bd. 8, Langensalza 1908, S. 146–156.

– Schulbesuch, Schulpflicht, Schulversäumnis, Schulzwang, in: Encyklopädisches Handbuch der Pädagogik, (Hrsg.) W. Rein, Bd. 8, 2. Auflage Langensalza 1908, S. 1–11.

Thieme, W.: Grundprobleme des Hochschulrechts, Darmstadt 1978.

Thompson, F.: Utility-Maximizing Behavior in Organized Anarchies: An Empirical Investigation of the Breneman Hypothesis (Manuskript).

Thomson, N.: siehe Lewis, A.

Thurow, L. C.: Cash Versus In-kind Transfers, in: American Economic Review, Bd. 62 (1972), S. 190–195.

Tiebel, S.: Schulpflicht, in: Lexikon der Pädagogik, Bd. 4, Freiburg-Basel-Wien 1971, S. 39f.

Timmermann, M.: Ansätze zur Ökonomie der Hochschule, Ein kritischer Überblick, in: Wirtschaft und Wissenschaft, 1976, S. 10–14.

Tobin, J.: Raising the Incomes of the Poor, in: Agenda for the Nation, (Hrsg.) K. Gordon, Washington, D.C., 1968.

– und Ross, L.: Paying for the High Costs of Education: A National Youth-Endowment, in: New Republic, Bd. 160 (1969), Mai, S. 18–21.

Toly, J.: Crime in American Public Schools, in: The Public Interest, (Winter 1980) Nr. 58, S. 18–42.

Tollison, R. D., and Willett, T. D.: A Proposal for Marginal Cost Financing of Higher Education, in: Public Finance, Bd. 27 (1972), S. 375–380.

– siehe Hiller, J.

– (Hrsg.), siehe Buchanan, J. M.

Toma, E. F.: Bureaucratic Structures and Educational Spending, in: Southern Economic Journal, Bd. 47 (1981), S. 640–654.

Trosien, J.: Numerus clausus, Test oder Los, Fähigkeitsdiagnostische Forschungsansätze zur Entwicklung von Studieneignungstests, Stuttgart 1978.

Tuchtfeldt, E.: Über die Staatsfunktionen bei Adam Smith, in: Ordo, Bd. 27 (1976), S. 29–45.

Tuckman, H. P., Gapinski, J. H. and Hageman, R. P.: Faculty Skills and the Salary Structure in Academe: A Market Perspective, in: American Economic Review, Bd. 67 (1977), S. 692–702.

Tullock, G.: Bureaucracy and the Growth of Government, in: The Taming of Government, (Institute of Economic Affairs) London 1979, S. 21–38.

– The Charity of the Uncharitable, in: Western Economic Journal, Bd. 9 (1971), S. 379–392.

– Toward a Mathematics of Politics, Ann Arbor 1967.

– The Welfare Costs of Tariffs, Monopolies, and Theft, in: Western Economic Journal, Bd. 5 (1967) S. 224–232.

– siehe Buchanan, J. M.

– siehe McKenzie, R. B.

– siehe Staaf, R. J.

– (Hrsg.), siehe Buchanan, J. M.

Ulph, D. T.: siehe Hare, P. G.

Undeutsch, U.: Zum Problem der begabungsgerechten Auslese beim Eintritt in die Höhere Schule und während der Schulzeit, in: Begabung und Lernen, (Hrsg.) H. Roth, 2. Auflage Stuttgart 1969, S. 377–405.

University College at Buckingham: The Financial History to Date (Manuskript).

U.S. Department of Health, Education and Welfare: Toward a Long Range Plan for Federal Financial Support for Higher Education, Washington, D.C., 1969.

Vaizey, J.: What Some Economists Said About Education, in: Readings in the Economics of Education, (Hrsg.) M. J. Bowman et alii, (UNESCO) Paris 1968, S. 50–56.

Vanberg, V.: Markt und Organisation, Individualistische Sozialtheorie und das Problem korporativen Handelns, Tübingen 1982.

Verein für studentische und Hochschulfragen (Hrsg.): Studiengelder an deutschen Privatschulen, Pressemitteilung Juli 1982.

Verhandlungen des Deutschen Juristentages zum Konsumentenkreditrecht, München 1981.

Verry, D. W., und Davies, B.: University Costs and Outputs, Amsterdam 1975.

Vickrey, W.: A Proposal for Student Loans, in: Economics of Higher Education, (Hrsg.) S. Mushkin, Washington, D.C., 1962, S. 268–280.

Viguerie, J. de: Quelques remarques sur les universités françaises au dix-huitième siècle, in: Revue historique, Juillet-Septembre 1979, S. 29–49.

– und Layard, P. R. G.: Cost Functions for University Teaching and Research, in: Economic Journal, Bd. 85 (1975), S. 55–74.

Vogel, J. P.: Der Bildungsgutschein – eine Alternative der Bildungsfinanzierung, in: Neue Sammlung, Bd. 12 (1972), S. 514–527.

– Goldener Käfig oder Förderung freier Initiativen? Die staatliche Finanzhilfe für Privatschulen, in: Alternative Schulen, Gestalt und Funktion nicht staatlicher Schulen im Rahmen öffentlicher Bildungssysteme, (Hrsg.) D. Goldschmidt und P. M. Roeder, Stuttgart 1979, S. 131–148.

– Wieviel kostet ein Schüler?, Schulkosten und Schulgeld, Versuch der Berechnung der Unterrichtskosten für einen Gymnasiasten 1978, Arbeitsgemeinschaft Freier Schulen, Materialien zur Schulpolitik, No. 5, Mai 1979.

Vopelius, M. E.: Die altliberalen Ökonomen und die Reformzeit, Stuttgart 1968.

Wagner, R. E.: American Education and the Economics of Caring, in: Parents, Teachers, and Children: Prospects for Choice in American Education, (Institute for Contemporary Studies) San Francisco 1977, S. 111–128.

– State Aid For Private Education: Curse or Blessing, and For Whom?, in: Government Aid to Private Schools: Is It a Trojan Horse?, (Hrsg.) derselbe, (Center for Independent Education) Wichita, Kan., 1979, S. 38–46.

Wagner-Winterhager, L.: Schule und Eltern in der Weimarer Republik. Untersuchungen zur Wirksamkeit der Elternbeiräte in Preußen und der Elternbeiräte in Hamburg 1918–1922, Frankfurt 1979.

Watrin, C.: Alternativen zur dirigistischen Bildungspolitik, in: Investition statt Klassenkampf, (Hrsg.) W. Frickhöffer, E. Helmstädter und derselbe, Stuttgart 1978, S. 125–135.

– Der Befähigungsnachweis in Handwerk und Einzelhandel unter besonderer Berücksichtigung der Entwicklung in der Bundesrepublik, Köln 1957.

– Studenten, Professoren und Steuerzahler, in: Wirtschaftsordnung und Staatsverfassung, (Hrsg.) H. Sauermann und E. J. Mestmäcker, Tübingen 1975, S. 637–665

– Die Universität als politische Anstalt, in: Ordo, Bd. 23 (1972), S. 153–173.

– Ökonomische Aspekte des Hochschulwesens, in: Handbuch des Wissenschaftsrechts, Bd. 1, (Hrsg.) C. Flämig u. a., Berlin-Heidelberg-New York 1982, S. 227–248.

Weaver, C. L.: siehe Mackay, R. J.

Weber, H. (Hrsg.): Staatskirchenverträge (Textsammlung), München 1967.

Wegehenkel, L.: Gleichgewicht, Transaktionskosten und Evolution, Eine Analyse der Koordinationseffizienz unterschiedlicher Wirtschaftssysteme, Tübingen 1981.

Weiler, H. N.: Notes on the Comparative Study of Educational Innovation, Paper presented at the International Workshop on the Comparative Study of Innovations in the Public Sector, International Institute for Comparative Social Research (WZB), Berlin, 14.–18. Dezember 1979 (Manuskript).

Weisbrod, B. A.: External Effects of Investment in Education, in: Economics of Education, Bd. 1, (Hrsg.) M. Blaug, London 1968, S. 156–182.

– siehe Hansen, W. L.

– Weiß, M.: Effizienz im Bildungswesen, Weinheim/Basel 1975.

Weißbuch über die Neuordnung des Kolleggeld- und Besoldungswesens, Mitteilungen des Hochschulverbandes, Bd. 10 (1962), Sonderheft (November).

Weisshuhn, G.: Bildungs- und sozialökonomische Probleme alternativer Finanzierungssysteme des Hochschulbereichs, in: Zeitschrift für Wirtschafts- und Sozialwissenschaften, Bd. 98 (1978), S. 163–180.

– Sozialökonomische Analyse von Bildungs- und Ausbildungsaktivitäten, Berlin 1977.

Weizsäcker, C. C. von: Finanzierungsprobleme der Hochschulbildung unter gesellschaftspolitischen Aspekten, Volkswirtschaftliche Korrespondenz der Adolf-Weber-Stiftung, Jg. 10 (1971), Nr. 2.

– Lenkungsprobleme der Hochschulpolitik, in: Grundfragen der Infrastrukturplanung für wachsende Wirtschaften, (Hrsg.) H. Arndt und D. Swatek, Schriften des Vereins für Socialpolitik N.F., Bd. 58, Berlin 1971, S. 535–553.

– Hochschulstruktur und Marktsystem, in: Die deutsche Hochschule zwischen Numerus Clausus und Akademikerarbeitslosigkeit – Der doppelte Flaschenhals, (Hrsg.) U. Lohmar und G. E. Ortner, Hannover-Dortmund-Darmstadt-Berlin 1975, S. 306–324.

Wema-Institut für Empirische Sozialforschung, Informatik und angewandte Kybernetik: Materialien zur Bildungsplanung: Bildungswesen im Vergleich, Darstellung ausgewählter Bildungssysteme, Bonn 1974.

West, E. G.: Education and the Industrial Revolution, London-Sidney 1975.

– Education and the State, A Study in Political Economy, 2. Auflage London 1970.

– Economics, Education and the Politician, (Institute of Economic Affairs) 2. Auflage London 1976.

– The Economics of Tax Credits, (The Heritage Foundation) Washington, D.C., 1981.

– Dr. Blaug and State Education: A Reply, in: Education, A Framework for Choice, (Institute of Economic Affairs) London 1967, S. 51–85.

– Ein politökonomisches Bildungsmodell, in: Politische Ökonomie des Bildungswesens, (Hrsg.) M. Tohidipur, Weinheim 1974, S. 319–327.
– Nonpublic School Aid, The Law, Economics, and Politics of American Education, London-Toronto 1976.
– Subsidized But Compulsory Consumption Goods: Some Special Welfare Cases, in: Kyklos, Bd. 24 (1971), S. 534–545.
– The Political Economy of American Public School Legislation, in: Journal of Law and Economics, Bd. 10 (1967), S. 101–128.
– The Yale Tuition Postponement Plan in the mid-seventies, in: Higher Education, Bd. 5 (1976), S. 169–175.
– Tom Paine's Voucher Schema for Education, in: Southern Economic Journal, Bd. 33 (1967), S. 378–382.
– Tuition Tax Credit Proposal, in: Policy Review (The Heritage Foundation) Washington, D.C., 1978.
– „Voucher" Systems Now Being Attempted in Canada and the U.S. 1979–1980 (Manuskript).
– Vouchers, Voting and Pareto-Efficiency (Manuskript).
– und McKee, M.: Imperfect Capital Markets as Barriers to Education, in: Atlantic Economic Journal, Bd. 5 (1977), S. 32–42.
– und Staaf, R. J.: The Distributional Implications of Public Goods Revisited, in: Econometrica, Bd. 47 (1979), S. 1031–1037.
Westdeutsche Rektorenkonferenz (Hrsg.): Effizienz der Hochschule, WRK-Kolloquium vom 1.–2. Oktober 1979, Dokumente zur Hochschulreform XXXVII/1980.
– Numerus clausus Urteile des Bundesverfassungsgerichts vom 18. 7. 1972 und 8. Februar 1977, Dokumente zur Hochschulreform, XXIX/1977.
Westphalen, R. Graf von: Akademisches Privileg und demokratischer Staat, Stuttgart 1979.
Whetstone, L.: siehe Scott, R. G.
Whinston, A. B.: siehe Davis, O. A.
– siehe Williamson, O. E.
White, K. J.: siehe Siegfried, J. J.
Whitten, Ph.: siehe Sizer, T.
Widmaier, H. P.: Studienwahl versus Bedarf im Hochschulbereich, in: Grundfragen der Infrastrukturplanung für wachsende Wirtschaften, (Hrsg.) H. Arndt u. D. Swatek, Schriften des Vereins für Socialpolitik N.F., Bd. 58, Berlin 1971, S. 503–519.
– Zur Strategie der Bildungspolitik, Bern 1968.
Wiese, L.: Das höhere Schulwesen in Preußen, Historisch-statistische Darstellung im Auftrage des Ministers der geistlichen, Unterrichts- und Medizinal-Angelegenheiten, Bd. 1–4, Berlin 1864 u. f.
– Verordnungen und Gesetze für die höheren Schulen in Preußen, Zweite, bis zum Jahre 1875 fortgeführte Ausgabe, Berlin 1875.
Wikler, D.: Paternalism and the Mildly Retarded, in: Philosophy and Public Affairs, Bd. 8 (1979), S. 379–392.
Wilhelmi, H. H.: Entscheidungsprozesse in der staatlichen Bildungsfinanzierung. Ein interdisziplinärer Beitrag zur Erforschung der finanzpolitischen Willensbildung in der Exekutive, Berlin 1977.
Willett, T. D.: siehe Tollison, R. D.
Williams, G.: In Defence of Diplomas (Review Article), in: Higher Education, Bd. 7 (1978), S. 363–371.
Williams, W. E.: Statement to House of Ways and Means on Senat Bill 2142, Washington, D.C., 1979.
Williamson, O. E., Olsen, D. G., und Ralstan, A.: Externalities, Insurance and Disability Analysis, in: Economica, Bd. 34 (1967), S. 235–253.

– und Davis, O. A., und Whinston, A.: Externalities, Welfare and the Theory of Games, in: Journal of Political Economy, Bd. 70 (1962).
Wilson, G.: siehe Glennerster, H.
Willgerodt, H.: Wer diskriminiert Heimkinder? – Gesellschaftskritik an die falsche Adresse, in: Ordo, Bd. 31 (1980), S. 209–227.
Windham, D. M.: Education, Equality and Income Redistribution, A Study of Public Higher Education, Lexington, Mass., 1970.
Wiseman, J.: The Economics of Education, in: Scottish Journal of Political Economy, Bd. 6 (1959), S. 48–58.
– The Economics of Education: A Rejoinder, in: Scottish Journal of Political Economy, Bd. 7 (1960), S. 75f.
– siehe Peacock, A. J.
Wissenschaftsrat, Empfehlungen zur Forschung und zum Mitteleinsatz in den Hochschulen, Köln 1979.
– Hochschulabsolventen und öffentlicher Dienst, Stichworte zur Vorbereitung der Aussprache mit dem Bundesminister des Innern, Drucksache 3572/78, Köln, den 20. 2. 1978.
Wolf, Ch. Jr.: A Theory of Nonmarket Failure: Framework for Implementation Analysis, in: Journal of Law and Economics, Bd. 22 (1979), S. 101–139.
Wolfe, B. L.: siehe Summers, A. A.
Woll, A.: Hochschulausbildung in der Sozialen Marktwirtschaft, in: Soziale Marktwirtschaft im Wandel, (Hrsg.) E. Tuchtfeldt, Freiburg 1973, S. 139–157.
– Konkurrenz wirtschaftspolitischer Ziele in der Bildungsindustrie, in: Beiträge zur Wirtschafts- und Gesellschaftspolitik, Festschrift für Theodor Pütz, (Hrsg.) E. Dürr, W. A. Jöhr, K. W. Rothschild, Berlin 1975, S. 275–286.
Woodhall, M.: Review of Student Support Schemes, in Selected OECD Countries, (OECD) Paris 1978.
– Student Loans, A Review of Experience in Scandinavia and Elsewhere, London 1970.
– Verteilungseffekte von Methoden der Bildungsfinanzierung, in: Bildung, Ungleichheit und Lebenschancen, (OECD) Frankfurt-Berlin-München 1978, S. 49–83.
– Student Loans: Lessons from recent international experience, (Policy Studies Institute, No. 605) London 1982.
– siehe Blaug, M.
Wormhoudt, G. H., und Baker, R. P.: Legal Aspects of Compulsory Schooling, (Institute for Humane Studies) Menlo Park, Ca., 1975.
Young, A.: siehe Crew, M. A.
Zähringer, K.: Die Schulbrüder, Orden der Kirche, Bd. 6, (Hrsg.) D. Planzer O. P., Freiburg i.d.Sch. 1962.
Zahlen zur wirtschaftlichen Entwicklung der Bundesrepublik Deutschland 1979, (Institut der Deutschen Wirtschaft) Köln 1979.
Zeppernick, R.: Die Bedeutung der Finanz- und Sozialpolitik für die Einkommensverteilung, in: Finanzarchiv N.F., Bd. 32 (1974), S. 425–465.
Ziderman, A.: siehe Blaug, M.
Zimmerman, D.: Expenditure-Tax Incidence Studies, Public Higher Education, and Equity, in: National Tax Journal, Bd. 26 (1973), S. 65–70.
Zöller, M.: Der überforderte Staat, Stuttgart 1977.
– Die Kombinierbarkeit von Ordnungsformen, Das Beispiel der Hochschul- und Studienfinanzierung, in: Die Zähmung des Leviathan, Neue Wege der Ordnungspolitik, Baden-Baden 1980, S. 275–286.
– Die Planung, politische Entscheidung und Aktivierung des Eigeninteresses der Beteiligten, in: A. Hegelheimer und derselbe, Wider die kranke Reform, Ordnungspolitik für Bildungswesen und Arbeitsmarkt, Zürich 1977, S. 39–84.
– Selbststeuerung statt bürokratische Lenkung, in: Frankfurter Allgemeine Zeitung vom 12. Juli 1976.

Sachregister

Personenregister